教师教育系列教材

普通心理学
(第 2 版)

付建中 主编

清华大学出版社
北京

内 容 简 介

本书立足于普通心理学的基本框架，系统地介绍了普通心理学的基础知识和基本理论。全书共15章，内容包括绪论、心理活动的神经生理基础、注意、感觉、知觉、记忆、思维、语言、表象与想象、情绪和情感、意志、心理倾向、气质、性格、能力。

本书是为高等院校心理学、教育学等专业编写的教材，也可以作为中小学教师培训及广大心理学工作者和教育工作者的学习、参考用书，是适合各界人士阅读的一本心理学基础读物。

本书封面贴有清华大学出版社防伪标签，无标签者不得销售。
版权所有，侵权必究。举报: 010-62782989, beiqinquan@tup.tsinghua.edu.cn。

图书在版编目(CIP)数据

普通心理学/付建中主编. —2版. —北京: 清华大学出版社, 2017 (2024.8重印)
(教师教育系列教材)
ISBN 978-7-302-46252-1

Ⅰ. ①普… Ⅱ. ①付… Ⅲ. ①普通心理学—师资培训—教材 Ⅳ. ①B84

中国版本图书馆 CIP 数据核字(2017)第 021111 号

责任编辑: 陈冬梅
装帧设计: 刘孝琼
责任校对: 周剑云
责任印制: 宋 林

出版发行: 清华大学出版社
网　　址: https://www.tup.com.cn, https://www.wqxuetang.com
地　　址: 北京清华大学学研大厦 A 座　　邮　编: 100084
社 总 机: 010-83470000　　邮　购: 010-62786544
投稿与读者服务: 010-62776969, c-service@tup.tsinghua.edu.cn
质量反馈: 010-62772015, zhiliang@tup.tsinghua.edu.cn
课件下载: https://www.tup.com.cn, 010-62791865

印 装 者: 三河市东方印刷有限公司
经　　销: 全国新华书店
开　　本: 185mm×260mm　　印　张: 25.75　　字　数: 623千字
版　　次: 2012年2月第1版　2017年5月第2版　印　次: 2024年8月第12次印刷
定　　价: 68.00元

产品编号: 071628-02

前　言

　　普通心理学是心理学的基础学科，也是心理学专业的必修课。它对培养学生的心理学素养有着非常重要的作用，是构建学生专业知识结构、促进专业研究能力增长的基础和前提。

　　普通心理学的教材建设，经过广大心理学工作者的不懈努力，由原来的少数几个版本，发展到今天，具有各种版本的普通心理学。这说明，心理学界的同仁们做了大量工作，同时也为心理学学习者提供了选择的余地。然而，教材建设是一项长期性的工作，只有教材的不断发展和更新，学生才能学到更科学、更先进的理论和知识。

　　编写本教材的主要目的是推动高等学校心理学的教材建设，丰富普通心理学教材，促进心理学教材的科学化、规范化，为师生提供更加适宜的教学和学习用书，从而提高普通心理学的教学质量。

　　本书在吸收以往教材优点的基础上，重新加工和组合了普通心理学知识，使普通心理学的理论更加优化。同时，本教材在编写过程中非常注意克服以往普通心理学教材中的缺点和不足，以增强其科学性。

　　本教材的突出特点是：①建构普通心理学较为完整的知识体系。在知识体系的构筑方面，比较重视内容的系统性，期望通过本教材的学习，使学生系统、全面地掌握普通心理学的理论知识。②详尽论述心理学的基础知识。将现有的普通心理学的理论和知识进行比较、遴选，把学生应该掌握的基本内容编进本教材中，以使学生通过本教材的学习，掌握心理学的基本知识，同时为学习其他专业知识奠定基础。③在知识安排上，改变了传统教材的内容模式，避开与其他心理学课程重复的内容，解决了长期以来存在的一项内容多门心理学课程中重复讲授的问题，以消除学生因反复学习而产生的厌烦情绪。④在内容的论述上，加强了知识的层次性，注重知识之间的逻辑关系，力求对每个问题的论述都做到层次清楚，条理分明。⑤在问题论述的深度和广度上，一是对各个问题力求做到论证到位，使学习者学完后能够清楚地理解相关的内容；二是反映当前心理学研究的前沿成果，如果某个理论有最新研究，在相关问题上要有介绍和分析；三是作为基础课，考虑了学生对相关问题应该学到的程度，对问题的论述不是无限制地展开，而是达到基础课的要求后，就不再赘述。⑥强调概念和规律表述的严谨性和准确性。对概念的界定做到简洁、明确，一般使用完整的一句话对概念做出定义。对有关规律的论述，做到精要、理解容易、便于掌握。

　　本书除了主要内容外，每章有"延伸阅读""复习要点"和"拓展思考"。延伸阅读是知识的扩充。在论述某个问题时，如果需要学生了解更多的知识，一般增加一个延伸阅读，目的是扩展学生的视野。复习要点是本章内容的概括和总结，通过阅读本部分内容可以使学生了解本章的主要内容，也可以作为期末复习和考试的依据。拓展思考主要是让学生对有关问题进行深入思考，以便更全面、更深入地理解相关问题。

　　本书由付建中教授组织编写，并负责起草编写提纲和对全书进行修改审定。参加本书编写人员的分工：付建中撰写第一章、第三章、第四章、第五章和第六章；王保军撰写第二章、第七章、第九章和第十章；刘艳撰写第十一章、第十二章和第十三章；秘晓冉撰写第八章、第十四章和第十五章。

  本教材第一版发行后，深受广大老师和学生的欢迎，好评如潮。针对新课标的变化，在吸取各方面建议的基础上，本书第 2 版进行文中一些体例、语义的修改。在编写本教材的过程中，参阅了许多同类教材及其他相关文献资料，同时也借鉴了很多网上资料，在此表示衷心感谢！尽管编者非常努力，但由于时间和水平有限，本书难免存在不足，请读者批评指正。

编　者

目 录

第一章 绪论 ... 1

第一节 心理学的研究对象 ... 1
一、个体心理 ... 2
二、社会心理 ... 3

第二节 心理的实质 ... 4
一、两种对立的心理观 ... 4
二、科学的心理观 ... 7

第三节 心理学的发展历程 ... 14
一、古代的心理学思想 ... 14
二、现代心理学的发展 ... 16
三、当代心理学的研究趋势 ... 20
四、我国心理学的发展过程 ... 22

第四节 心理学的研究原则和方法 ... 24
一、心理学的研究原则 ... 24
二、心理学的研究方法 ... 25

复习要点 ... 29
拓展思考 ... 33

第二章 心理活动的神经生理基础 ... 34

第一节 神经元 ... 34
一、神经元的结构与功能 ... 34
二、神经纤维 ... 37
三、神经胶质细胞 ... 37
四、神经冲动的传导 ... 40
五、神经回路 ... 44

第二节 神经系统 ... 45
一、神经系统的构成 ... 45
二、周围神经系统 ... 46
三、中枢神经系统 ... 48

第三节 大脑左右两半球的构造与功能
一、大脑皮层分区及其机能 ... 55
二、大脑两半球的一侧优势 ... 59
三、脑功能学说 ... 60

第四节 内分泌腺和神经—体液调节 ... 61
一、内分泌腺的概念 ... 61
二、主要内分泌腺的分类及其功能 ... 62
三、神经—体液调节 ... 63

复习要点 ... 64
拓展思考 ... 66

第三章 注意 ... 67

第一节 注意概述 ... 67
一、注意的概念 ... 67
二、注意的功能 ... 68
三、注意的外部表现 ... 68
四、注意与意识的关系 ... 69
五、注意的神经机制 ... 71

第二节 注意的种类 ... 73
一、无意注意、有意注意和有意后注意 ... 73
二、选择性注意、集中性注意和分配性注意 ... 76
三、内源性注意和外源性注意 ... 77
四、外部注意和内部注意 ... 77

第三节 注意的品质 ... 78
一、注意的广度 ... 78
二、注意的稳定性 ... 79
三、注意的分配 ... 80
四、注意的转移 ... 81

第四节 注意的理论 ... 82
一、注意选择理论 ... 82
二、认知资源理论 ... 85

复习要点 ... 86
拓展思考 ... 89

第四章 感觉 ... 90

第一节 感觉概述 ... 90
一、感觉的概念 ... 90
二、感觉的属性 ... 90
三、感觉与刺激的关系 ... 93

四、感觉信息的神经加工过程 95
　　五、感觉的作用 97
第二节　感觉的种类 98
　　一、视觉 98
　　二、听觉 107
　　三、皮肤感觉 112
　　四、嗅觉和味觉 113
　　五、内部感觉 114
第三节　感觉的相互作用 115
　　一、同一感觉的相互作用 115
　　二、不同感觉的相互作用 118
复习要点 119
拓展思考 122

第五章　知觉 123

第一节　知觉概述 123
　　一、知觉的概念 123
　　二、知觉和感觉的关系 123
　　三、知觉的加工形式 124
　　四、知觉的生理机制 125
第二节　知觉的种类 127
　　一、空间知觉 127
　　二、时间知觉 133
　　三、运动知觉 134
　　四、错觉 137
第三节　知觉的特性 141
　　一、知觉的选择性 141
　　二、知觉的整体性 142
　　三、知觉的理解性 145
　　四、知觉的恒常性 146
复习要点 147
拓展思考 150

第六章　记忆 151

第一节　记忆概述 151
　　一、记忆的概念 151
　　二、记忆的作用 151
　　三、记忆的神经生理机制 152
第二节　记忆的种类 156
　　一、内隐记忆和外显记忆 156

　　二、情景记忆和语义记忆 159
　　三、陈述性记忆和程序性记忆 159
　　四、形象记忆、运动记忆、情绪记忆
　　　　和逻辑记忆 160
第三节　记忆系统 161
　　一、感觉记忆 162
　　二、短时记忆 163
　　三、长时记忆 169
复习要点 181
拓展思考 183

第七章　思维 184

第一节　思维概述 184
　　一、什么是思维 184
　　二、思维的种类 185
第二节　思维的过程 189
　　一、分析与综合 189
　　二、比较与分类 189
　　三、抽象与概括 189
　　四、具体化与系统化 190
第三节　问题的解决 190
　　一、问题解决的概念和问题的
　　　　种类 190
　　二、问题解决的过程 191
　　三、问题解决策略 193
　　四、影响问题解决的因素 194
第四节　创造性思维 199
　　一、创造性思维的概念 199
　　二、创造性思维的特征 199
　　三、创造性思维的作用 202
　　四、创造性思维方法 203
　　五、创造性思维阶段 205
　　六、创造性思维的测量与培养 206
复习要点 209
拓展思考 211

第八章　语言 212

第一节　语言概述 212
　　一、语言的特征 212
　　二、语言的结构 213

第二节　语言产生 214
　　　　一、语言产生的单位 215
　　　　二、语言产生的阶段 216
　　第三节　语言获得 217
　　　　一、语言获得的阶段 217
　　　　二、语言获得的强化理论 219
　　　　三、语言获得的先天作用 221
　　　　四、先天与环境的共同作用 222
　　第四节　语言的理解 223
　　　　一、言语知觉 223
　　　　二、眼动 225
　　　　三、单词识别 226
　　　　四、句子的理解 228
　　　　五、推断 229
　　　　六、段落的理解 230
　　复习要点 233
　　拓展思考 234

第九章　表象与想象 235

　　第一节　表象 235
　　　　一、表象的概念 235
　　　　二、表象的种类 235
　　　　三、表象的特征 236
　　　　四、表象的神经生理机制 238
　　　　五、表象在心理活动中的作用 239
　　第二节　想象 239
　　　　一、想象的定义 239
　　　　二、想象的生理机制 239
　　　　三、想象的综合过程 240
　　　　四、想象的功能 241
　　　　五、想象的种类 242
　　　　六、想象与各种创造性活动 245
　　　　七、想象的个体差异 246
　　　　八、梦与想象 246
　　复习要点 248
　　拓展思考 250

第十章　情绪和情感 251

　　第一节　情绪和情感概述 251
　　　　一、情绪和情感的定义 251
　　　　二、情绪的维度和两极性 252
　　　　三、情绪的神经生理机制 254
　　　　四、情绪的外部表现 255
　　　　五、情绪和情感的功能 257
　　　　六、情绪的成熟与社会化 258
　　　　七、情绪的调节 258
　　　　八、挫折 259
　　第二节　情绪和情感的分类 260
　　　　一、情绪的分类 260
　　　　二、情感的分类 264
　　第三节　情绪理论 266
　　　　一、生物学取向的情绪理论 266
　　　　二、情绪的学习理论 269
　　　　三、情绪的认知理论 270
　　　　四、情绪的动机—分化理论 271
　　复习要点 271
　　拓展思考 274

第十一章　意志 275

　　第一节　意志概述 275
　　　　一、意志的概念 275
　　　　二、意志行动的表现 276
　　　　三、意志与自由 276
　　　　四、意志的生理机制 277
　　　　五、意志与认知、情绪、个性的
　　　　　　关系 278
　　第二节　意志行动及其心理过程 279
　　　　一、意志行动的基本特征 280
　　　　二、意志对行动的调节作用 281
　　　　三、意志的心理过程 281
　　　　四、意志过程的心理成分 284
　　第三节　意志品质与培养 289
　　　　一、意志的品质 289
　　　　二、意志品质的培养 291
　　第四节　意志控制与失控 293
　　　　一、意志控制 293
　　　　二、失控 294
　　复习要点 297
　　拓展思考 298

第十二章　心理倾向 299

第一节　兴趣 299
一、兴趣的概念 299
二、兴趣的作用 299
三、兴趣的分类 300
四、兴趣的品质 301

第二节　需要 302
一、需要的概念 302
二、需要的种类 303
三、需要的理论 304

第三节　动机 309
一、动机的概念 309
二、动机的种类 312
三、动机理论 318

复习要点 323
拓展思考 325

第十三章　气质 326

第一节　气质概述 326
一、气质的定义 326
二、气质的特征 327

第二节　气质学说 328
一、《黄帝内经》中的气质理论 328
二、体液说 329
三、康德和冯特的气质理论 329
四、体型说 330
五、血型说 331
六、激素说 331
七、活动特性说 332
八、托马斯等人的气质理论 332
九、气质调节理论 333

第三节　气质的生理基础 334
一、神经过程的基本特性 334
二、高级神经活动类型 335

第四节　气质的类型和鉴定 337
一、气质类型的特征 337
二、气质类型的构成 338
三、气质类型发展的年龄趋势 340
四、气质的鉴定 341

第五节　气质与实践 342
一、气质在活动中的作用 342
二、气质的职业适应性 343
三、气质类型与教育 343
四、气质与身心健康 344

复习要点 345
拓展思考 347

第十四章　性格 348

第一节　性格概述 348
第二节　性格的特征 349
一、性格的主要特征 349
二、性格结构的特征 351

第三节　性格的类型 352
一、多元类型理论 352
二、对立类型理论 354

第四节　性格理论 356
一、奥尔波特的特质理论 356
二、卡特尔的特质理论 357
三、五因素模型 358

第五节　性格的形成与发展 360
一、家庭在性格形成中的作用 360
二、学校教育对性格形成的作用 362
三、实践活动在性格形成和发展中的作用 363
四、主观因素在性格形成和发展中的作用 364

第六节　性格的测量 364
一、问卷法 364
二、投射测验 367
三、客观测验与自然实验法 369

复习要点 370
拓展思考 372

第十五章　能力 373

第一节　能力概述 373
一、能力的定义 373
二、能力的种类 374

第二节　能力的理论 376
　　一、能力的因素理论 376
　　二、能力的结构理论 378
　　三、能力的信息加工理论 379
第三节　能力的发展 381
　　一、能力发展的一般趋势 381
　　二、能力形成的原因和条件 381
第四节　能力的差异 386
　　一、发展水平的差异 386
　　二、性别差异 389

　　三、能力结构的差异 391
　　四、能力表现早晚的差异 391
第五节　能力的测量 391
　　一、一般能力测验 392
　　二、特殊能力测验 394
　　三、创造力测验 395
复习要点 395
拓展思考 398

参考文献 399

第一章 绪 论

也许你听说过心理学，也许你学过心理学，也许你对心理学了解得很少，无论你属于哪一种情况都不重要，因为从现在起，心理学的系统学习就开始了。随着学习的深入，你会获得更多的心理学知识。同时，你也会发现，心理学是一门非常有用的学科，它不仅能帮助你过好心理生活，而且能够在学习和工作中为你提供指导。那么，学习心理学应该从哪里开始呢？首先要了解心理学的研究对象、心理的实质、心理学的发展历程以及心理学的研究原则和方法。

第一节 心理学的研究对象

学科的研究对象(research object)，是指学科所研究的某一特定领域。一门学科能否成为一门独立的科学，首先要看它是否有自己的研究对象。研究对象是学科的核心，全部的理论探讨和实验研究都是围绕它展开的。只有明确了研究对象，才能开展相应的科学研究，并建立起严密的理论体系。

心理学的研究对象就是心理学的研究领域。概括起来讲，心理学的研究对象是：通过心理现象的研究，揭示心理活动的规律。

心理现象是极其复杂的，像看、听、说、记、思考等都是心理活动的表现形式，心理活动的各种表现形式统称为心理现象。

心理现象既包括人的各种心理现象，也包括动物的各种心理现象。大量的事实与实验证明，动物具有感觉、知觉、记忆、具体思维、情绪、模仿性的行为学习等心理现象。研究动物心理现象的科学叫作动物心理学。对动物心理和行为的研究，不仅可以供人利用其规律去训练动物的行为，使之为人类服务，而且可以通过类比来探明人的心理活动规律，更好地了解人的心理和行为。

人的心理比动物的心理更加复杂，两者有本质的不同。人与动物的根本区别就在于人有意识，有自觉能动性。人不仅可以感知、记忆各种事物，有情绪，能运动，而且还能运用语言来表达自己的愿望、抽象地思考问题和巩固自己的认识，并通过学习和交往接受人类所积累的知识经验，从而形成极为丰富的包括信念、观点在内的主观世界，即个体意识。人有了意识就会对外界事物产生越来越多的理解、情感和态度，并且可以察觉调节和控制自己的心理与行为，出现意志与性格，表现出个人的能力，使自己成为现实中有个性的能动的主体。

心理规律是各种心理现象本质的必然联系。心理规律分 3 个层次，第一个层次是心理的根本规律，这是总的规律，有两条：心理依存于主体与客体矛盾的规律；心理依存于先天与后天结合的规律。第二个层次是心理的基本规律，这是一般的规律，它表现为心理的内部关系规律和心理的外部关系规律。第三个层次是心理的具体规律，这是心理的根本规律和基本规律在各种具体心理现象上的反映，它可分为心理现象纵向层次性规律和心理现象内部的横向联系规律。

心理学既研究人的心理，也研究动物的心理，而以人的心理现象为主要的研究对象。人的心理现象可以分为个体心理现象和社会(团体)心理现象。

一、个体心理

个体心理(individual mind)是指个人所具有的各种心理学现象。个体心理纷繁复杂，丰富多彩，概括起来，个体心理现象可以划分为既相互联系又相互区别的两个部分：心理过程和个性差异。

(一)心理过程

在客观事物的作用下，心理活动在一定时间内发生、发展的过程，称为心理过程(mental process)。在现实生活中，人们克服各种困难，通过感官认识外界事物，再经过头脑的活动思考着事物之间的关系，并伴随着喜、怒、哀、乐等情感体验，由此形成了各种各样的心理过程。人们的心理活动过程基本一样，具有共同性。心理过程按其性质可分为3个方面，即认知过程、情绪情感过程和意志过程，简称知、情、意。

1. 认知过程

认知过程(cognitive process)指人们认识客观事物的过程。现代认知心理学以信息加工的观点来解释认知过程，认为认知过程是信息的接收、储存、加工和提取的过程。认知过程是一个非常复杂的过程，是由表及里、由现象到本质地反映客观事物特征与内在联系的心理活动，它包括感觉、知觉、记忆、思维、想象、语言等。注意是伴随在各种心理活动中的心理要素，以保证人的各项活动的顺利进行。认知过程是人最基本的心理过程。

2. 情绪情感过程

在生活中，当外界事物作用时，人们对事物就会有一定的态度。根据是否符合主观的需要可能采取肯定的态度，也可能采取否定的态度。当人们采取肯定的态度时，就会产生满意、高兴、愉快等内心体验；当人们采取否定的态度时，就会产生憎恨、不满意、不愉快、痛苦、忧愁、愤怒、恐惧、羞耻、悔恨等内心体验。这些都是情绪情感的表现。情绪情感是常见的心理活动，它通常在人的心理和行为活动中起动力作用。积极的情绪情感能激发人们活动的积极性，使人锐意进取；相反，消极的情绪情感会使人消沉、沮丧，阻碍人的活动。

3. 意志过程

为了达到一定的目的，人们常常要进行各种各样的活动，而活动并非都是一帆风顺的，往往会遇到一些困难，这时候就需要有毅力和决心去克服困难，坚强不屈地去实现自己的目标。这种自觉地确定目的、克服困难、实现目标的心理过程就是意志。意志集中体现了人的意识的能动性。意志不仅使人能适应客观世界，而且能积极主动、有意识、有目的、有计划地影响和改造客观世界。

认知过程、情绪情感过程(emotion process)和意志过程(will process)共同构成了心理过程，是心理过程的三个不同侧面。认知过程、情绪情感过程和意志过程不是孤立存在的，而是相互联系、相互制约、融合在一起共同进行的。其中，认知过程是最基本的，是情绪情感过程和意志过程产生的基础，明确的认知能激起强烈的情绪情感和坚强的意志。而情绪情感和意志又对认知活动有重要影响。积极的情绪情感和意志能推动认知的深入；消极的情绪情感和意志对认知起阻碍作用。同样，情绪情感过程和意志过程也是相互影响的。情绪情感影响意志，渗透在意志行动的全过程。情绪情感既能鼓舞意志行动，也能阻碍意志行动。意志对情绪情感有调节和控制作用，坚强的意志能够控制和驾驭情绪，把消极情绪转变为积极情绪；相反，薄弱的意志不能调节和控制情绪，使行动背离目的，达不到预定目标。

(二)个性差异

由于先天素质和后天环境影响的不同，每个人的心理发展都有自己独特的方面。人们所具有的不同心理面貌就是个性差异(individual difference)。个性差异可分为两个方面，即心理倾向和心理特征。

1. 心理倾向

心理倾向(mental inclination)是人进行活动的心理趋向。它是个性结构中最活跃的因素，是人行为活动的动力。心理倾向决定着人对周围世界认知和态度的选择，制约着人的心理活动和行为活动的方向，决定一个人追求什么。心理倾向主要包括兴趣、需要、动机等。

2. 心理特征

心理特征(mental characteristics)是个体在其心理活动中经常地、稳定地表现出来的特点。它是在个体生理素质的基础上，并在一定的历史条件下，通过社会实践活动逐渐形成和发展起来的，集中地反映了一个人心理面貌的独特性、个别性，体现了人与人之间心理活动的差异性。心理特征主要包括气质、性格和能力3个部分。

心理过程和个性差异是心理学研究的两大方面。这两方面相互渗透、相互制约、彼此密切联系构成整体。个性差异是在心理过程中形成的，如果没有对主观世界和客观世界的认识，没有情绪情感的体验，没有积极地与困难做斗争的意志活动，心理的个性差异就无从形成和表现。反过来，已经形成的心理倾向和心理特征又制约着心理过程，从而对心理过程产生重要影响。因此，既没有不表现在心理过程中的心理倾向和心理特征，也没有不带有心理倾向和心理特征的心理过程。

二、社会心理

人具有社会性，人是社会的人。人作为社会的成员，总是生活在各种社会团体中并与他人结成各种各样的社会关系，如亲属关系、朋友关系、师生关系、同事关系、民族关系等。由于社会团体的客观存在，便产生了社会心理(social mind)或团体心理。团体与个体一样，也有其需要、价值观、意志等心理特征。一个团体的特定心理特征能够使其在心理层面上区别于其他团体。作为一个社会的人，除了有个体心理外，还有社会心理。社会心理能够帮助人更好地适应团体生活，参与社会活动。社会心理与个体心理的关系，是共性与个性的关系。社会心理是特定团体内个体心理特征的典型表现，它离不开个体心理；但社会心理又直接影响个体心理的形成与发展。因此，心理学不仅要研究人的个体心理，而且也研究人的社会心理。

> **延伸阅读**
>
> **心理学的研究对象**
>
> 关于心理学的研究对象，各个学者有不同的看法，常见的观点如下。
> (1) 心理学是研究心理现象的科学。
> (2) 心理学是对行为与心理历程的科学研究。
> (3) 心理学是一门以解释、预测和调控人的行为为目的，通过研究、分析人的行为，揭示人的心理活动规律的科学。
> (4) 心理学是研究人脑对外界信息的整合诸形式及其内隐、外显行为反应的一门科学。
> (5) 心理学是研究心理现象的。
> (6) 心理学是研究心理活动及其发生、发展规律的科学。

第二节 心理的实质

心理现象是日常生活中常见的现象，人的任何行为中都有心理活动的参与，它和我们每个人都息息相关。作为心理学研究对象的心理现象，虽然是在人的各种活动中发生、发展的，是每个人都非常熟悉的现象。但是，心理现象究竟是怎样产生的，心理现象的产生是否有专门的器官，心理现象同物质现象的关系怎样，也就是说，心理的实质是什么，却是一个非常复杂的问题，也是人类从有史以来就力图认识的一个问题。人们为了寻求这个问题的答案，进行了长达几千年的激烈争论，形成了许多不同的观点。

在远古时代，人们就已经注意到了精神现象。但是，由于当时生产力发展水平和知识经验的限制，人们对自己的身体结构和机能缺乏正确的认识，因而不能正确认识心理现象，不能揭示心理产生的原因及其本质。原始人把心理现象看作是独立于身体之外的灵魂活动的结果。当人降生时，灵魂就寄居在人体内。人一入睡，灵魂便出了窍。但等到人们将醒未醒时，它又会悄悄地进入人体，人就做梦。当人们病危时，灵魂也会逃之夭夭。一旦灵魂永远离去，人也就没有生命了。所以当时的禁忌之一是不得喊叫熟睡的人或移动其位置。人们担心灵魂远游而不回返，或回来之后找不到躯体。并且认为人死以后，灵魂就会离开人体，灵魂是不灭的，是超自然的东西。

一、两种对立的心理观

随着社会的发展，人们在心理和物质的关系问题上逐步形成了对立的两大派别，即唯心主义和唯物主义。

(一)唯心主义心理观

唯心主义心理观(idealism mental view)认为心理是不依赖于物质而独立存在的,心理的东西是第一性的,物质的东西是第二性的。唯心主义有两种表现形式,即主观唯心主义和客观唯心主义。

主观唯心主义虚构出某种脱离物质、脱离人的肉体的"自我",并把"自我"当成唯一真实的存在和世界的本源,认为世界上的一切事物都是"我"的感觉、观念、意志等的产物,没有"我"就没有世界。

战国时代的孟子(前372—前289)认为,"万物皆备于我"。宋代的陆九渊(1139—1193)认为,"万物森然于方寸之间,满心而发,充塞宇宙,无非此理";"宇宙便是吾心,吾心即是宇宙"。明代的王守仁(1472—1529)认为,"人者,天地万物之心也;心者,天地万物之主也。心即是天,言心则天地万物皆举之矣";"心外无物,心外无事,心外无理,心外无义,心外无善"。

18世纪英国主教贝克莱(G. Berkeley,1684—1753)认为物质是"不存在的实质","感性实物"是"观念的集合"或"感觉的组合","对象和感觉是同一个东西","存在就是被感知"。到了19世纪30年代,主观唯心主义宣称物质与意识两者何为第一性是无意义的问题,而以"经验""要素""心理的东西和物理的东西"等"中立"的名词来取代物质和意识的概念。

客观唯心主义是虚构某种脱离物质、脱离任何个人的"客观"精神,并把它当成万物的主宰者。

汉代的董仲舒(前179—前104)认为,"天"是"百神之大君",是"万物之祖","万物非天不生"。宋代的朱熹认为,"理"是天地万物的创造主,"天下未有无理之气,亦未有无气之理","理在先,气在后","有是理便有是气,但理是本"。

古希腊的哲学家柏拉图(Plato,前427—前347)认为,在物质世界之外,还有一个由灵魂组成的"理念世界",在"理念世界"里人们已经获得了一切知识,只是在投胎人世之时,由于肉体的污浊而遗忘了。因此,人的认识、智慧只不过是对灵魂在"理念世界"所获得的知识的回忆。"理念"世界是唯一真实的存在,由具体事物构成的"感性世界"则是由"理念"派生出来的不完善的"摹本"或"影子"。德国哲学家黑格尔(G. W. F. Hegel,1770—1831)认为,"绝对观念"在自然界和人类社会出现以前就已经存在了,世界上一切事物都是由"绝对观念"发展而来的。

唯心主义心理观将精神看作世界的本源,把世界的万事万物看作心理的产物,给心理罩上了一层神秘的面纱。唯心主义心理观并没有也不可能真正地揭示心理的实质,只是对心理的产生做了一些虚幻的、毫无客观依据的猜想,对心理与物质关系的认识是错误的。

(二)唯物主义心理观

唯物主义心理观(materialistic mental view)认为心理的产生有赖于物质的存在,物质是第一性的,心理是第二性的,心理是由物质派生出来的。比较有代表性的观点如下。

1. 心理产生于物质

这种观点认为心理活动是由外界事物作用于人而引起的,没有客观物质的作用,就不会有心理的产生。

我国古代的《乐记》中记载：人心"感于物而动"。南宋时期的王安石认为，"恻隐之心与怨毒忿戾之心"是"感于外而后出于中者"。北宋时期的张载认为，"心所以万殊者，感外物而不一也"。清代的戴震认为，"味也声色，在物不在我，接于我之血色，能辨之而悦之"。

西方古希腊哲学家德谟克利特(Democritus，约前460—前370)认为，"人与整个自然界一样是物质的。灵魂是由原子组成的，只不过比组成肉体的原子更加精细而已。人的死亡不是指灵魂离开肉体，而是肉体原子和灵魂原子的自然分离"。他认为，"人的感觉和思维是一种不断放射出来的原子形成的'影像'，透过感觉器官而投射到灵魂的结果"。他认为，"如果没有影像来接触，就没有人能有感觉和思想"。他坚持了心理是物质派生的，感觉是由外物引起的唯物主义观点。古希腊哲学家亚里士多德(Aristotle，前384—前322)提出，"感觉绝不是感觉自身，而必须有某些外于感觉者，先于感觉而存在"。

2. 心理产生于身体

这种观点只是泛泛地认为心理来源于身体，但没有明确指出心理究竟是由身体的哪个部位产生的。

在战国末期，思想家荀子(前313—前238)，在《天论篇》中提出，"形具而神生，好、恶、喜、怒、哀、乐臧(藏)焉，夫是之谓天情"。他认为，先有物质的身体后有精神，精神依附于身体。人的好、恶、喜、怒、哀、乐等感情藏在身体之中。东汉时的王充(27—约97)提出，"人之精神载于形体之内"，认为人的精神就藏在形体里面。魏晋南北朝的范缜(约450—510)进一步指出，"形者神之质也，神者形之用也"，"形存则神存，形谢则神灭"。就是说物质的身体是主体、实体，而精神只是物质的身体的作用，是从属于物质的身体的。

3. 心理产生于身体的特定器官

这种观点认为心理是某种器官的一种机能，但心理究竟产生于哪一种器官，在对这一问题的认识上，又有不同的观点。

(1) 心脏是心理产生的器官。

我国古代哲学家孟子认为"心之官则思，思则得之，不思则不得也"，把心脏看成思考的器官。在古代，由于科学技术的落后，人们看到动物或人类由于失血过多而造成昏迷、神志不清或死亡，而推断心脏是产生心理的器官。这种误解也反映在汉语中，如"胸有成竹""心中有数""计上心来""心爱""心想""心烦""心疼"等。在汉字中几乎所有表示心理活动的字都带"心"旁，如"思、情、意、恶、恨、感、惧、怒"等。《说文解字》中，与精神现象有关的字280个，全部由"心"旁组成。

西方的古希腊哲学家亚里士多德也认为，心脏是思想和感觉的器官，而脑的工作，只是使来自心脏的血液冷静而已。

(2) 脑是产生心理的器官。

我国《黄帝内经·素问》中提出，"诸髓者，皆属于脑"。《灵枢》中也提出，"髓海有余，则轻劲多力，目过其度，髓海不足，则脑转多鸣，胫酸眩冒。目无所见，懈怠安卧"。著名医学家李时珍(1518—1593)提出，"脑为元神之府"，"泥丸之宫，神灵所集"

的论断，认为脑是高级神经中枢活动的地方，是脑神经所在处，它聚集着人的精神。清代著名医生王清任(1768—1831)根据对尸体的解剖和大脑病理的临床研究，明确提出，"灵机、记忆不在心而在脑"的著名论断。

西方古罗马的著名医生盖伦(C. Galen，130—200)开始把心灵的器官置于脑内，但脑是如何产生心理与精神的，他还是一无所知。

总之，在辩证唯物主义出现之前，这些唯物主义者还不能正确阐明人的心理现象。他们缺乏发展的、联系的辩证观点去探索人的心理活动，不理解人的心理活动对于社会实践的依赖关系，所以也就不能正确地阐释人的心理现象的实质。对人的心理实质做出正确阐明的是马克思主义哲学。马克思主义哲学以辩证唯物主义与历史唯物主义的观点作为指导进行研究，对人的心理实质做出了科学的解释，认为心理是人脑的机能，是客观现实在人脑中的反映。

二、科学的心理观

科学的心理观主要有以下观点。

(一)心理是脑的机能

许多事实和研究表明心理是脑的机能。

1. 物种发展史证明心理现象随着神经系统的产生而产生，随神经系统的发展而发展

神经系统是生物有机体在长期同大自然的斗争中，逐渐产生和发展起来的。随着动物进化阶梯的不断上升，神经系统趋于复杂，心理活动也更加灵活丰富。动物心理是与它的神经系统的发展水平相适应的。低等动物的神经系统很简单，只有简单的心理反应。例如腔肠动物、环节动物等，仅有"感觉"这样的心理现象，只能对刺激物的个别属性做出反应。到了脊椎动物，才开始出现脑，也就具有较复杂的心理活动，产生了知觉，能够把客观事物的多种属性作为一个整体来反映。到了灵长类动物，随着大脑皮层的出现，脑重也明显地增加，心理活动发展到高一级水平，具有了思维的萌芽，能够对复杂的生活条件进行初步的分析综合，根据事物的关系做出反应。到了人类，随着劳动和语言的发展，人脑得到了高度的发展，大脑结构更加复杂，成为一种在机能上极为灵敏的物质。尤其是大脑皮层的高度发达，可以进行极其复杂的心理活动，并在此基础上，产生了心理活动的最高形式——意识活动。

2. 现代科学研究表明心理是脑的机能

在15世纪前后，由于科学的发展和对于脑的知识经验的积累，人们已经认识到脑是心理的器官。人们在日常生活中发现，当人或动物的头部受到创伤时，精神活动也遭到破坏，出现不正常现象。

到了19世纪，随着自然科学的发展，医学和生理解剖学的研究提供了大量的关于脑的知识，这样，就从解剖上将脑与心理活动联系起来。

1861年，法国外科医生布罗卡(Paul Broca，1824—1880)通过对人脑的解剖研究，发现

一位病人失去了说话能力是同左侧大脑皮层的一个特定区域的神经细胞器质性损伤有关，这说明在大脑皮层的这一特定区域有一个语言中枢，这个区域后来被命名为"布罗卡区"。后来临床实践又进一步发现大脑皮层颞叶的颞上回受到损伤时，病人能说话、阅读和写字，但却听不懂别人的讲话，产生"感觉失语症"；当额叶的额中回受到损伤时，病人能听懂话，自己会说话，也能阅读，但不会书写，产生"失写症"；当顶叶的角回受到损伤时，病人虽然能听、会说、会写，但看不懂书面语言，产生"失读症"。这些发现证明：脑的一定部位控制、支配着人的言语活动。

1870 年，弗里奇(Gustav Fritsch)和希奇格(Eduard Hitzig)曾利用微电刺激的方法刺激十字沟前回，发现动物不同部位的肌肉动作有不同的中枢控制，后来用实验的方法研究一个被子弹击穿脑壳的士兵的大脑，发现了人的大脑皮层的"运动中枢"。

1874 年，俄国解剖学家贝兹利用显微镜的方法在大脑皮层的中央前回第五层发现了大型锥体细胞，并且证明这种大型锥体细胞是支配躯体运动的神经细胞，称为"贝兹细胞"。这说明人的各种随意运动也是受大脑支配的。

19 世纪末 20 世纪初，俄国生理学家巴甫洛夫(Иван. П. Павлов，1849—1936)在此基础上经过了长期的实验研究，创立了高级神经活动学说，即条件反射学说，进一步科学地揭示了心理活动的脑机制。

20 世纪 40 年代，加拿大医生潘菲尔德(W. Penfield，1891—1976)在人的大脑手术中发现，对脑的刺激作用引起患者的某些记忆。在动物实验中发现，记忆活动中神经突触上的核糖核酸增多，从而发现核糖核酸是记忆的物质基础；血液中酶物质的增多超过脑中核糖核酸的数量，就会导致记忆的破坏，从此开展了大量的关于脑生物化学的研究。

20 世纪 60 年代以来，美国的心理生物学家斯佩里(R. W. Sperry，1913—1994)等在为治疗癫痫发作而施行割断连接两个大脑半球的胼胝体手术中，发现大脑两半球的心理功能是有差异的。经过反复的研究发现，左半球为言语思维优势半球，右半球为空间定向优势半球。此后，持续的对两半球单侧化的大量研究，进一步揭示了左半球为认知优势半球，右半球为情绪优势半球；以及左顶叶为正性情绪优势、右顶叶为负性情绪优势等功能差异。美国神经生理学家休伯尔(D. Hubel)和瑞典医学家、生理学家威塞尔(T. Wiesel)对视觉感受野的研究发现，大脑皮层上的某些细胞专门负责接受外界一定方向的线条、形状、边缘等视觉刺激；而对脑的核心部位的微电极埋藏研究指明，下丘脑的某些部位分别产生正性或负性情绪反应等。

3. 个体发育过程说明人的心理随着脑的发育而发展

研究表明：新生儿的大脑虽然在形态结构上与成人接近，但是，皮层神经细胞比较简单，分支少，神经纤维尚未髓鞘化，脑的皮层薄，沟回浅，脑重较轻。刚出生时，婴儿的脑重量一般只有 390 克，9 个月后为 660 克，2 岁半至 3 岁时为 900～1000 克，7 岁时已达 1280 克，12 岁左右时接近成人，约 1400 克。随着大脑重量的增加，神经细胞结构日益复杂，神经纤维逐渐延长，脑神经细胞体积增大，突起分枝增多，神经纤维的髓鞘化逐渐丰富。儿童在 6 岁末期几乎所有皮层传导通路已髓鞘化，这是脑内部成熟的重要标志。

与大脑发展相对应，儿童的心理活动水平也随之不断提高。表现为，儿童的思维从感知运动阶段发展到表象阶段，再到抽象阶段；自我意识由外部控制发展到自我内部控制；

心理活动从无意性发展到有意性。这说明人的心理的发生、发展是与脑的发育完善紧密相连的。

所有这些以及许多其他研究成果，均无可辩驳地证明了心理是脑的机能，脑是心理的器官。

(二)反射是心理产生的基本方式

一切心理现象按其产生的方式来说都是反射。

1. 反射、反射弧和反射环的概念

反射(reflection)是指有机体通过神经系统对内外刺激所做出的有规律的反应。例如，食物放进嘴里引起唾液分泌，异物碰到角膜引起眨眼，窗外传来声音，将头、耳朝向声源的方向等，这种由刺激引起的应答性活动都是反射。

17世纪法国的思想家和哲学家笛卡儿(René Descartes，1596—1650)首先提出"反射"概念，他借用物理光学中的"反射"一词，表示刺激与机体反应间的因果关系，认为动物和人的一切不随意活动都是自动实现的对外界刺激的反应。例如，手脚碰到了灼烫或针刺时会立刻缩回，这种反应活动就是反射。

19世纪，谢灵顿(Charles Scott Sherrington，1857—1952)等人详细地研究了由神经系统低级部位参与实现的反射活动，并认为所有的非随意动作都是反射。

1863年，俄国生理学家谢切诺夫(Иван Михайлович Сеценов，1829—1905)在《脑的反射》一书中，进一步把反射的概念应用于大脑，并且指出，"有意识的和无意识的、生活的一切活动，就其产生方式而言都是反射"。他把反射的概念推广到脑的全部活动即人的全部心理生活上，这一理解是对心理现象进行科学说明的一个飞跃。

谢切诺夫把脑的反射活动分为3个环节：①开始环节——外界刺激影响感觉器官产生兴奋，并沿着传入神经向中枢传导；②中间环节——脑中枢发生兴奋和抑制的过程，在此基础上产生心理现象；③终末环节——神经兴奋从脑中枢沿传出神经到达效应器官，引起效应器官的活动，如动作、表情、言语等。这3个环节不可分割。

俄国生理学家巴甫洛夫继承和发展了谢切诺夫关于反射的思想，通过动物实验发现了高等动物和人的条件反射现象，并由此揭露了心理活动产生于脑的反射机制。

实现反射活动的神经结构称为反射弧(reflex arc)。反射弧是机体从接受刺激到发生反应的过程中兴奋在神经系统内循环的整个路径。反射一般都需要完整的反射弧来实现。一个完整的反射弧由感受器、传入神经、神经中枢、传出神经、效应器5个基本部分组成。

(1) 感受器(receptor)：能将内外环境的刺激转变为神经冲动的特殊结构，是反射活动的起始处。

(2) 传入神经(afferent nerve)：感觉神经元的突起，将感受器的神经冲动传导到神经中枢。

(3) 神经中枢：中枢神经系统内参与某一反射活动的神经元群，是反射弧的中枢整合部分。

(4) 传出神经(efferent nerve)：运动神经元的轴突，将反射中枢发生的神经冲动传到效应器。

(5) 效应器(effector)：发生应答反应的器官或组织，包括骨骼肌、心肌和平滑肌，各种

外分泌腺和一些内分泌腺等。

当刺激作用于感受器时，感受器发生兴奋，兴奋以神经冲动的方式经传入神经传到中枢神经，中枢神经对传入的信息进行整合处理，并发出指令产生兴奋，中枢的兴奋过程沿着传出神经到达效应器，效应器发生相应的活动，使肌肉收缩或腺体的分泌。反射弧的5个组成部分中任何部分的中断都会使反射消失。

反射环(reflection ring)是神经系统的传入—传出—反馈传入—再传出的回路结构。效应器的反射活动并不意味着反射活动的结束。在通常情况下，由效应器官产生的反应动作或神经冲动在反应过程的情况，都将成为对有机体的一种刺激，引起一定的神经冲动，沿传入神经返回传导到中枢，这个过程就是"反馈"的过程。中枢神经系统根据这种"反馈"信息，对效应器的活动进一步调节，并保证有机体活动的连续性。在这个意义上，反射活动的机能结构应该是一个环形结构。

2. 反射的类型

反射按其产生条件分为无条件反射和条件反射两类。

1) 无条件反射

无条件反射(unconditioned reflex)是遗传的、生来就有的反射。例如，强光刺激引起瞳孔收缩，异物进入呼吸道引起咳嗽，食物进入口腔引起唾液分泌等都是无条件反射。最基本的无条件反射有食物反射、防御反射和性反射。无条件反射的作用是维持机体的生命和延续种族。

无条件反射是在种族发展过程中形成的，因此，这种反射对每一个个体来说都是不学而能的。无条件反射是机体和环境之间的比较恒定的联系，它的反射弧是一种生来就有的固定的神经联系。无条件反射是由中枢神经系统的低级部位实现的，但受大脑皮层的调节。由无条件反射构成的行为称为本能行为。无条件反射是有机体出生后生存和发展的基础，但只靠无条件反射不能适应纷繁复杂的环境。

2) 条件反射

条件反射(conditional reflex)是后天的，是在个体生活过程中经过学习而形成的反射。例如，打过几次针的小孩，见到护士就哭或躲避；有过考试失败经历的人，一遇到考试就紧张；挨过棒打的狗再见到举棒的姿势就逃跑等，这些都是条件反射。条件反射是动物个体生活过程中为适应环境的变化而建立起来的暂时神经联系，是反射的高级形式。如果生活条件发生改变则已形成的条件反射会消退，并可重新形成新的条件反射。因此，条件反射的反射弧是不固定的，其形式是多样的，数目是无限量的，它使个体对于千变万化的外界环境具有更大的适应性。条件反射又可分成经典性条件反射(classical conditioned reflex)和操作性条件反射(operational reflex)。

(1) 经典性条件反射指一个原来并不能引起无条件反射的中性刺激物，由于它总是伴随某个能引起无条件反射的刺激物出现，如此多次重复之后，这个中性刺激物也能引起无条件反射。巴甫洛夫称这种反射为条件反射或条件作用。后人称之为经典性条件反射。

巴甫洛夫曾以动物(主要是狗)为对象进行了大量人工条件反射形成的实验(见图1-1)。做法是将做过唾液腺导管手术(使唾液流出体外以便计量)的狗放在实验台架上，先给狗食物(无条件刺激物)，狗会分泌唾液，这是由食物引起的无条件反射。这时，用铃声作用于狗，狗不分泌唾液。然后，将铃声与食物结合起来，响铃后喂食物，经过多次重复后，有铃声不给食物，狗也会分泌唾液。这是由于食物和铃声的作用，在狗的大脑皮层上形成了两个兴奋中心，经过多次重复结合，两个本无联系的兴奋中心之间形成了一种暂时的神经联系，将两个兴奋中心的机能接通了，铃声成为食物的信号，就形成了一种以铃声为条件刺激物的条件反射(见图1-2)。

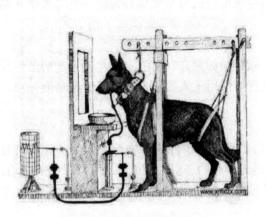
图1-1 条件反射实验装置

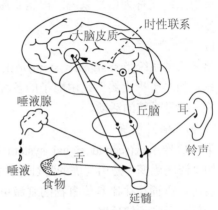
图1-2 条件反射形成图

一种条件反射巩固后，再用另一个新刺激与条件刺激相结合，形成第二级条件反射，同样还可以形成第三级条件反射。动物大脑皮层的活动越复杂，建立的条件反射越复杂，级数也越多。人掌握了语言这个信号，则可以建立无限级的条件反射。

巴甫洛夫根据神经系统的实验研究，指出了关于条件反射脑机制的假设，他认为暂时神经联系很可能是在皮层内接通的。然而，条件反射形成的机制尚未完全清楚，至今仍处在研究中。可能是传入的无条件刺激信息和条件刺激的信息，在各级中枢之间建立了暂时性的功能联系，在人类和高等动物，这种暂时性功能联系必须通过大脑皮层才能建立起来。

(2) 操作性条件反射，又称工具性条件反射，是指在一定刺激情境中，如果动物某种反应的结果能满足其某种需要，则以后它的这种反应出现的概率就会提高。

20世纪30年代，美国心理学家斯金纳(Burrhus Frederic Skinner，1904—1990)在巴甫洛夫的经典性条件反射的基础上，提出了操作性条件反射。他设计了一个箱子，称为"斯金纳箱"，箱子的内壁上有一小杠杆，小杠杆有传递食物的机关相连，如果触动小杠杆，食物就会滚落在箱内。斯金纳把白鼠放入箱内，使其自由活动，当它偶尔踩到箱内的杠杆装置时，食物就会掉下来，白鼠便吃到了食物。经过多次的重复后，白鼠减少了盲目乱撞杠杆装置的次数，直到最后，可以直接去踩杠杆装置而获得食物。这样就在按压杠杆和取得食物之间形成了条件反射，斯金纳称这种反射为操作性条件反射。这样，白鼠在杠杆装置与食物之间建立起条件反射，这就是操作性条件反射。

操作性条件反射和经典性条件反射的基本原理是相同的，它们都以强化和神经系统的正常活动为基本条件。它们之间的不同点是：操作性条件反射是动物通过自己的主动活动或操作形成的，经典条件反射是动物被动地接受刺激而形成的；在操作性条件反射中强化只同反应(操作)有关，出现在操作之后，而经典条件反射中，强化与刺激有关，而且出现在反应之前。

在现实生活中，一个复杂的行为，往往既包含有经典性条件反射，也包含有操作性条件反射。

3. 两种信号系统

巴甫洛夫在建立条件反射学说的同时认为，条件反射实际上是一种信号活动，因此，条件反射系统又称为信号系统。根据刺激物的性质可把信号系统划分为第一信号系统和第二信号系统。

1) 第一信号系统

第一信号系统(first signal system)是由具体刺激物(如声音、颜色、气味等)引起的条件反射系统。如"望梅止渴"是由梅子的各种属性直接作用于人的感觉器官而引起唾液分泌，属于第一信号系统的活动。

2) 第二信号系统

第二信号系统(second signal system)是指由语词作为条件刺激物而引起的条件反射系统。如"谈虎色变"是由与虎的特征相关的词语而引起的恐惧，属于第二信号系统的活动。实验表明，语词往往比具体事物的刺激更容易形成条件反射。在语词的刺激下，只要一次结合，就能形成条件反射。

两种信号系统既有区别又有联系。区别是：①第一信号系统是人和动物所共有的，第二信号系统是人类特有的，这是人与动物的本质区别。②两种信号系统的广度丰富性不同。第一信号系统只限于具体刺激物，第二信号系统的词代表一类事物。③形成的基础不同。第一信号系统是建立在无条件反射基础上；第二信号系统是建立在第一信号系统基础上。④活动的效果不同。第一信号系统是动物活动的最高调节机制；第二信号系统是人类行为的最高调节机制。联系是：第二信号系统是在第一信号系统的基础上建立的，第二信号系统调节和控制着第一信号系统的活动。人的正常活动都是以第二信号系统为主导的两种信号系统相互传递、互相协调的结果。

(三)心理是客观现实的反映

人的心理是对客观现实的反映，是人脑与客观现实相互作用的结果。

1. 客观现实是人的心理活动的内容和源泉

脑是心理的器官，具有反映的机能。但是，人脑只是反映客观事物的物质器官，人脑必须在客观现实的影响下才能实现其反映的机能，从而把客观存在转化为主观的心理。如果没有客观现实，人脑就没有反映的对象，而人脑自身是不会单独产生心理活动的。客观事物以各种不同形式作用于人脑，通过大脑的加工处理而产生感知觉、表象、记忆、思维等心理活动。人脑好比一个"加工厂"，客观现实是"原材料"，没有"原材料"，大脑这个"加工厂"就不能生产出任何产品。客观现实制约着人的心理发展方向、速度和可能达到的水平。

对人来说，客观现实包括自然环境和社会环境。自然环境所包括的日月山川、飞禽走兽等，是人类赖以生存的天然现实，是人类为了满足自身需要而进行改造的对象，是人的心理的源泉。社会环境所包括的城市、乡村、工厂、学校、家庭、风俗习惯、文化传统、人际关系等是人的心理的最重要的、起决定性作用的内容和源泉。

人的心理现象，无论是简单的，还是复杂的；无论是离奇的幻想，还是虚无缥缈的神话故事，其内容都来自客观现实。例如，颜色视觉是由光波作用于我们的眼睛而引起的，声音的听觉是由声波作用于我们的耳朵而引起的。如果没有光波、声波的作用，我们就不会产生颜色视觉以及声音的听觉。当观察到天空中闪电之后紧接着产生打雷现象时，便会引起人们"为什么在闪电之后会打雷"的思索活动。甚至在神话中虚构的在现实生活中不存在的荒诞的现象，尽管它本身如此超脱现实，但是构成它的原始材料也还是来自客观现实。例如，在文艺作品中塑造的孙悟空、猪八戒的形象只是把猴子、猪的形象拟人化而已。所以说，客观现实是人的心理活动的内容和源泉，人的心理都是客观现实的反映，它以映象的形式存在于脑中。

2. 心理是人脑对客观现实的主观的、能动的反映

人的一切心理现象，从简单的感觉、知觉到复杂的观念与意识，都是客观现实的各种特性、关系在人脑中的反映。人的心理是由客观现实引起的，在脑中形成的近似于客体的映象。因此，人的心理按其内容和源泉及其发生方式来说是客观的。但对客观现实的反映，总是由一定的具体的人进行的。所以，心理对客观现实的反映既是客观的，也是主观的，是客观和主观的统一。一定具体的人在过去实践中已形成的知识、经验、世界观和个性心理特征总会影响他对客观现实的反映。无论在反映的选择性、准确性、全面性和深刻性上都可以表现出来。具有不同兴趣、经验、情感和世界观的人对同样的客观现实的反映是不同的。例如，同样强度的刺激，各人产生痛觉不同；同看一部电影或同上一堂课，各人接受的内容也不同。即使是在不同生活时期的同一个人，对同样的客观现实的反映也可能是很不相同的。例如，当一个人生病发烧时，就感到糖是苦的，而不是甜的。个别谈话在不同的时间、地点、场合，对不同的人所达到的效果也会不同。然而，人的心理的主观反映，并不是指人的心理是对客观现实的主观臆测或任意附加，而是指人是反映的主体，人对客观现实的反映总是带有作为主体的具体人的特点的。

人脑对客观现实的反映，并不像镜子与物体相互作用那样是被动和机械的，而是要对客观事物进行加工和选择，进行积极的、主动的反映。例如，成人对孩子的教育，孩子并不是被动地接受成人的影响，而是主动地、有选择地接受成人施予的教育内容。他们从自己的已有经验和心理水平出发，考虑成人提出的要求。符合自己需要的就接受，不符合自己需要的就拒绝。

总之，人的心理活动不仅具有客观性，而且具有主观性和能动性，是对客观现实的主观的、能动的反映。

3. 人的心理是在实践活动中发生、发展的

有了反映器官和被反映的客观现实，只是具备了产生心理的条件。但是，如果人不从事社会实践活动，仍然不会自然地产生人的心理。社会实践活动是把人脑和客观现实联系起来的桥梁。

实践活动是人的心理发生、发展的基础。人的一切心理活动都是在实践活动中，在劳动、学习、交往中产生的，离开实践活动，人的心理不可能得到发展，因为人的心理的日益丰富是随着实践活动的日益深化而实现的，人在改变外界的实践活动中，也同时改变了自己对外界的反映，使自己的心理得到发展。例如，1920 年印度发现的狼孩卡玛拉，她也

有人脑，但由于她从小与狼生活在一起，脱离了人的社会实践活动，到了 8 岁被发现回到人类时，只有相当于 6 个月的婴儿的心理发展水平。她用四肢行走，用双手和膝盖着地歇息，她舔食流质的东西，只吃扔在地板上的肉，从不吃人手里的东西。她害怕强光，夜间视觉敏锐，每天深夜嚎叫。她怕火、怕水，从不让洗澡，即使天气寒冷，她也撕掉衣服，摆脱毯子。经过悉心照料与教育，她 2 年学会了站立，4 年学会了 6 个单词，6 年学会走，7 年学会了 45 个词，同时学会了用手吃饭，用杯子喝水。到 17 岁临死时只具有相当于 4 岁儿童的心理发展水平。

不仅如此，即使长大成年后长期脱离人的社会生活也将使其原已形成的人的正常的心理失常。例如，抗战期间，日本帝国主义曾经掳掠我国许多同胞。其中之一的刘连仁不堪日本矿山奴役劳动逃往北海道深山，过了 13 年茹毛饮血的穴居野人生活。1958 年他回国时语言十分困难，听不懂也不会说，没有正常人的心理状态。

事实说明，社会生活实践对人的心理起着制约的作用。人只有经常接触社会，与人交往，参加各种社会活动，才能从对事物的表面的认识发展到对事物的本质的认识，对客观事物发生一定的态度，并表现出克服困难的意志行动，对其发生兴趣，并增长能力。由于社会生活实践活动的多样性，使人们形成不同的个性特征。离开了社会生活实践，则会丧失人的心理或者失常。

实践活动是检验人对客观现实反映是否正确的标准，实践活动推动着人们去改正错误，使反映不断精确和完善。同时，人的心理服务于实践，指导实践。在实践活动中发生、发展起来的心理，必将作为再实践的理论指导，使实践活动不断深入，以提高实践活动的效率。

第三节　心理学的发展历程

"心理学"是近一百多年才兴起的名词，心理学的英文名是 psychology。psyche 是"灵魂"的意思，而 logos 是"学说"的意思。因此，从广义上说，只要与灵魂有关的，都可以称为心理学。

一、古代的心理学思想

心理学是一门古老的科学。在心理学独立成为科学以前，有关"灵魂""观念""意识""欲望""人性"等心理学问题，一直是古代哲学家、教育家、文学艺术家和医生们讨论的问题。

在我国，先秦时期的著作中就蕴含知、情、意起源的心理学思想。例如，《尚书·洪范》篇提出的"五事"说，就论及认识过程的两个阶段，目明耳聪属感知，思睿即思虑。又如《左传·昭公二十五年》中明确地把情感划分为六种，即好、恶、喜、怒、哀、乐，并认为是由六气(阴、阳、风、雨、晦、明)的影响所产生的。而《易经》中则有许多对意志品质，如有恒、节制等的描述。

春秋末期的思想家、教育家、儒家学说的创始人孔子(前 551—前 479)对人的论述特别可贵。子曰："仁也者，人也。"孔子对仁的重视，也就是对人的重视。仁的内涵十分丰富，但其核心思想是"爱人"，即"己欲立而立人，己欲达而达人"或"己所不欲，勿施于人"。孔子对人的论述涉及以下四个方面：①人是有价值的，不仅人类有价值，个人也有价值。②人不同于并优于万物(包括动物)的潜能。后来孟子发展为"性善""良知""良能"等观念。③主张因材施教，发展人的个性。④重视意志品质，发挥人的力量。子曰："三军可夺帅也，匹夫不可夺志也。"认为立志与力行分不开，是相互促进的。孔子强调道德教化，如"道之以政，齐之以刑，民免而无耻；道之以德，齐之以礼，有耻且格"，"举直错诸枉，能使枉者直"。意思是说推举有才能的人，而罢黜无用的人，这是管理心理学的思想。还有交际理论，"君子喻于义，小人喻于利"，"三思而后行"。

战国末期的荀况(约前 298—前 238)明确提出了"人贵论"："水火有气而无生，草木有生而无知，禽兽有知而无义，人有气有知亦且有义，故最为天下贵也。"

墨家的创始人墨子(约前 476—前 390)提出"兼爱""非攻"，"兼爱"是墨子整个思想体系的核心，他主张与人交往，不论对方是"君子"或"贱人"，均要兼爱，因为"爱人者，人必爱之，利人者，人必从而利之"。这也算是一种交际理论，在现在看来仍为人们所称道。另外，墨家的学习理论是经验论，墨子认为知识来源于直接的或间接的经验，来自"耳目之实"，而不是孔子认为的"生而知之"。后期墨家又进一步发展了墨子的这种理论，把知识的来源分为"亲知""闻知""说知"三类。"亲知"就是亲身通过感觉得到的知识；"闻知"是由传授得到的知识；"说知"是指用推理的方法得到的知识。墨子还强调后天环境对人的发展的影响，"染于苍则苍，染于黄则黄，所如者变，其色亦变"。

孟子发展和改造了孔子的"礼治"和"德政"的理论，提出了"仁政"学说。另外，他还主张"以德服人"，"以力服人者，非心服也，力不瞻也；以德服人者，心悦而诚服也"。在学习理论上，孟子一样持"先验论"观点，孟子认为，"学问之道无他，求其放心而已"，意思是说求知识、才能只要把他失掉的本性找回来就行了，也就是说，不用到现实中去实践。

在人性善恶问题上，孟子系统地阐述了"人性"问题，提出"性善"理论。孟子说："人皆有不忍人之心。先王有不忍人之心，斯有不忍人之。""不忍人之心"孟子也称"恻隐之心"，他还认为人的本性中还有"羞恶之心""恭敬之心""是非之心"，这些"心"都不是外面强加的，而是人生来就有的，即"恻隐之心，人皆有之；羞恶之心，人皆有之；恭敬之心，人皆有之；是非之心，人皆有之"。但是，在实际操作中，孟子又严格区分"君子""小人"，认为只有君子可以有"仁、义、礼、智"，而"小人"就没有这些善性。

在欧洲，心理学的历史可以追溯到古希腊。古希腊哲学家亚里士多德对灵魂的实质、灵魂与身体的关系、灵魂的种类与功能等问题从理论上进行了探讨。他的著作《论灵魂》是历史上第一部论述各种心理现象的著作。亚里士多德把心理功能分为认知功能和动求功能。在他看来，认知功能有感觉、意象、记忆、思维等。外物作用于各种不同的感官产生感觉和感觉意象。简括的意象构成经验，从经验抽出概念，构成原理，就是思维。在感觉与思维之间，意象具有重要的作用。他说"灵魂不能无意象而思维"，思维所用的概念是由意象产生的。动求功能包括情感、欲望、意志、动作等过程。自由而不受阻碍的活动会产生愉快的情感，这种情感有积极的作用。相反，活动受到阻碍将引起不愉快的情感，它的作用是消极的。

二、现代心理学的发展

从19世纪末到20世纪初，随着心理理论的积累，加之哲学、生理学、生物学等学科的影响，心理学开始独立，并产生了许多学派。

(一)现代心理学发展的历史背景

现代心理学的发展主要受到了近代哲学思潮、实验生理学和生物学的影响。

1. 近代哲学思潮的影响

近代哲学是指17—19世纪欧洲各国的哲学，对现代心理学产生重要影响的主要哲学思潮是17世纪法国的理性主义(rationalism)以及17—18世纪英国的经验主义(empiricism)。

理性主义的著名代表是法国著名哲学家、杰出的自然科学家让内·笛卡儿(Reńe Descartes，1596—1650)。笛卡儿只相信理性的真实性，认为只有理性才是真理的唯一尺度，后人称他的哲学为唯理论哲学。在身心关系的问题上，他承认灵魂与身体有密切的关系。认为某些心理现象，例如感知觉、想象、某些情绪活动，都离不开身体的活动。笛卡儿把人体和动物看成一部自动机械，它们的活动受力学规律的支配。他还用反射概念解释动物的行为和人的某些无意识的简单行为。但他认为，用身体的原因不足以解释全部的心理活动，为了引起心理活动，还必须有灵魂参加。这样，笛卡儿就把统一的心理现象分成了两个方面，其中一方面依赖于身体组织，而另一方面是独立于身体组织之外的，因而陷入了二元论。笛卡儿还相信"天赋观念"，即人的某些观念不是由经验产生，而是人的先天组织所赋予的。笛卡儿关于身心关系的思想推动了对动物和人体做解剖学和生理学的研究，这对现代心理学的诞生有直接的影响。他对理性和天赋观念的重视也影响到现代心理学的理论发展。

经验主义起源于英国哲学家霍布斯(Thomas Hobbes，1588—1679)和洛克(John Locke，1632—1704)。前者被认为是经验主义的先驱，后者被认为是经验主义的奠基人。

洛克反对笛卡儿的"天赋观念"说。在他看来，人的心灵最初像一张白纸，没有任何观念。一切知识和观念都是后天从经验中获得的。洛克把经验分成外部经验与内部经验两种。外部经验称感觉，它的源泉是客观的物质世界。物质世界的属性或特性作用于外部感官，因而产生外部经验。内部经验称反省，它是人们对自己的内部活动(思维、意愿、爱憎等)的观察。洛克的思想同样具有明显的矛盾，它摇摆在唯物主义和唯心主义之间。洛克重视外部经验，承认客观的物质世界是外部感觉的源泉，这是唯物的；但他同时承认反省和外部感觉一样，是观念的独立源泉，他的思想又摇摆到唯心主义的方面去了。

英国经验主义演变到18—19世纪，形成了联想主义的思潮。代表人物有詹姆士·穆勒(James Mill，1773—1836)、约翰·穆勒(John Mill，1806—1873)、培因(Alexander Bain，1818—1903)等。他们把联想的原则看成全部心理活动的解释原则。人的一切复杂的观念是由简单观念借助联想而形成的。例如，砖头的观念借助联想而形成墙的观念，泥灰的观念借助联想而形成地面的观念，玻璃、木条的观念借助联想而形成窗户的观念，而墙壁、地面和窗户的观念借助联想形成房屋的观念等。人的心理大厦就是由观念按上述原则建构起来的。

理性主义和经验主义对人性的解释不同，这两个哲学思潮对现代心理学的发展，从内容上到思想方法上都产生了极大的影响。哲学上理性主义和经验主义的斗争一直持续到现代，并表现在现代心理学各种理论派别的斗争中。在个体发展的问题上存在遗传决定论和环境决定论的争论，这种争论实际上反映了理性主义和经验主义的斗争。同样，联想主义对现代学习、记忆和思维的理论也产生了深远的影响。巴甫洛夫的条件反射学说、华生的行为主义，都直接接受了联想主义的影响。20世纪80年代中期产生的新连接主义也和联想主义有着密切的关系。

2. 实验生理学的影响

19世纪中叶，生理学已成为一门独立的实验科学。生理学的发展，特别是神经系统生理学和感官生理学的发展，对心理学走上独立发展的道路产生了重要的影响。可以说，近代哲学为西方现代心理学的诞生提供了理论基础，而现代心理学的实验方法则直接来源于实验生理学(experimental physiology)。

实验生理学的研究影响到心理学，主要始自19世纪德国生理学家的研究。德国生理学家约翰·缪勒(Johannes Müller，1801—1858)对神经细胞的特殊功能的探讨，不但对生理学本身的发展有杰出的贡献，而且也激发了包括心理学家在内的许多学者对这方面的兴趣和研究。他提出神经特殊能量说，认为人类对外界刺激之所以产生感觉，之所以能够辨别，完全是有赖于各种不同神经传导所发生的特殊能量所致。此外，他还提出大脑功能分区和神经细胞之间由电化作用产生神经冲动的理论。

缪勒的理论引起当时生理学家的重视，并由其弟子赫尔姆霍兹(H. von. Helmholtz，1821—1894)用实验加以证实。他用青蛙的运动神经测量了神经冲动的传导速度，这为心理学中应用反应时的测量方法奠定了基础。他所倡导的色觉理论与听觉理论以及"无意识推理"的理论，迄今仍是心理学上解释色觉与听觉现象以及知觉经验的重要理论根据。他还进而把缪勒的神经特殊能量说发展为神经特殊纤维说。

德国莱比锡大学教授费希纳(Gustav Theodor Fechner，1801—1887)首创用实验的方法将物理刺激的变化转化为心理经验，建立了心物之间计量的关系以及心理物理学方法。他对生理感官功能的一系列实验研究，使他成为心理物理学和实验心理学的奠基人。

德国学者韦伯(E. H. Weber，1795—1878)通过有系统地变化刺激的强度来观察个体的反应，在感觉阈限研究和测量方面为心理物理学的建立和发展做出了特殊贡献。

以上几位学者在听觉、视觉、感觉阈限测量等方面的实验研究及其成果，直到今天仍然是心理学的主要内容之一。这一时期的研究工作和实验手段，为心理学采用科学的实验方法研究人的心理活动，摆脱哲学的附庸地位，最终成为一门独立的科学产生了深远的影响。

3. 生物学的影响

1859年，英国生物学家达尔文(Charles Darwin，1809—1882)的著作《物种起源》出版。他提出了生物进化论(theory of biological evolution)，认为世界上现存的一切生物的状貌特征都是经历数百万年长期进化演变而来的，种类间的差异是由不同的遗传所致，同一种类内的个体差异则主要是因适应环境所致。达尔文生物进化论的很多观点，例如，遗传、环境、适应、个体差异等，都成了以后科学心理学研究的重要主题。此外，达尔文著的《人类的起源及性的选择》和《人与动物的表情》两部著作着重探讨了人与动物心理的相似性，对以后的比较心理学、儿童心理学及情绪心理学的发展产生了重要的影响。1877年他发表了《一个婴儿的生活简史》(刊于《心》杂志上)，是他对自己的一个孩子的观察记录，是一项系统自然观察的典范，对促进儿童心理学的发展有重要作用。

(二)心理学的诞生

1879年，德国著名心理学家冯特(Wilhelm Wundt，1832—1920)在德国莱比锡大学创建了第一个心理学实验室，把自然科学中使用的方法应用于心理学研究，开始对心理现象进行系统的实验室研究，从此，心理学脱离哲学而成为一门独立的科学。

延伸阅读

冯特简介

冯特，德国心理学家、哲学家，构造派心理学、民族心理学的创始人，如图1-3所示。冯特出生在一个牧师家庭，自幼受教于一位路德教派的牧师。19岁时升入杜平根大学学医，后又到海德堡大学学习解剖学、生理学、物理学、化学和医学。学习中他逐渐感到行医对他不适宜，所以转向生理学。跟德国著名的生理学家约翰·缪勒学习半年之后，于1856年回到海德堡大学取得博士学位。从1857年至1874年任海德堡大学生理学讲师、副教授。1875年，升任莱比锡大学的哲学教授后，他在那里工作了45年，开始了他那最漫长、最重要的学术时期。他于1879年在德国莱比锡大学建立了世界上第一个心理学实验室。1881年创办了《哲学研究》杂志，这是新实验室和实验心理学的正式刊物。由于他的盛誉和他的实验室，吸引了世界各国许多心理学家和心理学爱好者来到莱比锡跟他一道工作。在这些人中有很多是后来对心理学有贡献的著名心理学家。聚集在莱比锡的许多心理学家，形成了心理学中的第一个学派——构造心理学派。冯特主要著作有《生理心理学原理》《心理学大纲》《民族心理学》等。

图1-3 冯特

(资料来源：宋书文. 心理学名词解释. 兰州：甘肃人民出版社，1985)

心理学成为一门独立的科学不是偶然的，它是社会历史发展的必然产物。最初的哲学包罗万象，只是由于生产力的发展和人们探索大自然奥秘的需要，许多与生产实践密切相关的科学才逐渐自成体系，陆续从哲学中分离出来。这些分离出来的科学独立地发展到一定阶段以后，又反过来要求人们对自身进行研究，而且这些独立后发展起来的科学，又从认识论和方法论方面为人们认识自己提供了可能性。心理学就是在这种条件下，在其他科学发展的基础上，经过前人不断探索、研究而产生和发展起来的。

世界上第一个正式心理实验室之所以在德国建立，是与当时德国的社会历史条件和哲学自然科学的发展状况密切相关的。首先，这是当时资本主义生产发展需要的产物。资产阶级为了发展工业生产，不仅需要有探察自然物体物理特性和自然力活动方式的科学，而且还需要有研究人的心理活动规律的独立科学。其次，这是自然科学特别是德国感官神经生理学发展的结果。

(三)现代心理学的主要派别

在心理学独立之初，心理学家们在心理学的研究上存在很大差异，因而形成了许多派别，较为著名的有如下几个。

1. 构造心理学派

构造心理学派(tectonic psychological school)是心理学的第一个学派，冯特是这一学派的创始人，他的学生铁钦纳(E.B.Titchener，1867—1927)是该学派的代表人物。他们认为心理学应该研究人的直接经验即意识，并把意识分为感觉、意象和激情三种元素。感觉是知觉的元素，意象是观念的元素，激情是情绪的元素。所有复杂的心理活动都是由这些元素构成的。在研究方法上，他们首创内省法。在他们看来，了解人们的直接经验，要依靠被试者对自己经验的观察和描述。

2. 机能心理学派

机能心理学派(function psychological school)的创始人是美国著名心理学家詹姆士(Willian James，1842—1910)，其代表人物还有杜威(John Deway，1859—1952)和安吉尔(James Angell，1869—1949)等人。机能心理学派也主张研究意识。但是，他们不把意识看成个别心理元素的集合，而是连续的过程。在他们看来，意识是个人的、永远变化的、持续的和有选择性的。意识的作用就是使有机体适应环境。如果说构造心理学派强调意识的构成成分，那么机能心理学派则强调意识的作用与功能。以思维为例，构造心理学派关心什么是思维，而机能心理学派则关心思维在人类适应行为中的作用。机能心理学派的这一特点，推动了美国心理学面向实际生活的过程。20世纪以来，美国心理学一直比较重视心理学在教育领域和其他领域的应用，这和机能心理学派的思潮是分不开的。

3. 行为心理学派

19世纪末20世纪初，正当构造心理学派和机能心理学派在一系列问题上发生激烈争论的时候，美国心理学界出现了另一种思潮——行为心理学派(behavior psychological school)。1913年，美国心理学家华生(John Watson，1878—1958)发表了《在行为主义者看来的心理学》，宣告了行为心理学派的诞生。行为心理学派有两个重要的特点：①反对研究意识，主张心理学研究行为；②反对内省，主张用实验方法。在华生看来，意识是看不见、摸不着的，因而无法对它进行客观的研究。心理学的研究对象不应该是意识，而应该是可以观察的事件，即行为。行为心理学派产生后，在世界各国心理学界产生了很大的反响。行为心理学派研究可以观察的行为，这对心理学走上客观研究的道路有积极的作用。但是由于它的主张过于极端，不研究心理的内部结构和过程，否定研究意识的重要性，因而限制了心理学的发展。

4. 格式塔心理学派

在美国出现行为心理学派的同时，德国出现另一个心理学派别——格式塔心理学派

(Gestalt psychology School)。格式塔心理学派的创始人有韦特海默(Max Wertheimer, 1880—1943)、柯勒(Wolfgang Köhler, 1887—1967)和考夫卡(Kurt Koffka, 1886—1941)。格式塔心理学派和行为心理学派都是在批判传统心理学(构造心理学派和机能心理学派)基础上发展起来的,但在一系列基本问题上两派又有截然不同的观点。格式塔是从德文 Gestalt 音译而来,意思是完形或整体。格式塔心理学研究的主要课题是有关人的知觉过程。他们反对构造心理学的心理元素的观点,也不同意行为心理学的刺激—反应的观点,认为整体不能还原为各个部分、各种元素的总和;部分相加不等于全体;整体先于部分而存在,并且制约着部分的性质和意义。例如,一首乐曲包含许多音符,但它不是各个音符的简单结合,因为一些相同的音符可以组成不同的乐曲,甚至可能成为噪声。因此,分析个别音符的性质,并不能了解整个乐曲的特点。格式塔心理学理论并不仅限于说明知觉过程,许多心理学课题,例如,顿悟和问题解决也可用其理论加以解释。近年来认知心理学的出现也受到了格式塔心理学理论的影响。

5. 精神分析学派

精神分析学派(psychoanalytic school)是由奥地利精神病医生弗洛伊德(Sigmund Freud, 1856—1939)创立的。他的理论主要来源于治疗精神病的临床经验,在人格研究以及心理治疗方面成果突出。精神分析学派主要是对异常行为进行分析,强调心理学应该研究无意识。精神分析学说认为,人类的一切个体的和社会的行为,都根源于心灵深处的某种欲望或动机,特别是性欲的冲动。欲望以无意识的形式支配人,并表现在人的正常和异常的行为中。欲望或动机受到压抑,就会导致心理疾病。

精神分析理论在发展过程中,受到原来追随弗洛伊德心理学家的批评和反对,他们不再坚持弗洛伊德的泛性论观点,加之受到社会学和人类学发展的影响,开始转向研究人格发展过程中的社会文化因素的影响,这些理论和观点后来被称之为"新精神分析理论"。

三、当代心理学的研究趋势

心理学成为独立的学科以后,学派纷争的局面并没有持续很长的时间。第二次世界大战以后,心理学的发展,放弃了追求普遍的大而全的理论,转向解释某一方面心理现象的小型理论;心理学出现了不是以学派的形式,而是作为一种范式、思潮或一种发展趋向去影响心理学的各个领域。在这种形势下,门户之见的对峙和分道扬镳的局面缓和下来,各派之间出现了互相吸收、互相融合的新局面。概括起来,代表当代心理学发展趋势的研究主要有以下几个方面。

(一)生理心理学的研究

用生理心理学(physiological psychology)的观点和方法研究心理现象和行为,是当代心理学的一个重要研究取向。采用这种取向的心理学家关心心理与行为的生物学基础,把生理学看成描述和解释心理功能的基本手段,认为高级心理功能(知觉、记忆、注意、语言、思维、情绪等)都和生理功能,特别是脑的功能有密切关系。

生理心理学研究的问题主要有:①脑功能的定位,即不同的心理功能是由哪些脑区来完成的，它们之间的关系怎样；②心理免疫学，即人的思想和情感与身体健康的关系；③遗传在行为中的作用。

生理心理学的研究方法主要有临床方法、局部切除法、电刺激法和生物化学方法等。近年来，随着神经生理学、影像学和计算机技术的迅猛发展，神经成像或脑成像的技术已应用于神经心理学和认知神经科学的研究。

(二)行为心理学的研究

行为心理学(behavioral psychology)着重研究个体(人或动物)的行为是怎样受环境和经验影响的。行为主义、新行为主义和社会认知学习论是持这种理论观点的代表。行为主义者否定心理因素，用刺激变量和反应变量的关系来解释行为，在他们看来刺激和反应是唯一可以观测到的，因而只关注对哪些刺激变量给予奖赏或惩罚才能够保持或抑制特定的行为。而新行为主义和社会认知学习理论则不再无视有机体的内部过程，也关注动机和认知机制的研究，关注刺激与反应之间的中介变量的研究，认为人类不仅可以通过自身的行为去适应环境，也可以通过模仿他人和思考周围发生的事件来习得行为。

行为心理学探索的主要问题有：在什么条件下某种行为能发生，不同刺激对行为可能有什么作用，行为的结果又怎样影响随后的行为等。

20世纪50年代以后，行为主义作为一个学派已接近销声匿迹了，但是作为一种研究取向，行为心理学的研究在某些应用领域仍在持续。具体的研究主要有以下几个方面。

(1) 程序学习。华生之后，新行为主义者斯金纳(Skinner，1904—1990)将行为主义的学习理论应用于正规的学习情境，提出了基于自我学习的程序学习。程序学习在20世纪60年代，曾风行了一个时期，以后由于计算机的普及，程序学习的思想已经和计算机教学结合在一起，成为个体学习的一种有效途径。

(2) 行为治疗。将行为主义的学习理论应用于心理障碍的缓解和解除，帮助人们改变或消除不需要的行为或不适应的行为，代之以需要的或适应性行为。

(3) 生物反馈。通过训练让个体自行控制自己的身体过程，如心率、血压、体温等。这种训练通常借助生物反馈仪来进行。个人从仪器上可以读到自己的心率、血压等指数。如果一个人的血压太高，他可以通过放松训练，让自己的血压一点一点地降下来，最后达到控制血压、治疗高血压症的目的。

(三)心理分析的研究

早期的精神分析(psychoanalysis)理论如弗洛伊德的理论，遭到来自各方面的批评。但是，精神分析的研究取向仍存在于心理学的某些研究领域中。

20世纪30年代以后，一批后弗洛伊德主义者,如A. 弗洛伊德(A. Freud)、克莱思(Melanie Klein)和艾里克森(Erik Erikson)等，将精神分析的理论应用于动机和人格的研究。与弗洛伊德不同的是，后弗洛伊德主义者更关心儿童和青少年人格的正常发展，而不像弗洛伊德那样，主要以精神异常的成年人为研究对象；后弗洛伊德主义者强调意识和自我的重要性，而不像弗洛伊德那样，只重视无意识的研究；后弗洛伊德主义者把青年期看成力必多(性能，libido)活动的高潮时期，而不像弗洛伊德那样，过分强调它在儿童时期的作用。

(四)认知心理学的研究

认知心理学(cognitive psychology)出现在20世纪初,在20世纪50年代以后得到迅速发展。早期的认知心理学以瑞士著名心理学家皮亚杰(Jean Piaget,1896—1980)为代表。20世纪20—30年代,皮亚杰通过一系列精心设计的实验,揭示了儿童思维发展的规律。皮亚杰重视智力问题,注意分析智力发展的结构。

20世纪40年代末,信息论、控制论和系统论诞生。"三论"对现代心理学特别是认知心理学产生了深远的影响。20世纪50年代末至60年代初,心理学界涌现出一股研究认知过程的潮流。在知觉、记忆、言语、问题解决等领域中,出现了一些新的理论。这些理论主张用信息加工观点来研究人类心理过程和结构,把人看成一种信息加工者,一种具有丰富的内在资源,并能利用这些资源与周围环境发生相互作用的、积极的有机体。在这些理论看来,环境的因素不再是说明行为的最突出的因素了。环境提供的信息固然重要,但它是通过支配外部行为的认知过程而加以编码、存储和操作,并进而影响人类的行为的。

现代认知心理学除了应用心理学的一般研究方法外,还发展了自己特有的一些研究方法,如反应时记录法、口语报告法、计算机模拟等。在认知心理学的早期发展中,计算机模拟采用得很普遍。使用这种方法的基本设想是:如果计算机和人在某种作业的操作模式上功能相等,那么用指导计算机的程序就能很好地解释人是怎样完成这一作业的。近年来,认知心理学与神经科学的结合产生了认知神经科学,它主要研究认知功能的脑机制、认知与神经系统活动的关系、脑发育与认知功能的发展等。

(五)人本主义心理学的研究

人本主义心理学(humanism psychology)是由美国心理学家马斯洛(A. Maslow,1908—1970)和罗杰斯(C. Rogers,1902—1987)两人在20世纪50年代创立的。人本主义心理学反对行为主义心理学和精神分析论,认为它们都把人的心理现象异化,而没有揭示人的完整的心理活动和行为表现的实质。人本主义心理学着重于人格方面的研究,认为人的本质是好的、善良的,他们不是受无意识欲望的驱使,并为实现这些欲望而挣扎的野兽。人有自由意志,有自我实现的需要。因此,只要有适当的环境,他们就会力争达到某些积极的社会目标。人本主义心理学反对行为主义只相信可以观察到的刺激与反应,认为正是人们的思想、欲望和情感这些内部过程和内部经验,才使他们成为各不相同的个人。

四、我国心理学的发展过程

由于东西方文化的不同以及现代科学发展的差异,尽管中国古代有丰富的心理学思想,但是与现代心理学理论有一定的距离,在我国心理学作为一门科学是由西方传入的。

心理学在中国的传播,始于明末耶稣会传教士利马窦著的《西国记法》(1595)、艾儒略著的《性学确述》(1623)等书。1840年鸦片战争以后,留美学者颜京(1838—1898)出任上海圣约翰书院院长,开设了心理学课程,并于1889年出版了译著《心灵哲学》一书。1907年王国维的译著《心理学》出版,该书是丹麦心理学家霍普夫丁的著作。

中国现代心理学的开创始于1917年。它的标志是北京大学首次建立了心理学实验室。

1918年陈大齐出版了《心理学大纲》一书。1920年南京高师(东南大学)建立了中国第一个心理学系。1921年中华心理学会在南京正式成立。1922年中国第一个心理学杂志——《心理》由张耀翔编辑出版。

20世纪20、30年代，心理学在中国有所发展。现代心理学的许多理论流派开始通过归国的中国学者介绍到中国来。一些在海外学习的中国留学生开始了一些重要的实验研究，如：哺乳动物和鸟类胚胎行为发生和发展的研究(郭任远)；汉字心理的研究(艾伟，1924；周先庚，1929)；智力及其测验的研究(陆志韦)；阅读中文时眼动的分析(沈有乾，1925，1927)；比奈-西蒙智力测验的修订(陆志韦，1924，1936)等。其中有些研究在国际上是有影响的。20世纪30年代以后，由于日寇的入侵，中国心理学的发展进入了停滞时期。

新中国成立初期，主要以介绍和引进苏联的心理学为主。在这个时期，心理学有所发展，主要表现在建立了中国心理学会，学校经过院系调整，在北京大学哲学系建立了心理学专业，在北京师范大学开办了一系列心理学高级研讨班，系统介绍了苏联的心理学成就，并出版了大量的心理学译著。

20世纪50年代末，心理学遭受到不应有的批判。心理学的一些正确的研究方向被指责为"超阶级""抽象化"和"生物学化"。60年代初，心理学经过"甄别"，纠正了某些错误，心理学工作者在教育心理学、医学心理学和工程心理学等应用领域开展了研究，为教育改革和社会生活的许多方面做出了贡献。

从20世纪60年代中期到70年代中期，中国经历了政治大动荡时期。心理学被当成伪科学受到批判，心理学的研究机构被关闭，心理学人才的培养也被迫中断。

"文革"之后，中国心理学真正进入了发展的新时期。二十多年来，中国心理学家在许多重要的领域开展了系统的研究。在视觉领域，中国心理学家提出了视觉早期加工的拓扑学理论；在语言信息加工的研究中，中国心理学家结合汉字和汉语的特点，探讨了汉语词汇表征和加工的特点；在儿童发展的研究中，中国心理学家结合本国儿童的特点进行了以思维和智力发展为主要内容的研究；在教育心理学的研究中，中国心理学家适应国家教育改革的需要，探讨了教育、教学中的一系列心理学问题，提出了不少有价值的教改实验方案。此外，在心理测量学、工程心理学、医学心理学、社会心理学、生理心理学等领域也进行了大量有价值的研究。中国心理学家与世界各国心理学家建立了广泛的合作和联系。1980年中国心理学会被正式接纳加入了国际心理学联合会。

延伸阅读

心理学的学科性质和分支

心理学兼有自然科学和社会科学的性质，是一门介于自然科学与社会科学之间的边缘科学。心理学目前已形成了100多个分支学科，而且新的分支学科还在不断地产生。

近年来，我国教育部颁布的专业学科设置目录和分类标准将心理学列为一级学科，同时又设有基础心理学、发展与教育心理学、应用心理学三个二级学科。

①基础心理学是心理学的基础学科，它的主干学科有普通心理学、实验心理学、生理心理学、认知心理学、心理语言学等。②发展与教育心理学包括发展心理学和教育心理学两个分支。③应用心理学研究心理学基本原理在各种实际领域的应用，包括工业工程、组

织管理、人力资源开发、市场消费、社会医疗保健、心理卫生、体育运动、环境保护、军事法律等各个领域。

第四节 心理学的研究原则和方法

学习心理学除了要掌握学科的基本理论和基础知识外，还要懂得心理学的研究原则和方法，以便更深入地探讨心理学问题。

一、心理学的研究原则

心理学的研究原则是研究心理学时应遵循的基本要求，心理学的研究须坚持以下原则。

(一)客观性原则

客观性原则(objective principle)是指研究者要尊重客观事实，对任何心理现象必须按照它的本来面貌加以研究和考察。由于心理活动纷繁复杂，在心理学研究中很容易产生猜测、武断和片面的缺点，因此，应注重遵循这一原则。任何结论都必须在对所得的全部事实材料和数据，甚至包括相互矛盾的事实中进行全面分析的基础上做出，而不能任凭研究者的主观臆测来肯定或否定某种结论。

在贯彻客观性原则时，要努力排除先入为主和偏见的影响；搜集资料如实地记录外部刺激、机体反应、行为表现和口头报告，杜绝主观臆测；对资料要进行全面分析，特别注意与已有结论不一致的事实，防止以偏概全。

(二)发展性原则

发展性原则(developmental principle)就是坚持发展的观点，对心理活动的变化进行动态研究。客观事物总是处于不断地运动和变化发展中，作为人脑对客观事物反映的心理活动，不可能是固定、静止的。不仅如此，人脑这一心理活动的物质承担者，也是长期进化发展的产物。这些都要求研究者必须遵循发展性原则来研究心理活动的特点及行为发生发展的规律性。

这一原则要求在研究中不仅阐明一种心理现象的现状，而且要考虑历史发展状况，并且还要对发展趋势和发展前景进行预测。例如，研究个体在不同年龄阶段上的心理发生发展的规律，就要根据从初生到老年期的每个阶段所具有的不同心理特点和形成条件，既要阐明已经形成的心理品质，又要阐明那些正在形成或刚表现出来的心理特点，并要预测可能会出现的心理现象，以创造有利条件让其顺利发展。

(三)系统性原则

系统性原则(systematic principle)就是坚持系统、整体的观点，既要对人的心理进行多层次、多水平的系统分析，又要对各种心理现象及其形成的因素之间相互作用的关系进行整合研究。

遵循这一原则要求研究者必须注意以下几点：把因素分析、相关分析和整合研究统一起来；把纵向研究和横向研究统一起来；把结构研究和机能研究结合起来。不仅要将研究对象放在有组织的系统中进行考察，而且要运用系统的方法，从系统的不同层次、不同侧面来分析研究对象与各系统、要素的关系。另外，要注意做到分析与综合，从而准确地解释研究对象的本质与规律。

人生活在极其复杂的自然环境和社会环境中，心理现象的产生都要受自然和社会诸多因素的影响和制约，人们对某种刺激的反映，在不同的时间、环境和主体状况下，反应往往不相同。因此，在对人的某种心理现象进行研究和实验时，要在联系和关系中探讨心理活动的规律。

心理现象是相互联系、相互制约的。个性在心理过程的基础上形成，又通过心理过程表现出来；个性一旦形成，又会对心理过程产生制约的作用。没有感性认识就不会有理性认识，感性认识越丰富，越有利于对事物本质的认识；同时，只有理解了的东西才能更好地感知它，思维又影响着人的感性认识。所以各种心理活动是相辅相成、相互制约的。我们必须用系统的观点来看待事物，不能割断事物之间的密切联系。

(四)人文关怀原则

人文关怀原则(humanistic care principle)是指心理学研究工作者在研究中应遵守职业道德，尊重被试，关爱被试。心理学的研究对象是一个个有生命的、主体性的有机体(人和动物)。在对他们的心理与行为进行研究时，必须充满人文关怀。

在进行以人为被试的研究前，研究人员要仔细评估被试可能面临的风险程度，即实验中被试可能会遇到哪些危及身心健康的潜在因素。即使这种潜在风险微不足道，也必须仔细予以考虑。

心理学研究人员必须遵守的职业道德：①确保被试的个人隐私不被泄露，甚至连被试的名字都不能公布，一般以代码标记。无论要求被试做什么或说什么，必须使他们确信除了研究者之外，没有人会知道他们的答案。②被试参与研究是自愿的，不能强迫其参加。即使在实验研究开始之后，被试仍有自由选择退出的权利。③在实验研究开始前要让被试知道实验中将做什么，征得其同意后，才能让他们参加。如果不得已要对被试隐瞒实验的真实意图，在实验结束后应当对全体被试进行解释，说明这项实验的真实目的和基本内容。在可能的情况下给每位被试一份实验结果的复印件。

如果实验被试是动物，研究人员应训练有素且能人道地照料动物。要尽力避免或减少动物可能受到的不安、疾病和疼痛。所有涉及脊椎动物的实验都必须经过专门委员会的审批。

二、心理学的研究方法

心理学的研究方法是研究心理学时所采用的方式和手段，常用的心理学研究方法有如下几种。

(一)观察法

观察法(observation method)是指在自然情境中或预先设置的情境中对被观察者的行为进行系统的观察记录而后分析,以获得其心理活动产生和发展规律的方法。

观察法一般在下列情况下采用:对所研究的对象无法加以控制;在控制条件下,可能影响某种行为的出现;由于社会道德的要求,不能对某种现象进行控制。

观察方式一般有两种:一种是观察者作为一个参与者参与到活动中,身临其境地进行观察;另一种是观察者作为一个旁观者,不参加被观察者的活动,冷静地观察所发生的各种情况。无论采取哪种方式,原则上是不让被观察者发觉自己的活动被他人观察,否则就会影响他们的行为表现。

观察的成功取决于观察的目的与任务、观察和记录的手段以及观察者的毅力和态度。如何避免观察者的主观臆测与偏颇是观察法使用的关键。另外,观察始终应该是有目的有计划地对被观察者在活动中表现出来的心理特点进行观察和记录,以利于科学地解释行为产生的原因。

观察法的优点是:对被观察者的行为进行直接的了解,因而能收集到第一手资料;由于观察法是在自然条件下进行的,不为被观察者所知,保持了被观察对象的心理活动的自然流露和客观性,获得的资料比较真实。

观察法的缺点是:在自然条件下,事件很难按严格相同的方式重复出现,因此,对某种现象难以进行重复观察,而观察的结果也难以进行检验和证实;有些现象、行为不能直接观察,观察结果难以量化统计。由于对条件未加控制,观察时可能出现不需要研究的现象,而要研究的现象却没有出现;观察的结果容易受到观察者本人的兴趣、愿望、知识经验和观察技能的影响。

(二)实验法

实验法(experimental method)是按照研究的目的、有计划地严格控制或创设一定的条件,主动引起或改变被试的心理活动,从而进行分析研究的方法。实验法是心理学研究的主要方法。实验法可以分为实验室实验法和自然实验法。

1. 实验室实验法

实验室实验法(laboratory experiment method)是指在实验条件严格控制下,借助于专门的实验仪器,引起和记录被试的心理现象进行研究的方法。心理学的许多课题都可以在实验室进行研究。例如,我们在实验室中安排三种不同的照明条件(由弱到强),让被试分别在不同照明条件下,对一个短暂出现的信号做出按键反应,通过仪器记录被试每次的反应时间。这样就可以了解照明对反应时间的不同影响。

实验室实验法的优势在于,对实验情景和实验条件进行严格控制,可以获得较精确的研究结果;实验结果可以量化,也可以进行反复验证。它的劣势是,由于实验者严格控制实验条件,使实验情境带有很大的人为性质;被试处在严格控制实验条件的情境中,意识到正在接受实验,有可能干扰实验结果的客观性;实验室中获得研究结论有可能不能完全适应实际生活,在实际应用中出现困难。

2. 自然实验法

自然实验法(natural experiment method)也称现场实验法，是指在实际生活情境中，由实验者创设或改变某些条件，以引起被试某些心理活动进行研究的方法。自然实验虽然也对实验条件进行适当的控制，但它是在人们正常学习和工作的情境中进行的。例如，研究小学各年级儿童口头语言和书面语言发展的水平，可以结合教学对不同年级的学生提出一系列的阅读材料；儿童学习了这些材料之后，完成指定的口头复述和书面复述的作业。从这些作业材料的整理和分析中，可以看出不同年级儿童口头语言和书面语言发展的某些情况和特征。

由于自然实验是在正常的生活情境中进行的，因此，自然实验的结果比较合乎实际，也易于实施。但是，在自然实验中，由于条件的控制不够严格，因而难以得到精密的实验结果。在运用这种方法的时候，适当地跟实验室实验结合起来，常常是必要的。

(三)调查法

调查法(investigation method)是指就某一问题要求被调查者回答其想法或做法，以此来分析、推测被试心理活动的方法。调查法分为量表法、问卷法、访谈法和相关法。

1. 量表法

量表法(measurement method)也称测验法，是指用一套预先经过标准化的问题(量表)来测量某种心理品质的方法。采用量表法，一是用于研究个体行为(心理特征)在某一层面上的个别差异；二是研究被试者两种或多种行为(心理特征)之间的关系。无论是哪一种情况，测验的量表必须标准化，测验的内容必须具备适用性和科学性。

目前，心理测验的种类很多，按内容可分为智力测验、成就测验、态度测验和人格测验；按形式可分为文字测验和非文字测验；按测验规模可分为个别测验和团体测验等。由于测验法是个体心理特征和行为表现的量化研究的有效工具，因此，这种方法的应用范围很广。

2. 问卷法

问卷法(questionnaire method)是指采用预先拟定好的问题表由被试填写来收集资料，分析和推测被试心理状态的方法。问卷法是研究者用来收集资料的一种方法，它在心理学的基础研究和应用研究中都被采用。例如，许多研究人格的心理学工作者采用调查问卷收集有关人格特点的资料。在应用研究中，问卷法可用于了解人们对电视节目的评价、工作分析、需要评价、动机研究、市场研究等。一份完美的问卷，必须是问题具体、重点突出，使被调查者乐于合作，能准确地记录和反映被查者回答的事实，而且数据资料便于统计和整理。

3. 访谈法

访谈法(interview method)也称晤谈法，是一种以面对面方式向被调查者提出问题进行调查的方法。访谈法在心理学领域中的应用有较久远的历史，它几乎是和内省法、观察法同时出现的。

使用访谈法进行心理学研究时，要掌握访谈的专门知识和技能。访谈员在实施访谈时应创设恰当的谈话情境,使受访人有轻松愉快的心情;具备耐心和细致的洞察力;不对受访人进行暗示和诱导;对相同的事情会从不同的角度提问;能如实准确地记录访谈资料,不曲解受访人的回答。

访谈法一般不需要特殊的条件和设备,比较容易掌握和施行,但是由于访谈对象有限,加上被试可能受主观和客观因素的影响,有可能会影响到资料的真实性。

4. 相关法

相关法(correlation method)是探索两个或两个以上变量之间相互关系的方法。它主要是根据量表法和问卷法获得的数据,运用统计的方法计算相关系数;根据相关系数的大小,分析两个或两个以上变量之间相互关系的程度和性质。相关系数以字母 r 来表示,介于+1.00 和-1.00 之间,相关系数越大,变量之间的相关度越高;相关系数越小,变量之间的相关度越低。例如,我们想考察学习成绩和智商之间是否有联系,首先根据研究的需要,选择一定数量的被试;其次,以学习成绩为第一组数据,智力测验分数为第二组数据,用所获得的两组数据计算相关系数;最后,根据计算出来的相关系数的大小,分析学习成绩和智商之间的关系。

(四)个案法

个案法(case method)是对一个或几个研究对象进行较长时间的系统研究的方法。在研究中要注意全面地调查被研究者的社会条件,教育与家庭的影响,活动、工作情况,身体健康状况,以及在这些因素的影响下的心理活动和个性品质的发展变化,从而找出心理活动发展、变化的规律。其研究对象可以是儿童、正常的成人,也可以是病人。可以在正常条件下,也可以在实验的条件下进行。此法的长处是有利于全面系统地对被研究者进行了解,其缺点在于研究对象的数量少,结果可能不具普遍意义。因此,在推广运用个案结果或做出更概括的结论时,必须持谨慎的态度。一般来说,个案法常用于提出理论或假设,要进一步检验理论或假设,则有赖于其他方法的帮助。

(五)作品分析法

作品分析法(works analysis method)是指通过对被试各种活动的作品,例如绘画、日记、作文或其他作品进行分析研究,了解其心理活动的水平、特点以及个性心理特征的方法。在心理学研究中,作品分析法是一种常用的方法。例如,通过分析儿童的绘画作品,可以得到许多关于儿童智能发展的资料,推断其观察能力及认识事物的能力;通过对日记的分析(当然必须首先征得儿童的同意),可以把握儿童的心理状态;通过分析儿童的作文或其他作品(如作业、考卷、信件等),可以深入地了解儿童的个性特点。另外,作品分析法还有一种特别的意义,即可以超越时间和空间的局限。例如,对古人的心理活动的特点就可通过分析他们的活动产品如著作、书法、绘画、言论等来加以研究。

总之,心理学的研究方法远不止这些,上述 5 种研究方法都有各自的适用范围。由于人的心理活动非常复杂,研究人的心理现象不能单独采用某一种方法,而应该根据研究课题的需要,综合运用各种方法,使之相互补充,以使心理学的研究更加科学。

复 习 要 点

第一节 心理学的研究对象

心理学的研究对象是：通过心理现象的研究，揭示心理活动的规律。个体心理是指个人所具有的各种心理现象。个体心理现象可以划分两个部分：心理过程和个性差异。心理过程是指在客观事物的作用下，心理活动在一定时间内发生、发展的过程。心理过程按其性质可分为 3 个方面，即认知过程、情绪情感过程和意志过程，简称知、情、意。认知过程是指人们认识客观事物的过程。情绪情感通常在人的心理和行为活动中起动力作用。意志过程是指自觉地确定目的、克服困难、实现目标的心理过程。个性差异是人们所具有的不同心理面貌。个性差异可分为两个方面：心理倾向是人进行活动的心理趋向，主要包括兴趣、需要、动机等；心理特征是个体在其心理活动中经常地、稳定地表现出来的特点，主要包括气质、性格和能力。由于社会团体的客观存在，便产生了社会心理或团体心理。心理学不仅要研究人的个体心理，而且要研究人的社会心理。

第二节 心理的实质

心理实质是什么，经历了长达几千年的争论，形成了许多不同的观点。

一、两种对立的心理观

唯心主义心理观认为心理是不依赖于物质而独立存在的，心理的东西是第一性的，物质的东西是第二性的。唯心主义有两种表现形式，即主观唯心主义和客观唯心主义。主观唯心主义虚构出某种脱离物质、脱离人的肉体的"自我"，并把"自我"当成唯一真实的存在和世界的本源，认为世界上的一切事物都是"我"的感觉、观念、意志等的产物，没有"我"就没有世界。客观唯心主义是虚构某种脱离物质、脱离任何个人的"客观"精神，并把它当成万物的主宰者。

唯物主义心理观认为心理的产生有赖于物质的存在，物质是第一性的，心理是第二性的，心理是由物质派生出来的，比较有代表性的观点如下：①心理产生于物质；②心理产生于身体；③心理产生于身体的特定器官。认为心理是某种器官的一种机能，但心理究竟产生于哪一种器官，在对这一问题的认识上，又有两种不同的观点：一种认为心脏是心理产生的器官；另一种认为脑是产生心理的器官。

二、科学的心理观

心理是脑的机能：物种发展史证明心理现象随着神经系统的产生而产生，随神经系统的发展而发展；现代科学研究表明心理是脑的机能；个体发育过程说明人的心理随着脑的发育而发展。

反射是指有机体通过神经系统对内外刺激所做的有规律的反应。17 世纪法国的思想家和哲学家笛卡儿首先提出"反射"概念。俄国生理学家谢切诺夫把脑的反射活动分为 3 个环节：开始环节、中间环节和终末环节。实现反射活动的神经结构称反射弧。一个完整的反射弧由感受器、传入神经、神经中枢、传出神经、效应器5个基本部分组成。反射环是神经系统的传入—传出—反馈传入—再传出的回路结构。

反射按其产生条件分为无条件反射和条件反射两类。无条件反射是遗传的、生来就有的反射。条件反射是后天的，是在个体生活过程中经过学习而形成的反射。条件反射又可分成经典性条件反射和操作性条件反射。经典性条件反射是指一个原来并不能引起无条件反射的中性刺激物，由于它总是伴随某个能引起无条件反射的刺激物出现，如此多次重复之后，这个中性刺激物也能引起无条件反射。操作性条件反射，又称工具性条件反射，是指在一定刺激情境中，如果动物某种反应的结果能满足其某种需要，则以后它的这种反应出现的概率就会提高。20世纪30年代，美国心理学家斯金纳在巴甫洛夫的经典条件反射的基础上，提出了操作性条件反射。

操作性条件反射和经典性条件反射的基本原理是相同的，它们都以强化和神经系统的正常活动为基本条件。它们之间的不同点是：操作性条件反射是动物通过自己的主动活动或操作形成的，经典条件反射是动物被动地接受刺激而形成的；在操作性条件反射中强化只同反应(操作)有关，出现在操作之后，而经典条件反射中，强化与刺激有关，而且出现在反应之前。

根据刺激物的性质可把信号系统划分为第一信号系统和第二信号系统。第一信号系统是由具体刺激物(如声音、颜色、气味等)引起的条件反射系统。第二信号系统是指由语词作为条件刺激物而引起的条件反射系统。

两种信号系统既有区别又有联系。区别是：①第一信号系统是人和动物所共有的；第二信号系统是人类特有的，这是人与动物的本质区别。②两种信号系统的广度丰富性不同。第一信号系统只限于具体刺激物；第二信号系统的词代表一类事物。③形成的基础不同。第一信号系统是建立在无条件反射基础上；第二信号系统是建立在第一信号系统基础上。④活动的效果不同。第一信号系统是动物活动的最高调节机制；第二信号系统是人类行为的最高调节机制。联系是：第二信号系统是在第一信号系统的基础上建立的，第二信号系统调节和控制着第一信号系统的活动，人的正常活动都是以第二信号系统为主导的两种信号系统相互传递、互相协调的结果。

心理是客观现实的反映：客观现实是人的心理活动的内容和源泉；心理是人脑对客观现实的主观的、能动的反映；人的心理在实践活动中发生、发展。

第三节 心理学的发展历程

一、古代的心理学思想

心理学是一门古老的科学。在心理学独立成为科学以前，有关"灵魂""观念""意识""欲望"和"人性"等心理学问题，一直是古代哲学家、教育家、文学艺术家和医生们讨论的问题。

二、现代心理学的发展

(一)现代心理学发展的历史背景

近代哲学思潮的影响：近代哲学是指17—19世纪欧洲各国的哲学，对现代心理学产生重要影响的主要哲学思潮是17世纪法国的理性主义以及17—18世纪英国的经验主义。理性主义的著名代表是法国著名哲学家、杰出的自然科学家让内·笛卡儿。在身心关系的问题上，他承认灵魂与身体有密切的关系。笛卡儿关于身心关系的思想推动了对动物和人体做解剖学和生理学的研究，这对现代心理学的诞生有直接的影响。他对理性和天赋观念的重视也影响到现代心理学的理论发展。经验主义起源于英国哲学家霍布斯和洛克。前者被认为是经验主义的先驱，后者被认为是经验主义的奠基人。英国经验主义演变到18—19世纪，形成了联想主义的思潮。代表人物有詹姆士·穆勒、约翰·穆勒、培因等。他们把联想的原则看成全部心理活动的解释原则，认为人的一切复杂的观念是由简单观念借助联想进而形成的。

实验生理学的影响：德国生理学家缪勒提出了神经特殊能量说。赫尔姆霍兹用青蛙的运动神经测量了神经冲动的传导速度。德国莱比锡大学教授费希纳首创用实验的方法将物理刺激的变化转化为心理经验，建立了心物之间计量的关系以及心理物理学方法。德国学者韦伯通过有系统地变化刺激的强度来观察个体的反应，在感觉阈限研究和测量方面为心理物理学的建立和发展做出了特殊贡献。

生物学的影响：1859年，英国生物学家达尔文的著作《物种起源》出版，提出了生物进化论。此外，达尔文著的《人类的起源及性的选择》和《人与动物的表情》，对以后的比较心理学、儿童心理学及情绪心理学的发展产生了重要的影响。1877年他发表了《一个婴儿的生活简史》(刊于《心》杂志上)，是他对自己的一个孩子的观察记录，对促进儿童心理学的发展有重要作用。

(二)心理学的诞生

1879年，德国著名心理学家冯特在德国莱比锡大学创建了第一个心理学实验室，把自然科学中使用的方法应用于心理学的研究，从此，心理学脱离哲学而成为一门独立的科学。

(三)现代心理学的主要派别

构造主义是心理学的第一个学派，冯特是这一学派的创始人，他的学生铁钦纳是该学派的代表人物。他们认为心理学应该研究人的直接经验即意识，并把意识分为感觉、意象和激情三种元素，所有复杂的心理活动都是由这些元素构成的。在研究方法上，他们首创内省法。

机能主义的创始人是美国著名心理学家詹姆士，其代表人物还有杜威和安吉尔等人。机能心理学也主张研究意识。但是，他们不把意识看成个别心理元素的集合，而是连续的过程。

1913年，美国心理学家华生发表了《在行为主义者看来的心理学》，宣告了行为主义的诞生。行为主义有两个重要的特点：①反对研究意识，主张心理学研究行为；②反对内省，主张用实验方法。

格式塔心理学的创始人有韦特海默、柯勒和考夫卡。格式塔是从德文"Gestalt"音译而来，意思是完形或整体。格式塔心理学研究的主要课题是有关人的知觉过程。他们反对构造心理学的心理元素的观点，也不同意行为主义心理学的刺激—反应的观点，认为整体不能还原为各个部分、各种元素的总和；部分相加不等于全体；整体先于部分而存在，并且制约着部分的性质和意义。

精神分析学派是由奥地利精神病医生弗洛伊德创立的。精神分析学派主要是对异常行为进行分析，强调心理学应该研究无意识。精神分析学说认为，人类的一切个体的和社会的行为,都根源于心灵深处的某种欲望或动机,特别是性欲的冲动。

三、当代心理学的研究趋势

生理心理学的研究:用生理心理学的观点和方法研究心理现象和行为,是当代心理学的一个重要的研究取向。采用这种取向的心理学家关心心理与行为的生物学基础,把生理学看成描述和解释心理功能的基本手段,认为高级心理功能(知觉、记忆、注意、语言、思维、情绪等)都和生理功能,特别是脑的功能有密切关系。

行为心理学的研究:行为主义、新行为主义和社会认知学习论是持这种理论观点的代表。行为主义者否定心理因素,用刺激变量和反应变量的关系来解释行为。而新行为主义和社会认知学习理论则不再无视有机体的内部过程,也关注动机和认知机制的研究,关注刺激与反应之间的中介变量的研究。

心理分析的研究:早期的精神分析理论如弗洛伊德的理论,遭到来自各方面的批评。但是,精神分析的研究取向仍存在于心理学的某些研究领域中。20世纪30年代以后,一批后弗洛伊德主义者将精神分析的理论应用于动机和人格的研究。和弗洛伊德不同的是,后弗洛伊德主义者更关心儿童和青少年人格的正常发展。

认知心理学的研究:认知心理学出现在20世纪初,在50年代以后得到迅速发展。早期的认知心理学以瑞士著名心理学家皮亚杰为代表。20世纪20、30年代,皮亚杰通过一系列精心设计的实验,揭示了儿童思维发展的规律。20世纪40年代末,信息论、控制论和系统论对现代心理学特别是认知心理学产生了深远的影响。20世纪50年代末至60年代初,心理学界涌现出一股研究认知过程的潮流。在知觉、记忆、言语和问题解决等领域中,出现了一些新的理论。

人本主义心理学的研究:人本主义心理学是由美国心理学家马斯洛和罗杰斯两人在20世纪50年代创立的。人本主义心理学着重于人格方面的研究,认为人的本质是好的、善良的,他们不是受无意识欲望的驱使;人有自由意志,有自我实现的需要。

四、我国心理学的发展过程

在我国,心理学作为一门科学是由西方传入的。心理学在中国的传播,始于明末耶稣会传教士利马窦著的《西国记法》、艾儒略著的《性学确述》等书。中国现代心理学的开创始于1917年,它的标志是北京大学首次建立了心理学实验室。20世纪20、30年代,心理学在中国有所发展。现代心理学的许多理论流派开始通过归国的中国学者介绍到中国来。新中国成立初期,主要以介绍和引进苏联的心理学为主。从60年代中期到70年代中期,中国经历了政治大动荡时期,心理学被当成伪科学受到批判。"文革"之后,中国心理学真正进入了发展的新时期。近年来,中国心理学家在许多重要的领域开展了系统的研究。

第四节 心理学的研究原则和方法

一、心理学的研究原则

客观性原则是指研究者要尊重客观事实,对任何心理现象必须按照它的本来面貌加以研究和考察。发展性原则就是坚持发展的观点,对心理活动的变化进行动态研究。系统性原则就是坚持系统、整体的观点,既要对人的心理进行多层次、多水平的系统分析,又要对各种心理现象及其形成的因素之间相互作用的关系进行整合研究。人文关怀原则指心理学研究工作者在研究中应遵守职业道德，尊重被试，关爱被试。

二、心理学的研究方法

观察法是指在自然情境中或预先设置的情境中对被观察者的行为进行系统的观察记录而后分析，获得其心理活动产生和发展规律的方法。实验法是指按照研究的目的、有计划地严格控制或创设一定的条件，主动引起或改变被试的心理活动，从而进行分析研究的方法。实验法是心理学研究的主要方法。实验法可以分为：①实验室实验法。实验室实验法是指在实验条件严格控制下，借助于专门的实验仪器，引起和记录被试的心理现象进行研究的方法。心理学的许多课题都可以在实验室进行研究。②自然实验法。自然实验法也称现场实验法，是指在实际生活情境中，由实验者创设或改变某些条件，以引起被试某些心理活动进行研究的方法。调查法是指就某一问题要求被调查者回答其想法或做法，以此来分析、推测被试心理活动的方法。调查法分为：①量表法。量表法也称测验法，是指用一套预先经过标准化的问题(量表)来测量某种心理品质的方法。采用测验法，一是用于研究个体行为(心理特征)在某一层面上的个别差异；二是研究被试者两种或多种行为(心理特征)之间的关系。②问卷法。问卷法是指采用预先拟定好的问题表由被试填写来收集资料，分析和推测被试心理状态的方法。③访谈法。访谈法也称晤谈法，是一种以面对面的方式向被调查者提出问题进行调查的方法。④相关法：探索两个或两个以上变量之间相互关系的方法。个案法是指对一个或几个研究对象进行较长时间的系统的研究的方法。作品分析法指通过对被试各种活动的作品如绘画、日记、作文或其他作品进行分析研究，了解其心理活动的水平、特点以及个性心理特征的方法。

拓 展 思 考

1. 为什么近现代心理学研究成果大都来自西方国家？
2. 如何评价目前我国心理学的研究现状？我国应如何开展心理学的原创性研究？
3. 谈谈你对心理学研究方法和手段创新的看法。

第二章 心理活动的神经生理基础

自人类出现以来,人就在思考和探索心理现象的本质。我们是单一的客体吗?人是否有灵魂?灵魂和身体可以分开吗?以及后来所提出的心理现象如何产生?具有怎样的功能?和身体的关系是怎样的?在对这些问题的探索过程中曾经出现过不同的观点和理论,有的人认为灵魂和肉体是相互分离的,灵魂寄宿在身体里面,灵魂可以脱离肉体独立活动,梦境就是这样产生的。也有的人认为灵魂与肉体是不可分离的,是一个统一的整体,灵魂是人的某一器官(心脏)的功能。随着科学技术的进步和发展,人类逐渐认识到心理活动源于神经系统的功能,特别是脑的机能。

第一节 神 经 元

神经元(neuron)是具有细长突起的神经细胞,是神经系统结构和功能的基本单位。它的基本作用是负责信息的接收、加工和传递。

一、神经元的结构与功能

神经元是高等动物神经系统的结构单位和功能单位。神经系统中含有大量的神经元,有人估计其数量在1千亿到1万亿之间,仅大脑皮层中就约有140亿。

(一)神经元的基本结构

形态与功能多种多样的神经元,在结构上可分为胞体(soma)和突起(neurite)两部分。胞体由细胞膜、细胞质、细胞核等部分构成,胞体的大小差异很大,小的直径仅5~6微米,大的可达100微米以上。突起是细胞体延伸出来的细长部分,分为树突(dendrite)和轴突(axon)两种。树突多呈树状分支,通常一个神经元有一个至多个树突,可接收信息并将冲动传向胞体。轴突只有一条,自细胞体发出,其直径均匀。发出部分常呈圆锥形,称轴丘(axon hillock)。轴丘和轴突内无尼氏体分布。轴突自轴丘发出后,开始的一段没有髓鞘包裹,称为始段(initial segment),这一段产生动作电位的阈值最低,即兴奋性最高,故动作电位常常由此首先产生。离开细胞体若干距离后获得髓鞘,成为神经纤维。末端形成许多分支,每个分支末梢部分膨大呈球状,称为轴突终扣,轴突终扣常常和树突膜或胞体膜一起构成突触。神经元的胞体越大,其轴突越长(见图2-1)。

(二)神经元的功能分区

根据神经元不同部位具有的功能不同,可以将一个神经元划分出如下4个区域。
输入区:胞体或树突膜上的受体是接受传入信息的输入区,该区可以产生突触后电位

(局部电位)。

整合区：众多的突触后电位在此发生总和，达到阈电位时在此首先产生动作电位。

冲动传导区：轴突属于传导冲动区，动作电位以不衰减的方式传向所支配的靶器官。

输出区：轴突末梢的突触小体则是信息输出区，神经递质在此通过胞吐方式加以释放。

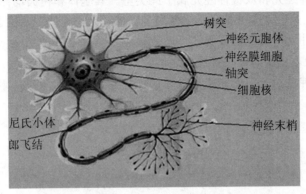

图2-1　神经元的结构

(三)神经元的种类

按照不同的标准，可以把神经元分成不同的类型。

1. 根据神经元的形态分类

根据神经元的形态不同可分为：单极神经元、双极神经元和多极神经元(见图2-2)。

(1) 单极神经元(假单极神经元)。由细胞体发出一个突起，在一定距离又分为两支，一支伸向外周的感受器称外周突，另一支伸向脑或脊髓称中枢突。外周突相当于树突，中枢突相当于轴突。此类神经元位于脊神经节和脑神经节中。

(2) 双极神经元。从胞体相对的两端各伸出一支突起，一支为树突，另一支为轴突。视网膜和嗅黏膜中的感觉神经元为双极神经元。

(3) 多极神经元。具有一支轴突和多支树突。大脑皮质、小脑皮质、脊髓灰质等中的神经元属于此类。

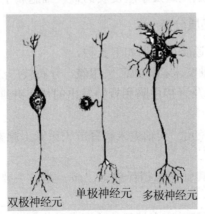

图2-2　神经元的形态分类

2. 根据神经元的功能分类

根据神经元的功能不同可分为：感觉神经元、运动神经元和联络神经元(见图2-3)。

(1) 感觉神经元。也称传入神经元，能感受内外界刺激并将刺激转变为神经冲动传向中枢。上述的假单极神经元和双极神经元属于此类型。其胞体和树突均在周围神经内。

(2) 运动神经元。也称传出神经元，多为多极神经元，胞体主要位于脑、脊髓和自主神经节内，它把神经冲动传给肌肉或腺体，产生效应。

(3) 联络神经元。介于前两种神经元之间，多为多极神经元。动物进化水平越高，中间神经元越多。人的神经系统中的联络神经元约占神经元总数的 99%，构成中枢神经系统内的复杂网络。

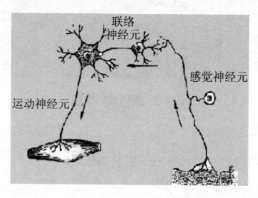

图 2-3　感觉、运动和联络神经元

3. 根据神经元轴突的长短分类

根据轴突的长短可分为：高尔基Ⅰ型和高尔基Ⅱ型。

(1) 高尔基Ⅰ型细胞(Golgi type Ⅰ)。神经元的胞体较大、轴突较长。胞体位于脑皮质内，轴突可伸入髓质或脑的其他部位以至脊髓。大脑皮质的锥体细胞、小脑皮质的浦肯野(Purkinje)细胞和脊髓的运动神经元皆属于此型。最长的轴突达1米以上。

(2) 高尔基Ⅱ型细胞(Golgi type Ⅱ)。神经元的胞体较小、轴突较短，末端反复分支。此类神经元位于脑皮质内，大脑皮质及小脑皮质的颗粒细胞属于此型。轴突短的仅数微米。

4. 根据神经元释放的递质分类

根据神经元释放的化学递质可分为如下5种。

(1) 胆碱能神经元。其轴突末梢释放乙酰胆碱。分布较广泛，如由丘脑特异性神经核向大脑皮质投射的神经元，以及直接由脑和脊髓发出的传出纤维的运动神经元等都是胆碱能神经元。

(2) 去甲肾上腺素能神经元。其轴突末梢释放去甲肾上腺素。其胞体主要集中在延髓、脑桥等处。

(3) 多巴胺能神经元。其轴突末梢释放多巴胺。胞体主要位于中脑，其纤维终止于纹状体。

(4) 5-羟色胺能神经元。其轴突末梢释放5-羟色胺。脑内5-羟色胺能神经元主要分布于低位脑干近中线的中缝核群。

(5) γ-氨基丁酸能神经元。其轴突末梢释放γ-氨基丁酸。此种神经元分布较广泛，其胞体位于基底神经节，小脑浦肯野细胞、中脑黑质等处。

二、神经纤维

(一)神经纤维的结构与功能

神经纤维(nerve fiber)是由神经元的轴突或树突、髓鞘和神经膜组成。神经元的突起细长如纤维，故称神经纤维。髓鞘是由髓磷脂和蛋白质组成，包在轴突或树突的外面，有绝缘作用，神经膜是一种神经胶质细胞，呈薄膜状，包在神经纤维外面，具有保护和再生的作用。神经纤维分布到人体所有器官和组织间隙中，其主要功能是对冲动进行传导。传导的速度很快，每秒2～120米，传导的过程是以生物电的形式进行。一般来说，神经纤维的直径越大，其传导速度也越快。

神经纤维对其所支配的组织能发挥两个方面的作用：一方面是借助于冲动传导抵达末梢时突触前膜释放特殊的神经递质，而后作用于突触后膜，从而改变所支配组织的功能活动，这一作用称为功能性作用；另一方面神经还能通过末梢经常释放某些物质，持续地调整被支配组织的内在代谢活动，影响其持久性的结构、生化变化，这一作用与神经冲动无关，称为营养性作用。

(二)神经纤维的分类

根据传导速度(复合动作电位内各波峰出现的时间)和后电位的差异，将哺乳类动物的周围神经的纤维分为A、B、C三类。

A类：包括有髓鞘的躯体的传入和传出纤维。

B类：有髓鞘的自主神经的节前纤维。

C类：包括无髓鞘的躯体传入纤维及自主神经节后纤维。

(三)神经纤维的轴浆运输

神经元的细胞体与轴突是一个整体，胞体和轴突之间必须经常进行物质运输和交换。实验证明，轴突内的轴浆是经常双向流动的。胞体内具有高速合成蛋白质的结构，其合成的物质通过由胞体流向轴突末梢的轴浆流动运输到轴突末梢；反向的轴浆流动可能起着反馈控制胞体合成蛋白质的作用。自胞体向轴突末梢的轴浆运输分两类：一类是快速轴浆运输，指的是具有膜的细胞器(线粒体、递质囊泡、分泌颗粒等)的运输；另一类是慢速轴浆运输，指的是由胞体合成的蛋白质所构成的微管和微丝等结构不断向前延伸，其他轴浆的可溶性成分也随之向前运输。

三、神经胶质细胞

神经胶质细胞(neuroglial cell)又称胶质细胞(glial cell)，是神经组织中除神经元以外的另一大类细胞，其数量为神经元的10～50倍，对于哺乳类动物，二者的比例约为10∶1，而其总体积与神经元的总体积几乎相当。在常规的神经组织切片中，通常神经胶质细胞的体积比神经元小。胶质细胞没有传导能力，但对神经元的正常活动与物质代谢都有重要作用。

(一) 神经胶质细胞的结构与形态

与神经元一样，胶质细胞也具有细胞突起，但不分树突和轴突。与神经元不同，胶质细胞可终身具有分裂增殖的能力。常规染色标本上只能看到细胞核，用现代免疫细胞化学方法可在光镜下观察胶质细胞的整体形态，电镜下可发现在胶质细胞之间存在着低电阻通路的缝隙连接(gap junction)。

(二) 神经胶质细胞的种类

1. 中枢神经系统中的神经胶质细胞

在中枢神经系统中，神经胶质细胞主要包括星形胶质细胞、少突胶质细胞、小胶质细胞以及管周膜细胞、脉络丛上皮细胞、伯格曼胶质细胞、米勒细胞、垂体细胞和伸展细胞等。

1) 星形胶质细胞

星形胶质细胞是哺乳动物脑内分布最广泛的一类细胞，也是胶质细胞中体积最大的一种。此类胶质细胞呈星形，从胞体发出许多长而分支的突起，伸展充填在神经细胞的胞体及其突起之间，起支持和分隔神经细胞的作用。细胞突起的末端常膨大形成脚板(footplate)或称终足(endfoot)，有些脚板贴附在邻近的毛细血管壁上，因此这些脚板又被称为血管足或血管周足，靠近脑、脊髓表面的脚板则附着在软膜内表面，彼此连接构成胶质界膜(glia limitans)。

星形胶质细胞具有多种神经递质的受体，如乙酰胆碱受体、多巴胺受体、肾上腺素受体、5-羟色胺受体以及一些神经肽受体。因此神经元兴奋释放的神经递质同样引起胶质细胞产生复杂的生理效应。星形胶质细胞是中枢神经系统中主要的糖原储存细胞，供神经元利用。

2) 少突胶质细胞

少突胶质细胞比星状胶质细胞小，突起呈串珠状，根据分布和位置少突胶质细胞可分为3种：①束间少突胶质细胞，分布在中枢神经系统的白质的神经纤维束之间，成行排列，在胎儿和新生儿时期含量较多，而在髓鞘形成过程中迅速减少。②神经细胞周少突胶质细胞，分布在中枢神经系统的灰质区，常位于神经细胞周围，与神经细胞的关系密切，故又称为神经细胞周卫星细胞。③血管周少突胶质细胞，主要分布在中枢神经系统内的血管周围。

3) 小胶质细胞

小胶质细胞是中枢神经系统中最小的一种胶质细胞。细胞体呈细长形或椭圆形，从胞体发出细长而有分支的突起，表面有许多小棘突。小胶质细胞数量少，约占全部胶质细胞的5%。此细胞是聚集在脑内的吞噬细胞，在炎症刺激下，其抗原性增强，形态伸展，功能活跃。小胶质细胞在脑内各部分均有分布，在灰质中的数量比在白质中的多5倍。海马、嗅叶和基底神经节的小胶质细胞比丘脑和下丘脑的多，而脑干与小脑中最少。

2. 周围神经系统中的神经胶质细胞

在周围神经系统中，神经胶质细胞可以分为神经膜细胞和卫星细胞。

(三)神经胶质细胞的电生理特性

神经胶质细胞的电生理特性主要表现在以下几个方面。

1. 膜电位

神经胶质细胞的膜电位变化缓慢，惰性大，故称惰性静息电位。它比相应的神经元膜电位大。神经胶质细胞膜电位几乎完全取决于细胞外 K^+ 浓度，Na^+、Cl^- 浓度的改变不能使静息电位发生明显改变。因为神经胶质细胞的细胞膜仅对 K^+ 有通透性，而对其他离子则完全不通透，故静息电位完全取决于 K^+ 扩散平衡电位。

2. 去极化与复极化

神经胶质细胞接受电刺激或机械刺激后不会发生动作电位，虽有去极化(约 40mV)与复极化，但无主动的再生式电流产生。电流仅随电压按比例变化，而膜电阻不变。它不能像神经元的冲动那样传导，不是膜兴奋性质的表现，其离子通透性并未变化。

3. 神经胶质细胞间的连接

所有神经胶质细胞间均有缝隙连接。蛙、水蛭、蝾螈和组织培养的哺乳类动物的缝隙连接都是电耦合，电耦合有助于细胞内可能发生的离子不平衡的恢复，且可能有代谢上的相互作用(代谢耦合)。当一些神经胶质细胞由于 K^+ 增加而发生去极化，而另一些神经胶质细胞则未发生这种变化时，两者间即有电位差，低电阻耦合对于神经胶质细胞间的电流传导是必需的，这种电流可被细胞外电极在组织表面引导出来。

(四)神经胶质细胞的主要功能

神经胶质细胞的功能是指胶质细胞的作用，具体来说，胶质细胞有以下几个作用。

(1) 支持作用。星形胶质细胞的突起交织成网，支持着神经元的胞体和纤维。

(2) 绝缘作用。少突胶质细胞和神经膜细胞分别构成中枢和外周神经纤维的髓鞘，使神经纤维之间的活动基本上互不干扰。

(3) 屏障作用。星形胶质细胞的部分突起末端膨大，终止在毛细血管表面(血管周足)，覆盖了毛细血管表面积的 85%，是血-脑屏障的重要组成部分。

(4) 营养性作用。星形胶质细胞可以产生神经营养因子，维持神经元的生长、发育和生存。

(5) 修复和再生作用。小胶质细胞可转变为巨噬细胞，通过吞噬作用清除因衰老、疾病而变性的神经元及其细胞碎片；星形胶质细胞则通过增生繁殖，填补神经元死亡后留下的缺损，但如果增生过度，可成为脑瘤发病的原因。

(6) 维持神经元周围的 K^+ 平衡。神经元兴奋时引起 K^+ 外流，星形胶质细胞则通过细胞膜上的 Na^+-K^+ 泵将 K^+ 泵入胞内，并经细胞间通道(缝隙连接)将 K^+ 迅速分散到其他胶质细胞内，使神经元周围的 K^+ 不致过分增多而干扰神经元活动。

(7) 摄取神经递质。哺乳类动物的背根神经节、脊髓以及自主神经节的神经胶质细胞均能摄取神经递质,故与神经递质浓度的维持和突触传递有关。

四、神经冲动的传导

神经元之间是通过神经冲动的形式完成信息的交换的。要了解神经冲动的概念,首先要了解神经元在不同状态下的电位活动和变化。

(一)静息电位

静息电位(resting potential)是指细胞未受刺激时,存在于细胞膜内外两侧的电位差。由于这一电位差存在于安静细胞膜的两侧,故也称跨膜静息电位,简称静息电位或膜电位(见图2-4)。静息电位表现为膜内比膜外电位低,即膜内带负电而膜外带正电。这种内负外正的状态,称为极化状态。静息电位是一种稳定的直流电位,但各种细胞的数值不同。哺乳动物的神经细胞的静息电位为-70毫伏(即膜内比膜外电位低70毫伏),骨骼肌细胞为-90毫伏,人的红细胞为-10毫伏。

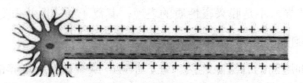

图2-4 神经元的极化状态

静息电位的产生与细胞膜内外离子的分布和运动有关。正常时细胞内的K^+浓度和有机负离子浓度比膜外高,而细胞外的Na^+浓度和Cl^-浓度比膜内高。在这种情况下,K^+和有机负离子有向膜外扩散的趋势,而Na^+和Cl^-有向膜内扩散的趋势。但细胞膜在安静时,对K^+的通透性较大,对Na^+和Cl^-的通透性很小,而对有机负离子几乎不通透。因此,K^+顺着浓度梯度经膜扩散到膜外,使膜外具有较多的正电荷,有机负离子由于不能透过膜而留在膜内使膜内具有较多的负电荷。这就造成了膜外为正、膜内为负的极化状态。由K^+扩散到膜外造成的外正内负的电位差,成为阻止K^+外移的力量,而随着K^+外移的增加,阻止K^+外移的电位差也增大。当促使K^+外移的浓度差和阻止K^+外移的电位差这两种力量达到平衡时,经膜的K^+净通量为零,即K^+外流和内流的量相等。此时,膜两侧的电位差就稳定于某一数值不变,此电位差称为K^+的平衡电位,也就是静息电位。

(二)动作电位

细胞受刺激时,在静息电位的基础上发生一次短暂的扩布性的电位变化,这种电位变化称为动作电位(action potential)(见图2-5)。动作电位产生的机制与静息电位相似,都与细胞膜的通透性及离子转运有关。当细胞受刺激而兴奋时,膜对Na^+通透性增大,对K^+通透性减小,于是细胞外的Na^+便会顺其浓度梯度和电梯度向细胞内扩散,导致膜内负电位减小,直至膜内电位比膜外高,形成内正外负的反极化状态。当促使Na^+内流的浓度梯度和阻止Na^+内流的电梯度,这两种拮抗力量相等时,Na^+的净内流停止。因此,可以说动作电位的去极化过程相当于Na^+内流所形成的电-化学平衡电位。当细胞膜除极到峰值时,细胞膜的

Na⁺通道迅速关闭，而对 K⁺的通透性增大，于是细胞内的 K⁺便顺其浓度梯度向细胞外扩散，导致膜内负电位增大，直至恢复到静息时的数值。可兴奋细胞每发生一次动作电位，总会有一部分 Na⁺在去极化中扩散到细胞内，并有一部分 K⁺在复极过程中扩散到细胞外。这样就激活了 Na⁺-K⁺泵(Na⁺-K⁺ATP 酶)，于是钠泵加速运转，将胞内多余的 Na⁺泵出胞外，同时把胞外增多的 K⁺泵进胞内，以恢复静息状态的离子分布，保持细胞的正常兴奋性。如果说静息电位是兴奋性的基础，那么，动作电位是可兴奋细胞兴奋的标志。

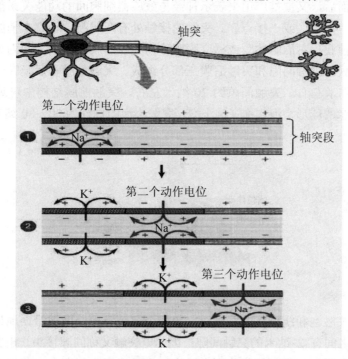

图 2-5　动作电位

动作电位的出现非常快，并且是"全或无"的，也就是说，刺激不够强时，不产生动作电位，也就没有神经冲动；刺激一旦达到最低有效强度，动作电位就会发生并从刺激点向两边蔓延，这就是神经冲动；而增加刺激强度不会使神经冲动的强度和传导速度增加。神经冲动在神经纤维上是双向传导的，但是由于在动物体内，神经接受刺激的地方是神经末端，因而神经冲动只能朝一个方向传播；并且，更重要的是在神经纤维彼此接头的地方(突触)，神经冲动是单向传导的，来自相反方向的冲动不能通过，因而神经冲动只能朝一个方向运行。由于冲动传导耗能极少，因此神经传导具有相对不疲劳性。

神经冲动是以全或无方式不衰减地沿着神经纤维传导的。动作电位的传导速度随动物的种类、神经纤维的类别、粗细与温度等因素而异，一般为每秒 0.5～200 米。神经冲动在有髓神经纤维上传导的方式是跳跃式的，即从一个郎飞结到另一个郎飞结之间传导，大大加快了传导速度，而且所消耗的能量大约是在无髓神经纤维上的 1/5000。

(三)突触与信息传递

神经元之间在结构上并没有原生质相连，每一神经元的轴突末梢仅与其他神经元的胞体或突起相接触，相接触的部位称为突触。

1. 突触的结构

突触(synapse)：两个神经元之间或神经元与效应器细胞之间相互接触、并借以传递信息的部位(见图 2-6)。突触一词首先由英国神经生理学家谢灵顿(Charles Scott Sherrington)在1897 年研究脊髓反射时引入生理学，用以表示中枢神经系统神经元之间相互接触并实现功能联系的部位。而后，又被推广用来表示神经与效应器细胞间的功能关系部位。突触来自希腊语，原意是"接触"或"接点"。突触的接触处有两层膜，轴突末梢的轴突膜称为突触前膜，与突触前膜相对的胞体膜或树突膜则称为突触后膜，两膜之间为突触间隙。一个突触即由突触前膜、突触间隙和突触后膜三部分组成。突触前膜和后膜较一般的神经元膜稍增厚，约 7.5 纳米左右。突触间隙约 20 纳米左右。突触前膜结构中可见数量众多的直径在 30～150 纳米的球形小泡，称突触小泡，突触小泡的直径为 20～80 纳米，它们含有高浓度的递质。

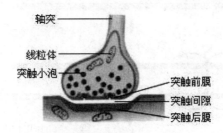

图 2-6　突触的结构

电突触没有突触泡和线粒体的汇聚，它的两个突触膜曾一度被错误地认为是融合起来的，实际上两者之间有 2 纳米的突触间隙；因此电突触又称间隙接头。电突触的两侧突触膜都无明显的增厚现象，膜内侧胞浆中也无突触泡的汇聚，但存在一些把两侧突触膜连接起来的、直径约 2 纳米的中空小桥，两侧神经元的胞浆(除大分子外)借以相通。例如，将分子量不大的荧光色素注入一侧胞浆中，往往可能通过小桥孔扩散到另一神经元中。这样的两个神经元称色素耦联神经元。电突触的结构基础是缝隙连接，是两个神经元膜紧密接触的部位。两层膜间的间隔只有 2～3 纳米，连接部位的神经元膜没有增厚，其旁轴浆内无突触小泡存在。连接部位存在沟通两细胞胞浆的通道，带电离子可通过这些通道而传递电信号，这种电信号传递一般是双向的。

2. 突触的种类

一般来说，高等哺乳动物最主要的突触接触形式有如下 3 种(见图 2-7)。

(1) 轴突—树突突触。一个神经元的轴突末梢与下一个神经元的树突相接触。

(2) 轴突—胞体突触。一个神经元的轴突末梢与下一个神经元的胞体相接触。

(3) 轴突—轴突突触。一个神经元的轴突末梢与下一个神经元的轴丘或轴突末梢相接触。

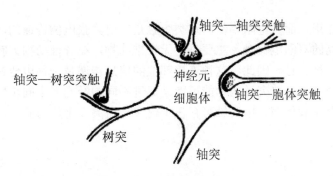

图 2-7 突触的种类

除上述 3 种主要突触形式外，电镜下观察无脊椎动物和低等脊椎动物的神经组织时，发现神经元之间的任何一部分都可以彼此形成突触，如树突—树突型突触、树突—胞体型突触和胞体—胞体型突触等。但这 3 种突触常为生物电传递突触，其结构特征是突触间隙极窄，只有 20～30 埃。它们联结的形式为低电阻的缝隙联结。生物电冲动的传导和离子交换可以横过此间隙进行，是一种电传递形式。电传递的特点是快速同步，基本上无突触延搁。近年来在哺乳类动物，如猴、猫、大白鼠、小白鼠等脑各部某些细胞均曾发现存在有缝隙联结。

3. 信息在突触间的传递

冲动传到突触前末梢，触发前膜中的二价钙离子(Ca^{2+})通道开放，一定量的 Ca^{2+} 顺浓度差流入突触扣。在 Ca^{2+} 的作用下一定数量的突触泡与突触前膜融合后开口，将内含的递质外排到突触间隙，此过程称胞吐。被释放的递质，扩散通过突触间隙，到达突触后膜，与位于后膜中的受体结合，形成递质受体复合体，触发受体改变构型，开放通道，使某些特定离子得以沿各自浓度梯度流入或流出。这种离子流所携带的净电流，或使突触后膜出现去极化变化，称兴奋性突触后电位(EPSP)；或使突触后膜出现超极化变化，称抑制性突触后电位(IPSP)。

神经元通过对 EPSP 和 IPSP 进行空间总和(即对在神经元不同位置上出现的 EPSP 和 IPSP 进行总和)和时间总和(即对每个突触重复发生的突触后电位进行总和)，以决定它产生兴奋还是抑制。总和后，若兴奋性突触后电位达到阈值，便触发动作电位。在突触传递中递质一旦释放，无论是否已与受体结合，便又迅速地被分解或被重吸收到突触扣内或扩散离开突触间隙，使突触得以为下次传递做好准备。

4. 突触延搁

冲动在神经纤维上的传导速度比较恒定，但在通过化学突触时均呈现一定的时间延搁——突触延搁。突触延搁指从兴奋传导到突触前末梢到突触后电位出现的时间间隔。哺乳动物中枢突触的突触延搁约 0.2～0.3 毫秒，青蛙神经节内的突触延搁长达 2～3 毫秒；经电突触的兴奋传递不显现突触延搁。化学突触传递因受递质代谢的限制易出现疲劳；电突触的传递则和纤维传导一样是不疲劳的。化学传递易受环境因素如血流、代谢以及能影响递质合成、分解、释放和受体功能的药物等的抑制和促进。

5. 电突触的传递

电突触是双向传递的，即不分突触前或突触后，对任何一方传来的信号都能传递。电突触只起电阻的作用，而且电阻率低。这类突触是靠电紧张电位传递的，所以称电紧张突触。可兴奋细胞间的双向电突触，主要见于无脊椎动物，在脊椎动物大脑内，心肌和平滑肌细胞间也存在这种突触。因此，这种连接部位的信息传递是一种电传递，与经典突触的化学递质传递完全不同。电突触的功能可能是促进不同神经元产生同步性放电。电传递的速度快，几乎不存在潜伏期。电突触可存在于树突与树突、胞体与胞体、轴突与胞体、轴突与树突之间。

五、神经回路

由于神经系统由众多的神经元组成，神经元与神经元又通过突触建立联系，而每个神经元又有大量的突触，于是便构成了复杂的信息传递和加工的神经回路。单个神经元极少单独执行某种功能，神经回路才是脑内信息处理的基本单位。

(一)局部回路神经元和局部神经元回路

中枢神经系统中存在长轴突的神经元，也有大量短轴突和无轴突的神经元。长轴突的神经元是投射性神经元，它们投射到远隔部位，起到联系各中枢部位功能的作用；其轴突末梢通过经典的突触联系和非突触性化学传递的方式，完成神经元间的相互作用。短轴突和无轴突神经元不投射到远隔部位，它们的轴突和树突仅在某一中枢部位内部起联系作用，这些神经元称为局部回路神经元(local circuit neuron)，如大脑皮层内的星状神经元、小脑皮层内的篮状细胞和星状细胞、视网膜内的水平细胞和无长突细胞、嗅球内的颗粒细胞、脊髓内的闰绍细胞等。从进化来看，动物等级越高等，局部回路神经元数量越多，它们的突起越发达。局部回路神经元的活动可能与高级神经功能有密切的关系，如学习、记忆等。

由局部回路神经元及其突起构成的神经元间相互作用的联系通路，称为局部神经元回路(local neuronal circuit)。这种回路可由几个局部回路神经元构成，如小脑皮层内的颗粒细胞、篮状细胞、星状细胞等构成的回路。这种回路也可由一个局部回路神经元构成，如脊髓内闰绍细胞构成的回路。这种回路还可通过局部回路神经元的一个树突或树突的某一部分构成，这种神经元间相互作用的实现不需要整个神经元参与活动。

通过对局部神经回路的研究发现，除了轴突—胞体型、轴突—树突型、轴突—轴突型突触联系外，还存在树突—树突型、树突—胞体型、树突—轴突型、胞体—树突型、胞体—胞体型、胞体—轴突型联系；这种联系主要是化学传递，还有属于电传递性质的(电突触)。它们的组合形式也比较复杂，可以形成串联性突触(serial synapses)、交互性突触(reciprocal synapses)、混合性突触(mixed synapses)。以交互性突触为例，局部神经元回路仅在甲、乙两树突的某一部分形成；甲树突通过树突—树突型突触作用于乙树突，乙树突被作用后又通过附近的树突—树突型突触反过来作用于甲树突。这样甲乙两树突通过交互性突触构成了相互作用的局部神经元回路。这种回路不需要整个神经元参与活动，就能完成局部的整合作用。

神经系统由数目巨大的神经元组成，神经元与神经元又通过突触建立联系，而每个神经元又有大量的突触，于是便构成了极端复杂的信息传递和加工的神经回路。单个神经元极少单独地执行某种功能，神经回路才是脑内信息处理的基本单位。

(二)反射弧

最简单的神经回路就是反射弧,它一般由感受器、传入神经、神经系统的中枢部位、传出神经以及效应器5个基本部分组成(见图2-8)。

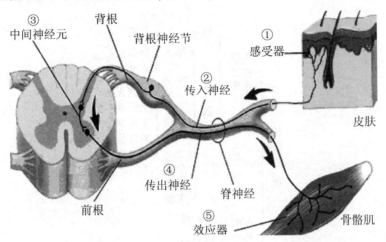

图2-8 反射弧

一定的刺激作用于感受器,使感受器产生兴奋,兴奋以神经冲动的方式经传入神经传向中枢,经过中枢处理加工后,又沿着传出神经到达效应器,并支配效应器做出反应。但是神经元的连接方式远远不止于此,除了一对一的连接之外,还有发散式、聚合式、环式等,使得神经冲动能够以各种方式传导。

第二节 神经系统

自19世纪达尔文提出进化论以来,进化论的思想对人类生活和科学研究的众多领域产生了重要的影响,心理学科也不例外。从进化论的角度来看,神经系统经历了一个漫长而复杂的演化过程,从最简单的原生动物,经过无脊椎动物和脊椎动物,一直演化到人类,神经系统经历了一个从无到有,从简单到复杂,从局部的自发性结构向中枢控制机构的演化过程。神经系统的基本功能是将输入的感觉信息模式转化为输出的运动模式。在这一点上,从动物到人类,并没有根本的改变,只不过在感觉输入和运动输出之间的中枢调节过程逐渐精确化、复杂化。

一、神经系统的构成

对人类而言,神经系统(nervous system)已经演化为一个结构异常复杂、功能十分强大的动态结构系统,在此基础上支撑着人类异常复杂的心理活动。在人类的神经系统中保留着一些低级的部位(丘脑)。在演化过程中,这些低级部位逐渐为高级部位(大脑半球)所遮盖和掩藏。但是无论其形态如何变化,神经系统都要完成对信息的传递和加工。与这两种功能对应，神经系统可以分为周围神经系统(peripheral nervous system)和中枢神经系统(central nervous system)。承担信息传导功能的外周神经系统主要由脑神经、脊神经和自主神经(曾称植物性神经)构成。负责信息整合功能的中枢神经系统包括脑和脊髓。神经系统的结构如图 2-9 所示。

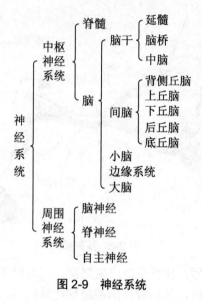

图 2-9 神经系统

二、周围神经系统

周围神经系统是指脑和脊髓以外的所有神经结构，包括神经节、神经干、神经丛及神经终末装置。周围神经系统包括脑神经、脊神经和自主神经。

(一)脑神经

脑神经(cranial nerve)是指与脑直接联系的周围神经，共 12 对，按顺序为：①嗅神经；②视神经；③动眼神经；④滑车神经；⑤三叉神经；⑥展神经；⑦面神经；⑧位听神经；⑨舌咽神经；⑩迷走神经；⑪副神经；⑫舌下神经。又分为 3 类：一是感觉性的，包括第①、②、⑧对；二是运动性的，包括第③、④、⑥、⑪、⑫对；三是混合性的，包括⑤、⑦、⑨、⑩对。脑神经主要支配头、颅部器官和部分内脏器官的活动(见图 2-10)。

嗅神经为特殊内脏感觉纤维，由上鼻甲上部和鼻中隔上部黏膜内的嗅细胞中枢突聚集成 20 多条嗅丝(即嗅神经)，穿筛孔入颅，进入嗅球，将嗅觉冲动传入大脑。

视神经始于视网膜神经节细胞，于眶后穿过视神经孔，入颅腔，连于视交叉。视交叉接视束，入视觉中枢。视神经传导视觉冲动入间脑。

动眼神经自动眼神经核发出后，分为上小、下大的两支。上支行于上直肌和视神经之间，发支到上直肌，终支止于上睑提肌。下支发出三支支配内直肌、下直肌和下斜肌。动眼神经内还含有自主神经纤维睫状短神经，主要集中在下支，支配瞳孔括约肌和睫状肌。动眼神经损伤可出现伤侧眼睑下垂，眼球不能向上、向内、向下运动；眼球处于外斜视位，同时瞳孔变大，对光反射消失；病人可出现复视。

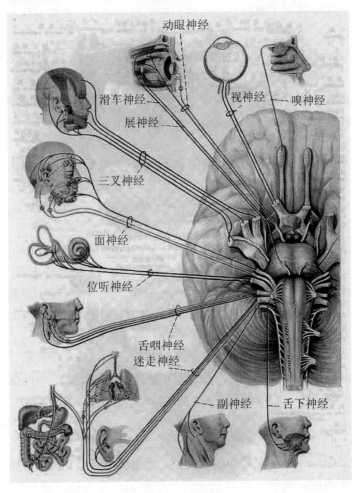

图 2-10 脑神经

滑车神经始于滑车神经核，经眶上裂入眶，终于上斜肌。受损伤时，将产生内斜视和复视(眼球不能向外下方转动)。

展神经主要含躯体运动纤维，始于展神经核，支配外直肌。展神经损伤，表现为眼球外展受限。

三叉神经是混合神经，但以感觉纤维为主。三叉神经有两个根：一个是三叉神经运动根；另一个是三叉神经感觉根。三叉神经感觉根在颞骨岸部的三叉神经压迹处膨大成扁平的半月神经节，感觉细胞体均在节内。自节发出 3 个大支，分别叫眼神经、上颌神经和下颌神经。三叉神经运动根与下颌神经一起从卵圆孔出颅，并构成下颌神经的运动纤维，主要组成前干、支配咀嚼肌等。

面神经是混合神经，由 2 个根组成：一个是运动根；另一个是感觉根。两个根支配面部表情肌的运动和味觉。

位听神经由蜗神经和前庭神经组成，属躯体传入纤维，向大脑传入听觉和平衡觉冲动。第⑧对脑神经，又称"前庭神经"。神经干分为耳蜗神经与前庭神经两部分。耳蜗神经起自内耳螺旋神经节的双极细胞,周围突终止于内耳柯蒂器。前庭神经起源于内耳前庭神经节的双极细胞,周围突终止于囊斑及壶腹嵴。可用检查听力、观察眼球震颤和共济失调等来了解听神经的功能。

舌咽神经是混合神经,主要控制茎突咽肌、腮腺体、部分味蕾和收集来自耳后部的感觉。

迷走神经是混合神经,迷走神经所含内脏传入、传出纤维最多,躯体传入、传出纤维很少。由于迷走神经分布范围广,分支多,其功能分别与吞咽、发音、呼吸、消化、心脏密切相关。

副神经主要是躯体运动纤维,支配斜方肌和胸锁乳突肌,副神经损伤,将引起同侧肩下垂和斜颈。

舌下神经主要是躯体运动纤维,起于舌下神经核,支配全部舌肌和部分舌外肌。

(二)脊神经

脊神经(spinal nerve)发自脊髓,穿椎间孔外出,共 31 对。依脊柱走向,它分为颈神经 8 对,胸神经 12 对,腰神经 5 对,骶神经 5 对,尾神经 1 对。脊神经由脊髓前根和后根的神经纤维混合组成。脊髓前根的纤维属运动性,后根的纤维属感觉性。因此,混合后的脊神经是运动兼感觉的。

脊神经具有 4 种不同的机能成分:一般躯体感觉纤维,分布于皮肤、骨骼肌、腱和关节;一般内脏感觉纤维,分布于内脏、心血管和腺体;一般躯体运动纤维,支配骨骼肌的运动;一般内脏运动纤维,支配平滑肌、心肌和腺体。

(三)自主神经

自性神经(vegetative nerve)又称非随意神经,是支配内脏器官的平滑肌、心肌和腺体的神经。主要分布于内脏、血管、腺体以及其他平滑肌。它包括交感神经和副交感神经两部分。

交感神经(sympathetic nerve)起自脊髓胸腰段,副交感神经(parasympathetic nerve)起自脑干和脊髓骶部。脑部的副交感纤维随动眼、迷走等脑神经一起发出,动眼神经内的副交感纤维支配缩瞳肌;迷走神经内含有大量的副交感神经纤维,分布到颈、胸、腹重要脏器。交感和副交感神经往往先组成神经丛攀附脏器或血管而分布。许多脏器具有交感神经与副交感神经双重支配,两者的作用常为既拮抗又协调,共同维持脏器的正常活动。

三、中枢神经系统

中枢神经系统包括脊髓(spinal cord)与脑(brain)。脑在颅腔内,脊髓在脊柱中。两者通常以椎体交叉的最下端和第一颈神经的最上端为界。

(一)脊髓

脊髓是周围神经与脑之间的通路,也是许多简单反射活动的低级中枢。

1. 脊髓的结构

脊髓位于脊椎骨组成的椎管内，呈长圆柱状，成人脊髓一般全长41～45厘米。上端与颅内的延髓相连，下端呈圆锥形，终于第一腰椎下缘。脊髓的表面有前后两条正中纵沟分为对称的两半。前面的前正中裂较深，后面的后正中沟较浅。此外还有两对外侧沟，即前外侧沟和后外侧沟。前根自前外侧沟走出，由运动神经纤维组成；后根经后外侧沟进入脊髓，由脊神经节感觉神经元的中枢突所组成。每条后根在与前根会合前，有膨大的脊神经节。腰、骶、尾部的前后根在通过相应的椎间孔之前，围绕终丝在椎管内向下行走一段较长距离，它们共同形成马尾。

脊髓的横切面，有位于中央部的灰质和位于周围部的白质；脊髓的颈部，灰质和白质都很发达。

灰质呈蝴蝶形或 H 状，其中心有中央管，中央管前后的横条灰质称灰连合，将左右两半灰质连在一起。灰质的每一半由前角和后角组成。前角内含有大型运动细胞，其轴突贯穿白质，经前外侧沟走出脊髓，组成前根。颈部脊髓的前角特别发达，这里的前角细胞发出纤维支配上肢肌肉。后角内的感觉细胞，有痛觉和温度觉的第二级神经元细胞，在后角底部有小脑本体感觉径路的第二级神经元细胞体(背核)。灰质周缘部和其联合细胞以及附近含有纤维的白质构成所谓的脊髓的固有基束，贯穿于脊髓的各节段，并在相当程度上保证完成各种复杂的脊髓反射性活动。

脊髓的白质主要由上行(感觉)和下行(运动)有髓鞘神经纤维组成，分为前索、侧索和后索3个部分。前索位于前外侧沟的内侧，主要为下行纤维束，例如皮质脊髓(锥体)前束、顶盖脊髓束(视听反射)、内侧纵束(联络眼肌诸神经核和项肌神经核以达成肌肉共济活动)和前庭脊髓束(参与身体平衡反射)。两侧前索以白质前连合相互结合。侧索位于脊髓的侧方前外侧沟和后侧沟之间，有上行和下行传导束。上行传导束有脊髓丘脑束(痛觉、温度觉和粗的触觉纤维所组成)和脊髓小脑束(本体感受性冲动和无意识性协调运动)。下行传导束有皮质脊髓侧束也称锥体束(随意运动)和红核脊髓束(姿势调节)。后索位于后外侧沟的内侧，主要为上行传导束(本体感觉和一部分精细触觉)。颈部脊髓的后索分为内侧的薄束和外侧的楔束。

2. 脊髓的功能

脊髓是神经系统的重要组成部分，脊髓本身能完成许多反射活动，其活动受脑的控制。来自四肢和躯干的各种感觉冲动，通过脊髓的上行纤维束，将各种感觉冲动传达到脑，进行高级综合分析；脑的活动通过脊髓的下行纤维束，包括执行传导随意运动的皮质脊髓束以及调整锥体系统的活动并调整肌张力、协调肌肉活动、维持姿势和习惯性动作，使动作协调、准确。

1) 屈肌反射和对侧伸肌反射

肢体的皮肤受到伤害性刺激时，该侧肢体出现屈曲运动，关节的屈肌收缩而伸肌弛缓，称为屈肌反射。屈肌反射具有保护性意义，使肢体屈缩而避开伤害性刺激。动物的一侧肢体屈曲，对侧肢体伸直，以利于支持体重，维持姿势。屈肌反射与对侧伸肌反射的中枢均在脊髓。

2) 牵张反射

当骨骼肌受到外力牵拉而伸长时，能反射地引起受牵拉的同一块肌肉发生收缩，称为牵张反射。牵张反射又可分为腱反射和肌紧张两种类型。腱反射是指快速牵拉肌腱时发生的牵张反射。例如，叩击膝关节以下的股四头肌肌腱，使该肌受到牵拉，则股四头肌发生一次快速收缩，称为膝跳反射；叩击跟腱使小腿腓肠肌受到牵拉，则该肌发生一次快速收缩，称为跟腱反射。脊髓动物的骨骼肌保持一定的肌肉张力，称为肌紧张，它也是一种牵张反射。肌紧张是由于肌肉受到缓慢而持续的牵拉而发生的，整个肌肉处于持续的、微弱的收缩状态，以阻止肌肉被拉长。肌紧张的意义在于维持身体的姿势，而不表现明显的动作。

由于交感神经和部分副交感神经发源于脊髓侧角和相当于侧角的部位，因此脊髓是部分内脏反射活动的初级中枢。例如血管张力反射(维持血管紧张性以保持一定的外周阻力)、排便反射、排尿反射、发汗反射等。但是，这种反射调节功能是初级的，不能很好地适应生理功能的需要，内脏活动更完善的调节必须有较高级中枢的参与。

(二)脑

1. 脑干

脑干(brain stem)是位于脊髓和间脑之间的较小部分，位于大脑的下面，脑干的延髓部分下连脊髓，呈不规则的柱状形。脑干自下而上由延髓、脑桥、中脑三部分组成，上面连有第 3～12 对脑神经。脑干内的白质由上、下行的传导束，以及脑干各部所发出的神经纤维所构成，是大脑、小脑与脊髓相互联系的重要通路。脑干的外形与结构如图 2-11 所示。

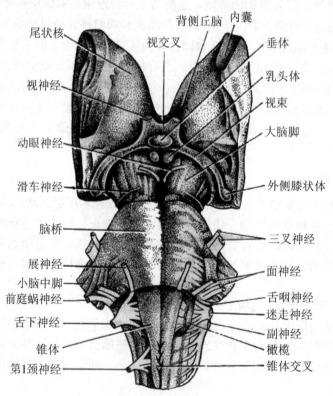

图 2-11 脑干

(1) 延髓(medulla)。延髓居于脑的最下部,与脊髓相连,由锥体、锥体交叉、橄榄、舌下神经、舌咽神经、迷走神经、副神经组成。其主要功能为控制呼吸、心跳、消化等。延髓中央的网状结构控制着肌紧张,在保持姿势中有重要作用。

(2) 脑桥(pons)。脑桥位于中脑与延脑之间,由脑桥基底部、脑桥基底沟、桥臂、三叉神经、展神经、面神经、前庭蜗神经、脑桥小脑角等部分组成。脑桥的白质神经纤维通到小脑皮质,可将神经冲动自小脑一半球传至另一半球,使之发挥协调身体两侧肌肉活动的功能。

(3) 中脑(midbrain)。中脑位于脑桥之上,恰好是整个脑的中点。结构上以视束与间脑分界,有大脑脚、脚间窝、动眼神经。中脑是视觉与听觉的反射中枢,凡是瞳孔、眼球、肌肉等活动,均受中脑的控制。

(4) 网状系统(reticular system)。网状系统居于脑干的中央,是由许多错综复杂的神经元集合而成的网状结构。网状系统的主要功能是控制觉醒、注意、睡眠等不同层次的意识状态。

2. 间脑

间脑(diencephalon)由前脑发展而来,位于脑干和大脑之间,其体积不到中枢神经系统的 2%,但结构和功能十分复杂,仅次于大脑皮层。间脑的两侧和背面被高度发展的大脑半球所掩盖,仅腹侧部的视交叉、视束、灰结节、漏斗、垂体和乳头体外露于脑底。间脑可分为 5 部分:背侧丘脑、上丘脑、下丘脑、后丘脑和底丘脑。

(1) 背侧丘脑。背侧丘脑(dorsal thalamus)又称丘脑,是间脑最大的灰质团块,位于下丘脑的背侧和上方,两者间以第三脑室侧壁上的下丘脑沟为界。

丘脑是除嗅觉外一切感觉冲动传向大脑皮层的转换站,而且是重要的感觉整合机构之一。丘脑在维持和调节意识状态、警觉和注意力方面也起着重要作用。丘脑不仅与一般和特殊形式的激醒有关,而且和情绪联想有关。某些丘脑核团还可作为运动整合中枢,它接受小脑和纹状体的投射纤维。

(2) 上丘脑。上丘脑(epithalamus)位于第三脑室顶部周围,包括丘脑髓纹、缰核和松果腺。前两者属边缘系统,松果腺为内分泌器官。上丘脑与嗅觉、视觉有密切关系。

(3) 下丘脑。下丘脑(hypothalamus)又称丘脑下部,位于大脑腹面、丘脑的下方,是调节内脏活动和内分泌活动的较高级神经中枢。

下丘脑能通过下述 3 种途径对机体进行调节:①由下丘脑核发出的下行传导束到达脑干和脊髓的自主神经中枢,再通过自主神经调节内脏活动;②下丘脑的视上核和室旁核发出的纤维构成下丘脑——垂体束到达神经垂体,两核分泌的加压素(抗利尿激素)和催产素沿着此束流到神经垂体内储存,在神经调节下释放进入血液循环;③下丘脑分泌多种多肽类神经激素对腺垂体的分泌起特异性刺激作用或抑制作用,称为释放激素或抑制释放激素。下丘脑通过上述途径,调节人体的体温、摄食、水平衡、血压、内分泌和情绪反应等重要生理过程。

(4) 后丘脑。后丘脑(metathalamus)位于丘脑枕的后下方,包括内侧膝状体和外侧膝状体。内侧膝状体经下丘臂连于下丘,内含特异性核团。它接受来自下丘臂的听觉传入纤维,投射到颞叶的听觉中枢。外侧膝状体经上丘臂连于上丘。它接受视束的视觉传入纤维,投射到枕叶的视觉中枢。

(5) 底丘脑。底丘脑(subthalamus)位于中脑被盖与背侧丘脑之间,主要含底丘脑核,其功能与纹状体关系密切,对苍白球有抑制作用。

3. 小脑

小脑(cerebellum)位于大脑半球后方,覆盖在脑桥及延髓之上,横跨在中脑和延髓之间。它由胚胎早期的菱脑分化而来,是脑6个组成部分中仅次于大脑的第二大结构(见图2-12)。

小脑按形态结构和进化可分为：绒球小结叶(原小脑或古小脑),小脑前叶(旧小脑),小脑后叶(新小脑)。按机能可分为：前庭小脑(原小脑或古小脑),主要功能是调整肌紧张,维持身体平衡；脊髓小脑(旧小脑),主要功能是控制肌肉的张力和协调；大脑小脑(新小脑),主要功能是影响运动的起始、计划和协调,包括确定运动的力量、方向和范围。

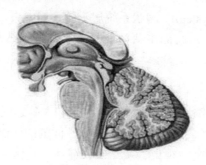

图2-12 小脑

4. 边缘系统

边缘叶是指大脑半球内侧面,与脑干连接部和胼胝体旁的环周结构；它由扣带回、海马回、海马和齿状回组成。这部分结构曾被认为只与嗅觉联系,而称为嗅脑；但现已明确,其功能远不止这些,而是调节内脏活动的重要中枢。由于边缘叶在结构和功能上和大脑皮层的岛叶、颞极、眶回等,以及皮层下的杏仁核、隔区、下丘脑、丘脑前核等是密切相关的,于是有人把边缘叶连同这些结构统称为边缘系统(limbic system)(见图2-13)。边缘系统的功能比较复杂,它与内脏活动、情绪反应、记忆功能等有关。

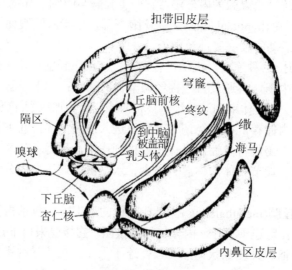

图2-13 边缘系统

1) 边缘系统的内脏调节功能

刺激边缘系统不同部位引起的自主反应是很复杂的，血压可以升高或降低，呼吸可以加快或抑制，胃肠运动可以加强或减弱，瞳孔可以扩大或缩小等。这些实验结果，说明边缘系统的功能和初级中枢不一样：刺激初级中枢的反应可以比较肯定一致，而刺激边缘系统的结果就变化较大。可以设想，初级中枢的功能比较局限，活动反应比较单纯；而边缘系统是许多初级中枢活动的调节者，它能通过促进或抑制各初级中枢的活动，调节更为复杂的生理功能活动，因此活动反应也就复杂而多变。

2) 边缘系统与情绪反应

杏仁核的进化比较古老的部分，具有抑制下丘脑防御反应区的功能：当下丘脑失去杏仁核的控制时，动物就易于表现防御反应，出现一系列交感神经系统兴奋亢进的现象，并且张牙舞爪，呈现搏斗的架势。在正常动物中，下丘脑的防御反应区被杏仁核控制着，动物就变得比较驯服。所以边缘系统与情绪反应是有关的。

3) 边缘系统与记忆功能

海马与记忆功能可能有关。由于治疗的需要而手术切除双侧颞中叶的病人，如损伤了海马及有关结构，则引致近期记忆能力的丧失；手术后对日常遇到的事件丧失记忆能力。临床上还观察到，由于手术切除第三脑室囊肿而损伤了穹隆，也能使患者丧失近期记忆能力。由此看来，海马环路活动与近期记忆有密切的关系。这个环路是：海马→穹隆→下丘脑乳头体→丘脑前核→扣带回→海马。在环路中任何一个环节受到损坏，均会导致近期记忆能力的丧失。

5. 大脑

大脑(cerebrum)又称端脑，是脊椎动物高级神经系统的主要部分，由左右两半球组成，是控制运动、产生感觉及实现高级脑功能的高级神经中枢。脊椎动物的端脑在胚胎时是神经管头端薄壁的膨起部分，以后发展成大脑两半球，主要包括大脑皮层和基底核两部分。大脑皮层被覆在端脑表面的灰质，主要由神经元的胞体构成。皮层的深部由神经纤维形成的髓质或白质构成。髓质中又有灰质团块即基底核，纹状体是其中的主要部分。

大脑由约140亿个细胞构成，重约1400克，大脑皮层厚度约为2～3毫米，总面积约为2200平方厘米，一个人的脑储存信息的容量相当于1万个藏书为1000万册的图书馆，以前的观点是最善于用脑的人，一生中也仅使用掉脑能力的10%，但现代科学证明这种观点是错误的，人类对自己的大脑使用率是100%，大脑中并没有闲置的细胞。人脑中的主要成分是水，占80%。它虽只占人体体重的2%，但耗氧量达全身耗氧量的25%，血流量占心脏输出血量的15%，一天内流经大脑的血液为2000升。大脑消耗的能量若用电功率表示大约相当于25瓦。

1) 大脑的构造

大脑主要包括左、右大脑半球，是中枢神经系统的最高级部分。左、右大脑半球由胼胝体相连。半球内的腔隙称为侧脑室，它们借室间孔与第三脑室相通。每个半球有三个面，即膨隆的背外侧面、垂直的内侧面和凹凸不平的底面。背外侧面与内侧面以上缘为界，背外侧面与底面以下缘为界。半球表面凹凸不平，布满深浅不同的沟和裂，沟裂之间的隆起称为脑回。背外侧面的主要沟裂有：中央沟从上缘近中点斜向前下方；大脑外侧裂起自半球底面，转至外侧面由前下方斜向后上方。在半球的内侧面有顶枕裂从后上方斜向前下方；矩状裂由后部向前连顶枕裂，向后达枕极附近。这些沟裂将大脑半球分为五个叶，即中央沟以前、外侧裂以上的额叶；外侧裂以下的颞叶；顶枕裂后方的枕叶；外侧裂上方、中央沟与顶枕裂之间的顶叶以及深藏在外侧裂里的脑岛。另外，以中央沟为界，在中央沟与中央前沟之间为中央前回；中央沟与中央后沟之间为中央后回(见图2-14、图2-15)。

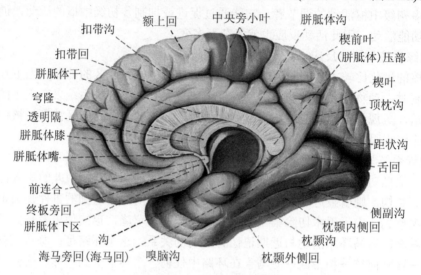

图2-14　大脑半球内侧面

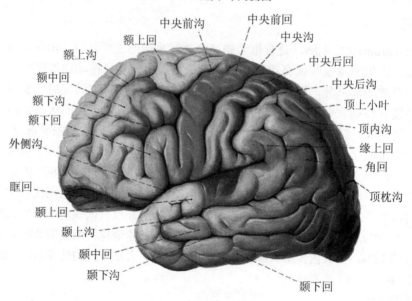

图2-15　大脑半球外侧面

2) 大脑半球的内部结构

大脑半球的内部主要有灰质和白质两部分。

灰质(gray matter)：哺乳动物出现了高度发达的大脑皮层，新发展起来的大脑皮层在调节机能上起着主要作用，而皮层下各级脑部及脊髓虽也有发展，但在机能上已从属于大脑皮层。高等动物一旦失去大脑皮层，就不能维持其正常的生命活动。人类的大脑皮层更产生了新的飞跃，有了抽象思维的能力，成为意识活动的物质基础。覆盖在大脑半球表面的一层灰质称为大脑皮层，是神经元胞体集中的地方。这些神经元在皮层中的分布具有严格的层次，大脑半球内侧面的古皮层分化较简单，一般只有3层：①分子层；②锥体细胞层；③多形细胞层。在大脑半球外侧面的新皮层则分化程度较高，共有6层：①分子层（又称带状层）；②外颗粒层；③外锥体细胞层；④内颗粒层；⑤内锥体细胞层（又称节细胞层）；⑥多形细胞层。人类的大脑皮层平均厚度为2.5～3.0毫米，皮层表面高度扩展、卷曲，形成许多的沟和裂。大脑皮层上面密密麻麻地分布着大约120亿个神经细胞，在这些神经细胞的周围还有1000多亿个胶质细胞。大脑皮层是神经元胞体集中的地方，是构成大脑两半球沟回的表层灰质。

白质(white matter)：皮层的深面为白质，白质内还有灰质核，这些核靠近脑底，称为基底核（或称基底神经节）。基底核中主要为纹状体。纹状体由尾状核和豆状核组成。尾状核前端粗、尾端细，弯曲并环绕丘脑；豆状核位于尾状核与丘脑的外侧，又分为苍白球与壳核。尾状核与壳核在种系发生（即动物进化）上出现较迟，称为新纹状体，而苍白球在种系发生上出现较早，称为旧纹状体。纹状体的主要功能是使肌肉的运动协调，维持躯体一定的姿势。

第三节　大脑左右两半球的构造与功能

根据各层神经元的成分和特征以及机能，大脑可以分为许多区。从机能上可以分为：大脑中央后回称躯体感觉区；中央前回称为运动区；枕极和矩状裂周围皮层称为视觉区；颞横回称为听觉区；额叶皮层大部，顶叶、枕叶和颞叶皮层的其他部分都称为联合区，它们都收受多通道的感觉信息，汇通各个功能特异区的神经活动。

大脑皮层细胞除了在水平方向分层外，在整个皮层厚度内，神经元在与表面垂直的方向呈链状排列成细胞柱。细胞柱是一些具有大致相同特性的神经元集合形成的。它是皮层最基本的机能单位。人的大脑皮层约含有100万～200万个柱，每一个柱内有1万左右的神经元。用微电极插入皮层，"感觉柱"（与感觉机能有关的细胞柱）引导电位的方法，证明了同一个柱内的细胞相同的感觉形式，并有相同的感受野。

一、大脑皮层分区及其机能

大脑皮层可以分成不同的区域，各个区域有不同的功能。根据不同的功能可以将大脑皮层分为以下几个区域。

(一)初级感觉区

初级感觉区是接受和加工外界信息的区域，它可分为机体感觉区、视觉区和听觉区。

1. 机体感觉区

机体感觉的最高级中枢主要位于大脑皮质的中央后回。感觉区结构的基本单位是细胞柱，同一柱内的细胞感觉相同。全身体表感觉的投射区称第一皮质感觉区。感受躯体、四肢、头面部浅部的痛觉、温觉和触觉。此区感觉的特点是定位明确、分工精细，在皮质的定位呈倒立分布。下肢投射区在中央后皮质的顶部，上肢在中间，头面部在下部。除头面部投射为双侧性外，其他部位是对侧性的。人的第二感觉区在中央后回到下端外侧裂的底部，具有粗糙的分析作用，感受躯干四肢的肌、腱、骨膜及关节的深部感觉。机体的感觉途径一般由三级神经元传导，经丘脑和内囊投射到大脑皮质的相应区域内。机体感觉皮层对应部位如图 2-16 所示。

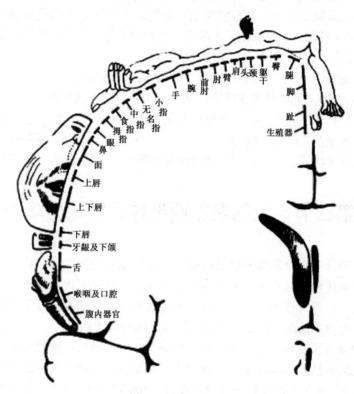

图 2-16 机体感觉皮层定位示意图

2. 视觉区

视觉区位于顶枕裂后面的枕叶内，接受在光刺激的作用下由眼睛输入的神经冲动，产生初级形式的视觉。

3. 听觉区

听觉区位于颞叶的颞横回处，接收在声音的刺激下由耳朵所传入的神经冲动，产生初级形式的听觉。

(二)初级运动区

大脑皮层运动区与躯体运动有密切的关系，刺激这些区域能引起对侧一定部位肌肉的收缩。大脑皮层运动区主要位于中央前回。

运动区也有一些与大脑皮层体表感觉区相似的特点：对躯体运动的调节是交叉性的，

但对头面部的支配主要是双侧性的;有精细的功能定位,其安排大体呈身体的倒影,而头面代表区内部的安排是正立的;运动越精细复杂的躯体,其代表区也越大,例如手和五指的代表区很大,几乎与整个下肢所占的区域同等大小;刺激所得的肌肉运动反应单纯,主要为少数个别肌肉的收缩(见图2-17)。

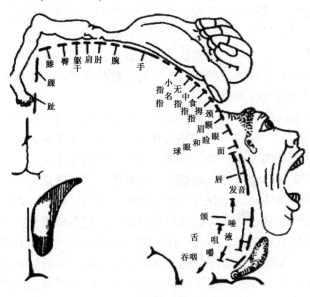

图 2-17 躯体运动中枢

(三)言语区

言语区主要定位在大脑左半球,它由较广泛的脑区组成。

(1) 言语运动中枢(布洛卡中枢)。言语运动中枢位于左半球额叶的后下方,靠近外侧裂处。这一中枢受到损伤后表现为说话迟钝费力,不能说出连贯、流畅的语言,但其发音器官并没有毛病,而且病人还能听懂别人说的话,还能写字,还能认字,这种言语缺陷称为表达性失语症(运动性失语症)。

(2) 言语听觉中枢(威尔尼克中枢)。言语听觉中枢位于颞叶上方,靠近枕叶处。这一中枢受到损伤,患者能听到声音,听觉器官正常,却不能分辨语音,对字词也失去了理解的能力。这一中枢受到损伤所发生的失语症称为接受性失语症。

(3) 视觉性言语中枢。位于顶、枕叶交会处的角回是主管阅读的,称为视觉性言语中枢。这一中枢受到损伤,患者能看到字词,却不能理解字词的含义,这种失语症称为失读症。

(4) 书写性言语中枢。位于额中回靠近中央前回的地方是主管书写功能的,称为书写性言语中枢。这一中枢受到损伤,患者其他运动机能正常,却不能写字绘画了,这种失语症称为失写症。

(四)联合区

脑的三个基本机能联合区的理论是鲁利亚通过他长期的临床观察,特别是对大量脑损伤病人的深入分析而创立的,认为人们心理过程是个复杂的功能系统,它是由 3 个基本的联合区(或脑器官)构成。每一个基本联合区都有着分层次的结构,至少是由彼此重叠的 3 种类型的皮层区组成。

第一基本机能联合区位于脑干网状结构、间脑和大脑皮层内侧部，是按照"非特异性"神经网的形式构成的，兴奋不是以个别的神经冲动扩散，也不按照"全或无"的规律，而是分阶段、逐步地改变自己的兴奋水平，从而调节整个神经器官的状态。它是通过上行网状系统和下行网状系统发挥作用的，而网状结构器官的工作又受皮层高级部位的调节和控制。为了保证心理活动的正常进行，人应当处于觉醒的状态，只有在觉醒的状态下，才能使心理过程完全合乎要求地进行。觉醒状态主要靠大脑皮层适当的紧张度或兴奋来维持，而皮层最适宜的紧张度则不仅由皮层下脑干中的一群特殊的神经细胞来保证和调节，而且也由接受外界各种刺激的皮层调节。

第二基本机能联合区位于两半球靠后部分，包括视觉区(枕叶)、听觉区(颞叶)和一般感觉区(顶叶)以及相应的皮层下组织，是由皮层和皮层下神经元组成。它们接受个别神经冲动，不是根据分阶段逐步变化的原则，而是根据"全或无"的规律来工作。它们将外周的信息分别传递到适宜于接受某一类信息，如视觉、听觉或一般感觉信息等的许多细小的组织，因而具有高度的模式特异性。这一联合区以一级皮层区为基础，并在二级皮层区进行信息加工和编码，在三级皮层区进行高级抽象和经验储存。它们按照模式特异性递减和功能渐进性偏侧化的原则分层次地工作。例如，枕叶的一级皮层区就存在对视觉刺激的某一特性起反应的专门神经元，如有的只对颜色的色调起反应，有的只对线条起反应。它的神经组织结构的特点是第Ⅳ层神经元的高度发展，具有对不同感觉信息的高度特异性。在二级皮层区起主导作用的是第Ⅱ、Ⅲ层带有短轴突的联合神经元。它们把来自一级皮层区所处理过的感觉信息联络在一起并进行加工和编码，综合成一种复合的视觉形象，并达三级皮层区和其他听觉的、躯体觉的信息进行整合。同时它还对外界环境中的复杂标志起反应，如某一物体在空间中的位置、状态和数量等，并将直接的直观知觉转变为以内部图式为中介的抽象思维，将有组织的经验储存于记忆中。

第三基本机能联合区位于脑半球前部、中央沟的前方，按照与第二联合区一样的原则分层地工作，所不同的是与第二联合区相反，神经冲动由三级皮层区传至二级皮层区，再传至一级皮层区。三级皮层区位于额叶的前额区，其第Ⅱ、Ⅲ层中存在大量的颗粒小细胞，有着极为丰富的联系系统，不仅与丘脑和网状结构相联系，而且与皮层所有其余部分(颞叶、顶叶、枕叶、边缘)都有双向联系(能进行信息反馈)，可将皮层各叶三级区的信息进行第二次加工，形成自己的行动、计划与程序，调节自己的行为，使之符合原初的意图。这种有意识、有目的的调节活动是在言语的直接参与下实现的，因而进行了具有抽象思维和记忆的智力活动。二级皮层区接受三级皮层区传达的信息，即把将执行某种行为的指令进行有组织的运动整合，激活该皮层区的大小锥体细胞，使眼睛、头颈部、手、足和整个躯干的肌肉运动处于行动前的准备状态，然后再将指令传达到一级皮质区的中央前回运动区，将实现精细、准确行为的神经冲动发往外周。

鲁利亚认为：意识活动的每一种形式总是依靠脑的3个基本机能联合区的协同工作来实现的。其中，每一个机能联合区都对整个心理过程的实现做出自己的贡献。同时，他还指出，基本机能联合区的皮层结构活动具有3个规律：第一是皮层的分层次结构规律。第二是皮层区特异性递减规律：一级皮层区存在大量高度分化的神经元，具有最大限度的模式特性机能；二级区的细胞专门化程度明显减少，多模式神经元开始占优势；三级皮层区模式特异性更小，其机能具有超模式性质。第三是机能渐进性偏侧化规律，由于言语的产生，右手活动占优势的人的左半球成为言语优势的半球，某些机能向一侧半球发展。

二、大脑两半球的一侧优势

在解剖上，大脑两半球似乎是非常相似的，但已有的大量研究发现大脑两半球的功能是不同的，这种功能的不对称，使得大脑半球在某方面成为优势半球，被称为单侧化。

(一)大脑两半球功能差异的发现

对大脑两半球功能差异的探讨，主要有布罗卡分脑区研究和裂脑人的研究。

1. 布罗卡分脑区研究

1860 年，法国外科医生布罗卡偶然碰到一位失语症病人，原来他能讲话，患病后却不能用语言表达自己的思想。但检查表明，他的听觉器官和发音器官却完好无损。当患者的尸体被解剖时，布罗卡发现，患者左额叶组织有严重病变，他为此写出了轰动科学界的论文——《人是用左脑说话》。对失语症的研究使人类终于认识到了左脑和右脑。

2. 裂脑人研究

神经外科医生发现，切开大脑两半球之间的主要连接(胼胝体)，病人的智力几乎没有什么变化。从 20 世纪 40 年代起，这种手术便用来治疗严重的癫痫病，防止癫痫病发作从一个大脑半球扩散到另一个半球。但是斯佩里(R. W. Sperry)的研究生发现，在切断一只猫的胼胝体后，一侧大脑半球所学到的行为反应不能传到另一侧大脑半球，似乎大脑的两个半球是独立的，在斯佩里的实验中，他让裂脑人注视着前面屏幕的中心点，将 hatband 投射在屏幕上，持续时间不超过 0.1 秒以避免眼球的运动。因此裂脑人的右视野中出现 band，左视野中出现 hat。问他看见了什么时，病人回答说 band。这是因为右视野的信息传送到左半球，而语言中枢也在左半球，因此左半球只能表达它看见的 band。然后右半球感知了什么信息呢？右半球没有语言中枢，不可能通过言语来了解病人的感知。斯佩里设计了第二类实验，利用运动和触觉系统来了解病人两个大脑半球各自的反应。在屏幕上投射两个字母，分别在左、右视野，让病人不用眼睛而用两手触摸找出相应的雕刻的字母。由于大脑左半球支配右手，右手应找到右视野上的字母；大脑右半球支配左手，左手应找到左视野上的字母。斯佩里发现，一只手可以触摸到另一只手正在寻找的字母，但没有认识这个字母的反应，而是继续寻找，直到找到它自己的视野中的字母为止。大脑左右两个半球都能独立地感知刺激，但在切断胼胝体后，不能交流它们各自的感知。斯佩里认为，大脑两半球的机能是高度专门化的，各司其职又互相补充，人脑的右半球也有许多较高级的机能，人脑左半球占优势的概念，需要补充、修改。

通过对裂脑人两个半球的研究表明，一个分离半球所经验的、学习和记忆的事物不能传送给另一个半球。每一个半球有自己的意识、思想和概念，它自己的经验和记忆不可能由另一个半球回忆出来。这些研究还发现两个半球机能上的差别。斯佩里在设计大量精巧实验的基础上进行"形象的"推理,从而得出两半球功能性差异的科学结论。由于这一杰出的贡献,1987 年,他荣获了诺贝尔生理学或医学奖。大脑两半球功能不同的科学论断得到了医学界、心理学界的广泛认可。由于斯佩里的这项研究,促使我们产生了右脑革命的新观念,使我们开始认识右脑的工作,引导我们沿着正确的道路去探索心灵中那些空闲的空间。

(二)大脑两半球的功能差异

上述研究表明,大脑两半球具有不同的优势功能,左半球是语言的优势半球,主要负责言语、阅读、书写、数学运算和逻辑推理等。右半球的优势功能主要表现在形象思维和直觉,对音乐、美术、舞蹈等有超常的感悟力,空间想象力极强(见图 2-18)。

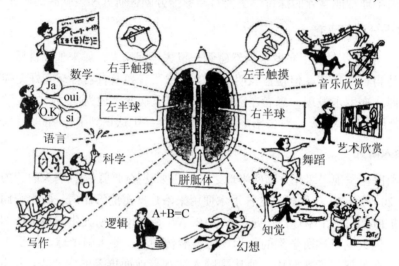

图 2-18 大脑两半球功能差异示意图

大脑两半球存在优势功能的差异,但是这种一侧化并不是绝对的。近年来的许多研究表明,右半球在语言理解中也起着十分重要的作用。在加工不同复杂程度的句子时,右半球上与左半球经典语言区相对应的部位也得到激活,只是在强度上低于左半球。

三、脑功能学说

心理是脑的功能,脑是如何产生心理的呢?对此,学者们提出了以下一些学说。

(一)定位说

德国生理学家弗里奇和希奇格(1870)发现,用电流刺激狗大脑皮层的一定部位,可以规律性地引起对侧肢体一定的运动。这是第一次用实验证明了大脑皮层上存在不同的机能定位。卡尔·威尔尼克(Carl Wernicke,1876)发现一个与语言能力有关的皮层区,即威尔尼克区。这个区受损伤的病人可以说话但不能理解语言,即可以听到声音,却不能理解它的意义。这个区在左半球得到更加充分的发展。布罗卡在 1864 年宣布了一条著名的脑机能的原理:"我们用左半球说话。"这是第一次在人的大脑皮层上得到机能定位的直接证据。现在把这个区叫作布罗卡表达性失语症区或布罗卡区。这个控制语言的运动区只存在于大脑左半球皮层，这也是人类大脑左半球皮层优势的第一个证据。1869年英国休林斯·杰克逊(Hughlings Jackson)通过对癫痫病人癫痫发作情况的仔细观察，主张大脑区分为各种协调中枢。他发现，某些惊厥先从一组肌肉开始，然后依次扩展到其他肌肉。例如，可以先从足部开始收缩，然后扩展到小腿、大腿、躯干、肩、手臂、手，最后到面部。他由此得出结论，在大脑皮层上存在一个代表身体各部位的运动区。20世纪30年代潘菲尔德等对人的大脑皮层机能定位进行了大量研究，他们利用电刺激法研究颞叶，研究发现颞叶可能是记忆的中枢定位。

(二)整体说

19世纪70年代以前，生理学家公认大脑各部分的机能是相同的，这是根据法国的皮埃尔·弗罗伦斯(Pierre Flourens，1794—1867)的实验观察所得到的结论。他首先把切除法用于脑机能的研究，切除一部分脑以后观察动物行为的变化。他发现摘除鸽大脑两半球不同部位之后没有发现后果有什么差异。他主张智能是全脑的机能，反对大脑机能定位的观点。拉什利利用脑毁损技术发现均势原理：大脑各部位几乎以均等程度发挥作用。总体活动原理：大脑总是以总体发挥作用，功能的丧失与损伤面积成正比。

(三)机能系统说

鲁利亚认为，脑是一个动态的机能系统，个别环节受损，高级心理功能受影响，人的心理和行为是三个机能系统相互作用、协调活动的结果。

(1) 动力系统。由脑干网状结构和边缘系统等组成；调节激活并维持觉醒，实现对行为的自我调节。
(2) 信息接收、加工和储存系统。由许多脑区组成，各区又分为不同的层次。
(3) 行为调节系统。编制行为程序，调节和控制行为，包括额叶的广大脑区。

(四)模块说

模块说是20世纪80年代中期出现的。这种学说认为，人脑在功能和结构上是由高度专门化并相对独立的模块组成的，这些模块复杂而巧妙的结合，是实现复杂而精细的认知功能的基础。

第四节 内分泌腺和神经—体液调节

一、内分泌腺的概念

内分泌腺(endocrine gland)是一类无管腺体，它们所分泌的物质(称为激素)直接进入周围的血管和淋巴管中，由血液和淋巴液将激素输送到全身。内分泌腺所分泌的各种激素对机体各器官的生长发育、机能活动、新陈代谢起着十分复杂而又十分重要的调节作用。

人体的内分泌腺有垂体、甲状腺、甲状旁腺、胸腺、胰岛、肾上腺和性腺等(见图2-19)。此外，松果体和分布于胃肠道黏膜中的内分泌细胞，以及下丘脑的某些神经细胞，也具有内分泌的功能。

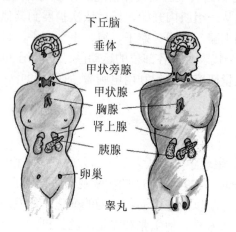

图2-19 内分泌系统

二、主要内分泌腺的分类及其功能

(一)垂体

垂体(pituitary gland)悬垂于脑的底部，所以也叫作脑垂体或脑下垂体。它呈卵圆形，大小如豌豆，由一短柄与丘脑下部(也称下丘脑)相连。垂体可以分为腺垂体和神经垂体两部分。腺垂体是腺体组织，而神经垂体是神经组织。

腺垂体分泌生长激素、催乳素等。生长激素直接作用于组织细胞，可以增加细胞的体积和数量，促进人体的生长。

腺垂体还分泌促甲状腺激素、促肾上腺皮质激素、促性腺激素，这些激素总称为促激素。促激素一方面调节相应腺体内激素的合成和分泌；另一方面还维持相应腺体的正常生长发育。

因为腺垂体具有调节、管理其他内分泌腺的作用，近代医学研究结果表明，腺垂体并不是独立指挥其他腺体的，它是在下丘脑中神经分泌细胞所分泌的各种促垂体激素的控制下进行活动的。垂体是人体内最主要的内分泌器官，结构复杂，分泌的激素种类多，作用广泛，并且能调节其他内分泌腺的活动。

(二)甲状腺

甲状腺(thyroid gland)主要由许多腺泡组成。腺泡壁是一层上皮细胞，腺泡中央为腺泡腔，内含胶质，腺泡之间有丰富的毛细血管网。

甲状腺分泌甲状腺激素。甲状腺激素是一组含碘的氨基酸，甲状腺激素的功能特点是：分布范围十分广泛，几乎遍及全身各个组织；作用迟缓而又持久。一般认为，甲状腺激素主要调节新陈代谢、生长、发育等基本生理过程。

(三)肾上腺

肾上腺(adrenal gland)位于肾脏的上端，左右各一。肾上腺分为内外两层，外层称为皮质，内层叫髓质。皮质分泌的激素有盐皮质激素、糖皮质激素和性激素，统称为肾上腺皮质激素。盐皮质激素主要是调节水盐代谢，促进肾小管对钠和水的重吸收以及对钾的排泄。糖皮质激素还可以增强人体的应激功能。内外环境中的一切有害刺激(包括麻醉、感染中毒、出血、创伤、休克、外科手术、烧伤、寒冷、恐惧、疲劳、疼痛等)都能引起人体一系列生理功能的改变，以耐受上述的种种有害刺激，像这样的生理变化就是人体的应激反应。在这种反应过程中，有害刺激可以通过下丘脑和腺垂体引起糖皮质激素的大量分泌，从而改变人体的代谢状况，以耐受这些有害的刺激，帮助人体度过危险期。

(四)性腺

性腺(sex gland)在男性为睾丸，女性为卵巢。它们除产生生殖细胞外，还具有内分泌功能。睾丸在性成熟时开始分泌雄性激素。雄性激素有促进精子生成，促进男性生殖器官发育并维持其正常活动，激发和维持男性第二性征等作用。卵巢分泌雌性激素和孕激素。雌性激素能促进女性生殖器官、乳腺导管发育，激发并维持女性第二性征。孕激素能促进子宫内膜增厚和乳腺腺泡的发育。

三、神经—体液调节

体液调节就是机体某些细胞产生某些特殊的化学物质，借助于血液循环的运输，到达全身各器官组织或某一器官组织，从而引起这一器官组织的某些特殊的反应。许多内分泌细胞所分泌的各种激素，就是借体液循环的通路对机体的功能进行调节的。例如，胰岛 B 细胞分泌的胰岛素能调节组织、细胞的糖与脂肪的新陈代谢，有降低血糖的作用。内环境血糖浓度之所以能保持相对稳定，主要依靠这种体液调节。

有些内分泌细胞可以直接感受内环境中某种理化因素的变化，直接做出相应的反应。例如，当血钙离子浓度降低时，甲状旁腺细胞能直接感受这种变化，促使甲状旁腺激素分泌增加，转而导致骨中的钙释放入血，使血钙离子的浓度回升，保持了内环境的稳态。也有些内分泌腺本身直接或间接地受到神经系统的调节，在这种情况下神经系统通过内分泌腺分泌的各种激素影响效应器官的活动，这种调节方式称为神经—体液调节。神经系统可直接控制内分泌腺的分泌，也可通过控制垂体分泌促激素，间接控制一些内分泌腺的分泌(见图 2-20)。如鸟类一般在春天进入繁殖期，这是春天的长日照刺激，通过神经系统作用，下丘脑分泌较多的促性腺激素释放激素，促进垂体分泌促性腺激素，性腺就开始发育并分泌性激素，鸟类进入繁殖期。这就是间接控制。又如人处于寒冷环境中时，冷刺激可使有关神经兴奋，促使肾上腺分泌肾上腺素增加，导致机体代谢活动增强，产热量增加。这是直接控制。

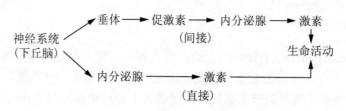

图 2-20　直接调节与间接调节

复习要点

第一节　神经元

一、神经元的结构与功能

神经元是具有细长突起的神经细胞，是神经系统结构和功能的基本单位。神经元的基本结构可分为胞体和突起两部分。根据神经元不同部位具有的功能不同，可以将一个神经元划分为输入区、整合区、冲动传导区和输出区。根据突起的数目不同，神经元可分为假单极神经元、双极神经元和多极神经元。根据功能，神经元可分为感觉神经元、运动神经元和联络神经元。根据轴突的长短可分为高尔基Ⅰ型和Ⅱ型。根据神经纤维释放的化学递质，神经元可分为胆碱能神经元、去甲肾上腺素能神经元、多巴胺能神经元、5-羟色胺能神经元和γ-氨基丁酸能神经元。

二、神经纤维

神经纤维是由神经元的轴突或树突、髓鞘和神经膜组成，神经传导具有相对不疲劳性。神经纤维对其所支配的组织能发挥功能性、营养性两个方面的作用。根据传导速度(复合动作电位内各波峰出现的时间)和后电位的差异，将哺乳类动物的周围神经的纤维分为 A、B、C 三类。神经元的细胞体与轴突是一个整体，胞体和轴突之间必须经常进行物质运输和交换，轴突内的轴浆是经常双向流动的。

三、神经胶质细胞

神经胶质细胞又称胶质细胞，它具有细胞突起，但不分树突和轴突。与神经元不同，可具有终身分裂增殖的能力。在中枢神经系统中，神经胶质细胞分为星形胶质细胞、少突胶质细胞、小胶质细胞、管周膜细胞、脉络丛上皮细胞、伯格曼胶质细胞、米勒细胞、垂体细胞和伸展细胞等。在周围神经系统中，神经胶质细胞分为神经膜细胞(施万细胞)、卫星细胞。神经胶质细胞的电生理特性有：膜电位、去极化与复极化、所有神经胶质细胞间均有缝隙连接。胶质细胞的主要功能表现在：支持作用、绝缘作用、屏障作用、营养性作用、修复和再生作用、维持神经元周围的 K^+ 平衡以及摄取神经递质 7 个方面。

四、神经冲动的传导

静息电位是指细胞未受刺激时，存在于细胞膜内外两侧的电位差。动作电位是细胞受刺激时，在静息电位的基础上发生一次短暂的扩布性的电位变化。突触是指两个神经元之间或神经元与效应器细胞之间相互接触、并借以传递信息的部位。突触的接触处有两层膜，轴突末梢的轴突膜称为突触前膜，与突触前膜相对的胞体膜或树突膜则称为突触后膜，两膜之间为突触间隙。电突触没有突触泡和线粒体的汇聚，它的两个突触膜曾一度被错误地认为是融合起来的，实际上两者之间有 2 纳米的突触间隙，因此电突触又称间隙接头。高等哺乳动物最主要的突触接触形式有 3 种：轴突—树突突触、轴突—胞体突触和轴突—轴突突触。信息在突触间的传递要经过化学突触的传递。突触延搁是指从兴奋传导到突触前末梢到突触后电位出现的时间间隔。电突触是双向传递的，不分突触前或突触后，对任何一方传来的信号都能传递。

五、神经回路

短轴突和无轴突神经元不投射到远隔部位，它们的轴突和树突仅在某一中枢部位内部起联系作用，这些神经元称为局部回路神经元。由局部回路神经元及其突起构成的神经元间相互作用的联系通路，称为局部神经元回路。最简单的神经回路就是反射弧，它一般由感受器、传入神经、神经系统的中枢部位、传出神经以及效应器 5 个基本部分组成。

第二节　神经系统

神经系统可以分为周围神经系统和中枢神经系统，承担信息传导功能的外周神经系统主要由脑神经、脊神经和自主神经构成。负责信息整合功能的中枢神经系统包括脑和脊髓。脑神经是指与脑直接联系的周围神经，共 12 对，主要支配头、颅部器官和部分内脏器官的活动。脊神经共 31 对，颈 8 对、胸 12 对、腰 5 对、骶 5 对、尾 1 对，经椎间孔出椎管。自主神经又称非随意神经，是支配内脏器官的平滑肌、心肌和腺体的神经。主要分布于内脏、血管、腺体以及其他平滑肌，它包括交感神经和副交感神经两部分。脊髓主要由神经细胞构成，是许多简单反射的中枢，脊髓的横切面有位于中央部的灰质和位于周围部的白质。脊髓本身能完成许多反射活动，但也受脑活动的影响。脑的结构包括脑干(含延髓、脑桥和中脑)、间脑(含背侧丘脑、上丘脑、下丘脑、后丘脑和底丘脑)、小脑、边缘系统、大脑。大脑由左右两半球组成，是控制运动、产生感觉及实现高级脑功能的高级神经中枢，主要包括大脑皮层和基底核两部分。覆盖在大脑半球表面的一层灰质称为大脑皮层。皮层的深面为白质，白质内还有灰质核，这些核靠近脑底，称为基底核(或称基底神经节)。基底核中主要为纹状体。纹状体的主要功能是使肌肉的运动协调，维持躯体一定的姿势。

第三节　大脑左右两半球的构造与功能

根据各层神经元的成分和特征以及机能，大脑可以分为许多区。从机能上分，大脑中央后回称躯体感觉区，中央前回称为运动区，枕极和矩状裂周围皮层称为视觉区，颞横回称为听觉区，额叶皮层大部、顶叶、枕叶和颞叶皮层的其他部分都称为联合区。大脑皮层细胞除了在水平方向分层外，在整个皮层厚度内，神经元在与表面垂直的方向呈链状排列成细胞柱。柱是一些具有大致相同特性的神经元集合形成的，它是皮层最基本的机能单位。大脑皮层分为初级感觉区(含机体感觉区、视觉区、听觉区)、初级运动区、言语区(含言语运动中枢、言语听觉中枢、视觉性言语中枢、书写性言语中枢)、联合区。大脑两半球功能不同，左脑具有语言功能，擅长逻辑推理。右脑具有形象思维能力。

关于脑的功能有各种学说。①定位说。认为大脑皮层上存在不同的机能定位。②整体说。皮埃尔·弗罗伦斯认为，智能是全脑的机能。拉什利认为，大脑各部位几乎以均等程度发挥作用，总是以总体发挥作用，功能的丧失与损伤面积成正比。③机能系统说。鲁利亚认为，脑是一个动态的机能系统，个别环节受损，高级心理功能受影响，人的心理和行为是动力系统，信息接收、加工和储存系统，行为调节系统三者相互作用、协调活动的结果。④模块说。20世纪80年代中期出现，认为人脑在功能和结构上是由高度专门化并相对独立的模块组成，这些模块复杂而巧妙的结合，是实现复杂而精细的认知功能的基础。

第四节 内分泌腺和神经—体液调节

内分泌腺是一类无管腺体，它们所分泌的物质(称为激素)直接进入周围的血管和淋巴管中，由血液和淋巴液将激素输送到全身。内分泌腺主要有垂体、甲状腺、肾上腺、性腺等。神经系统通过内分泌腺分泌的各种激素影响效应器官的活动，这种调节方式称为神经—体液调节。

拓 展 思 考

1. 如何理解心理现象和神经生理结构之间的关系？
2. 大脑两半球的一侧优势对我们具有怎样的启示？
3. 如何看待各种脑功能学说之间的分歧？

第三章 注 意

注意是生活中常见的心理现象，任何实践活动都需要人们集中注意力。注意是提高活动效率的必要条件。那么，注意到底是一种什么样的心理活动呢？它是如何发生的呢？怎样才能提高注意的效果呢？本章将回答这些问题。

第一节 注意概述

一、注意的概念

注意(attention)是心理活动或意识对一定对象的指向和集中。注意与编码密切联系着，注意总是指向于当前正在编码的信息。例如，上课时，你正在认真听讲，专心做笔记，有一只小鸟落在你身边的窗台上，你却没有觉察到。这是你的心理活动正集中在老师的讲课内容上，无暇顾及其他事情。同时，注意的对象又是变化的，而且在大多数时候，人们可以有意识地控制这种变化。人在注意时，既可采取综合方式，又可以采取分析方式，即既可以对某些对象的整体加以注意，又可以对对象的一部分或某种特性加以注意。

注意有两个特点：指向性和集中性。

注意的指向性是指人在某一时刻，心理活动或意识选择了某个对象，而忽略了另一些对象。客观世界是丰富多彩的，人在同一时间内不能感知一切对象，而只能感知其中的少数对象。在满天星星的夜晚，我们只能同时看清楚几颗星星，而不能看清所有的星星。在思考问题时，我们也只能同时思考少数几个问题，而不能思考所有的问题。由于心理活动或意识指向一定的对象，这些少数受到指向的对象就被清晰地反映出来，而同时作用的其他对象就没有被意识到或意识得比较模糊。当一个人注意到某些对象时，同时就离开了其他对象。集中注意的对象就是注意的中心，其余对象有的处在"注意的边缘"，多数处在注意范围之外。因此，注意的指向性决定心理或意识在哪个方面进行活动，指向性不同，从外界接受的信息也不同。

注意的集中性是指心理活动或意识对所指向的对象的专注程度。注意的专注度和注意的效果有直接关系。一般来说，注意的专注度越高，注意的效果越好。例如，在上课时，如果你专心听讲，即专注度高，就会对老师所讲授的内容听得清晰，理解得好，记忆得好；相反，如果注意力集中不起来，对所学习的内容就可能印象模糊。

注意的指向性和集中性表明注意发生时具有方向和强度的特征，注意的指向性使心理活动或意识朝向某个对象；集中性则使心理活动或意识在某个活动上保持一定的关注度。另外，注意的指向性和集中性是相互联系的。注意的集中度越高，注意指向性的范围就越小，人在高度集中自己的注意力时，他对自己周围的一切就可能"视而不见，听而不闻"；而注意指向性的范围越大，注意越难以集中。

注意本身不是一种独立的心理过程，而是各种心理过程的共同特性。注意活动不单独进行，它总是伴随其他心理活动而进行。例如，上课时教师所说的"注意书本"，"注意老师的讲解"，"注意问题的关键"，实际上是指"注意看书本"，"注意听老师的讲解"，"注意思考问题的关键"。老师所以这样说，是为了表述简练，将"注意看书本"，"注意听老师的讲解"，"注意思考问题的关键"中的"看""听""思考"省略了。由于注意不是一种独立的心理过程，所以它没有自己特定的反映内容。

二、注意的功能

注意功能是指注意的作用，它使人能够及时地集中自己的心理活动，清晰地反映客观事物，更好地适应环境。具体来说，注意的功能有如下几个方面。

(一)选择功能

注意的基本功能是对信息进行选择，使心理活动选择有意义的、符合需要的和与当前活动任务相一致的各种刺激；避开或抑制其他无意义的、附加的、干扰当前活动的各种刺激。即注意将有关信息线索区分出来，使心理活动具有一定的指向性。周围环境给人们提供了大量的刺激，这些刺激有的对人很重要，有的对人不那么重要，有的毫无意义，甚至会干扰当前正在进行的活动。人要正常地生活与工作，就必须选择重要的信息，排除无关刺激的干扰。注意对信息的选择受许多因素的影响。例如刺激物的物理特性，人的需要、兴趣、情感、过去的知识经验等。

(二)保持功能

外界大量信息输入后，某些信息被选择注意，被选择的信息在注意的关注下，心理活动对其进行加工，完成相应的任务。如果不加注意，信息就会很快消失，心理活动无法展开，也就无法进行正常的学习和工作。此外，注意的保持功能还表现在，它可以使人的心理活动较长时间保持在注意选择的对象上，维持一种比较紧张的状态，从而保证活动的顺利进行。

(三)调节和监督功能

注意的调节和监督功能使人的心理活动沿着一定的方向和目标进行，并提高意识觉醒水平，使心理活动根据活动的需要做到注意的适当分配和适时的转移，必要时可对错误进行纠正。这样，在注意状态下，人们有效地监控自己的动作和行为，从而达到预定目的，避免失误，顺利完成相应的工作任务。

三、注意的外部表现

人在集中注意于某对象时，常常伴随着特定的外部表现和生理变化。注意时主要的外部表现有以下几种。

(一)适应性运动

人在注意时,有关的感觉器官朝向刺激物。例如,人在注意观察某个物体时,把视线集中在该物体上,即所谓"举目凝视";注意听一个声音时,把耳朵转向声音的方向,即所谓"侧耳倾听";当沉浸于思考或想象时,眼睛常常是"呆视着",好像看着远方一样,对周围对象的感知就变得模糊起来。

(二)无关运动停止

人在高度集中注意时,无关运动会暂时停止。当儿童听讲精彩故事时,会一动不动地看着老师。学生上课专心听讲时,全神贯注地盯着老师,就不再有交头接耳等小动作。

(三)呼吸变化

人在集中注意时,呼吸变得轻微而缓慢,并且会出现吸气变短、呼气延长的情况。当注意力高度集中时,甚至会出现呼吸短暂停止的"屏息"现象。此外,在紧张注意时,还会出现心跳加速、牙关紧闭、拳头紧握等现象。

可以根据一个人的外部表现来推断他的注意情况。但是,注意作为一种内部心理状态,它和外部行为表现之间并不总是一一对应的。例如,当人的视线落在某个物体上时,他的注意可能指向完全不同的物体。在课堂上,学生可能用眼睛盯住教师,装出一副认真听讲的样子,而实际上,他的注意全然不在教师讲课的内容上,而指向与教学无关的其他事物。可见,只用注意的外部表现来说明一个人的注意状态,有时可能得出错误的结论。

四、注意与意识的关系

注意与意识既有区别又有联系,具体介绍如下。

(一)注意和意识的区别

首先,注意是一种心理活动或"心理动作",而意识主要是一种心理内容或体验。假如把人脑比喻为一台电视机的话,注意就是对电视节目进行选择的过程,而意识则是出现在电视屏幕上的内容。注意提供了这样一种机制,决定什么东西可以成为意识的内容,而什么东西不可以。

其次,注意比较主动和易于控制,而意识有时是不自觉的。人们可以根据活动的要求调整注意的方向和强度;而意识活动,有时是自觉的,有时是不自觉的。自觉的意识活动,整个过程,人们可以清晰地知道自己在做什么,也可以进行有效控制;不自觉的意识活动,即无意识活动,人们对自己的活动过程不能清晰觉知,很难控制。

(二)注意和意识的联系

当人们处于注意状态时,人的注意所指向的内容,一般处于意识活动的中心,意识内容比较清晰。在注意条件下,意识和心理活动指向并集中于特定的对象,从而使意识内容或对象清晰明确,意识过程紧张有序,并使个体的行为活动受到意识的控制。例如,人从睡眠到觉醒、再到注意，其意识状态分别处在不同的水平上。睡眠是一种无意识的状态。人在睡眠时，他意识不到自己的活动或外部的刺激，或不能清晰地意识到。从睡眠进入觉醒以后，人开始能意识到外部的刺激和自己的活动，并且能有意识地调节自己的行为。但是，即使人在觉醒状态下，也不能意识到所有的外部刺激、事件和自己的行为，而只能意识到其中的一部分。

延伸阅读

意 识 概 述

1. 什么是意识

意识是心理学研究的重要命题。关于意识的定义，迄今为止没有找到一个让人满意的定义。作为心理活动的一种高级水平，可以将意识定义为一个人对于内部刺激和外部刺激的知觉。意识的概念可以从不同的角度理解：①意识是一种觉知性。觉知性是意识的最基本的特征。人对于自身、周围事物以及自身与周围事物的关系是可以觉知到的。例如觉察到自己正在说话，觉得头痛，觉知到教师的声音、手势等。②意识是一种高级的心理官能。意识对个体的身心系统起着统合、管理和调节的作用。意识不只是对刺激的被动觉察和感知，同时它还具有能动性和调节作用。③意识是一种心理状态。在某一时刻，人总是处于某种意识状态。

2. 意识水平

所谓意识水平，是指在某一时刻人对刺激能够觉知的程度。意识是一个心理系统，具有复杂的结构，可以分为不同的层次和水平：①中心意识。中心意识是指我们集中注意而获得的清晰意识。例如，棋手在集中注意下棋时对棋局的意识，即为中心意识。个人处于中心意识水平时，需要投入较多的心理资源。②边缘意识。边缘意识是指在某一时刻，给予较少的注意而形成的模糊意识。例如，当你在集中注意看书中的一个短语时，它周围的词语或图表是不清楚的，处于你的边缘意识水平上。③前意识。当前不在意识之中，集中精力努力回忆和经过提醒，才能进入意识，对这些记忆的意识被称为前意识。前意识在精神分析理论中是介于意识和潜意识之间的一种意识层面，其作用是去除不为意识层面所接受的内容，并将其压抑到潜意识中去。而在认知心理学中是指曾经储存在长时记忆中的信息，但只有在必要情形下进行回忆时才会对其产生意识。例如，我们大脑里储存着许多资料，在平时没有使用时我们并没有感觉到这些资料的存在，当在使用时，就会对其产生意识。④潜意识。潜意识是弗洛伊德创造的一个概念。依据精神分析理论，某些记忆、冲动和欲望是无法进入意识的，这些心理事件就属于潜意识的范畴。弗洛伊德认为，某些痛苦记忆是被压抑的，即被转为潜意识并继续影响人们的行为，尽管当事人并未意识到这些记忆的存在。被压抑到潜意识中的思想和冲动虽然不能进入意识，但它们会以间接或伪装的方式，例如通过梦、非理性行为、怪癖、口误等影响着我们。弗洛伊德还认为，潜意识欲望和冲动是大多数精神疾病的原因。他用精神分析的方法，将被压抑的心理内容召至意识中，来治疗患者。现在，大多数心理学家认为有一些记忆和心理是内省所不能达到的，这些心理现象可以称为潜意识。

3. 意识状态

意识状态是指人们对客观环境以及主观自身的认识。主要的意识状态如下。

①睡眠。人的生物节律中大约 1/3 是行为静止的阶段，称为睡眠。人们现在主要是通过脑电活动的变化来研究睡眠。研究者通过分析脑电图发现，人在整夜睡眠过程中会周期性地出现脑波显著变化的五个阶段。每个阶段会表现出不同的脑电图模式。从轻度睡眠、出现"睡眠锭"、肌肉更为放松、进入深度睡眠，这前四个阶段被称为非快速眼动睡眠。这种睡眠周期会持续大约 90 分钟。到第五阶段会出现脑电活动的增加，这个阶段经历快速眼动睡眠，这时人就会做梦，这种过程大约持续 10 分钟。在整夜睡眠中，100 分钟周期大约经历 4~6 次。每个周期，深睡的时间会逐渐减少，而快速眼动睡眠的时间会增加。②梦。对梦解释有不同观点。精神分析学家弗洛伊德和荣格等人认为，梦是潜意识过程的显现，是通向潜意识的最可靠途径。或者说，梦是被压抑的潜意识冲动或愿望以改变的形式出现在意识中，这些冲动和愿望主要是人性本能和攻击本能的反映。生理学的观点(霍布森 Hobson，1988)认为，梦的本质是我们对脑的随机神经活动的主观体验。一定数量的刺激对维持脑与神经系统的正常功能是必要的。在睡眠时，由于刺激减少，神经系统会产生一些随机活动。梦则是我们的认知系统试图对这些随机活动进行解释并赋予一定意义。认知观点认为，梦担负着一定的认知功能。在睡眠中，认知系统依然对存储的知识进行检索、排序、整合、巩固等，这些活动的一部分会进入意识，成为梦境。③催眠。催眠也是一种意识状态。社会认知或角色扮演的观点认为，催眠反映了催眠师和被催眠者之间的一种特殊的关系。一般来说，被催眠的人事先对催眠已有所了解，知道催眠后会发生什么。在催眠中，他们只是扮演了一个特殊的社会角色——被催眠的人。这个角色意味着将无条件地接受催眠师的指挥。由于是角色的要求，被催眠的人在进入催眠状态后，就倾向于顺从催眠师的指示，做出特定的行为或产生特定的感受。意识功能分离的观点认为，人的意识有执行和监督两种基本功能：执行功能可以使我们控制和规范自己的行为；监督功能可以使我们观察自己的行为。在正常情况下，意识的这两种功能是连在一起的，但是催眠可以使两种功能之间的联系断开。通过分离这两种基本的意识功能，可以达到催眠的效果。在催眠条件下，个体进入一种特殊的意识状态，其执行功能正常，并接受催眠师的指令，而监督功能不起作用。最近有人认为，催眠不一定使意识功能分离，它只是弱化了意识对行为的监控，因而使执行功能超过了意识的其他方面，执行动能自动地执行了催眠师的指示，没有以个体的正常认知系统做中介。④白日梦与幻想。每个人都有精力不集中、思想开小差的时候。例如，上课时，你根本就没有听到老师在讲什么，满脑子都是刚看过的武侠小说中的情节。这种现象通常称为白日梦，程度较严重时，称为幻想。研究表明，在很大程度上，白日梦是基于个体的记忆或想象的内容自发产生的。既然记忆主要依赖于我们过去的经历，所以经历过的事件对白日梦的内容有重要影响。

五、注意的神经机制

注意和其他心理现象一样，是由神经系统不同层次、不同脑区的协同活动来完成的。从 19 世纪中叶以来，生理学家和心理学家们进行多方面的研究，试图揭示注意活动的复杂的神经机制。

(一)朝向反射

朝向反射(orientating reflex)是由情境的新异性所引起的一种复杂而又特殊的反射。它是注意最初级的生理机制。注意从其发生来说是有机体的一种朝向反射。每当新异刺激出现时，人便产生一种相应的运动，将感受器朝向新异刺激的方向，以便更好地感知这一刺激。朝向反射活动时，人除了朝着刺激的方向转动眼睛和头部外，还会出现植物性反应和脑电反应。

朝向反射是由新异刺激物引起的，刺激物一旦失去新异性，朝向反射也就不会发生了。在朝向反射发生之后，随即发生适应性反射。它包括身体的一系列变化，例如动物把感官朝向刺激物，正在进行的活动受到压抑，四肢血管收缩，头部血管舒张，心率变缓，出现缓慢的深呼吸，瞳孔扩散，脑电出现失同步现象等。

在朝向反射时出现的一系列身体变化，有助于提高动物感官受性，并能动员全身的能量资源以应付个体面临的活动任务，例如趋向活动的目标、逃离威胁个体生存的情境等。朝向反射的这种特殊作用，使它在人类和动物的生活中具有巨大的生物学意义。

(二)脑干网状结构

注意必须在有机体觉醒状态下才能进行。网状的激活作用，使大脑处于觉醒状态，没有网状结构引起的大脑活动的普遍激活，就不可能有注意。脑干网状结构(reticular formation)是指从脊髓上端到丘脑之间的一种弥散性的神经网络。网状结构的神经细胞形状很复杂，大小也不等，它们的轴突较长，侧枝也较多。因此，一个神经元可以和周围的许多神经元形成突触；一处受到刺激就可以引起周围细胞的广泛的兴奋。研究发现，来自身体各部分的感觉信号，一部分沿感觉传导通路，直接到达相应的皮层感觉区；另一部分通过感觉通路上的侧枝进入网状结构，然后由网状结构释放一种冲击性脉冲，投射到大脑皮层的广大区域，从而使大脑产生兴奋脉冲和觉醒水平，使皮层功能普遍增强。网状结构不传递环境中的特定信息，但它维持大脑的一般性活动水平，保证大脑有效地加工特定的信号。

(三)边缘系统

边缘系统(limbic system)的一些结构与注意密切相关。边缘系统是由边缘叶、附近皮层和有关的皮层下组织构成的一个统一的功能系统。它既是调节皮层紧张性的结构，又是新旧刺激物进行选择的重要结构。边缘系统中的海马和尾状核是实现精确选择行为的重要的神经结构。这些组织，特别是海马中主要的神经元，并不是对特殊的刺激做出回答，而是对新、旧刺激进行比较，从而对新的信号做出反应，抑制旧的已经习惯的刺激。因此，海马被认为是"过滤器"的重要组成部分。这些部位破坏，则引起选择性注意的严重障碍。

(四)大脑皮层

产生注意的最高部位是大脑皮层(cerebral cortex)。大脑皮层不仅对皮层下组织起调节、控制的作用，而且是主动地调节行动、对信息进行选择的器官。大脑额叶直接参与言语指示所引起的激活状态。它通过与边缘系统或网状结构的下行联系，不仅能够维持网状结构的紧张度，而且能够对外周感受器产生抑制性的影响。临床观察表明，额叶损伤的病人表现出对新异刺激和环境干扰的过分敏感，不能将注意集中在所接受的言语指令上，也不能抑制对任何附加刺激物的反应。这些病人在没有干扰的条件下能做某些事情，但只要是环境中出现任何新的刺激或存在任何干扰作用，例如有人走进病房或病房中有人在说话，他们就会停止原来进行的活动，把视线转向外来者或说话人的方向。

注意也与大脑的顶叶有密切关系。临床神经学已证实，顶叶损伤的患者会有偏侧疏忽现象。向这类患者呈现各类示范图并要求他们加以复制，结果显示，患者的临摹图画都缺失了左半部分，表明患者没有注意到这部分信息(见图3-1)。

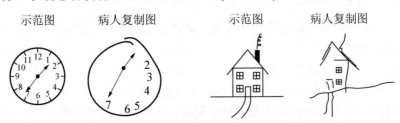

图 3-1　给右顶叶损伤患者的示范图及其复制图

偏侧疏忽是一种注意的缺损，而不是感觉障碍。如果患者只是感觉缺陷，那么可以预期他会将其视线转向他所疏忽了的视觉领域，一旦他觉察到视觉信息不完整后就会加以弥补。的确有些患者是有感觉缺陷，他们会用这种策略加以弥补。而偏侧疏忽症患者却不会运用此种策略加以弥补。他们似乎没有意识到自己身体另一边的存在，根本不注意这一边的信息。极端的偏侧疏忽症患者甚至否认某些肢体是属于他们身体的一部分。据报道，有一位患者认为医护人员残忍地将一条锯断的腿放到了他的床上，并试图将它扔到地上，其实这条腿是与其身体相连的。

一般来说，认知活动在大脑皮层都有相应的功能区或功能单元定位。研究发现，当注意指向一定的认知活动时，可以改变相应的大脑功能区或神经功能单元(通常是由很多神经元组成的神经环路)的激活水平。

第二节　注意的种类

关于注意的种类，早期人们只把注意分无意注意和有意注意两种类型。后来，随着对注意研究的逐步深入，人们按照不同的标准，对注意进行了分类，归纳起来有如下划分。

一、无意注意、有意注意和有意后注意

根据产生和保持注意时有无目的以及意志努力程度的不同，把注意分为无意注意(不随意注意)、有意注意(随意注意)和有意后注意(随意后注意)3 种。

(一)无意注意

1. 什么是无意注意

无意注意(involuntary attention)是指事先没有预定目的、也不需要意志努力的注意。例

如，我们正在教室内聚精会神地听讲，突然从教室外闯进来一个人，这时大家不约而同地把视线朝向他，并且不由自主地转头看他。在这种情况下，我们对要注意的东西没有任何准备，也没有明确的认识任务。无意注意的引起与维持不是依靠意志的努力，而是取决于刺激物本身的性质。在这个意义上，无意注意是一种消极被动的注意。无意注意是注意的一种初级表现形式，动物也有无意注意。

2. 引起无意注意的原因

引起无意注意的原因可以分为两个方面：刺激物的特点和注意者的状态。

1) 刺激物的特点

刺激物的特点主要包括以下几个方面。

(1) 刺激物的强度。环境中出现的强烈刺激容易引起无意注意，例如一声巨响、一道强光、一种浓烈的气味等，都会不由自主地引起我们的注意。在无意注意中，起决定作用的往往不是刺激的绝对强度，而是刺激的相对强度，即刺激强度与周围物体强度的对比。例如，在喧闹的大街上，大声说话不一定被人们注意，但在寂静的夜晚轻微的耳语声，也可能引起人们的注意。

(2) 刺激物之间的对比关系。刺激物在强度、形状、大小、颜色和持续时间等方面与其他刺激物存在显著差别时会引起人们的无意注意。例如，绿草丛中的红花比绿草丛中的青蛙更能引起人们的注意。

(3) 刺激物的活动和变化。活动的刺激物、变化的刺激物比不活动、无变化的刺激物容易引起人们的注意。例如，霓虹灯一亮一暗，很容易引起人们的注意；活动的玩具很容易引起儿童的注意。

(4) 刺激物的新异性。所谓新异性是指刺激物具有新奇、独特的特点。新异的事物很容易成为注意的对象。千篇一律的、刻板的、多次重复的事物，很难吸引人们的注意。例如，到一个城市，一栋新颖别致的大楼，很容易引起人们的无意注意。

2) 注意者的状态

无意注意虽然主要是由外界刺激物的特点所引起，但也决定于注意者的状态。同样的事物，可能引起一些人的注意，而不会引起另一些人的注意。一个人的主观原因在无意注意中起着重要作用。

(1) 需要和兴趣。需要和兴趣是无意注意产生的重要源泉，人们常常会被需要的、感兴趣的事物所吸引，不自觉地加以注意。例如建筑师由于职业的需要，当外出旅游时，各式各样的建筑物都会自然而然地引起他们的注意。

(2) 期待。期待也是引起无意注意的重要条件。例如，我们听过一次"序列学术讲座"后，由于期待着下一次讲座，因此，有关下一次讲座的通知，就很容易吸引我们的注意。

(3) 注意者当时的情绪状态和精神状态。人的心境在很大程度上影响着无意注意。如果一个人心情愉快，平时不大容易引起注意的事物，这时也很容易引起他的注意。如果一个人心境忧郁，平时容易引起无意注意的事物，这时也不易引起他的注意。此外，凡是一个人对某人(或事物)有着特殊的感情，则与之有关的人和事，都容易引起他的注意。

注意者当时的精神状态也对无意注意有重大影响。人在过度疲劳时，注意的事物会减少；人在精神饱满时，注意的事物会增多，而且注意也容易集中和持久。

(4) 知识经验。一般来说，凡是与一个人已有知识经验有联系的事物容易引起注意。例如，在书店里，学数学的，数学方面的书籍容易引起他注意；学中文的，则可能对中文类书籍给予较多的关注。

(二)有意注意

1. 什么是有意注意

有意注意(voluntary attention)是指有预定目的、需要一定意志努力的注意。例如，当学习中遇到困难或环境中出现种种干扰学习的因素时，我们通过意志努力，使注意力保持在要学习的内容上。这种注意就是有意注意。有意注意是注意的一种积极、主动的形式，它服从于既定的目的任务，它受人的意识的自觉调节和支配。有意注意的客体不易吸引人的注意，但又是应当去注意的事物。因此要使意识集中在这种对象上就必须有一定的意志努力。有意注意是人类所特有的心理活动，在种系发展上，有意注意出现得较晚。

2. 引起和保持有意注意的条件和方法

引起和保持有意注意的条件和方法主要有以下方面。

1) 加深对活动目的、任务的理解

有意注意是有预定目的的注意。人们对活动的目的、任务理解得越清楚、越深刻，对完成任务的愿望越强烈，那么与完成任务有关的一切事物也就越能引起和保持人的有意注意。例如，教师要求学生上课前进行预习，事先了解课上要讲的内容，找出自己没有看懂的地方。这样，学生就有了比较明确的听课目的，课堂上就可以保持良好的有意注意。

2) 培养间接兴趣

间接兴趣是指对活动的结果感兴趣。在有意注意中，注意和兴趣的关系往往是间接的，人对于活动的直接结果可能没有兴趣，但是对于活动的最后结果却有很大的兴趣。这种间接的兴趣，即关于结果的兴趣，几乎存在于自觉进行的每一项工作中。间接兴趣，特别是稳定的间接兴趣，是引起和保持有意注意的重要条件。间接兴趣越稳定，就越能对活动的对象保持有意注意。例如，人们开始学习外语时，常常觉得记单词、学语法很单调和枯燥，但一旦认识到掌握外语的重要意义后，就能够克服困难，刻苦攻读，专心致志地学习外语。

3) 合理地组织活动

在明确活动的目的、任务的前提下，合理地组织活动，有助于集中有意注意。

(1) 大脑的智力活动与外部行为活动相结合，有利于引起和保持有意注意。例如，刚开始学习阅读的儿童，如果他用手指着字，就更容易把注意力保持在所读的文句上；在阅读较难的作品时，适当做些笔记，可以帮助人们长久地把注意集中在这种读物上。因此，为了保持有意注意，最好是把注意的内容变成外部活动的对象，因为外部活动本身就要求有意注意的参加。

(2) 根据任务的需要，提出一定的自我要求，经常提醒自己保持注意。特别是在要求加强注意的关键地方，向自己提出"必须注意"的要求尤其重要，这样可以起到集中注意的作用。

(3) 提出问题有利于加强有意注意。人们为了回答问题，必然注意有关内容。在教学过程中，向学生提问，不仅可以检查学生的学习情况，而且对保持有意注意也具有重要作用。

4) 提高抗干扰的能力

有意注意可能在没有干扰的情况下进行，有时也可能在有干扰的情况下进行。干扰可能来自外界的刺激物，也可能是机体的某些状态，如疲劳、疾病和一些无关的思想、情绪等。在这种情况下，为了集中注意，除了要采取一定的措施排除干扰外，还要用坚强的意志克服干扰，增强抗干扰的能力。这样，才能保持有意注意。

避免干扰有助于集中有意注意，提高工作和学习的效率。但是，某些微弱的附加刺激不仅不会干扰人的有意注意，而且会加强有意注意。例如，学习时听听轻音乐，室内钟表的嘀嗒声等有时会加强有意注意。绝对隔音，不仅无关的声音不能从外面传入，而且室内产生的声音也会被吸收。人在这样的环境中不但不能有效地学习和工作，而且会逐渐地进入睡眠状态。绝对的"死气沉沉的"寂静不但不能提高而且能降低智力工作的效果。

(三)有意后注意

有意后注意是指事前有预定的目的、不需要意志努力的注意。有意后注意是注意的一种特殊形式。从特征上讲，它同时具有无意注意和有意注意的某些特点。一方面，它类似于有意注意，因为它有预定的目的；另一方面，它类似于无意注意，因为它不需要意志努力。从发生上讲，有意后注意是在有意注意的基础上发展起来的。例如，开始从事某项生疏的、不感兴趣的工作时，人们往往需要通过一定的意志努力才能把自己的注意保持在这项工作上。经过一段时间后，对这项工作熟悉了，并发生了兴趣，就可以不需要意志努力而继续保持注意。这时，有意注意就发展成有意后注意。熟练地阅读课文，熟练地骑自行车等活动中的注意都是有意后注意。有意后注意是一种高级类型的注意，具有高度的稳定性，是人类活动的必要条件。

无意注意、有意注意和有意后注意在实践活动中紧密联系、协同活动。无意注意和有意注意虽然存在着区别，但是在实际工作中它们往往是不能截然分开的，因为任何一项工作都需要有这两种注意的参加。另外，有意注意可以发展为有意后注意，而无意注意在一定条件下也可以转化为有意注意。例如，开始时人们偶然为某种活动所吸引而去从事这种活动，后来通过实践认识到它的重要意义，便自觉地、有目的地去从事这种活动，并克服一定的困难，坚持对活动的注意。这时无意注意就转化为有意注意。

二、选择性注意、集中性注意和分配性注意

根据注意的功能，可以把注意分为选择性注意、集中性注意和分配性注意。

选择性注意(selective attention)是指个体在同一时刻只对有限的信息给予注意而忽视其他信息。个体在任何时候都被无数刺激所包围，他总是不断地关注某些刺激并做出反应，同时忽视或至少弱化某些刺激，对它们不注意或给予较少的关注。选择性注意使我们把注意指向于一项或一些工作和事件而不是所有的工作和事件。有这样一个实验：给墨西哥人和美国人看两组图片，一组是美国人熟悉的打棒球的场面；一组是墨西哥人所熟悉的斗牛场面。这些照片快速地交叉出现。结果是84%的美国人只看到打棒球的场面，74%的墨西哥人只看到了斗牛的场面。这就是选择性注意。

集中性注意(concentrative attention)是指我们的意识不仅指向于一定的刺激，而且还集中于一定的刺激。集中性注意包含警觉和搜索。警觉是指在相对较长时间内个体对某种或某些试图检测到的特定刺激保持注意。在警觉的时候，个体警惕地注视、倾听着随时可能出现的刺激信号。特别是在特定刺激很少出现而一旦出现就需要立即注意的情况下，就更需要警觉。在执行高风险的警觉任务时，人们最担心的是漏掉有关的信息。警觉是个体被动地等待特定刺激的出现，而搜索则是主动、积极地寻找目标。个体从许多不确定事物中寻找出特定的刺激就需要聚精会神、专心致志地集中注意。例如，从琳琅满目的货架上试图找到所要的特定品牌的麦片。在搜索的时候，人们最担心的是搜索到的信息是否会出错。

分配性注意(divided attention)是指个体能对几项不同的任务给予关注或能同时操作几项任务。很多任务通过大量的练习就会使任务变得简单、容易，只需要稍加注意就可以，这时任务的操作已经自动化了。个人在操作自动化任务的同时，还可以操作其他任务。

三、内源性注意和外源性注意

根据注意指向与集中的加工方向，可以把注意分为内源性注意(endogenous attention)和外源性注意(exogenous attention)。内源性注意是一种自上而下的、由知觉者控制的注意，也称为目标指向控制注意。外源性注意则是一种自下而上的、自动发生的、与当前知觉目标无关的注意，称为刺激驱动注意。例如，在实验中，被试被要求辨认出现在屏幕中央的图形时，他就会注视着屏幕中央，期待目标的出现。这种注意属于内源性注意。此时，如果在屏幕的边缘突然呈现一个刺激，则该刺激会迅速自动地引发被试的注意。这种注意属于外源性注意。

内源性注意是根据观察者的行为目标或意图来分配注意；外源性注意是观察者的视野外部的信息所引起的注意定向。内源性注意的发展是渐进的，一开始是宽泛的注意，然后是狭窄的集中。外源性注意更少受认知负荷的影响，被试可以忽略内源性提示，但无法忽略外源性提示。外源性注意能够引起立即、快速、狭窄的集中。

早期研究认为，外源性注意干扰了内源性注意的集中，因为高度突现的视觉事件自动捕获了注意。最近的研究表明，外源指向是自发的，并独立于自上而下的控制。认知神经科学研究也显示，外源性注意加工快于内源性注意加工，而且内源性注意和外源性注意代表两种注意系统，并以不同的方式影响着脑内的信息加工。

四、外部注意和内部注意

根据注意所指向的对象不同，可以把注意区分为外部注意(external attention)和内部注意(internal attention)。外部注意是指人对周围事物的注意。它经常与知觉同时进行，也称知觉注意，它在探究外部世界中起着重要作用。内部注意是指对自己的心理活动的注意。通过它，人可以洞察自己的内心状态，保证各种心理活动的进行。

第三节　注意的品质

注意的品质是指注意的特性。通常，注意品质反映一个人注意的发展状况。主要的注意品质有以下4个方面。

一、注意的广度

注意的广度(range of attention)又称注意的范围，是指在同一时间内能够清楚地把握注意对象的数量。它是注意品质的空间特性。

注意的广度很早就受到心理学家的重视并对它进行实验研究。1830年哈密顿(W. Hamilton)最先做了示范实验，他在地上撒一把石子，让被试在一瞬间辨认。结果发现，被试不容易立即看清6个以上的石子，或者最多不过看到7个石子。如果把石子2个、3个或5个组成一堆，人们能同时看到的堆数和单个的数目一样多。因为人们会把一堆看为一个单位。1871年耶文斯(W.S.Jevons)进行了类似的实验。他把黑豆撒在一个黑色背景上的白盘子中，要被试立即报告所看到盘子中的黑豆数量。经过1000余次重复实验，结果发现：撒5粒豆子时，开始发生估计上的误差；在不超过8～9粒豆子时，估计比较正确；超过8～9粒豆子时，错误估计次数占50%以上。

后来用速示器做实验。在1/10秒时间内，成人一般能注意到8～9个黑色圆点或4～6个没有联系的外文字母，3～4个几何图形。我国动理学工作者的汉字实验表明，对没有内在联系的单字只能看清3～4个，对内容有联系组成的词或句子一般可看到5～6个字。

扩大注意广度，可以提高工作和学习的效率。在工作中，打字员、汽车驾驶员等都需要有较大的注意广度。

人的注意广度并不是固定不变的，影响注意广度的因素主要有以下3个方面。

1. **注意对象的特点**

注意的广度因注意对象的特点的变化而有所不同。一般来说，注意对象的组合越集中，排列越有规律，相互之间能成为有机联系的整体，注意的范围就越大。形状、大小、数量相同，规则排列的对象要比大小不一、排列无序的对象更容易清晰把握。

2. **活动的性质和任务**

用速示器呈现一些英文字母，其中有些存在书写错误，要求一组学生在短时间内判断哪些字母书写有误，并报告数量；要求另一组学生报告所有字母的数量。结果，前者知觉到的字母数量要比后者少得多。可见，活动任务越复杂，越需要关注细节的注意过程，注意的广度会大大缩小。

3. **个体的知识经验**

一般来说，个体的知识经验越丰富，整体知觉能力越强，注意的范围就越大。专业素养深厚的人在阅读专业资料时可以做到"一目十行"，非专业人士即使逐字逐句阅读也不见得能正确理解。围棋高手扫视一下棋盘，就能把握双方的形势和局面变化；一个初学者由于经验欠缺，就只能一部分一部分地来关注棋势。

二、注意的稳定性

注意的稳定性(stability of attention)也称为注意的持续性，是指注意在同一对象或活动上所保持时间的长短。这是注意的时间特性。但衡量注意稳定性，不能只看时间的长短，还要看这段时间内的活动效率。

注意的稳定性有狭义与广义之分。狭义的注意稳定性是指注意保持在同一对象上的时间。例如长时间看电视、读一本书等。

人在注意同一事物时，很难长时间地对注意对象保持固定不变，会有起伏变化。所谓注意的起伏，是指注意时强时弱的周期性变化的现象。例如，把一只表放在耳边，保持一定距离，能隐约听到表的滴答声。如果被试时而听到表的嘀嗒声，时而又听不到，这就是注意起伏。

注意起伏的周期，包括一个正时相和一个负时相。注意处于正时相时表现为感受性提高，感觉到有刺激或刺激增强。注意处于负时相时，则表现为感受性降低，感觉不到刺激或者刺激变弱。一般每一次起伏周期平均约8～10秒。

注意起伏的原因，一般认为是由于感觉器官的局部适应，使对物体的感受性短暂下降。实验表明，声音刺激的起伏间隔时间最长，其次是视觉刺激，触觉刺激的时间最短。现代神经生理学提出了新的论点，他们把注意的起伏和有机体一系列机能的起伏联系起来，例如动脉、血压、呼吸，以及一定类型的神经元节律性的机能作用。在注意稳定集中时，对一些不显著的起伏常常觉察不出来，并且对大多数的活动影响也不大。

广义的注意稳定性是指注意保持在同一活动上的时间。在广义的稳定性中，注意的具体对象可以不断变化，但注意指向性的活动的总方向始终不变。例如，学生在听课的时候，跟随教师的教学活动，一会儿看黑板、一会儿记笔记、一会儿读课文，虽然注意的对象不断变换，但都服从于听课这一总任务。因此，他们的注意是稳定的。在许多学习和工作中，都强调广义的注意稳定性。

同注意的稳定性相反的情况是注意的分散性。注意的分散性又称分心，是指注意离开了当前应当指向和集中的对象，而把注意指向于其他的对象上。

在注意过程中，无关刺激的干扰或者单调刺激的持续作用容易导致注意分散。无关刺激对注意的干扰作用取决于这些刺激本身的特点及其与注意对象的关系。实验证明，与注意对象相类似的刺激，比不相类似的刺激干扰作用大；同样的无关刺激，对知觉影响小，对于思维影响大；在知觉过程中，视知觉受无关刺激影响小，听知觉受无关刺激影响大。使人发生兴趣的或强烈地影响情绪的刺激，也会引起注意的分散。但是，并非任何附加刺激都引起注意的分散。在没有外界任何附加刺激时，大脑皮层兴奋性降低，保持注意也是困难的。因此，有时微弱的附加刺激不仅不会减弱注意，反而会加强注意。单调刺激的作用是指有意注意的活动如果千篇一律，毫无新意，会引起主体的疲劳和精神松懈，也会产生分心。

在防止注意分散时，对分散注意的刺激物所抱的态度具有重要意义。当学生专心致志在教室里看书时，室外传来汽车声会干扰他们的集中注意，会引起他们的烦恼甚至愤怒，这种情绪比汽车声更能分散学生的注意。因此，为了集中注意，除了设法除去(避开)干扰刺激外，还应该对干扰刺激保持平静的态度。

人的注意稳定性存在着个别差异和年龄差异。这种差异和个体的神经过程强度有关。神经过程强的人，在完成不同的智力任务并出现附加刺激时，活动的效率有时却会提高，这是因为大脑皮层中的优势兴奋中心得到加强所造成的。而神经过程弱的人，注意力容易分散。有些心理学家认为，一个人注意分散与不良的教育有关，甚至是不良教育的结果。例如，当儿童集中注意学习时，成人经常去转移他的注意，和他进行与学习无关的谈话，或要他从事其他活动，这样多次重复就可能使儿童形成容易分散注意的不良习惯。我国心理学工作者研究了中国儿童注意稳定性的发展。研究表明，不同年龄儿童的注意稳定性有差异。小学阶段发展的速度快，幼儿阶段和中学阶段发展的速度较慢。

影响注意的稳定性的因素有如下 3 个方面。

1. 注意对象的特点

注意对象本身的一些特点影响注意维持的时间。一般来说，内容丰富的对象比单调的对象更能维持注意的稳定性。相对于一个透明的玻璃茶杯，人们可能会花更多时间来关注一幅色彩丰富的图画。此外，活动的对象比静止的对象更能维持注意的稳定性。相对于一幅画，人们有可能花更多时间关注活动的电视画面。对新生儿研究表明，他们注视人脸和复杂图形的时间远比注视墙壁和灯光的时间长。但并不是说事物越复杂，刺激越丰富，注意就越稳定。过于复杂、变幻莫测的对象反而容易使人产生疲劳，导致注意的分散。

2. 主体的精神状态

除了外部刺激物的特点之外，个体的主观状态也影响注意的稳定性。一个人身体健康，情绪良好，精力充沛，就会在学习和工作中全力投入，不知疲倦。相反，一个人处于失眠、疲劳、疾病状态，或者情绪受挫的情况下，注意无法保持稳定，活动效率也会大大降低。

3. 主体的意志力

注意的稳定性实际上就是保持良好的有意注意，因此也需要有效地抗拒各种干扰。主体具备坚强的意志力，就可以战胜各种困难，排除干扰，始终如一地保证活动的进行和活动过程的高效率。

三、注意的分配

注意的分配(distribution of attention)是指在同一时间内把注意指向不同的对象和活动。例如：教师需要一边讲课，一边注意学生的课堂反应；司机一边驾车，一边要观察路况。事实证明，注意的分配是可行的，人们在生活中可以做到"一心二用"，甚至"一心多用"。

注意的分配在工作和学习中有重要的意义，注意的分配对活动的进行以及活动的效率有直接影响。例如，如果一个汽车司机不能同时把注意分配在不同的活动上，就容易出现交通事故。一个教师如果不能很好地进行注意分配，就不能边讲课，边关注学生的活动。

注意的分配是有条件的，具体如下。

(1) 同时进行的几种活动的熟练程度或自动化程度。如果人们对这几种活动都比较熟悉，其中有的活动接近于自动地进行，那么注意的分配就较好；相反，如果人们对要分配注意的几种活动都不熟悉，或者这些活动都较复杂，那么注意分配就比较困难。

(2) 同时进行的几种活动有内在联系。有联系的活动才便于注意分配。这是因为活动间的内在联系有利于形成固定的反应系统，经过训练就可以掌握这种反应模式，同时兼顾几种活动。例如，自弹自唱、边歌边舞，将弹和唱、歌和舞形成系统，就有利于注意的分配。

(3) 注意的分配也和同时进行的几种活动的性质有关。一般来说，把注意同时分配在几种动作技能上比较容易，而把注意同时分配在几种智力活动上就难得多了。但是，智力活动和动作技能同时进行，注意分配比较容易。

四、注意的转移

注意的转移(shifting of attention)是指根据活动任务和要求，主动地把注意从一个对象转移到另一个对象。例如，在学校课程安排上，如果先上语文课，再上数学课，学生就应根据教学需要，把注意主动及时地从一门课转移到另一门课。

注意从一个事物转向另一个事物所需的时间，目前还没有统一的看法。有些实验表明，当刺激的呈现速度快于每 1.5 秒一对数字时，由于注意转移过快，被试难以完成任务。因此认为，注意从一种事物转移到另一种事物，约需 1～2 秒钟。纯音和光点的实验表明，注意转移的时间约为 40～60 毫秒。

注意的转移不同于注意的分散。前者是根据任务需要，有目的地、主动地转换注意对象。例如看完一堂录像课，要求学生转而互相讨论。后者是由于外部刺激或主体内部因素的干扰作用引起的，是消极被动的。注意的分散违背了活动任务的要求，偏离了应该注意的对象。如果两个学生在看教学录像的过程中交头接耳，互相说笑，而没有关注录像的内容，这是注意分散的表现。

注意的转移和注意的分配是彼此紧密联系着的。注意的转移常被看作是注意的分配。其实，严格地说，注意的分配是很不容易做到的，在多数情况下，它仅仅是注意的迅速转移。

研究表明，注意转移有完全的转移和不完全的转移。注意不完全转移时，人已进行新的工作，但实际上又没有脱离原来的工作，例如根据旧的规则来进行新的工作，便会造成错误。

良好的注意转移表现在两种活动之间的转换时间短，活动过程的效率高。影响注意转移的因素有以下 4 个方面。

1. 对原活动的注意集中程度

个体对原来活动兴趣越浓厚，注意力越集中，注意的转移就越困难。一个沉迷于电脑游戏的孩子很难让他转移注意力，去拿起书本温习功课。当然，如果对原活动的注意力本来就不够集中，就比较容易随活动任务的要求而转移。

2. 新注意对象的吸引力

如果新的活动对象引起个体的兴趣，或能够满足他的心理需要，注意的转移就比较容易实现。假如那个正玩电脑游戏的孩子，听到自己喜欢的动画片开演了，可能会离开电脑，将注意力转移到看电视上。

3. 明确的信号提示

在需要注意转移的时候，明确的信号提示可以帮助个体的大脑处于唤醒状态，灵活迅速地转换注意对象。文艺演出中报幕员的角色，其实也发挥着这方面的作用。这种提示信号，既可能是物理刺激(如铃声等)，也可以是他人的言语命令，甚至是自己的内部语言的提醒。

4. 个体的神经类型和自控能力

神经类型灵活性高的人比不灵活的人更容易实现注意的转移，自控能力强的人比自控能力弱的人更善于主动及时地进行注意的转移。

第四节 注意的理论

19世纪末期，实验心理学的建立，促进了人们对注意的重视。许多心理学家把注意当作知觉的一个基本方面加以研究，发表了许多有关注意的论著。构造主义心理学家认为，注意是构成集中和形成感觉清晰度的意识状态。构造主义学派的建立者铁钦纳把注意的概念称为"全部心理学概念系统生命的神经中枢"。机能主义心理学家强调注意的选择性功能。20世纪初期，行为主义和格式塔心理学派兴起，从理论上排除了对注意的研究。行为主义心理学家认为，心理学只应该研究刺激和反应之间的联系，而注意是一个表明内部心理活动的概念，在心理学中不应占有地位。格式塔心理学用神经系统内部固有的"场"的作用，来取代对注意的研究。

20世纪50、60年代，注意又重新受到心理学家的重视。随着科学技术的发展，许多学者提出了与注意有关的问题。认知心理学的兴起重新肯定了意识活动，并强调认知过程的主动性，使注意问题的研究进入了一个新的发展阶段。当前，信息处理的观点在注意中占有统治地位，心理学家提出了许多信息处理模型。

一、注意选择理论

从20世纪60年代以来，心理学家对注意的选择功能进行了大量的研究，提出了一系列理论模型。这些理论解释了注意的选择作用的实质，以及人脑对信息的选择究竟发生在信息加工的哪个阶段上。

(一)过滤器模型理论

英国心理学家唐纳德·布罗德本特(Donald E.Broadbent)是过滤器模型理论(filter model theory)的主要代表。1958年，他最先提出注意的过滤器模型。该模型也称为注意的早期选择模型、单通道模型。

布罗德本特认为，神经系统在加工信息的容量方面是有限度的，不可能对所有的感觉刺激进行加工。当信息通过各种感觉通道进入神经系统时，要先经过一个过滤机制。只有一部分信息可以通过这个机制，并接受进一步的加工，其他的信息就被阻断而完全丧失。布罗德本特把这种过滤机制比喻为一个狭长的瓶颈，当人们往瓶内灌水时，一部分水通过瓶颈进入瓶内，而另一部分水由于瓶颈狭小，通道容量有限，而留在瓶外了。过滤器按照"全或无"的方式进行工作，一个通道通过信息的同时就关闭其他通道。当环境需要的时候，过滤器又转换到另一个通道，使有关信息通过，同时阻断其他通道。布罗德本特认为，过滤器位于语义分析(知觉)之前(见图 3-2(a))。对输入信息的通过或拒绝完全是由刺激的物理属性决定的，不需要信息加工系统的高级分析阶段参与活动，即不需要已有知识经验对输入信息的作用。新异的强烈的刺激、具有生物学意义的刺激容易通过过滤器而被注意。微弱的缺乏新异性的刺激则容易被过滤掉。此外，布罗德本特重视人的期待作用，即人所期待的信息，容易通过过滤器而被注意到。

布罗德本特的过滤器模型是基于双耳分听实验提出的。在他设计的一个双耳分听实验中，向被试的双耳同时呈现一定的刺激，例如，右耳——8、5、2，左耳——1、7、6。呈现速度为 1 秒钟两个数字，要求被试以两种方式进行再现：①以耳朵为单位分别再现左右耳所听到的信息(如 852、176)；②以项目出现的顺序进行再现(如 81、57、26)。根据要回忆的信息量(6 个项目)和呈现速度(每秒 2 个)，布罗德本特预计正确再现率为 95%。但在这两种实验条件下，再现正确率都低于预期值：以第一种方式再现，正确率为 65%；以第二种方式再现，正确率仅为 20%。如果事先不对被试规定再现方式，多数被试选用第一种方式。布罗德本特对实验结果的解释是，每只耳朵是一个通道，过滤器只允许一个通道的信息单独通过。在以耳朵为单位再现时，被试只需转换通道 1 次，因而再现效果较佳。以项目出现顺序再现时，被试至少需要在双耳之间作 3 次转换，而不能注意每只耳朵的全部项目，一些信息迅速丧失，因而再现效果较差。

这种过滤器模型很快就遇到了困难。它无法解释人对有意义材料的信息加工和分配性注意等现象。例如，在双耳分听实验中，事先规定被试只对一只耳(如左耳)输入信息进行追述(追随耳)，而不追述另一耳(非追随耳)的输入信息。结果，被试对追随耳的信息能很好地知道，对非追随耳的信息常常不能识别，对特别有意义的信息(如被试的名字)却能够识别。由于布罗德本特的过滤器是按"全或无"的原则进行工作的，是依据刺激的物理属性来选择信息的，同时输入的信息也不与已有的知识经验相互作用。因此，它无法解释通过非追随耳的特别有意义的信息，为什么能得到识别这个问题。

(二)衰减模型理论

基于日常生活和实验研究的结果，1964 年，美国心理学家特瑞斯曼(A. M.Treisman)提出了衰减模型(attenuation model)。认为有机体总的加工能力是有限的，在信息加工系统中存在着某种过滤器。但是，她认为过滤器不是按"全或无"原则工作的，而是按衰减的方式工作的，并认为许多通道都能对信息做不同程度的加工。至于过滤器在信息加工系统中的位置，特瑞斯曼认为有两种情况：一是在语义分析之前的，被称为外周过滤器；二是在语义分析之后的，被称为中枢过滤器。前一种过滤器对刺激的特点进行级差性选择，即对输入的感觉信息给予不同程度的衰减而不是完全阻断感觉输入。她假定长时记忆中已储存的项目具有不同的激活阈值。当输入的信息(追随耳的)通过过滤器未受到衰减时，能顺利激活长时记忆中有关的项目而得到识别;当输入的信息(非追随耳的)通过过滤器受到衰减时,由于强度减弱,常不能激活长时记忆中相应的项目,因而不能被识别。但特别有意义的项目(如自己的名字)的激活阈值较低,因而能被激活、被识别。因此,选择注意不仅取决于感觉信息的特征,而且取决于中枢过滤器的作用。中枢过滤器在信息选择中起积极作用,它是根据在回答反应组织中起巨大作用的范畴、语义特征进行选择的。由于强调了中枢过滤器的作用,人们把它称为中期选择模型(见图3-2(b))。

过滤器模型和衰减模型既有相同点,也有不同点。两个模型的共同之处为:①两个模型都认为,人的信息加工系统的容量是有限的,因此,输入的信息必须由过滤器加以调节。②两个模型都假定,过滤器的位置在知觉分析之前或在初级物理分析与高级意义分析中,而不是反应选择阶段。两个模型的不同之处为:①假设不同。过滤器模型假设,注意选择的基础是对刺激物理属性的分析;衰减模型认为,注意分析更为复杂,可能有语义加工。②加工性质不同。过滤器模型是"全或无"的方式;衰减模型认为,通道不是完全关闭的,而是关小或抑制的。

(三)后期选择模型理论

后期选择模型理论(theory of late selection model)(或晚期选择模型)也称完全加工理论、反应选择理论、记忆选择理论。首先由莫顿·多伊奇(Morton Deutsch,1963)等人提出,后来由诺曼(Norman,1968)加以修订。该模型认为,所有的选择注意都发生在信息加工的后期,过滤器位于知觉和工作记忆之间(见图3-2(c))。后期选择模型认为,早期的信息加工是没有选择性的,所有的刺激信息都在知觉水平上受到充分的分析而得到识别,这种识别是相当自动化的,没有通道容量的限制。一些信息被注意,另一些信息没有被注意,是根据信息的重要性做出的反应选择。当外界刺激信息与记忆中储存的信息相关时,这种相关的外部信息才受到选择,这说明选择作用具有很大的主动性。选择表现在反应阶段,储存的信息不同,做出的反应也不同。该模型假定信息到达了长时记忆,并激活其中的项目,然后经过工作记忆的加工。这个模型强调了中枢控制过程。

这个模型能很好解释注意分配现象,因为输入的所有信息都得到了加工,也能很好解释特别有意义的信息易引起人的注意,因为储存在长时记忆中的这些项目激活阈值是很低的。但是,这个模型看来是不经济的,因为它假设所有的输入信息都被中枢加工,这就不能很好解释早期选择现象。

(四)多阶段选择理论

过滤器理论、衰减理论及后期选择理论都假设注意的选择过程发生在信息加工的某个特定阶段上,这意味着信息加工系统是非常刻板的。约翰斯顿(Johnston,1978)等人提出了一个较灵活的模型,认为选择过程在不同的加工阶段上都有可能发生,被称为多阶段选择理论模型(theoretical model of multi-stage selection)。这一理论模型包括两个主要假设:第一,在进行选择之前的加工阶段越多,所需要的认知加工资源就越多;第二,选择发生的阶段依赖于当前任务的需要。看来这种理论模型更富有弹性,由于当前任务的需要对选择阶段的影响,避免了一种绝对化的假设带来的局限性。

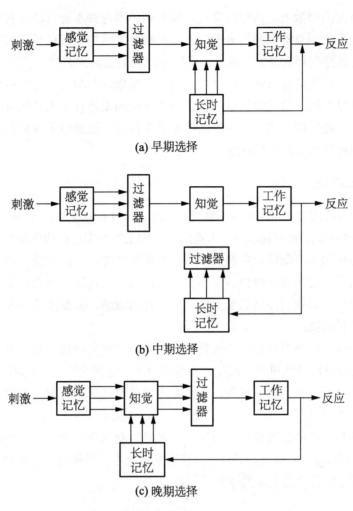

图 3-2 三种注意选择的过滤器位置

二、认知资源理论

认知资源理论(cognitive resource theory)主要探讨注意是如何协调不同的认知任务或认知活动的，认为不同的认知活动对注意提出的要求是不同的。主要的认知资源理论有以下两个。

(一)资源有限理论

资源有限理论(theory of limited resources)最初由丹尼尔·卡尼曼(Daniel Kahneman，1973)提出。该模型不是沿着信息通道的限制来讨论，而是把注意视为对刺激的分类并加以识别的认知过程来讨论。该理论认为，人的认知资源是有限的。对刺激的识别需要占用认知资源，当刺激越复杂或加工任务越复杂时，占用的认知资源就越多。当认知资源完全被占用时，新的刺激将得不到加工(未被注意)。但人可以灵活地调节认知资源的分配，可以把有限的资源转移到重要的刺激上。该理论假设，输入刺激本身并不能自动地占用资源，而是在认知系统内有一个机制负责资源的分配。这一机制是灵活的，可以受我们的控制，这样我们可以把认知资源分配到重要的刺激上。认知资源理论强调我们对注意的控制。

该理论能较合理地解释日常生活中看到的一些现象，例如"一心二用"。一个人能同时做两种事而不受干扰，这是因为这两种活动所需资源未超过个人认知资源总和。又例如某些活动不能"一心二用"或只有一种活动能操作得好，这是由于该种活动分配了更多的资源，或者是两种活动所需认知资源超过了总资源。

(二)双加工理论

在注意的资源有限理论的基础上，谢夫林(Shiffrin,1977)等人进一步提出了双加工理论(dual-processing theory)。该理论认为，人类的认知加工有两类：自动化加工和受意识控制的加工。其中自动化加工不受认知资源的限制，不需要注意，是自动进行的。这些加工过程由适当的刺激引发，发生得比较快，也不影响其他的加工过程。在获得或形成之后，其加工过程比较难改变。而意识控制的加工受认知资源的限制，需要注意的参与，可以随环境的变化而不断进行调整。

双加工理论可以解释很多注意的现象。我们通常能够同时做好几件事，例如可以一边骑自行车，一边欣赏路边的风景，或是一边看电视，一边织毛衣等。在同时进行的活动中，其中一项或多项已变成自动化的过程，不需要个体再消耗认知资源，因此个体可以将注意集中在其他的认知过程上。

意识控制的加工在经过大量的练习后，有可能转变为自动化加工。例如，初学一种动作技能(如骑自行车)时，需要全神贯注，注意力高度集中。当经过不断练习，已经熟练掌握这一技能时，就不需要占用太多的注意了。

复 习 要 点

第一节 注意概述

注意是心理活动或意识对一定对象的指向和集中。注意有两个特点：指向性和集中性。注意本身不是一种独立的心理过程，而是各种心理过程的共同特性。注意具有选择功能、保持功能、调节功能和监督功能。注意的外部表现是：适应性运动、无关运动停止、呼吸变化。

注意与意识既有区别又有联系，区别是：首先，注意是一种心理活动或"心理动作"，而意识主要是一种心理内容或体验。其次，注意比较主动和易于控制，而意识有时是不自觉的。联系是：当人们处于注意状态时，人的注意所指向的内容，一般处于意识活动的中心，意识内容比较清晰。

注意的神经机制：①朝向反射是由情境的新异性所引起的一种复杂而又特殊的反射。

它是注意最初级的生理机制。②脑干网状结构是指从脊髓上端到丘脑之间的一种弥散性的神经网络。网状的激活作用，使大脑处于觉醒状态，没有网状结构引起的大脑活动的普遍激活，就不可能有注意。③边缘系统是由边缘叶、附近皮层和有关的皮层下组织构成的一个统一的功能系统。这些组织，特别是海马，被认为是"过滤器"的重要组成部分。这些部位破坏，则引起选择性注意的严重障碍。④产生注意的最高部位是大脑皮层。大脑皮层不仅对皮层下组织起调节、控制的作用，而且是主动地调节行动、对信息进行选择的器官。

第二节 注意的种类

根据产生和保持注意时有无目的以及意志努力程度的不同，把注意分为无意注意(不随意注意)、有意注意(随意注意)和有意后注意(随意后注意)三种。无意注意是指事先没有预定目的、也不需要意志努力的注意。引起无意注意的原因：①刺激物的特点：刺激物的强度，刺激物之间的对比关系，刺激物的活动和变化，刺激物的新异性。②注意者的状态：需要和兴趣，期待，注意者当时的情绪状态和精神状态。有意注意是指有预定目的、需要一定意志努力的注意。引起和保持有意注意的条件和方法：①加深对活动目的、任务的理解。②培养间接兴趣。③合理地组织活动：大脑的智力活动与外部行为活动相结合，有利于引起和保持有意注意；根据任务的需要，提出一定的自我要求，经常提醒自己保持注意；提出问题有利于加强有意注意；提高抗干扰的能力。有意后注意是指事前有预定的目的、不需要意志努力的注意。

根据注意的功能，可以把注意分为选择性注意、集中性注意和分配性注意。选择性注意是指个体在同一时刻只对有限的信息给予注意而忽视其他信息。集中性注意是指我们的意识不仅指向于一定的刺激，而且还集中于一定的刺激。分配性注意是指个体能对几项不同的任务给予关注或能同时操作几项任务。

根据注意指向与集中的加工方向，可以把注意分为内源性注意和外源性注意。内源性注意是一种自上而下的、由知觉者控制的注意，也称为目标指向控制注意。外源性注意则是一种自下而上的、自动发生的、与当前知觉目标无关的注意，称为刺激驱动注意。

根据注意所指向的对象不同，可以把注意分为外部注意和内部注意。外部注意指人对周围事物的注意。内部注意是指对自己的心理活动的注意。

第三节 注意的品质

注意的广度又称注意的范围，是指在同一时间内能够清楚地把握注意对象的数量。影响注意广度的因素主要有：注意对象的特点；活动的性质和任务；个体的知识经验。

注意的稳定性也称为注意的持续性，是指注意在同一对象或活动上所保持时间的长短。注意的稳定性有狭义与广义之分。狭义的注意稳定性是指注意保持在同一对象上的时间。广义的注意稳定性是指注意保持在同一活动上的时间。所谓注意的起伏，是指注意时强时弱的周期性变化的现象。影响注意稳定性的因素有：注意对象的特点；主体的精神状态；主体的意志力。

注意的分配是指在同一时间内把注意指向不同的对象和活动。注意分配的条件是：同时进行的几种活动的熟练程度或自动化程度；同时进行的几种活动有内在联系；注意的分配也和同时进行的几种活动的性质有关。

注意的转移是指根据活动任务和要求，主动地把注意从一个对象转移到另一个对象。影响注意转移的因素有：对原活动的注意集中程度；新注意对象的吸引力；明确的信号提示；个体的神经类型和自控能力。

第四节　注意的理论

过滤器模型理论：1958年，英国心理学家唐纳德·布罗德本特最先提出注意的过滤器模型，认为，当信息通过各种感觉通道进入神经系统时，要先经过一个过滤机制，只有一部分信息可以通过这个机制，接受加工，而其他的信息就被阻断而完全丧失。过滤器按照"全或无"的方式进行工作。对输入信息的通过或拒绝完全是由刺激的物理属性决定的，不需要信息加工系统的高级分析阶段参与活动。新异的强烈的刺激、人所期待的信息、具有生物学意义的刺激容易通过过滤器而被注意。

衰减模型理论：1964年，美国心理学家特瑞斯曼提出了衰减模型。在信息加工系统中存在着某种过滤器，但过滤器按衰减的方式工作，许多通道都能对信息做不同程度的加工。过滤器在信息加工系统中的位置有两种情况：一是在语义分析之前的外周过滤器；二是在语义分析之后的中枢过滤器。

后期选择模型理论：该理论先由莫顿·多伊奇等人提出，后来由诺曼加以修订。认为过滤器位于知觉和工作记忆之间。早期的信息加工是没有选择性的，所有的刺激信息都在知觉水平上受到充分的分析而得到识别；选择表现在反应阶段，储存的信息不同，做出的反应也不同。

多阶段选择理论：约翰斯顿等人认为选择过程在不同的加工阶段上都有可能发生。这一模型包括两个假设：第一，在进行选择之前的加工阶段越多，所需要的认知加工资源就越多；第二，选择发生的阶段依赖于当前任务的需要。

资源有限理论：由卡尼曼提出。认为人的认知资源是有限的，当刺激越复杂或加工任务越复杂时，占用的认知资源就越多。当认知资源完全被占用时，新异的刺激将得不到加工(未被注意)。但人可以灵活地调节认知资源的分配，可以把有限的资源转移到重要的刺激上。该理论假设，输入刺激本身并不能自动地占用资源，而是在认知系统内有一个机制负责资源的分配。

双加工理论：谢夫林等人提出了双加工理论。认为人类的认知加工有两类：自动化加工和受意识控制的加工。自动化加工不受认知资源的限制，不需要注意，是自动进行的；意识控制的加工受认知资源的限制，需要注意的参与，可以随环境的变化而不断进行调整。

拓 展 思 考

1. 为什么心理学把意识作为研究的内容？
2. 当前对注意的前沿研究主要在哪些方面？
3. 你对现有的注意理论如何评价？要想探讨注意发生的真正机制，应加强哪方面的研究？

第四章 感　　觉

人们在日常生活中，时时处处都在接触客观事物，与客观事物发生各种各样的联系。当客观事物作用于人的感觉器官时，就会产生各种感觉。感觉是关于客观事物最原始的心理信息，人类认识世界是从感觉开始的。感觉提供了内外环境的信息，保持着机体与环境的信息平衡。

第一节　感　觉　概　述

一、感觉的概念

感觉(sensation)是人脑对直接作用于感觉器官的客观事物的个别属性的反映。例如，面前有一个苹果，鼻子闻到了苹果的香味，眼睛看到了苹果的红颜色的外观，手触摸到了苹果的光滑的果皮等。物体的这些个别属性通过感觉器官作用于人脑，在人脑中引起的心理活动就是感觉。

感觉反映的是客观事物的个别属性，而不是事物的整体。通过感觉只能知道事物的声、形、色等个别属性，而不能把这些属性整合起来整体地反映客观，也还不知道事物的意义。对客观事物的整体反映以及对其意义的揭露是比感觉更高级的心理过程。

感觉反映的是当前直接接触到的客观事物，而不是过去的或间接的事物。由于感觉是对当前事物的反映，因此，记忆中再现事物属性的映象，幻觉中各种类似于感觉的体验等都不是感觉。

感觉是神经系统对外界刺激的反应，它和一切心理现象一样，具有反射的性质。感觉不仅包含了感受器的活动，而且包含了效应器的活动。以视觉为例，为了得到清晰而稳定的视觉映象，不仅需要由视觉感受器提供正确的信息，而且需要神经中枢在对输入的信息进行分析后，对感受器做出反射性的调整。当物体的距离、观察角度、照明条件发生变化时，神经中枢对感受器的自动化调节对保证正确地感觉外界事物有着重要的意义。在感觉时，感受器与效应器的活动是紧密联系在一起的。效应器不仅执行神经中枢发出的指令，产生某种应答性活动，而且参与获得信息的过程。它加强信息的输入，使感觉过程更合理、更有效。

二、感觉的属性

感觉的属性是指感觉的基本特征。感觉的属性有如下两种。

(一)感受性

对适宜刺激的感觉能力,称为感受性(sensitivity)。人的各个器官的感受性是不同的,其中视觉的感受性特别高,只要有 2~8 个光能量子落到视网膜上,人便能看到光亮。这意味着人能够在完全黑暗中看到 27 米外一支点燃的蜡烛。人的嗅细胞对于相应气味只要 8 个分子,而要引起味觉,所需要的分子数要比嗅觉高 25 000 倍。

感受性分为绝对感受性(absolute sensitivity)和差别感受性(difference sensitivity)。绝对感受性是觉察出最小刺激的能力。例如,一只手表,放在远处,听不到它的滴答声,但是当离我们近到一定距离时,我们刚刚听到它的滴答声,这种对刚刚使我们产生听觉的最小声音刺激的感觉能力是绝对感受性。差别感受性是对刺激最小差别量的感觉能力。例如,一个人背着一定重量的物体,然后,再往他的身上放东西,当他刚刚感觉有新重量增加时,这种对新增最小重量刺激的感觉能力是差别感受性。

(二)感觉阈限

感觉阈限(sensory threshold)是指引起感觉的刺激范围。感觉是由刺激物直接作用于某种感官引起的,但是,人的感官只对一定范围内的刺激做出反应;只有在这个范围内的刺激,才能引起人们的感觉。这个刺激范围,我们称之为感觉阈限。感受性与感觉阈限成反比例关系:感受性越强,感觉阈限越小;感受性越弱,感觉阈限越大。感觉阈限分为绝对感觉阈限(absolute sensory threshold)与差别感觉阈限(differential sensory threshold)。

1. 绝对感觉阈限

刚刚能引起感觉的最小刺激量,称为绝对感觉阈限。刺激物只有达到一定强度才能引起人的感觉。例如,我们平时看不见空气中的灰尘,当灰尘落在我们的皮肤表面时,我们也不能觉察到它的存在。但是,当细小的灰尘聚集成较大的尘埃颗粒落到我们的皮肤上,而且能感觉到它对皮肤的压力时,我们便能感觉到。

绝对感觉阈限与绝对感受性之间成反比关系。绝对感觉阈限越大,即能够引起感觉所需要的刺激量越大,绝对感受性就越小。相反,绝对感觉阈限越小,即能够引起感觉所需要的刺激量越小,则绝对感受性越大。用字母 E 代表绝对感受性,用 R 代表绝对感觉阈限,则两者之间的关系可用公式表示为:

$$E=1/R$$

延伸阅读

讨 论

在历史上,人们曾经把绝对感觉阈限理解为一个单一的强度值。超过这个数量,就能引起人的感觉;低于这个数量,人就不能觉察到它的存在,也不会对它有任何反应。这种看法是不妥当的。

首先,研究发现,绝对感觉阈限值并不是固定不变的。在不同的条件下,同一感觉的绝对阈限可能不同。人活动的性质、刺激的强度和持续时间,个体的注意、态度和年龄等,都会影响阈限的大小。

其次，绝对阈限是一个统计学上的概念。常用心理物理法来测量感觉阈限，随着刺激量逐渐增加，被试对刺激从觉察不到，到有时能觉察到有时不能觉察到，再到完全能觉察到。相反也可以将刺激量逐渐减少，被试对刺激从完全能觉察到，到有时能觉察到有时不能觉察到，再到完全不能觉察到。它按照心理量(感觉经验)与物理量(刺激的物理强度)之间的关系来测定阈限的。按照惯例，心理学家把有 50%的次数被觉察到的刺激值定为绝对阈限。因此，在我们有感觉和没有感觉之间显然是不存在着一个特殊的值起作用的。阈限是一个逐渐过渡的强度范围。

最后，低于绝对感觉阈限的刺激，虽然我们觉察不到，但却能引起一定的生理反应。例如，低于听觉阈限的声音刺激能引起脑电波的变化和瞳孔的扩大。因此，有意识的感觉阈限与生理上的刺激阈限并不完全等同。一般来说，生理的刺激阈限低于意识到的感觉阈限，当一个人说出"我感觉到它"之前，早有一定的生理过程发生了。因此，低于绝对感觉阈限，也不是没有任何反应。

2. 差别感觉阈限

刚刚能引起差别感觉的同类刺激的最小差异量，称为差别感觉阈限或最小可觉差。同类的刺激物，它们的强度只有达到一定的差异，才能引起差别感觉，即人们能够觉察出它们的差别，把它们区别开来。例如，在原有 200 支烛光上再加上 1 支烛光，我们是觉察不出光的强度有所改变的，但要增加 2 支烛光或更多，就能觉察出前后两种光在强度上的差别了。因此，刺激增加或减少到一定数量，就能产生差别感觉。而引起差别感觉所增减的最小刺激量是差别感觉阈限。

差别感受性与差别感觉阈限在数值上也成反比例关系。差别感觉阈限越小，则差别感受性越大；反之，差别感觉阈限越大，差别感受性越小。

1834 年，德国生理学家韦伯(E. H. Weber，1795—1878)系统研究了触觉的差别阈限。他让被试用手先后提起两个重量较轻的物体，并判断哪个重些。用这种方法确定了刚刚能够引起差别感觉的最小刺激量。结果发现，对刺激物的差别感觉，不取决于一个刺激物增加的绝对重量，而取决于刺激物的增量与原刺激量的比值。例如，如果手上原有的重量是 100 克，那么至少必须增加 2 克，人们才能感觉到两个重量(即 100 克与 102 克)的差别；如果原有的重量是 200 克，那么增加的重量必须达到 4 克；如果原重量为 300 克，那么增加的重量是 6 克。可见，在产生差别感觉时，刺激的增量与原刺激量之间存在着某种关系。这种关系可用以下面公式来表示：

$$K = \Delta I / I$$

其中 I 为标准刺激的强度或原刺激量，ΔI 为引起差别感觉的刺激增量，K 为一个常数。这个公式叫韦伯定律，即当 I 的大小不同时，ΔI 的大小也不同，但 $\Delta I / I$ 是一个常数。

对不同感觉来说，K 的数值是不相同的，即韦伯分数不同(见表 4-1)。

表 4-1　不同感觉的最小韦伯分数

感觉类别	韦伯分数
重压(在 400 克时)	0.013≈1/77
视觉明度(在 100 光量子时)	0.016≈1/63

续表

感觉类别	韦伯分数
举重(在 300 克时)	$0.019≈1/53$
响度(在 1000 赫兹和 100 分贝时)	$0.088≈1/11$
橡皮气味(在 2000 嗅单位时)	$0.104≈1/10$
皮肤压觉(在每平方毫米 5 克重时)	$0.136≈1/7$
咸味(在每千克 3 克分子量时)	$0.200≈1/5$

根据韦伯分数的大小，可以判断某种感觉的敏锐程度。韦伯分数越小，感觉越敏锐。

韦伯定律虽然揭示了感觉的某些规律，但它只适用于中等强度的刺激。刺激过弱或过强，比值都会发生变化。波林(E. G. Boring, 1942)用实验证明，当原重量在 100 克至 400 克范围内时，韦伯分数为 0.02；当原重量低于 100 克或超过 500 克时，韦伯分数就不再是 0.02 了。世界挺举冠军能举起 195 千克的重量，再增加 1 千克，就可能力不胜任。这时的差别感觉阈限也不是 1/53。

三、感觉与刺激的关系

感觉是由一定刺激引起的，因此，感觉的大小与刺激强度间有着直接的关系。例如，强光使你看东西亮些，弱光使你看东西暗些；强音使你听着响些，弱音使你听着不响等。但是，刺激物的物理强度的变化，并不一定引起感觉产生等量的变化。

(一)费希纳对数定律

1860 年，德国物理学家费希纳(Gustav Theodor Fechner，1801—1887)在韦伯研究的基础上，探讨了刺激强度与感觉强度的关系。他承认最小可觉差(just noticeable difference)在主观上都相等，因此，任何感觉的大小都可由在阈限上增加的最小可觉差来决定。他提出了一个假定：把最小可觉差(即连续的差别感觉阈限)作为感觉的单位，即每增加一个差别阈限，心理量增加一个单位。这样，从感觉阈限开始，就可以测量为了向上前进一个最小可觉差所必须增加的刺激量，连续测试下去，就可把全部刺激范围分成若干个差别阈限的单位。费希纳运用积分进行推导，得出下列公式：

$$P=K\lg I$$

式中，P 是感觉量，I 是刺激量，K 是常数。

心理感觉强度与物理刺激强度的对数值成正比，刺激强度按几何级数增加，而感觉强度只按算术级数增加，这就是费希纳的对数定律(logarithmic law)。由此可见，刺激强度的变化和它所引起的感觉变化之间的关系是非线性的，感觉的变化要比刺激强度增长慢。例如，如果我们已知某个光线的物理强度 $I=10$，而常数 $K=1$，那么由它引起的感觉强度(P)为 1；如果我们使刺激强度加倍，即 $I=20$，那么由此引起的感觉强度(P)为 1.3。

费希纳对数定律提供了度量感觉大小的一种方法，在许多感觉领域的研究中得到了验证，然而它只适用于中等强度的刺激范围。另外，他假定所有最小可觉差在主观上相等，已经为事实所否定。

(二)斯蒂文斯乘方定律

20世纪50年代，美国心理学家斯蒂文斯(S. S. Stevens)用数量估计法研究了刺激强度与感觉大小的关系。例如，给被试呈现一个中等的光刺激，并给它的明度指定一个数值，如10(标准光)。然后，随机呈现不同强度的光刺激，要求被试根据自己的主观感觉，给每种光刺激的明度确定一个数值，以表示它们的强弱。如果某种光看上去比标准光亮2倍，那么它的估计值应为20；如果某种光看上去只有标准光一半亮，那么它的估计值就是5。这样，就得到每种刺激强度与感觉大小(估计大小)的关系。研究发现，当光刺激的强度上升时，看到的明度也上升。但是，强度加倍，并不使知觉到的明度加倍，而只引起明度的微小变化。在强度较高时，这种现象更明显，称为反应的凝缩。

斯蒂文斯还发现，对不同刺激物来说，刺激强度与估计大小的关系有着明显的差别。如果刺激为电击，那么刺激量略增加，感觉量将显著增加。如果刺激为线段长度，让被试进行估计，那么，反应的大小几乎严格地与刺激量的提高相对应，即线段长1倍，被试对长短的估计也大1倍。

根据这些实验，斯蒂文斯认为，心理量并不随刺激量的对数的上升而上升，而是随刺激量的乘方函数而变化，即感觉到的大小是与刺激量的乘方成正比。这种关系可用数学式表示为：

$$P=KI^n$$

式中，P表示感觉大小，I是指刺激的物理量，K是常数，n表示由感觉到的刺激强度决定的幂指数，这个指数因不同的感觉而异。这就是斯蒂文斯的乘方定律(power law)。表4-2列举了几种主要感觉的乘方函数的指数。

表4-2 几种主要感觉的乘方函数的指数

感觉连续体(条件)	指数
音高(双耳)	0.6
音高(单耳)	0.55
明度(5°目标，眼暗适应)	0.33
明度(点光源，眼暗适应)	0.5
亮度(对灰色纸的反射)	1.2
气味(咖啡)	0.55
气味(庚烷)	0.6
味觉(糖精)	0.8
味觉(盐)	1.3
温度(冷，在手臂)	1.0
温度(温，在手臂)	1.6
震动(每秒60周，手指)	0.95
震动(每秒250周，手指)	0.6
持续时间(日噪声)	1.1
重复率(光、音、触、震动)	1.0

续表

感觉连续体(条件)	指数
指距(积木厚度)	1.3
电击(每秒60周)	3.5

斯蒂文斯乘方定律具体地指出了心理量与物理量的关系的两类形式：一是当幂指数 n 小于1时，心理量的增长慢于物理量的增长，这与费希纳的对数定律相似。二是当幂指数 n 大于1时，心理量的增长会快于物理量的增长，它与费希纳的对数定律相反。

总之，对能量分布较大的感觉通道(如视觉、听觉)来说，乘方函数的指数低，因而感觉量随着刺激量的增长而缓慢上升；而对能量分布较小的感觉通道(如温度觉和压觉)来说，乘方函数的指数较高，因而物理量变化的效果更明显。

斯蒂文斯的乘方定律具有理论和实践的意义。在理论上，它说明对刺激大小的主观尺度可以根据刺激的物理强度的乘方来标定。在实践上，它可以为某些工程计算提供依据。但是，用数量估计法所得到的乘方定律，不能不受到背景效应和反应偏向的影响。有人指出：①小范围的刺激比大范围的刺激会产生较陡峭的乘方函数，即得到较大的指数；②当使用的刺激接近于绝对感觉阈限时，乘方函数的斜率较大；③选定的标准刺激愈大，乘方函数的斜度愈陡峭。可见，在不同刺激条件下，某种感觉的乘方函数的指数是变化的。

四、感觉信息的神经加工过程

感觉的产生是分析器活动的结果。分析器是感觉器官、传入神经和大脑皮层感觉中枢所组成的结构整体。因此，感觉信息的神经加工过程包括3个主要环节：对感受器的刺激过程，传入神经的活动，中枢神经系统特别是大脑皮质的活动，从而产生感觉。

(一)刺激过程

感觉信息加工的第一个环节是对感受器的刺激过程(stimulation process)。机体的感受器也是过滤器，它们只反映某种类型的刺激，而完全不反应其他种类的刺激。例如，眼睛对光波敏感，对声波不起反应，而耳朵则相反。对某一感受器来说，感受敏感的那种刺激，叫适宜刺激。由刺激引起感受器产生相应变化的过程，称为刺激过程。刺激过程的实质是感受器把刺激的能量(机械的、物理的、化学的等)转化为神经冲动的过程。不同类型的刺激能量，例如光的、声的和机械的，由不同的感受器将其转化为神经冲动，并反映刺激的不同性质和强度。

但是，感受器并不是消极的受纳器。在感觉信息加工过程中，感觉器官不断进行着探索，并依据先行的感觉效应对感受器进行反馈调节，这样才使我们获得清晰准确的感觉经验。如果感觉器官不进行探索活动或限制其探索活动，感觉的信息加工就会终止。

在一个实验中，把一个微型投影器固定在被试的眼球角膜上，使视像随着眼球的转动而转动。这样，无论眼球如何转动，视像始终固定在一定点上。不可思议的是，经过大约几秒钟，被试就完全看不见这个投影了。可辨认的碎片或完整的图像一点一点地消失了，一会儿再出现，然后又消失。那么为什么平常当我们目不转睛地凝视一个物体时，它不会从我们的视线中消失呢？这是因为我们的眼睛是始终处在不为人觉察的颤动中，这足以保证视网膜上刺激的持续变化。这说明，感觉器官的主动探索活动是感觉信息加工的必要条件之一。

(二)传入神经的活动

感觉信息加工的第二个环节是传入神经的活动(afferent nerve activity)，它把神经冲动传递到中枢。神经冲动的传递过程也是感觉信息的加工编码过程。所谓编码，是指将一种能量转化为另一种能量，或者将一种符号系统转化为另一种符号系统。例如，我们熟悉的电报码就是一种编码，它把文字转化为一些线条和点，因而易于进行发送。

19世纪，德国生理学家缪勒最早研究了感觉编码问题，并提出了神经特殊能量学说。他认为，各种感觉神经具有自己特殊的能量，它们在性质上是互相区别的。每种感觉神经只能产生一种感觉，而不能产生另外的感觉，例如视神经受到刺激产生视觉、听神经受到刺激产生听觉等。感官的性质不同，感觉神经具有的能量不同，由此引起的感觉也是不同的。

缪勒根据上述主张，进一步得出了认识论上的某些结论。在他看来，感觉不取决于刺激的性质，而取决于感觉神经的性质。我们直接感觉的东西，不是外界的物体，而是我们自己的神经，即神经的某种特殊状态。用他自己的话来说："我们始终不能直接知觉外物自身的性质"，"我们所知道的只是我们的感觉"。 缪勒的神经特殊能量学说否定了感觉是对客观世界的认识，在认识论上是错误的。

现代神经生理学的知识告诉我们，大脑直接加工的材料是外物引起的神经冲动。在这点上，缪勒的学说有其合理的因素。但是，人脑对神经信号的加工是一种译码的过程，它能揭示这种神经信号所代表的现实刺激物的特性，帮助人们获得关于外部世界的知识。缪勒只承认人脑对神经自身状态的直接感受，否认人的感觉依赖于外物的性质，这是不对的。

缪勒承认感官的分化，但不了解感官分化的真正原因。动物进化的历史告诉我们，感觉神经的分化是有机体适应环境的结果。环境中存在光线、声音、气味物质等各种刺激，才产生了与这些刺激性质相适应的感觉。可见，感觉的性质不是由感觉神经的特殊能量决定的，而是由客观世界刺激的性质最终决定的。

感觉编码不仅发生在感官中，而且发生在神经系统的不同层面上。近年来关于感觉编码的研究形成了两种有代表性的理论。一种是特异化理论。这种理论主张，不同性质的感觉是由不同的神经元来传递信息的。有些神经元传递红色信息，有些神经元传递甜味信息，当这些神经元分别被激活时，神经系统把它们的激活分别解释为"红"和"甜"。另一种理论是模式理论或模块理论。这种理论认为，编码是由整组神经元的激活模式引起的。红光不仅引起某种神经元的激活，而且引起相应的一组神经元的激活，只不过某种神经元的激活程度较大，而其他神经元的激活程度较小。整组神经元的激活模式才产生了红色的感觉。近年来的研究发现，在不同感觉系统中，神经系统同时采用了特异性编码和模式编码。

现代生理学研究还认为，体内外的信息在传入神经通路中是以单个神经元或一群神经元的电位形式呈现的。神经细胞的电事件以某种方式代表或表示作用于机体身上的刺激，这是电编码。由于神经冲动在多个神经元之间的传递主要是借助于神经介质而进行的，因此，在传入通路中，感觉信息的加工还有化学编码。

(三)大脑皮质的活动

感觉信息加工的最后环节是大脑皮质的活动(cortical brain activity)，从而产生感觉。从感受器经脑的各部最后到达大脑皮质是由一系列神经元连接起来的。感觉信息在到达大脑皮质之前都要经过皮质下中枢的各个中继核。中继核不是一个简单的接力站，它们都有进一步加工信息的作用。感觉传导系统中，较低水平上的简单信息加工为复杂的皮质水平上的信息加工准备好适当的输入。最后，皮质的感觉代表区接收丘脑传来的信息，然后将信息再输送至联络区进行更高级的加工，这样就产生了感觉。

五、感觉的作用

首先，感觉是人的认识过程的初级阶段，是人认识客观世界的开端。感觉是我们认识客观世界的第一步，通过感觉，人从外界获得信息，这些信息在感觉系统的不同水平上经过加工，并与已经存储的知识经验进行对照、补充，从而产生对外界事物基本属性的反映。因此，在认识世界的过程中，感觉是我们关于世界一切知识的最初源泉，感觉是一种最初级的经验。

其次，感觉是一切较高级、较复杂的心理现象的基础，是人的全部心理活动的基础。人的知觉、记忆、思维等复杂的活动，必须借助于感觉提供的原始资料。人的情绪体验，也必须依靠人对环境和身体内部状态的感觉。因此，没有感觉，一切较复杂、较高级的心理现象就无从产生。

再次，感觉提供了内外环境的信息。通过感觉，人能够认识外界物体的颜色、明度、气味、软硬等，从而能够了解事物的各种属性。工人操纵机器生产工业产品，农民种植庄稼提供粮食和蔬菜，科学家们观测日月星辰，发现宇宙的奥秘，都离不开感觉提供的信息。通过感觉我们还能认识自己机体的各种状态，如饥饿、寒冷等，因而有可能实现自我调节，如饥则食，渴则饮。没有感觉提供的信息，人就不可能根据自己机体的状态来调节自己的行为。

最后，感觉保证了机体与环境的信息平衡。人要正常地生活，必须与环境保持平衡，其中包括信息的平衡。信息超载或不足，都会破坏信息的平衡，给机体带来不良影响。信息超载，会使人产生"冷漠"的态度。相反，感觉剥夺会造成信息不足，使人无法忍受，并由此产生不安和痛苦。

延伸阅读

感觉剥夺实验

加拿大麦吉尔大学心理学家贝克斯顿(W.H.Bexton，1954)等人进行了"感觉剥夺"实验。"感觉剥夺"是把被试置于极少有刺激作用的实验环境中，使其极少有可能产生感觉，并要求被试待的时间尽量长久。在实验中，要求被试安静地躺在实验室的一张舒适的床上，室内非常安静，听不到一点声音；一片漆黑，看不见任何东西；两只手戴上手套，并用纸卡卡住。吃喝都由主试事先安排好了，用不着被试移动手脚，来自外界的刺激几乎都被"剥夺"了。实验开始，被试还能安静地睡着，但稍后，被试开始失眠、焦躁不安，总想活动，急切地寻找刺激。他们想唱歌、打口哨、自言自语、用两只手互相敲打，或者用它去探索这间小屋。实验中被试每天可以得到20美元的报酬。但即使这样，被试也难以坚持较长时间。实验结果表明，很少有被试愿意在这种环境中生活一周，在被剥夺感觉的实验期间，注意力不能集中、思维不连贯、条理不清、逻辑混乱、反应迟钝、烦躁，甚至还出现幻觉、神经症状或恐怖症。以后的许多实验重复得到了类似甚至更为严重的实验结果。感觉剥夺实验说明感觉的丧失会严重地影响人的认识活动，特别是思维，并波及人的情绪和意志，造成心理上的紊乱。可见，人们在日常生活中所接受的刺激以及由此而产生的感觉是多么重要，它既能提供人类生存的重要线索和依据，也为人们及时把握客观环境产生新的认识，维持身心健康提供了重要的保证。

第二节　感觉的种类

根据感觉刺激是来自有机体外部还是内部以及它所作用的感官的性质，可把各种感觉分为两大类：外部感觉和内部感觉。外部感觉接受机体外的刺激，反映外界事物的个别属性。属于外部感觉的有：视觉、听觉、皮肤感觉、嗅觉和味觉。内部感觉接受机体内的刺激，反映身体的位置、运动和内脏器官的不同状态。属于内部感觉的有：运动觉、平衡感觉、内脏感觉等。

一、视觉

视觉(visual sense)是人类最重要的一种感觉。在人类获得的外界信息中，80%来自视觉。

(一)视觉刺激

视觉的适宜刺激是光。光是具有一定频率和波长的电磁辐射。人可以看到的光称为可见光，波长在380~780纳米的范围，它约占整个光波的1/70(见图4-1)。在此波长范围之外的电磁波射线，人眼则无法看到。

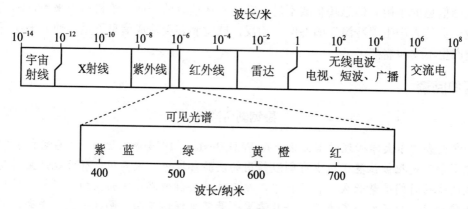

图4-1　电磁波与可见光谱

在真空中，光速为每秒30万千米，当它通过液体、气体等物质时，速度下降。由于介质的疏密不同，光由一种介质进入另一种介质时就会产生折射。人眼接受的光主要来自光源及其照射在物体上而被物体反射出来的光。

太阳是最主要的光源。光源指能够产生光的物体，除了太阳外，灯、蜡烛等都是光源。太阳光是一种混合光，由不同波长的光线混合而成，通过三棱镜可将太阳光折射产生红、橙、黄、绿、青、蓝、紫七色光线。在正常情况下，人眼所接受的光线大多是物体表面反射的光。

(二)视觉的生理机制

光刺激引起视觉的过程，首先是光线透过眼的折光系统到达视网膜，并在视网膜中形成物像，同时兴奋视网膜的感光细胞，然后冲动沿视神经传导到大脑皮质的视觉中枢产生视觉。视觉的生理机制包括折光机制(refractive mechanism)、感光机制(photographic mechanism)、传导机制(transmission mechanism)、中枢机制(central mechanism)和反馈调节机制(feedback adjustment mechanism)。

1. 折光机制

眼睛是我们的视觉器官，其构造颇似照相机，具有较完善的光学系统及各种使眼球转动并调节光学装置的肌肉组织。眼球由眼球壁和折光系统两部分组成。图 4-2 是人类眼球的剖面图。眼睛的折光系统由角膜、房水、晶状体和玻璃体组成。它们具有透光和折光作用。当眼睛注视外物时，由物体发出的光线通过上述折光装置使物像聚焦在视网膜的中央凹，形成清晰的物像。眼的折光系统与凸透镜相似，在视网膜上形成的物像是倒置的、左右换位的。由于大脑皮质的调节和习惯的形成，我们仍把外物感知为正立的。

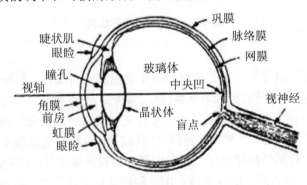

图 4-2 人眼的构造

2. 感光机制

视觉的感光机制是视网膜。视网膜是眼睛最重要的部分，是眼球的光敏感层，由 3 层构成。感光细胞(含视杆细胞和视锥细胞)是最外层，第二层含有双极细胞和其他细胞，最内层含有神经节细胞(见图 4-3)。由于感光细胞组成视网膜的最外层，因此离光源最远。光线到达感光细胞前，必须穿过视神经纤维的神经节细胞、双极细胞。

视杆细胞约 1.2 亿个，主要分布在视网膜的周围部分；视锥细胞约 700 万个，主要分布在视网膜中央部分。特别是中央凹，全是视锥细胞。视神经穿出眼球的地方没有感光细胞，称为盲点。由于视杆细胞和视锥细胞结构不同，它们的机能也不同。视杆细胞对弱光很敏感,但不能感受颜色和物体的细节;视锥细胞则专门感受强光和颜色刺激,能分辨物体颜色和细节,但在暗光时不起作用。视杆细胞含有视紫红质的感光物质。视紫红质在弱光作用下,分解为视黄醛和视蛋白,并使视杆细胞去极化,产生神经冲动,把信息传向大脑,产生暗视觉。视锥细胞中的感光物质称为视紫蓝质,能感受强光。有三类视锥细胞分别含有感红色素、感绿色素和感蓝色素,它们各自分别对红、绿、蓝色光最为敏感。

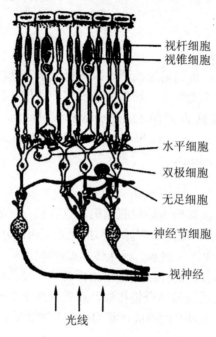

图 4-3 视网膜的组织结构

3. 传导机制

视觉传导通路有三级神经元。视网膜的感光细胞接受刺激后,将冲动传至双极细胞(第一级神经元),再传至视网膜的神经节细胞(第二级神经元)。神经节细胞的轴突集合成视神经,入颅腔后延续为视交叉。在视交叉处,来自两眼的视神经纤维,每侧有一半交叉至对侧,余者不交叉。其结构是,凡来自两鼻侧视网膜的纤维(即接受颞侧光刺激的部分),均交叉至对侧,并上行至对侧外侧膝状体。而来自两颞侧视网膜的纤维(即接受鼻侧光刺激的部分),则不交叉并上行至同侧外侧膝状体。由外侧膝状体起始为第三级神经元,其细胞的轴突组成视放射,最后到达枕叶的矩状裂两侧的纹状区。

4. 中枢机制

视觉的直接投射区为大脑枕叶的纹状区(布鲁德曼第 17 区),这是实现对视觉信号初步分析的区域。当这个区域受到刺激时,人们能看到光;这个区域被破坏时,失去视觉。与第 17 区邻近的另一些脑区,负责进一步加工视觉的信号,产生更复杂、更精细的视觉,如认识形状、分辨方向等。这些部位受损伤,人将失去对物体、空间关系、颜色或词的认识能力,产生各种形式的失认症。

从 20 世纪 60 年代以来,休伯和威塞尔等对视觉感受野的系统研究,对解释视觉的中枢机制产生了深远的影响。

视觉感受野是指视网膜上的一定区域或范围。当它受到刺激时，能激活视觉系统与这个区域有联系的各层神经细胞的活动。视网膜上的这个区域就是这些神经细胞的感受野（见图4-4）。

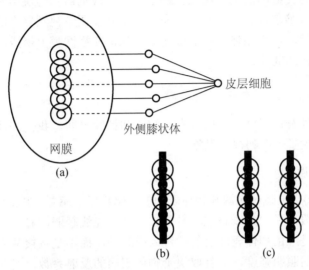

图4-4　外侧膝状体细胞与皮层细胞感受野的关系

从图4-4可以看到，视网膜上一个较小的范围成为外侧膝状体上一个细胞的感受野。由于若干个外侧膝状体细胞共同会聚到一个皮层细胞上，因而皮层细胞的感受野是视网膜上的一个更大的区域。这样，视网膜上的某些细胞就成为视觉中枢中某些细胞的感受野，不同的感受野感受不同的刺激，如感受线条、面积、角度、运动方向等。

根据感受野的研究，休伯等人认为，视觉系统的高级神经元能够对呈现给视网膜上的、具有某种特性的刺激物做出反应。这种高级神经元称为特征觉察器。高等哺乳动物和人类的视觉皮层具有边界、直线、运动、方向、角度等特征觉察器，由此保证了机体对环境中提供的视觉信息做出选择性的反应。

近年来，视觉研究有了许多新的发现。用猕猴进行的研究表明，视觉系统存在两条通路：一条是大细胞通路(M通路)；另一条是小细胞通路(P通路)。前者处理物体运动时的形状信息，主要与运动有关；后者处理特定波长的信息，主要与颜色有关。当颜色通路受到损伤时，人保留了对形状的认识，只失去了对颜色的分辨；而当负责形状的通路受到损伤时，人的颜色视觉完好无损，而失去了分辨形状的能力。

用正电子发射断层扫描(PET)进行的研究表明，视力正常的人看一幅蒙德里安水彩风景抽象画(一种没有任何可识别物的抽象景色)时，大脑局部血流量增加最大的脑区是梭状回。当让被试看运动着的黑白方块时，最大的大脑血流量发生在另一个区域。PET研究的结果还显示出，在上述两种条件下，初级视觉区也出现了大脑局部血流量增加的现象。

视觉研究的另一个重要发现是，参与视觉分析的不仅有脑的枕叶，而且有大脑的其他区域，例如猴子的视觉就是由32个左右的脑区共同来完成的。对感受野的进一步研究还发现，视觉系统对运动方向的分析，早在视神经节细胞的感受野中就已开始，而不只是发生在视皮层上。

5. 反馈调节机制

在视觉过程中各级视觉中枢还有传出性的神经支配，对视觉器官进行反馈性调节。视觉不仅依赖于视觉感受器的活动，而且依赖于中枢对视觉器官的反馈性调节。由感受器输入的外界信息，在大脑进行加工；同时，通过传出神经调节视觉器官的活动，如瞳孔的变化、眼朝光源方向转动、水晶体曲度的改变等，保证在视网膜上形成清晰的物像，使视觉器官更有效地感知外部世界。

(三) 视觉现象

光线的基本特性有：强度、空间分布、波长和持续时间。我们的视觉系统在反应光的这些特性时，便产生了一系列视觉现象。

1. 明度与视亮度

明度(brightness)是眼睛对光源和物体表面的明暗程度的感觉，主要是由光线强弱决定的一种视觉经验。一般来说，光线越强，看上去越亮；光线越弱，看上去越暗。由于我们看到的大多数光线都是经由物体表面反射后进入眼睛的，而不是直接从光源来的，因此，明度不仅取决于光源的照明强度，而且取决于物体表面的反射系数。光源的照明强度越高，物体表面的反射系数越大(最大为1)，看上去就越明亮。但是，光强与明度并不完全对应，如一个手电筒的亮光，白天显暗，夜晚显亮。可见，光源的强度相同，而引起人们的明暗感觉则是不一样的。

视亮度是指从白色表面到黑色表面的感觉连续体。它是由物体表面的反射系数决定的，而与光源的照明强度无关。物体表面的反射率高，显得白；反射率低，显得黑。一张白纸比一件灰色衣服白些，而灰色衣服又比一块黑煤白些。不论在强烈日光下还是在昏暗灯光下，黑煤看上去总是黑的，这是由物体表面的反射率决定的。

2. 视敏度

视敏度(lightness)是指视觉系统分辨最小物体或物体细节的能力，医学上称之为视力。一个人辨认物体细节的能力越强，视敏度越高；反之，视敏度就越低。

视敏度的大小通常用视角大小来表示。所谓视角，是指物体最边沿两点与眼球光心所形成的夹角。视角大小取决于物体的大小及物体离眼睛的距离。当你能够看清一个物体或物体间的距离时，视角越大，视力越差；视角越小，视力越好。视角的计算公式是：

$$\alpha = \frac{A}{D} \times 57.3°$$

式中，α 为视角，A 为物体高度，D 为物体离眼睛的距离。

视敏度一般可以分为最小可见敏度、游标敏度和最小间隔敏度3种。

(1) 最小可见敏度是指视觉系统能够分辨最小物体的能力。测量这种视敏度通常以白色背景上的一条黑线作为测试图形。在变化黑线宽度的情况下，要求被试报告是否觉察到它的存在(见图 4-5(a))。在最好的观察条件下，人们能够觉察的最小物体为 0.5 弧度秒宽的一条细线。

(2) 游标敏度是用游标来测定的(见图 4-5(b))。它要求被试能够分辨两条线段的相对移动。在最佳观察条件下，成人刚刚可以分辨的最小偏移为 2 弧度秒。可见，测试的方法与手段不同，视敏度的大小也是不同的。

(3) 最小间隔敏度是指视觉系统区别物体间最小间隔的能力。一种测量最小间隔敏度的方法，是采用具有相等宽度的黑白交替的线条图形(栅条图形)(见图 4-5(c))。被试能够分辨的栅条宽度越小或图形的空间频率(用每度视角包含的栅条周数来表示)越大，那么视敏度就越好。实验表明，在最佳观察条件下，成人的间隔敏度为每度 45~60 周，它相当于 1/2~2/3 弧度分宽的栅条。在医院检查视力时使用的 E 型视标和蓝道环(C)也是用来测量最小间隔敏度的。在距离恒定时，人们能看清的间隔越小，视力就越好(见图 4-5(d)、(e))。

图 4-5 视敏度的测定

影响视敏度的因素很多，如视网膜受刺激的部位、背景的照明、物体与背景之间的对比、眼睛的适应状态等。研究表明，视网膜上的锥体细胞是分辨细节刺激的主要感受器。由于锥体细胞主要分布在视网膜中央部分，因此，当光刺激落在中央窝附近时，视敏度最大；偏离中央窝越远，由于锥体细胞的数量减少，视敏度越小。

3. 颜色

1) 颜色的概念

颜色(color)是光波作用于人眼所引起的视觉经验。在日常生活中，有广义和狭义的两种颜色。广义的颜色包括非彩色(白色、黑色和各种不同程度的灰色)和彩色(如红、绿、黄、蓝等)；狭义的颜色仅指彩色。

2) 颜色的特性

颜色有 3 个基本特性，即色调、明度和饱和度。色调(hue)是区别不同色彩的特性，由不同光波的波长决定，不同波长的光波作用于眼睛而产生不同的色觉。对光源来说，占优势的波长不同，色调也就不同。例如，如果 700 纳米的波长占优势，光源看上去是红色，如果 510 纳米的波长占优势，光源看上去是绿色。对物体表面来说，色调取决于物体表面对不同波长的光线的选择性反射。如果反射光中长波占优势，物体呈红色或橘黄色；如果短波占优势，物体呈蓝色或绿色。

明度(brightness)是指颜色的明暗程度。色调相同的颜色，明暗可能不同。例如，绛紫色与粉红色都含有红色，但前者显暗，而后者显亮。颜色的明度由照明的强度和物体表面的反射系数决定。光源的照度越大，物体表面的反射率越高，物体看去就越亮。例如，黑纸的反射率低，明度小；而打印纸反射率高达 80%，明度就大得多。

饱和度(saturation)是指颜色的纯度。光谱上的各单色光的饱和度最大，例如鲜红、鲜绿等。混杂上白色、灰色或其他色调的颜色，是不饱和的颜色，例如绿紫、粉红、黄褐等。由白经灰至黑的系列是无彩色，因此它们没有色调和饱和度，只有明度属性，称为黑白系列。

颜色的三个特性及其相互关系，可以用三度空间的颜色立体来说明(见图 4-6)。在颜色立体中，垂直轴代表明度的变化，上端是白色，下端是黑色；中间是各种状态的灰色。立体的圆周代表光谱上各种不同的色调，依红、橙、黄……紫排列。从圆周到中心表示饱和度的变化，中心是灰色。圆周上各种色调的饱和度最高，离开圆周，距中心越近，颜色越不饱和。颜色的饱和度还可由圆周向上下黑白方向变化，离黑白两端越近，饱和度越低。

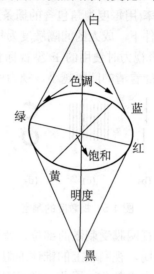

图 4-6　颜色立体

3) 颜色混合

在颜色混合效应下所得到的色觉经验，称为颜色混合(color mixing)。颜色混合分两种：色光混合和颜料混合。色光混合是将具有不同波长的光混合在一起。例如，将 700 纳米的光与 570 纳米的光混合得到橙色光线，将光谱上各种波长的光用透镜聚集起来，得到白光等。颜料混合是指颜料在调色板上的混合，或油漆、油墨的混合，如将红与黄的颜料混合配成橘红色，把各种颜色的颜料混合得到黑色等。

颜色的两种混合在性质上是不一样的。色光混合是不同波长的光线同时作用于眼睛，在视觉系统中实现的混合；而颜料混合是将两种颜料混合之后，作用于视觉系统引起的。色光混合是一种加法过程，即将各种波长的光相加；颜料混合是一种减法过程，即某些波长的光被吸收了。以黄与蓝的颜料混合为例，黄色颜料吸收了红、橙和蓝色光线。而蓝色颜料反射大部分蓝光和少量绿光，而吸收红、橙、黄。当两种颜料混合时，由黄色颜料反射的黄光被蓝色颜料所吸收，由蓝色颜料反射的蓝光又被黄色颜料所吸收。结果只剩下绿色部分被反射回来，因而使混合后的颜料看上去是绿色的。

在日常生活中，人们所看到的大多数色光都是由不同波长的光线在视觉系统中混合而成的。通过对各种色光混合现象的研究，人们提出了 3 个色光混合定律。

(1) 互补律。每一种色光都有另一种同它相混合而产生白色或灰色的色光，这两种色光称为互补色。例如，蓝色光和黄色光、绿色光和紫色光、红色光和青色光混合都能产生白色(见图 4-7)。

(2) 间色律。混合两种非补色光，可以产生一种介于它们之间的中间色光。例如，红色光与蓝色光混合产生紫色光；红光与绿光混合，根据混合的比例不同，可以得到介于它们之间的橙、黄、黄橙等各种色光(见图 4-7)。

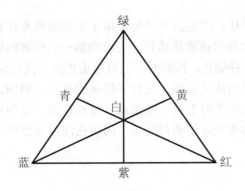

图 4-7 色光三角

(3) 代替律。相混合的两种色光，都可以由不同色光混合后产生的相同色光来代替。如果色光 A=色光 B，色光 C=色光 D，那么，色光 A+色光 C=色光 B+色光 D。代替律表明，不管色光的原来成分如何，只要感觉上色光是相似的，就可以互相代替，产生同样的视觉效应。又如：A+B=C，假设 X+Y=B，则 A+(X+Y)=C。

4) 色觉理论

色觉理论是解释色觉现象及其机制的学说。主要的色觉理论有如下两个。

(1) 三色说。英国物理学家托马斯·杨(T. Young)于 1807 年首先提出三原色假设；1860 年，德国生理学家赫尔姆霍茨(H. von Helmholtz，1821—1894)发展了三色说，被后人合称为杨—赫三色说(trichromatic theory)。托马斯·杨假定，人的视网膜上有 3 种不同的感受器，它们分别含有对红、绿、蓝波长敏感的视色素。每种感受器只对光谱中的一种特殊成分敏感，当它们分别受到不同波长的光刺激时，就产生不同的颜色经验。1860 年，德国生理学家赫尔姆霍茨放弃了一种感受器只对一种波长敏感的看法，认为每种感受器都对各种波长的光有反应，但红色感受器对长波更敏感，绿色感受器对中波更敏感，蓝色感受器对短波更敏感。因此，当光刺激作用于眼睛时，将在 3 种感受器中引起不同程度的兴奋。各种颜色经验是由不同感受器按相应的比例活动而产生的。例如，红色感受器的兴奋活动占优势，则产生红色感觉等。当 3 个感受器兴奋程度相同时，则产生白色光的感觉。

三色说得到一些实验结果的支持。科学家的确发现了 3 种锥体细胞分别对不同波长的光具有不同的感受性。

但这个理论也有明显的缺陷。它不能解释红绿色盲。因为根据三色说理论，黄色是由红、绿混合产生的，只有红、绿锥体细胞同时兴奋才能产生黄色色觉，所以红绿色盲者不应具备黄色色觉。但实际上，红绿色盲者却具有黄色的经验。这和红绿色盲者的实际色觉经验是不符合的。

(2) 对立过程理论。对立过程理论(opponent-process theory)又称拮抗过程说，或四色说。由德国生理学家黑林(E. Hering)于 1874 年提出。他认为，视网膜存在着三对视素：黑—白视素，红—绿视素，黄—蓝视素。它们在光刺激的作用下表现为对抗的过程，黑林称之为同化作用和异化作用，这三对视素的同化(assimilation)和异化(disassimilation)过程就产生各种颜色。在光刺激时，黑—白视素异化，产生白色经验；在没有光刺激时，黑—白视素同化，产生黑色经验。在红光刺激下，红—绿视素异化，产生红色经验；在绿光刺激下，红—绿视素同化，产生绿色经验。在黄光作用下，黄—蓝视素异化，产生黄色经验；在蓝光作用下，黄—蓝视素同化，产生蓝色经验。由于各种颜色都含有一定的白色成分，因此每一种颜色除了影响其本身的视素活动外，还影响黑—白视素的活动。黑林认为视锥细胞能感受红、绿、黄、蓝4种颜色，因而对立过程理论也称为四色说。

行为实验和电生理学的研究结果，支持了黑林的观点。例如，注视蓝色一段时间再注视黄色，这时会觉得黄色比平时更黄。按照对立过程理论，这种现象是由于延长注视蓝色的时间，使黄蓝系统中的蓝色分子消耗殆尽，因而在注视黄色时，黄蓝系统中的黄色分子能充分发挥作用。

延伸阅读

相关研究

从20世纪50年代末以来，生理学家先后在动物的视神经节细胞和外侧膝状体细胞内，发现了编码颜色信息的对立机制。例如，斯瓦特金(Svatichin, 1956)发现，在鱼眼视网膜中存在两种水平细胞，一种对红光做出最大的正电位反应，对绿光做出最大的负电位反应，它们是＋红、－绿细胞；另一种对黄光做出最大的正电位反应，对蓝光做出最大的负电位反应，它们是＋黄、－蓝细胞。这两种细胞在功能上是对立的。德瓦洛伊(Devalois, 1960)也发现，短尾猴的外侧膝状体细胞在功能上具有对立性质。其中有些细胞对光谱一端的光产生兴奋性反应，即提高细胞的自发放电水平，而对光谱另一端的光产生抑制反应，即降低细胞的自发放电水平。例如，＋蓝、－黄细胞对450纳米的光的反应，表现为激活率上升，而对580纳米的光，细胞的自发活动受到抑制。又如，＋绿、－红细胞对510纳米的光，表现为激活率上升，而对600纳米的光，激活率下降。

三色说和对立过程理论都得到了一些实验证据的支持。那么，哪一种色觉理论是正确的呢？应该说，两种理论各有自己的适用范围。三色论适用于对视网膜机制的解释。对立过程理论解释的是信息在离开眼睛之后视觉通道上所记录的事件。大量的研究事实使我们相信，在视网膜上存在着3种锥体细胞，分别对不同波长的光敏感。而在视觉系统更高级的水平上，存在着功能对立的细胞，颜色的信息加工表现为对立的过程。因而，三色论解释了当光刺激时，在眼睛中发生了什么，对立过程理论解释了信息在到达大脑的过程中是如何被分析的，因此，二者结合起来能够更好地解释颜色视觉。

5) 色觉缺陷

色觉缺陷包括色弱(color weakness)和色盲(color blindness)。据统计，8%的男性和0.5%的女性有某种程度的色盲或色弱。

色弱主要表现为对光谱的红色和绿色区的颜色分辨能力较差。色觉正常的人可以用3种波长的光来匹配光谱上任何其他波长的光，因而称三色觉者。色弱患者虽然也能用3种波长来匹配光谱上的任一波长，但他们对3种波长的感受性均低于正常人。在刺激光较弱时，这些人几乎分辨不出任何颜色。色弱患者在男性中占6%，是一种常见的色觉缺陷。

色盲又分为两类：局部色盲和全色盲。局部色盲包括红绿色盲和蓝黄色盲。前者是最常见的色盲类型，后者则少见。红绿色盲的人在光谱上只能看到蓝和黄两种颜色，即把整个光谱的红、橙、黄、绿部分看成黄色，把整个光谱的青、蓝、紫部分看成蓝色。在500纳米附近，他们看不出它的颜色，只觉得是白色或灰色的样子。蓝黄色盲的人把整个光谱看成是红和绿两种颜色。全色盲的人把整个光谱看成是一条不同明暗的灰带，没有色调感。在他们看来，整个世界是由明暗不同的白、灰、黑所组成的，正如同正常人看到的黑白电视那样。全色盲的人是极为罕见的，在人口中只占 0.001%。

色盲常为先天的，也有后天的。先天色盲与遗传因子有关，一般是隔代遗传，目前尚无法医治。后天色盲往往由于各种原因造成，如视网膜疾病、视神经障碍、药物中毒以及维生素缺乏等。

4. 视觉后像

刺激物对感受器的作用停止以后，感觉现象并不立即消失，它能保留一个短暂时间，这种现象称为后像(afterimage)。后像在视觉中表现尤其明显。

后像分为两种：正后像和负后像。后像的品质与刺激物相同，称为正后像。例如，先看一下强光刺激物一两分钟，然后把眼睛闭上，这时你会看见眼前有一个与强光刺激差不多亮的像，这就是正后像。后像的品质与刺激物相反，称为负后像。在前面的例子中，正后像出现以后，如果此时把眼睛转向白色的墙壁，就会看到一个比墙壁还要暗的像，这就是负后像。

彩色视觉也有后像，不过正后像很少，一般都是负后像。彩色的负后像在颜色上与原颜色互补，而在明度上则与原颜色相反。例如，眼睛注视一朵黄花，几分钟后，将视线转向身边的白墙，那么在白墙上将看到一朵蓝花。

5. 闪光融合

在视觉中，如果让断续的刺激达到一定的频率，则后像可以使这些断续的刺激引起连续的感觉，这种现象称为闪光融合(flicker fusion)。例如，日光灯的光线每秒闪动 100 次，我们看不出它在闪动；高速转动的电风扇，我们看不清每扇叶子的形状，都是由于闪光融合的结果。在中等光强度下，视觉后像能保留大约 0.1 秒。因此，如果一个闪烁的光源每秒钟闪动超过 10 次，就会产生闪光融合现象。

刚刚能引起连续感觉的最小频率，称为临界闪光融合频率。临界闪光融合频率受许多因素的影响。例如，光的强度、波长、光落入视网膜的位置以及机体的身心状态等都会影响临界闪光融合频率。

二、听觉

听觉(hearing)是人通过听觉器官对外界声音刺激的反映。人的感觉除视觉外，另一种最重要的感觉就是听觉。

(一)听觉刺激

听觉的适宜刺激是一定频率范围的声波。它是由物体振动产生的，例如人的语音是由声带振动产生的，提琴的声音是由琴弦振动产生的。物体振动时对周围空气产生压力，使空气的分子做疏密相间的运动，这就是声波。声波通过空气传递给人耳，并在人耳中产生听觉。声波有 3 个物理特性：频率、振幅和波形。频率是指发声物体每秒振动的次数。振幅是指物体振动的强度。波形是指声波的形状。

(二)听觉的生理机制

1. 耳的构造和功能

耳朵是人的听觉器官。它由外耳、中耳、内耳三部分组成(见图4-8)。

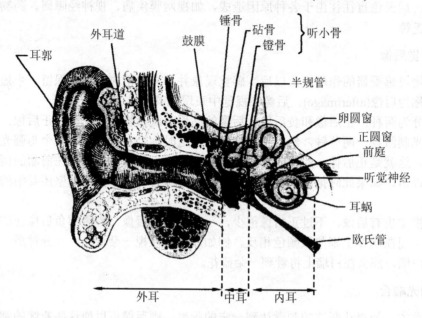

图4-8 人耳的构造

(1) 外耳包括耳郭和外耳道。它的作用主要是收集声音。动物的耳郭形似喇叭,由肌肉控制它的运动,可帮助对声音的定向。人的耳郭的运动能力退化了,但仍有收集声音的作用。

(2) 中耳由鼓膜、三块听小骨、卵圆窗和正圆窗组成。三块听小骨指锤骨、砧骨和镫骨。锤骨一端固定在鼓膜上,镫骨一端固定在卵圆窗上。当声音从外耳道传至鼓膜时,引起鼓膜机械振动,鼓膜的运动带动三块听小骨,把声音传至卵圆窗,引起内耳淋巴液的振动。由于鼓膜面积与镫骨覆盖的卵圆窗面积的比为20:1,因此,声音经过中耳的传音装置,其声压大约提高20~30倍。声音的这条传导途径称为生理性传导。声音的传导途径还有空气传导和骨传导。空气传导是指鼓膜振动引起中耳室内的空气振动,然后经由正圆窗将振动传入内耳。骨传导是指声波从颅骨传入内耳。骨传导效率差,但也排除了体内各种噪声的干扰。否则,人们在呼吸、咀嚼时发出的声音将影响人耳对外界声音的正常听觉。

(3) 内耳由前庭器官和耳蜗组成。后者是人耳的听觉器官。耳蜗分三部分:鼓阶、中阶和前庭阶。鼓阶与中阶以基底膜分开。基底膜在靠近卵圆窗的一端最狭窄,在蜗顶一端最宽。这一点对听觉有重要的意义。基底膜上的柯蒂氏器包含着大量支持细胞和毛细胞,后者是听觉的感受器。毛细胞的细毛突入由耳蜗液所充满的中阶内。声音经过镫骨的运动产生压力波,引起耳蜗液的振动,由此带动基底膜的运动,并使毛细胞兴奋,产生动作电位,从而实现能量的转换。

2. 听觉的传导机制和中枢机制

毛细胞的轴突离开耳蜗组成了听神经,即第八对脑神经。毛细胞的兴奋就沿着听神经向大脑传递。听觉传导通路也主要由三级神经元组成：第一级神经元是螺旋神经节的双极细胞；由耳蜗神经核起始的是第二级神经元；由内侧膝状体起始的是第三级神经元。和视觉系统不同，听觉系统为大脑皮层提供了同侧和对侧的输入，以对侧为主。人类听觉的中枢投射区在颞叶的初级听觉区(A1 或称布鲁德曼 41 区)和二级区。

延伸阅读

耳病知识

耳功能的病变即耳聋可以分成传导性耳聋、神经性耳聋和刺激性耳聋 3 种主要类型。

造成传导性耳聋的原因是从耳鼓膜到内耳的声音传输障碍。在许多情况下，传导性耳聋可以使用助听器，使声音增大和变得清晰。

神经性耳聋是由于毛细胞或听神经受到了损害造成的。助听器对神经性耳聋没有帮助，但目前一种新的人工听觉系统能使神经性耳聋患者听到声音。这种技术就是绕开毛细胞而直接刺激听神经。

刺激性耳聋是神经性耳聋的一个特殊类型，是由于特殊的工作、爱好、经历所引起的，即某种非常大的声音损伤了耳蜗特定区域的毛细胞。如果你在一个噪声环境中工作，或喜欢开大音量听音乐、开摩托或打猎，你就有可能患上刺激性耳聋。

(三)听觉现象

声波作用于听觉器官时，人们会产生一系列听觉活动，从而形成各种听觉现象。

1. 三音现象

听觉发生时，有音调、音响和音色 3 种现象。

(1) 音调(也称音高)，主要是由声波频率决定的听觉特性。声波频率不同，听到的音调高低也不同。频率高，声音听起来尖高；频率低，声音听起来低沉。人耳所能接受的振动频率为 16～2 万赫兹。通常把这段频率范围称为可听声谱。其中，1000～4000 赫兹是人耳最敏感的区域。低于 16 赫兹的振动称为次声，人耳听不到；高于 2 万赫兹的振动称为超声波，人耳不能接受。

(2) 音响是由声波振动的幅度(强度)引起的听觉特性。声波的振幅决定音响。声波振动的幅度大，声音听起来就响；振动的幅度小，声音听起来就弱。音响的感受范围是 0～130 分贝。生活中，耳语声的响度是 20 分贝，普通谈话的响度是 60 分贝，繁忙的汽车街道的响度是 80 分贝，响雷的响度是 120 分贝。长时间处于 85 分贝以上环境中的人会产生听力损失。当音响超过 140 分贝时，所引起的不再是听觉，而是感到不舒适、发痒或发痛。

(3) 音色是反映声波混合的听觉特性。声波的波形决定音色。一般把声音分为纯音和复合音。纯音是单一的正弦振动波，是最简单的声波。复合音是由不同频率和振幅的正弦波叠加而成的。例如，我们把一个频率为 10 赫兹的正弦波与一个频率为 20 赫兹的正弦波叠加在一起，我们就可以得到一个波形不同的复合音。在日常生活中，人们听到的大部分声音不是纯音，而是复合音。复合音中，振动波呈周期性，称为乐音。若复合音的振动无周期性规律，称为噪音。在听觉上，乐音感觉和谐，噪音则有损于人的健康。

2. 声音的混合

不同强度和频率的声音作用于人的听觉器官时，人们会产生不同的声音听觉，这就是声音的混合。常见的声音混合有以下两种。

1) 拍音

如果两音的强度一致而频率略有不同，我们听到的是两音频率的差数，称为拍音。拍是一种音响一升一降的起伏音。

2) 差音与和音

如果两音强度大而频率也相差较大，如频率的差数在 50 赫兹或 50 赫兹以上时，我们听到的是一种混合音，即在原音之外还能听到一种或几种声音。混合音分差音与和音，前者为两原音频率之差，后者为两原音频率之和。例如，两原音为 700 赫兹和 1200 赫兹，所产生的差音为 500 赫兹，和音为 1900 赫兹。

3. 声音的掩蔽

声音的掩蔽是一个声音由于同时起作用的其他声音的干扰而使听觉阈限上升的现象。例如，在一间安静的屋内，我们可以听到闹钟的嘀嗒声、暖气管内的水流声、电冰箱的电机声；而在人声嘈杂的室内或马达轰响的厂房内，上面这些声音就被掩蔽了。一般来说，如果两音的强度相差较大，只能听到其中一个。声音的掩蔽分 3 类：一是纯音掩蔽纯音；二是噪音掩蔽纯音；三是纯音和噪音对语音的掩蔽。研究声音的掩蔽现象在通信工程、军事及生产中具有重大的实用意义。

(四) 听觉理论

声波作用于人的听觉器官时，人们如何产生听觉？人耳怎样分析不同频率的声音？从 19 世纪以来，学者们就提出了各种不同的学说。

1. 频率理论

这是 1886 年由物理学家罗·费尔得提出的一种理论。这种理论认为，内耳的基底膜是和镫骨按相同频率运动的。振动的数量与声音的原有频率相适应。如果我们听到一种频率低的声音，连接卵圆窗的镫骨每次振动次数较少，因而使基底膜的振动次数也较少。如果声音刺激的频率提高，镫骨和基底膜都将发生较快的振动。基底膜产生振动，所有的毛细胞对每个声音都有反应，将机械振动转换为相应频率、振幅与相位的神经电位活动。声波频率决定神经冲动的频率形成音调感觉。兴奋的毛细胞数量多少决定音响的大小，振动的不同形式决定音色。

人们很快发现，频率理论(frequency theory)难以解释人耳对声音频率的分析。人耳基底膜不能作每秒 1000 次以上的快速运动。这和人耳能够接受超过 1000 赫兹以上的声音不相符。

2. 共鸣理论

共鸣理论(resonance theory)由赫尔姆霍茨于 1863 年提出。他认为，基底膜的横纤维长短不同，靠近蜗底较窄，靠近蜗顶较宽。这些横纤维能够对不同频率的声音产生共鸣。声音的频率高，短纤维发生共鸣；声音的频率低，长纤维发生共鸣。人耳基底膜约有 24 000

条横纤维,它们分别对不同频率的声音做出反应。基底膜的振动引起听觉细胞的兴奋,因而产生高低不同的音调。共鸣理论强调了基底膜的振动部位对产生音调听觉的作用,因而也称为位置理论。

后来的研究表明,这个理论的根据不充分。人耳能够接受的频率范围为16～20 000赫兹,最高频率与最低频率之比约为1000∶1,而基底膜上横纤维的长短之比仅为10∶1。可见,横纤维的长短与频率的高低之间并不对应。

3. 行波理论

20世纪40年代,著名生理学家冯·贝克西(Von Bekesy)提出了行波理论(traveling wave theory)。贝克西认为,声波传到耳,将引起整个基底膜的振动。振动从耳蜗底部开始,逐渐向蜗顶推进,振动的幅度也随着逐渐增高。振动运行到基底膜的某一部位,振幅达到最大值,然后消失。随着外来声音频率的不同,基底膜最大振幅所在的部位也不同。声音频率低,最大振幅接近蜗顶;频率高,最大振幅接近蜗底(即镫骨处)(见图4-9),从而实现对不同频率的分析。

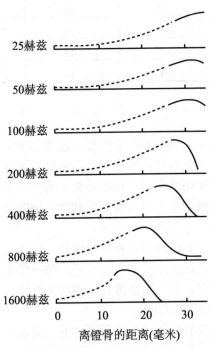

图4-9 不同频率范围内基底膜振动的模式

行波理论正确描述了500赫兹以上的声音引起的基底膜的运动,但难以解释500赫兹以下的声音对基底膜的影响。当声音频率低于500赫兹时,它在基底膜的各个部位引起了相同的运动,并对毛细胞施加了相等的影响。

4. 神经齐射理论

20世纪40年代末,韦弗尔(Wever,1949)提出了神经齐射理论(neural volleying theory)。他认为,当声音频率低于400赫兹时,听神经个别纤维的发放频率是和声音频率对应的。对于400赫兹以上的声音,单个神经纤维无法做出反应。在这种情况下,听神经内许多神经纤维协同活动，以轮班或接力的形式联合齐射，对高频声音做出反应。但当声波频率超过 5000 赫兹时，听神经就不再产生同步放电。因此，神经齐射理论只能对 5000 赫兹以下的声音听觉进行解释。

三、皮肤感觉

刺激作用于皮肤引起各种感觉，叫肤觉(skin sense)。它包括触压觉、温度觉和痛觉。肤觉感受器在皮肤上呈点状分布，称触点、冷点、温点和痛点。人体的部位不同，各种点的分布及其数目不同(见表 4-3)。

表 4-3 每平方厘米的皮肤感觉点

人体部位	痛	触	冷	温
额	184	50	8	0.6
鼻尖	44	100	13	1.0
胸	196	29	9	0.3
前臂掌面	203	15	6	0.1
手背	188	14	7	0.5

(一)触压觉

由非均匀分布的压力(压力梯度)在皮肤上引起的感觉，称为触压觉(touch pressure sensation)。触压觉分触觉和压觉两种。外界刺激接触皮肤表面，使皮肤轻微变形，这种感觉称为触觉。外界刺激使皮肤明显变形，称为压觉。另外，振动觉和痒觉也属于触压觉。但引起痒觉的刺激不仅有机械刺激，而且有化学刺激，例如蚊子、蚂蚁叮咬后，由于蚁酸的作用也引起痒觉。

触压觉的感受器是分布于真皮内的几种神经末梢，如迈斯纳触觉小体、毛囊神经末梢和环层小体等。触觉的传导通路由三级神经元组成：第一级由触觉感受器发出的神经纤维到达脊髓后柱的薄束和楔状束；第二级由薄束、楔状束开始，经延脑、大脑脚到丘脑腹侧核；第三级从丘脑至大脑皮层中央后回。

实验发现，皮肤不同部位的触觉感受性是不同的。面部是身体对压力最敏感的部位，其次是躯干、手指和上下肢。女性与男性相似，但比男性略微敏感。

人能够分辨皮肤上两个点的最小距离，称为两点辨别阈限。通常用两点阈规来进行测量。皮肤的部位不同，两点阈也不相同。手指的阈限值最低，说明手指能感知两点间的很小距离。

对落在皮肤上的物体的定位也是触压觉的一种形式。触觉的定位能力也因身体皮肤不同部位的触觉定位的部位不同而显示出明显的差异。指尖和舌尖有准确的定位能力，平均误差在 1 毫米左右。身体的其他部位，例如上臂、腰部和背部，触觉定位能力较差，这些部位的平均误差在 1 厘米左右。一般来说，由精细肌肉控制的身体部位，触觉定位比较敏感。

(二)温度觉

温度觉是指皮肤对冷、温刺激的感觉。皮肤表面温度的变化引起温度觉(temperature sensation)。温度觉包括冷觉和温觉两种。冷觉和温觉的划分以生理零度为界限。皮肤表面的温度称为生理零度。高于生理零度的温度刺激，引起温觉；低于生理零度的温度刺激，引起冷觉；刺激温度等于生理零度，不产生温度觉。

人体不同部位的生理零度不同，面部为33℃，舌下为37℃，前额为35℃。当温度刺激超过45℃时，会使人产生热甚至烫的感觉。这种感觉是温觉和痛觉的复合。

(三)痛觉

痛觉(algesia)是由伤害有机体的刺激所产生的感觉。引起痛觉的刺激很多，包括机械的、物理的、化学的、温度的以及电的刺激。痛觉对有机体具有保护作用。天生无痛觉的人常常寿命不长，因为他们体会不到因机体受伤或不适而产生的痛觉，因而不会主动去医治。

痛觉的感受器是皮肤下各层中的自由神经末梢。这些纤维穿过脊髓后根到达后角的灰质，在这里交换神经元，然后沿脊髓—丘脑侧束止于丘脑神经核，然后从丘脑发出纤维至大脑皮层。用猫进行的实验表明，切断脊髓—丘脑束，动物便对一般的疼痛刺激不起反应。

人的痛觉受许多因素的影响，可以通过药物、电刺激、按摩、催眠、放松训练、分散注意力等方法减轻痛觉。

不仅仅是皮肤，全身各处的损伤或不适都会产生痛觉。因此，痛觉既可以是外部感觉，也可以是内部感觉。

四、嗅觉和味觉

(一)嗅觉

某些物质的气体分子作用于鼻腔黏膜时产生的感觉叫作嗅觉(sense of smell)。引起嗅觉的适宜刺激是有气味的可挥发性物质，接受嗅觉刺激的感受器是鼻腔黏膜的嗅细胞。有气味的气体物质作用于嗅细胞，细胞产生兴奋，经嗅束传至嗅觉的皮层部位(位于海马回、沟内)，因而产生嗅觉。

人的嗅觉受多种因素的影响，如刺激物的作用时间、机体生理状态、空气的温度和湿度等。温度太高、太低，空气湿度太小，机体感冒等，都会降低嗅觉的敏感性。

嗅觉有非常重要的作用。许多动物要借助嗅觉来寻找食物、躲避危险、寻求异性。人的嗅觉已退居较次要的地位。例如，德国牧羊犬的嗅觉比人类的嗅觉敏锐100万倍。但即使这样，人的嗅觉仍为我们的生存提供重要的信息。例如，有毒的、腐烂的物质常伴有难闻的气味，人们闻到后可以避开它们。

(二)味觉

可溶性物质作用于味蕾产生的感觉叫作味觉(sense of taste)。如果用干净的手帕将舌头擦干，然后将冰糖或盐块在舌头上摩擦，这时你感觉不到任何味道。甚至可以把奎宁撒在干舌头上，只要唾液不溶解它，就不会感觉到苦味。引起味觉的适宜刺激是可溶于水或液体的物质，接受味觉刺激的感受器是位于舌表面、咽后部和颚上的味蕾。

味蕾的再生能力很强，所以即使因吃热的食物烫伤了舌头，也不会对味觉有太大影响。但是，随着年龄的增长，味蕾的数量会逐渐减少，人的味觉敏感性会逐渐降低。吸烟、喝酒会加速味蕾的减少，因而会加速味觉敏感性的降低。

味觉的传导机制是味蕾中的味觉细胞兴奋后，神经冲动沿颜面神经、舌咽神经和迷走神经经弧束核、丘脑弓状核至大脑皮层后回的底部，产生味觉。味觉没有单独的味神经，味觉在大脑皮层上也无精确的定位。

基本的味觉有酸、甜、苦、咸4种，其他味觉都是由这4种味觉混合形成的。舌尖对甜味最敏感，舌中对咸味最敏感，舌的两侧对酸味最敏感，舌后对苦味最敏感。

食物的温度对味觉敏感性有影响。一般来说，食物的温度在20～30℃时，味觉敏感性最高。机体状态也会影响味觉敏感性，饥饿的人对甜、咸的较敏感，对酸、苦不太敏感。

如果舌头的一边失去味觉，我们不会注意到，因为舌头的另一边对味觉会非常敏感。没有舌头的人仍有味觉，味觉感受器在嘴的后部和顶部。

五、内部感觉

内部感觉是指反映机体内部状态和内部变化的感觉，包括动觉、平衡觉(静觉)和内脏觉。

(一)动觉

反映身体各部分运动和位置的感觉称为动觉(kinaesthesia)。引起动觉的适宜刺激是身体运动的变化，接受运动觉刺激的感受器位于肌肉、韧带、关节等的神经末梢。

动觉是随意运动的重要基础。人们在行走、劳动、进行各种体育活动时，由肌肉活动的速度、强度和紧张度所产生的神经冲动，不断向大脑皮层发出运动信号，大脑皮层分析综合了这些信号以后，又通过传出神经对肌肉进行调节和控制。人们具有高度精确的动觉，凭借动觉可以行走、劳动，还可以进行各种体育活动，完成各种复杂的运动技能。

动觉常常是和其他感觉联合行动的，其他的感觉器官，例如眼睛等都离不开运动器官的配合。特别是触觉，经常和动觉一起发生，形成触摸觉。在昏暗的地方，人们常会伸出手摸索前进，以触摸觉补偿视觉。

(二)平衡觉

人体做加速或减速的直线运动或旋转运动时所引起的感觉称为平衡觉(sense of equilibrium)，也称为静觉。它主要反映头部位置和身体的平衡状态，引起平衡觉的刺激是身体运动时速度和方向的变化以及旋转、震颤等。

平衡觉的感受器位于内耳的前庭器官。它包括半规管和前庭两部分。半规管是反应身体旋转运动的器官。当身体做加速或减速的旋转运动时，半规管内的感觉纤维(毛细胞)发生反应。前庭是反应直线加速或减速的器官。在前庭内具有纤毛的感觉上皮细胞上，有一种极细小的晶体，称为耳石。当人体做直线加速或减速运动时，耳石便改变自己与感觉细胞纤毛的位置，因而引起兴奋。

平衡觉与视觉、内脏感觉都有联系。当前庭器官兴奋时，视野中的物体似乎出现移动，人的消化器系统也出现恶心、呕吐等现象。人们熟悉的晕船、晕车现象，就是由于前庭器官受刺激引起的。

经过练习可以改变前庭器官的感受性。对于从事航海、航空等工作的人需进行这方面的检查，以便发现个体前庭感受性特点，通过练习来适应工作环境。

(三)内脏觉

内脏觉也称机体觉，机体内部器官受到刺激时产生的感觉称内脏觉(visceral sense)。引起内脏觉的适宜刺激是机体内部器官的活动和变化。内脏觉是由内脏的活动作用于脏器壁上的感受器产生的，这些感受器把内脏的活动及其变化的信息传入中枢，产生饥渴、饱胀、便意、恶心、疼痛等感觉。

内脏感觉的特点是感觉不精确，分辨力差。许多内脏的感受器根本不能引起主观感觉。在病变时，有些脏器的感受器才产生痛觉(放射痛)。当人体的内部器官处于健康、正常的工作状态时，一般不会产生内脏觉。

机体觉在调节内部器官的活动中具有重要作用，它能及时地反映机体内部环境的变化、内部器官的工作状态。没有内脏感觉系统，有机体的生存是难以想象的。

第三节　感觉的相互作用

同一感受器接受的其他刺激以及其他感受器的机能状态对感受性产生的影响，叫感觉的相互作用。感觉的相互作用有两种形式：同一感觉中的相互作用和不同感觉之间的相互作用。

一、同一感觉的相互作用

同一感受器中的其他刺激影响着对某种刺激的感受性的现象，称为同一感觉中的相互作用。同一感觉相互作用的明显情况是感觉适应和感觉对比。

(一)感觉适应

由于刺激对感受器的持续作用从而使感受性发生变化的现象，称为感觉适应(sensory adaptation)。这是在同一感受器中，由于刺激在时间上的持续作用，导致对后续刺激感受性发生变化的现象。适应可以引起感受性的提高，也可以引起感受性的降低。

适应现象几乎表现在所有的感觉中，但是，在各种感觉中适应的表现和速度是不同的。

视觉的适应可分为暗适应(bright adaptation)和明适应(dark adaptation)。暗适应是指照明停止或由亮处转入暗处时视觉感受性提高过程。例如，从明亮的阳光下进入已关灯的电影院时，开始什么也看不清楚，隔一段时间之后，我们就能分辨出物体的轮廓来了，这就是暗适应。暗适应是环境刺激由强向弱过渡时，由于一系列相同的弱光刺激，导致对后续的弱光刺激感受性的不断提高。

明适应也称光适应。与暗适应相反，是指照明开始或由暗处转入亮处时人眼感受性下降的过程。例如，当从黑暗的电影院走到阳光下，开始感到耀眼发眩，什么都看不清楚，只要稍过几秒钟，就能清楚地看到周围事物了，这就是明适应。

明适应是环境刺激由弱向强过渡时，由于一系列强光刺激，导致对后续的强光刺激感受性的迅速降低。暗适应时间较长，而明适应进行很快，时间很短暂。1秒钟内，由明适应引起的阈限值明显上升，在5分钟左右，明适应就全部完成了。

暗适应产生的原因是由于视杆细胞的视紫红质被分解，突然进入暗处尚未恢复，所以不能立即看清物体。到暗处后需要等待一段时间来恢复，即视紫红质的合成增多，含量逐渐增加，对弱光刺激的感受性逐渐提高，这样就能逐渐看清物体。反之，由暗处初到强光下，感光物质大量分解，对强光刺激的感受性很高。神经细胞受到过强的刺激，所以只感到眼前一片光亮，甚至引起疼痛，睁不开眼睛，同样看不清物体。经过片刻，感光物质被分解了一部分之后，对强光的感受性迅速降低，从而能看清物体了。在适应过程中，除视网膜的感光细胞发生变化外，还有中枢机制参与。实验表明，在暗适应的情况下，短时间给被试的一只眼睛一些亮光，结果另一只眼睛的感受性也受影响。

与视觉适应相比，听觉的适应不很明显。有人认为，一般的声音作用之后，听觉感受性有短时间的降低，并认为听觉适应具有选择性；即在一定频率的声音作用下，只降低对该频率(包括邻近频率的声音)的感受性，而不降低对其他频率声音的感受性。但也有人认为，即使是一个普通强度的声音的持续作用，也没有听觉的适应现象。如果用较强的连续的声音，像工厂高音调的机器声，持续作用于人，会引起听觉感受性降低的适应现象，甚至出现听觉感受性的明显的丧失。

触压觉的适应很明显。我们安静地坐着时，几乎觉察不到衣服的接触和压力。经常看到有些老年人把眼镜移到自己的额头上却到处寻找他的眼镜。实验证明，只要经过3秒钟左右，触压觉的感受性就下降到约为原始值的25%。

温度觉的适应也很明显。例如，我们在游泳池游泳的时候，开始觉得水是冷的，经过3~4分钟后，就不再觉得水冷了。相反，我们在热水中洗澡的时候，开始觉得水很热，但经过3~4分钟后，就觉得澡盆中的水不那么热了。但是，对于特别冷或特别热的刺激，则很难适应或完全不能适应。

痛觉的适应是很难发生的，即使有，也极为微弱。只要注意集中到痛处，马上就会感到疼痛。正因为痛觉很难适应，它才成为伤害性刺激的信号而具有生物学的意义。

"入芝兰之室，久而不闻其香；入鲍鱼之肆，久而不闻其臭。"这是嗅觉的适应。嗅觉的适应速度，以刺激的性质为转移。一般的气味经过1~2分钟即可适应，强烈的气味则要经过10多分钟，特别强烈的气味(带有痛刺激的气味)，令人厌恶，难以适应甚至完全不能适应。嗅觉的适应带有选择性，即对某种气味适应后，并不影响对其他气味的感受性。

味觉适应在生活中也是很常见的。厨师由于连续地品尝，到后来做出来的菜越来越咸；我们喜欢的某种菜肴，经常吃，时间长了就不爱吃了。这些都是味觉的适应现象。

适应能力是有机体在长期进化过程中形成的。它对于我们感知外界事物、调节自己的行为，具有积极的意义。在夜晚的星光下和白天的阳光下，亮度相差达百万倍，如果没有适应能力，人就不能在不断变化的环境中精细地感知外界事物，正确地调节自己的行动。

研究感觉适应有重要的实践意义。人们可以利用感觉适应规律提高感觉的效果，避免异常情况对感觉活动的影响。例如，由于塌方在矿井下停留多日的工人，在抢救出来时要注意保护他们的眼睛。这是因为他们在黑暗中长时间停留，强烈的地面目光会使他们的眼睛灼伤。又例如，在交通运输中，夜晚驾驶室的照明与外界亮度的差异的处理，也应考虑视觉的适应问题。

(二)感觉对比

感觉对比(sensory contrast)是指同一感受器接受不同的刺激而使感受性发生变化的现象。这是同一感受器中不同刺激效应相互影响的表现。

对比分两类：同时对比(simultaneous contrast)和先后对比(successively contrast)。同时对比是指几个刺激物同时作用于同一感受器而使感受性发生变化的现象。这在视觉中表现得很明显。视觉对比可分为无彩色对比和彩色对比。无彩色对比的结果是引起明度感觉的变化。例如，同样两个灰色小方块，一个放在白色背景上，一个放在黑色背景上，结果在白色背景上的小方块看起来比黑色背景上的小方块要暗得多，同时在交界附近，对比特别明显。彩色对比的结果是引起颜色感觉的变化，而且是向着背景色的补色方向变化。例如，两个绿色正方形，一个放在蓝色背景上，一个放在黄色背景上，结果在黄色背景上的正方形看上去略带蓝色，在蓝色背景上的正方形看上去略带黄色，同时在两色的交界附近，对比也特别明显。

延伸阅读

马赫带现象

所谓马赫带，是指人们在明暗变化的边界上，常常在亮区看到一条更亮的光带，而在暗区看到一条更暗的线条。从刺激物的能量分布来说，亮区的明亮部分与暗区的黑暗部分，在刺激的强度上和该区的其他部分相同，而我们看到的明暗分布在边界处却出现了起伏现象。可见，马赫带不是由于刺激能量的分布差异引起，而是由于神经网络对视觉信息进行加工的结果。

我们可以用侧抑制来解释马赫带现象的产生。由于相邻细胞间存在侧抑制的现象，来自明暗交界处亮区一侧的抑制大于来自暗区一侧的抑制，因而使暗区的边界显得更暗；同样，来自暗明交界处暗区一侧的抑制小于亮区一侧的抑制，因而使亮区的边界显得更亮。

在日常生活中，只要我们留心，经常可以观察到马赫带现象。例如，当我们凝视窗棂子的时候，会觉得在木条两侧各镶上了一条明亮和浓黑的线，即在木条这边出现一条更明亮的线条，在木条那边出现一条更暗的线条。在观察影子的时候，在轮廓线的两侧也会看到马赫带现象。暗的地方更暗，亮的地方更亮。

先后对比是指刺激物先后作用于同一感受器而使感受性发生变化的现象。例如，吃了糖之后，紧接着就吃广柑，觉得广柑很酸；吃了苦药之后，接着喝口白开水也觉得有点甜味。凝视红色物体之后，再看白色物体，就会出现青绿色的后像等。

二、不同感觉的相互作用

某种感觉器官受到刺激而对其他器官的感受性造成影响，或使其升高，或使其降低，这种现象称为不同感觉的相互作用。对某种刺激的感受性，不仅取决于对该感受器的直接刺激，而且还取决于同时受刺激的其他感受器的机能状态。在一定条件下，各种感受器的机能状态都有可能发生相互作用。

(一)不同感觉的相互影响

在现实生活中，人接受环境的信息常常是多通道同时进行的，不同感觉的相互影响时有发生。其他感觉能使视觉发生某种变化。例如，在噪声听觉影响下，黄昏视觉的感受性降低到受刺激前的20%。在噪声听觉影响下，暗适应的眼睛对绿蓝色光感受性增高，对红橙色光感受性降低。轻微的肌肉工作、凉水擦脸，可以使黄昏视觉的感受性提高。此外，嗅觉、味觉、痛觉也会对视觉感受性产生一定的影响。

其他感觉能使听觉发生某种变化。例如，断续的闪光能使声音的响度产生起伏变化，产生声音的"脉动"感觉。

味觉、嗅觉、平衡觉等都会受其他感觉的影响而发生某种变化。食物的颜色、温度会影响味觉。摇动的视觉形象会影响平衡觉，使人晕眩。

不同感觉相互影响的规律尚未探明，但一般趋向是：对一个感受器的微弱刺激能提高其他感受器的感受性，而强烈的刺激则会降低其他感受器的感受性。

(二)不同感觉的相互补偿

感觉的补偿是指某种感觉系统的机能丧失后而由其他感觉系统的机能来弥补。例如，盲人失去了视觉机能，能学会通过声音来辨别附近的建筑物、地形等，通过触摸觉来阅读盲文。聋哑人能"以目代耳"，学会看话甚至学会"讲话"，等等。

各种感觉之所以能相互补偿，是由于各种刺激的能量是可以转换的。例如，视觉缺失，但光能可以转化为电能或机械能，这样视觉信息就可以由其他正常的感官来加以接收。

随着科学技术的进步，不同感觉相互补偿有了更大的可能性。例如，有一种"阅读仪"能把印刷文字的视觉形象转换成低频的触觉信号，盲人用手把着这个仪器在书页上移动，能以每分钟80个字的速度阅读，还有一种"电眼"能把外界物像转换成作用于盲人的皮肤信号，能使盲人在房间里自由行走，取东西等。

各种感觉系统的机能都能通过练习得到提高。这样，一种(或几种)感觉机能的丧失，就有可能由其他经常得到练习的、感受性提高了的感觉系统来加以弥补。

(三)联觉

当某种感官受到刺激时出现另一种感官的感觉和表象，这种现象称为联觉。一种感觉兼有另一种感觉的印象，时而近似于感觉，时而近似于表象，好像是与直接感觉一起产生的，但不是由人们自己随意想象出来的。

联觉的形式很多，最常见的联觉，一是色听联觉，即听到某种声音(如某个音符)时就产生生动鲜明的彩色形象。例如，兰菲尔德(H. S. Langfeld)曾研究过一被试，前后间隔 7 年，其联觉却相当稳定。当这个被试听到音符 C 时就看见"红色"，听到音符 d 时就看见"紫色"等。二是色味联觉。例如，有的人看见黄色会产生甜的感觉，有的人看见绿色会产生酸的感觉。三是色温联觉。色觉可以引起温度觉，所谓暖色调和冷色调即由此而来。

感觉的相互作用说明，人的感觉系统是一个整体，各种感觉是相互联系的，它们共同对客观环境刺激进行全面的反映。

复 习 要 点

第一节 感觉概述

感觉是人脑对直接作用于感觉器官的客观事物的个别属性的反映。感受性是指对适宜刺激的感觉能力。感受性分为绝对感受性和差别感受性。绝对感受性是觉察出最小刺激的能力。差别感受性是对刺激最小差别量的感觉能力。感觉阈限是指引起感觉的刺激范围。感受性与感觉阈限成反比关系。感觉阈限分为绝对感觉阈限与差别感觉阈限。刚刚能引起感觉的最小刺激量，称为绝对感觉阈限。绝对感觉阈限与绝对感受性之间成反比关系。刚刚能引起差别感觉的同类刺激的最小差异量，称为差别感觉阈限或最小可觉差。差别感受性与差别感觉阈限在数值上也成反比关系。

1834 年，德国生理学家韦伯系统研究了差别阈限，提出了韦伯定律：$K=\Delta I/I$。其中 I 为标准刺激的强度或原刺激量，ΔI 为引起差别感觉的刺激增量，K 为一个常数。即当 I 的大小不同时，ΔI 的大小也不同，但 $\Delta I/I$ 是一个常数。韦伯定律虽然揭示了感觉的某些规律，但它只适用于中等强度的刺激。

费希纳对数定律：1860 年，德国物理学家费希纳在韦伯研究的基础上，探讨了刺激强度与感觉强度的关系。$P=K\lg I$，公式中，P 是感觉量，I 是刺激量，K 是常数。心理感觉强度与物理刺激强度的对数值成正比，刺激强度按几何级数增加，而感觉强度只按算术级数增加，这就是费希纳对数定律。费希纳对数定律只适用于中等强度的刺激范围。

斯蒂文斯乘方定律：20 世纪 50 年代，美国心理学家斯蒂文斯用数量估计法研究了刺激强度与感觉大小的关系。根据实验，斯蒂文斯认为，心理量并不随刺激量的对数的上升而上升，而是随刺激量的乘方函数而变化，即感觉到的大小是与刺激量的乘方成正比。这种关系可用数学式表示为：$P=KI^n$。公式中，P 表示感觉大小，I 是指刺激的物理量，K 是常数，n 表示由感觉到的刺激强度决定的幂指数，这个指数因不同的感觉而异，这就是斯蒂文斯的乘方定律。

感觉信息的神经加工过程：感觉的产生是分析器活动的结果。分析器是感觉器官、传入神经和大脑皮层感觉中枢所组成的结构整体。因此，感觉信息的神经加工过程包括 3 个主要环节：对感受器的刺激过程，传入神经的活动，中枢神经系统特别是大脑皮质的活动，从而产生感觉。

第二节 感觉的种类

根据感觉刺激是来自有机体外部还是内部以及它所作用的感官的性质，可把各种感觉分为两大类：外部感觉和内部感觉。外部感觉接受机体外的刺激，反映外界事物的个别属性。属于外部感觉的有：视觉、听觉、嗅觉、味觉、皮肤感觉。内部感觉接受机体内的刺激，反映身体的位置、运动和内脏器官的不同状态。属于内部感觉的有：运动觉、平衡觉、内脏觉等。

一、视觉

视觉的适宜刺激是光。光是具有一定频率和波长的电磁辐射。人可以看到的光称为可见光，波长在380～780纳米的范围，它约占整个光波的1/70。视觉的生理机制包括折光机制、感光机制、传导机制、中枢机制和反馈调节机制。

明度是眼睛对光源和物体表面的明暗程度的感觉，主要是由光线强弱决定的一种视觉经验。视亮度是指从白色表面到黑色表面的感觉连续体。视敏度是指视觉系统分辨最小物体或物体细节的能力。

颜色是光波作用于人眼所引起的视觉经验。颜色有3个基本特性，即色调、明度和饱和度。色调是区别不同色彩的特性，由不同光波的波长决定，不同波长的光波作用于眼睛而产生不同的色觉。明度是指颜色的明暗程度。饱和度是指颜色的纯度。

在颜色混合效应下所得到的色觉经验，称为颜色混合。颜色混合分两种：色光混合和颜料混合。通过对各种色光混合现象的研究，人们提出了3个色光混合定律。①互补律：每一种色光都有另一种同它相混合而产生白色或灰色的色光，这两种色光称为互补色。②间色律：混合两种非补色光，可以产生一种介于它们之间的中间色光。③代替律：相混合的两种色光，都可以由不同色光混合后产生的相同色光来代替。

色觉理论：①三色说：英国物理学家托马斯·杨于1807年首先提出三原色假设；1860年，德国生理学家赫尔姆霍茨发展了三色说，被后人合称为杨—赫三色说。托马斯·杨假定，人的视网膜上有3种不同的感受器，它们分别含有对红、绿、蓝波长敏感的视色素。每种感受器只对光谱中的一种特殊成分敏感，当它们分别受到不同波长的光刺激时，就产生不同的颜色经验。1860年，德国生理学家赫尔姆霍茨放弃了一种感受器只对一种波长敏感的看法，认为每种感受器都对各种波长的光有反应，但红色感受器对长波更敏感，绿色感受器对中波更敏感，蓝色感受器对短波更敏感。因此，当光刺激作用于眼睛时，将在3种感受器中引起不同程度的兴奋。各种颜色经验是由不同感受器按相应的比例活动而产生的。②对立过程理论：对立过程理论又称拮抗过程说，或四色说。由德国生理学家黑林于1874年提出。他认为，视网膜存在着三对视素：黑—白视素，红—绿视素，黄—蓝视素。它们在光刺激的作用下表现为对抗的过程，黑林称之为同化作用和异化作用，这三对视素的同化和异化过程就产生各种颜色。在光刺激时，黑—白视素异化，产生白色经验；在没有光刺激时，黑—白视素同化，产生黑色经验。在红光刺激下，红—绿视素异化，产生红色经验；在绿光刺激下，红—绿视素同化，产生绿色经验。在黄光作用下，黄—蓝视素异化，产生黄色经验；在蓝光作用下，黄—蓝视素同化，产生蓝色经验。由于各种颜色都含有一定的白色成分，因此每一种颜色除了影响其本身的视素活动外，还影响黑—白视素的活动。黑林认为视锥细胞能感受红、绿、黄、蓝4种颜色，因而对立过程理论也称为四色说。

视觉后像指刺激物对感受器的作用停止以后，感觉现象并不立即消失，它能保留一个短暂时间。后像分为两种：正后像和负后像。后像的品质与刺激物相同，称为正后像。后像的品质与刺激物相反，称为负后像。闪光融合指在视觉中，如果让断续的刺激达到一定的频率，则后像可以使这些断续的刺激引起连续的感觉。

二、听觉

听觉是人通过听觉器官对外界声音刺激的反映。听觉的适宜刺激是一定频率范围的声波。声波有3个物理特性：频率、振幅和波形。频率指发声物体每秒振动的次数。振幅是指物体振动的强度。波形指声波的形状。

听觉的生理机制：①耳的构造和功能：耳朵是人的听觉器官，由外耳、中耳、内耳三部分组成。②听觉的传导机制和中枢机制：毛细胞的轴突离开耳蜗组成了听神经，即第八对脑神经。毛细胞的兴奋就沿着听神经向大脑传递。听觉传导通路也主要由三级神经元组成：第一级神经元是螺旋神经节的双极细胞；由耳蜗神经核起始的是第二级神经元；由内侧膝状体起始的是第三级神经元。

听觉发生时，有音调、音响和音色三种现象。音调(也称音高)，主要是由声波频率决定的听觉特性。人耳所能接受的振动频率为16~20000赫兹。通常把这段频率范围称为可听声谱。音响是由声波振动的幅度(强度)引起的听觉特性。音响的感受范围是0~130分贝。音色是反映声波混合的听觉特性。声波的波形决定音色。一般把声音分为纯音和复合音。纯音是单一的正弦振动波，是最简单的声波。复合音是由不同频率和振幅的正弦波叠加而成的。

声音的混合：①拍音。如果两音的强度一致而频率略有不同，我们听到的是两音频率的差数，称为拍音。②差音与和音。混合音分差音与和音，前者为两原音频率之差，后者为两原音频率之和。

声音的掩蔽：一个声音由于同时起作用的其他声音的干扰而使听觉阈限上升的现象。

听觉理论：①频率理论：这是1886年由物理学家罗·费尔得提出的一种理论。该理论认为，内耳的基底膜是和镫骨按相同频率运动的。振动的数量与声音的原有频率相适应。如果我们听到一种频率低的声音，连接卵圆窗的镫骨每次振动次数较少，因而使基底膜的振动次数也较少。如果声音刺激的频率提高，镫骨和基底膜都将发生较快的振动。基底膜产生振动，所有的毛细胞对每个声音都有反应，将机械振动转换为相应频率、振幅与相位的神经电位活动。声波频率决定神经冲动的频率形成音调感觉。兴奋的毛细胞数量多少决定音响的大小，振动的不同形式决定音色。②共鸣理论：由赫尔姆霍茨于1863年提出。他认为，基底膜的横纤维长短不同，靠近蜗底较窄，靠近蜗顶较宽。这些横纤维能够对不同频率的声音产生共鸣。声音的频率高，短纤维发生共鸣；声音的频率低，长纤维发生共鸣。人耳基底膜约有24 000条横纤维，它们分别反应不同频率的声音。基底膜的振动引起听觉细胞的兴奋，因而产生高低不同的音调。共鸣理论强调了基底膜的振动部位对产生音调听觉的作用，因而也称位置理论。③行波理论：20世纪40年代，著名生理学家冯·贝克西提出了行波理论。贝克西认为，声波传到耳，将引起整个基底膜的振动。振动从耳蜗底部开始，逐渐向蜗顶推进，振动的幅度也随着逐渐增高。振动运行到基底膜的某一部位，振幅达到最大值，然后消失。随着外来声音频率的不同，基底膜最大振幅所在的部位也不同。声音频率低，最大振幅接近蜗顶；频率高，最大振幅接近蜗底(即镫骨处)，从而实现对不同频率的分析。④神经齐射理论：20世纪40年代末，韦弗尔提出了神经齐射理论。他认为，当声音频率低于400赫兹时，听神经个别纤维的发放频率是和声音频率对应的。对于400赫兹以上的声音，单个神经纤维无法做出反应。在这种情况下，听神经内许多神经纤维协同活动,以轮班或接力的形式联合齐射,对高频声音做出反应。但当声波频率超过 5000 赫兹时,听神经就不再产生同步放电。

三、皮肤感觉

肤觉是指刺激作用于皮肤引起各种感觉,包括触压觉、温度觉和痛觉。触压觉指由非均匀分布的压力(压力梯度)在皮肤上引起的感觉。温度觉指皮肤对冷、温刺激的感觉。痛觉是由伤害有机体的刺激所产生的感觉。

四、嗅觉和味觉

嗅觉指某些物质的气体分子作用于鼻腔黏膜时产生的感觉。味觉指可溶性物质作用于味蕾产生的感觉。

五、内部感觉

内部感觉是指反映机体内部状态和内部变化的感觉,包括动觉、平衡觉(静觉)和内脏觉。动觉指反映身体各部分运动和位置的感觉。平衡觉也称静觉,人体做加速或减速的直线运动或旋转运动时所引起的感觉。内脏觉也称机体觉,机体内部器官受到刺激时产生的感觉称内脏觉。

第三节　感觉的相互作用

同一感觉的相互作用:①感觉适应指由于刺激对感受器的持续作用从而使感受性发生变化的现象。视觉的适应可分为暗适应和明适应。暗适应是指照明停止或由亮处转入暗处时视觉感受性提高的过程。明适应也称光适应,是指照明开始或由暗处转入亮处时人眼感受性下降的过程。②感觉对比是指同一感受器接受不同的刺激而使感受性发生变化的现象。对比分两类:同时对比是指几个刺激物同时作用于同一感受器而使感受性发生变化的现象;先后对比是指刺激物先后作用于同一感受器而使感受性发生变化的现象。

不同感觉的相互作用:某种感觉器官受到刺激而对其他器官的感受性造成影响,或使其升高,或使其降低,这种现象称为不同感觉的相互作用。主要有:不同感觉的相互影响;不同感觉的相互补偿;联觉是指当某种感官受到刺激时出现另一种感官的感觉和表象。

拓 展 思 考

1. 视觉感受野的研究有什么新突破?研究视觉感受野有什么重要意义?
2. 如何评价各种听觉理论?
3. 感觉的相互作用有什么生活价值?

第五章 知 觉

当人们直接接触周围世界的时候,不仅通过感觉来认识客观现实,而且通过知觉来获取关于客观世界的知识。感觉反映的是事物的个别属性,而知觉可以帮助人们从整体上认识事物,感觉和知觉是两种不同形式的反映活动。前一章讨论了有关感觉的各种问题,本章将就知觉的相关问题进行论述。

第一节 知觉概述

一、知觉的概念

知觉(perception)是客观事物直接作用于感官而在头脑中产生的对事物整体的认识。人们通过感官得到了外部世界的信息,这些信息经过头脑的加工(综合与解释),产生了对事物整体的反映,就形成了知觉。例如,当我们行走在林荫道上,不仅看到各种颜色,听到各种声音,闻到各种气味,而且认识到这是美丽的街心花园,那是汽车在行驶,人群川流不息,即在我们头脑中产生了花园、汽车、人群的整体形象,这就是知觉。

人对客观事物的认识是从感觉开始的。环境中的事物包含着许多属性,例如物体的形状、大小、颜色、声音、气味和温度等。人首先通过感觉来反映作用于感觉器官的客观事物的个别属性。在实际生活中,由于物体的个别属性并不是脱离具体事物而独立存在的,因此,人对事物的个别属性的反映是作为事物的一个方面而与整个事物同时被反映的。人在反映客观事物的过程中,不仅形成了属性和物体间关系的经验,而且也形成了物体与物体之间关系的经验。当客观事物直接作用于人的感觉器官的时候,人不仅能够反映该事物的个别属性,而且能够通过各种感觉器官的协同活动,在大脑中将事物的各种属性,按其相互之间的联系或关系整合成事物的整体,从而形成该事物的完整映象。例如,感觉到面前苹果的颜色、香味、硬度和甜味等个别属性,然后把感觉到的个别属性信息进行综合,加上经验的参与就形成了苹果的整体映象,这种信息整合的过程就是知觉。

二、知觉和感觉的关系

知觉和感觉既有区别,又有联系。

(一)知觉和感觉的区别

知觉和感觉的区别主要有以下几方面。

(1) 感觉和知觉是不同的心理过程。感觉反映的是事物的个别属性,知觉反映的是事物的整体,即事物的各种不同属性、各个部分及其相互关系。

(2) 从感觉和知觉的生理机制来看，感觉是单一分析器活动的结果，知觉是多种分析器协同活动对复杂刺激物或刺激物之间的关系进行分析综合的结果。

(3) 知觉不是感觉的简单相加，知觉比感觉复杂。在知觉中除了包含感觉之外，还有以往知识经验的参与，人们要借助已有的经验去解释所获得的当前事物的感觉信息，从而对当前事物做出识别。另外，知觉中还有记忆、思维和言语活动等。

(二)知觉和感觉的联系

知觉和感觉的联系，主要表现在以下几方面。

(1) 感觉和知觉都是对直接作用于感觉器官的事物的反映，如果事物不再直接作用于我们的感觉器官，那么我们对该事物的感觉和知觉也将停止。

(2) 感觉和知觉都是人类认识世界的初级形式，反映的是事物的外部特征和外部联系。如果要想揭示事物的本质特征，光靠感觉和知觉是不行的，还必须在感觉、知觉的基础上进行更复杂的心理活动，例如记忆、想象、思维等。

(3) 知觉是在感觉的基础上产生的，并且同感觉同时进行，没有感觉，也就没有知觉。我们感觉到的事物的个别属性越多、越丰富，对事物的知觉也就越准确、越完整。

(4) 知觉是对感觉信息组织和解释的过程。首先，知觉要对感觉信息进行组织。外部世界的大量刺激作用于我们的感官，我们倾向于有选择地输入信息，把感觉信息整合、组织起来，形成稳定、清晰的完整映象。在日常生活中，我们很少意识到孤立的感觉，我们的头脑总是不断地对感觉信息加以组织。例如，听觉刺激是一个复杂的序列，被我们知觉为言语，或流水声，或汽车声，即组织成有意义的声音。对于其他感觉信息，我们也是将其组织成有意义的事物。其次，知觉也要解释感觉信息。在知觉一个客体时，我们总是根据自己的经验把它归为某一类，说出它的名称或赋予它某种意义。

三、知觉的加工形式

知觉的加工形式有以下两种。

(一)刺激驱动加工(自下而上的加工，数据驱动加工)

刺激驱动加工(stimulation-driven processing)是指知觉的产生是基于大量的感觉信息，由刺激直接引起。例如，当你打开收音机，调到你爱听的音乐台，你经常能听到一些音符或一段有特色的音乐，把它们综合在一起，你就能知道是哪首歌。

持这种理论的心理学家认为，感受器所获得的感觉信息就是我们知觉所需要的一切，无须复杂的思维推理等高级认知过程的参与，我们就直接知觉到了周围环境。而这种直接知觉环境的能力是由人的生物性决定的，例如，视崖实验中很小的婴儿就能够形成深度知觉。

(二)概念驱动加工(自上而下的加工)

概念驱动加工(concept-driven processing)指知觉者的经验、期望、动机，引导着知觉者在知觉过程中的信息选择、整合和表征，在一定程度上影响到知觉的过程和结果。大脑中的观念和期望会影响哪些刺激会被注意，如何将刺激组织起来，大脑如何解释它们，大脑中的印象或观念对刺激的解释有引导作用。例如，假设你坐在公园的长椅上等朋友，你不必把每个走过来的人的身高、体重、年龄、眼睛形状、头发颜色、下巴、鞋子大小与你的朋友的特征相比较，相反，你头脑中有一个你朋友的整体形象，你只要寻找与你头脑中的那个整体形象相匹配的人。一旦某个走过来的人符合那个整体形象，你会在近处看清细节，以便确定这个人是不是你的朋友。又例如，在阅读课文时，由于个人的知识经验不同，我们从课文中提取的信息也是不一样的。

知觉是一个积极主动的过程，知觉的印象并不总是客观地反映事物的本身，而往往带有主观性。在知觉过程中，既有刺激驱动加工，又有概念驱动加工，这两种加工交互作用。例如，当你努力想听清某个人说话，你既运用了刺激驱动加工，努力辨别每个词语；又运用了概念驱动加工，努力把你听到的内容与你了解的某个话题进行匹配。

四、知觉的生理机制

20世纪50年代以来，由于对感受野(receptive field)的研究，人们对神经系统的分析、综合功能，即神经网络的编码作用，有了新的进一步的了解。在人的神经系统的不同水平上，存在着各种特征觉察器，它们分别对客观事物的各种特性或属性做出反应，也就是把不同的刺激模式分解(分析)成它们的组成部分。在进行特征觉察的同时，人的神经系统也在不同水平和不同层次上实现着对刺激的整合，完成知觉过程。

现代神经生理学和神经心理学也揭示了大脑皮层不同区域的分析、综合机能。感觉皮层的一级区实现着对外界信息的初步分析和综合。这些区域受到损伤，将引起某种感觉的丧失。感觉皮层的二级区主要负责整合的机能，它的损伤不是引起特定感觉的破坏，而是丧失对复合刺激物的整合知觉能力。感觉皮层的三级区是视觉、听觉、前庭觉、肤觉和动觉的皮层部位的"重叠区"，它在实现各种分析器间的综合作用方面起着特殊的作用。这个区域受到损伤将引起复杂的同时性(空间)综合能力的破坏。

额叶在人的知觉活动中有重要的作用。额叶损伤的患者常常失去主动知觉的意图，不能对知觉客体做出合理的假设，并且不能对知觉的结果进行正确的评定。额叶是人的言语活动的重要器官，也是计划、监督和调节行为的重要器官。因此，额叶损伤患者的知觉障碍，是和言语活动与行为调节的障碍联系在一起的。

延伸阅读

超感官知觉

以感觉为基础研究知觉现象，是科学心理学诞生以来一向采取的研究取向。但很多人对知觉现象一直存有另外的想法，认为人类可能有某些特殊潜能，无须通过感觉器官接收信息即可获得知觉经验。历来的预言家、星象家、占卜家无不宣称他们具有这种特异功能。这些大体上属于心灵学的范畴，研究人类如何单凭精神或心灵活动就能有效支配其行为。心灵学的特点是不遵循自然科学法则，不承认传统科学心理学一向主张心理现象以生理历程为基础的看法。

超感观知觉(extrasensory perception，ESP)指不以感觉器官为基础即能获得知觉的心理现象。超感官知觉现象有多种：①心电感应，又称传心术，是指一个人不使用物质媒介而直接传递信息于他人的现象。例如，在两人互不见面的情况下(如两人之间隔上布帘)，其中一人在一边用心注视一张绘有图形的卡片，另一人在布帘对面静坐。静坐者如果能够知道对方所注视的是何种图形，就可推论他们之间确有心电感应。②灵觉，是在无直接感觉下产生对具体事物的知觉现象。如能"看到"未打开的钱袋里的钱数，能"看到"未翻开的扑克的图形，即表示具有超感视觉特异功能。③预知，是指当事件尚未发生或别人尚未表露思想之前而能预先知晓该事件的发生或别人的思想。例如，电话铃响起时，还未接听即可预知对方是何人。④遥视，是指不依赖传播媒介而能知道距所在地很远处发生的事情。⑤心灵致动，是以心灵的力量来影响或控制物质对象的现象。

据 B. R. 吉尔斯基的报道，超感官知觉现象早在 19 世纪末和 20 世纪初就引起人们的兴趣，当时人们看到有些个体可以在身体并未接触物体的情况下令物体运动，或在事件尚未发生时能预知某事件确切发生的时间等，于是把这些现象归因于"超越物质的脑力"。欧洲的一些大众传播媒介甚至不惜重金聘用这些人员，以预言者的身份发表每年的预报。虽然在当时的科学领域，这些预报被当作江湖骗子或算命先生的骗术而遭到拒绝，但仍有许多人相信 ESP，特别是那些致力于超感官知觉研究的学者，冲破重重阻力发展出一门心理学分支学科，即心灵学。为使心灵学获得科学的认可，他们对这些现象以及类似的现象进行了实验研究。最初的实验是让具有这种能力的人蒙上双眼，向其呈示各种颜色的纸牌，然后要求其说出这些纸牌的颜色；或者向其呈示各种布料，要求说出这些布料的质地和名称。结果表明，被试确实具有这种能力。于是，当即引起了一些物理学家和心理学家的注意。

20 世纪 20 年代末期，早期实验者莱茵(J. B. Rhine，1895—1980)在美国杜克大学建立了第一个心灵学实验室，并一直致力于用实验结果证实超感观知觉的存在。在他的一项实验中，采用了包括 5 组不同图形的卡片，每组 5 张，每张均有一个简单的几何图形，图形分别为十字、星号、三道波纹、圆圈和方块。实验时用 5 组卡片，共 25 张。在没有对照组的情况下，不让被试看见卡片，猜出卡片上的图形。如果猜的正确率大大高于纯粹的机遇，则可认为 ESP 存在。例如，在心电感应实验中，传递者从洗过的卡片中取出一卡片，并在发出信号时集中注意这张卡片。其时接受者在另一房间(不能相互看到)，力图形成传递内容的印象，并指出这张卡片的图案形状；在灵觉实验中，要求被试猜测一组经洗过的卡片中某些卡片的图案形状；在预知实验中，要求被试在某一卡片被抽出之前，预感这张卡片的图案形状；在心灵致动实验中，则要求被试以心灵控制骰子某一面朝上。这些实验一般都采用统计方法来判定被试的猜测是否超过了机遇期待的水平。结果发现，被试的猜测高于一系列尝试的机遇，这些高猜测得分被看作被试没有使用正常感官获取信息的证据。

虽然许多实验结果证明了 ESP 的存在，但是多数科学家仍然怀疑其真实性，并提出种种质疑和批评。例如，在实验中，并未真正排除被试侥幸的可能性，从而使高猜测率的均数得以出现。实验结果也屡屡表明，被试的猜测不是始终如一的，如果实验保持相当一段时间，那么得分将倾向于接近机遇值。如果严格控制实验情境，排除 ESP，单纯让机遇起支配作用，结果又会怎样；被试在实验中对卡片进行比较的时间，有否可能造成高猜测率均数的得分趋势；不同实验者提供的证据颇有出入，经不起重复性的科学试验等，都无法在理论上得到解释。尽管如此，仍有一些学者从事超感官知觉的研究。

第二节　知觉的种类

根据知觉中哪一种感受器的活动占主导地位，可以把知觉分为视知觉、听知觉、触知觉、嗅知觉、味知觉等。根据知觉反映的事物的特性，把知觉分为空间知觉、时间知觉和运动知觉。知觉的一种特殊形态称为错觉。人在出现错觉时，知觉的映象与事物的客观情况不相符合。

一、空间知觉

(一)空间知觉的概念

空间知觉(spatial perception)就是人对物体的形状、大小、距离和方位等空间特性的认识。空间知觉是多种分析器协同活动的结果，人的视觉、触觉、听觉、动觉等经验及其相互联系，对空间知觉具有重要作用。

(二)空间知觉的表现形式

空间知觉主要有以下几种表现形式。

1. 形状知觉

形状知觉(shape perception)指对物体的轮廓和边界的整体知觉。一般情况下，形状知觉是视觉、触觉和动觉协同活动的结果。

物体形状信息的来源，一是物体按几何光学原理投射到视网膜上的视像；二是注视物体时，眼的肌肉运动所发出的动觉刺激；三是用手触摸物体时所获得的构成物体轮廓的线条走向及其大小相互关系的印象(触像)。这三方面的信息在大脑皮层的不同区域间形成复杂的联系，便能知道物体是什么形状。在有些情况下，没有视觉的参加，只靠触觉和动觉也能确定或辨别物体的形状(如盲人)。对平面图形的知觉，则只靠视觉和动觉。而对立体形状的知觉还需要有触摸觉参加。据观察，先天双目失明的人，通过手术恢复视力以后，只有经过若干次的视觉和触摸物体的协同活动以后，才能正确地区分平面图形和立体形状。

形状知觉的形成过程：首先，分析和检测形状的特征。这些特征包括点、线条、角度、朝向和运动等。其次，进行图形识别。图形识别是人们利用已有的知识经验和当前获得的信息，确定知觉到的图形是什么。这是形状知觉中比特征分析更高的一个阶段，要求人们对复合特征进行加工。

2. 大小知觉

大小知觉(size perception)是头脑对物体的长度、面积、体积在量方面变化的反映。它是在视觉、触压觉和动觉共同参与下实现的。视觉在物体大小知觉中的重要作用是在与触摸觉和动觉协同活动中完善起来的。对生来双目失明施行手术后恢复视力的人的观察表明，这种人一开始不能用视觉正确确定物体的大小，只有经过一段时间，通过触压觉、动觉在物体大小的感知和视觉间建立起联系，视觉的作用才逐渐显示出来，并在后来实践中越来越占据主要地位。

大小知觉的产生依赖于有关的线索。首先是物体本身的大小。在距离相等的情况下，物体越大，投射到视网膜上的像也越大；反之，投射到视网膜上的像越小。因此，视像的大小与物体的大小成正比。其次，物体与观察者之间的距离。当同一物体距观察者越近，其视像越大；反之，视像越小。图 5-1 表明了物体距离与视像大小之间的关系。

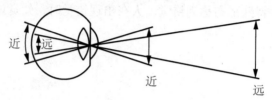

图 5-1　视像与物体距离的关系

3. 深度知觉

深度知觉(depth perception)又称距离知觉或立体知觉，是人对物体的凹凸、远近的知觉。视网膜虽然是一个二维的平面，但人不仅能感知平面的物体，而且还能产生具有深度的三维空间的知觉。用视觉来知觉深度，是以视觉和触压觉在个体发展过程中形成的联系为基础的。通过大脑的整合活动就可做出深度和距离的判断。

深度知觉的产生有赖于相关的线索，一般来说，这类线索有单眼线索和双眼线索。

(1) 单眼线索。

单眼线索是指用一只眼睛就能感觉物体深度的线索。这些线索包括以下几种。

① 对象的相对大小。对象的相对大小是距离知觉的线索之一。高矮不同的两个熟人，如果现在你看到那个本来矮小的人显得高大些，而那个本来高大的人看起来矮小些，那么，你便会觉察到前者离你近些，后者则离你远些。

② 遮挡。如果一个物体被另一个物体遮挡，遮挡物看起来近些，而被遮挡物则觉得远些。物体的遮挡是距离知觉的一个线索(见图 5-2)。如果没有物体遮挡，远处物体的距离就难以判断。例如，高空的飞机倘若不与云重叠，就很难看出飞机和云的相对高度。

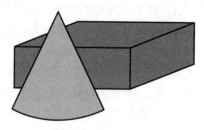

图 5-2　遮挡

③ 线条透视。当观察物体时，对象的轮廓线条或许多物体纵向排列形成的线条，越远越集中，最后消失在地平线上，这种现象叫作线条透视。线条透视是由于空间的对象在一个平面(视网膜)上的几何投影造成的。物体在视网膜上投影的大小，随物体与观察者距离的增加而下降。近处物体所占视角大，在视网膜上投影大；远处物体占视角小，在视网膜上投影小，因而使向远方延伸的直线看起来趋于接近。如图 5-3 所示，在铁路上你可以看到，

近处的两条铁轨间的距离宽些，远处的窄些，更远处则汇合成一点。在画面里，线条透视表现得越明显，空间深度感越强。

图 5-3　线条透视

④ 空气透视。空气透视是指远处物体在细节、形状和色彩上的衰变现象。由于空气层的蓝灰色彩的影响，观看远处物体时，物体离我们越远，能看到的细节越少，物体的边缘越来越模糊，物体的颜色变淡，变得苍白，变得灰蒙蒙、蓝莹莹的。不过，空气透视和天气的好坏很有关系。天高气爽，空气透明度大，看到的物体就觉得近些；阴雾沉沉或风沙弥漫，空气透明度小，看到的物体就觉得远些，如图 5-4 所示。

图 5-4　空气透视

⑤ 明亮和阴影。明亮的物体显得近些，灰暗或阴影中的物体知觉为远些。我们生活在一个光和阴影的世界里，它帮助我们感知体积、强度、质感和形状。黑暗、阴影仿佛后退，离我们远些；明亮和高光部分显得突出，离我们近些。在绘画中，把远的部分画得灰暗些，把近的部分画得鲜明些，以形成远近和立体感觉。

⑥ 结构级差(质地梯度)。视野中物体在视网膜上的投影大小及投影密度上的递增和递减，称为结构级差。当你站在一条砖块铺的路上向远处观察，就会看到越远的砖块显得越小，即远处部分每一单位面积砖块的数量在视网膜上的映象较多。在任何表面上，随着距离的增加，都会产生远处密集和近处稀疏的结构密度级差，这种结构级差是距离知觉的一个线索。在图 5-5 中上部结构密度较大，下部结构密度较小，于是产生了向远方延伸的距离知觉。

图5-5 结构极差

⑦ 运动视差。由于头和身体的活动所引起的视网膜映象上物体关系的变化,称为运动视差。当周围环境静止不动而观察者的头部或身体移动时,由于在同一单位时间内不同距离物体的视角变化的差异(近物体视角变化大,远物体视角变化小),便引起相对运动视差。近物体被知觉为向相反方向运动。最近的物体向后移动较快,较远的物体向后移动较慢,遥远的物体向观察者相同的运动方向移动。坐火车或汽车时,观看窗外景物,近处的电线杆向后飞驰而过,较远的一些田野、房舍向后移动较慢,最远处的山峦则向着我们相同的运动方向移动。视野中物体运动速度和方向的差异,成为物体所处距离的信号,人可以根据物体相对运动速度和方向来判断物体的距离。

⑧ 眼睛的调节。调节是指水晶体曲率的改变。人在看东西的时候,为了使视网膜获得清晰的物像,水晶体的曲率就要发生变化。看近物时,水晶体较凸起;看远物时,水晶体比较扁平。这种变化是由睫状肌进行调节的。睫状肌在调节时产生的动觉,给大脑提供了物体远近的信息。不过,调节作用只在几米的范围内有效,且分辨力较差。

(2) 双眼线索。

双眼线索是指由两眼共同作用而产生深度知觉的线索。双眼线索包括以下两种。

① 辐合作用。辐合就是指两眼视线向注视对象的合拢。看远物时,两眼视线近似于平行;看近物时双眼视线向正中聚合对准物体。眼睛肌肉在控制视线辐合时产生的动觉,给大脑提供了物体远近的线索。不过辐合作用所提供的距离线索只在几十米的范围内起作用;物体太远,视线趋于平行,对物体距离的感知则依靠其他的线索。

② 双眼视差。双眼视网膜成像出现微小的水平像位差,称为双眼视差。人的两只眼睛相距约65毫米。当我们看立体物体的时候,两眼从不同的角度看这一物体,视线便有点差别:右眼看到右边多些,左眼看到左边多些。这样,两个视线落在两个视网膜的部位上便不完全相同,也不完全重合,就会产生双眼视差。双眼视差在立体知觉中有着非常重要的作用,双眼视差可以产生立体视觉。根据双眼视差原理,从不同的角度制作同一物体的两张照片,放在实体镜中观察就可以产生立体知觉。

> 延伸阅读

相 关 研 究

朱尔斯(Jules，1965)设计了一种随机点立体图对，通过实体镜观察每对随机点图形，便可以看到一个立体图像。每对随机点图片除中央一小块外，具有完全相同的随机点结构。就是中央一小块区域的随机点结构也相同，只不过在水平方向上两者稍作相反方向移动。当用实体镜观察时，左眼视网膜和右眼视网膜受到的刺激也略有不同，造成了双眼视差，中央小块看起来凸出在周围的背景上。这说明，在排除了其他所有深度线索的条件下，一组完全无意义的视觉刺激，只要具备视差条件，即能产生深度知觉。以往的理论认为，每只眼睛先要分别再认外界刺激物，然后两眼进行比较，才能产生立体感。随机点图的研究证明，这个理论是错误的。双眼空间知觉的产生不需要对左眼和右眼输入的信息分别进行认知加工并与存储的信息进行比较。空间知觉的产生过程，在特征检测的信息加工水平上即可完成，不需要更高级的认知活动参加。

4. 方位知觉

方位知觉(orientation perception)是指对物体的空间关系、位置和对机体自身所处空间位置的知觉。动物和人都具有方位定向的能力，例如蜜蜂飞出数里以外采蜜，能按照原来的方向返回自己的窝中；信鸽能传递千里以外的信息，准确无误地飞抵自己的目的地；山鹰从高空俯冲而下，准确地捕获自己的猎物；人能分辨上下、左右、前后等。

方位定向是各种感觉协同活动的结果。不同物种在方位定向中凭借的感官不完全相同，例如鸽子主要接受地球磁场的影响；蝙蝠主要根据飞翔时发出的声音；狗主要凭借视觉、听觉和嗅觉定向。对人类来说，视觉与听觉在定向中有特别重要的作用。

(1) 视觉的方位定向。

当人们用眼睛环视周围环境时，环境中的物体就在视网膜上形成了不同的投影，这些物体在视网膜上投影的相对位置不同，因而提供了它们的空间方位的信号。

人的视觉定向必须借助于各种主客观的参照物。例如，太阳的位置和地球的磁场，是人们判断东南西北的参照物。在东半球，太阳升起的方向是东，落下的方向是西。位于自己身体左侧的物体在左方，位于自己身体右侧的物体在右方；面对的物体在前方，背后的物体在后方等。

(2) 听觉的方位定向。

用耳朵确定声源的方位，就是听觉的方位定向。研究听觉的空间方向，常采用一种名为音笼的仪器。被试戴上眼罩坐在音笼的椅子上，头部由支架固定不动，然后判断出现在不同方位的声音，如图5-6所示。根据音笼实验的结果，人的听觉定向有以下三条规律。

① 对来自人体左右两侧的声源容易分辨，从不互相混淆。当一个声源偏离头部中切面(或两耳轴线的垂直平面)2°～3°时，人们就能正确判断声音是来自左方或右方。这说明人耳确定左右方向的能力是很精细的。随着声源偏离头部中切面的角度加大，判断左右声源的方向就越容易。

② 头部中切面上的声音容易混淆。当声源在头部中切面2°～3°范围内时，被试容易判断声音在中间，但难以分辨它是前是后，或是左是右。例如，他们把上方的声音误认为

来自下方,把前方的声音误认为来自后方等。这时,只有转动头部才能对声源进行正确的定向。如果头向右转,左耳听到的声音更清晰,那么声源在前方;如果右耳听到的声音更清晰,那么声源在后方。

③ 如果以两耳连线的中点为顶点作一圆锥,那么从圆锥面上各点发出的声音容易混淆,如误前为后、误上为下等。

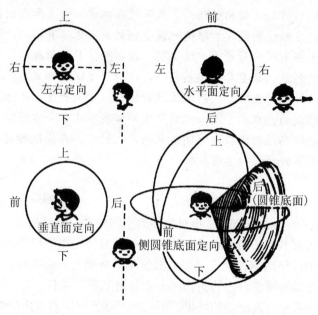

图 5-6 声音的方向定位

听觉在形成空间知觉时,可以是单耳的作用,也可以是双耳的作用。由单一耳朵获得的听觉线索,称为单耳线索;由双耳获得的听觉线索称为双耳线索。

单耳线索虽不能有效地判断声源的方位,但可以判断声源的远近。平时我们往往以声音的强弱来判断声源的距离,强觉得近,弱觉得远。

双耳线索在听空间知觉形成中起着重要作用。人的两只耳朵,曲面相隔约 27.5 厘米。这样,同一声音到达两耳的距离不同,便产生了两耳刺激的时间差、强度差和位相差。这是人耳对声源远近和方向定位的主要线索。

时间差是指声源从不同方向传入两耳的时间差别。声源在正前方,与两耳的距离相等,声音同时传到两耳,时差为 0;当声源偏离头部中切面 3°时,两耳的时差为 0.00003 秒;当声源在头部一侧 90°时,两耳的时差最大,约为 0.0006~0.0008 秒。人耳能够分辨的时间差为 0.00001 秒。由于这种精细的分辨能力,因而可以对声源的方向做出准确的判断。

强度差是指同一声源从不同方向传到两耳时形成的强度差别。例如,当声源在头部一侧 90°,声音的频率为 1 万赫兹时,两耳的强度差可达 20 分贝。两耳的强度差随声音频率的不同而不同。低频声音的波长大于头宽,它的传播不受头部的阻挡,因而在两耳形成的强度差较小;而高频声音的波长小于头宽,在传递途中受头部阻挡,因而两耳的强度差较明显。

位相差是指同一声源传到两耳时,在两耳形成声波位相上的不同而形成的差别。由于同一声波在波形的不同位相处产生的压力各不相同,所以当声波在侧方时,同一时间内进入两耳的声波位相就有所不同,从而使双耳鼓膜所受到的声压产生差异,成为人辨别声音方向的信号之一。

在通常的情况下,人的空间知觉主要依靠视觉和听觉,但有时嗅觉也能起作用。由于气味到达两个鼻孔的时间、强度不同,嗅觉也能分辨出气味的来源和位置。在特殊情况下,还可以用其他感官来感受空间。例如,在黑暗中,靠触压觉和动觉来确定周围物体与人之间的方位关系等。

二、时间知觉

(一)时间知觉的概念

时间知觉(time perception)是人对客观事物的延续性、顺序性的知觉。事物和现象不仅存在于空间中,而且存在于时间中。它们有过去和现在、开始与终结。例如,一种农作物从播种、发芽、开花到结果,经历着一系列连续的变化;我们一天的生活,从起床、刷牙、吃早饭、上班、下班、回家休息到就寝,各种活动是依次进行的。

时间知觉有其特殊性,一是时间知觉有时并非由固定刺激所引起;二是时间知觉没有专门的感觉器官。

(二)时间知觉的形式

时间知觉具有下列四种形式。

(1) 对时间的确认。例如知道今天是 2010 年 9 月 1 日,去年是 2009 年等。

(2) 对时间的分辨。例如,午饭后,休息一会儿,然后去上课,能够按时间顺序把这些活动区别开来。

(3) 对持续时间的估量。例如这节课已进行了 20 分钟,这个会议开了 3 小时等。

(4) 对时间的预测。例如 10 分钟后就下课了,3 天后要参加研究生的入学考试等。

(三)时间知觉的参照系

时间知觉的参照系是指人们进行时间知觉时所参考的事物或现象。时间知觉的参照系有以下几种。

1. 自然界的周期性现象

太阳的升落、昼夜的交替、四季的变化、月亮的圆缺等周期出现的自然现象,为我们估计时间提供了客观的依据。在计时工具没有出现以前,人们主要是根据这些现象来估计时间的,日出日落为一昼夜、月圆月缺为一个月等。

2. 计时工具

人类发明了钟表和日历等后,就以此来计量时间和调节活动。较长的时间,以年、月、日计量;较短的时间,以小时、分、秒计量。借助于先进的计时工具,我们不仅可以准确地估计世纪、年、月这样较长的时间,而且可以准确地记录极其短暂的时间。

3. 生理的节律性信息

心跳、脉搏、呼吸、消化、排泄等节律性变化为我们提供了时间信息。早在 1935 年霍格兰(H.Hoagland)假设脑内存在着一个计时器，也就是我们现在所说的生物钟。所谓生物钟现象指有机体内部的一些节律性的生理活动可以起到自动计时器的作用。这个生物钟控制着新陈代谢的速度和主观时间的节奏。后来许多研究表明，有机体的生理活动和行为习性与自然界的节律性变化十分一致。甚至当人被剥夺其他一切信息来源时，有机体的生物钟仍差不多以 24 小时的时间运转着。生理的节律性信息是时间知觉的一个重要线索。

(四)影响时间知觉的因素

影响时间知觉的因素主要有以下几种。

1. 感觉通道的性质

在判断时间的精确性方面，听觉最好，触觉其次，视觉较差。例如，当两个声音相隔 1/100 秒时，人耳就能分辨出来；而触觉分辨两个刺激物间的最小时距为 1/40 秒，视觉为 1/10～1/20 秒。

2. 一定时间内事件发生的数量和性质

在一定时间内，事件发生的数量越多，性质越复杂，人们倾向于把时间估计得较短；而事件的数量少，性质简单，人们倾向于把时间估计得较长。例如，看一个情节有趣的电影和听一场枯燥无味的报告。在回忆往事时，情况相反。同样一段时间，经历越丰富，就觉得时间长；经历越简单，就觉得时间短。之所以出现这种情况，这与回忆时联想的多寡有关。

3. 人的兴趣和情绪

人们对自己感兴趣的东西，会觉得时间过得很快，出现对时间的估计不足。相反，对厌恶的、无所谓的事情，会觉得时间过得慢，出现时间的高估。在期待某种事物时，会觉得时间过得很慢；相反，对不愿出现的事物，会觉得时间过得快等。

三、运动知觉

(一)运动知觉的概念

运动知觉(motion perception)是人对客体的变化及变化速度的知觉。我们周围的事物是不断运动、变化着的，例如鸟在飞、鱼在游、车马在奔驰、河水在流动等。物体的运动特性直接作用于人脑，为人们所认识，就产生运动知觉。

物体运动时，人们怎样才能获得关于物体运动的信息呢？一种简单的设想是，视网膜相邻的点受到连续的刺激是运动知觉的信息来源。例如，当物体从 A 处向 B 处运动时，物体在空间的连续位移，引起了视网膜上相应部位的连续变化。这种变化经过视觉系统的编码，就产生运动知觉。

从 20 世纪 60 年代以来，神经生理学和电生理学关于动物视觉系统中存在运动觉察器的一系列研究，为解释运动知觉的生理机制提供了重要的依据。当一个运动着的物体移过视网膜时，它将依次刺激视网膜上的一系列感受器，并使相邻感受器受到连续的激发，从而提供了运动的信息。1973年，格列高里(R. L. Gregory)把这种运动系统称为网像运动系统。

但是，用网像运动系统不能充分解释运动知觉的复杂现象。人们在知觉物体的运动时，眼睛、头部和身体也经常在运动。当人们用眼睛追踪一个运动着的物体时，物体投射在视网膜上的映象是相对静止的；而当人们移动身体和头部时，静止的物体可能连续刺激视网膜的不同部位。可见，视网膜上映象的流动并不是运动知觉的唯一信息来源。

为了知觉到运动，人们需要具有关于自身运动的一种特殊形式的信息，即由中枢神经系统发出的动作指令。这种信息与视网膜映象流汇合在一起，共同决定着人们的运动知觉。例如，当物体运动而人眼静止时，视网膜上出现的映象流没有被中枢发出的动作指令所抵消，因而人们看到运动着的物体；同样，当人眼追踪运动着的物体时，只有中枢发出的动作指令，而无视网膜映象流与它抵消，因而人们也能看到物体在运动。可是，如果物体静止，而人们移动自己的眼睛，那么，人们不仅得到来自视网膜映象流的视觉信息，而且也得到了来自中枢动作指令的非视觉信息。这两种信息互相抵消，人们看到的物体就是静止的了。格列高里把这种运动系统称为头-眼运动系统。

除视网膜映象流和中枢动作指令提供的运动信息外，运动物体的其他一些特性对视网膜的作用，也有重要的意义。例如，当物体的运动由近及远或由远及近时，物体在视网膜上视像的大小会发生变化。物体"逼近"，它在视网膜上的投影逐渐加大；物体远离，它在视网膜上的投影逐渐缩小，这对运动知觉的产生也有重要的意义。

运动知觉对动物和人的适应性行为有重要意义。有些动物(如青蛙)只能知觉运动的物体，它们对静止的东西没有反应。运动知觉为动物提供了猎物和天敌来临的信号。山鹰捕兔、巨蟒吞鼠，这些捕食活动不仅依赖于对猎物的形状、方向、距离的感知，而且依赖于对猎物运动速度的正确知觉。正确地估计物体的运动及其速度，也是人类生活和工作的重要条件。行人在穿过马路时，既要估计来往车辆的距离，也要估计它们行驶的速度。运动员在球场上送球、传球和接球，也需要对物体运动速度进行正确估计。

(二)运动知觉的种类

运动知觉可分为真动知觉和似动知觉两类。

1. 真动知觉

真动知觉(real motion perception)是对物体本身真正在空间位移和移动速度的知觉。

虽然事物都在不断变化，但并不是任何种类的运动变化都能被我们察觉到。有些运动太慢，例如钟的分针移动，花的开放，我们无法看清。有些运动太快，如电影银幕上画幅的移动，白炽灯的闪烁，我们也看不出来。眼睛刚刚可以辨认出的最慢的运动速度，称为运动知觉下阈。运动速度加快超过一定限度，看到的是弥漫性的闪烁。这种刚刚还能看到闪烁时的速度称为运动知觉上阈。运动知觉的阈限用视角/秒表示。据荆其诚等(1957)的测定，在2米距离时，下阈为0.66毫米/秒，上阈为605.22米/秒。运动知觉的差别阈限符合韦伯定律，测定结果约为标准速度的20%。

运动知觉的阈限受多种因素的影响。例如，目标物的视网膜定位，刺激物的照明和持续时间,视野中有无参照点的存在,目标物离观察者的距离等。当刺激呈现在视野中央,对象与背景对比明显时,运动知觉的阈限较低。

2. 似动知觉

似动知觉(apparent movement perception)是指在一定的条件下,把静止物体知觉为运动,或者把没有连续位移的物体知觉为连续运动的现象。似动知觉主要有下列几种形式。

(1) 动景运动。

当两个刺激物按一定空间间隔和时间距离相继呈现时,会看到从一个刺激物向另一个刺激物的连续运动,这就是动景运动(stroboscopic motion)。例如,给被试呈现两条直线,一条水平,一条垂直,或两条互相平行。如果以适当的时间间隔(0.06 秒)依次先后呈现,便会看到 a 向 b 运动;当时间间隔过短(低于 0.03 秒),看到的是 a、b 两线同时出现;时间间隔过长(长于 1 秒),看到的是 a、b 两线先后出现(见图 5-7)。我们看到的电影、活动性商业广告等都是按动景运动的原理制成的。之所以会产生动景运动,是由于视觉后像的作用使我们把断续的刺激知觉为整体刺激。

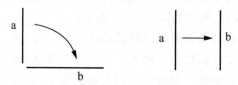

图 5-7 动景运动

(2) 自主运动。

自主运动(autokinetic movement)又称为游动运动或自动效应,指人在注视暗环境中一个微弱的、静止的光点片刻后感觉到光点在来回移动的现象。在没有月光的夜晚,仰视天空的某一亮点几分钟,这些亮点也会游动起来。在暗室内,如果你点燃一支熏香或烟头,并注视着这个光点,你也会看到这个光点似乎在运动。

造成自主运动的原因并不完全清楚。一种观点认为,自主运动是由于人的眼睛总是不随意地运动着,即使在注视时仍有微弱的颤动,这些眼动信息的输入使人觉得亮点在运动。如图 5-8 所示,注视这张图,你会看到它在运动。另一种观点认为,自主运动是视野中缺乏参照物的原因,因为一旦视野里有某个参照物,自主运动随即消失。看来,这两方面的原因都有可能。

(3) 诱导运动。

由于一个物体的运动使其相邻的静止的物体产生运动的现象称为诱导运动(induced movement)。例如,夜空中的月亮是相对静止的,而浮云是运动的。可是,由于浮云的运动,使人们看到月亮在动。一般来说,视野中细小的对象看上去在动,而大的背景则处于静止的状态。

(4) 运动后效。

在注视向一个方向运动的物体之后,如果将注视点转向静止的物体,那么会看到静止的物体似乎朝相反的方向运动。例如,当我们注视瀑布一会儿后,将视线移至旁边的悬崖上时,悬崖看起来像是在往上运动似的。此外,日常生活中,我们也可能有这样的经验,就是快速旋转的车轮或风扇在某个速度上会产生反转知觉。这些都是运动后效(movement after-effect)。

图 5-8 自主运动

四、错觉

(一)错觉的概念

错觉(illusion)是指在特定条件下对事物产生的歪曲知觉。早在两千多年前,我国《列子》一书中就载有小儿辩日的故事,所谓"日初出大如车盖,而日中则如盘盂",就是错觉的一例。严格来说,任何知觉都可能带有某种错觉,因为眼睛不同于照相机,耳朵不同于录音机,知觉是对客体再加工的心理历程,而不是机械的复制。

研究错觉有重要意义。首先,它有助于消除错觉对人类实践活动的不利影响。例如,飞机驾驶员在海上飞行时,由于远处水天一色,失去了环境中的视觉线索,容易产生"倒飞"错觉。这可能会引起严重的飞行事故。研究这些错觉的成因,在训练飞行员时增加有关的训练,有助于消除错觉,避免事故的发生。其次,人们可以利用某些错觉为人类服务。例如,室内装修时,把居室的一部分做上吊顶,而另一部分不做,那么没有吊顶的部分就会显得变"高"了。

(二)错觉的种类

错觉的种类很多。对错觉的研究可以追溯到 19 世纪中叶,早期研究侧重于黑白色调的视错觉,近来由于技术的发展特别是计算机制图技术的发展,颜色错觉和运动错觉的研究成为焦点。错觉中研究得最多,也最具代表性的是几何错觉。

1. 几何错觉

几何错觉(geometrical illusion)是指对几何图形的大小、形状、方向等的错误知觉。常见的几何错觉有以下 10 种。

(1) 缪勒-莱耶错觉(Müller-Lyer illusion),也称箭形错觉。有两条长度相等的直线,如果一条直线的两端加上向外的两条斜线,另一条直线的两端加上向内的两条斜线,那么前者就显得比后者长得多(见图 5-9(a))。

(2) 垂直-水平错觉(horizontal-vertical illusion)。两条等长的直线,一条垂直于另一条的中点，那么垂直线看去比水平线要长一些(见图5-9(b))。

(3) 贾斯特罗错觉(Jastraw illusion)。两条等长的曲线，包含在下图中的一条比包含在上图中的一条看去长些(见图5-9(c))。

(4) 多尔波也夫错觉(Dolboef illusion)。两个面积相等的圆形，一个在小圆的包围中，另一个在大圆的包围中，结果前者显大，后者显小(见图5-9(d))。

(5) 波根多夫错觉(Poggendorff illusion)。被两条平行线切断的同一条直线，看上去不在一条直线上了(见图5-9(e))。

(6) 冯特错觉(Wundt illusion)。两条平行线由于附加线段的影响，使中间显得狭而两端显得宽，直线好像是弯曲的(见图5-9(f))。

(7) 佐尔纳错觉(Zollner illusion)。当数条平行线被不同方向的斜线所截时，看起来就失去了平行线的特征(见图5-9(g))。

(8) 奥伯逊错觉(Orbison illusion)。有一正圆形和正方形，但附上线条后，看起来就不是正圆形和正方形了(见图5-9(h))。

(9) 爱因斯坦错觉(Einstein illusion)。在许多环形曲线中，正方形的四边略显弯曲(见图5-9(i))。

(10) 潘佐错觉(Ponzo illusion)，也称铁轨错觉。在两条辐合线的中间有两条等长的直线，结果上面一条直线看上去比下面一条直线长些(见图5-9(j))。

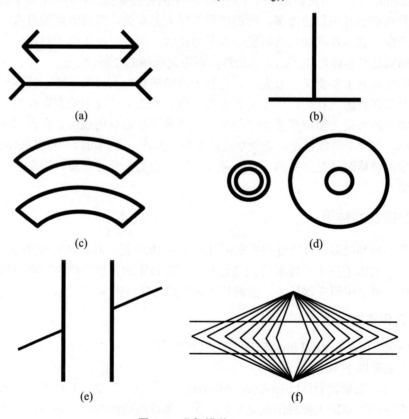

图5-9 几何错觉

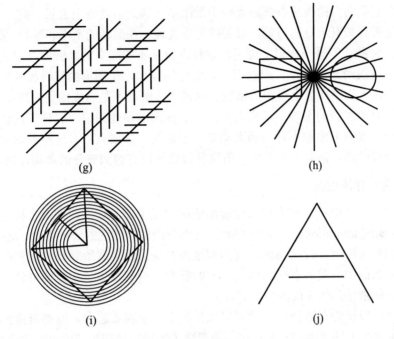

图 5-9 几何错觉(续)

2. 形重错觉

除了几何图形错觉外，还有形重错觉(weight-size illusion)。例如，一斤铁同一斤棉花的物理重量相等，但是，人们用手加以比较时(不用仪器)都会觉得一斤铁比一斤棉花重得多。这是以视觉之"形"而影响到肌肉感觉之"重"的错觉。

3. 方位错觉

方位错觉(orientation illusion)是指在方位判断上出现错误。例如，听报告时，报告人的声音是从扩音器的侧面传来的，但我们却把它感知为从报告人的正面传来。又例如，我们到新的地方，有时会迷失方向，也是方位错觉。

除了以上错觉外，还有运动错觉、时间错觉等。

(三)错觉理论

错觉理论(illusion theory)是探讨错觉产生的原因和机制的学说。错觉究竟是怎样产生的，18世纪以来，人们一直在进行研究，至今还没有一种理论对错觉现象做出完善的解释。下面介绍3个代表性理论。

1. 眼动理论

眼动理论(eye movement theory)认为，我们在知觉几何图形时，眼睛总在沿着图形的轮廓或线条作有规律的扫描运动。当人们扫视图形的某些特定部分时，由于周围轮廓的影响，改变了眼动的方向和范围，造成取样的误差，因而产生各种知觉的错误。根据这种理论，垂直-水平错觉是由于眼睛做上下运动比作水平运动困难一些，人们看垂直线比看水平线费力，因而垂直线看起来长一些。同样，在缪勒-莱耶错觉中，由于箭头向外的线段引起距离较大的眼动，箭头向内的线段引起距离较小的眼动，因此前者看上去长一些。

眼动理论听起来有一定的道理，有关研究也发现，在眼动的范围和缪勒-莱耶错觉的大小之间有某种关系。但另一些事实说明，这种理论是不能成立的。例如，用很快的速度呈现刺激图形，使眼动无法产生，或者用稳定图像的技术，使图形的视网膜映象固定不变。在这种情况下，人们照样会出现图形错觉。这说明，眼动不是造成错觉的真正原因。

为了克服眼动理论的困难，后来人们提出了传出准备性假说。这种理论认为，错觉是由于神经中枢给眼肌发出的不适当的运动指令造成的。只要人们有这种眼动的准备性，即使眼睛实际没有运动，错觉也要发生。但这种假设还没有得到充分的事实证明。

2. 神经抑制作用理论

20世纪60年代中期，有人根据轮廓形成的神经生理学知识，提出了神经抑制作用理论(theory of neural inhibition)。这是从神经生理学方面解释错觉的一种尝试。这种理论认为，当两个轮廓彼此接近时，视网膜内的侧抑制过程改变了由轮廓所刺激的细胞的活动，因而使神经兴奋分布的中心发生变化。结果，人们看到的轮廓发生了相对的位移，引起几何形状和方向的各种错觉，如波根多夫错觉等。

神经抑制作用理论在解释错觉时和现代神经生理学联系起来，值得肯定。但这种理论只强调视网膜水平上感受器的相互作用，而忽略了错觉现象和神经中枢的融合机制的关系。例如，在波根多夫错觉图形中，如果给一只眼睛呈现倾斜线，给另一只眼睛呈现两条平行线，人们仍然看到了位移的错觉，这是用视网膜上的抑制作用无法解释的。

3. 深度加工和常性误用理论

深度加工和常性误用理论认为，错觉具有认知方面的根源。人们在知觉三维空间物体的大小时，总把距离估计在内，这是保持物体大小恒常性的重要条件。当人们把知觉三维世界的这一特点，自觉、不自觉地应用于平面物体时，就会引起错觉现象。从这个意义上说，错觉是知觉恒常性的一种例外，是人们误用了知觉恒常性的结果。

以潘佐错觉为例，由于两条辐合线提供了线条透视，夹在它们中间的两条横线在深度上被分开了，上方的线段比下方的线段远些。而画面上的两条线段实际相等，它们在视网膜上的投影也相等。按照大小距离不变假说，人们在知觉物体大小时估计了物体的距离，因而把"远处"的线段看得长一些。

常性误用理论把错觉与知觉恒常性联系起来。在大小知觉的场合，当距离改变时，视网膜投影的大小也相应发生改变，而知觉到的大小却相对不变，这是大小恒常性。当环境提供了深度线索，使平面图形的不同部分在深度上分开，也就是使它们的显现距离发生变化时，而视网膜的投影大小不变，人们由于错误地利用了知觉恒常性的特性，就会把"远处"的物体看得大些，而把"近处"的物体看得小些，因而出现大小错觉。这种理论强调了深度线索在错觉产生中的作用，因而也称为深度加工理论。

常性误用理论的影响较大，但有些事实不能用这种理论来解释。在图5-10中，上下两条线段相等，但由于附加图形的影响，人们把下面的线段看成长于上面的线段。在这种情况下，没有椅角提供的深度线索，而错觉仍然出现了。可见图形的不同部分在深度上分开，并不是造成错觉的充分原因。

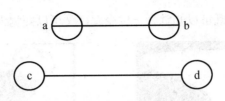

图 5-10　对常性误用理论的挑战

总之，产生错觉的原因是多种多样的，也是极其复杂的，既有客观的因素，也有主观的因素；既有生理的原因，也有心理的原因。在错觉产生的过程中，各种因素不可能是孤立地发生作用，而是相互影响、相互制约，共同起作用的。当然，有些错觉现象，虽经过多年研究，仍然难有令人完全满意的解释。

第三节　知觉的特性

知觉的特性是指人们在进行知觉活动时所表现出来的特点。知觉的特性保证人们对客观事物的认识。

一、知觉的选择性

(一)知觉选择性的概念

知觉的选择性(perceptual selective)是指人在知觉时，总是把少数事物当成知觉的对象，而把其他事物当成知觉的背景，以便更清晰地知觉一定的事物。客观世界是丰富多彩的，在某一时刻，作用于人的感觉器官的刺激也是非常多的，但人不可能对同时作用的刺激全部都清楚地感受到，也不可能对所有的刺激都做出相应的反应，我们只能选择某些事物作为知觉的对象。因此，人们的知觉活动具有选择性。

由于知觉的选择特性，对同时作用于感觉器官的所有刺激并不都进行反应，而只对其中某些刺激加以反应，这样才使人能够把注意力集中到某些重要的刺激或刺激的重要方面，排除次要刺激的干扰，从而更有效地知觉外界事物。

(二)知觉对象与背景的关系

凡是在每一瞬间被我们清晰地知觉到的事物，是知觉的对象。与此同时，仅被我们比较模糊地感知着的事物，就成了背景。对象与背景相比较，它形象清楚，好像从背景中突出出来，而背景则变得模糊不清。

知觉的对象与背景是互相转化的。此时的知觉对象可以成为彼时的知觉背景；同样，此时的知觉背景也可以成为彼时的知觉对象。因此知觉对象和背景不是一成不变的，它们之间不断发生着转换，以保证有意义的事物成为知觉对象。图 5-11 是知觉对象和背景相互转换的两歧图形。在图 5-11(a)中，若以黑色部分作为知觉对象，看到的是两个人脸的侧面影像，而白色部分则为背景；若以白色部分作为知觉对象，看到的是一个花瓶，而黑色部分则为背景。而图 5-11(b)既可以知觉为一位少女,又可以知觉为一位老太婆。

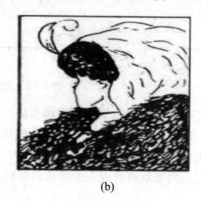

图 5-11　两歧图形

知觉的对象与背景不仅互相转化,而且互相依赖。人们知觉某一对象,不仅取决于对象本身的特点,而且受对象所处背景的影响。如果教室内很安静,那么即使教师用很低的声音讲课,学生也能听清楚;相反,如果环境中的噪声很大,那么教师用相同强度的声音讲课,学生就听不清楚了。可见,在不同背景下,人们对同一对象的知觉可能是不同的。所以,人们的知觉是由对象及其背景的相互关系来决定的。

二、知觉的整体性

(一)知觉整体性的概念

知觉的整体性(perceptual integration)是指将知觉对象的多种属性和不同部分整合为整体。人的知觉系统具有把个别属性、个别特征综合成为整体的能力,有时即使引起知觉的刺激本身是零散的,但得到的知觉经验却是完整的。

(二)整体知觉的组织原则

格式塔心理学家曾对知觉的整体性进行过许多研究,提出知觉是按照一定的规律形成和组织起来的,在知觉任何给定的刺激模式时,我们易于以稳定且连贯的形式把不同的元素简单加以组织,而不是把这些元素当成不可理解的、孤立的一堆混乱感觉。格式塔心理学家和后来的研究者提出的知觉组织的主要原则如下。

1. 接近原则

在空间上彼此接近的刺激物更容易被知觉为一个整体。例如,图 5-12 是因视野中接近而组合为整体的实例。人们容易把该图知觉为含有三组竖立线条,而不太可能把它知觉为彼此无关的七条竖线。

2. 相似性原则

物理属性相似的客体,如在大小、形状、颜色或形式上相似的刺激物更容易被知觉为一个整体。同色的或同样形状的区域看起来更像一个整体(见图 5-13)。在这些不同属性中,颜色的作用又更加重要。

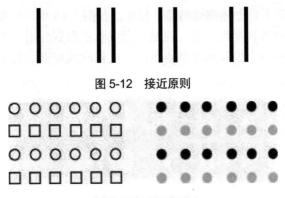

图 5-12　接近原则

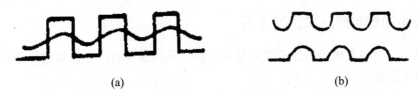

图 5-13　相似性原则

3. 连续性原则

具有连续性或共同运动方向等特点的客体，容易被知觉为同一整体。例如图 5-14(a)所示，人们总是把图中曲线知觉为波浪形曲线，而把另一个知觉为方波图形，而不会把它们分解为如图 5-14(b)的图形来知觉。

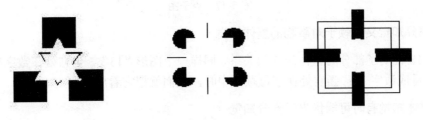

图 5-14　连续性原则

4. 闭合原则

人们倾向于将图形刺激中的特征聚合成形，即使其间有断缺之处，也倾向于形成一个完整的形状。在图 5-15 中，三个图形没有一个是完整的，但我们却会看出它们都有明显的整体性。左边的图形是由两个三角形重叠，而后又覆盖在三个黑色方块上；中间的图是由白方块与黑十字重叠，而后又覆盖在四个黑色圆上；右边的图是由白色圆形与黑十字重叠，而后又覆盖在一个双边方形上。虽然各图中间第一层的三角形(左图)、方形(中图)和圆形(右图)在实际上都没有边缘，没有轮廓，但在我们的知觉经验上却是边缘最清楚、轮廓最明确的图形。

图 5-15　闭合原则

5. 同域原则

知觉的组织过程远不是上述规则的简单相加。在图 5-16 中，如果根据相似性原则和接近原则，星形和圆形应各被视为一组，但是，背景着色后划分出三个区域，看起来更像是三组物体，中间一组由两个星和两个圆点组成。根据同域原则，处于同一区域的刺激物更容易被视为一个整体。

图 5-16　同域原则

关于知觉的组织性，早期的格式塔心理学家强调，它是刺激本身的自然特点，是人的先天的完形倾向，与过去经验无关。的确，在两歧图形知觉中，我们大多能够很随意地以不同的方式形成我们的知觉形象组织。但是，大量的研究(包括一些跨文化研究)表明，知觉的组织性与人的知觉经验有直接的联系。知觉系统可以通过训练而日趋精细，从而完成通常情况下非常困难的物体识别和知觉组织任务。

(三)整体知觉和部分知觉的关系

在知觉活动中，整体与部分的关系是辩证的、互相依存的。整体知觉和部分知觉的关系表现在以下方面。

1. 整体知觉离不开部分知觉

在图 5-17 所示点子图上可以看出，尽管这些点子没有用线段联结起来，但仍能看到一个三角形和一个长方形。在这里，我们的知觉系统把视野中的个别成分综合成为一个有组织的整体结构。但是，点子的数量不同，它们的空间分布情况不同，我们知觉到的几何形状也不同。可见，知觉的整合作用离不开组成整体的各个成分的特点。

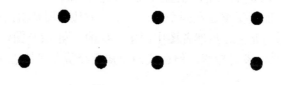

图 5-17　点子图

2. 部分知觉又依赖于对事物的整体知觉

图 5-18 说明了部分对整体的依赖关系。同样一个图形"13"，当它处在数字序列中时，我们把它看成数字 13；当它处在字母顺序中时，我们就把它看成 B 了。

3. 整体知觉有时可能优先于部分知觉

例如，我们对一辆急驶而来的汽车，最先看到的是汽车的整体，然后才是它的各种细节。又例如，我们走进一间房屋，首先是对室内的陈设有一个整体的印象，然后才个别地审视它的一些细节。

三、知觉的理解性

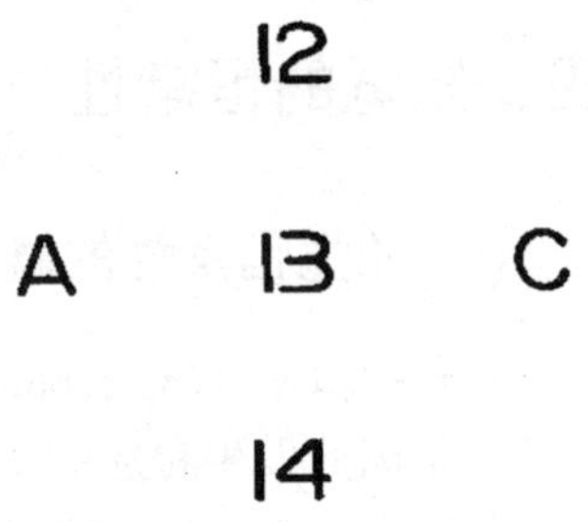

(一)知觉理解性的概念

知觉的理解性(perceptual comprehension)是指对于知觉的对象以自己的过去经验予以解释,并用词汇或概念对其进行命名或归类,赋予对象一定的意义。人的知觉与记忆、思维等高级认知过程有着密切的联系。人在知觉过程中,不是被动地把知觉对象的特点登记下来,而是以过去的知识经验为依据,力求对知觉对象做出某种解释,使它具有一定的意义。

图 5-18　部分依赖整体

(二)影响知觉理解性的主要因素

1. 知识经验

对知觉对象的理解,是以自己已有的知识经验为前提的,具有不同知识经验的人在知觉同一个对象时,对它的理解不同,知觉的结果也不同。例如,一张新产品设计图纸,专业人员既能知觉到图纸上的每个细节,又能理解整张图纸的内容和意义;而没有这方面专业知识的人员只能说出图纸中的构成成分,不会理解图纸的内容和意义。很显然,不同的知识经验影响了对同一知觉对象的理解。

2. 言语指导

言语指导也影响知觉理解性。当对象的标志不明显时,通过言语的指导,可以帮助理解知觉的对象。看到图 5-19,你一定在想"这是什么？""到底画着什么东西？"并试图给它命名,并把它归入你所熟悉的一类事物之中。你可能会想是画着一只动物吧？如果还看不出来,给提示说:"是画着一条狗。"这时,你大概就已看出来了。

图 5-19　隐匿图形

四、知觉的恒常性

(一)知觉恒常性的概念

知觉的恒常性(perceptual constancy)是指当知觉的客观条件在一定范围内改变时,知觉映象并不因此发生相应的变化而保持稳定。例如,同一个物体,从不同的距离、角度和明暗条件下去看它,虽然视网膜上的物像各不相同,但仍将其知觉为同一个物体。

知觉的恒常性在人的生活实践中具有重大意义。它使人能在不同的情况下,按照事物的实际面貌反映事物,从而使人有可能根据对象的实际意义来认识和改造客观世界。如果知觉不具有恒常性,那么,人就难以适应瞬息万变的外界环境。

(二)知觉恒常性的种类

在视觉范围内,恒常性的种类主要有以下几种。

1. 大小恒常性

大小恒常性(size constancy)是指人对物体的知觉大小不完全随视像大小而变化,而趋向于保持物体的实际大小的现象。例如,同一个人站在离我们 3 米、5 米、15 米、30 米的不同距离处,他在我们视网膜上的视像随距离的不同而改变着。但是,我们看到这个人的大小却是不变的,仍然按他的实际大小来知觉。

影响大小恒常性的因素有以下几种。

(1) 先前经验。日常生活中,许多物体的大小是人们所熟悉和了解的。例如,一支铅笔的长度为 14～18 厘米,一个茶杯的高度为 12～13 厘米,某个同学的高度约为 1.80 米,等等。当物体距离改变时,虽然视网膜上的视像大小随之改变,但由于先前经验的作用使人们能较准确地知觉到物体的实际大小。

(2) 观察者的观察姿势。当观察者的观察姿势发生变化时,大小知觉恒常性会受到影响。观察者平视时,知觉恒常性较大;仰视或俯视时,知觉恒常性较小。例如,月亮在地平线时看起来要比在高空时大。

(3) 周围环境的参照物。实验表明,用双眼或单眼观察,由于观察者能够充分利用周围环境的各种参考线索,对物体大小的知觉仍能保持明显的恒常性;但当观察者用人工瞳孔或通过长圆筒观察时,由于排除了周围能参考的各种线索,大小知觉恒常性趋于消失。

2. 形状恒常性

形状恒常性(form constancy)是指从不同角度观察同一物体时,物体在视网膜上投射的形状发生了变化,而知觉到的物体形状并没有改变。例如,观察一扇房门时,当门从全闭到全开时,门的形状在观察者视网膜上的投影视像发生着多种变化:全闭时是长方形,全开时是垂直条形,半开时则变为近长远短的梯形,这是因门的角度改变而产生的形状变化。但是,由于以前经验的作用,人们对该物体的知觉形状仍保持不变,即保持门是长方形的映象不变(见图 5-20),这就是形状恒常性的作用。

图 5-20　形状恒常性

3. 明度恒常性

明度恒常性(brightness constancy)也称亮度恒常性,是指在照明条件改变时,我们仍倾向于把物体的表面亮度知觉为不变。例如,煤和白粉笔由于它们对光的反射率不同,其明度差异很大。人在看到白粉笔时总觉得要比煤块亮些。当把粉笔放置在暗处,煤块放置在亮处,使煤块实际上所反射出来的明度远大于白粉笔,从刺激的物理特性分析,放在亮处的煤块应该是白的,而放在暗处的粉笔应该是黑的,但是从知觉恒常性来说,人还是把粉笔知觉为白色,把煤块知觉为黑色。可见,人们能够在一定物理条件变化的条件下,根据物体固有明度来知觉它们。

4. 颜色恒常性

颜色恒常性(color constancy)是指人们不受照明条件改变所引起的物体颜色变化的影响,仍将物体知觉为原来的颜色。物体表面有其固有的颜色,如果色光照射在物体表面,根据色光混合原理,其色调会发生变化,但是人对物体表面颜色的知觉并不会因此而变化。例如,一面红旗不管它置于白天或晚上,人们都会把它知觉为红色。

除视知觉外,知觉恒常性还表现在其他知觉中。例如,当我们转动头部的时候,虽然声音对听觉器官的作用条件发生了变化,但我们感到声音的方位并没有变化。这是方位知觉恒常性现象。

复 习 要 点

第一节　知觉概述

知觉是客观事物直接作用于感官而在头脑中产生的对事物整体的认识。知觉和感觉既有区别又有联系,区别是:感觉和知觉是不同的心理过程;从感觉和知觉的生理机制来看,感觉是单一分析器活动的结果,知觉是多种分析器协同活动对复杂刺激物或刺激物之间的关系进行分析综合的结果;知觉不是感觉的简单相加,知觉比感觉复杂。联系是:感觉和知觉都是对直接作用于感觉器官的事物的反映;感觉和知觉都是人类认识世界的初级形式,反映的是事物的外部特征和外部联系;知觉是在感觉的基础上产生的,并且同感觉同时进行,没有感觉,也就没有知觉;知觉是对感觉信息组织和解释的过程。

知觉的加工形式:刺激驱动加工是指知觉的产生是基于大量的感觉信息,由刺激直接引起。概念驱动加工指知觉者的经验、期望、动机，引导着知觉者在知觉过程中的信息选择、整合和表征，在一定程度上影响到知觉的过程和结果。

知觉的生理机制：20 世纪 50 年代以来，对感受野的研究发现，在人的神经系统的不同水平上，存在着各种特征觉察器，它们分别对客观事物的各种特性或属性做出反应，也就是把不同的刺激模式分解(分析)成它们的组成部分。在进行特征觉察的同时，人的神经系统也在不同水平和不同层次上实现着对刺激的整合，完成知觉过程。现代神经生理学和神经心理学认为，感觉皮层的一级区实现着对外界信息的初步分析和综合。感觉皮层的二级区主要负责整合的机能。感觉皮层的三级区是视觉、听觉、前庭觉、肤觉和动觉的皮层部位的"重叠区"，它在实现各种分析器间的综合作用方面起着特殊的作用。额叶在人的知觉活动中有重要的作用。额叶损伤的患者常常失去主动知觉的意图，不能对知觉客体做出合理的假设，并且不能对知觉的结果进行正确的评定。

第二节 知觉的种类

根据知觉中哪一种感受器的活动占主导地位，可以把知觉分为视知觉、听知觉、触知觉、嗅知觉、味知觉等。根据知觉反映的事物的特性，把知觉分为空间知觉、时间知觉和运动知觉。知觉的一种特殊形态称为错觉。人在出现错觉时，知觉的映象与事物的客观情况不相符合。

一、空间知觉

空间知觉就是人对物体的形状、大小、距离和方位等空间特性的认识。空间知觉有：①形状知觉指对物体的轮廓和边界的整体知觉。②大小知觉是头脑对物体的长度、面积、体积在量方面变化的反映。③深度知觉又称距离知觉或立体知觉，是人对物体的凹凸、远近的知觉。深度知觉的线索有：第一，单眼线索有对象的相对大小、遮挡、线条透视、空气透视、明亮和阴影、结构级差、运动视差、眼睛的调节。第二，双眼线索有辐合作用、双眼视差。④方位知觉指对物体的空间关系、位置和对机体自身所处空间位置的知觉。

方位定向是各种感觉协同活动的结果。①视觉的方位定向。当人们用眼睛环视周围环境时，环境中的物体就在视网膜上形成了不同的投影，这些物体在视网膜上投影的相对位置不同，因而提供了它们空间方位的信号。②听觉的方位定向。根据音笼实验，人的听觉定向有三条规律：第一，对来自人体左右两侧的声源容易分辨，从不互相混淆。第二，头部中切面上的声音容易混淆。第三，如果以两耳连线的中点为顶点作一圆锥，那么从圆锥面上各点发出的声音容易混淆。

听觉在形成空间知觉时，可以是单耳的作用，也可以是双耳的作用。由单一耳朵获得的听觉线索，称为单耳线索；由双耳获得的听觉线索称为双耳线索。

二、时间知觉

时间知觉是人对客观事物的延续性、顺序性的知觉。事物和现象不仅存在于空间中，而且存在于时间中。时间知觉有其特殊性，一是时间知觉有时并非由固定刺激所引起；二是时间知觉没有专门的感觉器官。时间知觉的形式有：对时间的确认；对时间的分辨；对持续时间的估量；对时间的预测。时间知觉的参考系是：自然界的周期性现象；计时工具；生理的节律性信息。影响时间知觉的因素有：感觉通道的性质；一定时间内事件发生的数量和性质；人的兴趣和情绪。

三、运动知觉

运动知觉是人对客体的变化及变化速度的知觉。运动知觉的种类有：①真动知觉：是对物体本身真正在空间位移和移动速度的知觉。②似动知觉：是指在一定的条件下，把静止物体知觉为运动，或者把没有连续位移的物体知觉为连续运动的现象。似动知觉的形式有：第一，动景运动，指当两个刺激物按一定空间间隔和时间距离相继呈现时，会看到从一个刺激物向另一个刺激物的连续运动。第二，自主运动指人在注视暗环境中一个微弱的、静止的光点片刻后感觉到光点在来回移动的现象。第三，诱导运动，指由于一个物体的运动使其相邻的静止的物体产生运动的现象。第四，运动后效，指在注视向一个方向运动的物体之后，如果将注视点转向静止的物体，那么会看到静止的物体似乎朝相反的方向运动。

四、错觉

错觉是指在特定条件下对事物产生的歪曲知觉。错觉的种类主要有：①几何错觉：缪勒-莱耶错觉、垂直-水平错觉、贾斯特罗错觉、多尔波也夫错觉、波根多夫错觉、冯特错觉、佐尔纳错觉、奥伯逊错觉、爱因斯坦错觉、潘佐错觉。②形重错觉。③方位错觉。除此以外，还有运动错觉、时间错觉等。

错觉理论：①眼动理论：我们在知觉几何图形时，眼睛总在沿着图形的轮廓或线条作有规律的扫描运动。当人们扫视图形的某些特定部分时，由于周围轮廓的影响，改变了眼动的方向和范围，造成取样的误差，因而产生各种知觉的错误。②神经抑制作用理论：20世纪60年代中期，根据轮廓形成的神经生理学知识，提出了神经抑制作用理论。认为当两个轮廓彼此接近时，视网膜内的侧抑制过程改变了由轮廓所刺激的细胞的活动，因而使神经兴奋分布的中心发生变化。结果，人们看到的轮廓发生了相对的位移，引起几何形状和方向的各种错觉等。③深度加工和常性误用理论：认为错觉具有认知方面的根源。人们在知觉三维空间物体的大小时，总把距离估计在内，这是保持物体大小恒常性的重要条件。当人们把知觉三维世界的这一特点，自觉、不自觉地应用于平面物体时，就会引起错觉现象。

第三节　知觉的特性

知觉的选择性是指人在知觉时，总是把少数事物当成知觉的对象，而把其他事物当成知觉的背景，以便更清晰地知觉一定的事物。凡是在每一瞬间被我们清晰地知觉到的事物，是知觉的对象。与此同时，仅被我们比较模糊地感知着的事物，就成了背景。知觉的对象与背景是互相转化的。

知觉的整体性是指将知觉对象的多种属性和不同部分整合为整体。整体知觉的组织原则主要有：接近原则、相似性原则、连续性原则、闭合原则、同域原则。整体知觉和部分知觉的关系是：整体知觉离不开部分知觉；部分知觉又依赖于对事物的整体知觉；整体知觉有时可能优先于部分知觉。

知觉的理解性是指对于知觉的对象以自己的过去经验予以解释，并用词汇或概念对其进行命名或归类，赋予对象一定的意义。影响知觉理解性的主要因素有：知识经验、言语指导。

知觉的恒常性指当知觉的客观条件在一定范围内改变时，知觉映象并不因此发生相应的变化而保持稳定。知觉恒常性的种类有：①大小恒常性指人对物体的知觉大小不完全随视像大小而变化，而趋向于保持物体的实际大小的现象。影响大小恒常性的因素有：先前经验、观察者的观察姿势、周围环境的参照物。②形状恒常性指从不同角度观察同一物体时，物体在视网膜上投射的形状发生了变化，而知觉到的物体形状并没有改变。③明度恒常性指在照明条件改变时，我们仍倾向于把物体的表面亮度知觉为不变。④颜色恒常性指人们不受照明条件改变所引起的物体颜色变化的影响，仍将物体知觉为原来的颜色。

拓 展 思 考

1. 如何看待超感官知觉？
2. 你对错觉发生的原因有何看法？研究错觉有什么重要意义？
3. 关于知觉的特性有哪些最新研究？

第六章 记　　忆

记忆对于每个人来说都不陌生，学习中需要记忆，工作和生活中也需要记忆。然而，人的记忆力有很大差异。有的人能够过目成诵，有的人却为自己的记忆力不好而苦恼。那怎样做才能有良好的记忆力呢？要提高记忆效果有没有规律可循呢？记忆究竟是怎么回事？本章将揭晓这些问题的答案。

第一节　记忆概述

一、记忆的概念

记忆(memory)是个体对其经验的识记、保持、回忆或再认的心理过程。感知过的、思考过的、体验过的和实践过的事物都可以成为个体的经验。例如，从前见过的人，现在不在面前，我们能想起他的姿态相貌，见到他时能认出来；思考过的问题、理论，体验过的情绪、情感，保持在头脑中；学过、做过的事情，在适当时候回忆起来。这些都是记忆。从信息加工的观点来看，记忆就是人脑对外界输入的信息进行编码、储存和提取的过程。

识记、保持和再现是记忆的三个基本过程。识记是记忆的开初阶段，是获得知识经验的过程。识记具有选择性，环境中的各种刺激只有被个体注意才能识记住。从信息加工的观点来看，识记是信息的编码过程。保持是识记过的经验在脑中的巩固过程。从信息加工观点来看，保持就是信息的储存。再现包括回忆和再认。回忆和再认，是在不同的情况下恢复经验的过程。经验过的事物不在眼前，能把它重新回想起来的过程，称为回忆。例如学过的诗歌，我们不看书而把它背出来，就是回忆。经验过的事物再度出现时，能把它认出来的过程，称为再认。从信息加工的观点来看，回忆和再认是提取信息的过程。记忆的三个基本过程是密切联系在一起的。没有识记，谈不上对经验的保持；没有识记和保持，也就不可能对经验过的事物回忆或再认。识记和保持是回忆和再认的前提，而回忆和再认则是识记和保持的结果，并进一步巩固和加强了识记和保持。

记忆是保存个体经验的形式之一。个体经验保存的形式是多种多样的。例如，书籍、雕塑、图画、建筑物等社会文化形式，都可以保存个体经验。但是，只有在人脑中保存个体经验的过程才称为记忆。

二、记忆的作用

记忆和其他心理活动密切相关。例如，在知觉中，人的过去经验有重要的作用，没有记忆的参与，人就不能分辨和确认周围的事物。在解决问题时，借助记忆提供的知识经验，大脑可以展开联想、想象，对问题进行比较分析、逻辑推理，使问题得到解决。相反，"不记则思不起"，对已学过的知识没有很好地记忆，时过境迁被遗忘了，思考就无法进行，问题也就得不到解决。

学习活动离不开记忆。首先，学习新知识离不开记忆。新知识是建筑在旧知识基础上的，学习是从已知到未知，"温故而知新"。如果缺乏记忆，就无法学习新知识。这是因为知识有严密的系统性，学习总是由浅入深、由简单到复杂、循序渐进的。不难设想，假如人们没有记住小学学过的数学法则，到中学后怎么能够学习几何、代数。所以，记忆原有的知识，是学习新知识的必备条件。失去了记忆，就失去了学习新知识的可能。其次，提高学习效率也离不开记忆。学过的知识，通过记忆把它储存在大脑里，在新的学习活动中，需要某些知识时，则可随时取用，从而节省了大量查找、重新学习的时间，使学习效率大大提高。例如，在小学学过的语文、数学知识记得很牢，到中学后，读书作文、计算解题，就能很快地从大脑里取出字词、语句和公式定律，使学习得心应手，从而大大提高学习效果。

记忆在个体发展中也有重要的作用。人们要发展动作技能，例如行走、奔跑和各种劳动技能，就必须保存动作的经验。人们要发展语言和思维，也必须保存词和概念。可见，一个人某种能力的形成，一种良好的行为和人格特质的培养，都是以记忆活动为前提的。没有记忆，就没有经验的积累，也就没有个体的发展。

三、记忆的神经生理机制

记忆的神经生理机制是一个非常复杂的问题，长期以来，对记忆的神经生理机制进行了许多研究，取得了很大的进展。

(一)记忆的脑结构机制

关于记忆是否与脑的某些特定部位有关的问题，有许多学者提出了不同的看法，比较有代表性的观点有以下几种。

1. 脑定位说

很早以前，法国医生布洛卡(Broca，1860)就提出了脑机能定位的思想，认为脑的机能都是由大脑的一些特定区域负责的，记忆也不例外。这种理论得到了一些研究的支持。研究发现，记忆和大脑的一些特定区域有关系。

潘菲尔德(Penfield，1952，1963)在医治癫痫病人时，用电极刺激右侧颞叶，引起患者对往事的鲜明回忆。

在科恩(Cohen，1968)等的研究中，给抑郁症患者脑的不同部位电击引起痉挛。被试分三组：一组只击右脑，另一组只击左脑，第三组电击脑的两侧。在电击前所有患者都有言语记忆(有词的联想)和形象记忆(画了一幅图画)。电击治疗后几小时，测验他们记忆保持的情况。结果表明，电击左脑损害言语记忆，但不损害形象记忆。电击右脑损害形象记忆，但不损害言语记忆。电击脑的两侧，形象记忆和言语记忆都受到损害。因此，可以推论，言语记忆可能储存在脑的左半球，形象记忆可能储存在脑的右半球。

德斯蒙(Desimone，1992)对脑损伤病人的研究表明：小脑损伤会损坏经典条件作用动作反应的获得，影响程序记忆；纹状体是习惯的形成和刺激—反应间的联系的基础，它的损伤和病变会影响习惯的刺激—反应学习；大脑皮质负责感觉记忆以及感觉间的关联记忆，其中颞下回皮质的损伤会影响视觉的辨识和联想记忆，颞上回皮质的损伤会损害听觉识别记忆。杏仁核与海马组织负责事件、日期、名字等的表象记忆，也负责情绪记忆。脑的其他部位，例如丘脑、前脑叶基部和前额叶也都与不同种类的记忆有关。

也有临床经验发现，短时记忆和长时记忆的部分也不在一起，两者似乎也存在着区别。例如，脑损伤病人对往事记忆犹新，说明原来的长时记忆没有被破坏，发生在近期的事也能记起，但刚刚发生的事情却很难回忆。这个事实意味着，脑的损伤部位存在着一种把短时记忆转入长时记忆的作用。

2. 整合说

1929年，美国心理学家拉胥里(Lashley)对大脑皮层定位说提出了挑战，提出了整合说(integration theory)。他认为，记忆是整个大脑皮层活动的结果，它和脑的各个部分都有关系，而不是皮层上某个特殊部位的机能。他通过切除白鼠大脑皮层的实验发现，动物学习的成绩与切除大脑皮层的特定部位关系不大，即记忆无定位，而与大脑皮层被损伤部位的大小有关：切除面积越大，对学习成绩的影响越大。由此推断，人的学习、记忆与广泛的神经细胞活动有关，记忆痕迹普遍地存储在大脑中，是整个大脑形成的组织体系。

但有人批评说，白鼠和人是不一样的，白鼠的大脑皮层机能不分化，而人的皮层机能是分化的。拉胥里的实验只能说明白鼠。现在一般认为，记忆是中枢神经系统不同部位参与的联合活动，但不同部位所起的作用是不同的。

3. SPI 理论

由于多重记忆的观念已经越来越被人们所接受，近年来，一些研究者(Tulving，1995；Squire，1992)提出了 SPI 理论来解释多重记忆系统之间的关系。

SPI 是 serial(串行)、parallel(并行)和 independent(独立)三个英文单词的首字母，这三个词集中说明了多重记忆系统之间的关系。

SPI 理论认为，记忆系统是由多个执行特定功能的记忆模块构成的。这些记忆模块的关系表现为两个方面：其一，信息以串行的加工方式进入记忆系统，在一个记忆模块中的编码依赖于某些其他功能模块中信息加工是否成功。也就是说，一个记忆模块的输出提供给另外模块的输入；其二，信息以并行的方式存储在各个特定的记忆模块中。这样，提取一个子系统的信息就不会牵连其他的子系统，各个子系统之间是相对独立的。

例如，给被试呈现一个有意义的陌生句子，关于这个事件的不同信息就登记到相应的子系统中：体现在字词结构特征中的信息登记在知觉表征的字词形式系统中；这些产物会转送到语义系统，以便对字词和意义间的关系作更抽象的加工，语义系统的产物告诉大脑关于世界上各种事物的可能性；这些产物还会到达工作记忆和情境记忆系统，工作记忆以各种编码和提取操作对信息作进一步的精细加工；情境记忆系统参照已经存在的情景信息确定新进入信息的时空关系。在这个完整的加工过程中，不同记忆模块对信息的解释、编码和存储操作是以串行方式进行的，各个模块之间彼此依赖。例如，形成清晰的知觉表征可以更快地获得语义，有关的语义信息激活也同样可以完善知觉表征。在这个最初的编码过程完成后，关于这个句子的各种信息就会并行地存放在不同的系统中，获得不同类型信息的通路也将是相互独立的。例如，当你再次看到这个句子时，你记得它的含义，但却想不到曾经在哪里看到过它。

作为一个抽象的模型，SPI 没有说明不同系统的神经解剖结构，但其认为多重记忆系统并行地存在于不同的脑区中，得到了越来越多研究的支持。如斯奎瑞(Squire，1992)通过对动物的试验，以及遗忘症病人和正常被试的陈述性记忆和程序性记忆的大量研究发现，这两种记忆不仅存在着非常显著的分离现象，相对应的脑解剖区域也不同(见图6-1)。近年来，还有许多研究证明了人的几个主要脑区与人的多重记忆系统有关。

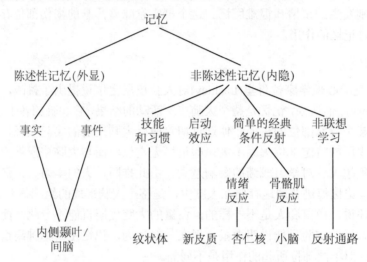

图6-1　长时记忆的分类及相关的脑结构

(二)记忆的脑细胞机制

关于记忆的脑细胞机制问题，人们进行了一系列的研究，提出了一些观点。

1. 反响回路

反响回路(reverberatory circuit)是指神经系统中皮层和皮层下组织之间存在的某种闭合的神经环路。当外界刺激作用于神经环路的某一个部分时，回路便产生神经冲动。刺激停止后，这种冲动并不立即停止，而是继续在回路中往返传递并持续一段短暂的时间。

通过脑电和神经结构的研究发现，反响回路可能是短时记忆的生理机制。贾维克(Jarvik)和艾思曼(Essman)的白鼠跳台实验支持了这种看法。他们将控制组的白鼠放在一个窄小的台子上，使它总想往下跳，当它跳下台后，就受到带电金属的电击，为了避免电击，白鼠很快又跳上高台，形成回避反应。但高台的窄小使它又想往下跳。这样经过一天的训练，白鼠在高台上待的时间明显延长，说明它"记住"了下面有电，形成了长时记忆。这时给予白鼠电休克以破坏它的记忆。当白鼠从休克状态恢复正常后，再将它放回跳台上，这时它还是不往下跳，这表明电休克没有破坏它的长时记忆。他们将实验组的白鼠在形成回避反应后，立即给予电休克，也就是在短时记忆时用电休克破坏它的电回路。在白鼠恢复正常后再把它放在跳台上，发现它立即往下跳，这说明电休克可能破坏了回避反应的电回路，引起了"遗忘"。由此，人们认为反响回路可能是短时记忆的生理基础。

2. 突触结构

近年来，研究表明，神经元突触的改变影响长时记忆。这种改变包括相邻神经元突触结构的变化、神经元胶质细胞的增加和神经元之间突触连接数量的增加等。这种突触变化一旦发生，记忆痕迹就会深刻地存储在大脑中。因此，突触的变化可能是长时记忆的神经基础。研究发现，不同经验可导致神经元突触的不同变化。在一个实验中，研究者把刚生下的一窝白鼠分成两组，一组放在内容丰富的环境里，一组放在内容贫乏的环境里。结果发现，前一组白鼠的皮层比后一组白鼠的皮层厚而且重。这可能是由于生活在丰富环境中的白鼠接受了较多的刺激，使它们的神经元突触结构发生了较大的变化，轴突或树突的数量增加，皮层的重量也因而增加。在另一个实验里，实验者将刚出生的一组白鼠，放在黑暗环境里，生活 25 天后，再与其他生活在光亮环境中的白鼠进行比较。结果发现，生活在黑暗环境中的白鼠的神经元的树突数量比在光亮环境中生活的白鼠的树突数量少。

(三)记忆的生化机制

记忆发生时，会伴随一些生物化学变化，关于这方面的问题，人们进行了研究，提出了一些观点。

1. 核糖核酸

近年来，随着分子生物学的兴起，特别是发现了遗传信息传递机制——脱氧核糖核酸(DNA)借助另一种核酸分子"核糖核酸"(RNA)传递遗传密码，这使一些科学家假定，个体记忆是由神经元内的核糖核酸的分子结构来承担的。由学习引起的神经活动，可以改变与之有关的那些神经元内部的核糖核酸的细微的化学结构。就像遗传经验能够反映在脱氧核糖核酸分子的细微结构中一样。20 世纪 60 年代初，美国生理学家科恩(Cohen)等人，用核糖核酸处理无脊椎动物涡虫，消除了涡虫对已学会的某种行为的记忆。以后瑞典神经生物化学家海登(H. Hyden)训练小白鼠走钢丝，发现鼠脑中有关神经细胞的 RNA 含量显著增加，其组成成分也有变化。据此，海登等人把大分子看作是信息的"储存所"，并认为 RNA 和 DNA 是记忆的化学分子载体。

还有研究发现，给学习过迷津的白鼠注射嘌呤霉素和抗菌素可以消除其有关的记忆，其机制是注射的药物阻碍了神经元内部蛋白质的合成。

2. 激素

研究表明，机体内部的一些激素分泌(hormone secretion)能够促进记忆的保持。麦科夫(Mcgaugh, 1983)在研究中发现，如果在动物学习时给予中等强度的刺激，往往会引起动物体内皮质类固醇、后叶加压素和肾上腺素等激素的分泌，而这些激素对动物记忆的保持有明显的加强作用。

高德(Gold, 1984)在研究中给学习后的动物马上注射小剂量的肾上腺素，结果发现，动物刚才进行的学习得到了加强，但是大剂量的肾上腺素则会损害动物的记忆。另外，如果利用外科手术阻碍动物肾上腺素的分泌，动物的近期记忆会有缺陷，但在经人工补充肾上腺素之后，这种缺损的情况会有好转。

第二节 记忆的种类

关于记忆的种类有不同的划分标准，根据不同的划分标准，可将记忆划分成不同类型的记忆。

一、内隐记忆和外显记忆

根据记忆时意识的参与程度，把记忆分为内隐记忆和外显记忆。

(一)内隐记忆

内隐记忆(implicit memory)是指在无意识情况下，个体的经验自动对当前作业产生的无意识的影响。有时又称自动的无意识记忆。

内隐记忆是未意识其存在又无意识提取的记忆。它强调的是信息提取过程的无意识性，而不管信息识记过程是否有意识。也就是说，个体在内隐记忆时，没有意识到信息提取这个环节，也没有意识到所提取的信息内容是什么，而只是通过完成某项任务才能证实他保持有某种信息。正因为如此，对这类记忆进行测量研究时，不要求被试有意识地去回忆所识记的内容，而是要求被试去完成某项操作任务，被试在完成任务的过程中不知不觉地反映出他曾识记过的内容的保持状况。如果人们在完成某种任务时受到了先前学习中所获得的信息的影响，或者说由于先前的学习而使完成这些任务更加容易了，就可以认为内隐记忆在起作用。例如，人们能熟练地打字，但是要求他们立刻正确地说出键盘上字母的位置，许多人往往做不到，这说明他们有字母位置的内隐记忆。

内隐记忆现象是在遗忘病人身上首先发现的。1854年，一位英国医生(Dunn)报告，一位因溺水昏迷而患遗忘症的妇女，虽然她已完全忘记了自己曾学过做衣服这件事，但不久后在学裁剪衣服时却无意中表现出某些裁剪技艺方面的记忆痕迹。

1865年，又有人(Clapaede)报告，一位接受针灸治疗的遗忘症病人，治疗结束后，尽管已忘记了遭受针刺这件事，但她却拒绝与为她实施治疗的医生握手。

1889年，对遗忘症病人的内隐记忆现象进行系统调查者(Korsakoof)报告，一位接受过电休克治疗的遗忘症病人早忘了曾受过电击这件事，但当他再次见到电击仪时，却露出了相应的行为表现。

20世纪60、70年代，研究人员(Warrington & Weiskrantz)发现，这种现象在健忘症患者身上也存在。例如，让患者学习一些常用的词，然后进行回忆或再认的测验，他们的作业成绩很差。但如果给出那些已学过的单词的头几个字母，要求患者把这些字母补全成一个词，结果发现，患者倾向于把这些字母填写成刚学过的词，而不是其他的词。这表明，被试存在着一种自动的、不需要意识参与的记忆。这种现象被心理学家科菲(Cofer，1967)称为启动效应。此后，对正常人进行大量研究发现，启动效应是普遍存在的。这是一种自动的、不需要有意识回忆的记忆现象。格雷夫和斯科特(Graf & Schacter，1985)把这类记忆称为内隐记忆,而把传统的、需经有意识回忆的记忆现象统称为外显记忆。

心理学对记忆的研究是沿着两条线路展开的:一条是传统的研究,注重对外显的、有意识的记忆研究;另一条便是对内隐的记忆的研究,是当前记忆研究的热点,代表了记忆研究的最新动向。可以说,将内隐记忆从外显记忆中分离出来,是当代记忆心理学研究的一个重要突破。从20世纪70年代起,一大批实验心理学和认知心理学的主流心理学家对内隐记忆的研究表现出极大兴趣,以此来深入探讨人类的记忆活动。

(二)外显记忆

外显记忆(explicit memory)是指在意识的控制下,过去经验对当前作业产生的有意识的影响。它对行为的影响是个体能够意识到的,因此又称为受意识控制的记忆。

外显记忆是有意识地提取信息的记忆,其突出特点是强调信息提取过程的有意识性,而不是信息识记过程的有意识性。它所涉及的只是明确意识到的,并能够直接提取的信息。外显记忆能够用语言进行比较准确的描述,即在需要的时候,可以利用自由回忆、线索回忆和再认等,将记忆中的经验表述出来。例如,我们能记忆儿时背过的唐诗,记得昨天发生的事情,记得去年植树节的活动等。

(三)内隐记忆与外显记忆的区别

研究发现,内隐记忆与外显记忆有以下不同。

1. 加工深度对内隐记忆和外显记忆的影响不同

在一项研究(Graf et al., 1984)中,研究者发现对刺激项目的加工深度并不影响被试的内隐记忆效果,却对外显记忆有明显的影响。实验中,先将被试分成四组,被试都看同一个单词词表,但分别完成四种不同的实验任务:①评定对单词的喜爱程度,不要求记忆;②评定对单词的喜爱程度并记忆;③检索包含某个特定字母的单词,不要求记忆;④检索包含某个特定字母的单词并进行记忆。很显然,对单词喜好度的评定与字母检索作业相比,要求被试对项目有更深层次的加工。实验最后要求有识记任务的被试组以每个词的前三个字母为提示,再认出刚才学过的词,目的在于测验被试的外显记忆;而对没有识记任务的被试则要求以每个词的前三个字母为提示写出其第一个想到的词,目的在于测验被试的内隐记忆成绩。结果发现(见图6-2),被试的内隐记忆并未受到作业任务类型的影响,而外显记忆则明显受到了影响。

2. 内隐记忆和外显记忆的保持时间不同

在外显记忆的研究中,人们都发现回忆量会随着学习和测验之间时间间隔的延长而逐渐减少。但是,内隐记忆在这方面则表现出完全不同的特点。

图尔文(Tulving,1982)等人在一项研究中,利用再认作业和词干补笔作业,对外显记忆和内隐记忆的保持特点进行了对比研究。词干补笔作业是一种用来测量内隐记忆的方法,通常包括两个阶段:在学习阶段要求被试学习一些项目,如"cognition",在测验阶段不要求被试回忆刚才学过的项目,而是给出学过项目的词干,如"cog＿＿＿",并要求被试用心里想到的第一个词来完成填空,然后观察被试在学习阶段获得的信息是否会影响这一作业的成绩。结果发现,在一周之后,被试的再认成绩出现了显著的下降,而词干补笔的作业成绩前后没有显著的变化,这表明内隐记忆能够保持较长的时间。

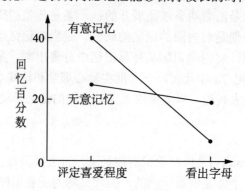

图 6-2　加工深度对内隐记忆和外显记忆的影响

我国心理学工作者朱滢等人(1989)也发现,内隐作业成绩不随时间延长而下降或下降很少,再认作业的成绩则下降很多。另外一些研究也证明,内隐记忆随时间延长而发生的消退要比外显记忆慢得多。

3. 记忆负荷量的变化对内隐记忆和外显记忆产生的影响不同

记忆的项目越多,越不容易记住,这是记忆的一种普遍现象。但是研究表明,这一规律仅适用于外显记忆,而内隐记忆则不然。罗德格等人(Roediger et al.,1993)研究了记忆负荷量对内隐记忆和外显记忆的不同影响。结果发现,用再认作业测量的外显记忆成绩随着所学词汇数目的增加而逐渐下降,而用知觉辨认测量的内隐记忆成绩并没有受到词汇数目增加的影响。

马正平和杨治良(1991)利用汉语字词进行的研究也证明了这一点。实验中,先让被试学习第一个字表,并作回忆测量。然后让被试看第二个字表,并用这个字表上的字组词。其中要求一组被试在组词时必须利用第一个字表的字;而另一组被试则没有这样的要求,只完成填字组词。结果发现,无论字表上有多少字,填字组词被试的作业成绩没有明显的变化,而以第一个字表为线索进行组词的被试作业成绩受到了字表字数的影响(见表6-1)。

表 6-1　不同负荷水平上的内隐记忆和外显记忆的成绩对比

任务类型	负荷水平		
	8	16	48
填字组词(内隐)	49.04	52.68	48.55
线索回忆(外显)	75.78	64.06	45.68

4. 呈现方式的改变对内隐记忆和外显记忆的影响不同

加考比等人(Jacoby et al.,1981)在研究中发现,以听觉形式呈现的刺激以视觉形式进行测验时,这种感觉通道的改变会严重影响内隐记忆的作业成绩,而对外显记忆没有影响。

马正平和杨治良(1991)在实验研究中也发现了这种感觉通道效应。在实验中,给被试先后呈现两个字表,呈现方式有两种,一种是两个字表都以视觉方式呈现;另一种是两个字表分别以听觉和视觉方式呈现。结果发现,在填字组词测验中,被试的内隐记忆成绩在不同通道呈现方式时出现了明显的下降;而在线索回忆测验中,被试的外显记忆成绩并没有受到通道变换的影响(见表 6-2)。

表 6-2 不同呈现方式下的内隐记忆和外显记忆的成绩对比

任务类型	呈现方式	
	视觉/视觉	听觉/视觉
填字组词(内隐)	61.51	42.92
线索回忆(外显)	54.17	56.50

5. 干扰因素对外显记忆和内隐记忆的影响不同

外显记忆很容易受到其他无关信息的干扰，前摄抑制和倒摄抑制现象的存在，很好地说明了这一点。但是，内隐记忆的情况则有所不同。

陈世平和杨治良(1991)利用汉字进行的一项实验研究发现，内隐记忆不易受到干扰。在实验中先让被试进行词对联想学习，同时利用干扰词对该词对进行干扰。之后分别利用线索回忆作业来测量外显记忆的成绩，而利用词对补全作业来测量内隐记忆的成绩，结果发现，干扰词对外显记忆的成绩影响较大，而很少影响内隐记忆的成绩。

二、情景记忆和语义记忆

根据记忆内容对时空关系的依存性，将长时记忆分为情景记忆和语义记忆。

(一)情景记忆

情景记忆(episodic memory)是指人们根据时空关系对某个事件的记忆。这种记忆与个人的亲身经历分不开，例如想起自己参加过的一个会议或曾去过的地方。由于情景记忆受一定时间和空间的限制，信息的存储容易受到各种因素的干扰，因此，记忆不够稳固，也不够确定。

(二)语义记忆

语义记忆(semantic memory)是指人们对一般知识和规律的记忆。它与特殊的地点、时间无关，表现在对单词、符号、公式、规则、概念的记忆中，例如记住数学公式，对"学习"的词义的记忆，对哥伦布发现美洲这个事实的记忆等都是语义记忆。语义记忆受一般规则、知识、概念和词的制约，很少受到外界因素的干扰，因而比较稳定。

三、陈述性记忆和程序性记忆

根据记忆获得的方式，将记忆分为陈述性记忆和程序性记忆。

(一)陈述性记忆

陈述性记忆(declarative memory)是指对有关事实和事件的记忆。陈述性记忆具有明显的可以言传的特征，它可以通过语言传授获得，在需要时可将记得的事实表述出来。例如，我们在课堂上学习的各种课本知识和日常生活常识都属于这类记忆。

(二)程序性记忆

程序性记忆(procedural memory)是对具有先后顺序的活动的记忆。程序性记忆使人知道如何做事情，它包括对认知技能和运动技能的记忆。这类记忆往往需要通过多次尝试才能逐渐获得，它是经过个体观察与实际操作练习而形成的记忆。程序性记忆是按一定程序习得的，开始时比较困难，但一旦掌握便很难遗忘。例如小时候学会了弹钢琴，几十年以后仍然不忘。如果已经达到了纯熟程度，那么程序性记忆的信息检索会以自动化的方式出现。从个体的发展来看，程序性记忆发展得较早。例如，自幼学习的写字、骑车甚至吃饭等，都是通过练习而获得的程序性记忆。

四、形象记忆、运动记忆、情绪记忆和逻辑记忆

根据记忆的具体内容，可将记忆分为形象记忆、运动记忆、情绪记忆和逻辑记忆。

(一)形象记忆

形象记忆(imaginal memory)是以感知过的事物形象为内容的记忆。这种记忆所保持的是事物的具体形象，具有鲜明的"直观性"，它以表象的形式储存。形象记忆可以是视觉的、听觉的、嗅觉的、味觉的、触觉的。例如我们见过的人或物、看过的画面、听过的音乐、嗅过的气味、尝过的滋味、触摸过的物体等的记忆都属于形象记忆。一般人的视觉形象记忆和听觉形象记忆通常发展得较好，在生活中起主要作用。触觉形象记忆、嗅觉形象记忆与味觉形象记忆，虽然一般人在这些方面也都有一定发展，但从一定意义上说可称之为职业形式的记忆，因为只有从事某种职业的人由于职业的特殊需要，这些记忆才会得到很好的发展。缺乏视觉形象记忆、听觉形象记忆的人，例如盲人或聋哑人等，其触觉形象记忆、嗅觉形象记忆、味觉形象记忆等会得到高度发展。

(二)运动记忆

运动记忆(motor memory)是以过去做过的运动或动作为内容的记忆。例如，对游泳动作的记忆，对体操、舞蹈动作的记忆等都属于运动记忆。运动记忆是运动、生活和劳动技能的形成及熟练的基础，对形成各种熟练技能技巧是非常重要的。运动记忆一旦形成，保持的时间往往很长久。在运动记忆中，大肌肉的动作不易遗忘，而小肌肉的动作易遗忘。

(三)情绪记忆

情绪记忆(emotional memory)是以体验过的某种情绪和情感为内容的记忆。例如，对过去美好事情所带来的喜悦心情的记忆，对过去曾经受过的一次惊吓的记忆，或对过去做错事而产生的悔恨的记忆等都属于情绪记忆。情绪记忆的印象有时比其他记忆的印象表现得更为持久、深刻，甚至终生不忘。

(四)逻辑记忆

逻辑记忆(logic memory)是以语词、概念、原理为内容的记忆。这种记忆所保持的不是具体的形象,而是反映客观事物本质和规律的定义、定理、公式、法则等。例如,我们对心理学概念的记忆,对数学、物理学中的公式、定理的记忆等都属于逻辑记忆。它是人类所特有的,与人的抽象思维密切联系,在实践活动中,随着个体的抽象思维能力的发展而不断提高,对我们学习知识起着重要作用。

第三节 记忆系统

长期以来,心理学界一直把记忆看成是某种单一的东西,相信只存在一种长时记忆系统。第二次世界大战后,由于军事和工业工程技术的需要,在信息论、控制论和系统论的影响下,认知心理学应运而生,心理学对记忆的研究有了一个很大的转变和进展,开始重视另一种记忆现象,即短时记忆。在初步研究的基础上,出现了记忆双系统的学说。这种学说认为,记忆不是单一的,它可以分为短时记忆和长时记忆两个相对独立的系统。这一思想猛烈地冲击了传统的有关记忆的看法,于是短时记忆的研究蓬勃发展起来。在这一热潮的带动下,人们又进一步提出,是否还存在比短时记忆更短暂的记忆系统。20世纪60年代初,美国心理学家斯波林(G.Sperling)首先用实验证实了感觉记忆系统的存在。这样,一个完整的记忆系统不仅包括短时记忆和长时记忆,而且还包括感觉记忆。于是出现了记忆信息三级加工模型的种种学说。

按照现代信息加工(imformation processing)的观点,记忆是一个信息加工系统,它由三个不同的子系统构成:感觉记忆、短时记忆和长时记忆。当外界信息作用感觉器官时,首先进入感觉记忆系统,然后,那些引起个体注意的感觉信息进入短时记忆系统,短时记忆中的信息经过加工再存储到长时记忆系统中,保存在长时记忆中的信息在需要时又被提取到短时记忆中,帮助短时记忆系统对信息进行加工(见图6-3)。感觉记忆、短时记忆和长时记忆是记忆系统中三个不同的信息加工阶段,尽管它们在信息的持续时间、记忆的容量、信息编码方式以及信息存储与遗忘机制方面都不相同,但它们之间不是非此即彼的关系,而是相互联系、相互作用、密切配合对信息加工处理的记忆系统。

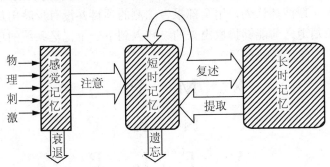

图6-3 记忆系统模型

一、感觉记忆

(一)感觉记忆的概念

感觉记忆(sensory memory)是指感觉刺激停止后所保持的瞬间映象。感觉记忆也称为瞬时记忆、感觉登记，它是人类记忆信息加工的第一个阶段。进入各种感觉器官的信息，首先被登记在感觉记忆中。感觉记忆的最明显的例子是视觉后像。例如，当人们在观看电影的时候，虽然呈现在屏幕上的是一幅幅静止的图像，但是我们却可以将这些图像看成是在运动的，这就是由于感觉记忆存在的结果。

(二)感觉记忆的编码

感觉记忆的编码主要依赖信息的物理特征，因而具有鲜明的形象性。感觉记忆的编码有如下方式。

1. 图像编码

图像编码(image coding)也称图像记忆，是指视觉器官能识别刺激的形象特征，并保持一个生动的视觉图像。斯波林(Sperling，1960)利用实验证实了视觉器官的这种编码能力。

斯波林在开始研究时，采用整体报告法，用速示器同时呈现3，4，6，9等若干个数字，呈现时间是50毫秒，之后，立即要求被试把看到的数字尽量多地报告出来。实验结果是，被试仅能回忆出4～5个数字。这个结果使斯波林设想，在感觉记忆中所保持的信息可能比报告的多些，只是由于方法的限制未能检测出来，于是他设计了局部报告法。方法是用速示器以50毫秒时间随机呈现排列的12个字母，字母分上、中、下三行，每行4个字母(见图6-4)。在视觉刺激终止后，立即随机向被试呈现高、中、低声音中的一种。要求被试在听到高音时，报告最上面一行的字母；听到中音时，报告中间一行的字母；听到低音时，报告最下面一行的字母。实验结果表明，如果发出的声音信号恰好在字母移去以后，被试能够正确报告出任何一个指定行的字母的平均数是 76%。由于声音是在字母呈现后才出现的，因此被试脑中必须保持着全部三行字母。由此推算，在被试脑中保持的总的字母数量应该是 12×76%＝9.12 个字母。这一实验结果与用全部报告法测的瞬间只能记住4～5个项目的结论差别很大。斯波林认为，用全部报告法测的项目并没有反映出最初信息存储的容量，而只是在映象消退之前能够提取出来的、转入到下一个记忆系统的项目数。这样，按照斯波林的研究，图像记忆确实存在。

```
X   M   R   J
C   N   K   P
V   F   L   B
```

图6-4 斯波林实验用的字母

2. 声像编码

声像编码(audio-visual coding)也称声像记忆，是指听觉器官对声音刺激的识别，并对声音刺激进行瞬间保持。声像记忆的存在是由莫瑞(Moray，1965)等人仿照斯波林的实验而被确定的。莫瑞设计了一个"四耳人实验"。实验中，把四个扬声器放在屋里的 4 个角上，让被试坐在当中，使他可以同时从 4 个不同声源听到声音并能区分出声源。实验时可以从 2 个、3 个或 4 个声源同时各呈现 1~4 个字母。刺激呈现完毕后，被试报告他听到的字母。实验采用了整体报告法和部分报告法。部分报告法的做法是：在被试面前的提示板上安 4 个灯，各代表一个声源。声音刺激呈现后开亮一个灯，当某个灯亮了，被试就要报告它所代表的那个声源传来的字母。结果表明，部分报告法的回忆成绩优于全部报告法，证明听觉系统中存在声像记忆。

(三)感觉记忆的储存

感觉记忆的信息储存有如下特点。

1. 感觉记忆储存的信息量大

感觉记忆在瞬时能储存大量的信息，进入感受器的信息多数都能被登记。记忆容量的大小由感受器的解剖生理特点所决定，一般认为图像记忆的容量为 9~20 个比特。这种记忆好比是整个记忆系统的"接待室"，从感官输入的所有信息都要在这里登记。

2. 感觉记忆中信息储存的时间很短

外界信息在感觉记忆中的保持是很短暂的，视觉信息约在 1 秒钟左右，听觉信息在 4 秒钟之内，说明信息消失的速度很快。这一特点对信息加工来说极为重要。因为外界信息处于迅速变化状态，感官内登记的信息若不尽快地被选用或抹掉，就会同新输入的信息混杂，从而丧失对最初信息的识别。可见信息的瞬间登记和急速消失是使感觉记忆保持高度效能的条件。虽然信息在感觉记忆阶段停留的时间极短，但足以使人的认知系统对它们进行各项操作和加工了。

(四)感觉记忆的转换

感觉记忆中的大量信息，只有能够引起个体注意并被及时识别的信息，才有机会进入短时记忆。相反，那些没有受到注意的信息，由于没有转换到短时记忆，很快就消失了。感觉记忆中的信息一般我们觉察不到，一旦其中的一些信息被我们觉察到了，即引起注意了，这些信息就被传送到短时记忆系统了。

二、短时记忆

(一)短时记忆的概念

短时记忆(short-term memory)是指信息在头脑中保持的时间一般不超过 1 分钟的记忆。它是信息从感觉记忆到长时记忆的中间环节。短时记忆一般包括两个成分：一个是直接记忆，即输入的信息没有经过进一步的加工；另一个是工作记忆，即为加工、操作服务。它不仅对传入信息暂时保持，而且实现对事物进行某种加工操作，必要时还要将储存在长时记忆中的信息提取出来解决面临的问题。短时记忆是唯一对信息进行有意识加工的记忆阶段。感觉记忆和长时记忆中的信息是我们意识不到的，这两种记忆中的信息只有被传送到短时记忆中才能被检测、组织和思维。所以短时记忆也称工作记忆。

延伸阅读

工作记忆

工作记忆(working memory)这一术语最早由英国心理学家巴德利和希奇(Baddeley & Hitch，1974)针对短时储存(short term storage)而提出。巴德利(2001)将工作记忆定义为在执行认知任务的过程中对信息进行暂时储存与加工的有限的资源系统，它由三个部分组成(见图 6-5)。①中央执行部分，主管工作记忆中信息的流动方式，从其他记忆系统如长时记忆中提取信息，对工作记忆中的信息进行较精细的加工和存储。这是工作记忆的核心，起着注意系统的作用，其认知加工的资源是有限的。②语音回路，主要以串行加工的方式，把言语信息转化为听觉编码并通过语音回路对它进行加工和存储。它在学习阅读、理解语言、获得词汇中扮演着重要的角色。③视觉空间速写缓冲器，主要以心象的形式对视觉和空间信息进行加工和存储。后两个部分是从属系统，具有信息特异性。外界输入的信息要经过工作记忆激活才能进入长时记忆而储存，长时记忆中的信息只有被提取到工作记忆中并活化后才能被再次利用。在信息加工过程中，工作记忆的内容在不断变化，但工作要求又使工作记忆具有连续性和系统性。工作记忆是个体认知活动的工作空间，包含从外界接收的信息和从长时记忆中提取的信息，以及对这些信息进行的操作。工作记忆与大脑的海马、边缘系统有定位的联系。该部位受损的人，不能很好地将当前信息转化为长时记忆，研究者据此认为可能存在着一个独立的工作记忆结构。但也有人认为该记忆只是长时记忆中被激活的那部分，不存在一个独立的工作记忆结构。

图 6-5 巴德利的工作记忆模型

工作记忆与短时记忆有什么关系呢？巴德利(Baddeley，1992)认为，他关于工作记忆的观点是对短时记忆思想的一种深化，而不是与之相对立的。现在短时记忆已不再被视为一种被动的、暂时的、容量有限的储藏室，巴德利等学者所研究的工作记忆强调的是工作记忆扮演着主动的角色，而不是信息的短暂储存。例如，把视觉信息转化为听觉编码，形成组块，通过复述以保持对所要记忆材料的注意，以及有时对信息的精细加工、从长时记忆提取与输入信息有关的知识的过程中都包含了工作记忆。因此，工作记忆这一术语所表达的远不只是短暂储存的含义。相反，它意指这样的一个工作场所，人们在此进行主动的心理努力去关注材料，并且常常是改变材料。还有学者认为，短时记忆与工作记忆是有区别的：短时记忆可以视为经主动加工的信息，甚至可能来自目前被激活的长时记忆的信息；工作记忆则包含这些活跃的记忆痕迹，同时还包含用于保持这些激活状态并使人将注意集中于手头正在做的首要认知任务的注意过程(Kail & Hall，2001)。总之，目前对工作记忆的具体界定范围尚不十分清楚。研究者从各自的领域、兴趣出发，提出具有不同含义的概念。对工作记忆与短时记忆、长时记忆的关系也有不同意见，并出现了长时工作记忆的概念。另外，对于工作记忆资源的有限程度亦有争议。工作记忆这一术语的使用，往往与具体的研究目的和内容关系密切，似乎应当有区别地加以使用。

(二)短时记忆的编码

短时记忆的编码主要有视觉编码和听觉编码。

1. 视觉编码

短时记忆中存在视觉形式的编码。研究者(Posner，1969)让被试判断两个字母是否是同一个字母，两个字母的呈现方式分别为同时呈现和先后呈现。两个字母的关系分两种：一种是两个字母的音和形都一样(A A)，称为同形关系；另一种是两个字母的音一样，而形不一样(A a)，称为同音关系。结果发现，当两个字母同时呈现时，同形关系的字母反应更快；当两个字母先后间隔一两秒呈现时，同形关系和同音关系的反应时没有差异。根据实验结果，研究者认为，由于同形关系比同音关系具有形的优势，因此只有在依靠视觉编码进行的作业中才会出现这一优势。由此可以推断，在短时记忆的最初阶段存在视觉形式的编码，之后才逐渐向听觉形式过渡。

2. 听觉编码

人们通过研究语音相似性对回忆效果的影响，证实了语音听觉编码方式的存在。康拉德(R. Conrad，1964)的研究是一个很好的证明。他选用了声音易混淆的字母，如B、C、P、T、V、F、S、X等为实验材料，用速示器以每个0.75秒的速度逐一随机地向被试呈现，每呈现完6个字母后要求被试凭回忆默写出来，如果记不清楚允许猜写，但不许不写。结果发现，被试回忆中写错的字母约80%左右是发生在声音相近的字母之间，如B和P，S和X，很少发生在形状相似的字母之间，如F和E。尽管字母是以视觉方式呈现的，短时记忆的信息代码仍然具有听觉的性质。人们看到的视觉形象必须转换成声音代码，这样才能在记忆中更好地保存下来。

(三)短时记忆的储存

短时记忆的信息储存具有以下特点。

1. 短时记忆中信息的保持时间较短

在无复述的情况下，短时记忆中信息的保持时间一般只有 5~20 秒，最长也不超过 1 分钟。美国学者彼得森夫妇(L.R.Peterson and M.J.Peterson)的实验表明，学习任何材料后，若使用分心技术干扰复述，则在间隔 18 秒后信息就会忘掉绝大部分。实验是这样进行的，给被试一个由三个辅音字母组成的项目表，如 PSQ、GKB 等，字母声音呈现后，要求被试回忆刚才听到的辅音字母，并同时开始从某个三位数上连续减 3，如 258，255，252…直到主试发出开始回忆出字母的信号，结果如图 6-6 所示。仅仅间隔 3 秒钟就有明显的遗忘，到了 18 秒时几乎遗忘了 90%。

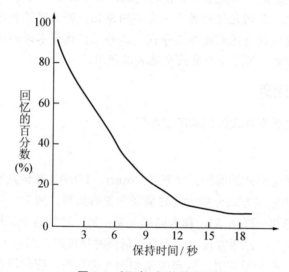

图 6-6　短时记忆的保持时间

2. 短时记忆的容量有限

正常成年人的短时记忆容量一般为 7±2。短时记忆容量是指信息一次呈现后，被试能回忆的最大数量。典型的实验采用 3~12 位随机排列的数字表，主试依次读，每读完一个序列，被试跟着正确地进行复述，直到不再能准确地复述为止，其记忆容量就是他所能正确复述的那个最大位数，一般为 7±2。

1956 年，美国心理学家米勒(Miller)，发表了一篇题为《神奇的数字 7±2：我们信息加工能力的限制》的论文，文中明确提出短时记忆的容量为 7±2，他从信息加工的观点出发认为，倘若人在主观上对材料加以组织、再编码，记忆的容量还可以扩大。他提出了组块概念，所谓组块是指将若干较小单位联合成熟悉的、较大的单位的信息加工，也指这样组成的信息单元。他认为短时记忆容量不是以信息论中所采用的比特为单位，而是以组块为单位。一个块可以是一个数字、一个字母，也可以是一个单词、词组，还可以是一个短语或句子。总之，是一个有一定的可变度的客体，它所包含的信息可多可少，通常受主体原有知识经验的影响。例如，数字 1，9，1，9，5，4，凡熟悉中国现代史的人都能够形成一个块 191954，知道这是爆发"五四运动"的年代，不熟悉中国历史的人则不能够形成单一的信息块，而将其编码成一串无意义的数字。

组块化过程可从两方面进行：一是把时间和空间非常接近的单个项目组合起来，使之成为一个较大的块;二是利用一定的知识经验把单个项目组成有意义的块。

近期研究发现,短时记忆的容量与识记材料的性质及人们对材料的编码加工程度有关。我国学者测定的短时记忆广度是:无关联的汉字一次能记住 6 个,十进位数字是 7 个,线条排列是 5 个。若识记的材料是有意义、有联系,又为人们所熟悉的,那么记忆广度还可增加。

(四)短时记忆的遗忘

短时记忆的信息在得不到复述的情况下会很快遗忘。那么是什么原因导致了遗忘呢?一种观点认为短时记忆的遗忘是由于记忆痕迹的自然消退;另一种观点则认为遗忘是由于短时记忆中的信息受到其他无关信息的干扰。沃和诺尔曼(Waush & Norman,1965)设计一个实验将"消退"和"干扰"这两个因素分离开来。他们让被试听由若干个数字组成的数字序列,在数字序列呈现后,伴随着一个声音信号呈现一个探测数字,这个探测数字曾经在前面出现过一次。被试的任务就是回忆在探测数字后边是什么数字。从回忆数字到探测数字之间是间隔数字,呈现这些间隔数字所需要的时间为间隔时间。在实验中,他们采用了两种速度来呈现数字:一种是快速的,每秒 4 个;一种是慢速的,每秒 1 个。这样,就可以在间隔数字不变的情况下改变间隔时间,从而把信息保存时间和干扰信息这两种因素分离开来。结果发现,在快、慢两种呈现速度下,被试的回忆正确率都随间隔数字的增加而减少,而不受间隔时间的影响(见图 6-7)。这一结果支持了干扰说,说明短时记忆的遗忘主要是由干扰信息引起的。

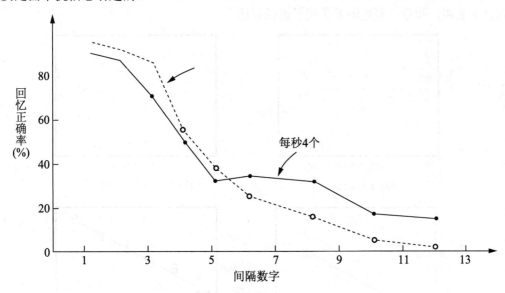

图 6-7 干扰项目数量对短时记忆信息保持的影响

(五)短时记忆的信息提取

关于短时记忆中信息的提取,斯腾伯格(Sternberg,1969)通过实验对这个问题进行了探讨。实验中向被试呈现在短时记忆容量以内的(如 1~6 个)、不同长度的数字系列(如 52946),接着呈现一个探测数字(如 5),要求被试回答在呈现的数字系列中是否有探测数字。如果数字系列中有探测数字，就按下"是"键，如果没有就按下"否"键。以反应时作指标分析短时记忆提取的情况。被试在做出"是"或"否"的反应前必须将探测数字与记忆中的数字系列进行比较。那么，这一比较过程有 3 种可能。

(1) 平行扫描：将探测数字同时与记忆中的所有项目相比较。如果用这种方法，则反应时将不会因数字系列的长短而变化(见图 6-8(a))。

(2) 自动停止系列扫描：将探测数字逐个与记忆中的项目相比较，发现有与探测数字相同的就中断扫描。如果用这种方法扫描，则长数字系列的反应时就比短数字系列的要长，同时，做出"否"反应比做出"是"反应的反应时长。因为做出了"是"反应被试即可停止扫描，但要作出"否"反应则需扫描记忆中的所有项目(见图 6-8(b))。

(3) 完全系列扫描：将探测数字逐个与记忆中的所有项目都进行比较，不论记忆中有没有探测数字。如果用这种方法，扫描长数字系列的反应时就比短数字系列的要长，并且做出"是"或"否"的反应时是相等的(见图 6-8(c))。

实验结果如图 6-8(d)所示，短时记忆中信息的提取是以完全系列扫描方式进行的。

(六)短时记忆的转换

短时记忆的内容经过复述，就进入长时记忆，因此，信息从短时记忆转入长时记忆的机制是复述，复述是为了把一定限量的信息保持在记忆中的一种内部言语活动。复述又分为两种：一种是机械复述或保持性复述，将短时记忆中的信息不断地简单重复；另一种是精细复述，将短时记忆中的信息进行分析，使之与已有的经验建立起联系。大量的研究与实践活动表明，精致性复述的效果优于机械复述。

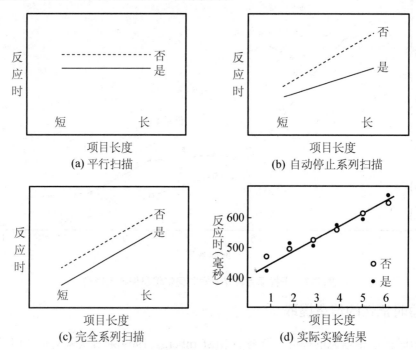

图 6-8 短时记忆信息提取

克瑞科和沃金斯(Craik & Wathins，1973)的研究表明，机械复述并不能加强记忆。研究者让被试听若干个单词,并要求被试记住其中最后一个以某个特定字母(如字母K)开头的单词。在单词系列中,有几个以 K 开头的单词,但实验只要求被试记住最后一个以 K 字母开头的单词,因此当被试听到下一个以 K 开头的单词时,就可以放弃前面的那个以 K 字母开头的单词了,由于在这些以 K 开头的单词之间所间隔的其他单词数不等,因此每个以 K 字母开头的单词得到复述的机会是不等的。回忆时,研究者出其不意地要求被试回忆所有以 K 字母开头的单词,结果发现,这些以 K 字母开头的单词的回忆成绩并没有差异,说明简单的机械复述并不能导致较好的记忆效果。

蔡斯(Chase & Ericsson,1981)等人曾报道了一个叫 B.F. 的个案,他可以回忆 80 个数字。进一步的研究发现,B.F. 原来是一名长跑运动员,因此他将那些随机数字组成为各种长跑距离所需要的时间。例如,他把"3,4,9,2,5,6,1,4,9,3,5"记作"3 分 49 秒 2 跑 1 英里,56 分 14 秒跑 10 英里,9 分 35 秒慢跑 2 英里"。这样,他通过和长时记忆建立联系的方法,将无意义随机数字转化成了有意义的、便于记忆的组块。由此说明,精细复述有利于短时记忆。

三、长时记忆

(一)长时记忆的概念

长时记忆(long-term memory)是指信息经过充分加工,在头脑中长久保持的记忆。长时记忆就像一个巨大的图书馆,存储着我们过去的所有经验,为各种心理活动提供必要的知识基础。长时记忆中的信息是有组织的知识系统。这种有组织的知识系统对人的学习和行为决策有重要意义。它使人能够有效地对新信息进行编码、以便更好地识记,也能使人迅速有效地从头脑中提取有用的信息,以解决当前的问题。

(二)长时记忆的编码

长时记忆的编码就是把新的信息纳入已有的知识框架内,或把一些分散的信息单元组合成一个新的知识框架。通过编码可以使信息有效地进入长时记忆。

1. 长时记忆信息的获得

识记是长时记忆习得信息的主要方式,根据不同的标准,将识记划分为不同的类型。

(1) 无意识记与有意识记。

依据主体有无明确的识记意图和目的,是否付出意志努力,识记分为无意识记和有意识记。

无意识记(incidental memory)又称不随意识记,是指没有明确的识记目的,不需采用任何识记策略和手段,也不需要做出意志努力的识记。无意识记与人的职业、兴趣、动机和需要有密切的关系,凡是对人有重大意义的、使人感兴趣的、能激发人的情感的事件,常常无意中被记住。在日常生活中,人们通过无意识记接受了许多知识,积累了许多经验。但无意识记带有很大的偶然性和选择性,所识记的内容带有随机性,因此,单凭无意识记,无法使人获得系统的科学知识。

有意识记(intentionally memory)也称随意识记,是指具有明确的识记目的,运用一定策略和方法,经过特殊的努力而进行的识记。有意识记有预定的目的,任务具体,讲究方法,并伴随意志努力。因此,它是一种主动而又自觉进行的识记活动。在现实生活中,有意识记比无意识记更显得重要。因为系统知识和技能的掌握,主要是依靠有意识记。

(2) 机械识记与意义识记。

根据所要识记的材料本身有无意义,或学习者是否了解其意义,识记又可分为机械识记和意义识记。

机械识记(mechanical memory)是指对没有意义的材料或对材料没有理解的情况下,仅仅依据事物的外部联系,采用机械重复的方式进行的识记。例如,记人名、地名、电话号码、商品型号、历史年代等。材料本身没有什么内在联系,只能按外在的时空顺序努力强记。有些材料本身有一定意义,但限于学习者的知识经验水平不能理解其意义,在这种情况下也只得采用机械识记。从学习的效果来看,机械识记不如意义识记,但机械识记在人们的生活、工作和学习中又是必不可少的,因现实生活中,总有一些缺乏意义的材料需要我们记住它。

意义识记(meaningful memory)是指对识记对象理解的基础上,依据事物的内在联系,并运用已有的知识经验对识记材料进行加工所进行的识记。意义识记的先决条件是要求识记者能理解识记材料并进行思维加工。例如科学概念、定理、公式、历史事件和文艺作品等都是有意义的材料,在识记这类材料时,一般不会采取逐字逐句强记硬背的方式,而是先理解其基本含义,借助自己已有的知识经验,通过思维的分析和综合活动,把握材料各部分的特点和内在逻辑关系,使之纳入认知结构而保持在记忆中。一个人意义识记的全面性、精确性、牢固性及迅速有效性,主要是依赖于主体对识记材料理解的程度。

2. 对识记材料的组织加工

所谓组织加工就是将材料加以整合,把新材料纳入已有的知识结构之中或把材料作为合并单元而组合为某个新的知识框架,这个过程称为组织加工。对识记材料可以用多种方式组织加工,下面是常见的几种加工方式。

(1) 表象和语义的双重编码。

美国心理学家佩沃(Paivio, 1975)提出长时记忆中的双重编码说(dual-coding hypothesis)。他认为识记一件具体事物,可出现表象和语义的双重编码。例如,一块手表,我们既可以用一块有特定形状的手表的心理图像去表征它,又可以用更抽象、更概括的意义来描述它——"手表是一种计时工具"。前者是表象编码,后者是语义编码。人们记一件具体事物时,除了记起它的视觉图像外,总是从中汲取其意义。这充分证明双重编码是客观存在的。表象和语义是既相平行又相联系的认知系统,它们可以分别由有关刺激所激活,然而两类信息又可以互相转换。不过识记那些抽象的概念、思想,就很难用表象编码去表征它,如"公平""真理"等,只能用语义编码、理解并分析其意义,领会其实质才便于记忆。

(2) 以语言的特点为中介进行编码。

借助语言的某些特点,如语义、发音、字形等,对当前输入的某些信息进行编码,使它成为便于存储的东西。这种编码方式,在记忆无意义音节时经常使用。例如 wel,当人们记忆这个音节时,可以根据发音的相似性,把它当成 weal(福利),从而提高记忆的效率。利用语言的音韵和节律等特点,也能对记忆材料进行编码。例如,在记忆农历 24 个节气时,可以把它组成有音韵、有节律的口诀：春雨惊春清谷天，夏满芒夏暑相连，秋处露秋寒霜降，冬雪雪冬小大寒。将 24 个节气用音韵组成四句话，每一句都包括六个节气，这样就好记了。在记忆乘法、珠算口诀时，人们也时常使用这种编码方式。

(3) 按语义归类的组织加工。

当识记一系列概念时，人们不是按它呈现的顺序去记忆，而是先进行语义归类，把同一类概念倾向于群集回忆。在自由回忆的实验时可看出这种加工倾向。例如，把 24 对联系紧密的单词(如医生与教师，桌子与椅子，马与羊等)拆开变成 48 个单词，按随机方式混合向被试一个个地呈现，允许他们自由回忆。结果发现，被试仍倾向于把语义联系紧密的单词归到一起进行再现。尽管桌子和椅子两个词之间由 17 个单词隔开，但回忆时仍把它们组织到一起。单词之间语义联系越紧密，正确回忆的百分数越高。说明知识系统性对信息的组织加工起重要作用。

(4) 主观组织。

对本来没有什么意义联系的材料，人为地加以组织，回忆时，将被加工的材料以群集方式再现，这种加工称为主观组织。图尔文(E. Tulving, 1962)在实验中，向被试呈现了 16 个无关联的单词，例如音乐、兵营、发现、冰山、办公室、山谷、顽皮、女孩、发行量、丛林、谜语、叛徒、咸水湖、格言、润发油、步行者。这 16 个单词被排列出 16 个不同顺序，每一顺序向被试呈现一次，每秒呈现一个单词，如此反复多次，让被试按自己喜欢的顺序再现。结果发现，被试在连续的各次实验中，有以相同的顺序再现单词的倾向。他们把某些词组织在一起的情况越多，说明其主观组织的程度越高。

(三)长时记忆的储存

长时记忆的信息储存具有以下特点。

1. 长时记忆储存的容量巨大

长时记忆是一个信息库，它可以储存一个人的所有知识，为各种活动提供必要的知识基础。长时记忆的容量究竟有多大，有人认为是 5 万～10 万个组块，也有人认为是 1015 比特。总之，长时记忆有巨大的容量，人们没有过去记得太多、现在记不进去的感觉。长时记忆将现在的信息保持下来供将来使用，或将过去储存的信息提取出来用于现在。它把人的活动的过去、现在和未来联系起来。它的信息主要来自对短时记忆的内容的复述，也有一些是在感知中印象深刻的内容一次性印入的，特别是那些激动人心、引起强烈情绪体验的内容可直接进入长时记忆系统被储存起来。

2. 信息保持的时间长

长时记忆中的信息保持时间在 1 分钟以上，甚至数年乃至终生，是一种长久性的存储。

3. 信息储存有动态变化

信息经过编码加工之后，在头脑中储存，这种储存虽然是有秩序、分层次的，但不能理解为像文件存放在保险柜里那样一成不变。信息在记忆中的保持是一个动态过程，随时间的推移以及后来经验的影响，在质和量上均会发生变化。

在质的方面的变化，显示出以下特点：①记忆的内容比原来识记的内容更简略、更概括，一些不太重要的细节趋于消失，而主要内容及显著特征被保持；②保持的内容比原识记的内容更详细、更具体、更完整、更合理；③使原识记内容中的某些特点更加突出、夸张或歪曲，变得更生动、离奇、更具有特色。

英国心理学家巴特莱特(Bartlett，1932)做过一个实验，他让被试看一个图，隔半小时后要他凭回忆画出来，然后把他所画的图给第二个被试看，隔半小时后要求第二个被试凭记忆把图画出，依次做下去，直到第 18 个被试。从第一个被试识记的枭鸟，经过 18 个人的记忆改造，最后变成了一只猫的形象(见图 6-9)。这说明信息在头脑中的储存不是静态，而是会发生变化的。

图 6-9　记忆过程中图形的变化

巴特莱特在另一个实验中，让许多被试阅读一篇"魔鬼的战争"的故事，过了一段时间，让他们复述，结果发现，经常阅读鬼怪故事的被试在回忆中增添了许多关于鬼的内容和细节，而受到逻辑学训练的被试在回忆中则大量删去鬼的描述，使故事变得更合乎逻辑。从识记的内容与回忆的内容之间的差异可以看出，信息在头脑中的保持不是静止的、凝固的，而是一个重构过程，识记内容在保持的过程中会被加工。

在量的方面的变化，显示出两种倾向。

一种倾向是记忆回涨现象，即记忆的恢复现象。巴拉德(P. B. Ballard，1913)让一组 12 岁的儿童学习诗歌，事先没有提醒，在学习后立即进行测验，之后，在 1，2，3，4，5，6 和 7 天后又进行重测，结果发现，儿童在学习后的第 2、3 天的保持量比学习后立即测得的保持量高 6%～9%。继巴拉德之后，许多人重复了这类实验，都得到同样的结果，证明儿童在学习后的两三天保持会有所提高。记忆恢复现象，儿童比成人较普遍，学习较难的材料比学习较易的材料更明显，学习程度较低的比学习纯熟的更容易看到。

对记忆回涨现象的解释，有两种假设，一种观点认为，识记后立即进行回忆，学习者对学习材料还没有形成一个统一的整体，对材料的储存是零散的，因而回忆成绩低；之后学习者采用了某种较为有效的解决任务的方法，把学习材料作为一个整体来考虑，这样回忆的内容就较详尽。另一种观点认为，由于识记时有累积抑制，影响了识记后的立即回忆成绩，过了一定的时间，抑制解除了，记忆的成绩也就可能提高。这些解释，都有待进一步的研究。

另一种倾向是，识记的保持量随时间的推移而日趋减少，有一部分回忆忆不起来或回忆发生了错误，这种现象就是遗忘。

(四)长时记忆的信息提取

长时记忆的信息提取是指把信息从长时记忆中提出来，以便加以运用。

1. 长时记忆信息提取的形式

(1) 再认。

再认(recognition)是指过去经历过的事物再次出现时，感到熟悉并能识别和确认的过程。例如，好友重逢，一眼就认出了对方；旧地重游，处处有熟悉之感，这些都是再认的现象。

再认有感知和思维两种水平，并表现为压缩和展开两种形式。感知水平的再认往往以压缩的形式表现出来，它的发生是迅速的、直接的。例如，对一首熟悉的歌曲，只要听见几个旋律就能立即确认。思维水平的再认是以展开的形式进行的，它依赖于某些再认的线索，并包含了回忆、比较和推论等思维活动。

再认的效果主要取决于以下条件：①对事物识记的巩固程度，保持巩固，再认就容易，反之则困难。②当前的事物与以前经验过的事物的相似程度。事物是发展变化的，再认过程中所要依靠的各种线索，例如事物的结构、特性、特点等变化不大，就可能再认，当线索发生了很大变化时，再认就会有困难。③从学习到再认的间隔时间。间隔时间越长，再认效果越差。夏佩德(Shepard，1978)给被试依次呈现 612 张图片，让被试学习，然后从这些图片中选出 68 张，并与从未学习过的图片混在一起，进行再认测验。时间间隔有 1 小时、2 小时、3 天、7 天，直至 12 天。结果表明，间隔 2 小时，再认成绩最好。再认效果随时间延长而逐渐下降(见图 6-10)。

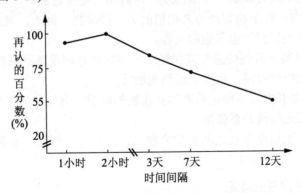

图 6-10 时间间隔对再认的影响

在日常生活中，错误地再认时有发生，其原因是多方面的：一是由于识记的不巩固、不精确，原有的联系消失或受干扰，当识记过的事物再度出现时，不能激活原有的记忆痕迹，因而无法正确地再认。二是由于联系的泛化，导致错误地再认。例如，错把一个陌生人当作熟人。这是因为他的许多特征与熟人相似，这些特征在头脑中产生了泛化，因此导致了"张冠李戴"。在学习汉字时，常常会出现认错、写错的现象。例如成、戍、戎，这几个字很相似，如果没有将它们精确地加以分化，时间久了，头脑中的痕迹不清晰，极容易发生混淆。

(2) 回忆。

回忆(recall)又称为再现或重现，是指过去经验的事物不在面前，能在头脑中重新呈现出来的过程。例如，考试时学生根据考题回忆起以前学过的知识；成功时想起以往的奋斗过程等，都是回忆活动。

回忆分为有意回忆和无意回忆。前者是有预定的回忆意图和目的，在回忆任务的推动下，自觉主动地进行的回忆，后者是没有明确回忆目的和意图，也不需要努力地搜索，完全是自然而然地想起某些旧经验。例如，一件事情偶然涌上心头，浮想联翩等都是无意回忆。无意回忆的内容往往是不连贯、不系统的。

回忆有直接回忆和间接回忆。直接回忆是指由面前的事物直接唤起了脑中已有的经验。例如，若问你暑假同谁结伴旅游，你会说出张三、李四等一些人的名字，这就是直接回忆。间接回忆是指通过一系列提示线索或中介联想才能唤起脑中已有的经验。例如，若问 2009 年 10 月 31 日上午你在干什么？对这个问题可能很难立刻回忆出来，往往要借助日记、备忘录或其他一些中介物，对问题进行某种预加工，以便确定回忆方向，把回忆的范围逐渐缩小，此外还要提出一些假设，对假设要逐一验证，排除无效的回忆线索，凭借联想搜寻新的线索，直至完成回忆任务，提取出必要的信息，这种回忆称为间接回忆。

联想在回忆中起着重要的作用。所谓联想就是由一种事物想到另一事物的心理活动。当具有某种联系的事物反映到人的头脑中，并在大脑皮层建立起暂时神经联系，只要一事物出现，就会引起对另一事物的联想。回忆常常以联想搜寻的形式进行，常见的联想有以下几种。

① 接近联想：由一种事物想到在时间上或空间上与之相近的另一种事物。例如，人们提起天安门就会想到人民大会堂和人民英雄纪念碑，这是因为空间接近之故；看到闪电想到雷鸣暴雨，这是由于两种现象是相继出现，在时间上是接近的。

② 相似联想：由一种事物想到与之相似的另一种事物。例如，提起春天，想到生机与繁荣；提起苍松、翠柏想到意志坚强的人等。

③ 对比联想：由某一事物的感知或回忆引起同它具有相反特征或相排斥的事物。例如，由美想到丑，由草原想到沙漠，由黑暗想到光明等。

④ 关系联想：由事物的多种关系而建立起来的联想。例如部分与整体、种属关系、因果关系等所形成的联想均属关系联想。

在识记时，有意识地在事物之间多建立联系，形成各种联想，有助于回忆，联想越丰富，回忆越容易。

2. 长时记忆信息提取的理论

关于从长时记忆中如何提取信息，目前有两种看法，一种理论认为，信息的提取是根据信息的意义、系统等来搜寻记忆痕迹，使痕迹活跃起来，可回忆出有关的项目。另一种理论认为，记忆是一种主动的过程，存储起来的是一些元素或成分，回忆则是把过去的认知成分汇集成完整的事物。这两种理论各自适合于不同的编码形式。搜寻理论可能适合于表象储存，重建理论适合于语义储存。

信息提取的效果，一方面依赖于储存，另一方面依赖于线索。倘若储存本身是有组织的、有条理的、有层次结构的，提取时只要使层次网络中的某些节点激活，使与这些节点有关的信息处于启动状态，回忆就会很容易进行。若储存是杂乱无章的，提取就不会顺利。线索在提取中起着重要的作用，线索的数量多、质量高，提取就容易。线索的质量是指线索中的信息与记忆痕迹中的信息匹配联系的紧密与否。一般来说，再认比回忆容易提取信息，这是因为再认时有关线索就是再认的感性依托，有较多的线索给予提示，可帮助尽快地确认。

3. 影响长时记忆信息提取的因素

从长时记忆中提取信息会受到许多因素的影响，其中，既有积极的因素，也有消极的因素。

(1) 积极的因素。

影响长时记忆信息提取的积极因素主要有以下方面。

① 对信息合理组织有利于提取。从容量巨大的长时记忆库中检索提取信息，就像到一个藏书极多的图书馆查找某一本书一样，能否顺利地找到那本书，与对书的归类编目存放有关。同理，人们对信息进行合理的组织或使它们处于一定的前后关系中可以增加线索，促进提取。

包尔(Bower，1969)等人做了一个实验，要求被试记 4 张词表。提供给一些被试的词表是按照树状层次组织起来的，而提供给另一些被试的词表上的词是随机排列的。识记后进行回忆测验。结果表明，被试对有层次组织的词回忆的正确率为 65%，而对随机排列的词回忆的正确率只有 19%。这个实验证明了高度组织起来的材料，按层次网络储存的材料有助于提取。这是由于材料的组织为提取时的搜寻过程提供了有利的线索。而对随机排列词表的词的搜寻，有如走迷宫，常常在某些词上打圈子，影响顺利提取。这说明合理地组织材料，按组织系统储存，可保证提取活动准确和高效率地进行。

② 使信息储存处于编码时的前后关系中有助于提取。事物总是处在一定的情景中的，这种场合因素会伴随着人对事物的识记，当再认或回忆的情景与识记时的情景越相似，越有利于对信息的提取。也就是说，信息处于编码时的前后(或上下文)关系中，这种场合本身就是最有力的提取线索。特别是在提取复杂信息时，与材料有关的上下文线索将有助于材料的迅速恢复。

(2) 消极的因素。

影响长时记忆信息提取的消极因素主要表现为如下方面。

① 干扰影响信息的提取。生活中常会遇到一个记忆线索与几个有关事物相联系的情况，其中，与一个线索联系较牢固的项目往往会干扰与同一线索联系较弱的项目的提取。例如，一个篮球运动员改踢足球，开始他总不能得心应手，其原因是，打篮球的规则与技巧已经很熟，甚至习惯化了，改踢足球后，原来形成的技能总会干扰对踢足球运动信息的提取，出现犯规行为。与同一线索联系的项目越多，通过该线索提取目标项目就越困难。如果将与同一线索相联系的各个项目进行意义加工和组织，就会减少彼此的干扰。

② 消极情绪妨碍信息的提取。例如，考试时，一旦遇到一个难题答不出来，便产生紧张和焦虑情绪，引起种种担忧心理。这种心境会影响对与解答问题有关信息的提取，造成再认或回忆困难。

(五)长时记忆中的遗忘

1. 遗忘的概念

遗忘(forget)指识记过的内容不能再认与回忆,或是错误地再认与回忆。遗忘是保持的对立面,保持的丧失就意味着遗忘的出现。如果识记过的内容,不经复习,保存量随时间的推移日趋下降,这就是遗忘。用信息加工的观点来说,遗忘是信息不能提取或提取出现错误。

遗忘是人的正常的现象,对于那些不必要的、应淘汰的信息的遗忘,是有积极意义的,既可减轻我们的脑力负担,又可不为杂事所缠绕。但对必须保持的信息的遗忘,是消极的,会影响生活、学习和工作。因此,该忘记的事情要学会遗忘,不该忘记的事情要设法保持。

2. 遗忘的类型

根据遗忘的程度和性质的不同,可分为部分遗忘和完全遗忘。如果识记过的内容在头脑中留下了大部分,只是其中一部分不能回忆或再认,属于部分遗忘。如果事过境迁全部回忆不起来,属于完全遗忘。

根据遗忘的时间的不同,可分暂时遗忘和永久遗忘。若已转入长时记忆的内容一时不能被提取,但在适宜条件下还可恢复,属于暂时遗忘。例如,提笔忘字;熟人相见叫不出对方的名字,话到嘴边说不出来,称舌尖现象;考试时,回忆不出有关的知识,一出考场立刻想起等都属暂时遗忘。若识记过的内容,不经重新学习,记忆不可能再行恢复,属于永久遗忘。

3. 遗忘的规律

德国心理学家艾宾浩斯(H.Ebbinghaus,1850—1909)最早对遗忘进行了系统的研究。他自己充当主试和被试,独自进行实验,持续数年之久。他创制了大量的无意义音节字表作为记忆实验的材料,这种无意义音节是由两个辅音和一个元音组成,如 TAJ、YIC、HUZ、CEX、GAW 等,以在德语字典中查不到为准,因此称为无意义音节。以无意义音节为实验材料,目的是避免受旧有知识经验的影响。无意义音节虽然本身没有含义,但它可以引起被试的联想,为了使记忆的难度尽量一致,他选用联想值较低的无意义音节作为实验材料。使用这类性质相似的实验材料,便于改变和确定数量。他共进行了 163 次试验,实验中,每次识记 8 组,每组包括 13 个无意义音节,每次识记到连续两次无误地背诵为止,经过一定时间后(7 种不同的时距)进行回忆,当有些音节不能恢复时,重学这些音节,再达到恰能背诵为止。实验采用重学法(又称节省法)检查识记效果,即以重学比初学节省诵读时间的百分数作为保存量的指标。实验结果如表 6-3 所示。

表 6-3 学习无意义音节后的保存量

时距(小时)	重学节省(%)(保存量)	遗忘数量(%)
0.33	58.2	41.8
1	44.2	55.8
8.8	35.8	64.2
24	33.7	66.3

续表

时距(小时)	重学节省(%)(保存量)	遗忘数量(%)
48	27.8	72.2
6×24	25.4	74.6
31×24	21.1	78.9

将实验结果绘成曲线(见图6-11),就是一直被广泛引用的经典的遗忘曲线。艾宾浩斯遗忘曲线揭示了遗忘的规律是先快后慢,即遗忘的进程是不均衡的,在识记后的短时间内遗忘比较快、比较多,以后遗忘缓慢,到一定时间后,几乎不再遗忘。

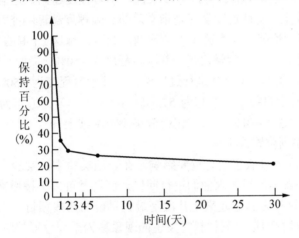

图6-11 艾宾浩斯遗忘曲线

后来,许多人用不同的识记材料,不同的检查保存量的方法,在大量的被试中进行实验。1922年我国著名心理学家陆志韦让20名被试识记12个无意义音节字,用再认、重学、重组材料、自由回忆和预期回忆5种方法检查保持量。结果表明,除用再认法检查的保存量一直下降很慢外,其余4种方法得出的保持曲线与艾宾浩斯保持曲线基本一致(见图6-12)。

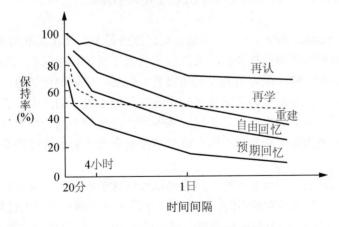

图6-12 不同方法测得的保持曲线

4. 影响遗忘的因素

遗忘不仅受时间因素的影响,还受到许多其他因素的影响,主要有以下几方面。

(1) 识记材料的性质与数量。

就识记材料的性质而言，一般来说，熟练的动作遗忘得最慢。贝尔发现，一项技能一年后只遗忘 29%。也就是说，人的动作记忆保持得最好。其次，熟记了的形象材料也容易长久保持。有意义的文字材料，特别是诗歌要比无意义的材料保持得多，遗忘得慢。

就识记材料的数量而言，识记材料的数量越大，识记后遗忘得越多。有实验证明，识记 5 个材料的保持率为 100%，10 个材料的保持率为 70%，100 个材料的保持率为 25%。即使是有意义的材料，当识记数量增加到一定程度，遗忘速率接近于无意义材料的遗忘曲线。

(2) 学习程度。

学习程度对遗忘也有较大的影响，一般来说，学习程度越高，遗忘越少。过度学习达 150%，保持的效果最佳。所谓过度学习是指学习的巩固程度超过刚能背诵的程度。例如，学习一个材料，20 遍后恰能一次正确无误地背诵，此时，称这 20 遍的学习程度为 100%，倘若再继续学习 10 遍，就是过度学习了，其学习程度为 150%。又如，学一个材料 30 分钟后恰能一次正确背诵，再用 15 分钟进行过度学习，其学习程度为 150%。根据我国心理学家的实验表明，33% 的学习程度，遗忘为 57.3%；100% 的学习，遗忘为 35.2%；150% 的学习，遗忘为 18.1%。超过 150% 的学习，记忆效果不再继续上升。

(3) 识记材料的序列位置。

识记材料的序列位置对遗忘也有重要影响。在一项实验中，实验者要求被试学习含有 32 个单词的词表，并在学习后要求他们进行回忆，回忆时可以不按原来的先后顺序。结果发现，最后呈现的项目首先回忆起来，其次是最先呈现的那些项目，而最后回忆起来的是词表的中间部分。这种在回忆系列材料时发生的现象称为系列位置效应。

(4) 识记者的态度。

识记者对识记材料的需要、兴趣等，对遗忘的快慢也有一定的影响。研究表明，在人们的生活中不占重要地位的、人们不感兴趣的、不符合人需要的事情，容易遗忘。

5. 遗忘的原因

关于遗忘的原因，通过研究后，人们提出了不同的理论。

(1) 衰退理论。

衰退理论(attenuation theory)认为，遗忘是记忆痕迹得不到强化而逐渐减弱，以致最后消退的结果。记忆痕迹随时间的推移而消失的假说接近于常识，正像某些物理、化学痕迹也会随时间推移而消失一样，很容易为人们所接受。但是，要证明记忆痕迹的衰退是遗忘的原因，就必须证明：在原初学习之前或之后不能有其他心理活动产生，否则，这些心理活动就会对原初学习所留下的痕迹产生干扰；或者，神经组织中的记忆痕迹仅随着时间的推移而消退而不受其他因素的影响，否则，这些痕迹就会产生新的神经联系。事实上，这是不可能的。

尽管不能用实验来证明衰退理论，但也难以驳倒这个理论。因为事物都有发生、发展和衰亡的过程，记忆痕迹可能也不例外，也有一个发生、发展和衰退的过程。记忆的恢复，可能是痕迹的生长过程。随着时间的流逝，回忆量减少或回忆内容越来越不确切，越模糊，甚至彻底遗忘，也可能是痕迹衰退在起作用。

(2) 干扰理论。

干扰理论(interference theory)认为，遗忘是因为在学习和回忆之间受到其他刺激的干扰所致。一旦干扰被排除，记忆就能恢复，而记忆痕迹并未发生任何变化。

干扰理论的最初研究是睡眠对记忆的影响。詹金斯和达伦巴赫(Jenkins & Dallenbach，1924)在一项实验中，让两位被试识记 10 个无意义音节，要求达到一次能正确背诵的程度。然后，让一位被试睡觉，另一位被试继续日常活动。分别在 1，2，4，8 小时后，让被试回忆学习过的材料，结果如图 6-13 所示，睡眠的被试回忆成绩比继续活动的回忆成绩要好，说明日常活动干扰了对学习材料的回忆。

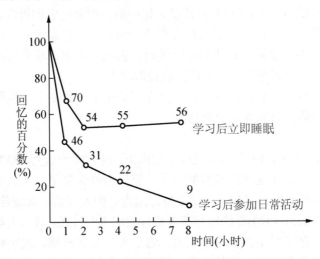

图 6-13　睡眠与活动对记忆的影响

干扰理论最明显的证据是前摄抑制和倒摄抑制。前摄抑制是先学习的材料对识记和回忆后学习材料的干扰作用。这种现象被安德伍德(Underwood，1949)的实验所证实。实验者要求两组被试记忆无意义音节字表。第一组被试在学习前进行了大量的练习，第二组被试没有进行这种练习。24 小时后进行测验，结果表明，第一组被试只记住了字表的 25%，而第二组记住了 70%。

后学习的材料对回忆先学习的材料的干扰作用，称倒摄抑制。缪勒和皮尔扎克(Müler & G. Pilzecker，1900)首先发现这种现象。他们让被试识记无意义音节后，休息 5 分钟，再进行回忆，结果回忆率为 56%。如果被试在识记和回忆间从事了其他活动，回忆率只有 26%。这说明后面从事的活动对前面的学习起了干扰作用，因而使成绩下降。

实验也证明，倒摄抑制受前后两种学习材料的类似程度、难度、时间安排以及识记的巩固程度等条件的影响。如果前后学习的材料完全相同，后学习即是复习，不产生倒摄抑制。在学习材料由完全相同向完全不同逐步变化时，倒摄抑制开始逐渐增加，材料的相似性达到一定程度，抑制作用最大，以后抑制又逐渐减弱，到了先后识记的材料完全不同时，抑制的效果最小。

在学习中，前摄抑制和倒摄抑制的影响是非常明显的。例如，学习一篇课文，一般总是开头和结尾部分容易记住，而中间部分则容易忘记。其原因是，课文的开始部分只受倒摄抑制的影响，不受前摄抑制的影响；结尾部分只受前摄抑制的影响，不受倒摄抑制的影响；中间部分则受两种抑制的影响，因而最易遗忘。另外，前面谈到的系列位置效应，其产生的原因，也与这两种抑制的作用有关。

(3) 提取失败理论。

提取失败理论(theory of extraction failure)认为,遗忘是一时难以提取出所需要的信息,一旦有了正确的线索经过搜寻,所要的信息就能被提取出来。在一个实验(Tulving & Pearlstone,1966)中,向被试呈现 48 个单词(它们分属于 12 类,每类有 4 个单词),让被试识记。提供线索组(被提示类别名称)平均回忆出 30 个单词,无线索组(没有提示类别名称)平均回忆出 20 个单词。此后,向无线索组提示类别名称,这时他们的回忆数达 28 个单词。显然,这额外回忆出的 8 个词是储存在被试记忆中的,但要把它们提取出来就必须有检索线索。还有不少实验证明,即使记忆无意义音节,如果提供检索线索,回忆成绩也明显提高;有些人在催眠状态下能回忆起他们完全没有意识到的细节。所有这些事实都表明,被"遗忘了"的材料仍然被保持着,只是没有被提取出来。

我们的长时记忆像一个巨大的图书馆,储存着成千上万的图书,提取失败可能是失去了线索或线索错误所致,而非真正的遗忘。

(4) 压抑说。

压抑说(depressive theory)也称为动机性遗忘理论。这种理论认为,遗忘是由于动机或情绪的压抑作用引起的,如果这种压抑被解除了,记忆也就恢复了。从这个角度讲,遗忘是因为我们不想记,而将一些记忆推出意识之外,因为它们太可怕、太痛苦、太有损于自我。弗洛伊德(Sigmund Freud,1923)在给精神病人施行催眠术时发现,许多人能回忆起早年生活中的琐事,而这些事情平时是回忆不起来的。它们大多与罪恶感、羞耻感相联系,因而不能为自我所接受,故不能回忆。也就是说,遗忘不是保持的消失而是记忆被压抑。对成年人回忆儿童时代的经验的研究发现,大多数原初经验的共同情绪是同高兴相联系,其次是害怕,再其次是愤怒、痛苦。总之,不愉快的事件较愉快的事件更易于遗忘。

在一个实验(Zeller,1950)中,让一个被试组学习无意义字表后,立即给予"失败"。后来的测验表明,被试的回忆成绩比未经历失败遭遇的控制组要差得多。接着让这个"失败"组的被试学习新的字表并让其获得成功。结果发现,这个成功使他们的回忆成绩大为提高。这就是说,如果消除了压抑的原因,消除了记忆材料与消极情绪的联系,那么遗忘也就能克服了。

6. 遗忘的克服

复习是记忆之母,克服遗忘最好的办法是加强复习。

(1) 及时复习。

遗忘规律是先快后慢,因此复习必须及时。遗忘往往是在识记后不久就很快大量发生,因为此时新学习的材料在脑中建立的联系还不巩固,记忆痕迹较容易衰退,及时复习可以阻止学习后立即发生的急速遗忘。

(2) 合理地分配复习时间。

复习的效果不是单纯地取决于复习的次数,复习具有累积效果,刚学过的知识不但要及时复习,而且也应适当地增加复习的时间,随着记忆巩固程度的提高,复习的次数和时间可逐渐减少,间隔时间也可以逐渐加长。连续地进行复习称为集中复习,而有一定的间隔时间的复习称为分配复习。一般来说,分配复习优于集中复习,这是因为集中复习时大脑神经过程容易产生抑制的积累,而分配复习有较多时间间隔使抑制消除,并且有利于联系的巩固。但这不是绝对的,只要平时坚持分配复习,到必要时,采用集中复习,考试的效果就会较好。那种平时不复习,考试前临阵磨枪,是达不到巩固知识的效果的。

(3) 复习多样化。

复习并不意味着单纯地、机械地重复所学的材料,复习方法的单调既容易使人感到枯燥乏味,又容易产生厌倦、疲劳。多样化的复习,可使人感到新颖,容易激发智力活动,使所要复习的材料与有关知识之间建立新的联系,以更牢固地保持。

(4) 阅读与回忆相结合。

复习时单纯重复阅读效果并不太好,应该在识记材料还没有完全记住前就要积极地试图回忆,当回忆不起来时再阅读,这样容易记住,保持的时间长,错误也少。在一个实验中,让被试识记无意义音节和传记文,各用 9 分钟进行识记,其中部分时间用于重现。由于阅读与重现时间的分配比例不同,记忆的效果有明显的差异(见表 6-4)。

表 6-4 阅读时回忆的效果

时间分配	16 个无意义音节回忆(%)		5 段传记文回忆(%)	
	立刻	4 小时后	立刻	4 小时后
全部诵读时间	35	15	35	16
1/5 用于重现	50	26	37	19
2/5 用于重现	54	28	41	25
3/5 用于重现	57	37	42	26
4/5 用于重现	74	48	42	26

复 习 要 点

第一节 记忆概述

记忆是个体对其经验的识记、保持、回忆或再认的心理过程。从信息加工的观点来看,记忆就是人脑对外界输入的信息进行编码、储存和提取的过程。

记忆的脑结构机制:①脑定位说:法国医生布洛卡提出了脑机能定位的思想,认为脑的机能都是由大脑的一些特定区域负责的,记忆也不例外。潘菲尔德在医治癫痫病人时,用电极刺激右侧颞叶,引起患者对往事的鲜明回忆。在科恩等的研究中,给抑郁病患者脑的不同部位电击引起痉挛,并损害不同的记忆。②整合说:1929 年,美国心理学家拉胥里提出了整合说,认为记忆是整个大脑皮层活动的结果,它和脑的各个部分都有关系,而不是皮层上某个特殊部位的机能。③SPI 理论:认为记忆系统是由多个执行特定功能的记忆模块构成的。这些记忆模块的关系表现为两个方面:其一,信息以串行的加工方式进入记忆系统,在一个记忆模块中的编码依赖于某些其他功能模块中信息加工是否成功。其二,信息以并行的方式存储在各个特定的记忆模块中。

记忆的脑细胞机制:①反响回路:是指神经系统中皮层和皮层下组织之间存在的某种闭合的神经环路。通过脑电和神经结构的研究发现,反响回路可能是短时记忆的生理机制。②突触结构:神经元突触的改变影响长时记忆。

记忆的生化机制：①核糖核酸：个体记忆是由神经元内的核糖核酸的分子结构来承担的。②激素：机体内部的一些激素分泌能够促进记忆的保持。

第二节 记忆的种类

根据记忆时意识的参与程度，把记忆分为内隐记忆和外显记忆。内隐记忆是指在无意识情况下，个体的经验自动对当前作业产生的无意识的影响。外显记忆指在意识的控制下，过去经验对当前作业产生的有意识的影响，它对行为的影响是个体能够意识到的。内隐记忆与外显记忆的区别：加工深度对内隐记忆和外显记忆的影响不同；内隐记忆和外显记忆的保持时间不同；记忆负荷量的变化对内隐记忆和外显记忆产生的影响不同；呈现方式的改变对内隐记忆和外显记忆的影响不同；干扰因素对外显记忆和内隐记忆的影响不同。

根据记忆内容对时空关系的依存性，将长时记忆分为情景记忆和语义记忆。情景记忆指人们根据时空关系对某个事件的记忆；语义记忆指人们对一般知识和规律的记忆。

根据记忆获得的方式，将记忆分为陈述性记忆和程序性记忆。陈述性记忆指对有关事实和事件的记忆；程序性记忆是对具有先后顺序的活动的记忆。

根据记忆的具体内容，可将记忆分为形象记忆、运动记忆、情绪记忆和逻辑记忆。形象记忆是以感知过的事物形象为内容的记忆；运动记忆是以过去做过的运动或动作为内容的记忆；情绪记忆是以体验过的某种情绪和情感为内容的记忆；逻辑记忆是以语词、概念、原理为内容的记忆。

第三节 记忆系统

感觉记忆是指感觉刺激停止后所保持的瞬间映象。感觉记忆的编码有两种形式，分别为图像编码和声像编码。感觉记忆储存的信息量大；感觉记忆中信息储存的时间很短；引起个体注意并被及时识别的信息，进入短时记忆，那些没有受到注意的信息，很快就消失。

短时记忆是指信息在头脑中保持的时间一般不超过1分钟的记忆。短时记忆的编码有视觉编码和听觉编码两种形式。短时记忆中的信息保持时间较短，一般只有5~20秒，最长也不超过1分钟；短时记忆的容量有限，一般为7±2组块；短时记忆的信息在得不到复述的情况下会很快遗忘；短时记忆中信息的提取是以完全系列扫描方式进行的。

长时记忆是指信息经过充分加工，在头脑中长久保持的记忆。识记是长时记忆习得信息的主要方式。依据主体有无明确的识记意图和目的，是否付出意志努力，识记分为无意识记和有意识记。无意识记是指没有明确的识记目的，不需采用任何识记策略和手段，也不需要做出意志努力的识记。有意识记是指具有明确的识记目的，运用一定策略和方法，经过特殊的努力而进行的识记。根据所要识记的材料本身有无意义，或学习者是否了解其意义，识记又可分为机械识记和意义识记。机械识记是指对没有意义的材料或对材料没有理解的情况下，仅仅依据事物的外部联系，采用机械重复的方式进行的识记。意义识记是指对识记对象理解的基础上，依据事物的内在联系，并运用已有的知识经验对识记材料进行加工所进行的识记。识记材料的加工方式有表象和语义的双重编码，以语言的特点为中介进行编码，按语义归类的组织加工，主观组织。

长时记忆储存的容量巨大；信息保持的时间长；信息储存的动态变化。长时记忆信息提取的形式有再认和回忆。①再认：是指过去经历过的事物再次出现时，感到熟悉并能识别和确认的过程。②回忆：是指过去经验的事物不在面前，能在头脑中重新呈现出来的过程。关于如何提取信息，目前有两种看法，一种理论认为，信息的提取是根据信息的意义、系统等来搜寻记忆痕迹，使痕迹活跃起来，可回忆出有关的项目。另一种理论认为，记忆是一种主动的过程，存储起来的是一些元素或成分，回忆则是把过去的认知成分汇集成完整的事物。这两种理论各自适合于不同的编码形式。搜寻理论可能适合于表象储存，重建理论适合于语义储存。

从长时记忆中提取信息会受到许多因素的影响，其中，积极的因素有：对信息合理组织有利于提取；使信息储存处于编码时的前后关系中有助于提取。消极的因素有：干扰影响信息的提取；消极情绪妨碍信息的提取。

遗忘指识记过的内容不能再认与回忆，或是错误地再认与回忆。根据遗忘的程度和性质的不同，可分为部分遗忘和完全遗忘。如果识记过的内容在头脑中留下了大部分，只是其中一部分不能回忆或再认，属于部分遗忘。如果时过境迁全部回忆不起来，属于完全遗忘。根据遗忘的时间的不同，可分暂时遗忘和永久遗忘。若已转入长时记忆的内容一时不能被提取，但在适宜条件下还可恢复，属于暂时遗忘。若识记过的内容，不经重新学习，记忆不可能再行恢复，属于永久遗忘。

艾宾浩斯遗忘曲线揭示了遗忘的规律是先快后慢，即遗忘的进程是不均衡的，在识记后的短时间内遗忘比较快、比较多，以后遗忘缓慢，到一定时间后，几乎不再遗忘。遗忘不仅受时间因素的影响，还受到许多其他因素的影响，主要有：识记材料的性质与数量，学习程度，识记材料的序列位置，识记者的态度。

遗忘的原因。①衰退理论：遗忘是记忆痕迹得不到强化而逐渐减弱，以致最后消退的结果。②干扰理论：遗忘是因为在学习和回忆之间受到其他刺激的干扰所致，一旦干扰被排除，记忆就能恢复，而记忆痕迹并未发生任何变化。干扰理论最明显的证据是前摄抑制和倒摄抑制。前摄抑制是先学习的材料对识记和回忆后学习材料的干扰作用。后学习的材料对回忆先学习的材料的干扰作用，称倒摄抑制。③提取失败理论：遗忘是一时难以提取出所需要的信息，一旦有了正确的线索经过搜寻，所要的信息就能被提取出来。④压抑说：遗忘是由于动机或情绪的压抑作用引起的，如果这种压抑被解除了，记忆也就恢复了。克服遗忘最好的办法是加强复习，复习的方式有：及时复习，合理地分配复习时间，复习多样化，阅读与回忆相结合。

拓 展 思 考

1. 当前内隐记忆的研究主要是从哪些方面展开的？研究内隐记忆有哪些意义？
2. 如何理解短时记忆的重要性？
3. 人的记忆潜力到底有多大？

第七章 思　　维

　　思维是一种极其复杂的心理现象，借助于思维我们可以认识复杂多变的客观世界，发现规律，掌握理论，从而使人类能够更好地生存和发展，因此人也被尊称为"万物之灵"。那么，什么是思维？思维是否有规律可循？如何培养我们的创造性思维？这些就是本章主要阐述的问题。

第一节　思　维　概　述

一、什么是思维

(一)思维的含义

　　思维(thinking)是人脑对客观事物的本质属性和内部规律性的间接的和概括的反映。它是以已有知识为基础，以语言为中介，实现对事物的一般特征和规律性联系的反映，具有间接性和概括性两个特征。

　　思维的间接性，是指思维是在已有经验的基础上，以一定的事物作媒介来认识事物。因为在现实世界中，有许多事物或现象靠我们的感知是无法直接反映的。但是，我们通过思维，可以根据已有知识经验，借助其他事物为媒介，经过头脑的加工，间接地认识这些事物或现象。思维的间接性体现在如下三个方面：一是我们可以通过一事物认识他事物，实现认识过程的由此及彼。例如，地质工作者在珠穆朗玛峰地区4000万年前的地层中，发现许多海洋生物化石，以此推断"世界屋脊"在远古是一片汪洋。二是我们可以通过事物的外部现象认识其内在的、必然的、规律性联系或变化，实现对事物认识的由表及里。例如，医生通过望、闻、问、切以及化验、仪器检查等手段，对病人内部器官的病变做出诊断；地震工作者根据大地磁场的变化和动物的异常表现，提前做出准确的地震预报等。三是我们可以通过语言这个符号系统，摆脱具体情景的束缚来间接地认识事物。例如，我们可以通过别人的讲解、书面上的文字介绍来认识从未接触过的事物和现象。正是借助思维的间接性，我们才可以摆脱感官和时空的限制，延伸和超越感知的局限，了解过去，认识现在，预见未来。

　　思维的概括性，是指思维是对一类事物的共同的本质特征和规律性联系的反映。思维的概括性体现在如下两个方面：一是把同一类事物的共同特征抽取出来加以概括。例如，人们把形状、大小各不相同而能结出枣子的树木称之为"枣树"；把枣树、苹果树、梨树等依据其根、茎、果等共性统称为"果树"等。二是将多次感知到的事物之间的联系和关系加以概括得出有关事物之间的内在的、规律性联系的结论。例如，多次看到"月晕"就"刮风"，地砖"潮湿"就"下雨"等现象，得出"月晕而风""础润而雨"的结论。思维的概括性反映着人们对事物的本质以及内在联系与规律性的认识，一切科学的概念、原理、定律和法则等都是经过思维的结果，都是人类对客观事物概括的反映。

思维的间接性和概括性是相互联系、相互影响的。思维的间接性是以人对事物概括性的认识为前提的。例如，劳动人民总结的"月晕而风，础润而雨"的民谚，就是在多次感知这种气象的基础上，通过概括，找出了月晕、础润与气候变化的内在联系，而对未来事物做出的一种间接判断，而这种判断正是先有思维的概括性而获得的。同时，思维的间接性可以使人们摆脱具体事物或现象的限制，概括地认识和把握事物之间的联系和规律，使人们的认识更加深化和无限扩展，以增强人们对客观环境的适应、控制与改造能力。

(二)思维与感知的关系

思维与感觉、知觉等心理现象一样，都是人脑对客观现实的反映，实现对客观事物的认识，但它反映的内容、形式和水平都不相同。从反映的内容看，感觉、知觉只是对事物的个别属性、表面与个别现象及其外部联系的反映；而思维是对客观事物共同的本质属性、事物内部的规律性及其必然联系的反映。例如，当人们对"水"进行研究时，通过感觉和知觉只能认识水的颜色、形态和温度。而通过思维能舍弃颜色、形态和温度等具体特征，而认识到在标准大气压下，温度降到零度会结冰；加热到100℃会沸腾，进而变成蒸汽等水与大气压力、温度的规律性联系。从反映的形式看，感觉和知觉是对直接作用与感觉器官的客观事物的直接反映；而思维是在一定的知识经验的基础上借助于一定的事物为媒介对客观事物的间接的和概括的反映。从反映水平看，感觉和知觉属于感性认识，是认识过程的初级阶段、起始环节，是思维的源泉和基础；而思维属于理性认识，是感知的深化和飞跃，是认识过程中复杂、高级的阶段，是认识事物的重要环节，并在人们认识过程中居于核心地位。正因为如此，通过思维，我们才能在大量感性材料的基础上进行去粗取精、去伪存真、由此及彼、由表及里，实现对事物的内在联系和本质属性的更准确、更深刻、更全面的认识。

二、思维的种类

根据不同的标准，从不同的角度可以把思维分为不同的类别。

(一)动作思维、形象思维和抽象思维

根据思维的发展水平或思维活动的凭借物不同，可把思维分为动作思维、形象思维和抽象思维。

1. 动作思维

动作思维(action thinking)也称操作思维或具体动作思维，是以实际动作为支柱的思维，是思维发展的最初形式。例如，3岁前儿童的思维活动离不开触摸、摆弄事物的活动；聋哑人靠手势与摆弄对象的动作进行交往等，都属于动作思维。成人有时也出现动作思维。例如，体操运动员一边进行运动操作，一边进行思维；家电修理人员一边拆卸电器，一边思考、查找电器故障等，也属于动作思维。成人的动作思维与没有完全掌握语言的幼儿的动

作思维不同，是以丰富的知识经验为中介，并在整个动作思维过程中由词进行调节和控制的。动作思维是人与高等动物共同具有的一种思维形式，但是人的动作思维与动物的动作思维具有本质的区别。

2. 形象思维

形象思维(imagery thinking)也称具体形象思维，是以事物的具体形象和表象为支柱的思维。例如，一个人在考虑如何可以更快地到达目的地时，在头脑中会出现若干条通向目的地的道路，并运用其形象进行分析和比较，最后选择一条最短、最方便的路线。作家塑造典型的人物形象，音乐家创造音乐形象，机械设计师在头脑中构成机械装置的活动等，运用的都是形象思维。学龄前儿童的思维主要是形象思维。心理学研究表明，形象思维是个体思维发展的重要阶段。正常成人虽然以逻辑思维为主要形式，但也不可能完全离开形象思维，特别是在解决比较复杂的问题时，鲜明生动的形象或表象有助于思维过程的顺利进行。

3. 抽象思维

抽象思维(abstract thinking)也称逻辑思维，是人类所特有的一种思维形式，是以概念、判断和推理的形式来进行的思维活动。例如，学生运用数学符号和概念进行数学运算或推导；科学工作者根据实验材料进行某种推理、判断等都是抽象思维。这种思维往往是借助于语词、符号来进行的，因而也称之为语言逻辑思维。哲学家、数学家经常运用这种思维来解决在实践中遇到的问题。

在思维发展过程中，人类思维一般经由从动作思维、形象思维到抽象思维的三个发展阶段，其过程大致是：3岁前以动作思维为主，称为动作思维阶段；3~7岁形象思维占优势，为形象思维阶段；7岁以后抽象思维得到了迅速发展，为抽象思维阶段。对于正常成人来说，上述三种思维往往是相互联系、相互补充的。人们通常不是只纯粹地运用一种思维来解决问题。在实际操作时，人们常常也运用形象思维；同样地，当他运用形象思维的时候，同时也在进行推论、作出判断、形成结论并分析这些结论的正确性等。个体间哪一种思维占优势并不表明思维发展水平上的差异。作家、诗人、艺术家、设计师主要运用的是形象思维，但他们的思维发展水平并不亚于主要运用抽象概念和理论知识的哲学家和数学家。

(二)聚合思维和发散思维

根据思维探索目标的方向，可把思维区分为聚合思维和发散思维。

1. 聚合思维

聚合思维(convergent thinking)又称求同思维、集中思维、辐合思维，是指把问题所提供的各种信息聚合起来，朝着同一个方向得出一个正确答案或最佳解决方案的思维。其主要特点是求同。这种思维是利用已有的知识经验或传统方法来解决问题的一种有方向、有范围、有组织、有条理的思维形式。只有当问题存在着一个正确答案或一个最好解决方案时，才会出现聚合思维。在开始进行这种思维时，思维者并不知道这个答案，只不过是把提供的各种信息重新加以组织，从错综复杂的问题情境中找出一个最佳解决方案。

2. 发散思维

发散思维(divergent thinking)又称求异思维、分散思维、辐射思维，是指从一个目标出发，沿着各种不同的途径去思考，探求多种答案的思维。这种思维的主要特点是求异与创新。例如，让人们找出"拿到通知就哭泣"的原因，就可以做出各种各样的回答："成绩太好，出乎意料，喜极而泣"；"家人出了大事"；"成绩太差，后果非常严重"；"是一张病情化验单，结果不好"等。这种思维是一种无一定方向和范围，不墨守成规，不拘于传统方法，由已知探索未知的思维。发散思维是构成创造性思维的重要心理成分，具有流畅性、变通性和独特性的特征。流畅性是指思维活动畅通无阻，灵敏迅速，在较短的时间内产生较多的观点；变通性是指思考问题随机应变，不局限于一方面，不受思维定式的影响，能产生超乎常规的构想，提出新的见解；独特性是指用前所未有的新角度、新观点去认识反映事物，对事物产生异乎寻常的独特见解。不少心理学家认为，发散思维是创造性思维的最主要的特点，是测定创造力的主要标志之一。

(三)经验思维和理论思维

根据思维凭借的概念不同，可分为经验思维和理论思维。

1. 经验思维

经验思维(empirical thinking)是指凭借日常概念进行的思维活动。例如，学前儿童根据他们的生活经验，认为"果实是可以吃的植物"、"会飞的是鸟"、"大人是强而有力的"等，这种思维往往会由于知识经验不足而带有片面性、表面性的特点，有时甚至会得出令人可笑的、错误的结论。

2. 理论思维

理论思维(theoretical thinking)是依据科学的概念和理论进行的判断、推理和解决问题的思维过程。例如，我们利用"市场经济运行的基本规律"去判断中国经济未来的发展趋势的思维就属于理论思维。

(四)直觉思维和分析思维

根据思维是否有明确清晰的思维过程，可分为直觉思维和分析思维。

1. 直觉思维

直觉思维也称直觉，是一种非逻辑思维，是指不经过复杂智力操作的逻辑过程而直接迅速地认识事物的思维活动。直觉是一种无意识思维，它把一般思维的中间环节省略掉，快速而直接地认识客观事物。直觉不仅可以在知觉的基础上产生，而且可以在诸如那些突然跃入脑际而能阐明问题的记忆表象和内部语言的基础上产生。直觉可以帮助人们在创造活动中做出科学预测，引导人们提出新的概念和理论。例如，达尔文在阅读马尔萨斯人口论著作时突然悟出"自然选择"理论；魏格纳在看地图时突然闪现出"大陆漂移"观念等，都是直觉思维的典型例证。在一定程度上，直觉思维是逻辑思维的凝聚或简缩。它具有敏捷性、直接性、简缩性、突然性等特点。直觉是创造性思维的生命之所在，在社会实践中有着极其重要的价值。直觉并非毫无根据、不合逻辑，它与掌握牢固的科学知识、丰富的知识经验及积极地从事实践活动有密切关系。

2. 分析思维

分析思维也就是逻辑思维，它是严格遵循逻辑规律，通过一系列的分析、综合、比较、抽象、概括、具体化和系统化的思维过程，最后得出合乎逻辑的正确答案或做出合理的结论。例如，学生通过多步的推理和论证解决数学难题；教师帮助学生掌握概念所引导学生进行分析、推导的思维过程，都属于分析思维。

(五)常规性思维和创造性思维

根据思维的创新程度，可分为常规性思维和创造性思维。

1. 常规性思维

常规性思维(conventional thinking)也称再造性思维，是指人们运用已获得的知识经验，按现成的方案和程序，用习惯的方法、固定的模式来解决问题的思维方式。例如，学生运用已学过的公式解决同一类型问题的思维。这种思维往往缺乏新颖性和独创性，创造性水平低，对原有的知识不需要进行明显的改组，也不会创造出新的思维成果。

2. 创造性思维

创造性思维(creative thinking)是指以新颖独创的方法解决问题的思维过程。例如，科学发明、技术革新等活动中运用的思维主要是创造性思维。

(六)正向思维与逆向思维

根据思维的逻辑方向不同，可分为正向思维与逆向思维。

1. 正向思维

正向思维(positive thinking)是指人们按照传统的、逻辑的或习惯的方向进行的一种思维方式。

2. 逆向思维

逆向思维(reverse thinking)是指与一般传统的、逻辑的和习惯的思维方向相反的思维方式，他要求人们在进行思维活动时能够从两个相反的方向进行观察和思考，从而使问题得到创造性的解决。

(七)纵向思维与侧向思维

根据思维的顺序不同，可分为纵向思维与侧向思维。

1. 纵向思维

纵向思维(vertical thinking)是指在一定结构范围内，按照有顺序的、可预测的、程式化的方向进行的思维，它按照由低到高、由浅入深、由始至终的方向来进行，因而符合事物的一般发展方向和人类的一般认识规律，成为人们在日常生活中习惯的思维方式。

2. 侧向思维

侧向思维(lateral thinking)是指突破问题的结构范围，从其他领域的事物、事实中得到启发而产生新设想的思维方式。"他山之石，可以攻玉"，当我们在一定的条件下解决不了问题或虽能解决但只是用习以为常的方案时，可以用侧向思维来产生创新性的突破。

第二节　思维的过程

思维是通过一系列比较复杂的操作来实现的，一般来说，思维的过程包括分析与综合、比较与分类、抽象与概括、具体化与系统化等。

一、分析与综合

分析与综合是思维过程的基本环节，一切思维活动，从简单到复杂，从概念形成到创造性思维，都离不开头脑的分析与综合。

分析(analysis)是在头脑中把事物的整体分解成各个部分、方面或个别特征的思维过程。例如，我们把语言分析为字、词、短语、句子等基本单位；把几何图形分解成点、线、面、角、体；化学知识包括无机化学、有机化学等，都属于分析过程。

综合(synthesis)是在头脑里把事物的各个部分、方面、各种特征结合起来进行考虑的思维过程。例如，根据一个人的信息加工特点、情绪情感特点和个性心理特征等信息形成对一个人的综合评价的过程。

二、比较与分类

比较(compare)是在头脑中把各种事物或现象加以对比，确定它们之间的异同点的思维过程。人们认识事物，把握事物的属性、特征和相互关系，都是通过比较来进行的。只有经过比较，区分事物间的异同点，才能更好地识别事物。

分类(classification)是在头脑中根据事物或现象的共同点和差异点，把它们区分为不同种类的思维过程。分类是在比较的基础上，将有共同点的事物划为一类，再根据更小的差异将它们划分为同一类中不同的属，以揭示事物的一定从属关系和等级系统。

三、抽象与概括

抽象(abstraction)是在头脑中把同类事物或现象的共同的、本质的特征抽取出来，并舍弃个别的、非本质特征的思维过程。例如，我们对人的认识，人可以分为男性、女性；大人、小孩；白种人、黄种人、黑种人；通过分析、比较，抽出人类具有的共同的、本质的属性，即能说话、能思维、能制造工具等，舍弃能吃饭、能睡觉、能喝水、能活动等其他动物也有的非本质属性,这就是抽象过程。

概括(generalization)是在头脑中把抽象出来的事物的共同的、本质的特征综合起来并推广到同类事物中去,使之普遍化的思维过程。例如,我们把"人"的本质属性——能言语、能思维、能制造工具综合起来,推广到古今中外一切人身上,指出:"凡是能言语、能思维、能制造和使用工具的动物都是人。"这就是概括。

四、具体化与系统化

具体化(materialization)是指在头脑里把抽象、概括出来的一般概念、原理与理论同具体事物联系起来的思维过程,也就是用一般原理去解决实际问题,用理论指导实际活动的过程。具体化是把理论与实践结合起来,把一般与个别结合起来,把抽象与具体结合起来,可以使人更好地理解知识、检验知识,使认识不断深化。

系统化(systematization)是指在头脑里把学到的知识分门别类地按一定程序组成层次分明的整体系统的过程。例如,学生掌握数的概念,在掌握整数、分数、小数知识之后,可以概括归纳为有理数;当数的概念扩大,学习了无理数之后,又可把有理数和无理数概括为实数;掌握了虚数之后,又可把实数和虚数概括为数,从而掌握了系统的数的知识。

第三节 问题的解决

一、问题解决的概念和问题的种类

(一)什么是问题解决

问题解决(problem solving)是指由一定情景引起的,按照一定的目标,应用一定策略,经过人的一系列操作,使问题得到解决的过程。

问题解决应具备三个基本特征:目的性,问题解决必须具有明确的目的,无明确的目的不是问题解决;操作序列,问题解决必须包括一系列的心理操作过程的序列,没有心理操作,不能称为问题解决;认知操作,问题解决活动必须有认知成分参加,它的活动依赖于认知操作来实现。有些活动,例如打绳结、分桥牌,虽然也有目的,也有一系列的操作,但没有认知成分,不是问题解决。

(二)问题的种类

依据不同的标准,可以把问题分成不同的类型。

1. 界定清晰的问题和界定含糊的问题

根据问题的界定是否清晰,可分为界定清晰的问题和界定含糊的问题。

界定清晰的问题(well-defined problem)是指初始状态和目标状态以及由初始状态如何到达目标状态的一系列过程都很清楚的问题。界定含糊的问题(ill-defined problem)是指对问题的初始状态或目标状态，或者对两者都没有明确说明的问题，这些问题具有很大的不确定性。

2. 对抗性问题和非对抗性问题

根据问题解决时是否有对手存在，可分为对抗性问题和非对抗性问题。

对抗性问题(adversary problem)的解决不仅要考虑自身的活动，还需要考虑对手的情况和状态，例如棋牌类游戏、球类比赛等。非对抗性问题(non-adversary problem)的解决过程没有对手的存在和参与，例如我们解决物理、化学和几何题等都属于此类问题。

3. 语义丰富的问题和意义贫乏的问题

根据在解决问题时解题者拥有的相关知识的多少，问题可分为语义丰富的问题和意义贫乏的问题。

如果问题解决者拥有大量和问题有关的知识、经验，这种问题称为语义丰富的问题(semantically rich problem)。例如数学家解决数学方面的问题。如果问题解决者很少或没有拥有与问题有关的知识、经验，这种问题称为语义贫乏的问题(semantically impoverished problem)。如数学初学者解决复杂的数学问题。

二、问题解决的过程

问题解决的过程是指解决问题时所经历的阶段和步骤。关于问题解决过程，人们提出了不同的看法，比较有代表性的观点有下列两种。

(一)通用问题解决模型

20世纪70年代，研究者(Newell and Simon，1972)应用计算机模拟的方法，对问题解决的过程进行深入的研究，提出了"通用问题解决模型"。问题解决经历发现问题、分析问题、提出假设和验证假设四个阶段。

1. 发现问题

发现问题(problem finding)指认识到问题存在，并产生解决问题的动机。发现问题是问题解决的初始阶段和前提。

2. 分析问题

分析问题(analyzing problem)是指明确问题的条件和要求以及它们之间的关系。通过分析问题，人们可以明确问题的关键，决定问题解决的方向。

3. 提出假设

提出假设(making hypothesis)是指在分析问题的基础上提出问题解决的方案，包括问题解决的方法和途径。提出假设是问题解决的关键步骤，它是具有创造性的阶段，需要对已有的知识经验进行重新组织，以适应问题的解决。

4. 验证假设

验证假设(hypothesis testing)是指通过一定的方法,确定所提出的假设是否可以有效地解决问题。验证假设的方法有两种:一种是直接验证,即通过实际操作来验证假设解决问题的实际效果;另一种是间接验证,即通过思维活动来验证,例如对医疗方案、作战部署等一般采用间接验证。但是,最终的验证还是要通过实践的直接验证。

(二)问题解决循环

对问题解决的过程,斯滕伯格等(Sternberg, 1986)用问题解决循环(problem-solving cycle)来加以描述。当我们面临一个需要解决的问题时,一般要经历下列几个步骤:确定问题、定义问题、形成策略、组织信息、分配资源、监控和评估(见图 7-1)。这些步骤也不是刻板的,各个步骤之间可以交叉,有时可以改变其顺序,甚至可以跳过或增加某些步骤(图 7-1 中用虚线的箭头表示)。

1. 确定问题

问题解决的第一步,是要认定有问题。有时把一个情境认定为有问题都有困难:也许你没有认识到有一个目标(如没有意识到期终要完成一篇论文),也许没有认识到通向目标的道路会受阻(如没有留意平时要积累有关资料),也许没有认识到已有的解决方案不起作用了(如想以中学的学习方式来对付大学的学习)。如果是这样,你就不会想到要写一篇学期论文,这篇论文拟探讨什么问题。

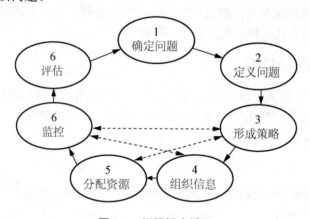

图 7-1 问题解决循环

2. 定义问题

一旦有了问题,下一步是要定义和表征这个问题,如何解决它。例如,在认定拟探讨某个问题的学期论文后,你就必须很好地定义论文的主题。这样才有可能决定要收集哪些资料和如何撰写论文的策略。正确定义和表征问题,是问题解决的关键。

3. 形成策略

一旦问题被定义下来,下一步就要形成一个解决问题的策略。策略可以是分析的,即把复杂问题的整体分解成为可处理的元素,也可以是综合的,即把各个元素集中在一起,进而组合成为有用的东西,还可以用其他的策略。

4. 组织信息

一旦策略(至少是暂定的策略)形成后，就要把有用的信息组织起来以实现这个策略。当然，在整个问题解决过程中都在组织、了解有关信息。但在这一步骤中所组织的信息是有针对性的，目的是要找到一条最好途径来实现该策略。例如，你的问题是为你的学期论文组织信息，那么你可以拟订一个提纲来组织你的想法。如果你的问题是找到一个地点，那么你或许需要一张地图来组织相关信息。

5. 分配资源

除某些特殊问题外，大多数问题都是有限资源(包括时间、金钱、设备、空间等)的问题。因此就要考虑哪些问题值得花多少资源，这就需要知道如何分配何种资源。

6. 监控

从问题解决一开始问题解决者就应进行监控，即检查自己正在做的事是否一步步地接近目标，还包括对时间谨慎花费的监控。监控能使你及时发现错误，有时错误一开始就有，有时中途出现，无论哪一种情况都要对自己的行为加以调整。

7. 评估

在解决问题的过程中还要对答案进行评估。评估，有时要马上进行，有时可稍晚些或很久后进行。例如，起草了学期论文后，很可能要对初稿进行多次评估，加以修改和校对。通常，评估会导致重大进展。通过评估，可能发现新问题，也可能对原先的问题进行重新定义，可能会形成新的策略，发现新的资源，或对已有资源的利用更充分。因此，当问题解决出现一个新局面并开始新一轮循环时，这次问题解决的循环便完成了。

总之，在问题解决时人们可以选择不同的策略。但人们一般不去寻求最优的策略，而是找到一个较满意的策略。因为即使是解决最简单的问题，要想得到次数最少、效能最高的问题解决策略也是很困难的。抱负水平的高低会影响问题解决的满意度。

三、问题解决策略

问题解决是一个复杂的心理过程。在人类长期的问题解决过程中，形成了一些问题解决的策略。问题解决策略是指使问题发生某些变化并由此提供一定信息的处理、试验或探索。问题解决中所用的各种策略可以分为两大类：算法式和启发式。

(一)算法式

算法式(algorithms)是一种按逻辑来解决问题的策略。它是一定能得出正确答案的特定程序。例如，解一个 4 个数字的密码锁，可以尝试所有的 4 个数字的组合，直到打开锁为止，由此可见算法可以保证问题得到解决，但很费时间。

(二)启发式

启发式(heuristics)是依据以往解决问题的经验，在问题空间进行较少的搜索，使问题得到解决的方法。与算法式不同，启发式并不能保证得到答案，但这种缺点可以通过其容易且速度快的优点而得到补偿。人们经常使用的有效的启发式策略包括：手段—目标分析法、逆向推理法等。

1. 手段—目标分析法

手段—目标分析法(means-objective analysis method)是把总目标分成一系列子目标，采用已有的手段加以解决，最终达到总目标。手段—目标分析法有两种分析方式：一种是把当前状态转化为目标状态；另一种是寻求消除差别的有关操作。手段—目标分析是指问题解决者不断地将当前状态和目标状态进行比较，然后采取措施尽可能地缩小这两个状态之间的差异。当问题可分成若干个各自具有目标的更小问题时，人们常常采用手段—目标分析法。

2. 逆向推理法

逆向推理法(reverse inference method)适合于那些从起始状态出发可以有多种解法，但是只有一种解法能够达到目标状态的问题。这是一种从问题的目标状态出发，按照子目标组成的逻辑顺序逐级向当前状态递归的问题解决策略。其主要特点是将问题解决的目标分解成若干子目标，直至使子目标按逆推途径与给定的条件建立直接联系或等同起来，即目标—子目标—子目标—现有条件。例如，解下面问题：已知图 7-2 中的 ABCD 是一个长方形，证明 AD 与 BC 相等。从目标出发，进行反推时问题解决者可能会问：如何才能证明 AD 与 BC 相等？如果我能证明△ACD 与△BDC 全等，那么就能证明 AD 等于 BC。下一步的推理就是：如果我能证明两边和一个夹角相等，那么就能证明△ADC 和△BDC 全等。这样，从一个子目标出发反推到另一个子目标，以达到问题的解决。新手往往是采用这种策略来解决问题的。

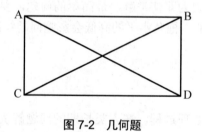

图 7-2　几何题

四、影响问题解决的因素

影响问题解决的因素很多，比较主要的因素有以下几种。

(一)知识经验、问题解决策略

西蒙等人把有 25 个棋子的国际象棋盘以 5 秒的时间向国际象棋大师和棋艺不太好的一般棋手呈现(5 秒的时间，被试完全能看清棋盘，但不能存入长时记忆)。分两种实验条件：第一种是把象棋高手下到一半的真实棋盘布局呈现给这两组；第二种是在棋盘上随机摆上 25 个棋子的布局呈现给这两组。呈现棋盘撤走后，要求被试把刚才看过的棋盘布局在另一棋盘上摆出来。结果发现：对于真实的棋盘布局，象棋大师能恢复 25 个棋子中的 23 个，而一般棋手则只能恢复 6 个左右；对于随机排列的棋盘布局，象棋大师和一般棋手能恢复的数量是相等的，都是 6 个。研究还表明，专家在看棋盘上的有规律的 25 个棋子时，并不是看 25 个孤立的东西，而是以组块为单元，加上组块之间的关系来看这棋盘的。根据对国际象棋大师的研究，西蒙认为，任何一个专家必须储存有 5 万~10 万个组块的知识，而要获得这些知识不得少于 10 年。由于专家储存有大量的知识以及把这些知识运用于各种不同情况的丰富经验，因而他能熟练地解决本领域所遇到的各种问题。需要新手冥思苦想才能解决的问题，对专家来说也许只要检查一下储存的解法就可以了。其他领域专家也一样，他们拥有丰富的专业知识和经验。这些专业知识和经验形成了记忆中的组块。据估计，专家头脑中有 5 万~20 万个知识组块。专家不仅比新手拥有更多的组块，而且每个组块包含更多的信息。

研究发现，专家与新手的差别不仅在于知识的数量，更重要的差异表现在他们对知识的组织方式上。

第一，知识的程序化与自动化。专家的认知加工，由依赖于陈述性知识转化为依赖于程序性知识。

第二，知识的策略化。策略化是指专家发展了关于如何学习、如何思考的策略性知识，并能运用策略化知识来监控自己的学习与思维等认知过程。

第三，知识的有效化。对知识的认知加工离不开工作记忆和长时记忆。人类工作记忆的容量虽然有限，但是专家发展了长时工作记忆，不仅可以储存大量的信息，还可以快速提取储存的信息，即专家的知识变得非常有效。专家的大量专业知识和技能就储存在长时工作记忆中，所以专家在其领域内常常表现出惊人的记忆力。长时工作记忆中的信息可以迅速被激活和提取的特点，为专家解决专业领域内的问题奠定了坚实的基础。

第四，知识联结的广泛化。长时记忆中的信息以概念为基本单元，通过立体网络的形式相互联结；一个概念的激活可以通过概念间的联结扩散到其他的概念。

(二)问题的表征方式

问题表征(problem representation)是在头脑中对问题进行信息记载、理解和表达的方式。要解决一个问题，不仅有赖于我们分解该问题的策略，而且有赖于我们对该问题如何进行表征。问题情境中的刺激模式与个人的知识结构越接近，问题就越容易解决。例如，已知一个圆的半径是 2 厘米，求圆的外切正方形的面积，用两种方式呈现图形(见图 7-3)，左图中不容易看出圆的半径与正方形的关系，问题解决就要困难；而右图中，人们很容易看出圆的半径与正方形的关系，问题较易解决。

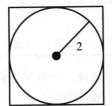 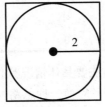

图 7-3　表征方式与问题解决

(三)定势

定势(set)是指重复先前的心理操作所引起的对活动的准备状态。它的影响既有积极方面，也有消极的方面。它在思维活动中表现为一种易于以惯用的方式解决问题的倾向。定势在问题解决中有积极作用，也有消极影响。当问题情境不变时，定势对问题的解决有积极的作用，有利于问题的解决；当问题情境发生了变化，定势对问题的解决有消极影响，不利于问题的解决。心理学家卢钦斯(A. S. Luchins，1942)的量水实验可以很好地说明。该实验要求被试用 3 个不等容量的杯子去解决"取一定数量的水"的问题。共有 8 个问题，每题时限为 30 秒(见表 7-1)。

表 7-1 定势对问题解决的影响的实验材料

课题序列	容器容量			欲求容量
	A	B	C	D
1	21	127	3	100
2	14	163	25	99
3	18	43	10	5
4	9	42	6	21
5	20	59	4	31
6	23	49	3	20
7	15	39	3	18
8	28	59	3	25

实验将被试分为实验组和控制组两组。实验组从第 1 题连续做到第 8 题，控制组只做 6、7、8 三题。结果，实验组被试用 B－A－2C 的方法解决了 1～5 题，接着又有 81%的被试用 B－A－2C 的方法解决了 6、7 两道题，在用这种方法解第 8 题时遇到了困难；而控制组被试由于不受先前活动的影响，他们采用 A－C 和 A＋C 的简便方法很顺利地解决了 6、7、8 题。实验说明，实验组大多数学生在解 6、7、8 题时之所以没能采用简便的方法，是由于受到在解 1～5 题时形成的思维定势的影响，思维定势阻碍了对新问题的解决(见表 7-2)。

表 7-2 定势对问题解决影响的实验结果

组 别	人 数	采用间接方法正确解答(%) D=B-A-2C	采用间接方法正确解答(%) D=A±C	方法错误者(%)
实验组	79	81	17	2
控制组	57	0	100	0

破除定势消极影响的办法要具体情况具体分析，一旦发现自己以惯用的方式解决问题发生困难时，不要执意固守，应换一种思路，寻求新方法。

(四)功能固着

人们把某种功能赋予某种物体的倾向称为功能固着(functional fixedness)。在功能固着的影响下,人们不易摆脱事物用途的固有观念,因而直接影响到灵活地解决问题。功能固着是指个体在解决问题时往往只看到某种事物的通常功能,而看不到它其他方面可能有的功能。这是人们长期以来形成的对某些事物的功能或用途的固定看法。这个概念是德国心理学家东克尔(Duncker,1945)首先提出的。他在一个实验中,让学生们想办法在一块垂直的木板上放置蜡烛,并要使蜡烛能够正常地燃烧。东克尔给每个学生三支蜡烛,以及火柴、纸盒、图钉和其他东西(见图 7-4)。被试中有一半人分到的是放在纸盒里的材料,另一半人分到的东西都散放在桌面上。东克尔发现,把东西放在盒子里提供给被试,会使问题解决变得更困难,因为此时盒子被看作是容器,而不是能够参与解决问题的物体。在这个实验中,解决问题的方法是要先将盒子钉在木板上,把它当烛台用。

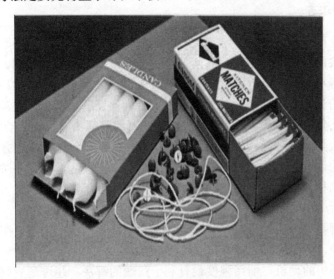

图 7-4 东克尔的功能固着实验材料

另一个实验是美国心理学家梅尔(Maier,1931)设计的一项摆荡结绳的实验。该实验设计的问题情境是在一个房间内,由天花板上垂下两条绳子,要求被试设法将它们连接在一起。房间里还摆放有一把椅子、一把钳子和其他东西(见图 7-5)。问题是两条垂绳间距太远,被试无法同时用手将它们连接。实验设计的目的旨在观察被试能否突破功能固着,利用现场所陈列的材料,达到问题解决的目的。这一问题的解决办法是将钳子拴在一条垂绳上,使垂绳摆动,摆动期间有时两绳间的距离缩短,被试就可以同时抓住两条垂绳,即可结在一起。实验结果发现,一般大学生只有39.3%的被试能够想到上述方法解决问题。显然,大多数被试没想到钳子可以用作摆锤,在他们看来,钳子的功能就是拔钉或剪断铁丝之类。功能固着也是思维活动刻板化现象。在日常生活中经常碰到,硬币好像只有一种用途,很少想到它还能用于导电;衣服好像也只有一种用途,很少想到它可用于扑灭烈火。这类现象使我们趋向于以习惯的方式运用物品,从而妨碍以新的方式去运用它来解决问题。

图 7-5　结绳问题

(五) 动机与情绪

动机是由一种目标或对象所引导、激发和维持的个体活动的内在心理过程或内部动力。动机是促使人解决问题的动力因素，对问题解决的思维活动有重要影响。动机的性质和动机的强度会影响解决问题的进程。就动机的性质来说，如果一个人的动机越积极，越有社会价值，它对人的活动的推动力就越大，人们就会为问题解决积极、主动地进行探索，这样，活动效率也就会越高。就动机的强度来说，它对问题解决的思维活动的影响比较复杂。一般情况下，当人具有某种问题解决的强烈动机时，人的思维才活跃，才能以积极的态度去寻求问题解决的途径、方法；相反，动机强度太弱，对问题解决漠不关心，自然不能调动个体问题解决的积极性，就不会主动、积极地寻求问题解决的途径、方法，不利于充分活跃个体的思维活动和人的能力的发挥，这时易产生畏难、退缩行为。

情绪对问题解决有一定的影响，紧张、惶恐、烦躁等消极的情绪会阻碍问题解决的速度，而乐观、平静、积极的情绪将有助于问题的解决。

一般来说，适中的动机与情绪强度最有利于问题的解决；超过适宜强度，反而不利于问题的解决。

(六) 个性特征

从事问题解决活动的是人，是有个性特征的人，人的个性特征对问题解决有着直接的影响。一个有远大理想、富于自信、有创新意识、勤奋、乐观、勇敢、顽强、坚韧、果断、勇于进取和探索的人，能克服困难去解决许多疑难问题；而一个鼠目寸光、畏缩、懒惰、畏难、拘谨、自负、自卑、遇事动摇不定的人，往往会使问题解决半途而废。研究表明，绝大多数有重大贡献的科学家、发明家和艺术家，都有强烈的事业心和积极的进取心。他们善于独立思考、勤于钻研、富于自信、勇于创新、有胆有识、有坚持力等。此外，人的能力、气质类型也影响对问题的解决。

(七) 人际关系

人处在复杂的社会中，解决问题不仅受个人心理因素的影响，也要受到人们之间关系的影响。

第四节 创造性思维

一、创造性思维的概念

创造性思维是指以新颖独创的方法解决问题的思维过程。通过这种思维不仅能揭露客观事物的本质及其内部联系，而且能在此基础上产生新颖的、独创的、有社会意义的思维成果。它是人类思维的高级过程，是人类意识发展水平的标志。

二、创造性思维的特征

从"创造性思维的含义"中可以看出，它具有以下几个特征。

(一)独创性或新颖性

创造性思维贵在创新，它或者在思路的选择上，或者在思考的技巧上，或者在思维的结论上，具有"前无古人"的独到之处，具有一定范围内的首创性、开拓性，一位希望事业有成或生活出意义来或做一个称职的领导的人，就要在前人、常人没有涉足，不敢前往的领域"开垦"出自己的一片天地，就要站在前人、常人的肩上再前进一步，而不要在前人、常人已有的成就面前踏步或仿效，不要被司空见惯的事物所迷惑。因此，具有创造性思维的人，对事物必须具有浓厚的创新兴趣，在实际活动中善于超出思维常规，对"完善"的事物、平稳有序发展的事物进行重新认识，以求新的发现，这种发现就是一种独创、一种新的见解、新的发明和新的突破。

(二)灵活性

创造性思维并无现成的思维方法和程序可循，所以它的方式、方法、程序、途径等都没有固定的框架。进行创造性思维活动的人在考虑问题时可以迅速地从一个思路转向另一个思路，从一种意境进入另一种意境，多方位地试探解决问题的办法，这样，创造性思维活动就表现出不同的结果或不同的方法、技巧。例如面对一个处于世界经济趋于一体化、竞争日趋激烈之中的小企业的前途问题，企业的职业经理人不能无动于衷或沿用老思路，否则，只有死路一条。企业的职业经理人必须或是考虑引进外资，联合办厂，或是改组企业的人力、财力、物力的配置结构，并进行技术革新，或是加强产品宣传，并在包装上下功夫，或是上述三者并用。企业的职业经理人也可以考虑企业的转产，或者让某一大型企业兼并，成为大企业的一个分厂。这里的第一条思路是方法、技巧的创新，第二条思路是结果的创新，两种不同的创新都是创造性思维在拯救该企业问题的应用。创造性思维的灵活性还表现为，人们在一定的原则界限内的自由选择、发挥等。一般来讲，原则的有效性体现在它的具体运用上，否则，原则就变成了僵死的教条。

(三)艺术性和非模拟性

创造性思维活动是一种开放的、灵活多变的思维活动,它的发生伴随有"想象""直觉""灵感"之类的非逻辑、非规范思维活动,例如"思想""灵感""直觉"等往往因人而异、因时而异、因问题和对象而异,所以创造性思维活动具有极大的特殊性、随机性和技巧性,他人不可以完全模仿、模拟。创造性思维活动的上述特点同艺术活动有相似之处,艺术活动就是每个人充分发挥自己的才能,包括利用直觉、灵感、想象等非理性的活动,艺术活动的表面现象和过程可以模仿,如凡高的名画《向日葵》,人们都可以去画"向日葵",且大小、颜色都可以模仿,甚至临摹。然而,艺术的精髓和内在的东西及凡高的创造性创作能力只属于个人,是无法仿照的。任何模仿品只能是"几乎"以假充真,但毕竟不是真的,所以,才有人愿冒生命之危险,设法盗窃著名画家的真迹。同样,创造性的领导活动的内在的东西也是不可模仿的。因为一旦谈得上可以模仿,所模仿的只是活动的实际实施过程,并且自己是跟在他人后面,一步一个脚印地学习他人。尤其是,创造性思维能力无法像一件物品,例如茶杯,摆在我们面前,任我们临摹,仿造。因此,创造性思维被称为是一种高超的艺术。

(四)对象的潜在性

创造性思维活动从现实的活动和客体出发,但它的指向不是现存的客体,而是一个潜在的、尚未被认识和实践的对象。例如,在改革浪潮席卷全球的今天,无论是发达国家,还是发展中国家,都在寻求适合本国国情的改革之路,那么,这条路究竟怎么走,各国正在探索,即各国的职业经理人分别依据本国所面临的各种现实情况,进行创造性的思索,大胆试验,所以,这条路至今还不太清晰,还是潜在的,至多是处在由潜在向现实的不断转变之中。所以,创造性思维的对象或者是刚刚进入人类的实践范围,尚未被人类所认识的客体,人们只能猜测它的存在状况;或者是人们虽然有了一定的认识,但认识尚不完全,还可以从深度和广度上加以进一步认识的客体,这两类客体无疑带有潜在性。

(五)风险性

由于创造性思维活动是一种探索未知的活动,因此要受着多种因素的限制和影响,例如事物发展及其本质暴露的程度、实践的条件与水平、认识的水平与能力等,这就决定了创造性思维并不能每次都能取得成功,甚至有可能毫无成效或者做出错误的结论。

对职业经理人来说,创造性思维的失败会给多方面带来消极影响,因而无疑会影响到他的政治前途。可是,如果每位领导都做"太平官",不求有功,但求无过,那集体、社会和人类就无发展可言。创造性思维活动的风险性还表现在它对传统势力、偏见等的冲击上,传统势力,现有权威都会竭力维护自己的存在,对创造性思维活动的成果抱有抵抗的心理,甚至仇视的心理。例如,西欧中世纪,宗教在社会生活中占据着绝对统治地位,一切与宗教相悖的观点都被称为"异端邪说",一切违背此原则的人都会受到"宗教裁判所"的严厉惩罚。但是,创造性思维活动是扼杀不了的,伽利略、布鲁诺置生命于不顾,提倡并论证了"日心说",证明教皇生活其上的地球不是宇宙的中心。无法想象,如果没有两位科学家甘冒此风险,"日心说"不知何时被提出。所以,风险与机会、成功并存。消除了风险，创造性思维活动就变为了习惯性思维活动。

延伸阅读

创造性思维实例

1. 酒桶与听诊器

300多年前，一位奥地利医生给一个胸腔有疾的人看病，由于当时还没有发明出听诊器和X射线透视技术，医生无法发现病在哪里，病人不治而亡。后来经尸体解剖，才知道死者的胸腔已经发炎化脓，而且胸腔内积了不少水。结果这位医生非常自责，决心要研究判断胸腔积水的方法，但百思不得其解。恰巧，这位医生的父亲是个精明的卖酒商，父亲不仅能识别酒的好坏，而且不用开桶，只要用手指敲敲酒桶，就能估量出桶里面酒的数量。医生在他父亲敲酒桶举动的启发下想到，人的胸腔不是和酒桶有相似之处吗？父亲既然通过敲酒桶发出的声响可以判断桶里有多少酒，那么，如果人的胸腔内积了水，敲起来的声音就一定和正常人不一样。此后，这个医生再给病人检查胸部时，就用手敲敲听听；他通过对许多病人和正常人的胸部的敲击比较，终于能从几个部位的敲击声中，诊断出胸腔是否有病。这种诊断方法就是现在医学上所称的"叩诊法"。

后来，这种"叩诊法"得到了进一步的发展。1861年的某一天，法国男医生雷克给一位心脏有病的贵妇人看病时为难了。正在为难之际，他忽然想起了自己在参与孩子游戏活动中的一件事情，孩子们在一棵圆木的一头用针乱划，另一头用耳朵贴近圆木能听到搔刮声，而且还很清晰。在此事的启发下，他请人拿来一张纸，把纸紧紧卷成一个圆筒，一端放在那妇人的心脏部位，另一端贴在自己的耳朵上，果然听到病人的心率声，甚至比直接用耳朵贴着病人胸部听的效果更好。后来他就根据这一原理，把卷纸改成小圆木，再改成现在的橡皮管，另一头改进为贴在病患者胸部能产生共鸣的小盒，就成了现在的听诊器。

2. 诺贝尔的炸药

艾佛雷德·诺贝尔是一位杰出的化学家，他的最大贡献是发明了达纳炸药，给世界工业的发展开拓出美好的前景。诺贝尔在研制炸药的过程中，有一次工厂把装着硝化甘油的油桶堆在海滩上以备装船。不知何故，有一个桶底出现了漏洞，把硝化甘油漏到了海滩上的沙子里，诺贝尔想，硝化甘油是炸药，那么被硝化甘油浸湿的沙子会不会也是炸药呢？于是他悄悄地把带油的沙子带回去做试验。出人意料的是，这些被硝化甘油浸过的沙子不怕冲击和敲砸，但是在用火靠近时就发生了爆炸。就这样，在桶底漏油之后，偶然地发现了既不怕冲击又能够爆炸的物质。在此基础上，又经过多次的试验和研究，终于在1867年发明了既有爆炸力且完全可靠的一种新炸药，即达纳炸药。

3. 比尔·盖茨和个人电脑

1975年1月比尔·盖茨还是哈佛大学法律系二年级学生，一天他从"大众电子学"(Popular Electronics)封面上看到 MITS 公司研制的第一台个人计算机照片。该计算机使用了 Intel 8080CPU 芯片(8位机)，他马上认识到，这种个人机体积小、价格低，可以进入家庭，甚至人手一台，因而有可能引起一场深刻的革命。这不仅是计算机领域的革命，而且是整个人类社会生活方式、工作方式的革命。他意识到这是千载难逢的机遇，便下定决心要紧紧把握住这个机遇。

比尔·盖茨的这个想法在当时是异乎寻常的，是与当时计算机界的主导思想背道而驰的。当时统治计算机王国的是IBM公司，他们的看法是微型的个人电脑不过是小玩意，只能玩玩游戏，简单应用，不能登大雅之堂，领导计算机的发展潮流只能靠大型机、巨大型机。正是比尔·盖茨奇特的求异思维、逆向思维和敢于向传统、权威挑战的精神才导致他巨大的成功。他对自己说，必须抓住这个一生中最宝贵的机遇，他这样说了，也确实这样做了。他主动写信给MITS公司老板，要为他的个人电脑配BASIC解释程序(他知道若没有便于用户掌握的计算机程序语言，个人电脑难以普及)，在他的好友艾伦的帮助下，花了5个星期时间终于出色地完成了这一任务，为个人电脑的普及做出了巨大贡献。接着他从哈佛中途退学并和艾伦创办了自己的公司"Microsoft"，这就是现在闻名遐迩的"微软"。

三、创造性思维的作用

首先，创造性思维可以不断地增加人类知识的总量，不断推进人类认识世界的水平。创造性思维因其对象的潜在特征，表明它是向着未知或不完全知的领域进军，不断扩大着人们的认识范围，不断地把未被认识的东西变为可以认识和已经认识的东西。科学上每一次的发现和创造，都增加着人类的知识总量，为人类由必然王国进入自由王国不断地创造着条件。

其次，创造性思维可以不断地提高人类的认识能力。创造性思维的特征已表明，创造性思维是一种高超的艺术，创造性思维活动及过程中的内在的东西是无法模仿的。这内在的东西即创造性思维能力。这种能力的获得依赖于人们对历史和现状的深刻了解，依赖于敏锐的观察能力和分析问题能力，依赖于平时知识的积累和知识面的拓展。而每一次创造性思维过程就是一次锻炼思维能力的过程，因为要想获得对未知世界的认识，人们就要不断地探索前人没有采用过的思维方法、思考角度去进行思维，就要独创性地寻求没有先例的办法和途径去正确有效地观察问题、分析问题和解决问题，从而极大地提高人类认识未知事物的能力，所以，认识能力的提高离不开创造性思维。

最后，创造性思维可以为实践开辟新的局面。创造性思维的独创性与风险性特征赋予了它敢于探索和创新的精神，在这种精神的支配下，人们不满于现状，不满于已有的知识和经验，总是力图探索客观世界中还未被认识的本质和规律，并以此为指导，进行开拓性的实践，开辟出人类实践活动的新领域。在中国，正是邓小平创造性的思维，提出了有中国特色的社会主义理论，才有了中国翻天覆地的变化，才有了今天的轰轰烈烈的改革实践。相反，若没有创造性的思维，人类躺在已有的知识和经验上，坐享其成，那么，人类的实践活动只能留在原有的水平上，实践活动的领域也非常狭小。

创造性思维是将来人类的主要活动方式和内容。历史上曾经发生过的工业革命没有完全把人从体力劳动中解放出来，而目前世界范围内的新技术革命，带来了生产的变革，全面的自动化，把人从机械劳动和机器中解放出来，从事着控制信息、编制程序的脑力劳动，而人工智能技术的推广和应用，使人所从事的一些简单的、具有一定逻辑规则的思维活动，可以交给"人工智能"去完成，从而又部分地把人从简单脑力劳动中解放出来。这样，人将有充分的精力把自己的知识、智力用于创造性的思维活动，把人类的文明推向一个新的高度。

四、创造性思维方法

创造性思维方法很多，下面介绍几种常用的方法。

(一)头脑风暴法

头脑风暴法(brainstorming method)是美国 BBDO 公司的奥斯本博士首先提出的一种创造性思维方法，是在启发创意方面比较有效的一种方法。头脑风暴法的基本内容为：针对要解决的问题，召集 6~12 人的小型会议，与会者按一定的步骤和要求，在轻松融洽的气氛中敞开思想，各抒己见，自由联想，互相激励和启发，使创造性思想火花产生撞击，一起连锁反应，从而导致大量新设想产生。

1. 基本原理

延缓判断。要求与会者自由地表达任何可能想到的想法，不怕标新立异，不用担心会遭到任何批评，在会上对意见不作结论，不进行评判。评判虽可完善想法，但不利于自由地发表意见。

数量孕育着质量。奥斯本认为，只有收集到大量的设想才能获得有价值的新设想，因此设想的数量越多越好。

2. 会议规则

禁止批评，不允许在会议上批评他人，即使有人提出了幼稚的想法。

鼓励随心所欲，提倡独立思考，畅所欲言。

追求数量，以会议主题为中心，提出的设想多多益善，会议的成效按会议提出设想的多寡来判断。

追求综合性的改进，应鼓励每个参会者都倾听他人意见，使设想能达到开发或应用的程度；参会人员不分老幼，不分上级和下级，一律一视同仁。

不允许私下交谈和代人发言。

3. 改进形式

头脑风暴循环。此法的核心是强调谈话要有顺序，以便构成循环，使每个人在循环中扩展或修改前面的人提出的设想。这样会更有秩序并使所有的参加者平等地发表意见。

逆向头脑风暴。此法集中考虑产品的弱点或问题，而不是解决问题和改进问题。讨论的重点在于发现产品的问题和毛病，然后再消除弱点或解决问题。

设想建设法。此法要求与会者只能针对先前提出的设想进行扩展和深入，提出建设性的意见，进一步完善设想。

查找漏洞法。这是一种反对延缓判断，鼓励即时批评的方法，每个参加会议的人都要找出前面设想中的错误，借题发挥，表达己见。

这种会议参加人员一般不超过 12 人，会议时间不超过 1 小时，议题应明确单纯，例如遇到复杂的问题，应先作分解，逐个地对每个级次的问题分别召开会议。

奥斯本的头脑风暴法能形成自由探讨、相互激励的局面，其基本点是积极思考、互相启发、集思广益；头脑风暴法将集体的智慧尽可能大地发挥出来，避免了一个人思维的局限性。头脑风暴法也有其局限性，例如设想的数量多并不一定就意味着质量好；由于个性的原因，一些创造力强但不善表达或喜欢沉思的人，难以在会上有所表现；会上表现力强的人，会干扰和影响他人的设想等。

(二) 希望点列举法

对目标消费群体进行调查或通过动脑会议的方式，收集他们对于产品的期许，对调查结果进行列表分析，找到希望点比较集中的功能和特征，并在所开发的新产品中尽可能地满足消费者的这些希望点。

(三) 缺点列举法

任何产品在进入市场后都会暴露出一定的缺点，通过调查得到确切的有关同类产品的缺点，列表分析，探讨改进的可能性和方法。这样，新开发的产品就可以避免以往产品的缺点，以此获得比先前产品更好的适用性和更强的市场竞争力。

(四) 仿生法

仿生法(bionic method)是建立在仿生学基础上的一种从生物界捕捉思维灵感的方法。人类在漫长的历史中，有意识或无意识地不断从自然界得到启示，并将其现象和原理应用于思维和机器设计中，这些都是仿生法的应用。在设计领域，设计师从自然界万物具备美感的形态或某种功能机制获得启发，对它们加以模仿，从而设计出新的产品。

(五) 奥斯本检查提问法

奥斯本检查提问法(Osborne check-question method)是罗列产品设计中的诸多相关问题，进而对这些问题进行回答和分析而获得创意的一种创造方法。表 7-3 是奥斯本制定的一个检查表。

表 7-3　奥斯本检核表

用途	有无新的用途？是否有新的使用方式？可否改变现有使用方式？
类比	有无类比的东西？过去有无类似问题？利用类比能否产生新观念？可否模仿？能否超过？
增加	可否增加些什么？附加些什么？提高强度、性能？加倍？放大？更长时间？更长、更高、更厚？
减少	可否减少些什么？可否小型化？是否可密集、压缩、浓缩？可否缩短、去掉、分割、减轻？
改变	可否改变功能、形状、颜色、运动、气味、音响？是否还有其他改变的可能？
代替	可否代替？用什么代替？还有什么别的排列？别的材料？别的成分？别的过程？别的能源？
交换	可否变换？可否交换模式？可否变换布置顺序、操作工序？可否交换因果关系？
颠倒	可否颠倒？可否颠倒正负、正反？可否颠倒位置、头尾、上下颠倒？可否颠倒作用？
组合	可否重新组合？可否尝试混合、合成、配合、协调、配套？可否把物体组合？目的组合？物性组合？

五、创造性思维阶段

由于创造思维的复杂性,对于创造性思维的活动过程与活动阶段,很难做出精确的分析与研究。目前,不同的人对于其阶段的划分及认识也极不一致,下面所述为一般的划分。

(一)准备阶段

这是创造性思维活动的第一阶段。这一阶段主要是收集和整理资料,储存必要的知识和经验,准备必要的技术、设备及其他有关条件。对于任何领域的创造,都必须对前人在这个领域内的所积累的知识和经验有比较全面的了解,必须对必要的基础知识和专业知识进行深入地学习。例如,爱迪生为发明电灯所收集的有关资料据说竟写了 200 本笔记,总计达 4 万页之多。因此,就创造性思维的整个过程而言,准备阶段是它开始的第一步。

(二)酝酿阶段

这一阶段主要对前一阶段所获得的各种资料、知识进行消化和吸收,从而明确问题的关键所在,并提出解决问题的各种假设与方案。在这个阶段中,有些问题虽然经过反复思考、酝酿,但仍未获圆满解决,思维常常出现"中断"、想不下去的现象。这些问题仍会不时地出现在人们的脑海中,甚至转化为潜意识,这样就为第三阶段打下了基础。

不少创造者在这一阶段往往表现为狂热或如痴如醉的状态。我们所非常熟悉的"牛顿煮手表""安培不识家门""黑格尔想问题在同一地方站了一昼夜"等故事,都充分说明了处于这一思维阶段的人,常常被认为是"某种程度上的狂人"。

(三)顿悟阶段

有人曾把这一阶段称为狭义的创造阶段或真正的创造阶段。由于经过前一阶段充分的酝酿,在长时间的思考后,思维常常会进入"豁然开朗"的境地,从而使问题突然解决。这种现象心理学上称为"顿悟"或"灵感"。灵感的出现无疑对问题的解决十分有利,然而,灵感是在上一阶段的长期思考或过量思考的基础上才会产生的,没有苦苦的"过量思考",灵感是绝不会到来的。

(四)验证阶段

验证阶段又称为表现阶段,也称实施阶段。也就是把前面所提出的假设、方案,通过理论推导或者实际操作来检验它们的正确性、合理性和可靠性,从而付诸实践。通过检验,很可能会把原来的假设方案全部否定,也有可能做部分地修改或补充。因此,创造性思维常常不可能一举就获得完满的成功。

以上所述的创造性思维阶段,十分类似于发明创造过程的几个基本程序,这是因为创造性思维本来就自始至终地贯穿于发明创造的每一个基本程序之中,而发明创造的每一个基本程序都必须用创造性思维才能得以完成。可以这样说,发明创造的每一个基本程序中都含有创造性思维的这四个阶段。

六、创造性思维的测量与培养

(一)创造性思维的测量

常用的创造性思维的测量方法有以下几种。

1. 量表法

量表法(scaling method)是指运用创造性测量量表来测验人的创造力的方法。常用的创造力测验有以下几种。

(1) 南加利福尼亚大学创造力测验(吉尔福德创造力测验)。

该测验由美国加利福尼亚大学吉尔福德教授设计,公布于1960年,适用于初中以上水平的青少年及成人。该测验共由14个分测验组成,分别是词语的流畅性、观念的流畅性、联想的流畅性、表达的流畅性、非常用途、比喻引申、用途测验、故事命题、后果推断、职业象征、图形组合、图形变化、火柴拼图、装饰设计。测验时,要求前10个问题用语言文字表达,后4个问题用图形表示。测试时间上,前10个问题每题3分钟左右,后4个问题每题4分钟左右。测验结果能够给出被试在流畅性、变通性和独特性三个方面的创造力分数。测验结果的分半信度达到0.6以上。

例如:

观念的流畅性:迅速写出属于某种特定类别的事实,如"会燃烧的气体"。

联想的流畅性:列举某一词的近义词,如"艰苦"。

非常用途:列举某种物体通常用途之外的非常用途,如"书本"。

(2) 托兰斯创造性思维测验。

该测验由美国明尼苏达大学教育心理系主任托兰斯教授设计,适用对象从儿童到研究生,但是对小学四年级以下的学生必须逐个施测。测验是由12个分测验构成的3套创造力量表(词语测验、图形测验和声音词语测验),每套都有2个复本。其中词语测验由问题罗列、因果猜测(原因猜测/结果猜测)、物体改进、用途变通、非常问题、假设推断等分测验组成;图形测验包括构建图画、完成图形、圆形(或平行线)组图等分测验;声音词语测验有声音想象、象声词想象等分测验。这3套测验中,词语测验从流畅性、灵活性和独特性3方面记分,图形测验还增加了对精确性的记分,声音词语测验只记独特性得分。

例如:

词语测验(物体改进):提供一只猴子和一头大象的比较呆板的素描图,要求根据能想到的各种可改进之处,使该动物变得更有趣。

词语测验(假设推测):(这是一类传统的创造力测试题——"假如……将会发生什么?")假如云层低得只能看见人们的脚,将会发生什么?

图形测验(构建图画):提供一个彩色的香肠状(或蛋形)的图形,剪下贴在另一空白纸上,要求以此为基础,画一幅具有想象力的图画。

声音词语测验(象声词想象):将10个模仿自然声响的象声词各出现3次,让被试分别写出所联想到的事物。

(3) 芝加哥大学创造力测验(盖茨尔斯—杰克逊创造力测验)。

该测验由美国芝加哥大学心理学家盖茨尔斯与杰克逊(Getzels & Jackson)编制,使用对象为小学高年级至高中青少年学生。该测验共有 5 项题目:词汇联想测验(根据定义的数目、类别和新颖性等评分);物体用途测验(根据说出用途的数目和独特性、首创性评分);隐蔽图形测验(根据找出图形的复杂性和隐蔽性评分);语言解释测验(根据结尾的数目、恰当性和独立性评分);组成问题测验(根据问题的数目、恰当性、复杂性和独特性评分)。其中,部分题目来自南加利福尼亚大学创造力测验。在一定的时间限制内,要求被测试者根据试题给出尽可能多的答案或符合条件的特定答案。测试时间上,第 1~3 题每题 3 分钟,第 4~5 题每题 5~8 分钟。

例如:

词汇联想测验:要求对"螺钉"、"口袋"等十分普通的词汇下尽可能新颖的定义。

寓言解释测验:向被试者提供几个短寓言,但缺少结尾,要求对每个寓言补充"道德的"、"诙谐的"和"悲伤的"三个不同的结尾。

组成问题测验:向被试者提供几篇复杂的短文,每篇短文中包含一些数字说明,要求根据已知材料尽可能多地组成各种数学问题。

(4) 沃利奇—科根少年儿童创造力测验。

该测验由美国学者沃利奇(Wallach)与科根(Kogan)设计,使用对象为少年儿童(中小学生)。测试时要求根据试题书面回答。测试时间为 40 分钟至 1 小时。题目内容包括列举、用途、相似、图形解释、线迹解释等。主要从流畅性和独特性两方面进行评分。每道题的每个答案均得 1 分,其总和即为独特性得分。

例如:

列举:方的东西,带着轮子滚的东西。

用途:一张报纸能有什么用处?一只靴子能有什么用处?

相似:拖拉机和火车有哪些相似的地方?表和打火机有哪些相似的地方?

图形解释:下列图形代表什么?

(5) 形容词检查表。

该表是由格夫(H. Gough)于 1952 年研究出的一种测试方法。它包含 300 个形容词,涉及个人各方面内部特征的描述。测验时,被试者将与自己相符的形容词标出,以了解自己的性格。它的创造力记分键是 1973 年多米诺(G. Domino)根据创造力的测量目的配加的,共包括 59 个涉及创造人格的形容词。多米诺记分系统还有一个将原始分(59 个右端创造力的词汇被选数)转换成标准分的换算表。这样,不仅避免了因习惯反应而带来的误差,而且对创造力培养的效果也很敏感,还显示出许多创造力测验无法显示出的人格与自我概念的变化。事实上,该测量最大的优点就是便于施测和记分。戴维斯等人的研究发现,形容词检查表确实是一个很好的创造力人格测验,其信度、效度都很理想。

2. 问卷法

问卷法(questionnaire method)是指运用编制好的问卷调查人的创造性的方法。在调查过程中,常用的问卷有以下两种。

(1) 发现才能团体问卷。

该问卷包括 3 个年级型:初级型用于一、二年级;基本型用于三、四年级;高级型用于五、六年级。问卷形式简单,分别由 32、34 和 33 道是非题组成,其中部分题在 3 个年级型中可共用。GIFT 主要用来测量独立性、坚持性、变通性、好奇心、兴趣广度、过去的创造活动及爱好等。该测验的使用和研究范围很广,涉及不同种族、不同国家、不同社区、不同社会地位及不同能力的儿童。根据研究资料统计,该测验 3 个年级型的信度系数分别为 0.80、0.86、0.86,效度系数为 0.25~0.45。

例如:

我喜欢把东西拆开,看它们是怎么回事。(好奇心)

我有一些很好的看法。(独立性)

我喜欢玩我熟悉的游戏,不喜欢玩新游戏。(灵活性,负分)

我总问很多问题。(好奇心)

猜容易的谜语最有趣。(坚持性,负分)

(2) 探究兴趣团体问卷。

该问卷由适用于初中学生的 Ⅰ 型和适用于高中学生的 Ⅱ 型组成。二者内容基本相同,只是 Ⅰ 型的用词和概念较为简单。以 Ⅱ 型为例,它包含 60 道自陈题目,分别测量创造性、独立性、冒险性、坚持性、好奇心、内省性、幽默感、艺术兴趣等特点以及创造性活动的个人背景、兴趣和爱好等。测验题目以五点量表的形式出现。五点评定分别为"否""有点儿""一般""较""是"。该问卷的显著特点是信度和效度都很理想,一致性信度系数为 0.91~0.96。它的外在效标为教师对学生创造力(五点量表)的评价加上被试在故事完成测验上所表现的创造力。Ⅱ 型的得分与效标分数间的相关系数为 0.28~0.69。应用该问卷的研究得出,被试在该测验上的得分不会随年龄的增加而增加,而与智力的关系更为密切。如果这一关系得到进一步证实,那么创造力的培养就意味着对整个人格的再塑。

(二)创造性思维的培养

培养创造性思维对于提高创新能力是非常重要的。那么,怎样进行创造性思维培养呢?可以着重做好以下工作。

1. 激发创造兴趣,培养创造欲望

兴趣是力求接触、认识某种事物,研究某种对象的一种带有积极主动倾向性的心理特征。兴趣是人们进行创造发明的直接动力,也是进行创造或创造性思维的先决条件。达尔文在其自传中讲道:"就我记得我在学校时期的性格而言,其中对我后来发生影响的,就是我有强烈而多样的兴趣。"

2. 克服思维定势和意义障碍

法国生理学家贝尔纳指出:"构成我们学习最大障碍的是已知的东西,而不是未知的东西。"1926 年,法国化学家巴拉尔在做从海藻中提取碘实验中,发现提取后的母液底部沉淀着一层深褐色且有刺鼻气味的液体,但不知道是什么物质,于是他做了进一步分析和研究,结果发现了一种新的化学物质——溴。当德国化学家李比希得知这一消息后后悔不已,因为他也曾经进行过类似的实验研究,发现过同样的现象,却把这种深褐色且有刺鼻气味的液体当作习以为常的化合物"氯化碘",从而丧失了这一重大科学发现的机会。

3. 养成主动思考习惯

欲提高创造性思维的能力，就需要培养主动思考的习惯。只有我们愿意思考，并且善于思考，才能在平常的现象中发现他人所没有发现的事实和规律。1908年，日本东京帝国大学的池田菊苗教授和一家人围坐在桌子旁进餐，吃饭过程中池田菊苗教授突然停住了。今天的黄瓜汤为什么格外鲜美？他用小勺搅了几下，发现今天的汤与往日的唯一不同点在于汤里多了一些海带丝。在接下来的工作中，他对海带进行了仔细的研究，发现了一种化学物质"谷氨酸"，也就是我们今天食用的"味精"。

4. 掌握创造性思维的方式方法

作为人类的一种心理活动，创造性思维必然有其规律可循，破除定势的不利影响，灵活运用各种思维的方式方法，掌握一定的创造性思维技巧，对于我们的创造性思维的培养具有重要意义。

5. 改变传统评价方式，形成良好的社会风气

评价方式决定着人们的努力方向，对人们的行为具有重要的引导作用，获得他人的积极评价是每个个体都需要的。因此，如何通过良好的社会风气的形成，通过评价的方式引导个体的创造活动，使整个社会形成一种勇于创新、敢于创造的环境是每一个人都需要思考的问题。

复 习 要 点

第一节 思维概述

思维是人脑对客观事物的本质属性和内部规律性的间接的和概括的反映。思维具有间接性和概括性两个特征。根据思维的发展水平或思维活动的凭借物不同，可把思维分为动作思维、形象思维和抽象思维。根据思维探索目标的方向，可把思维分为聚合思维和发散思维。根据思维凭借的概念不同，可分为经验思维和理论思维。根据思维是否有明确清晰的思维过程，可分为直觉思维和分析思维。根据思维的创新程度，可分为常规性思维和创造性思维。根据思维的逻辑方向不同，可分为正向思维与逆向思维。此外，思维还可分为纵向思维与侧向思维。

第二节 思维的过程

思维的过程包括分析与综合、比较与分类、抽象与概括、具体化与系统化等。分析是在头脑中把事物的整体分解成各个部分、方面或个别特征的思维过程。综合是在头脑里把事物的各个部分、方面、各种特征结合起来进行考虑的思维过程。比较是在头脑中把各种事物或现象加以对比，确定它们之间的异同点的思维过程。分类是在头脑中根据事物或现象的共同点和差异点，把它们区分为不同种类的思维过程。抽象是在头脑中把同类事物或现象的共同的、本质的特征抽取出来，并舍弃个别的、非本质特征的思维过程。概括是在头脑中把抽象出来的事物的共同的、本质的特征综合起来并推广到同类事物中去，使之普

遍化的思维过程。具体化是指在头脑里把抽象、概括出来的一般概念、原理与理论同具体事物联系起来的思维过程，也就是用一般原理去解决实际问题，用理论指导实际活动的过程。系统化是指在头脑里把学到的知识分门别类地按一定程序组成层次分明的整体系统的过程。

第三节 问题的解决

问题解决是指利用某些方法和策略，使个人从初始状态的情境达到目标状态的情境的过程。问题解决有三个基本特征：目的性、操作序列和认知操作。问题的种类可依据不同的标准进行划分。根据问题的界定是否清晰，可分为界定清晰的问题和界定含糊的问题。根据问题解决时是否有对手存在，可分为对抗性问题和非对抗性问题。根据在解决问题时，解题者拥有的相关知识的多少，可分为语义丰富的问题和意义贫乏的问题。

20世纪70年代，Newell and Simon(1972)应用计算机模拟的方法，对问题解决的过程进行深入的研究，提出了"通用问题解决者模型"。问题解决经历发现问题、分析问题、提出假设和验证假设四个阶段。斯滕伯格等用问题解决循环来加以描述。当我们面临一个需要解决的问题时，一般要经历下列几个步骤：确定问题、定义问题、形成策略、组织信息、分配资源、监控和评估。这些步骤也不是刻板的，各个步骤之间可以交叉，有时可以改变其顺序，甚至可以跳过或增加某些步骤。

问题解决策略是指使问题发生某些变化并由此提供一定信息的处理、试验或探索。问题解决中所用的各种策略可以分为两大类：算法式和启发式。算法式是一种按逻辑来解决问题的策略。它是一定能得出正确答案的特定程序。启发式是依据以往解决问题的经验，在问题空间进行较少的搜索，使问题得到解决的方法。人们经常使用的有效的启发式策略包括手段—目标分析法、逆向推理法等。

影响问题解决的因素有：知识经验、问题解决策略、问题的表征方式、定势、功能固着、动机与情绪、个性特征、人际关系等。

第四节 创造性思维

创造性思维是指以新颖独创的方法解决问题的思维过程。创造性思维的特征是：独创性或新颖性、灵活性、艺术性和非模拟性、对象的潜在性、风险性。创造性思维的作用：首先，创造性思维可以不断地增加人类知识的总量，不断推进人类认识世界的水平。其次，创造性思维可以不断地提高人类的认识能力。最后，创造性思维可以为实践开辟新的局面。

创造性思维方法就是人们在进行创造性活动时所使用的一些具体的方法和技术。创造性思维方法有以下几种。①头脑风暴法：它是美国BBDO公司的奥斯本博士首先提出的一种创造性思维方法，是在启发创意方面比较有效的一种方法。头脑风暴法的基本内容为：针对要解决的问题，召集6~12人的小型会议，与会者按一定的步骤和要求，在轻松融洽的气氛中敞开思想，各抒己见，自由联想，互相激励和启发，使创造性思想火花产生撞击，一起连锁反应，从而导致大量新设想产生。基本原理：延缓判断，要求与会者自由地表达任何可能想到的想法，不怕标新立异，不用担心会遭到任何批评，在会上对意见不作结论，不进行评判。会议规则：禁止批评，不允许在会议上批评他人；鼓励随心所欲，提倡独立思考，畅所欲言；追求数量，以会议主题为中心，提出的设想多多益善；追求综合性的改进，应鼓励每个参会者都倾听他人意见，使设想能达到开发或应用的程度；参会人员不分老幼，不分上级和下级，一律一视同仁；不允许私下交谈和代人发言。改进形式有：头脑风暴循环、逆向头脑风暴、设想建设法、查找漏洞法。②希望点列举法：对目标消费群体进行调查或通过动脑会议的方式，收集他们对于产品的期许，对调查结果进行列表分析，找到希望点比较集中的功能和特征，并在所开发的新产品中尽可能地满足消费者的这些希望点。③缺点列举法：通过调查得到确切的有关同类产品的缺点，列表分析，探讨改进的可能性和方法。④仿生法：它是建立在仿生学基础上的一种从生物界捕捉思维灵感的技法。⑤奥斯本检查提问法：罗列产品设计中的诸多相关问题，进而对这些问题进行回答和分析而获得创意的一种创造方法。创造性思维阶段一般划分为：准备阶段、酝酿阶段、顿悟阶段和验证阶段。

创造性思维的测量有：①量表法，包括南加利福尼亚大学创造力测验、托兰斯创造性思维测验、芝加哥大学创造力测验(盖茨尔斯—杰克逊创造力测验)、沃利奇—科根少年儿童创造力测验、形容词检查表。②问卷法，包括发现才能团体问卷、探究兴趣团体问卷。

创造性思维的培养要做到：激发创造兴趣，培养创造欲望；克服思维定势和意义障碍；养成主动思考习惯；掌握创造性思维的方式方法；改变传统评价方式，形成良好的社会风气。

拓 展 思 考

1. 良好的思维应当具有怎样的特点？
2. 在学习中如何运用创造性思维方法？
3. 国家、学校、个体自身在创造性的培养中应当起到怎样的作用？

第八章 语 言

早晨在等公交车的间隙,你拿起报摊上的一份报纸,瞄了一眼标题,头版头条是关于大风降温的。你胡乱翻看各版的内容,盘算是不是要买一份,这时有人问你,"麻烦问一下,从这儿去图书馆坐哪路车?""图书馆?"你思考了一下,自己很少去图书馆,完全不知道哪路车会经过图书馆,"对不起,我也不知道,你问那边的交通协管员吧。"这样的情景在我们的日常生活中很普通,就是在这种普普通通的点点滴滴之中,展示了人类最复杂、最精密的能力之一——使用语言。我们每天都要完成很多的语言活动,与朋友闲谈、写作业或报告、看电视、看报纸,甚至自言自语。每天我们中的绝大部分人都轻而易举地进行着听、说、读、写的活动,从老人、儿童、理发师、出租车司机到国家总理、公司总裁,都可以完成这些使用语言的活动,并不觉得这有什么困难和特别之处。但是实际上语言是一个复杂的系统,而使用语言是一种高级的能力。语言在我们的日常活动中有着非常重要的作用,如果没有语言,我们的生活将无法想象。

第一节 语言概述

语言(language)是一种社会现象,是人类通过高度结构化的声音组合,或通过书写符号、手势等构成的一种符号系统,同时又是一种运用这种符号系统来交流思想的行为(有些书上用言语一词来指称使用语言的行为)。

一、语言的特征

语言作为一种沟通交流系统,可沟通性是语言最显著的特征。但是交流系统不一定形成真正的语言。我们的交流系统不仅仅只有语言,例如音乐、绘画等艺术形式。所以交流只是语言的特征之一,仅仅有这一个特征我们不能区别何谓语言,我们必须考察语言的其他特征。

自然语言具有两个必要的特征:一是规则性,由一系列称为语法的规则系统掌控。语言是有结构的,任何语言符号都不是离散、孤立地存在的,而是作为一个有结构的整体而存在。只有零散的词汇,是无法进行有效的语言交流的。而语言符号结合受到一定规则的约束,只有特定的符号排列方式才有意义,而不同的排列就会产生不同的意思。特定的语音和字母形式构成有意义的单词,但任意的语音和字母通常就做不到;特定的单词形式构成有意义的句子、段落和语篇,然而其他的大部分任意形式都没有意义。例如,汉语中"我吃饭"符合汉语语法,能表达一个确定的意义,而"我饭吃""吃饭我"则不符合汉语语法,因而没有意义。在日语中,"我饭吃"是符合语法规则的,因为日语动词是后置的,所以能传达合理的意义。可见,不同语言的具体结构规则是不同的。语言的规则性使得这一共享的交流系统成为可能。

二是具有创造性，意味着无限的事物组合方式都可用此来加以表达。语言天生就富有创造性，我们中没人能事先听过所有我们所能产生的句子，而且我们事实上是在自己的日常生活中产生语言的。在规则的限制内，语言的使用者依靠有限数量的词语能产生新的表达方式，甚至以前从没有说过或听到过的语句，而且新表达方式的创新在事实上是无限的。尽管我们对语言的使用其实是有限制的——我们必须遵循特定的结构规则和使用特定的为人所共享的任意的符号系统(比方说我们使用的特定的为人所共享的任意的符号系统是汉语，并且遵守汉语语法)，但我们还是能够用语言来产生出不可穷尽的独特句子和其他有意义的单词组合。此外，尽管不同的语言在表达特定观点的容易度、清晰度和简洁度上可能有极大的不同，但是每种语言都似乎具备表达任何观点的潜力。语言的产生性体现了人类语言的特殊性，尽管经过训练，猩猩等灵长类动物也能够应用某些符号来表达一定的意义，但是它们根本无法根据一定的情景创造性地使用语言符号系统。

语言还具有任意性、不连续性和动态性的特征。任意性是指单词或句子同它所指的对象之间缺乏必然的相似性。所有的单词都是符号，被用来表征、指示、代表或暗示某种事物。由于语言具有指代性，人们才能理解符号所代表的意义，在选择(或使用)某一特定的符号(用来表征、显示或暗示某种事物)就是在指代(指向或影射)某一特定的思想、过程或描述，如此共享同一套语言符号系统的人才能够进行交流。但是语言在符号与其所指的一种观念、一件东西、一种过程、一种关系或一种描述之间创造的是一种任意的关系。只是大家达成共识，字母或语言的特定组合对我们而言是有意义的；但特定符号本身并不导向一定的词义，语言的组合也是任意的。这可以从一个事实中看出来，即不同的语言用差异相当大的语音来指相同的事物(例如，树，tree)。如果符号指示不存在任意性，我们将被局限于那些与其所象征的事物很像的符号(例如，用来表征树的树形符号)。使用具有任意性的符号的便利之处在于，我们可以用符号来指示当前不在眼前的(例如，亚马孙河)、从未有过的(例如，龙或小精灵)或无法触摸的(例如，微积分学、真理或正义)思想、观念、过程、关系和描述。

不连续性是指语言系统可以细分为可辨的部分，例如句子分为词，词分为字，可以在多个水平上对语言结构进行分析。例如，在语音层面研究语言，如字的不同发音；从词语层面分析，例如"房子""汽车"等；从句子层面分析，例如"我一般是先完成作业，然后如果有时间就去看电视。"甚至在更大的语言单元层面分析，例如在段落层面或者甚至整本书。

动态性是指语言是不断演变着。语言的产生性很自然地就会引发出语言本质上的动态性和演变性。某个语言使用者创造出单词、短语并更改语言的用法，而更大群体的语言使用者要么接受要么拒绝这些改动。例如，我们现在所说的现代汉语与古代文言、白话，甚至近代白话的差异。去想象语言从未改变过几乎就同想象我们的人群和环境从未改变过一样令人觉得不可思议。

二、语言的结构

那些片断或方方面面逐渐成为精致化的、由规则控制的和富有创造性的交流系统，我们将之看作不同的人类语言。语言包含了若干协同作用的系统，下面将深入讨论这个系统是由什么构成的。

(一)音素

音素(phoneme)指在一种确定语言中有意义差别的最小声音单元，是最基本的语音单位。虽然一种语言可能会有为数不少的单音，但是其中只有某些单音是"有意义的"。如果一个单词中一个音素被另一个所替换，那么这个单词的意思也随之改变，所以说音素是有意义差别的最小声音单位，并且只有具备"意义"单音才是音素。语言中产生的音素可以被熟悉该种语言的人快速感知和理解。

(二)词素

语言结构的下一层级是词素(morpheme)，是语言中由语音组成的有意义的语言单位，是语言中最小的意义单位。以某种连贯的方式将音素组合在一起就构成词素，词素是词的组成要素。在英语中有些词素就是单词，词素还包括单词的后缀、前缀、时态标记以及其他类似的部分。

(三)词

语言需要能够提供代表事物和思想的符号，就是词(word)，词是由音素与词素构成的。词是语言中可以独立运用的最小单位。在日常口语和书面语的交际过程中，人们可以自由使用的单位都是词。在口语中，词是语音和语义的结合体，同时它还传递构词法与句法的信息。在书面语中，词还有图形信息。因此，在书面语言中，词是图形、语音、语义、构词法与句法五种信息的复合体(Gibson, 1975)。词的不同组合在语句中构成不同的结构成分，如名词短语、动词短语、介词短语。

(四)句法

句法(syntax)是指句子中单词的排列，宽泛地讲句法就是指句子的结构，即句子的组成部分和这些部分组合在一起的方式。句法规则类似于音位规则，规定了语言中不同单词或词组能够组合成为合法句子的方式。句法规则必须符合两个要求：它们应该可以描述每一句合法的句子，同时它们永远不能描述非法的句子。

第二节 语言产生

语言产生是指人们通过语言器官或手的活动，把所要表达的思想说出来或写出来，语言产生包括说话和书写两种形式。语言产生的过程是从一般(要表达的意思)到具体(说话者发出的声音)。所有语言产生的理论都假设讲话者在讲话之前都要计划一下自己要说什么。说话者在停顿之前一般都会说出 6 个单词，这表明计划过程差不多为 6 个单词。

人的语言活动都是在一定动机的支配下产生的，例如问路、聊天，说话的目的和动机不同，语言表达的内容和方式也不同，语言使用方式依赖于你打算用语言达到什么样的目的。前文所述 Searle 提出的言语行为理论，探讨的问题正是你使用语言的目的，根据 Searle 的观点，所有言语行为基于行为的目的。该理论认为你能凭借语言完成五类基本的事情。

除了说话目的和动机，语言的产生还取决于说话者对情境分析和对听话者的正确了解。

例如，有人问，"干什么去啊？"你的回答是和你对问话者的问话意图的了解分不开的，如果只是礼貌地打个招呼，你只用说"出去一下"。如果是你妈妈的盘问，那你只好老老实实仔仔细细地告诉她老人家了。

另外语言产生也和记忆有密切关系。人们必须从记忆系统中搜索所需要的思想，才能用口语或文字的形式把它表达出来。人们根据自己对情境的理解，从记忆中主动搜索所需要的材料，并决定说什么和怎么说。很明显，思维和决策在人的语言产生中也有很大的作用。

一、语言产生的单位

研究语言产生的单位主要是通过语误分析来进行的，语误是我们说话时无意中出现的语言错误。大部分研究者认为想说的和实际所说的之间缺乏对应可以告诉我们语言是如何产生的，某个水平上的语误暗示在该水平上涉及语言产生的加工。在语言加工的各个层次水平都可能出现各种语误现象。

音素水平，即在音素的声学水平，例如，人们把 a reading list 读成 a leading list，这里发生了辅音替换的错误。

音节水平，例如，把 unanimity of option 读成 unamity of opinion，表现为音节的删除错误。

词素水平，例如，把 the introduction of the subject 读成 the introducting of the subjects，表现为词素替换错误。

词水平，例如，把 I love to dance 读成 I dance to love，表现为词交换错误。

短语水平，例如，把 my sister went to the Grand Canyon 读成 the Grand Canyon went to my sister，表现为短语交换错误。

人们采用其他方法进行的研究也发现，句子是语言生成的非常重要的单位。布默(Boomer，1965)收集和分析了一些自发性语言的样本，发现，在自然语言中，人们的话语停顿常常发生在语法上的连接处；这些地方的停顿时间比别处的停顿时间长。例如，子句间的平均停顿时间为 1.03 秒，而子句内平均停顿时间为 0.75 秒。这说明，说话者倾向于每次产生一个子句，在说出每个子句之后，为了计划下一个句子，因而需要有较长的停顿时间。格罗斯金等人(Grosijean et al.，1979)细心研究了阅读中的停顿结构。在某被试朗读某个句子之后，测出被试在句子中每个单词后的停顿时间，并求出每个单词后的停顿时间与全部停顿时间的百分比，结果发现，大部分停顿时间发生在句子的主要成分的前面和后面。在每个短语结构之后，特别是在子句与子句的连接处，停顿时间都要长些。而在短语结构之后，停顿时间短些。这同样说明，句子是语言产生的非常重要的单位，在一个句子产生之后，为了计划下一个句子，需要有较长的停顿时间。

盖瑞特(Garrett，1988)发现了两类广泛出现的错误。一类错误显现了意义上的联系，用错的单词与正确的单词有意义上的联系(如，使用 finger 代替了 toe，用 walk 代替 run)。另一类错误则显示了字型上的联系，用错的单词与正确的单词仅仅有形态上的相似性(如 guest 代替 goat，mushroom 变成了 mustache)。盖瑞特认为这两种错误存在很大的区别。那些在意思上有很大相似性的错误在字型上很少相似，反过来也一样。虽然意思和字型都相似的错误不是没有发生的可能，但实际上很少出现。根据盖瑞特的研究(1990)，在意义和字型上皆相似时，词语替换错误的可能性相对较小，体现了语言产生系统对意义和字型信息的加工是分别处于句子建构的不同水平之上。他的推理是：如果意义和字型的加工操作是同时的话，那么意义和字型上都相似的错误最可能发生，因为它们产生的机会是最多的。事实并非如此，所以两种加工是分离的，并且是在不同的水平上进行操作。

二、语言产生的阶段

语言产生是人们运用语言文字表达自己思想的过程，用心理语言学的话来说，就是深层结构转化成表层结构的过程，是将要表达的意义转化为字词、语音的过程。这个过程可以分为数个不同的阶段，但是究竟怎样划分却众说纷纭，划分出来的阶段也从3个到7个不等。

弗朗琴(Fromkim, 1973)的语言产生的七阶段模型，包含选择需要表达的意思、为分句选择句法结构、把内容词插入句法结构中、指定出词的词法形式、指定出代表分句的音位、选择运动要求和发出分句。

安德森(Anderson, 1980)提出了更为简化的三阶段模型，其模型包括以下三个阶段。

构建阶段——根据言语者的目的，确定要表达的思想。人们用语言表达的是自己的思想，表达出来是为了影响别人。因此，第一阶段的任务，就是确定说什么或写什么。这是一个复杂的思维过程，它受到动机、情绪、当前任务和情境以及其他认知过程等因素的影响。

转换阶段——运用规则将思想转换成句法、词汇和语音等不同层次的语言结构。在这个过程中，确定句法结构是一个关键性的环节。句法结构可以为以后的转换提供一个整体框架，引导和限定词汇和词法形式的选择。短语是句法结构的构建单位，因此，人们说话时的停顿往往发生在短语的结合部，而且人们重复或纠正语言时，也是以短语为单位，总是完整地重复某个短语，而不是仅仅重复短语中的个别单词。

执行阶段——将转换阶段得到的语言结构用口头或书面的形式表述出来。这一阶段需要与言语有关的动作技能参与，产生人们可以看懂的文字或听懂的语音。

德尔(Dell, 1986)提出的激活扩散模型，指出语言计划过程包括了四个阶段或水平，每个水平形成不同的表征：语义水平，说话者考虑想要表达的意思；句法水平，组织所要说出的话的语法结构；词法水平，把语素加入语法结构，包括确定名词单复数以及动词时态等过程；语音水平，把音素加进想说的话中，包括提取语音和发出语音等过程。加工可以在四个水平上同时进行，但一般在语义水平上较快，在语音水平上较慢。德尔认为这四种水平的加工彼此之间存在相互作用，语音编码在词素选择完成之前就开始。交互作用模型能够很好地解释语误中的混合错误。意义型错误和形状型错误很少同时出现，但是也不是绝对不可能。例如，"cat"可能被说成"rat"，两者在语义和语音上都相关联。这很可能是由于两个阶段相互影响所致。

勒韦(Levelt, 1989)认为，语言产生包括三个主要的阶段：概念化阶段对所要表达的概念产生前词汇的信息。公式化阶段把前词汇的信息映射到语言形式表征中。这一阶段又划分为两个小阶段，第一阶段是选择适当的词汇以表达语义，并确定词汇的句法阶段；第二阶段为确定词汇的语音。与德尔的观点不同的是，勒韦认为这两个小阶段是按照严格前后顺序加工的，两者不存在相互作用。发音阶段则最后把语音通过发音器官发出。

勒韦(1999)对有关词汇产生的错误分析和反应时分析模型作了总结，进一步提出词汇产生过程可细分为四个组成阶段：①单词选择。在这个阶段，言语者根据要表达的语义和句法约束，选择合适的单词或语汇。②提取音位。在这个阶段，言语者提取前一阶段选出的单词的语音特征。③划分音节，在这一阶段，根据上下文关系，单词的词汇结构、韵律特征和音段组成得到展开，词素单位内的音位信息被组合成音节。④准备发声方式。在这一阶段，言语者做好产生具体发音的准备。

词汇产生研究中的一个重要问题就是单词选择与音位编码之间的关系问题。勒韦(1999)认为，单词选择与音位编码是两个完全模块化的、独立的阶段。语义特征的激活会传输到多个特定词汇表征之上，这些表征之间产生竞争，最终产生一个最符合语义要求的单词，然后才可能开始下一阶段的语音编码。因此，这两个阶段在时间上不存在重叠现象。而德尔则认为这两个阶段存在交互作用，可能语音编码在词素选择完成之前就开始，所以可能存在重叠。

第三节 语言获得

过去，关于语言获得的争论集中在同一个主题上，即争论的是能力的获得——是先天遗传还是后天教养这对主题。然而，当代关于语言获得的思考已经融合了这样的理解，即语言的获得事实上所涉及的是受环境调节的先天禀赋。现在研究语言获得的方法是围绕两个方面展开的，即哪些是先天固有的能力，以及这些能力如何受到孩子所在环境的调节。在考察先天—教养的争论之前，让我们先看看在语言获得中似乎具有共通性的一系列阶段。

一、语言获得的阶段

即使从很小年纪开始，婴儿就明显有着非凡敏锐的语言学习能力。新生儿似乎会优先对他们母亲的声音做出反应，而且他们似乎会同时对直接与他们互动的照料者的话语做出运动神经性反应。相对于将来的非母语，婴儿也更喜欢听人们用他们将来的母语来讲话，他们可能会将注意力集中在语言节奏的结构上，在婴儿关注别人与他们讲话的时候，婴儿的动作似乎是在随着讲话的节奏而翩翩起舞。在生命的头几年，人类语言似乎要通过如下的发展阶段。

1. 咕咕声

咕咕声(cooing)，主要由元音构成。

婴儿能产生出自己的声音，例如婴儿的哭声作为交流方式非常有用——无论有意或无意。然而从语言获得的角度来看，婴儿的咕咕声是更值得关注的。咕咕声是婴儿探索元音发音的表现。全世界的婴儿，包括那些耳聋的婴儿，无论是谁、无论说哪国语言，他们的咕咕声都是没有分别的。

在咕咕声阶段，听力正常的婴儿能够分辨所有的音素，而不只是他们自己语言中的音素特征。例如，在这个阶段，日本和美国的婴儿都能将/l/音与/r/音区别出来。然而，随着婴儿进入下一个阶段，他们逐步丧失了这种能力。到 1 岁时，日本的婴儿不再出现这种辨别。

这种辨别能力的丧失并不仅局限于日本的婴儿。在讲英语的家庭里长大的婴儿，在生命的早期，能够区分在印度的北印度语中有差别但在英语中无差别的音素。在英语中，这些音素都是/t/音的音位变体。具体而言，这些讲英语的婴儿在 6 到 8 个月大时，能够有大约 95%的辨别正确率。到 8 到 10 个月大时，婴儿的正确率已经下降到 70%了，而到 10 到 12 个月时，正确率已经下降到仅有 20%了。随着婴儿的长大，他们明显失去了对那些与他们语言无关的音素的分辨能力。

2. 咿呀语

咿呀语(babbling)，由辅音和元音构成。

在大部分人听来，不同语言群体中长大的婴儿的咿呀语声听起来都很近似。在咿呀语阶段，耳聋的婴儿不再能发声，而听力正常的儿童所产生的声音也有所改变。婴儿优先产生的咿呀声大部分都是些可分辨的音素——既有元音又有辅音。因此，尽管全世界婴儿的咕咕声从本质上来说都是相同的，但是婴儿的咿呀声却有区别性。正如前面所提到的，婴儿对非音位性音素的知觉和产生能力在这一阶段都有退步。

3. 单字词表达

单字词表达，这些表达受限于他们所使用的元音和辅音。

婴儿说出了他或她的第一个单词，很快就跟着有了一个或两个更多的单词，而且不久之后，有了更多的单词。婴儿使用这些单字词——被称为"表句词"——来表达意图、愿望和要求。通常，这些字词是孩子观察到的(如，汽车、书、球、宝宝、鼻子)或想要的(如，妈妈、爸爸、果汁、饼干)、用来描绘其所熟悉物体的名词。

到 1 岁半时，儿童通常有了 3~100 个单词的词汇。因为儿童的词汇量不能覆盖所有他想要描述的事物，儿童就会将她或他现有词汇中单词的词义过分扩展，以覆盖缺失新单词所涉及的事物和念头。例如，所有的男人都被通称为"爸爸"，对任何四脚动物的通称可能是"狗狗"。语言学上把这种适应现象称为外延过宽错误(overextension error)。

儿童不得不将他们所知单词的意义过度推广，因为在他们的词汇中只有少量单词。当他们过度推广他们所知单词的意义时，他们是如何决定该用哪个单词的呢？一种特征假说指出，儿童形成了含有很少特征的定义(E. V. Clark, 1973)。因此，一个儿童可能把猫叫成狗，因为一条心理规则说如果一种动物具备有四条腿这一特征，它就是一只"狗狗"。而另一种功能假说(K. Nelson. 1973)则指出，儿童首先学会的是那些描绘重要功能或用途的单词：灯带来光明，毯子使我们温暖。根据这一观点，外延过宽错误产生于功能混淆。一只猫和一只狗做的事都相似而且都起到了作为宠物的作用，因此儿童有可能将它们弄混。尽管功能假说通常被视为特征假说的竞争者，但在儿童的过渡推广中，两种机制都可能起作用。

4. 双字词表达和电报式言语

1 岁半到 2 岁半期间，儿童开始将单个词连起来产生双字词表达。这样就开始了对句法的理解。这些早期的句法交流似乎更像是电报而不像是对话，因为冠词、介词和其他功能词素通常都省去了。语言学家将这些带有未完善句法的早期表达叫作电报式言语。事实上，电报式言语(telegraphic speech)可以用来描述双字词或三字词表达，甚至稍长一些的表达。

5. 基本的成人句子结构

基本的成人句子结构大约在 4 岁时表现出来，伴随着不断的词汇获得。

从大约 2 岁时的约 300 个单词到 3 岁左右的约 1000 个单词，词汇以大于 3 倍的速度迅速扩充。到 4 岁的时候，儿童已经获得了成人句法和语言结构的基础部分。到 5 岁时，大部分儿童都能理解和产生相当复杂和不寻常的句子结构，而到 10 岁时，儿童的语言从根本上说已经跟成人的语言相同了。

无论孩子们获得的母语是哪种语言，似乎都遵循着相同的顺序和几乎相同的发展模式。

儿童在 4 岁左右基本获得了成人的语言结构，然而大部分人还是能毫无困难地识别出 4 岁的孩子和大多数年长的儿童以及成人在词汇和语言熟练度上的不同。4 岁之后的儿童在使用语言时发生了什么改变呢？这些改变又意味着什么呢？

为了能理解这些改变，我们要探究言语理解和言语流利。通常来说，儿童对语言的理解能力(以及对信息的处理能力)随年龄有效地增长着。年长的儿童也比年幼的儿童显示出更大的言语流利度。除了言语理解和流利能力随着年龄的增长而增强之外，为了能更好地理解这一发展，还要关注特定年龄的儿童在理解和产生言语材料时所使用的策略。儿童所发展的能力不仅仅是言语能力，还有针对言语理解和流利产生出有用策略的能力。这些策略位于语言获得和元认知的交集处，并且是人类智力的重要方面。

二、语言获得的强化理论

前文曾提到关于语言获得是先天遗传还是后天教养的争论。行为主义心理学者斯金纳(Skinner, 1957)主张，言语行为和其他行为一样，也是通过成人对于儿童言语行为的选择性强化得来的。斯金纳关注的是儿童用以获得语言的环境机制，他在争论中站在后天教养的一方。一开始，儿童自发地发出各种声音，一些正确的声音组合得到了奖励，另一些没有得到奖励，反复多次以后，儿童就能辨别哪些是正确的单词、词组乃至语法。长期的训练使得儿童获得了接近成人形式的语言习惯。

语言获得的三个机制是模仿、示范和条件作用。

1. 模仿

在模仿中，儿童完全是看到别人做什么就做什么。有时，儿童也模仿他人的语言模式，尤其是他们父母的语言模式。然而，仅仅模仿对获得语言来说还不够，儿童还必须做得更多。很多时候，儿童散漫地跟着他们所听到的学，这种现象被称作示范。

2. 示范

儿童的言语模式和词汇模仿着他们身边人的模式和词汇。从婴儿期起，儿童就倾听并试图模仿他们听到的言语发音。而另一方面，父母和其他成人在和婴儿及小孩讲话时，都会试图用比平时高的音高、夸张言语中的元音变形(即，更极端而非自然地将音高和音量提高或降低)和使用更简单的句子结构。这种独特的成人言语形式被称为母性语言，或者更准确地说是儿童导向言语。例如，一位母亲可能会对她的孩子说，"宝宝到妈咪这儿来"，即试图用一种孩子能理解的方式来跟孩子讲话。

通过儿童指向性言语，成人似乎摆脱了他们平时的表达法而使语言对婴儿和其他幼童来说更有趣和更易理解。他们的目的是要成功地和他们的婴儿进行交流。通过这种方式，他们也使婴儿模仿成人行为的各方面成为可能。事实上，婴儿似乎的确更喜欢听儿童指向性言语而不是其他形式的成人言语。这些夸张似乎获取并控制了婴儿的注意力，向他们显示出发音时该在何时转弯并交流情感(情绪相关信息)。在各种文化中，父母们似乎都在使用这种特殊的言语形式，并使之进一步适应特定环境：用上扬的语调来获得儿童的注意；用下沉的语调来安慰他们；用间接、不连续的、急速的言语爆发来警告不得有不被允许的行为发生。

父母似乎会模仿言语交互作用的正确模式。早期的保姆—儿童言语交互作用有轮流进行言语交流的特点。其中，保姆说点什么，然后使用语音变形来暗示婴儿做出反应；婴儿则咿呀学语、打喷嚏、打嗝或者弄出其他一些听得到的反应声音；保姆将婴儿制造的各种声音都当作有效的、可交流的表达方式和回答；接着婴儿对暗示有进一步的反应——这样，只要他们两个都显示出继续下去的兴趣，就一直轮流下去。

父母也似乎努力去听懂儿童早期的表达。在这些表达中，一两个单词可能就能被用来传达一整个系列的概念。随着孩子长大些、更成熟些并获得了更多语言，父母就对孩子的语言方面逐渐给予较少的支持，并逐步要求他们更熟练地进行表达。父母最初似乎提供了一个脚手架，孩子可以借助脚手架来建构语言的大厦，然而，随着孩子语言的发展，父母就逐渐地移走了脚手架。

父母的语言使用模式是否就为孩子获得语言提供了主要的获得方式呢？模仿机制在其简洁性上颇为吸引人，然而不幸的是，它不能解释语言获得的很多方面的问题。例如，如果模仿是最主要的机制的话，为什么儿童普遍都是先产生单字词表达，然后产生双字词表达和其他电报式言语表达，稍后才有整句的出现呢？为什么不一开始就是整句呢？也许针对模仿最引人注目的争议与我们语言的多产性有关。我们所产生的大部分表达都是我们以前从未听过或读过的。

另外还有一种独立的针对模仿的争论来自过度规则化这一现象。当儿童已经获得并理解了一种语言通常是如何运作的时候，他们会将语言的普遍规则应用到与规范不同的例外中去，这样过度规则化就发生了。例如，对来自父母的句式"The mice fell down the hole, and they ran home"，小孩不是去模仿它，而是可能对非常规形式进行过度规则化，并说出"The mouses failed down the hole, and they ranned home"这样的表达法。孩子们用像"mouses"这样的方式来表达事物这一事实，显示了应该将下一种机制考虑在内——条件作用——尽管这样也不能完全把语言获得的情况讲清楚。

3. 条件作用

条件作用这一机制也非常简单：儿童听到一些表达法，并将这些表达法与他们环境中的特定物体和事件联系起来。于是他们也产生出这些表达法，并被同样这样表达的父母和其他人所奖励。最初他们的表达并不完美，但通过逐渐地接近完美，儿童开始能和本身使用这种语言的成人说得一样地好。儿童从咿呀语到单字词表达，再到更复杂表达的这一进展，似乎支持了以下的观点：儿童从简单的联想开始，接着他们的表达逐步从复杂度和接近程度上接近成人的言语。

跟模仿一样，条件作用机制过于简洁，事实上也不足以充分解释语言获得。首先，父母更倾向于对孩子言语内容的真实性做出反应——所陈述的是真还是假——而非针对孩子在语法和发音上的相对正确性(1969)。此外，即使父母确实对儿童言语的语法正确性有所反应，他们的反应也只解释了为什么孩子最终停止了对他们言语的过度规则化，而不能解释为什么他们会开始对言语进行过度规则化。还有，正如语言的多产性与模仿相对立一样，这一属性也与条件作用相抵触：儿童不断地使用新的表达法，而之前他们从未受到过对这些表达法的奖励。他们不断地将他们已知的单词和语言结构应用于新环境和上下文中，而以前他们从未受到过此类强化。因此，经由天赋的语言能力和不断暴露于语言环境这二者的有效结合，婴儿自动地并似乎毫不费力地获得了语言。

三、语言获得的先天作用

尽管极少有心理学家(如果真有的话)宣称语言完全是先天遗传的结果，但的确很多研究者都强调遗传的因素。这是在关于语言获得的争论中强调先天遗传的一方，乔姆斯基(Chomsky，1928)是其中的代表人物。

他认为，儿童可以在很短的时间里获得接近成人形式的语言能力，如果每一个单词都是通过选择性强化才能学会，那是不可能有如此高的学习效率的。句子的学习更是如此，儿童可以说出语法很正确而又从来没有听到过的句子，我们可以生成大量不同的句子，而且每个句子都可以有很多变化，儿童的语言获得不可能对每一个句子都经过创造——选择性强化——辨别这样的过程；在乔姆斯基看来这不是模仿的结果，而是我们天生掌握某些规则的结果，这些规则允许我们造出句子，并能将之转换成其他表达相同意思的句子。鉴于此，乔姆斯基提出了"语言获得装置"(language acquisition device，LAD)。他认为，LAD是人类与生俱来的装置，是通过遗传得到的，它可以帮助儿童在短时间内学会人类任何一种语言，也就是说，人类似乎从生理上就为获得语言准备好了前期的配置。这个装置中有一些具体"规定"，它们是学习各种语言的基础。这可能与儿童在生物学意义上的发展紧密相连。所有语言的底层结构都包含有共同的元素，而这些元素可能反映了先天的认知组织规则。这些认知组织规则可能直接影响了语言的学习和生成。儿童在生活中接受了各种原始的、具体的语言素材，将它们交给 LAD 进行处理。

乔姆斯基的立场并不认为某一种特定的语法系统是先天的，而是主张我们具有一种先天的图式，用来加工信息并建构出语言的抽象结构。

对人类的一些观察支持了我们已预先存在获得语言的机制这一观点。首先，相对于先天对其他声音的听觉处理能力，人类的言语知觉十分地不同寻常。而且，在能力和环境的正常范围内，所有的儿童似乎都以一种令人难以置信的速度在获得语言。事实上，聋哑儿童获得手语和听力正常的儿童获得口语的方式和速度几乎完全相同。可能更令人惊奇的是，几乎所有的儿童似乎都在或早或晚的相同时间内获得语言的各个方面，并有着相同的进展。这说明儿童语言获得的阶段性以及各方面发展速度不受环境因素的影响，更多是受先天遗传影响的一种预设过程。

另外还有两种应用于人各个年龄段的观察结果也支持先天对语言获得起作用的观点：

第一，人类拥有几种生理结构，它们除了产生言语不做他用(Dell，1994)；第二，已有资料记载，人类语言有众多序列的普遍特征。自从 1963 年一位语言学家记载了 30 种语言中贯穿着 45 种普遍特征后(例如，芬兰语、印地语、斯瓦希里语、奇楚亚语和塞尔维亚语)，贯穿全世界各种语言的无数种普遍模式已经被记载下来(Pinker，1994)。

与孩子们所得到的相对适中的语言输入量和语言输入种类(无论是口语或符号)相比，他们所创造的高度完善的内在语言结构就显得特别的不同寻常。孩子们似乎在获得对语言结构的诸多规则的内隐理解方面有诀窍，而且在将这些规则应用于新的词汇和新的上下文方面有心得。这暗示着生而有之的语言学习先天机制。当然，如果将多数成年人放在合适的环境中，例如投入语言环境的学习计划中，他们也能学好一门新的语言。尽管他们可能在讲新的语言时仍然带有一种反映着他们母语的口音，但他们也许学习得还不错。

四、先天与环境的共同作用

乔姆斯基的理论最具争议的方面之一，就是他断定语言的关键成分是先天的、普遍的，而非像斯金纳所主张的那样是获得的——强化可能仅仅决定了语言发展中词素的方面。

无论先天还是教养，其中的任何一种都不能单独决定语言的获得。语言的获得存在着关键期(即快速发展的时期,特定能力如果要想充分发展的话，就必须在这一时期有所发展)，说明生理成熟和语言环境显然在语言获得过程中都扮演了一定的角色。咕咕声和咿呀语阶段对于母语学习来说似乎也是一个关键期，它有助于特定语言中有区分性音位的辨别和产生过程的获得；在这一关键期，环境扮演着一个关键的角色，儿童的语言环境必须提供这些有区分性的音位。对语言隔离的儿童的研究也证明那些在较小年纪被解救出来的儿童比那些年纪稍长后解救出来的似乎会获得更为成熟的语言结构，说明在特定的年龄阶段获得语言训练对于语言发展是十分关键的，而错过该年龄阶段后在其他年龄阶段的训练则收效欠佳。关键期语言在语言环境和训练中得到发展，强调了环境和训练的重要作用，但是环境和训练也只能在关键期才能促进语言获得的快速发展，又说明生理成熟的重要作用，因为关键期出现的年龄阶段不是可经由训练改变的，而是由生理发展带来的成熟决定的。所以生理成熟和语言环境二者在语言获得中存在交互作用。

在获得对一种语言句法结构的理解时，也似乎存在着关键期。对成人使用 ASL(美国手势语)的研究表明，在已经使用 ASL 有 30 年或更长时间的成年人中，研究者可以敏锐地区分出哪些人是在 4 岁前获得 ASL 的，哪些人是在 4 到 6 岁之间获得 ASL 的，而哪些是在 12 岁后获得 ASL 的。尽管经过了 30 年的使用，那些在儿童期以后获得 ASL 的人表现出的对 ASL 中有区分性的句法结构的理解还是相对要肤浅一些。

有这么一种基本原理，称为假设检验，它指出语言获得是先天和教养的综合：儿童通过形成对语言的尝试性心理假设来获得语言。这种假设建立在语言获得的遗传天赋基础上，接着在环境中对这些假设进行检验。对这一过程的执行遵循着几条操作原则(Slobin，1971，1985)，在形成假设过程中，儿童寻求并专注于以下这些方面。

(1) 词语形式的变化模式。

(2) 显示意义变化的词素的曲折变化，特别是后缀。

(3) 词素的顺序，包括词缀和词根的顺序以及单词在句子中的顺序。

此外，儿童学会回避例外情形并总结出母语的各种其他模式特征。尽管不是所有的语言学家都支持假设检验的观点，但过度规则化(使用并有时过度使用规则)和语言多产性(基于对如何使用语言的一些理解来创造新的表达法)等这些现象似乎支持了这一观点。

纽波特(Newport，1990)为假设检验论加入了一些细微的变化。她指出，当儿童在获得语言时，他们并不是把注意力放到语言的方方面面上的。相反，儿童将注意力集中于语言最突出的部分，也正好就是大多数情况下最有意义的方面。尽管她的研究主要关注聋哑儿童获得 ASL 的情况，但这一现象也适用于口语。事实上，研究发现，听力正常的婴儿的确关注句子中突出的语音线索，正是这些语音线索标志出了句中的语法关键点。

第四节　语言的理解

语言理解是指人们借助于听觉或视觉的语言材料，在头脑中构建意义的一种主动、积极的过程。语言必须经历从原始输入到有意义表征这一转换过程，这一转换过程的第一阶段是知觉性的。

一、言语知觉

通常情况下理解一个人对你说的话相当容易，在绝大多数情况下你都能明白儿童、成人所说的话，甚至有陌生方言口音的人所说的话和嘈杂环境中所说的话。虽然理解别人说的话看起来如此简单平常，但是实际上分辨、知觉组成语言的语音却是十分复杂的。

言语知觉复杂性的第一方面在于语言分解。言语由相对连续的声音气流构成，对我们使用流利的语言，我们能以每秒 50 个音位的速度来知觉，但对非言语性发音，我们每秒仅能知觉三分之二个音素。我们必须把连续的声音划分成一系列单词，在说话中我们会自然地知觉到词与词之间的依赖关系。一个看似合理的说法是，运用声音中的停顿来识别单词，运用单词间的停顿来确认何时一个单词结束而另一个单词又何时开始。但是，实际上根本就不是这么回事。首先，各个声音之间少有停顿，同一个词中的不同声音会相互掺杂。其次，不只是单词内音素间有重叠，在连续讲话中，词与词间的界限也趋于重叠。语言发音存在发音重叠现象，这使得一个或更多音位当其他音素还在产生过程中时就开始了。换句话说，当你在听某人讲话时，音节和单词之间听起来有停顿，但其中很多只是一种错觉。但发音重叠在言语信息的有效传递中仍然被视为有必要的。

言语知觉复杂性的第二方面在于非不变性，即对于任何音素来说，其声音模式会因它前面或后面的音素而产生变化。辅音的非不变性问题比元音大，因为它的声音模式受后面元音的特征影响。言语产生的速度大约是每秒 10 个音素，结果导致同时要发出不止一种音，这就是混音现象，它负责音素生成中的可变性。此外，通常情况下女性和男性讲话时会有不同的音高，不同的人有不同的口音，同一个人在叫喊、诱哄、低语和讲演时讲话的发音也是不同的。

即使言语知觉存在上述复杂性，我们对语言发音的知觉仍表现出类别性，即差别小的声音被当作同一音素。在加工语言发音时，我们在没有觉察或不经意间，自动地将声音归到不同的类别中去。

在一个经典研究中，研究者(Liberman，Harris，Hoffman & Griffith，1957)使用了一个言语合成器来模拟音节以相等的增量从 ba 到 da 再到 ga 的变化。然而收听这些合成音节的人们听到的是从 ba 发音类别到 da 发音类别的突然转换，类似情形也出现在从 da 类别到 ga 类别的过程中。尽管每两个音之间的差异在声音的物理特征上是相等的，但是人们却对两个相邻的 ba 音的分辨很差，对 ba 音与其相邻的 da 音的区别则被知觉到了。也就是说，尽管我们事实上所听到的言语发音是由一个音波变调的连续体组成，但我们知觉到的言语发音却是不连续的类别。物理刺激的细微变化如果产生在音素界限范围以内时，它们对语音辨认只有很小或没有影响，但当它们跨越界限时，则影响很大。在分界线同侧的声音差异很大也没有被认为是不同的音节，表现出在一个音位类别中呈现较差的分辨力。而分界线两侧的声音之间的差别再小，也被认为是不同的声音。

此外，在每个音节类别中，不同场合中的发音方式都有不同。然而这种不同不会影响言语知觉——你昨天所说的 ba 音和你今天所说的 ba 音并不相同，但是它没被知觉为不同。

知觉的这种类别形式并不适用于非言语性发音，例如一种音调，音高的连续变化听起来就是连续的和有区别的。言语知觉中的类别知觉和其他发现一道促使艾尔文·利伯曼(Alvin Liberman)和他的同事们对言语知觉依赖于特殊过程的想法进行了研究，并提出了较早的、但仍具影响力的言语知觉的运动理论。利伯曼的言语知觉运动理论认为，听众倾向于模仿说话者的发音运动，这样做产生了一个运动肌肉信息，这种模仿可能表现为外部嘴动，也可能不必动嘴。听者产生的运动肌肉信号比说话者提供的言语信号更可信、更一致，因此，听者依靠自己的运动肌肉信号要比只利用言语信号产生更准确的言语知觉。

这一理论是解释听者是如何导致了类别知觉现象的。lip 这个词中的/p/音与 put 这个词中的/p/音是不同的。这种不同在很大程度上是来源于发音重叠背景中的差异——/p/音与 li-的重叠和它与-ut 的重叠导致了/p/音有了差异。

因为有了利伯曼及其同事们的早期研究，类别知觉现象已经被拓展到了对其他类型刺激的知觉上，例如对颜色和面部情绪的研究，也因此削弱了"言语知觉是特殊的"这一主张。但是，言语特殊论的支持者仍然主张有其他形式的证据显示言语是通过特殊化的过程来被感知的。

言语类别知觉现象使我们即使在语音发生变化时也能将之知觉为同一个音位，实际上我们只注意了言语中声音的某些属性而忽视了其他，从而将其视为同一类。这或许能解释为什么我们可以又快又容易地理解一个陌生人的言语，因为我们忽略了他或她言语中没有意义的部分。而上下文信息的运用则可以帮助我们完成对连续的、非不变性的语音的知觉。

音素恢复效应实验证明识别口语单词运用了句子上下文信息。1970 年沃伦(Warren)在研究中给被试听一个句子的录音"The state governors met with their respective legi*latures convening in the capital city"。句子中有 120 毫秒的部分被一声咳嗽音代替(*部分)。20 个被试中只有 1 个报告察觉到有一个缺少的声音被咳嗽声替代。剩下的 19 个人证实了音素复位效应存在，因为听者似乎在知觉过程中依赖其他的语言信息恢复了缺失的音素。沃伦还进一步证明用一个纯音替代*eel 中的星号时，被试会根据句尾中听到的 axle、shoe、table、orange 分别将单词补足为有意义联系的 wheel、heel、meal、peel。上下文在确定模糊音的时候提供了额外信息。

上下文不仅能产生音素恢复效应，而且可以影响对音节的知觉。在一项言语追随的研究中，呈现给被试的语音有所歪曲(例如 Cigaresh 这种假单词)，发现被试经常会将歪曲过的内容恢复为确切的发音(Cigarette)，特别是该单词与前面的语境高度相关时。这个结论说明听者通常利用句子上下文语境中的前一个词来预测下一个词，如果那个词呈现的是歪曲的形式，甚至还会错听该词。

在听别人说话的时候我们甚至不仅仅利用听觉的上下文，还能利用视觉信息，看到别人嘴唇的变化，能帮助我们理解噪音条件下听到的句子。一项实验中让被试看到一个人发出 ba 的口型，但是声音却呈现为 ga，被试则报告说听到了 da，这是因为视觉信息和听觉信息综合起来产生的结果。玛萨罗和科恩(Massaro, Cohen, 1983)研究了\b\和\d\这两个只在发音清晰度上有区别的闭塞辅音的类别性知觉。实验中被试听到 9 个计算机合成音节，根据声音属性从清晰的 ba 到清晰的 da 排列。在中性条件下，被试只听到声音而没有视觉信息。而在其他两个条件下，被试在听到音节的同时，会分别看到一个没有出声但与磁带声音同步做出 ba 或者 da 发音口型的人。结果发现视觉信息确实影响了被试所听到的内容，相对中性条件，在知觉 ba-da 系列中间的音节时，录像带中说话人的口型会使知觉产生细微的差别。

二、眼动

阅读过程——从眼睛注视于文本材料的那一刻开始，到解读材料意义，再到另一次扫视，是在很短时间内发生的。阅读发生时，首先要依赖眼睛接受文本材料。眼睛以跳跃方式移动，大约持续 15 毫秒，诺顿和斯塔克(Norton, Stark, 1971)报告，在阅读时通常每秒发生 2 或 3 次扫视(以跳跃方式移动)，扫视十分迅速，仅占整个观察时间的 10%左右，跨越 10 度视角的扫视，仅需要 45 毫秒，眼睛跳跃的长度是变幻的，一般为 8 个字母。另外，约 10%的跳跃是回跳，即眼睛向后看。

在跳跃之后，是约 200 毫秒到 500 毫秒的注视。视网膜的中间是中央凹，它与人的精确知觉有关。由于中央凹很小，所以可以预计每次注视课文的课文量是有限的，落在中央凹的文本信息可以被清晰地检测并被传递到大脑进行进一步加工，超出中央凹之外的文本信息，包括处于中央凹旁视觉和外周视觉中的信息，其解析是很差的。有证据表明，知觉广度在整个视野中一般是从注视点往左扩延 3~4 个字母，往右扩延约 15 个字母，不包括下一行。注视的地方一般是长单词的中间，这些单词一般比短单词提供更多的信息。如果注视的不是单词的中间部分，为了知道它的意义，通常需要再次注视它。而在扫视过程中视觉似乎受损了，称为视觉模糊，很少有文本信息被检测或加工。

扎斯特和卡朋特(Just, Carpenter)的阅读模式认为，当读者遇到一个新单词时，会马上设法对其进行解释并赋予它一个角色。扎斯特和卡朋特创立的眼动-心智假设(Eye-mind hypothesis)，认为对每个单词的解释出现在阅读者注视它们的时候。因此，每次注视所花费的时间提供了词汇解释难易的信息。扎斯特和卡朋特认为有许多变量会影响注视持续时间以及解释的简易性。在这些变量中能增加注视持续时间的有单词长度、单词罕见程度以及句法或语义上反常的单词。扎斯特和卡朋特给大学生阅读《新闻周刊》或《时代周刊》这类杂志上描述科学发明、技术创新或生物学机制的文章段落。结果表明对大多数实义词汇(例如，名词、动词和其他传递意义主体的单词)需更长的注视时间，读者将 80%的注视时间投向文本中的实义词汇；像 the、on、a 这样的功能词汇有时根本就不会去看(功能词汇，例如"the"和"of"，对实义词汇起支持作用)。虽然我们不会对每一个词都加以注视，但实义词汇通常都会被留意关注。这些结论表明，如果读者阅读的目的是在于理解意义的话，他们会将更多时间用于文本中有意义或语义丰富的部分。

此外，一句话中最后的单词似乎也得到了格外长的注视时间；被试在复杂词或非常用词上的注视时间也长于普通词，这大概是由于提取复杂词的词义需要更长的时间。影响眼睛注视时间的因素有很多，但其中低水平因素的作用是有限的，单词被注意的部分、语言的加工复杂性是最重要的影响因素。

三、单词识别

单词可视为概念的任意符号形式。事实上，将单词视为概念时，单词就成为操纵相关信息的经济实用的方式。例如，当你想到单词桌子时，你可能也想到了以下所有这些东西。

➢ 所有以实体形式而存在的桌子的样例。
➢ 只存在于你想象中的桌子的样例。
➢ 桌子的所有特性。
➢ 所有可能与桌子有关的事。
➢ 所有可能与桌子相联系的其他概念(例如，你放在桌上或桌内的东西，或者你可能找到桌子的地方)。

我们是如何识别单词并提取所代表的概念的呢？在字词优势效应中，包含在单词内的字母比独立的字母或在不成词的字母堆中的字母更容易被理解。对该效应所做的首例报告要追溯到卡特尔。他注意到，比起阅读能形成单词的字母，人们要花相当长的时间去阅读相互没有关系的字母。在雷切尔(Reicher)的实验中，迅速呈现一串字母，让被试决定字母串某一特定位置上出现的是两个字母中的哪一个。当所给的字母串能组成一个单词时，被试的判断好于非单词字母串的判断。字词优势效应暗示单词识别并非是根据所识别字母再进一步识别字母所组成的单词，单词识别甚至是发生在字母识别之前的。

麦克理兰和鲁梅哈特(McClelland，Rumehart)提出相互激活作用模型来解释单词识别。整个系统操作有兴奋和抑制两种加工过程，有特征水平(辨认字母特征)、字母水平(辨认每个单词的字母)、字词水平(辨认单词本身)三个加工水平，三个水平的信息在记忆中是分开表征的。特征和字母信息通过兴奋和抑制过程影响单词的激活。另外，来自单词的信息也会通过兴奋和抑制过程，影响特征和字母水平的激活，这就可以解释字词优势效应。快速呈现一个单词，会使适当的词汇单元激活，这种激活进而使单词的所有字母激活。但是相互激活模型只适用四个字母组成的单词，对于长单词的加工需要其他的理论假设。麦克理兰和艾尔曼(McClelland，Elman，1986)并进一步提出单词辨认追踪模型。

以上两个模型的缺点在于只考虑了单词辨认与视觉信息的关系，没有考虑单词识别中语音信息的作用。森德伯格(Seidenberg)发现，不规则的非常用单词的命名时间长于规则的非常用单词；但是，高频单词的命名时间不存在这种差异。假如单词的辨认只依赖视觉信息，那么，不规则单词的辨认时间应该与规则单词的辨认时间相同。所以，对单词的辨认既涉及视觉信息，又涉及语音信息。

双信道模型认为单词识别中存在词汇通道和非词通道。词汇通道涉及由我们认识的单词组成的心理词典，它包含着各种信息，如发音和拼写，由此可以通达词的意义。另一条是非词通道，用来读出假词。每看到一个单词，我们都会运用词汇通道，如果在词典中不能获得相关信息，就转用非词通道。但是，事实上，大多数心理学家认为两条通道同时运用。根据这个观点。单词的读音由先完成加工的那条通道决定。研究者(Marton，Patterson，Ellis，Young)提出了三信道模型，把词汇信道分成独立的经过语义系统和不通过语义系统的通道。如果能够读出遵循形音规则的非词和真词，但不能准确地读出不规则词，这类病人只用通道1(表面性阅读障碍)。如果不能运用形音一致法则，说明他们在读不熟悉的词和非词上有困难，这类病人只用通道2(语音阅读障碍)。如果能准确地读熟悉的词，但不能读不熟悉的词和假词，这类病人只用通道3，由于跳过了语义系统，所以他们应当无法理解自己所读单词的意思。平行分布加工模型则认为在阅读书面文字的过程中，只存在一条语言通道，并用计算机模拟拟合了人类实验中的实际情况。

文本中的单词识别并非仅仅是将组成单词的每个字母识别之后再组合成单词，从而完成识别；对语音呈现的单词的识别也同样不仅仅依赖对组成单词的每一个音素的区分与知觉。词群理论认为，当听到一个单词的第一部分时，长时记忆中的所有以这个音开头的单词都被激活。这些单词称为初始单词词群。接着，词群的成员由于各种原因不断被排除，它们或者是不能与听到的声音的后半部分相匹配，或者是不符合语义及其上下文。最终，只有一个单词被保存在词群中，它就是听者听到的那个词。实验证明在正常语句中，觉察目标词比在不相关单词组成的随意句子中快，因为正常句子包含的语境会让被试从初始词群中排除单词。词群理论诞生之初过分强调了单词的第一个词素的作用。但是康妮(Connie，1993)发现在第一个音素含糊不清的条件下，单词辨认的结果也很好。因此研究者对词群理论作了进一步修改：在初始单词词群中，既包含与所呈现单词有相似音素的单词，也包含了初始音素的单词。

麦克理兰和艾尔曼的搜索模型则认为存在三个不同水平的加工单元或结点：特征(例如嗓音、发音的位置)、音素和单词。三个水平之间紧密地相互联系，一个单词呈现之后，它会激活整个系统，单词会识别为激活水平最高的单词。决定激活水平的因素有两个：一个是由特征水平开始的加工，另一个是由词汇水平开始的加工。从词汇水平开始的加工对音素单元或结点的激活，可以由与特征水平引发的加工对音素单元的激活相比较。该模型的缺点是夸大了词汇水平引发的加工的重要性。在发出的声音质量较差时，这种加工确实很重要，但是如果音质好，它的作用就不重要了。

以上各种模型说明了在谈话或文本中单词如何得到识别，下面通过歧义单词的意义的提取来说明单词的意义是如何得到提取的。斯威尼向人口述一段文字，其中的一些段落包含了歧义单词而另一些段落中则没有，而且没有歧义单词的段落中都有与另一个段落中歧义单词(bug)同意的对应单词(insects)。

同时，被试还要执行一项视觉词汇辨别任务，他们会看到一串字母，并要求尽快地判断该字母串是否能组成一个英语单词。字母串将会在上述例子中歧义单词的位置出现。当被试提取的口述单词的词义与字母串组成的英语单词的词义有联系，就会促进视觉词汇辨别任务，如此就可以推断口述词汇意义的提取。斯威尼的研究结果表明，即使是在上述具有高度语境倾向的段落中，当被试听到bug后，立刻给他呈现视觉刺激，spy(间谍)和ant(蚂蚁)这两个与bug(虫子或窃听器)相关但意思完全不同的单词都被启动,对spy和ant的视觉辨认都得到了促进。歧义单词的两种意义在视觉词汇判定任务中都能够得到启动,前提是歧义单词的视觉呈现紧接于听觉呈现之后。如果字母串的视觉呈现在歧义单词的听觉呈现之后被延迟,哪怕只有四个音节的长度,那么被启动的就只有歧义单词在上下文中恰当的那个意思。因此,当单词的视觉呈现有了延迟后,根据上下文,bug所启动的就是ant而不是spy。格恩斯巴彻(Gernsbacher)的后继研究证实,相比于不善于阅读的人而言,优秀的阅读者能够更为有效和有准备地抑制单词的不恰当意义和运用合适的意义。

所以,加工时歧义单词的所有意义都可以暂时获得。尽管在一段时间里歧义单词的所有意义都可以获得,但这段时间十分短暂。对于大多数人来说,歧义单词出现后三个音节(700~1000毫秒),只有一个意义仍保持活跃,说明人们消除歧义是相当迅速的。

四、句子的理解

句子理解是一个十分复杂的过程,不仅要提取每个单词的意义,还要理解句法结构。句法分析是指运用词序或其他信息,分析每个句子的主语、宾语以及联结主宾语信息,也包括确定句子中每个单词属于哪个语法范畴。无论是阅读句子还是说出句子,语法分析涉及的加工过程可能是相似的。虽然人们可能从没有意识地去考虑一个词或者一个短语在句子中的作用,但事实无可辩驳地表明了人们对此是十分敏感的,任何能流利使用某种语言的人,都能立刻认出一个特定的句子和特定的单词序列是否符合语法,并且在理解的过程中使用了句法信息。

扎威拉(Jarvella,1971)的一系列研究证明人们会注意到所谓的句法构成。扎威拉让被试听一段较长的语段。段落中的中断是被试回忆的线索。扎威拉在实验中使用的段落含有完全相同的短语,但这些短语属于不同的从句。例如,下面是扎威拉让被试听的两个段落。

With the possibility, Taylor left the capital. After he had returned to Manhattan, he explained the offer to his wife.(段落1)

Taylor did not reach a decision until after he had returned to Manhattan. He explained the offer to his wife. (段落2)

两组被试对开始的分句的回忆准确率大致相同,都达到字面的16%左右。对第三个分句的回忆(he explained the offer to his wife),两组被试的准确率平均都是85%,这也许是因为他们对这部分句子的加工仍保持活跃,因而仍旧保留在工作记忆中。然而对于中间的从句(after he had returned to Manhattan)的回忆则产生一个十分有趣的结果。这部分内容单词和声音完全相同,只是在段落2属于第一句,而在段落1则属于第二句。听到段落1的被试能够准确地回忆出其中的大约54%,而听到段落2的被试则只有20%的回忆准确率。扎威拉认为在段落1中,第二个分句仍旧在加工,因为它所在的句子还没有结束,因此该分句依然保持在工作记忆中。然而,在段落2中,该从句是属于一个已经加工完成的句子。通常来说,当我们完成了对一个句子的加工后,我们好像会丢弃这个句子中具体的措辞,而只存储关于句子概要的一个表征。虽然人们可能从未有意识地去考虑一个词或是一个短语在句子中的作用,但事实无可辩驳地表明了人们对此是十分敏感的,并且在理解的过程中使用了句法信息。

在句子理解中，句法加工和语义加工的关系是一个重要的问题，一种观点认为，句法加工一般发生在语义加工之前，另一种观点则认为语义加工发生在句法分析之间，前者会影响后者，另一种观点是句法加工和语义加工是独立发生的。

弗雷泽和雷纳(Frazier，Rayner，1982)提出的花园—路径模型的一个主要假设是，读者或听众对一个句子句法结构的最初理解不受句子意义的影响。句子的意义对于最初建构句法结构没有多大作用，这个假设听起来可能没有什么道理，但弗雷泽等人却提供了证据。他们给被试呈现了类似于下面的句子："The performer sent the flowers was very pleased with herself"或"The florist sent the flowers was very pleased with herself"。结果发现，被试阅读两个句子的时间相同，但如果意义用来产生语法结构，那么第一个句子读起来要比第二个句子容易，这是因为花更可能送给演员而不是种花人。根据花园—路径模型，指导句法结构构建的一般原则有两个，一是最小附件原则，即倾向于最简单的句法结构；因此读者倾向于坚持单一的句法结构，直到发现这是错误的。二是后关闭原则，指在可能的情况下，给当前的短语和句子增加新的单词。例如 Since Jay always joys a mile seems like a short distance. 根据后关闭原则，人们最初把一英里加到前面短语中，随着阅读发现这是错误的，不得不改变。后关闭原则会导致新的正确的句法结构，上面的句子就会变成由于 Jay 总是小跑一英里，这个距离对他来说是比较短的。

许多理论家都认为语义因素一般会影响句法结构。克雷恩和斯蒂德曼(Crain & Steedman)使用了两个句法结构相同但意义不同的句子：The teacher taught by the Berlitz method passed the test；The children taught by the Berlitz method passed the test. 大多数被试都判断前一个句子有语法错误，该结果表明，句子语法结构的加工受到了句子意义的影响。还有研究者提出了内容指导加工理论，即句子的意义有助于语法结构的形成。句子前面部分的意义会产生对句子后面部分的预期，这种预期影响语法结构的建构。他们测量了句子最后一个词的加工时间，语法结构更符合读者预期的句子，最后一个词的加工更快。

而在谈话中，说话者有时候会提供一些有利于句法分析的线索，即韵律线索，包括说话时的语气变化、语调、强调和时间持续长短。有关演讲的研究经常建议，讲话者一般提供了足够的韵律线索以消除歧义性。但是受过训练的讲演者在阅读歧义句时并不使用消除歧义性的韵律线索。因此，这些线索对于听众来说，并没有过去假想的那么有用。

五、推断

在语言理解中，做出推断的过程，即填补口语和书面语言中的空白的过程相当重要。

布兰斯福德(Bransford)给被试呈现一些句子，例如"三只乌龟在漂浮的木头上休息，在它们下面有条鱼在游动"。在接下来的再认记忆测验中，被试都确信自己最初听到就是"鱼在木头下游动"，但事实上这是推断出来的句子。但是推断是在呈现句子时发生的，还是在再认测验中作出的，布兰斯福德没能加以说明。奥布赖恩(O'Brien)等人给被试呈现下面的句子："抢劫犯要的就是那女人的钱。当她大叫时，他使用武器殴打她，让她不要叫。他四处张望了一下，看是否有人看见他。他把匕首扔进草丛，拿了她的钱逃跑了。"结果发现，被试阅读最后一个句子的时间很长，表明武器是匕首这个推断是在读最后一个句子时做出的。在另一种条件下，句子改变为"当她大叫时，他用武器扎她，让她不要叫"，这时最后一个句子很快就读过去了，表明最后一个句子之前就完成了推断武器是匕首。所以语言理解中确实存在推断，而且是在阅读句子当时就发生。

哈利(Harry，1995)提出存在三种主要类型的推断。

逻辑推断：只依赖词义的推断。例如，根据句子"图书馆的那个管理员现在还没嫁人"，就可以推断这位管理员是位女性。

连接推断：把前面的信息和新信息联系起来。例如，根据句子"今天是弗雷曼的生日，鱼竿是他收到过的最好生日礼物"，我们就可以推断他生日收到了一只作为生日礼物的渔竿。

精细推断：即把我们的知识添加到文章中去。例如，从句子"最近某某地区紧张局势再次升级"我们可以推断该地区发生了何种状况，但是结合前些天的新闻播报我们就能知道是何种紧张局势又恶化了。

在谈话中听到别人说话时，推断可能更重要，谈话的字面的意义和它所要表达的意义是不同的，如"你知道某某住在哪里吗"，不是询问听话人是否知道，而是希望听话者告诉某某的住址。我们常常对讲话者的动机、个性进行推断，也同时作逻辑推断、连接推断以及精细推断。席尔斯(Seals)提出听众先领会字面意义，如果这种意义不符合语境，才会想说话人所要表达的意义。凯萨尔(Keysar)则坚持，人们同时推断所要表达的意义和字面意义。泰勒(Taylor)则认为两种意义的理解至少部分是同时进行的。

关于推断在何种条件下发生，研究者提出了最小假设理论，认为语言理解中的推断是由阅读的目标决定的；在没有具体的目标导向策略过程时，只是两种类型的推断被建构起来，一种是建立当前正在加工的文本内容的表征，另一种依赖于能够快速而且容易得到的信息，只有当有需要达到目标时，读者才进行推断。另有研究者的研究证明听到"玛丽搅动她的咖啡"句子时并不推断使用的搅拌工具，除非特意让被试猜测每个句子中使用的工具。布兰斯福德等人和其他人提出的建构理论认为为了完全理解课文描述的事件，理解过程涉及很多精细的推断子过程。建构主义理论认为，只要推断能够增进理解，人们都进行推断。搜索意义理论提出了折中的观点：做出特殊的推断取决于三个因素，一是读者的目标的推断；二是文本的内在意义需要的推断；三是文本中所含的行动和事件。如果某人的阅读是为了寻找事实，而不是抽取课文的全部意义，那么很少做出推断。相反，阅读了谋杀案的人往往会推断各种人物的动机。

六、段落的理解

当我们将句子连起来成为短文、故事之类的段落时，对单个句子的加工是如何发挥作用的呢？

哈维兰德和克拉克(Haviland & Clark)描述了一种称为已知—新知的策略，指出听者或者读者是通过将一个句子划分为已知部分和新知部分来加工句子的。句子的已知部分包含从上下文、先前信息(包括刚刚呈现的其他句子)以及背景知识中获得的熟悉信息。新知的部分顾名思义包含了不熟悉的信息。听者首先在记忆中搜索与已知部分相对应的信息，然后再通过整合新知的信息来更新记忆。这种整合通常是作为对已知信息的精细化。已知—新知策略只有在句子已知部分的信息同听者记忆中称为提前的某些信息相对应时才会发挥作用。可以帮助听者实现这种对应的一种方法是在记忆中使用同句子已知部分相同的描述，可以理解为听者事实上是通过他们自己认为非常明显的方式来做出联系的。这种联系被称为桥接推论，通常要花费一定的时间才能建立。

在一项实验中，哈维兰德和克拉克给被试呈现一个段落，其中目标句紧随上句的语境出现。有时候，目标句包含与来自上下文的前提信息完全匹配的已知信息，其他时候被试不得不做出一个桥接推论。

我们从车中拿出了一些啤酒。啤酒是温的。(句1，前提中有啤酒，目标句中也有)

我们检查了野餐的食物准备。啤酒是温的。(句2，前提中没有啤酒，但目标句中有)

被试在阅读和理解句 2 中目标句所花费的时间要多于句子 1 中同样的一句目标句。这可能是因为阅读句子 2 的被试要做出这样的桥接推论：野餐所准备的食物中包含了啤酒。阅读者有时也要对文本中相距很远的两个句子做出推论。所有句子之间的桥接推理以及连接文本中相距更远部分的推论都是我们理解阅读内容的关键所在。读者可以在任何时候改变这些推论的数量，而这些推论本身在一段信息同另一段信息的关联强度上也可以有所改变。读者形成的关联数量以及关联强度会影响读者对所阅读内容的理解和记忆。

金切(Kintsch)建立了建构—整合模型用于解释完整文本包含的信息怎样与记忆中储存的信息结合在一起，以形成文本意义的完整表征。文本信息以命题方式转换成语言表征，命题是意义的最小单元，在此模型中命题是由一个谓词以及多个论点所组成的，谓词可以对应于人们阅读或听到的动词、形容词、副词或连接词。大量文本命题组成命题网络，它们是一种短时储存，短时记忆容量有限，所以只有一部分命题可以保存在记忆中。而与文本命题有关的命题，包括推断，由长时记忆中储存的信息产生。来自文本以及长时记忆的各种命题都被放进精细的命题网络中。这就是建构阶段，它的局限是，精细的命题网络中包含许多重要或无关的命题。

接下来是整合过程，它要确保最重要的命题并入文本表征。各种命题能否并入文本表征取决于它们的激活水平。那些与其他的命题相联系的命题，最容易得到激活，这些命题对理解课文的意义有重要作用。在文本加工过程中表征存在三种水平：表面表征，实际的文本；命题表征，由文本形成的命题；情境表征，文本描述的情境的模型。

金切和基南(Keenan)获得了阅读中命题重要性的实验证据。他们发现两句长度相同的句子可能会有不同的加工难度，他们认为这些难度来源在于句子的命题复杂性，也就是句子传达要旨的数量。要求被试在无声地读完一个句子或段落之后按下一个按钮，然后立即尽其所能地回忆该句子的内容，结果第一个句子包含 8 个命题，其阅读时间比包含 4 个命题的句子约长 4 秒钟。尽管句子有相同数量的单词，但由于命题数量更多，所以命题多的句子更难加工。此外，相比那些边缘性的命题，他们更喜欢去回忆更为"中心"的命题，因为后者对理解句子的意义更为关键，而前者只是对中心内容的深化。这些结果表明，命题是以某种层级的形式进行心理表征的，中央命题位于最高层，外围处于较低层次的命题更多的是起到阐明中央命题的功能，因此在记忆时就没有那么重要。金切等人还验证了建构—整合模型对文本表征存在不同水平的假设，他们发现，表面信息记忆在 40 分钟时保持得很差，4 天之后完全消失了。而情境信息记忆相当好，4 天之后也没有遗忘的迹象。命题信息记忆介于两者之间。

另外在讨论语言产生时提及的"故事语法"在整合和理解段落时也扮演着重要角色。

故事语法是每个故事的层次结构，一个故事一般都由背景、主题、情节和结果组成，再细分，背景还包括人物、地点和时间；主题则包括一个或多个事件或目标，某些子成分可以被重复若干次。故事语法将故事分解成若干部分或组成成分，不能被语法分解的文本段落就被看作是违法的，或者说不符合语法。故事语法试图描述故事的层级结构，特别是故事中的各个部分之间是如何联系的。故事语法给听者或是读者提供了一个框架结构，通过这一结构能预期特定的元素和序列并以此填补没有明确表述的省略内容。故事语法有助于识别成分及各成分在故事中的作用。桑代克(Thorndyke，1997)证实了人们会使用故事语法来指导阅读和解释。他对这一概念的检验方法是，要求人们阅读并回忆他事先已经根据特定故事语法进行过分析的不同故事。结果证明在故事中越是高层次出现的故事内容，越能被很好地回忆。

综上所述，在段落理解中有读者构建的心理表征，不仅不同于而且远远超出了文本所提供的信息本身，这意味着人们是运用自己的背景知识做出推论来对文本加以理解的。但是为了减少工作量读者不会对文本中的所有内容都做出逻辑关系方面的推论。另外，一个好的表征是一致连贯的，像图式或故事语法这类结构是用来将文本中的信息结合在一起的。

对段落的理解还受到诸多因素的影响。

首先，段落中不同信息的重要性。在课文记忆研究中发现，重要信息被记住，不重要的信息被遗忘。眼动研究表明，注视课文中重要信息的时间长于不重要信息的时间，可能是因为重要信息得到了更多的加工所以记忆得更深刻。但是控制了加工时间，使重要信息和不重要信息的加工时间相同，仍然发现重要信息记得最好。所以语言理解时区分了重要信息与不重要的信息。

其次，上下文提供的语境也是影响段落理解的因素。布兰斯福德和马西娅·约翰逊(Marcia Johnson)详尽记录了上下文在语言加工中的作用。他们给被试呈现文本段落，被试其后只能回忆出其中一小部分。但如果在阅读之后给他提供一语境，那么被试的回忆就会更加完整。他们证明在阅读段落之间给被试呈现一个语境，被试回忆的主题数量平均在 8.0 到 14.0 之间。而在没有语境的情况下，或者是语境出现在段落之后，被试只能回忆出大约 3.6 个主题。

再次，读者的知识越多，他对文本的理解就越好。这一概括似乎同时适用于那些知识广泛的通俗材料阅读者，也适用于那些拥有专业知识的技术文献阅读者。知识可以被看作信息的组织化集合，当现存的认知结构和信息已经存在时，从阅读中获得的新信息就能更完全地被吸收。反过来，不完备的知识会限制对文本的理解，这是因为读者必须在对阅读的信息进行编码的同时，还要发展出某些阅读材料的知识结构。在这一框架下，理解更多地被当作是有关认为世界是什么样子的假设的验证过程，而不是单纯吸收新知识。此外，理解是一种由知识、经验出发的加工，拥有专业知识的人，对其专业领域的技术信息的理解，要好于那些非专家。

最后，文本理解还会受到环境信息和指导语的影响。研究者(Owens，Bower & Black)所做的实验中，要被试阅读一个有关滑水运动员和快艇驾驶员的故事，一半被试的指导语引导他们把自己当成滑水运动员，而另一半则把自己当成快艇驾驶员，但是两组被试阅读的故事都是一样的。在被试读完故事后，他们要回答一系列问题。例如，滑水运动员把手伸向拖绳的把手，但没能抓住它，那些运动员视角的被试对这一句话的反应是归咎于快艇运动员没能靠得足够近。而那些驾驶员视角的被试，则倾向于认为运动员自己不够快才导致没能抓住把手。这种将罪责归咎外人，认为自己人无辜的倾向，说明了对文本材料的理解可能因为情景偏向而不同。

复习要点

第一节 语言概述

语言是一种社会现象，是人类通过高度结构化的声音组合，或通过书写符号、手势等构成的一种符号系统，同时又是一种运用这种符号系统来交流思想的行为。语言具有两个必要的特征：一是规则性；二是具有创造性。语言还具有任意性、不连续性和动态性的特征。任意性是指单词或句子同它所指的对象之间缺乏必然的相似性。不连续性是指语言系统可以细分为可辨的部分，可以在多个水平上对语言结构进行分析。动态性是指语言是不断演变着的。

语言包含了若干协同作用的系统：音素指在一种确定语言中有意义差别的最小声音单元，是最基本的语音单位。词素是语言中由语音组成的有意义的语言单位，是语言中最小的意义单位，以某种连贯的方式将音素组合在一起就构成词素，词素是词的组成要素。词是代表事物和思想的符号。句法是指句子中单词的排列，宽泛地讲句法就是指句子的结构，即句子的组成部分和这些部分组合在一起的方式。语义学是对词义和语言的研究，语义学的研究也包含了对句子的真实条件以及句子之间联系的研究。语言交流要依赖语用规则，语用规则涉及了语言的社交规则，包括特有的礼仪习惯。

第二节 语言产生

研究语言产生的单位主要是通过语误分析来进行的，语误是我们说话时无意中出现的语言错误。大部分研究者认为想说的和实际所说的之间缺乏对应可以告诉我们语言是如何产生的，某个水平上的语误暗示在该水平上涉及语言产生的加工。

关于语言产生的阶段，学者们有不同的观点。弗朗琴提出七阶段模型，包含选择需要表达的意思、为分句选择句法结构、把内容词插入句法结构中、指定出词的词法形式、指定出代表分句的音位、选择运动要求和发出分句。安德森提出三阶段模型，包括构建阶段、转换阶段、执行阶段。德尔提出激活扩散模型，认为语言计划过程包括四个水平：语义水平、句法水平、词法水平、语音水平。勒韦认为语言产生包括三个主要的阶段：概念化阶段、公式化阶段、发音阶段。

第三节 语言获得

语言获得具有共通性的一系列阶段。在生命的头几年，人类语言要通过如下的发展阶段：咕咕声、咿呀语、单字词表达、双字词表达和电报式言语、基本的成人句子结构。

语言获得的强化理论：行为主义心理学者斯金纳主张，言语行为是通过成人对于儿童的选择性强化得来的。语言获得的三个机制是模仿、示范和条件作用。

语言获得的先天作用：乔姆斯基认为，儿童可以在很短的时间里获得接近成人形式的语言能力，如果每一个单词都是通过选择性强化才能学会，那是不可能有如此高的学习效率的。"语言获得装置"是人类与生俱来的装置，是通过遗传得到的，它可以帮助儿童在短时间内学会人类任何一种语言。

第四节　语言的理解

语言理解是指人们借助于听觉或视觉的语言材料，在头脑中构建意义的一种主动、积极的过程。语言的理解要经历言语知觉、眼动、单词识别、句子的理解、推断、段落的理解等过程。

拓 展 思 考

1. 语言在人类的实践活动中有什么重要作用？
2. 在语言产生的研究方面有哪些最新成果？
3. 评述乔姆斯基的语言理论。

第九章 表象与想象

彼此相互作用的客观事物都会在对方的身上留有一定相互作用的痕迹。与人发生接触的外界事物消失之后，会在人的信息加工系统中保存与之有关的信息，以便于在需要的时候能够提取和使用，表象就是人们对信息进行编码和加工的一种主要形式。而对表象的加工改造就会形成想象。那么，表象和想象是什么样的心理现象呢？本章将详细分析。

第一节 表　　象

一、表象的概念

事物不在面前时，在头脑中出现的关于事物的形象，是对事物的一种知识表征。表象(image)是在头脑中出现的已感知过的事物的形象。即当事物不在面前时，人们在头脑中出现的过去经历过的事物的形象。

表象不同于感觉后像。后像是作用于人的感觉的刺激停止后，头脑中所保留的相关事物的映象；它是由刺激直接影响后的后效所引起的，时间短暂，在人的生活实践中不起重要作用。表象则是事物不在面前时，通过间接方式出现的头脑中的事物映象，时间较长久，在人的认识活动中具有重要作用。表象与感知觉不同，表象是间接的、形象的，感知觉是直接的、具体的。

二、表象的种类

根据不同的标准，可以把表象分成不同的类型。

(一)知觉表象、记忆表象与想象表象

按照心理活动的不同，可把表象分为知觉表象、记忆表象和想象表象。
知觉表象(perceptual image)：感知事物时在头脑中留下的形象。
记忆表象(memory image)：在记忆中保持的客观事物的形象。
想象表象(imaginative image)：对头脑中已有表象进行加工后形成的新形象，这些形象可能是人们从未感知过的，或者是世界上根本不存在的。

(二)单一表象和复合表象

依据知觉痕迹的多少，表象可分为单一表象和复合表象。
单一表象(single image)：指由一种主要的知觉痕迹构成的表象。

复合表象(composite image)：指由多种知觉痕迹构成的表象。

(三)一般表象和个别表象

根据表象的概括程度，可以将表象分为一般表象和个别表象。
一般表象(general image)：反映一类事物共同特性的表象。
个别表象(individual image)：反映某一具体事物的特性的表象。

(四)遗觉象

在刺激停止作用后，头脑中继续保持着异常清晰、鲜明的表象，称为遗觉象(eidetic image)。它是记忆表象的一种特殊形式，几乎与感知形象一样鲜明和生动，是介于知觉与幻觉之间的状态。遗觉象在成人身上很少出现，一般在儿童身上表现较多，随着年龄的增长会逐渐消退。

三、表象的特征

表象具有如下特征。

(一)直观性

表象是在知觉的基础上产生的，构成表象的材料均来自过去知觉过的内容，是以生动具体的形象在头脑中出现的。表象的形象性与感知觉的形象性的区别：表象的形象性不如感知觉那么鲜明，不如感知觉那么完整，不如感知觉那么稳定。

(二)概括性

表象是人们多次感知的结果，它不表征事物的个别特征，而是表征事物的大体轮廓和主要特征，它是关于某个事物或某类事物的概括形象。

(三)可操作性

表象是知觉的类似物，可以在头脑中进行操作。1971年美国心理学家谢佩德的图形表象旋转实验就是一个典型的事例。20世纪70年代美国心理学家谢佩德以研究表象著称。他从动态的方向研究表象。在表象实验时，他向被试呈现一组立体图形(见图9-1)，其中图9-1(a)为标准图。他要求被试辨别其他5个图形是否和第一个图形相同。实验结果(见图9-2)表明，被试在辨别图形时，需要头脑中存储的表象图形做旋转运动，随着图形旋转度数的增加，反应时的记录也相应延长。这一实验表明人脑中的表象是动态的，可以按人的需要进行操控。这种表象可操作性的发现和证实，对认知心理学的发展起了推动作用。它证明：①表象是能真实反映物体的，它是真实物体的类似物。②这种表象的加工类似于知觉真实物体时的信息加工。③本实验进一步说明心理学研究心理内部活动的可能性。

1973年谢佩德和库珀合作，以不同倾斜角度的正向和反向的字母R为实验材料，对心理旋转作了进一步的研究。6个正写的R，但R的倾斜度各不相同，6个为反向的字母R，倾斜度与正向的 R 相同(见图 9-3)。把这 12 个字母随机地呈现出一个,要被试者判断它是正向还是反向的。被试者报告说,他们的头脑中,先把这个字母旋转到正常的正立位置,然后才能作出判断。主试者记录他们每一判断所用的时间。这一实验结果也证明了字母在心理旋转的角度越大,做出的判断所用的时间就越长,当旋转角度为 180°时,反应时最长(见图 9-4)。当然,人是聪明的,对字母进行心理旋转的方式并非固定不变,并非都按顺时针方向进行,这要看哪边离正常位置近,就向哪边旋转。

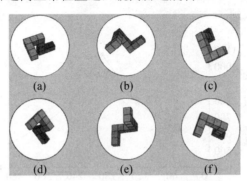

图 9-1 心理旋转立体材料示意图

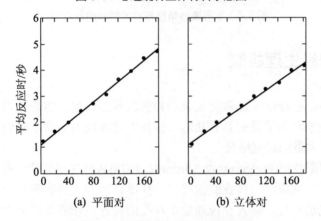

图 9-2 旋转角度与反应时的关系

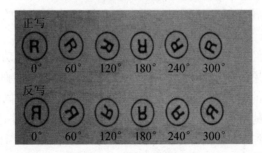

图 9-3 心理旋转字母材料

上述两类心理旋转实验说明了以下重要事实:①表象这一心理现象是客观存在的,是可以用科学的实验方法证明的。心理旋转的实验恰恰证明了表象的存在,并非像行为主义心理学所断言的那样,外界刺激传入大脑,就如同进了黑箱子,人们无法知道头脑是怎样活动的。也不像机能主义心理学那样，单凭被试者的内省报告就来分析人的心理活动。认知心理学用实验进一步揭露信息在大脑中进行加工的过程。②心理旋转实验证明了表象是物体的抽象的类似物的再现。在没有刺激呈现的情况下，头脑会对视觉信息和空间信息进行加工。表象是真实物体的类似物，它是以观念的形式存在于头脑中的，具有直观性。大脑对表象的加工操作类似于对真实物体进行知觉时的信息加工。事实上，心理旋转正是真实的物理旋转的一种类似物。只不过表象是这种实物旋转在头脑中的复现而已，并且复现时不受任何感觉通道的束缚。

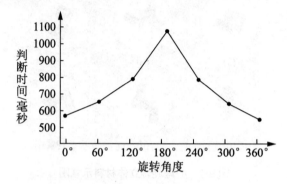

图9-4 字母旋转角度与被试判断的反应时

四、表象的神经生理机制

在心理科学中，心理学家通常将表象和知觉联系在一起，将表象看作是类似知觉的信息表征。那么，表象和知觉是否具有功能等价性？这就成为心理学家们几十年来的重要研究课题，也得到了大量的研究结果。

波德戈尔内和谢波德(Podgorny & Shepard, 1978)通过视觉定位实验发现，在知觉条件和表象条件下，被试完成同一作业的情况是一样或相似的。另有研究者通过对单侧性空间忽视症病人的研究也发现，病人在视知觉中存在的问题，在表象活动中也会表现出来。此后芬克和柯斯林(Finke & Kosslyn, 1980)研究了具有不同表象鲜明性的被试其表象和知觉是否具有功能等价性的问题，研究结果支持了表象和知觉功能等价的观点，而且揭示出个体差异的存在。

近来，随着认知神经科学的发展，关于表象和知觉是否具有功能等价性问题，出现了新的研究手段和研究结果，如局部血流量测定方法(如果局部皮层血流量(rCBF)测量结果显示，人们在看一个物体的时候和想象一个物体的时候，激活了相同的大脑区域，那么表象和知觉具有相同的脑机制就得到了初步的支持)、正电子放射断层扫描技术(PET)等，使表象的脑机制问题的研究得到了一些不同的研究结果。罗兰和弗里伯格(Roland & Friberg, 1985)通过对心算、听觉刺激的记忆扫描和视觉表象三个认知任务的 rCBF 测量发现：被试完成视觉任务时，背部区域的血流量最明显，该区域包括枕叶和颞叶，两者对高级视觉加工和记忆相当重要，这暗示着表象涉及的脑区除了视觉区还有记忆加工区。高顿伯格(Godenberg, 1990)、柯斯林(1993)运用 PET 的研究表明：表象任务所激活的脑区比知觉任务激活的脑区更多，表象任务的加工过程比感知任务需要更多的能量。

五、表象在心理活动中的作用

表象是人们认识活动中的重要心理现象，是人们进行心理活动时不可缺少的心理要素。

(一)表象是人们积累感性经验的一种形式

表象的积累和丰富对人的记忆活动、思维活动和想象活动都起着重要的作用。据推测，在人们的记忆中，语言信息量与形象信息量的比是 1∶1000，也就是说，过去感知过的事物在回忆时，多数以表象的形式出现。例如，在回忆时，"树"在头脑中的形象就可能是杨树、柳树、柏树、松树，它又可能是大小不同、形状各异的树。从这个意义上讲，有了表象也就有了记忆。

(二)表象是思维、想象活动的前提和基础

首先，表象为概念的形成提供了感性基础，有利于对事物进行概括的认识。表象是认知过程的一个重要环节，它既有直观性(接近知觉)，又有概括性(接近思维)。表象可以脱离具体事物，脱离了感知觉的局限性，为概念的形成奠定了感性基础。其次，表象的形成还有利于对事物进行概括。最后，表象的形成会有利于问题的解决。在进行逻辑推理时，人们可以借助表象完成推理过程。表象的形象性和概括性，使人们可以利用表象进行想象活动和思维活动。小学低年级儿童的抽象思维尚未充分发展，因此，在他们的认识活动中，表象的作用尤为重要。

第二节 想 象

一、想象的定义

想象(imagination)是对头脑中的已有表象进行思维加工，形成新形象的过程，是一种高级的认识活动(是一种特殊的思维形式)。想象所形成的形象不是一般形象，而是新形象，是大脑所没有感知过的。想象的材料来源是表象，而表象则来源于实际生活和过去经验。想象是人脑对已有的表象进行加工改造而形成新形象的心理过程。

新形象是指主体从未接触过的事物的形象。可能是现实中已经存在的，但个人尚未接触过；可能是现实生活中尚未有过，还有待于创造的事物形象；还可能是现实中根本不可能有的事物的形象。

二、想象的生理机制

想象的产生与大脑活动有关，同时，想象发生时，还会有机体变化。

(一)大脑皮层与想象

想象也是人脑的机能，它是大脑皮层中旧的暂时联系经过重新组合而形成新的暂时联系的过程。人脑在感知客观事物的过程中形成的许多暂时神经联系系统，由于受到局部抑制而解体。在与某种需要有关的强兴奋中心出现时，这些解体了的暂时联系作为环节被结合到新的神经联系系统中去。表象由此得到加工改造，从未感知过的新的事物形象也就产生了。在大多数想象过程中，暂时神经联系的重新组合要受到第二信号系统的调节。人们借助词所表述的目的来唤起有关的表象，以词的联系来调整表象的联系。人在清醒状态下，词对暂时神经联系的重新组合起着重要的调节和支配作用。

(二)下丘脑—边缘系统与想象

现代科学研究表明，下丘脑—边缘系统与大脑皮层共同参与想象的形成。人的这些部位受损伤时，其行为程序受到破坏，会引起一系列心理错乱。他们失去了计划行动和预见行动后果的能力，不能拟订简单的行动计划和预见行动的后果，想象的主要功能受到破坏。

(三)想象与机体活动

人在进行想象时，有机体常出现某种生理的，乃至病理的变化，表明了想象对机体生命活动的影响作用。研究这种影响作用已成为心理学、物理学、医学和教育学共同感兴趣的一个问题。早在中世纪，人们就发现了一个令人吃惊的事实。有些患有歇斯底里症的病人，每当想到耶稣基督被钉在十字架上的痛苦时，他们自己的手掌和脚掌上就会出现淤血或溃疡症状，就像自己受了同样的刑罚一样。当时的人把这种症状称为圣斑。念动是人们熟悉的另一种现象。当我们用手拿着一根系着重锤的直线，闭上眼睛，想象重锤做圆周运动时，人们会发现重锤真的转动起来。如果让一个人想象他正举起一个物体，那么他的肌肉会略显紧张，并能记录到他的肌肉的生物电流。如果把物体想象得越重，那么肌肉紧张和电激活的程度就越明显。

对机体功能的自我控制也证明了想象对机体活动的作用。例如有人只要想象自己的右手靠近炉旁，而左手握着冰块，他的右手的表面温度就会上升，而左手的表面温度则会下降。同样，当一个人想象自己静卧在床上时，他的心跳节律明显减慢，而当他想象自己在追逐一部电车时，他的心跳节律会显著加快起来。练瑜伽和气功的人也都知道，通过练功(冥想)可以实现对心率、血压及其他机体功能的自我调节。

想象不仅可以改善身体的状态，也可以使人体出现病理性变化。我们都知道假孕的事例，由于医生的误诊，可使未孕的妇女出现孕妇的种种体态特征。这和被误诊者的想象有关。

三、想象的综合过程

想象过程中对已有表象的改组和综合，有各种不同的方式，主要表现为粘合、典型化、拟人化、夸张和强调等。

(一)粘合

黏合(adhesion)就是把现实中未曾结合的两种或多种事物的不同特征或部分组合在一起，在头脑中产生出事物的新形象。如童话中的美人鱼、《西游记》中的猪八戒等就是运用粘合方式产生的形象。想象的粘合是从已有的表象中分割出必要的元素，按照新的构思重新加以组合。

(二)典型化

典型化(typification)是把某类事物最典型、最有代表性的特征集中于某一事物的形象上。例如鲁迅在《阿Q正传》中所描写的阿Q形象。典型化在文艺作品、雕塑、绘画中被广泛应用。高尔基在谈到艺术创作时曾指出：主人翁的性格是由他的社会集团中众多人的许多特征构成的，为了能近乎真实地描写一个工人、和尚、小商人的肖像，就必须观察一百个其他的工人、和尚、小商人。典型化使作家、艺术家创造出来的形象更逼真、更动人。

(三)拟人化

把人类的特点、特性加在外界事物上，使之人格化的过程称为拟人化(personification)。例如"雷公""电母""风婆""龙王"以及《聊斋志异》中的许多形象，都是运用拟人化的方式创造出来的。

(四)夸张和强调

夸张(exaggeration)是改变客观事物的正常特点，对某些特点加以夸大或缩小。强调(emphasize)是把客观事物的某种性质或与其他事物的关系突出出来，着重显示。如千手观音、九头鸟等形象，都是运用夸张而形成的想象，而漫画则是运用强调手段着重突出事物的主要特征或者着重显示事物的某些方面。

四、想象的功能

想象不仅在人们的实践活动中有很大意义，而且在人们的精神生活中也有重要的作用。具体来说，想象有如下功能。

(一)预见功能

人类活动同动物本能活动的根本区别就在于活动的预见性和计划性，也就是说人能实现对客观现实的超前反映。人类的任何实践活动，无论是制造简单的工具，还是进行艺术创作、科学发明，在活动之前，人们都是先在大脑中形成未来活动过程和活动结果的形象，并利用这些想象指导调节活动过程，实现预定的目的和计划。科学家的发明创造，工程师的工程设计，都是想象预见功能的体现。想象具有预见功能。心理学的研究表明，人从事任何活动(包括学习活动)之前，都必须首先在头脑中确立定向目标，即能够想象出活动过程及其结果，一旦活动过程结束，将是头脑中预定观念的实现，于是人的活动就有了主动性、预见性和计划性，这有助于活动的顺利完成。科学家的发明、工程师的设计、作家的人物塑造、艺术家的艺术造型等活动都离不开人的想象，都是想象预见性的体现。学生的学习也是一样，一个想象力贫乏的学生，他考虑问题的思路必然狭窄，也不可能有很高的分析问题和解决问题的能力，其智力发展也是不充分的。

(二)补充功能

在生活实践中，由于时间、空间及人类感觉器官的限制，有许多事物是人们不能直接感知的，例如宇宙间的星球、原始人生活的情景等，这些空间上遥远的东西和时间上久远的事情，我们要直接感知很困难，甚至是不可能的。但借助于想象，就可以弥补人类认识活动的时空局限和不足，超越个体狭隘经验的范围，对客观世界产生更充分、更全面、更深刻的认识。想象具有补充功能。在现实生活中，有许多事物是人们不可能直接感知到的。例如由于时间、空间的限制，原始人生活的情景、千百万年前发生的地壳变动和历史变迁、远方的风云变幻、各种宏观世界与微观世界的结构与运动状况等，我们要直接感知是很困难的，有的甚至是不可能的。在这种情况下，我们可以借助想象，弥补人类认识活动的时空局限和不足，超越个体狭隘的经验范围，扩大人的视野，对客观世界产生更充分、更全面、更深刻的认识。

(三)代偿功能

由于各种因素的制约，人们的某些需求和愿望，很难在现实中全部得到满足，常常引起焦虑苦恼和心理冲突。而想象则能使人们从心理上得到一定程度的补偿。鲁迅笔下的阿Q，无力抗争恶势力的欺凌，只好借助于"精神胜利法"，在想象中自欺欺人地进行消极反抗，以消除挫折感，实现心理平衡。人们在梦中寻求受压抑愿望的象征性满足，也是想象的代偿性表现。想象具有代替功能。在现实生活中，当人们的某种需要不能实际得到满足时，可以利用想象从心理上得到一定的补偿和满足。例如，儿童想当一名飞行员，但由于他的能力所限而不能实现，于是就在游戏中，手拿一架玩具飞机在空中舞起来，满足了自己当飞行员的愿望。在哑剧的表演中，许多布景和实物是通过演员形象化的动作来唤起观众的想象而获得良好效果的。在日常生活中，人们也常常从想象中得到某种寄托和满足。为此，生活因梦想而升华，因梦想而完美。

五、想象的种类

根据想象过程中是否有预定目的、是否经过意志努力，想象可分为无意想象和有意想象。

(一)无意想象

无意想象(unconscious imagination)是没有特定目的，也不需要经过意志努力，不自觉地进行的想象。例如看到天上的云层，我们会自然而然地想到它像奇峰异兽、像大海、像草原等。

(二)有意想象

有意想象(intentional imagination)是指有预定目的,需要经过一定意志努力的想象。它包括再造想象、创造想象和幻想。

1. 再造想象

再造想象(reproductive imagination)是指根据语言的描述或图样、符号的记录等在头脑中产生新形象的过程。再造想象是人们获得间接经验和知识的重要途径,是学生理解和掌握知识不可缺少的条件。再造想象必须以别人的描述和提示为前提,在头脑中再造出别人创造过的事物,因此具有"再造性"的基本特点。由于每一个人的知识、经验、个性特征等主观因素的不同,再造想象的内容和创造水平必然有一定差异。

再造想象产生的条件有如下几个方面。

(1) 必须具有丰富的表象储备。

表象是想象的基本材料,一个人的知识经验越丰富,表象储备越多,再造想象的内容也就越丰富。再造想象不仅依赖于已有表象的数量,而且也依赖于已有表象的质量,正确反映客观现实的材料越丰富,再造出来的想象内容就越正确。如果缺乏必要的表象材料,在想象时就有可能歪曲事物形象,或者无法产生所要求的形象。

(2) 为再造想象提供的词语及实物标志要准确、鲜明、生动。

准确、鲜明、生动、形象的语言及实物标志便于人们理解并正确地再造想象,而含糊不清、模棱两可的东西,人们就很难正确、逼真地进行想象。例如,古代描写女子用"樱桃口""杏核眼""柳叶眉"等作比喻来描述,显得十分形象、逼真,想象起来也比较容易。一个建筑设计师设计的建筑图纸使用的有关符号、标志必须准确清楚,才能在建筑工人头脑中形成相应的建筑物的形象,否则别人看不懂或出现曲解。

(3) 正确理解词语与实物标志的意义。

再造想象是依赖语言的描述和图样的示意而进行的。例如一个人读小说,如果读不懂文字,他头脑中就不可能有小说中主人公的形象出现;一个建筑工人,如果不懂建筑符号的表现法,他也无法看懂建筑图,头脑中也不会出现相应的建筑物的形象;一个刚入学的儿童,在他识字和掌握词汇不多的情况下,让其阅读古诗文,是很难形成丰富的再造想象的。可见,正确理解有关事物的描述,了解图样、图解的表现法和各种符号的含义是形成再造想象的重要条件。

2. 创造想象

创造想象(creative imagination)是指根据一定的目的任务,不依据现成的描述而独立地创造出新形象的过程。其特点是:新颖、独创、奇特。如作家创作的新的人物形象,科学家提出的新理论,实验研究的成果,技术革新,等等。创造想象的新形象必须是前所未有的,因此,它比再造想象要更复杂、更困难,它需要对已有的表象材料进行深入的分析、综合、加工、改造,在头脑中进行创造性构思,是一项复杂的脑力劳动。

创造想象产生的条件有如下几个方面。

(1) 创造动机。

人在社会生活、社会实践中,社会不断地向人们提出创造新事物、解决新问题的要求,当这种要求一旦被人接受，就会在人脑中变成创造性活动的需要和愿望。如果这种创造的需要和愿望与活动结合，并有实现的可能，就会转化为创造性活动的动机，人们就获得了创造想象的动力，也就会进行创造想象。

(2) 丰富的表象储备。

进行创造想象，首先要对有关事物进行细致观察，储备丰富的表象材料。因为，想象取决于已有表象材料的数量和质量。表象材料越丰富，质量越高，人的想象也就会越广、越深，其形象也会越逼真；表象材料越贫乏，其想象越狭窄、肤浅，有时甚至完全失真。鲁迅曾说过："如要创作，第一须观察，第二是要看别人的作品……必须博采众长，取其所长，这才后来能够独立。"托尔斯泰在《战争与和平》一书中创造的娜塔莎的形象是基于观察和分析他熟悉的两个人的性格和特点塑造成的，这两个人分别是他的妻子和妹妹。

(3) 积累必要的知识经验。

要进行创造想象，还必须对有关领域进行深入研究，掌握必要的知识。每一个发明创造都是发明者对相应领域深入研究的结果。例如，牛顿对物理学的研究，发现了三定律；达尔文对生物学的研究，写出了《物种起源》；李时珍对医药学的研究，写出了著名的医药书《本草纲目》。可见，只有就某一领域深入研究，掌握必要的知识，才能在相应的领域展开想象的翅膀，进行创造想象。

(4) 原型启发。

所谓原型，就是起启发作用的事物。任何一个人对某一项目的发明创造或革新，都不是凭空想象出来的，在开始时总要受到某种类似的事物或模型的启发。例如，鲁班从丝茅草割破手得到启发，发明了锯子；阿基米德原理是阿基米德在洗澡时看见水溢出盆外得到启发而发现的；瓦特发明蒸汽机是受到蒸汽冲开壶盖的启发；现代仿生学则是在生物的某些结构和机能的启发下，进行科学想象，研制出许多精巧的仪器。原型之所以有启发作用，是因为事物本身的特点与所创造的事物之间有相似之处，存在某些共同点，可以成为创造新事物的起点。某一事物能否起到原型启发的作用，还取决于创造者的心理状态，特别是创造者当时的思维状态。当人的思维积极而又不过于紧张时，往往能激发人的灵感，从而导致人的创造活动。

(5) 积极的思维活动。

创造想象不是一般的想象，而是一种严格的构思过程，必须在思维的调节支配下进行。积极的思维活动就是在创造想象过程中，要把以表象为基础的形象思维与以概念、判断、推理为手段的逻辑思维结合起来。一方面，有理性、意识的支配调节；另一方面，积极捕捉生活经历中各种有利于主体目标形象产生的表象，并迅速地把它们组合配置，完成新形象的创造性思维活动。

(6) 捕捉灵感。

在创造想象的过程中，新形象的产生往往带有突然性，这种突然出现新形象的状态，称为灵感。例如，我们有的时候写文章，虽然经过长期构思酝酿，但久久不能落笔，突然某一天灵感来了，思路有了，文章一气呵成。灵感出现时的特征：注意力高度集中于创造的对象上，意识活动十分清晰、敏锐，思维活跃。"思如泉涌"指众多新事物、新形象、新观念，不知不觉涌入脑中，它们相互结合、聚集或强调、突出，很多旧有的记忆被唤起，新形象似乎由天而降，使人突然茅塞顿开。灵感并不是什么神秘物，它是想象者个人在长期生活实践中勤于积累经验的结果。由于注意力高度集中于要解决的问题，过去积累的大量表象被唤起，并且迅速结合，构成了新的形象。正如大发明家爱迪生所说，天才，就是百分之一的灵感加百分之九十九的汗水。柴可夫斯基说得好，灵感是这样一位客人，他不喜欢拜访懒惰者。

此外，创造性思维能力、高水平的表象改造能力、丰富的情绪生活、正确的理想和世界观也是创造想象的条件。

3. 幻想

幻想(fantasy)是与个人生活愿望相联系并指向未来的想象，它所创造的是人所期望的未来的事物形象。

幻想具有以下特征。

(1) 幻想体现了个人的愿望，是向往的形象。
(2) 幻想是创造性活动的准备阶段。

根据幻想的社会价值和有无实现的可能性，幻想可分为积极的幻想和消极的幻想。

(1) 积极的幻想(理想)：符合事物的发展规律，并具有一定的社会价值和实现的可能性。
(2) 消极的幻想(空想)：违背客观事物的发展规律，且毫无实现的可能。它常使人脱离实际，想入非非，以无益的想象代替实际行动，害怕艰苦逃避困难，给人带来挫折失望。

六、想象与各种创造性活动

想象在人们的各种创造活动中起着重要的作用。尤其是在技术发明、科学创造和文艺创作中有着重要的地位。想象在每一种创造活动中有着不同的作用。

(一)想象与技术发明

技术发明的基本特点表现在原有知识经验的基础上，创造出具体形象来解决生产中各种技术性问题。虽然它的产品是以实物(机器、设备等)的形式存在的，但是，在技术发明的整个过程中，始终离不开想象的参与。人们通过想象把已往的经验要素结合得越新颖、越鲜明，那么寻找正确解决问题的方法就可能越迅速。

(二)想象与科学创造

在科学发现中，科学假设的提出、科研设计的进行主要是通过创造想象的参与来完成的。缺乏想象力的人可以积累事实，但不可能跳出事实的圈子提出新的假设，也不可能发现自然和社会生活中的各种规律。科学假设是揭露事物奥秘和发现规律的第一步，是科学研究中的关键。同时，在设计实验时，科学家要善于想象怎样引起所要研究的现象，采取什么指标，与什么进行对照，它可能以什么条件为转移，等等。这些活动离开想象力是办不到的。

(三)想象与文艺创作

在文艺创作中，创造想象有特别重大的意义。文艺作品的特点表现在用形象的特点来反映现实。文学艺术家在形成文学作品的主题上，在发展文学作品的情节上，在塑造新的艺术形象上，都需要有创造想象。他们在头脑中产生的形象常常有极大的生动性和鲜明性，就像他们直接看到、听到或接触到这些形象一样。例如，福楼拜在描写作品中的主人翁自杀时，他能感觉到口中有砒霜的味道；贝多芬在耳聋之后，还能凭借头脑中的声音表象，创造出著名的第九交响乐；托尔斯泰由于丰富的想象力，使他有时把记忆中的东西与想象的东西混淆起来。这种高度发展的想象力，是他们创作成功的重要心理因素。

七、想象的个体差异

想象是在已有表象的基础上发展起来的。由于人们的社会实践不同，他们积累的知识经验和头脑中保存的记忆表象不同，使想象具有明显的个体差异。

(一)想象清晰程度的差异

想象以新形象的产生为特征。在不同的人身上，形象的清晰度是明显不一样的。有的人在想象时只有暗淡、贫乏、不稳定的形象，他们可能擅长逻辑推理，但要在头脑中形成某个物体的鲜明形象却有很大的困难。另一些人则相反，他们在想象时就像实际"看见""听到"或"摸着了"所想象的事物一样，想象的鲜明形象有时和真实见到的东西难以分别开来。

俄国作家冈察洛夫谈到自己写作过程时说："各种人物都不让我安静下来，他们都在舞台上纠缠着、表演着；我听到他们谈话的片断……"这说明他具有非常清晰的想象表象。

(二)想象创造性水平的差异

想象是在记忆表象的基础上产生新形象的过程。由于新形象的创造性水平不同，人们的想象也存在着个体差异。一般来说，每个人的想象都具有一定的创造性。但有些人能生动地再现别人创造的形象，而想象的独创性、新颖性较差；另一些人则能将头脑中储存的表象进行创造性的综合，创造出具有社会意义的新产品。鲁迅先生创造的"阿Q""祥林嫂"等人物形象，以深刻的社会意义、形象的典型性和独创性，对社会产生了重大的影响，说明作者的想象具有很高的创造性水平。

八、梦与想象

(一)梦的概念

梦(dream)是无意想象的一种极端形式，是人在睡眠状态下，一种漫无目的的、不由自主的奇异想象。梦是在睡眠状态下出现的一种想象活动。睡眠与梦是心理学家和生理学家都十分感兴趣的奥妙之一。

(二)梦的特点

梦具有以下特点。

(1) 离奇性。在梦中会出现自己在现实生活中无论如何也不会经历的事情。

(2) 逼真性。在梦中出现的情境都是可见的,自觉身临其境。不同的人,梦中的内容不同。从感觉通道的角度来说,属于视觉的梦最多,其次分别是听觉的、运动的、触觉的,最少的是味觉的梦。不同年龄的人,不同职业的人,梦的内容也各不相同,如小孩常梦见自己心爱的玩具,学生常梦见考试,教师常梦见上课等。

(三)睡眠与梦

人们入睡以后,一般要经过四个阶段和异相睡眠期。睡眠的这些阶段从第一阶段开始到异相睡眠结束,重复循环,异相睡眠结束后重新开始第一阶段。成年人 50%的睡眠时间在第二阶段,20%时间在异相睡眠期,还有 30%在其他各个阶段。每晚睡眠第一个周期的异相睡眠期较短,深睡眠期较长。随着睡眠时间延长,异相睡眠期逐渐延长,深睡眠期缩短。到早上的时候,睡眠的时间几乎完全是在第二阶段和异相睡眠期。每天晚上的睡眠一般有 4~5 个周期,一个完整的睡眠周期一般持续 90~110 分钟。

第一阶段是浅睡眠,只有几分钟时间,是从清醒向深睡过渡的阶段,第一阶段不属于真正的睡眠,真正的睡眠是第 2~4 阶段和异相睡眠期。睡眠良好的健康成年人,第一阶段睡眠时间仅占整个睡眠时间的 5%。第一阶段中,很容易入睡也很容易醒,这一阶段中眼睛的活动很慢,肌肉活动也很慢。从睡眠第一阶段觉醒的人往往有断断续续的印象,许多人还会有突然的肌肉抽动,称为睡眠中肌阵挛。往往有要跌倒的预感,这些抽动开始以后,就像"惊跳"一样。

第二阶段睡眠占人类睡眠时间的 45%。眼睛活动停止,眼睑缓慢睁开和闭合,大脑活动变慢,眼动停止,体温降低,呼吸很规律。

第三和第四阶段统称为深睡眠。这部分睡眠是恢复精力的主要部分(例如,运动后的疲劳)。第三阶段是第二阶段向第四阶段的过渡,占睡眠时间的 7%左右,根据脑电图检查,含有 50%的"慢波活性"。如果"慢波活性"超过 50%,那么就进入了最深的睡眠期——第四阶段。第四阶段约占睡眠时间的 15%。这一阶段没有眼动和肌肉活动,第三和第四阶段睡眠的人处于深睡眠期,不容易觉醒,如果被叫醒,往往在一段时间觉得东倒西歪,站立不稳。有些儿童在睡眠期间可能出现夜惊和梦游等。

异相睡眠,又称为快相睡眠或快波睡眠,简写为 REM。人们睡觉经过慢波睡眠时期以后,即转入到异相睡眠时相,这时从眼震颤图和脑电图上可以看出双眼球有每分钟 50~60 次的快速摆动,脑电波由慢波转为快波。这时人体的各种感觉功能比在正相睡眠时期更进一步减退,肌肉也更加松弛,肌腱反射亦随之消失,这些都说明睡眠程度更进一步变深。但是这个时期的血压却较慢波睡眠时期升高,呼吸也变得快一些而且不规则,体温和心率也较前阶段升高和加快。身体上有些部分的肌肉如面肌、口角肌及四肢的一些肌肉群可出现轻微的抽动,阴茎和阴蒂充血而可勃起。这种肌肉抽动的现象在婴儿更为明显,可以表现为吮吸、微笑、手足徐动或者短促发声等现象。科学家们还发现在这个时期,人的胃肠活动增加,大脑的血流量也明显增加,孕妇腹里的胎儿在这个时期胎动也明显增多。所以人们的一些疾病如胃溃疡穿孔、脑溢血、心肌梗塞和婴儿出生多在夜间,道理就在于此。

因此这个时期的情况一方面是表示睡眠更深，肌肉更加松弛；另一方面，一些内部现象却变得更加活跃。科学家们进一步还发现：这个阶段不仅是睡眠的重要阶段，而且对整个的生命都有特殊的意义，因为这个阶段，体内的各种代谢功能都明显增加以保证脑组织蛋白的合成和消耗物质的补充，使神经系统能正常发育，而且也为人们第二天的活动积蓄力量。科学家们也发现：人们睡觉进入这个阶段，也正是人们做梦的时期。

(四)梦的功能

关于梦的功能，尚无公认的解释，概括起来主要有如下的一些代表性观点。

1. 精神分析的观点

弗洛伊德认为，梦是潜意识活动过程的表现，是愿望的一种表现形式。在睡眠时，潜意识中的一些本能冲动以伪装的形式通过了心理检查机制而得到表现就构成了梦境。这在一定程度上满足了本能的欲望，而又不会引起检查机制的警觉，保护了睡眠。

2. 生理学观点

梦是我们对脑的随机神经活动的主观体验(Hobson，1988)，一定数量的刺激对于维持神经系统的正常功能是十分必要的。在睡眠的时候，由于外界刺激输入减少，神经系统会产生一些随机活动，而梦则是我们的认知系统试图对这些随机活动进行解释并赋予一定的意义的过程。

3. 认知观点

梦具有一定的认知功能。在睡眠中认知系统依然对储存的信息进行检索、排序、整合和巩固，这些活动的一部分会进入意识，成为梦境。梦的功能是将个体的知觉和行为经验进行重新编码和整合，使之转化为符号化的、可意识到的知识。

4. 问题解决理论

问题解决理论认为，梦是人清醒时候的思想、忧虑、需要和欲望的延续，梦里的隐喻和联想能够帮助人们处理不断发展的个人问题(French & Fromm，1963)，所谓"日有所思，夜有所梦"就是这个道理。科学史上一些重要发明的完成是在梦里就是这一理论的佐证。

复 习 要 点

第一节　表象

表象是事物不在面前时，在头脑中出现的关于事物的形象，是对事物的一种知识表征。表象具有直观性、概括性和可操作性等特征。表象可分为知觉表象、记忆表象与想象表象。知觉表象是感知事物时在头脑中留下的形象；记忆表象是在记忆中保持的客观事物的形象；想象表象是对头脑中已有表象进行加工后形成的新形象。表象还可分为单一表象和复合表象。单一表象是指由一种主要的知觉痕迹构成的表象；复合表象是指由多种知觉痕迹构成的表象。表象也可以分为一般表象和个别表象。一般表象(同类事物)是反映一类事物共同特性的表象；个别表象(某一具体事物)是反映某一事物都有特性的表象。遗觉象是指在刺激停止作用后，头脑中继续保持着异常清晰、鲜明的表象。

关于表象的神经生理机制，在心理科学中，心理学家通常将表象和知觉联系在一起，将表象看作是类似知觉的信息表征，许多研究结果支持了表象和知觉功能等价的观点。近来，表象的脑机制问题的研究出现了新的研究结果。通过对心算、听觉刺激的记忆扫描和视觉表象三个认知任务的rCBF测量发现：被试完成视觉任务时，背部区域的血流量最明显，该区域包括枕叶和颞叶，两者对高级视觉加工和记忆相当重要，这暗示着表象涉及的脑区除了视觉区还有记忆加工区。运用PET的研究表明：表象任务所激活的脑区比知觉任务激活的脑区更多，表象任务的加工过程比感知任务需要更多的能量。

表象在心理活动中有着非常重要的作用，首先，表象是人们积累感性经验的一种形式；其次，表象是思维想象活动的前提和基础。表象为概念的形成提供了感性基础，有利于对事物进行概括的认识；表象能促进问题解决。

第二节 想象

想象是对头脑中的已有表象进行思维加工，形成新形象的过程，是一种高级的认识活动。想象过程中对已有表象的改组和综合，有各种不同的方式，主要表现为粘合、典型化、拟人化、夸张和强调等。想象具有预见功能、补充功能和代偿功能。想象具有个体差异，主要表现为想象清晰程度的差异和想象创造性水平的差异。

根据想象过程中是否有预定目的、是否经过意志努力，想象可分为无意想象与有意想象。无意想象是没有特定目的，也不需要经过意志努力，不自觉进行的想象。有意想象是指有预定目的，需要经过一定意志努力的想象，包括再造想象、创造想象和幻想。再造想象是根据语言的描述或图样、符号的记录等在头脑中产生新形象的过程。再造想象产生的条件是：必须具有丰富的表象储备；为再造想象提供的词语及实物标志要准确、鲜明、生动；正确理解词语与实物标志的意义。创造想象是指根据一定的目的任务，不依据现成的描述而独立地创造出新形象的过程。创造想象产生的条件有：创造动机、丰富的表象储备、积累必要的知识经验、原型启发、积极的思维活动、捕捉灵感。幻想是与个人生活愿望相联系并指向未来的想象，它所创造的是人所期望的未来事物形象。幻想的特征是：幻想体现了个人的愿望，是向往的形象；幻想是创造性活动的准备阶段。根据幻想的社会价值和有无实现的可能性，幻想可分为积极的幻想和消极的幻想。积极的幻想(理想)符合事物的发展规律，并具有一定的社会价值和实现的可能性。消极的幻想(空想)违背客观事物的发展规律，且毫无实现的可能。它常使人脱离实际，想入非非，以无益的想象代替实际行动，害怕艰苦逃避困难，给人带来挫折失望。

想象的生理机制：想象也是人脑的机能，它是人脑中旧的暂时联系经过重新组合而形成新的暂时联系的过程。下丘脑—边缘系统与大脑皮层共同参与想象的形成。人在进行想象时，有机体常出现某种生理的，乃至病理的变化，表明了想象对机体生命活动的影响作用。

梦是无意想象的一种极端形式，是人在睡眠状态下，一种漫无目的的、不由自主的奇异想象。梦具有离奇性、逼真性等特点。人们入睡以后，一般要经过四个阶段和异相睡眠期。睡觉进入到异相睡眠阶段，是人们做梦的时期。

关于梦的功能有不同的观点。①精神分析的观点：弗洛伊德认为，梦是潜意识活动过程的表现，是愿望的一种表现形式。②生理学观点：梦是我们对脑的随机神经活动的主观体验，一定数量的刺激对于维持神经系统的正常功能是十分必要的。③认知观点：梦具有一定的认知作用，梦的功能是将个体的知觉和行为经验进行重新编码和整合，使之转化为符号化的、可意识到的知识。④问题解决理论：梦是人清醒时候的思想、忧虑、需要和欲望的延续，梦里的隐喻和联想能够帮助人们处理不断发展的个人问题，所谓"日有所思，夜有所梦"就是这个道理。

拓 展 思 考

1. 如何理解表象与想象在人的心理活动中的重要地位。
2. 如何培养人的创造想象能力。
3. 关于梦的研究有哪些新进展？

第十章 情绪和情感

快乐与悲伤、爱与憎恨是人们在日常生活中都曾经体验过的心理现象,也曾经思考过为什么会有这样的一些体验,它们是一些什么现象,在这些现象的背后有着怎样的规律,我们是否可以控制这些心理现象。其实这些心理现象就是心理科学中所谓的情绪与情感问题。那么心理科学是如何看待情绪与情感的?目前我们就情绪与情感问题已经有了哪些发现?这就是本章所要解决的问题。

第一节 情绪和情感概述

一、情绪和情感的定义

(一)什么是情绪

情绪(emotion)一词最初的含义为移动,即从一个地方移向另一个地方。后指客观事物的动荡与变化,包括身体感觉、社会及政治的动荡或变化。最后情绪用以表示个体的激起或唤醒状态(Young,1975)。因此,情绪这一概念表示某人处于变化之中,即从一种状态变为另一种状态,例如从快乐到悲伤。

每个人在生活中都曾体会到不同的情绪:快乐、忧愁或愤怒。但如何给情绪下一个准确的定义却并非易事,因为情绪本身是一种多维度、多形态和多功能的复合体,是一种十分复杂的心理过程。心理学家对情绪概念已经提出了多种界定。正如曼德勒(Mandler, G., 1984)指出的那样,没有一种界定能够得到大家的一致认可。情绪可以从生理变化、认知评价和先天、基本的面部表情等多个不同的角度进行概念的界定。每一种方法都只说明了情绪的一个侧面。情绪是大脑产生的化学和神经反应的模式集合,不管快乐还是悲伤、尴尬还是骄傲。这些反应是大脑探查到某种情绪性刺激(例如某一物体或情境)时产生的。斯托曼(K. T. Strongman)给情绪下的定义是,情绪是感受,是与本身结构有关的身体状态,它是粗糙的或经过精化的行为并发生于特定的情景之中。

我国心理学家认为,情绪是人类对于各种认知对象的一种内心感受或态度。它是人们对于自己所处的环境和条件,对于自己的工作、学习和生活,对于他人的行为的一种体验。情绪这个概念又与情感这一概念相对应。黄希庭先生指出,"情绪这个概念可以既用于人类也可用于动物,情感这个概念只用于人类。"

研究者们大都从三个方面来考察和定义情绪:主观体验、生理唤醒和外在行为。情绪的主观体验是大脑的一种感受状态,一般所谓"情绪感受"指情绪的主观体验。我们会对不同的事物有不同的主观体验,有些事物使我们感到愉悦与快乐,有些事物则使我们厌恶。当我们产生某种情绪体验时,身体内部也会发生相应的变化,这是情绪的第二个基本成分——生理唤醒。任何一种情绪都伴随着一定程度的生理唤醒。例如,当我们害怕时,会发生许多身体上的变化：心跳和呼吸加快，脉搏加快，四肢发抖，肌肉紧张等。情绪的第三个成分是外在行为。情绪总是伴随着相应的面部表情和身体姿势，当我们体会快乐的情绪时便会有笑的表情，甚至手舞足蹈；当我们害怕时便会睁大眼睛和嘴巴，喊出声音，以至做出逃跑的动作。主观体验、生理唤醒和外在行为作为情绪的三个组成部分，在评定情绪时缺一不可，只有三者同时活动，同时存在，才能构成一个完整的情绪体验过程，只有其中一种成分或两种成分时，不会产生一个真正的情绪过程。例如，当一个人佯装愤怒时，他只有愤怒的外在行为，却没有真正的内在主观体验和生理唤醒，因而也就称不上有真正的情绪过程。因此，情绪必须有上述三方面同时存在，并且有一一对应的关系，一旦出现不对应，便无法确定真正的情绪是什么。这也正是情绪研究的复杂性以及对情绪下定义的困难所在。

情绪总是由某种刺激引起的，例如自然环境、社会环境以及人自身。引发情绪刺激的前提条件是，这些刺激必须是认知的对象，由于认知对象会引发人的需要，进而就产生了人对认知对象的不同感受或态度。因此，情绪与需要总是相关的。需要是情绪产生的重要基础。根据需要是否获得满足，情绪具有肯定或否定的性质。凡是能满足已激起的需要或能促进这种需要得到满足的事物，便引起肯定的情绪，例如喜爱、愉快等；相反，凡是不能满足这种需要或可能妨碍这种需要得到满足的事物，便引起否定的情绪，例如憎恨、苦闷、不满意等。

(二)什么是情感

情绪与情感(feeling)是与人的特定的主观愿望或需要相联系的，历史上曾统称为感情。人的感情是十分复杂的，既包括感情的发生过程，也包括由此产生的种种体验，因此用单一的感情概念难以全面表达这种心理现象的全部特征。在当代心理学中人们分别采用情绪和情感来准确表达感情的不同方面，情绪主要指感情过程，即个体需要与情境相互作用的过程，也就是脑的神经机制活动的过程，具有情境性、激动性和暂时性，往往随着情境的改变和需要状态的改变而改变。情绪代表了感情的种系发展的原始方面。从这个意义上讲，情绪概念既可以用于人类，也可以用于动物。而情感经常用来描述那些稳定的，具有深刻社会意义的感情，作为一种体验和感受，情感具有较大的稳定性、深刻性和持久性。情绪和情感是有区别的，但又是相互依存、不可分离的。稳定的情感是在情绪的基础上形成的，而且又通过情绪来表达。情绪也离不开情感，情绪的变化反映情感的深度，在情绪中蕴藏着情感。

综上所述，情绪和情感可以定义为：情绪和情感是人对客观事物的态度体验及相应的行为反应，是人的需要是否获得满足的反映。

二、情绪的维度和两极性

情绪的维度是指情绪所固有的某些特征，主要指情绪的动力性、激动性、强度和紧张度等方面。这些特征的变化幅度具有两极性，每个特征都存在两种对立的状态。情绪的动力性有增力和减力两极，激动性有激动和平静两极，强度有强和弱两极，紧张度有紧张和轻松两极。

关于情绪的维度，心理学家提出了一些理论。

冯特的三维理论：冯特认为情绪是由三个维度组成的，即愉快—不愉快；激动—平静；紧张—松弛。每一种具体情绪分布在三个维度的两极之间不同的位置上。他的这种看法为情绪的维度理论奠定了基础。

20世纪50年代，施洛伯格根据面部表情的研究提出，情绪的维度有愉快—不愉快，注意—拒绝和激活水平三个维度，建立了一个三维模式图(见图10-1)，其三维模式图长轴为快乐维度，短轴为注意维度，垂直于椭圆面的轴则是激活水平的强度维度，三个不同水平的整合可以得到各种情绪。

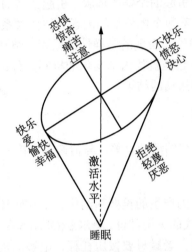

图 10-1 施洛伯格的情绪三维模式图

20世纪60年代末，普拉切克提出，情绪具有强度、相似性和两极性等三个维度，并用一个倒锥体来说明三个维度之间的关系(见图10-2)。顶部是八种最强烈的基本情绪：悲痛、恐惧、惊奇、接受、狂喜、狂怒、警惕、憎恨，每一类情绪中都有一些性质相似、强度依次递减的情绪，例如厌恶、厌烦，哀伤、忧郁等。

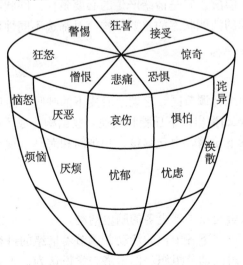

图 10-2 普拉切克的情绪三维模式图

四维理论：美国心理学家伊扎德提出情绪四维理论。认为情绪有愉快度、紧张度、激动度、确信度等四个维度。愉快度表示主观体验的享乐色调；紧张度表示情绪的生理激活水平；激动度表示个体对情绪、情境出现的突然性的反映程度；确信度表示个体胜任、承受感情的程度。

三、情绪的神经生理机制

情绪都是现实生活变化所引起的个体的体验。引起情绪的刺激因素有来自个体内部的，也有来自个体外部的。个体内部和个体外部的因素又往往联系在一起构成复杂的刺激因素。这就是情绪体验具有复杂性和外部表现的多样性的原因。情绪的复杂性、多样性是与神经系统的多水平机能相联系的。它是机体内部变化的机制、外部表情的机制以及中枢过程的机制在大脑皮层的协调下协同活动的结果。

(一)情绪的脑中枢机制

情绪的产生与中枢神经系统的活动有关，与情绪有直接关系的脑组织有下列几个。

1. 情绪与下丘脑

下丘脑是情绪及动机性行为产生的重要脑结构。下丘脑还是"快乐"和"痛苦"的中枢部位，是产生发怒的整合模式的关键部位。奥尔兹(Olds)等在老鼠的下丘脑背部埋上电极，另一端与电源开关的杠杆相连。老鼠只要按压杠杆，电源即接通，在埋电极的脑部就会受到一个微弱的刺激。老鼠经过反复学习，逐渐形成了操作性条件反射。由于通过按压杠杆获得电流对脑的刺激，能引起快乐和满足，所以老鼠不断地按压杠杆，通过"自我刺激"来追求快乐。

2. 情绪与网状结构

网状结构的功能在于唤醒，它是情绪产生的必要条件。网状结构在情绪反应中起着激活的作用，它是维持意识的清醒状态的重要结构，对筛选不同性质和强度的冲动传入大脑皮层具有重要的作用。

3. 情绪与边缘系统

边缘系统是多功能的综合调节区。它调节着皮下的呼吸、血压等低级中枢和内脏的活动。1937年，帕佩兹(Papez)指出，下丘脑和其他一些结构构成了情绪表达回路的一部分。帕佩兹确认的脑结构包括下丘脑、上丘脑核、扣带回和海马。现在这些结构与杏仁核一起合称为边缘系统。

4. 情绪与大脑皮层

研究表明，积极情绪引起左半球更多的脑电活动，而消极情绪引起右半球更多的脑电活动。而大脑皮层控制着皮层下各中枢的活动并调节着情绪的进行。大脑皮层是调控皮层下各中枢及整个有机体的最高调节组织。巴甫洛夫学说认为，大脑皮层动力定型的建立、维持和破坏是情绪的生理机制。

(二)情绪的外周机制

情绪除了与中枢神经系统有关以外，还与外周神经系统和内分泌系统有关，外周神经系统和内分泌系统对情绪的影响主要有以下几方面。

1. 情绪与自主神经机制

情绪过程不同于其他的心理过程，其主要表现为，在情绪活动过程中，总伴随着一系列的生理变化。也就是说，当某种情绪产生时，将引起自主神经系统的反应。在人产生情绪时，机体的内部变化和一部分外部表情的变化是由自主神经系统的活动调节的。自主神经又分为交感神经和副交感神经，这两种神经的机能是相互拮抗的。人在恐惧、愤怒或遇到危急与紧张时，交感神经就会发生反应，使去甲肾上腺素分泌亢进。这些神经兴奋和发生的效应，使有机体内部的生理活动处于应激的准备状态，提高对外界危险事件的防御能力。副交感神经的机能则相反，当人心情愉快时，会分泌乙酰胆碱，解除应激的准备状态，使有机体内部恢复安静。交感神经和副交感神经共同调节着内脏器官与腺体分泌的活动，但是它们究竟哪个占优势则因人而异。

2. 情绪与分泌系统

人体有两种腺体：外分泌腺和内分泌腺。不同的情绪状态会引起内外腺体的变化，从而影响激素分泌量的变化，这种变化也可作为判定某种情绪状态的客观标准。颜色可通过视觉影响人的内分泌系统，从而导致人体荷尔蒙的增多或减少从而使人的情绪发生变化。研究表明，红色可使人的心理活动活跃，黄色可使人振奋，绿色可缓解人的心理紧张，紫色使人感到压抑，灰色使人消沉，白色使人明快，咖啡色可减轻人的寂寞感，淡蓝色可给人以凉爽的感觉。

3. 情绪与躯体神经系统

在情绪活动过程中伴随着一定的外部行为表现，即表达情绪状态的面部表情、姿态表情和声调表情。这些都是由躯体神经系统所支配的随意运动。躯体神经系统是人的面部表情活动的生理基础之一。

根据最新研究，情绪可能是由一个独立的功能系统完成的，这个功能系统可能包括下丘脑、边缘叶、丘脑核团等，丘脑核团是获得情绪的核心结构，丘脑中存在一种叫丘觉的遗传结构，有一种丘觉是产生情绪体验的。

四、情绪的外部表现

情绪发生总是伴随某种外部表现，这种外部表现是可以观察到的外部行为变化。常见的情绪的外部表现有如下几方面。

(一)面部表情变化

面部表情(facial expression)是指通过眼部肌肉、颜面肌肉和口部肌肉的变化来表现各种情绪状态。不同的面部表情是天生的、固有的，并且能为全人类所理解(Darwin，1872)。

快乐和悲伤的表情在所有的文化中都存在。研究表明，许多情绪表达是具有普遍性的。微笑在世界范围内都是友好和赞许的表示。正如达尔文(1872)指出的，露出牙齿可能是愤怒的普遍信号。作为进化论的创始人，达尔文相信对面部表情的识别具有生存意义的价值。大多数研究者(Buss, 1992；Izard, 1994)都同意，特定的面部表情对所有人而言都代表相同的情绪。而且，不同文化中的人们都能识别特定的面部表情所代表的情绪。在一项经典研究中，艾克曼(Paul Ekman, 1980)将表现出愤怒、厌恶、恐惧、幸福、悲伤和惊讶的表情拍摄下来(见图10-3)；然后让来自世界各国的被试指出这些照片中的情绪。所有被试，从欧洲的大学生到居住在新几内亚高原的部落的成员，即使是从未接触过西方文化的部落成员，在识别照片中的情绪时，意见都保持一致。艾克曼及其同事(1987)在十种文化中进行研究，得出了相似的研究结果。在研究中，被试被要求辨别一种或多种面部表情。被试一般都能够准确地辨别呈现的两种情绪以及两种情绪的相对强度。面部表情与情绪之间的关系到底是怎样的呢？表情反馈假设认为面部表情可以影响我们的情绪状态，情绪与面部表情之间的因果关系存在着反馈作用。面部表情在视觉刺激中占据着特殊的地位。社会性动物如人类，需要能够区分和识别自己所在群体的成员，而对人而言，面部表情是辨别的关键所在；也是社会交流的关键所在。面部表情反映着情绪状态，"阅读"这些表情的能力可以使我们顺利地与他人沟通。不同的情绪状态能够使面部肌肉和大脑中产生特定的电活动模式，这些特定的电活动模式反过来会影响人的情绪。

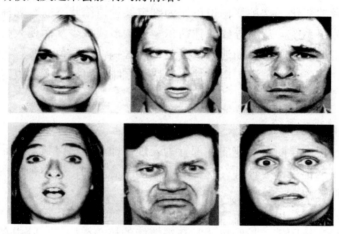

图10-3 面部表情

面部反馈假设得到了一些心理学研究的支持，艾克曼(1993)诱使人们微笑，会使他们更多地呈现积极情绪，而且使他们更多地将呈现的卡通评价为幽默。如果诱使他们蹙眉，则更可能将卡通片评价为富于攻击性的。如果出现疼痛的面部表情，在受到电击时，会把电击评价为更加疼痛。

(二)姿态表情

姿态表情(posture expression)主要依靠身体姿势和动作来表达情绪，头、手和脚是表达情绪的主要身体部位。例如，人在欢迎时手舞足蹈，悔恨时捶胸顿足，惧怕时手足无措，羞怯时扭扭捏捏。

身段表情往往带有暗示性，在日常生活中常常是一个人情绪不经意地流露和表达，因此具有很高的真实性和信息价值。在实际生活中，我们发现手足动作的情绪表现力较强，同时手足往往也是一个人真实情绪的泄密者。在人际交往中，学会观察对方的身段表情，有利于提高个体的情绪敏感性。

(三)言语表情

言语表情(verbal expression)主要指在运用语言的过程中，通过语言、语调、语速、节奏等的变化来表达情绪。一般来说，愉快时语音婉转，节奏轻快；悲哀时，语调低沉，语速缓慢；惊恐时，声音颤抖，语不成调。同样一句话用不同的方式讲出来则会表现出不同的含义。例如，"你干吗？"用升调说出来时，表示疑问；用降调，则表示不耐烦；用感叹语气强调"吗"字，则表示责备。

表情动作是人际交往的重要手段，在以上三种主要表情动作中，面部表情起主要作用，而身段表情和言语表情往往是情绪表达的辅助手段。

五、情绪和情感的功能

情绪和情感的功能是指情绪和情感在人们生活中的作用。情绪和情感功能有如下几方面。

(一)适应功能

情绪和情感是有机体适应生存和发展的一种重要方式。例如动物遇到危险时产生怕的呼救，就是动物求生的一种手段。当特定的行为模式、生理唤醒与相应的感受状态这三种成分出现，就具备了情绪的适应性。

(二)动机功能

情绪、情感是动机的源泉之一，是动机系统的一个基本成分。它能够激励人的活动，提高人的效率。情绪构成一个基本的动机系统，柴文秀等人在1984年通过研究发现正情绪和负情绪对实际活动具有整理和建立的作用。

(三)组织功能

情绪和情感的组织功能，一方面表现为积极情绪的调节作用和消极情绪的破坏、瓦解作用，另一方面还表现在人的行为上。20世纪80年代，孟昭兰以婴儿为被试研究了情绪状态对智能操作的影响，结果发现，在快乐、兴趣和无愤怒正情绪状态下进行的智能操作的活动效率明显高于在痛苦、惧怕和愤怒等负情绪下的智能活动的操作效率。

(四)信号功能

情绪和情感在人际间具有传递信息、沟通思想的功能，这种功能通过情绪的外部表现，即表情来实现。

六、情绪的成熟与社会化

情绪的成熟有一个社会化的过程。个体在成长过程中,使自己能按照社会的要求来调节、控制自己的情绪,并能对自己的活动进行合乎情理的评价,从而恰当地表达自己的情感,达到这样的水平就是情绪成熟的表现。

赫洛克(E. Hurlock)提出情绪成熟的标准有四个:一是能够合理地控制因疾病引起的不稳定情绪;二是能预料行动的结果,控制环境;三是不压抑自己的情绪表现,而是将情绪升华到社会性的高度来对待;四是能够洞察、分析各种刺激情境,谋求情绪的自我稳定。也有心理学家认为,情绪成熟有三个具体表现。第一,情绪反应能力的差异。情绪成熟的人能较好地控制反应与抑制情绪的外部表现。第二,延缓情绪反应的能力方面的差异。情绪成熟的人能够克制自己情绪的发作,抑制或延缓自己的情绪反应。第三,自怜情绪反应的差异。情绪成熟的人在遇到类似的刺激而产生消极情绪时,能够以自己的意志力来加以克制,不会轻易求助别人的同情。

七、情绪的调节

情绪的调节(emotion regulation)是指个体管理和改变自己或他人情绪的过程。在这个过程中,通过一定的策略和机制,使情绪在生理活动、主观体验、表情行为等方面发生一定的变化并保持适宜的水平和状态。

(一)情绪调节的特征

情绪调节的特征是人们调节情绪时所表现出来的特点。具体来说,情绪调节的特征有如下几方面。

(1) 恒定性:维持适度的情绪体验和表达。

(2) 等级组织性:对于一个特定的情景来讲,可以有多种不同的有效的调节反馈环路,这些环路是按照等级组织起来的。

(3) 文化差异性:个体的情绪的种类、调节标准受个体所处的社会历史文化背景的制约。

(二)情绪调节的基本过程

情绪调节的基本过程是指调节情绪时所经历的环节。一般来说,调节情绪主要是进行以下环节的控制和调整。

1. 生理调节

生理调节是情绪调节的一个重要方面,在人的情绪自我调节过程中会产生相应的生理变化,这对于降低唤醒水平、减轻痛苦都具有重要意义。孟昭兰(1995)、格罗斯(Gross,1993)等人的研究均表明人所处的情绪状态不同,其生理唤醒模式也不相同。

2. 情绪体验调节

情绪体验调节是情绪调节的一个重要侧面，当情绪体验过强或过弱的时候个体都会进行一定的调节，情绪体验的种类不同，个体所采用的调节策略也不尽相同。例如愤怒时采用问题解决策略，产生厌恶感时采用忽视策略，等等。

3. 行为调节

行为调节对于维持正常的情绪状态、保持良好的人际交往关系都具有重要作用，是情绪调节的中心环节之一。

4. 认知调节

情绪的产生开始于外界信息的接收和认知过程的开始，因此认知决定了是否需要进行情绪调节和如何调节，对于维持积极心态、表现良好的行为模式具有重要的基础性作用。

5. 人际调节

建立良好的人际关系、规避消极的人际关系对于个体的积极心态的保持具有重要作用。

八、挫折

挫折(frustration)是指在实现社会目的和个人抱负的过程中，目标活动遇到障碍或干扰，致使目的不能实现，需要和愿望不能满足时的消极情绪状态。

在现实生活中，任何人的一生都可能遇到挫折，正如古人所说：人生不如意之事常十之八九。挫折是社会生活中普遍存在的一种客观现象，许多挫折是不以人的意志为转移的。挫折对一个人来说，有利也有弊。挫折能磨炼人的意志，增长人的见识，"吃一堑，长一智"。"自古雄才多磨难，历来纨绔少伟男"，人的才能和智慧是在与挫折作斗争中增长和发展的。挫折也会造成人的心理创伤，使人感受到心理压力，产生心理失调，甚至形成"心因性疾病"。

引起挫折的原因是多种多样的，主要有以下几种：一是自然的原因。这是指需要受到自然环境或物理作用的阻碍。例如恶劣的气候、强烈的噪声、火灾等引起的挫折。二是社会的原因。这是指需要受到社会习惯、传统或人为因素的阻碍。例如人际关系紧张引起的挫折。三是经济原因。这是由于收入不高，个人的需要直接或间接地受到阻碍。四是生理原因。如想当歌唱家又没有好嗓子。五是期望水平过高。例如对自己的期望超过了能力所及的范围，通过努力未能实现而产生的失败感。

个体遭受挫折后，必然会有所表现，以解脱挫折带来的烦恼，减少内心的冲突与不安，缓解挫折情绪，取得暂时的心理平衡。这种自我心理保护措施称为心理防卫机制。心理防卫机制主要有积极的、消极的和妥协的三种形式。

积极的自我防卫形式，是对挫折的理智性对抗行为，主要有升华和补偿。升华是指将不为社会所接受的动机或欲望加以改变，并以较高境界表现出来，以求符合社会标准的要求。例如某人因舆论原因遭受爱情挫折时，他可以转向写诗、写小说或绘画等，抒发自己被压抑的情感，这就是升华。补偿是指个体在某种活动中遭受挫折，从另一种活动中谋求成功，以弥补失去的自信与自尊。例如肢残学生体育上失意，而在文化课学习中取得优异成绩，以此补偿可减轻消极情绪的压力。

消极的心理自我防卫形式，是一种非理智的对抗行为，主要表现为攻击行为。个体当受挫后常会引起愤怒情绪，从而表现出攻击行为。可分为直接攻击和转向攻击。直接攻击是指攻击目标直接指向造成障碍的对象。例如受到他人无故谴责时，你可能"以牙还牙""反唇相讥"来对付无故谴责你的人。也可能把愤怒情绪发泄到其他人或物上去，迁怒于人或物称为转向攻击。还有对自己缺乏信心或自卑悲观者，经常把攻击对象转向自己，责备自己无能、不争气等。

妥协的心理自我防卫形式，是一种采取折中的办法对待其所遭到的挫折，消除心理上不平衡的形式。主要有合理化和逃避。合理化是心理自我防卫机制中最常见的一种，是指个体由于挫折使预定目标无法实现时，为避免精神上的痛苦和不安，找出种种借口或理由为自己的失败辩解。其表现形式有"酸葡萄"反应和"甜柠檬"反应。"酸葡萄"反应是借否定不能达到的目标的优点，夸大其缺点以维护心理平衡的一种防卫手段。例如某生考试成绩差，就说自己重能力不重分数。"甜柠檬"反应是借夸大既得利益的好处，否定其缺欠，以减轻未能实现目标的痛苦。例如丢了钱，就说失财免灾，以此安慰自己。逃避是指受挫后回避现实，避开原来挫折情境的妥协行为。"眼不见心不烦"就是逃避的表现。

第二节　情绪和情感的分类

一、情绪的分类

关于情绪的类别，学者们的看法并不一致，我国古代对情绪的分类主要有六情说和七情说，荀子分为好、恶、喜、怒、哀、乐，即"六情"。《礼记》记载，情绪可分为喜、怒、哀、惧、爱、恶、欲，即"七情"。这两种学说的提法大同小异，而六情说较为合理，因为它基本概括了情绪的基本形式，这与现代情绪心理的研究基本吻合，而且，也符合情绪的两极性原则，按此原则，正好把六情分为3组，即喜—怒、哀—乐、爱—恶。

林传鼎先生从总结我国古代情绪分类的角度，把情绪分为18类，即安静、喜悦、愤怒、哀怜、悲痛、忧怒、忿恚、烦闷、恐惧、惊骇、恭敬、悦爱、憎恶、贪憩、嫉妒、微惧、惭愧、耻辱。黄希庭教授从情绪的时间序列性或刺激物属性的角度将情绪分为5类：第一类是情调，即伴随着感觉而产生的情绪，例如，当我们感知到红橙黄绿、酸甜苦辣、乐音噪声等的同时，往往会体验到某种情绪，当我们说到"愤怒的波涛""厌恶的气味""凄怆的夜晚"等的时候，这里所感知到的"波涛""气味""夜晚"都带有一种特殊的情绪色调；第二类是激情，即一种持续时间短、表现剧烈、失去自我控制力的情绪，例如，盛怒时，暴跳如雷，狂喜时，捧腹大笑等；第三类是心境，即一种比较微弱、持久具有渲染性的情绪，"人逢喜事精神爽"正是这种情绪表现；第四类是应激，即出乎意料的紧张情况下所引起的情绪状态，如在不寻常的紧张状况下人体把各种资源(首先是内分泌资源)都动员起来，以应付紧张的局面，这时所产生的复杂的生理和心理反应都属于应激状态；第五种是情操，即人对具有一定文化价值的东西(例如道德、学问、艺术等)所怀有的复杂情感，例如道德感、理智感和美感等。

20世纪50—60年代，捷普洛夫(Б．М．Теплов)编的《心理学》和斯米尔诺夫(А．А．Смирнов)主编的《心理学》把情绪分为心境、激情和热情，把情感分为道德感、理智感和美感。1981年我国翻译出版的彼德罗夫斯基(Петровский)主编的《心理学》把情绪分为情调、狭义的情绪、激情、应激、心境，把情感分为道德感、理智感、实践感、美感。

20世纪70年代初，伊扎德将情绪分为基本情绪与复合情绪，基本情绪是先天育成的，是不学而能的，并且具有独立的外部表情、内部体验、生理神经机制和不同的适应功能。按照这一标准，采用因素分析法，认为人具有8~11种基本情绪，他们是兴趣、惊奇、痛苦、厌恶、愉快、愤怒、恐惧、悲伤、害羞、轻蔑和自罪感等。并由此产生3类复合情绪：第一类是基本情绪的复合，例如兴趣—愉快、恐惧—害羞、轻蔑—厌恶—愤怒等；第二类是基本情绪与内驱力的结合，例如兴趣—性驱力、疼痛—恐惧—怒等；第三类是基本情绪与认知的结合，例如多疑—恐惧、沉静—害羞、活力—兴趣—愤怒等。

谢弗(Shaver，1987)等对情绪进行的分类研究，提出情绪有6种基础类别。他们的研究方法是选取了135个情绪名词，让大学生进行分类，将类似的情绪划归一类。结果表明，有6种基本情绪类别，它们是爱、喜悦、惊奇、愤怒、悲伤和恐惧，其他情绪皆可根据本身的含义和性质划归6种基本情绪之一。对这6种基本情绪种类从不同的角度还可以进行不同的划分。这6种情绪中，有3种是正面情绪(爱、喜悦、惊奇)，另外3种是负面情绪(愤怒、悲伤、恐惧)。此外，还可以从3个维度，即评价(正面或负面)、强度(强或弱)和活动(唤醒程度高或低)对6种基本情绪进行区分，如惊奇是一种正面的、强的、高唤醒的情绪。

克雷奇(Krech)等人在所著的《心理学纲要》一书中，把情绪分为以下几类：①原始情绪，包括快乐、愤怒、恐惧和悲哀，常具有较高的紧张性；②与感觉刺激有关的情绪，包括疼痛、厌恶、轻快等；③与自我评价有关的情绪，包括成功和失败、羞耻与骄傲等，主要取决于一个人对自己行为与各种行为标准关系的知觉；④与别人有关的情绪，包括爱与恨等。

(一)基本情绪

虽然类别很多，但一般认为有四种基本情绪，即快乐、愤怒、恐惧和悲哀。基本情绪是先天固有的，具有独立的神经生理机制、内部体验和外部表现。

1. 快乐

快乐(happy)是指一个人盼望和追求的目的达到后产生的情绪体验。由于需要得到满足，愿望得以实现，心理的急迫感和紧张感解除，快乐随之而生。快乐有强度的差异，从愉快、兴奋到狂喜，这种差异是和所追求的目的对自身的意义以及实现的难易程度有关。快乐是指人们盼望的目的达到后，或者某种需要得到满足时产生的情绪体验。例如高考时取得了好成绩，买了一件自己喜爱的衣服，都会产生快乐的体验。快乐可以有满意、愉快、欢乐、狂喜等不同的程度之别，快乐的程度取决于愿望满足的意外程度。目的突然出乎意料地实现会引起极大的快乐。

2. 愤怒

愤怒(anger)是指所追求的目的受到阻碍,愿望无法实现时产生的情绪体验。愤怒时紧张感增加,有时不能自我控制,甚至出现攻击行为。愤怒也有程度上的区别,一般的愿望无法实现时,只会感到不快或生气,但当遇到不合理的阻碍或恶意的破坏时,愤怒会急剧爆发。这种情绪对人的身心的伤害也是明显的。愤怒是人们在实现某种目的的过程中受到了挫折,或者愿望不能够得到满足时产生的情绪体验。愤怒的程度可以有不满、生气、愤怒、暴怒几种。一般来说,当人们遇到挫折时,都会产生一定的不满情绪,但不一定会发怒。如果人们意识到这种挫折是由于他人的恶意中伤造成的,那么,怒气就会油然而生。特别是当人的自尊受到伤害,人格受到侮辱时,往往会产生激烈的愤怒情绪,甚至勃然大怒。愤怒是一种不良情绪,它会破坏人的心理、生理平衡,从而诱发各种疾病。因此容易发怒的人,一般体质都欠佳。

3. 恐惧

恐惧(fear)是企图摆脱和逃避某种危险情景而又无力应付时产生的情绪体验。恐惧的产生不仅仅由于危险情景的存在,还与个人排除危险的能力和应付危险的手段有关。一个初次出海的人遇到惊涛骇浪或者鲨鱼袭击会感到恐惧无比,而一个经验丰富的水手对此可能已经司空见惯,泰然自若。婴儿身上的恐惧情绪表现较晚,可能是与他对恐惧情景的认知较晚有关。恐惧是人们面临危险的情景,或预感到某种潜在的威胁时产生的情绪体验。它往往是人们无力摆脱困境时的表现。如大难临头又无路可走时,人们的恐惧心理就会油然而生。一个人夜间单独行走,本无危险,但想象到某种可能的危险也会产生恐惧。恐惧可分为程度不同的怕、惧怕、惊恐和恐怖几种。人在恐惧时,脸色苍白,反应迟钝,有时还会浑身发抖。"心惊肉跳"就是形容人在恐惧时的精神状态。可见恐惧也是一种消极情绪。恐惧有常态和变态之分。对陌生的东西产生恐惧乃常态恐惧,如原始人害怕雷电。变态恐惧则是五花八门,千奇百怪。人的恐惧心理大多都是后天获得的。

4. 悲哀

悲哀(sadness)是指心爱的事物失去时,或理想和愿望破灭时产生的情绪体验。悲哀的程度取决于失去的事物对自己的重要性和价值。悲哀时带来的紧张的释放会导致哭泣。当然,悲哀并不总是消极的,它有时能够转化为前进的动力。悲哀一般是与所热爱事物的丧失和希望破灭有关的情绪体验。如亲人去世、升学考试失意都属这种情况。悲哀也有遗憾、失望、难过、悲伤、哀痛等程度的不同,悲哀的强度取决于个人所失去事物的价值。由悲哀引起的紧张的释放就是哭泣,通过哭泣,人们的悲哀就会得到缓解。哭不仅是表达感情的一种方式,也是一种心理保护措施。当人遭遇到极大的委屈或亲友亡故时,都会情不自禁地哭起来。

(二)复合情绪

在上述四种基本情绪形式的基础上,又能派生出许多情绪,组成各种复合的形式。与对他人评价有关的如爱慕、厌恶、怨恨;与对自我评价有关的如谦虚、自卑、悔恨等,都包含着快乐、愤怒、悲哀、恐惧等因素。

(三)情绪状态

情绪状态是指在一定的生活事件影响下,一段时间内各种情绪体验的一般特征表现。根据情绪状态的强度和持续时间,可分为心境、激情和应激。

1. 心境

心境(mood)是一种微弱、平静和持久的情绪状态。生活中我们常说"人逢喜事精神爽",指发生在我们身上的一件喜事让我们很长时间保持着愉快的心情;但有时候一件不如意的事也会让我们很长一段时间忧心忡忡,情绪低落。这些都是心境的表现。

心境具有弥散性和长期性。心境的弥散性是指当人具有某种心境时,这种心境表现出的态度体验会朝向周围的一切事物。一个在单位受到表彰的人,觉得心情愉快,回到家里同家人会谈笑风生,遇到邻居去笑脸相迎,走在路上也会觉得天高气爽;而当他心情郁闷时,在单位、在家里都会情绪低落,无精打采,甚至会"对花落泪,对月伤情"。古语中说人们对同一种事物,"忧者见之而忧,喜者见之而喜",也是心境弥散性的表现。心境的长期性是指心境产生后要在相当长的时间内主导人的情绪表现。虽然基本情绪具有情境性,但心境中的喜悦、悲伤、生气、害怕却要维持一段较长的时间,有时甚至成为人一生的主导心境。例如有的人一生历尽坎坷,却总是豁达、开朗,以乐观的心境去面对生活;有的人总觉得命运对自己不公平,或觉得别人都对自己不友好,结果总是保持着抑郁愁闷的心境。

心境产生的原因是多方面的,既有客观原因,也有主观原因。第一,激情的余波。激情过后往往会转为心境。例如狂喜过后,心情舒畅;暴怒过后,闷闷不乐。第二,生活中的重大事件。社会地位的变迁、经济条件的变化、工作和学习的顺利与受挫、事业的成功与失败等都会引起不同的心境。第三,人际关系。一个人与家人、邻里、同事关系融洽,就会有愉快的心境。相反,家庭关系紧张、邻里关系不和、同事之间矛盾重重者,心情就抑郁苦闷。第四,自然环境变化。冬天寒冷,雨雪纷纷,道路泥泞,心境容易抑郁;夏日炎热,心境容易烦躁;春光明媚,秋高气爽,心境就快乐、舒畅。环境清静优美,使人舒畅;环境嘈杂,会使人厌烦。第五,生理状况。身体健康,情绪饱满;疲劳、失眠、疾病,会使人情绪低落。

除上述原因外,每个人还有自己独特的比较稳定的心境。有的人乐观,有的人多愁善感。决定人心境的主要原因是一个人的人生观和信念。乐观主义者即使在极端不利的条件下仍然能保持乐观的心境。

2. 激情

激情(passion)是一种爆发强烈而持续时间短暂的情绪状态。人们在生活中的狂喜、狂怒、深重的悲痛和异常的恐惧等都是激情的表现。和心境相比,激情在强度上更大,但维持的时间一般较短暂。激情具有爆发性和冲动性,同时伴随有明显的生理变化和行为表现。当激情到来的时候,大量心理能量在短时间内积聚而出,例如疾风骤雨,使得当事人失去了对自己行为的控制力。《儒林外史》中的范进听到自己金榜题名,狂喜之下,竟然意识混乱,手舞足蹈,疯疯癫癫;有些人在暴怒之下,双目圆睁,咬牙切齿,甚至拳脚相加。但这些激情在宣泄之后,人又会很快平息下来,甚至出现精力衰竭的状态。

激情对人的影响有积极和消极两个方面。一方面，激情可以激发内在的心理能量，成为行为的巨大动力，提高工作效率并有所创造。例如战士在战场上冲锋陷阵，一往无前；画家在创作中，尽情挥洒，浑然忘我；运动员在报效祖国的激情感染下，敢于拼搏，勇夺金牌。另一方面，激情也有很大的破坏性和危害性。激情中的人有时任性而为，不计后果，对人对己都造成损失。一些青少年犯罪，就是在激情的控制下，一时冲动，酿成大错。激情有时还会引起强烈的生理变化，使人言语混乱，动作失调，甚至休克。所以，在生活中应该适当地控制激情，多发挥其积极作用。控制激情的方法有很多。首先尽量避开引起激情的环境刺激。其次是转移注意力，干一些自己感兴趣的事。再次是合理地有节制地发泄。此外，还可以借鉴前人的经验，由发怒转为发奋。例如生活中遭到挫折时，受到他人讽刺嘲笑，心中不平时，要化愤怒为力量，变压力为动力，做生活的强者。当然，控制激情最根本的方法还在于加强思想修养。

引起激情的原因很多。首先，对人具有重大意义的突发事件可以引起激情。如重大的喜讯、亲人的亡故等。其次，对立意向的冲突或过度的兴奋与抑制也容易引起激情，如对某种痛苦忍耐过久，抑制过度，一旦爆发出来，就会成为十分强烈的、难以控制的激情。此外，激情的发生还和一个人的修养程度有关。那种缺乏教养、不讲礼貌或患有歇斯底里症的人，可以在毫无理由的情况下引起激情的爆发。

3. 应激

应激(stress)是出乎意料的紧张和危急情况引起的情绪状态。例如在日常生活中突然遇到火灾、地震，飞行员在执行任务中突然遇到恶劣天气，旅途中突然遭到歹徒的抢劫等，无论天灾还是人祸，这些突发事件常常使人们心理上高度警醒和紧张，并产生相应的反应，这都是应激的表现。

人在应激状态下常伴随明显的生理变化，这是因为个体在意外刺激作用下必须调动体内全部的能量以应付紧急事件和重大变故。这个生理反应的具体过程为：紧张刺激作用于大脑，使得下丘脑兴奋，肾上腺髓质释放大量肾上腺素和去甲状腺素，从而大大增加通向体内某些器官和肌肉处的血流量，提高机体应付紧张刺激的能力。加拿大心理学家塞里(Seley)把整个应激反应过程分为动员、阻抗和衰竭三个阶段：首先是有机体通过自身生理机能的变化和调整做好防御性的准备；其次是借助呼吸心率变化和血糖增加等调动内在潜能，应对环境变化；最后当刺激不能及时消除，持续的阻抗使得内在机能受损，防御能力下降，从而导致疾病。

应激的生理反应大致相同，但外部表现可能有很大差异。积极的应激反应表现为沉着冷静、急中生智，全力以赴地去排除危险，克服困难；消极的应激反应表现为惊慌失措、一筹莫展，或者发动错误的行为，加剧了事态的严重性。这两种截然不同的行为表现，既同个人的能力和素质有关，也同平时的训练和经验积累有关。例如，接受过防火演习和救生训练，遇到类似的突发事故，也能正确及时地逃生和救人。

二、情感的分类

人的情感复杂多样，可以从不同的角度进行分类。由于情感的核心内容是价值，人的情感主要根据它所反映的价值关系的运动与变化的不同特点进行分类。

根据价值的正负变化方向的不同,情感可分为正向情感与负向情感。正向情感是人对正向价值的增加或负向价值的减少所产生的情感,例如愉快、信任、感激、庆幸等;负向情感是人对正向价值的减少或负向价值的增加所产生的情感,例如痛苦、鄙视、仇恨、嫉妒等。

根据价值主体类型的不同,情感可分为个人情感、集体情感和社会情感。个人情感是指个人对事物所产生的情感;集体情感是指集体成员对事物所产生的合成情感,阶级情感是一种典型的集体情感;社会情感是指社会成员对事物所产生的合成情感,民族情感是一种典型的社会情感。

根据价值目标取向的不同,情感可分为对物情感、对人情感、对己情感和对特殊事物情感四大类。对物情感包括喜欢、厌烦等;对人情感包括仇恨、嫉妒、爱戴等;对己情感包括自卑感、自豪感等。

根据价值的作用时期的不同,情感可分为追溯性情感、现实性情感和期望性情感。追溯性情感是指人对过去事物的情感,包括遗憾、庆幸、怀念等;现实性情感是指人对现实事物的情感;期望性情感是指人对未来事物的情感,包括自信、信任、绝望、期待等。

根据价值的动态变化的特点,情感可分为确定性情感、概率性情感。确定性情感是指人对价值确定性事物的情感;概率性情感是指人对价值不确定性事物的情感,包括迷茫感、神秘感等。

社会情感按其内容可分为道德感、理智感和美感。

(一)道德感

道德感(moral feeling)是根据一定的道德标准去评价人的思想、意图和言行时产生的情感体验。人生活在社会上,在与周围的人交往中掌握社会道德标准,并转化为自己的道德需要。人类根据已掌握的道德标准去评价自己或别人的思想、意图和言行时,认为符合自己的道德需要,就会产生肯定性情感,如果不符合自己的道德需要,就会产生否定性情感。例如,对别人大公无私的行为产生敬佩之情;对别人的损人利己行为产生愤怒、蔑视的情感;自己尽到了社会责任感到心情舒畅;未尽到责任则感到内疚惭愧等,都属于道德感。

道德感具有社会性。不同的社会、不同的历史时期、不同的社会集团或民族,有着不同的道德标准和行为规范,不同的人们对这些标准和规范又有着不同的理解,于是就会产生不同的道德需要,因而也就有着不同的道德感。例如在婚姻观上,封建社会认为"父母之命,媒妁之言"是合理的,男女自己做主谈情说爱则是伤风败俗;现代人看来,没有爱情的婚姻是不道德的。社会主义社会,道德感的内容非常丰富。道德感在社会情感体系中占有特殊地位,对人的活动具有重要的指导作用。

(二)理智感

理智感(rational feeling)是人在智力活动过程中,对认识活动成就进行评价时产生的情感体验。它是与人的好奇心、求知欲、探求和热爱真理的需要相联系的。

理智感的表现多种多样。它体现出人对自己智力活动过程与结果的态度。例如发现问题时的惊奇感、疑虑感;百思不解时的焦虑不安与苦闷;获得结论时的喜悦、陶醉与自信;

以及对真理的维护与热爱和对偏见、谬误的鄙视与痛恨等，都属于理智感。

理智感是在人的认识和实践活动中产生和发展起来的，反过来，它又成为人认识和实践活动的动力。任何学习活动、科学发明、艺术创造都与理智感分不开。一个人的思想只有被深厚的情感渗透时，才能引起积极的注意、记忆、思维，并获得克服困难的力量。正如列宁所说："没有人的情感，就从来没有也不可能有人对真理的追求。"

理智感是人们从事学习活动和探索活动的动力。当一个人认识到知识的价值和意义，感到获得知识的乐趣，以及追求真理过程中的幸福感时，他就会不计名利得失，以一种忘我的奉献精神投入学习和工作中。居里夫妇在提炼镭的艰辛历程中，以及发现镭的那一刻，所体验到的理智感可能不是一般人所能有的。

(三)美感

美感(aesthetic feeling)是人们根据自己的审美标准对自然或社会现象及其在艺术上的表现予以评价时产生的情感体验。例如人对浩瀚的大海、蔚蓝的天空、秀美的田园、漂亮的容貌、名胜古迹、艺术珍品等表示的赞美、喜爱等都是美感的表现。

美感是内容美和形式美的统一。美感具有直觉性，它总是在接触事物时立即直接发生的。因此，物体的外表形式对美感有很大的影响，物体的形状、颜色及声音、气味方面的特点在美感产生中起着重要的作用。但美感也依赖于事物的内容，起决定作用的是事物的内容。苍蝇的外形和蜜蜂相似，前者往往使人产生厌恶之感，而后者则可以使人产生美感。对于人来说，仪表是给人以美感的重要条件，但更重要的是心灵美，那些人格高尚、心灵美好的人，即使身残貌丑也会受到人们的敬佩和赞赏。

美感具有社会性。同道德感一样，美感也受社会历史条件的制约，不同的社会、不同的时代、不同的民族、不同的阶级，人们的审美标准各不相同，因而也就有不同的美感。例如，在封建社会里人们认为弱不禁风的窈窕淑女是美；在资本主义社会里人们认为袒胸露背、放荡不羁是美；而我们则认为健康、大方、自然、协调是美。美感具有个体性。对于同一客观对象，不同的人可以产生不同的美感，有人觉得美，有人觉得不美。当然，人类也有共同的美感，鲜艳的花卉、秀丽的风景、动听的音乐、优美的诗歌、雄伟的建筑，任何人都认为是美的。桂林的山水、西湖的风光、八达岭的长城、北京的故宫，常常使中外游人流连忘返。这说明虽然人们的生活地域不同、种族各异，但人们的审美观点存在着相同之处。

第三节 情 绪 理 论

情绪理论是对情绪的生理、心理过程以及它们之间关系做出系统解释的学说。由于不同的心理学流派和心理学家对情绪的认识和理解不同，因而产生了许多不同的观点，进而形成了各种情绪理论。

一、生物学取向的情绪理论

生物学取向的情绪理论研究是由达尔文开始的，后来得到了詹姆斯、兰格、坎农以及新近的习性学家的进一步拓展。

(一)达尔文的情绪原理

达尔文对情绪的很多分析都是围绕着情绪的表现方式展开的。他提出了理解人类和动物情绪表现的三个原理：有用的联系性习惯、相反和神经系统的直接作用。

1. 有用的联系性习惯原理

达尔文认为，有机体表达情绪的方式在过去曾经具有生存价值。例如，狗在保护主人时会露出牙齿，这是因为在犬类的进化过程中，这样的行为增加了狗的生存价值。达尔文认为，情绪表现最初是获得的，但经过多代之后就成为先天的了。因此，有用的联系性习惯是获得行为，并因为它的有用性而成为先天行为。

2. 相反原理

达尔文认为，相反情绪(愤怒和平静)的表现包含相反的行为。例如愤怒的猫会拱起脊背，体毛竖立，双目圆睁，做好搏斗的准备。而处于安静状态下的猫会眯起双眼，在主人的抚摸下会入睡，并会打鼾。

3. 神经系统的直接作用原理

有些情绪表现的发生仅仅是因为神经系统活动的变化。因此这样一些情绪表现似乎对有机体没有用处，并且通常不具有相反的行为。例如恐惧时的颤抖或痛苦时候的叫喊。

4. 情绪状态的识别

情绪行为对个体具有生存价值，它能够向同一群体内的其他成员提供与个体的情绪状态有关的线索。达尔文认为，表情运动可被同一群体内的成员识别，并且被与特定的情绪状态相联系。这一识别本身是先天的，即人能够通过对行为的识别达到对情绪的辨认，并依此调节自己的行为。

(二)詹姆斯—兰格理论

1884 年和 1885 年，美国心理学家詹姆斯(William James)和丹麦生理学家兰格(Karl Lange)分别提出内容相同的一种情绪理论。詹姆斯提出情绪是对身体变化的知觉。在他看来，是先有机体的生理变化，而后才有情绪。所以悲伤由哭泣引起，恐惧由战栗引起。兰格认为情绪是内脏活动的结果。他特别强调情绪与血管变化的关系，认为，血管运动的混乱，血管宽度的改变以及与此同时各个器官中血液量的改变，乃是激情的真正的最初的原因。

依据詹姆斯—兰格理论，我们的情绪是在对事件做出行为反应之后发生的，而不是行为反应的原因。外部刺激引发了某些本能的行为和唤醒模式，例如战斗或逃跑，我们因为表现出攻击性行为而感到愤怒，或者因为逃跑而感到害怕。情绪只是对自动化的生理反应和行为反应的认知表征(或者伴生产物)。詹姆斯—兰格理论与表情反馈假设是一致的。由于詹姆斯和兰格强调情绪的产生是植物性神经活动的产物。所以后人称他们的情绪理论为情绪的外周理论。即情绪刺激引起身体的生理反应，而生理反应进一步导致情绪体验的产生。

詹姆斯—兰格理论看到了情绪与机体变化的直接关系，强调了植物性神经系统在情绪产生中的作用；但是，他们片面强调植物性神经系统的作用，忽视了中枢神经系统的调节、控制作用,因而引起了很多的争议。

(三)坎农—巴德学说

坎农(Cannon,1927)对詹姆斯—兰格理论提出了批评,坎农和巴德(Bard,1927)提出情绪的中心不在外周神经系统,而在中枢神经系统的丘脑。他们认为,情绪的产生是大脑皮质解除丘脑抑制的功能,即激发情绪的刺激由丘脑进行加工,同时把信息输送到大脑及机体的其他部分。输送到大脑皮质的信息产生情绪体验;输送到内脏和骨骼肌的信息激活生理反应。身体变化和情绪体验是同时发生的,而情绪感觉是由大脑皮质和自主神经系统共同激起的结果(见图10-4)。坎农认为,由外界刺激引起感觉器官的神经冲动,传至丘脑,再由丘脑同时向大脑和自主神经系统发出神经冲动,从而在大脑产生情绪的主观体验,而由自主神经系统产生个体的生理变化。如血压升高、心跳加快、瞳孔放大,等等,使个体生理上进入应急准备状态。这一学说强调大脑皮质解除丘脑抑制的机制,但它过分强调丘脑在情绪中的作用,而忽视大脑皮质对情绪的作用,完全否定外周生理反应在情绪产生中的作用,这是不正确的。

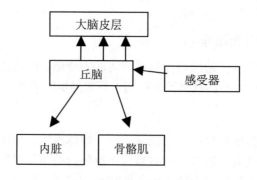

图10-4 坎农—巴德理论示意图

(四)习性学理论

习性学的研究主要集中在情绪所伴随的表达性活动所传递的信息上。习性学理论认为,动物情绪状态的先天表达来自于意向活动。意向活动对于个体间的合作行为具有适应价值。意向活动在某种程度上具有信息性,个体所在的群体的其他成员会将它看作是可能发生的行为的信号。例如,对愤怒的识别有助于避免伤害性的打斗;儿童的哭喊等恐惧反应可以使之获得成人的帮助。因此意向活动能使个体与同一种族内的其他个体紧密共存并有效交往,就是说,群居动物可能已经进化形成了识别情绪性信号并采取适当行为的方式。表情、姿势、叫喊可以成为判断情绪状态的非语言线索。米勒(Miller,1967)等人的实验研究充分说明了这一点,作为一种灵长类动物,罗猴能够通过学习学会逃避电击。米勒改变了逃避学习情境,他们将在实验中为一只罗猴创设的条件是能够看到光刺激,但是不能逃避电击,因为没有按钮可供罗猴使用来停止电击。另外一只罗猴能够按压按钮,但是它看不到光刺激。如果我们让第二只罗猴通过闭路电视看到第一只罗猴的面部表情,那么第二只罗猴能够按压按钮使他们两个都避免电击吗?在米勒的试验中得到了肯定的答案。

在米勒研究的基础上巴克(Buck,1972)、罗森塔尔(Rosenthal,1974)以人类为被试进行的研究表明，人类也能够通过面部运动、姿势、叫喊等非语言线索交流感受和传达信息，并且女性优于男性。黑斯(Haith, 1977)以婴儿为被试的研究表明，人类对于情绪表现的识别在年龄很小的时候就开始了，有先天遗传的成分。

米勒、巴克、罗森塔尔和黑斯的研究证明，高等哺乳动物，包括人类在内，对情绪的非言语表现形式是非常敏感的，尽管这一能力中包含学习成分，但是有些情绪表现的成分以及同一情绪的识别却可能是先天的。

二、情绪的学习理论

情绪的学习理论认为，情绪是获得的。代表性的情绪学习理论有以下几个。

(一)经典条件作用理论

经典条件作用理论(classical conditioning theory)认为，原来无法产生情绪反应的中性刺激与产生情绪的非条件刺激反复结合后，中性刺激变成条件刺激，引起情绪反应。有关研究显示，经典条件作用在情绪的产生中有重要作用。如华生和雷纳关于阿尔伯特的恐惧情绪形成的实验就是最为著名的一例。

1920年，华生和雷纳进行了一项的实验研究，实验对象是一个11个月的男孩阿尔伯特。在实验开始之前，华生经过测试发现这个男孩对老鼠、兔子、猴子、狗、棉絮和没有头发的面具之类的东西都不害怕，只是对铁锤敲打的巨大声响产生恐惧。为了使阿尔伯特对老鼠产生恐惧的条件反应，华生让作为中性刺激的老鼠和作为非条件刺激的巨大声响同时出现，并产生了作为非条件反应的恐惧反应。在一段时间内多次的反复实验之后，老鼠转变为条件刺激，也就是阿尔伯特对老鼠的单独出现产生了条件反应，包括恐惧和逃避。华生进一步研究发现，兔子、毛皮外套、狗等东西都能用和老鼠实验相同的方法产生恐惧反应，即使在不同的房间进行实验都一样，表示这个实验对不同的物品和环境皆有效。一个月后再度测试，阿尔伯特依然会对这些东西产生恐惧。华生和雷纳的实验表明，人在经典条件反射作用下，可以获得某种情绪。

(二)操作性条件作用理论

与经典条件作用理论相对应，操作性条件作用理论(operating condition theory)认为，反应与结果的关联既能激发我们的行为也能改变我们的情绪体验。现代神经生理学研究表明，愉快与厌恶性的刺激会引起伏隔核(nucleus accumbens)内多巴胺成分的改变，而伏隔核在强化物的强化效果方面具有非常重要的作用(Cardinal et al., 2002; Carlson, 2001)。此外，鲍德温和凯利(Baldwin & Kelley, 2002)等的研究表明，内侧前额皮层的多巴胺和谷氨酸盐感受器在形成操作性条件反射中具有重要作用。

(三)观察学习理论

班杜拉在1971年提出，情绪活动可以通过观察他人而获得。班杜拉(1969)指出，恐惧症的形成有时不是源于直接的个体经验，而是来自于对榜样人物被某一物体伤害后的恐惧行为的观察。马姆和菲尔德纳(Mumme & Fernald，2003)研究发现，通过观察进行的情绪学习在个体发展的早期就已经发生了。实验中，12个月大的婴儿在看见电视屏幕上成人对某一物体做出消极反应后，也会逃避这一物体并表现出消极情绪。

三、情绪的认知理论

情绪的认知理论认为，认知过程是决定情绪性质的关键因素，情绪活动离不开认知活动。

(一)"评定—兴奋"说

美国心理学家阿诺德认为，刺激情景并不直接决定情绪的性质，从刺激出现到情绪的产生，要经过对刺激的估量和评价。情绪产生的基本过程是刺激情景—评估—情绪。同一刺激情景，由于对它的评估不同就会产生不同的情绪反应。情绪的产生是大脑皮层和皮下组织协同活动的结果，其中包括机体内部器官和骨骼肌的变化，对外周变化的反馈是情绪意识基础。大脑皮层的兴奋是情绪行为的最重要的条件。

拉扎勒斯(Lazarus，1968)进一步把阿诺德的评价扩展为评价、再评价过程，这一过程包括筛选信息、评价、应付冲动、交替活动，以及身体反应的反馈、对活动后果的知觉等成分。他认为对情境的评价包括对可能采取什么行动的评价。只要事物被评价为与个人生活的重要方面有联系，他就会有情绪体验。每一种情绪均包括生理的、行为的和认知的三种成分，它们相互影响、互为因果。拉扎勒斯认为情绪是人与环境相互作用的产物。在情绪活动中，人不仅反映环境中的刺激事件对自己的影响，同时要调节自己对于刺激的反应。也就是说，情绪是个体对环境知觉到有害或有益的反应。因此，人们需要不断地评价刺激事件与自身的关系。具体有三个层次的评价：初评价、次评价、再评价。

阿诺德和拉扎勒斯的情绪理论，把现象的研究、认知理论和情绪生理学的研究结合起来考虑，既承认情绪的生物因素，也承认情绪受社会文化情境、个体经验和人格特征的制约，而这一切又伴随着对事物的认知和评价发生，这种观点比较全面，有较大价值。

(二)沙赫特和辛格的情绪理论

美国心理学家沙赫特(S. Schachter)和辛格认为，情绪的产生有两个不可缺少的因素：一个是个体必须体验到高度的生理唤醒；另一个是个体必须对生理状态的变化进行认知性的唤醒。情绪状态是由认知过程、生理状态、环境因素在大脑皮层中整合的结果。这可以将上述理论转化为一个工作系统，称为情绪唤醒模型。沙赫特认为，情绪是认知因素和生理唤醒状态两种因素交互作用的产物。认知对情绪可能有三种作用：其一是对情绪刺激的评价和解释；其二是对引起唤醒原因的认知分析；其三是对情绪的命名以及对所命名的情绪的再评价。生理唤醒和认知评价之间的密切关系和相互作用决定着情绪。其中，认知起主导作用。他认为，情绪既来自生理反应的反馈，也来自对导致这些反应情境的认知评价。因此，认知解释起两次作用：第一次是当人知觉到导致内脏反应的情境时，第二次是当人接收到这些反应的反馈时把它标记为一种特定的情绪。标记过程取决于对事件原因的鉴别，即归因。人们对同一生理唤醒可以做出不同的归因，从而产生不同的情绪。当情绪被唤醒时，他们可能把自己的情绪标记为快乐，也可能标记为有趣或者愤怒，这取决于可能得到的有关情境的信息，人们往往通过与周围的人进行比较来评价自己的情绪。不少实验结果支持了沙赫特的观点，因此这一观点有较大影响。

四、情绪的动机—分化理论

情绪具有动机的性质。伊扎德的情绪动机—分化理论是以情绪为核心，以人格结构为基础，论述情绪的性质与功能。伊扎德认为，情绪是人格系统的组成部分，是人格系统的动力核心。情绪系统与认知、行为等人格子系统建立联系，实现情绪与其他系统的相互作用。

伊扎德认为，情绪是人格系统的组成部分，而人格是由体内平衡系统、内驱力系统、情绪系统、知觉系统、认知系统和动作系统六个子系统组成。情绪具有动力性，它组织并驱动认知与行为，是人格系统的核心动力。情绪包含神经生理、神经肌肉的表情行为、情感体验三个子系统。它们互相作用、联结，实现情绪与其他系统的相互作用。情绪特征主要来源于个体的生理结构，遗传是某种情绪的阈限特征和强度水平的决定因素。伊扎德提出了四个基本过程：生物遗传—神经内分泌激活过程、感觉反馈激活过程、情感激活过程和认知激活过程。

复 习 要 点

第一节 情绪和情感概述

情绪和情感是人对客观事物的态度体验及相应的行为反应，是人的需要是否获得满足的反映。情绪的维度是指情绪所固有的某些特征，主要指情绪的动力性、激动性、强度和紧张度等方面。这些特征的变化幅度具有两极性，每个特征都存在两种对立的状态。情绪的动力性有增力和减力两极，激动性有激动和平静两极，强度有强和弱两极，紧张度有紧张和轻松两极。

情绪维度理论。①冯特的三维理论：认为情绪是由三个维度组成的，即愉快—不愉快；激动—平静；紧张—松弛。每一种具体情绪分布在三个维度的两极之间不同的位置上。②20世纪50年代，施洛伯格根据面部表情的研究提出，情绪的维度有愉快—不愉快，注意—拒绝和激活水平三个维度，建立了一个三维模式图，其三维模式图长轴为快乐维度，短轴为注意维度，垂直于椭圆面的轴则是激活水平的强度维度，三个不同水平的整合可以得到各种情绪。③20世纪60年代末，普拉切克提出，情绪具有强度、相似性和两极性三个维度，并用一个倒锥体来说明三个维度之间的关系。顶部是八种最强烈的基本情绪：悲痛、恐惧、惊奇、接受、狂喜、狂怒、警惕、憎恨，每一类情绪中都有一些性质相似、强度依次递减的情绪，例如厌恶、厌烦、哀伤、忧郁。④四维理论：由美国心理学家伊扎德提出。认为情绪有愉快度、紧张度、激动度、确信度四个维度。愉快度表示主观体验的享乐色调；

紧张度表示情绪的生理激活水平；激动度表示个体对情绪、情境出现的突然性；确信度表示个体胜任、承受感情的程度。

情绪的神经生理机制。①情绪的脑中枢机制：下丘脑是情绪及动机性行为产生的重要脑结构，还是"快乐"和"痛苦"的中枢部位，也是产生发怒的整合模式的关键部位。网状结构的功能在于唤醒，它是情绪产生的必要条件。边缘系统是多功能的综合调节区。正情绪引起左半球更多的脑电活动，而负情绪引起右半球更多的脑电活动，大脑皮层控制着皮层下各中枢的活动并调节着情绪的进行。②情绪的外周机制：在情绪产生时，机体的内部变化和一部分外部表情的变化是由植物性神经系统的活动调节的。不同情绪状态会引起内外腺体的变化，从而影响激素分泌量的变化。躯体神经系统是人面部表情活动的生理基础之一。根据最新研究，情绪可能是由一个独立的功能系统完成的，这个功能系统可能包括下丘脑、边缘叶、丘脑核团等。

情绪的外部表现有面部表情、姿态表情、语调表情。情绪和情感的功能有适应功能、动机功能、组织功能、信号功能。情绪的成熟是一个社会化的过程，赫洛克提出情绪成熟的标准有四个：一是能够合理地控制因疾病引起的不稳定情绪；二是能预料行动的结果，控制环境；三是不压抑自己的情绪表现，而是将情绪升华到社会性的高度来对待；四是能够洞察、分析各种刺激情境，谋求情绪的自我稳定。

情绪的调节是个体管理和改变自己或他人情绪的过程。主要包括具体情绪的调节、唤醒水平的调节和情绪成分的调节等方面。情绪调节的特征是：恒定性、等级组织性、文化差异性。情绪调节的基本过程包括生理调节、情绪体验调节、行为调节、认知调节、人际调节。

挫折是指在实现社会目的和个人抱负的过程中，目标活动遇到障碍或干扰，致使目的不能实现，需要和愿望不能满足时的消极情绪状态。引起挫折的原因主要有：一是自然的原因；二是社会的原因；三是经济原因；四是生理原因；五是期望水平过高。个体遭受挫折后，会有自我心理保护措施，即心理防卫机制。心理防卫机制主要有积极的、消极的和妥协的三种形式。积极的心理防卫形式，是对挫折的理智性对抗行为，主要有升华和补偿；消极的心理防卫形式，是一种非理智的对抗行为，主要表现为攻击行为；妥协的心理防卫形式，是一种采取折中的办法对待其所遭到的挫折，消除心理上不平衡的形式，主要有合理化和逃避。

第二节　情绪和情感的分类

关于情绪的类别，我国古代主要有六情说和七情说。林传鼎先生从总结我国古代情绪分类的角度，把情绪分为18类。黄希庭教授从情绪的时间序列性或刺激物属性的角度将情绪分为5类：情调、激情、心境、应激、情操。20世纪50—60年代，捷普洛夫和斯米尔诺夫把情绪分为心境、激情和热情，把情感分为道德感、理智感和美感。20世纪70年代初，伊扎德将情绪分为基本情绪与复合情绪。认为人具有8~11种基本情绪，并由此产生3类复合情绪：第一类是基本情绪的复合；第二类是基本情绪与内驱力的结合；第三类是基本情绪与认知的结合。谢弗等提出情绪有6种基础类别，它们是爱、喜悦、惊奇、愤怒、悲伤和恐惧，其他情绪皆可根据本身的含义和性质划归6种基本情绪之一。克雷奇等把情绪分为：原始情绪、与感觉刺激有关的情绪、与自我评价有关的情绪、与别人有关的情绪。

情绪状态是指在一定的生活事件影响下，一段时间内各种情绪体验的一般特征表现。根据情绪状态的强度和持续时间可分为心境、激情和应激。心境是一种微弱、平静和持久的情绪状态。激情是一种爆发强烈而持续时间短暂的情绪状态。应激是出乎意料的紧张和危急情况引起的情绪状态。

情感的分类：根据价值的正负变化方向的不同，情感可分为正向情感与负向情感。根据价值主体的类型的不同，情感可分为个人情感、集体情感和社会情感。根据价值的目标指向的不同，情感可分为对物情感、对人情感、对己情感和对特殊事物情感四大类。根据价值的作用时期的不同，情感可分为追溯性情感、现实性情感和期望性情感。根据价值的动态变化的特点，可分为确定性情感、概率性情感。社会情感按其内容可分为道德感、理智感和美感。道德感是根据一定的道德标准去评价人的思想、意图和言行时产生的情感体验。理智感是人在智力活动过程中，对认识活动成就进行评价时产生的情感体验。美感是用一定的审美标准来评价事物时所产生的情感体验。

第三节　情绪理论

生物学取向的情绪理论：①达尔文的情绪原理：认为情绪的表现最初是获得的，但是经过多代之后就成为先天的了。他提出了理解人类和动物情绪表现的三个原理：有用的联系性习惯、相反和神经系统的直接作用。②詹姆斯—兰格理论：1884年和1885年，美国心理学家詹姆斯和丹麦生理学家兰格分别提出内容相同的一种情绪理论。认为情绪在对事件做出行为反应之后发生，而不是行为反应的原因。情绪只是对自动化的生理反应和行为反应的认知表征(或者伴生产物)。③坎农—巴德学说：提出情绪的中心不在外周神经系统，而在中枢神经系统的丘脑，情绪的产生是大脑皮质解除丘脑抑制的功能，即激发情绪的刺激由丘脑进行加工，同时把信息输送到大脑及机体的其他部分。④习性学理论：认为动物情绪状态的先天表达来自于意向活动，意向活动对于个体间的合作行为具有适应价值；表情、姿势、叫喊可以成为判断情绪状态的非语言线索。

情绪的学习理论。①经典条件作用理论：认为原来无法产生情绪反应的中性刺激与产生情绪的非条件刺激反复结合后，中性刺激变成条件刺激，引起情绪反应。②操作性条件作用理论：认为反应与结果的关联既能激发我们的行为，也能改变我们的情绪体验。③观察学习理论：班杜拉在1971年提出，认为情绪活动可以通过观察他人而获得。

情绪的认知理论。①认知过程与情绪、情感过程的密切关系：认知是个体对刺激物产生肯定或否定态度的决定因素，情绪体验是在认知过程中产生；情绪影响着认知过程的质量和效率。②"评定—兴奋"说：认为情绪产生的基本过程是刺激情景—评估—情绪；同一刺激情景，由于对它的评估不同就会产生不同的情绪反应；情绪的产生是大脑皮层和皮下组织协同活动的结果，大脑皮层的兴奋是情绪行为的最重要的条件。③沙赫特和辛格的情绪理论：认为情绪的产生有两个不可缺少的因素，一个是个体必须体验到高度的生理唤醒；另一个是个体必须对生理状态的变化进行认知性的唤醒。情绪状态是由认知过程、生理状态、环境因素在大脑皮层中整合的结果。

情绪的动机—分化理论：认为情绪是人格系统的组成部分，具有动力性，它组织并驱动认知与行为，是人格系统的核心动力。情绪包含神经生理、神经肌肉的表情行为、情感体验三个子系统，它们互相作用、联结，实现情绪与其他系统的相互作用。伊扎德提出了四个基本过程：生物遗传—神经内分泌激活过程、感觉反馈激活过程、情感激活过程和认知激活过程。

拓 展 思 考

1. 如何理解认知在情绪、情感产生中的作用。
2. 我们应当培养怎样的高级社会情感？
3. 你是怎样看待情绪、情感的相关理论的？

第十一章 意　　志

意志是意识的能动方面，是人的积极性的特殊形式。如果说感知和思维是外部刺激向内部意识事实的转化，那么意志就是内部意识事实向外部动作的转化，是通过外部动作以实现自己预想目的的结果。人的行动受到意志的支配，但不是一切行为都是意志行动。例如手碰到火会缩回、咳嗽、眨眼等一些无意动作都不是意志行动。意志是通过行为表现出来，受意志支配的行为，具有一定心理结构和基本特征。

第一节　意志概述

一、意志的概念

意志(will)是指一个人自觉地确定目的，并根据目的来支配、调节自己的行动，克服各种困难，从而实现目的的心理过程。人对客观世界的反映并非是消极被动的，而是积极的能动的。人在反映客观世界的过程中，不仅接受内外刺激的作用，产生认识和情绪情感，而且还要采取行动，反作用于客观世界。人根据对客观事物的认识，先在头脑中确定行动的目的，然后根据这个目的来支配自己的行动，并力求实现此目的，这种心理活动就是意志。由意志支配的行动称为意志行动。

意志行动是人类所特有的。它是在人类认识世界和发现世界的需要中产生的，也是随着人类不断深入地认识世界和更有效地改造世界的过程中得到发展的。所以，意志是人的主观能动性的最突出的表现，这也是人和动物在本质上相区别的特点之一。恩格斯说："我们并不想否认，动物是具有从事有计划的、经过思考的行动的能力的。……但是一切动物的一切有计划的行动，都不能在自然界中打上它们的意志的印记。这一点只有人才能做到。一句话，动物仅仅利用外部自然界，单纯地以自己的存在来使自然界改变，而人则通过他所做出的改变来使自然界为自己的目的服务，来支配自然界。这便是人同其他动物的最后的本质的区别，而赞成这一区别的还是劳动。"可见，动物作为自然界的一部分，以自身的活动适应周围环境，动物的活动虽然也改变环境，但它在自然界并没有留下意志的痕迹。人类则是通过自觉的活动来改造自然，在同自然界进行物质和能量的交换中，支配自然界为人类服务。在改造自然界的活动中，人类也发生着各种社会关系，并不断地改变着这种关系。人类的历史正是改造自然和改造社会的历史，而历史的每一步都留下了人的意志的痕迹。只有人类才能预先确定一定的目的，有组织地去逐渐实现这一目的，也就是说，人类通过意志，通过内部的意识事实向外部动作的转化，达到认识世界、改造世界的目的。

人的意志是在劳动的过程中产生的，它随着社会实践的发展而发展，在不断地追求目标和达到目标的过程中逐渐提高其意志力水平。在社会实践的各个领域，人民意志到处都在起作用。例如，学生为了争取优异成绩而刻苦学习；工人为提高生产效率而忘我劳动；

农民为争取好收成而与自然灾害做斗争；运动员为了祖国荣誉而顽强拼搏；人民解放军为了保卫祖国疆土而时刻警惕着等。可见，人们所从事的各种社会实践活动都需要一定的意志的努力，越是困难的任务越需要更多的意志努力，意志活动总是与克服困难相联系的。

二、意志行动的表现

意志行动是人的有目的的行动，表现为人类能动地反映世界和能动地改造世界的能力和作用。人类意志行动主要表现在以下几个方面。

第一，人类意志行动的目的性和计划性。人们在反映客观世界时，总是根据实践的需要不定期地产生一定的主观倾向和要求，并且抱有一定的目的和动机，表现出人们的意志的目的性和计划性。

第二，人类意志行动的主动性和创造性。人对客观世界的反映是主动的，即主动地根据需要去反映世界。人不仅能够反映事物的外部属性和现象，而且能够由感性认识上升到理性认识，反映事物的本质和规律。同时，人们不仅能从实践中形成正确的思想，更重要的是能以正确的思想和理论为指导，通过实践把观念的东西变成现实，在自然界中打上人类"意志的印记"。正如列宁所说的，世界不会满足人，人决心以自己的行动来改造世界，人的意识不仅反映客观世界，并且改造客观世界。

第三，人类意志行动的前进性。人们的意志行动是不断发展、不断前进的，永远不会只停留在某一个水平上。人的意志是随着实践的发展而发展，在不断追求真理中丰富和提高，在不断摆脱对客观事物及其规律的知之不多和知之不全状态中，摆脱旧思想、旧观念的束缚，使自身的意志行动提高到一个新的阶段，并在实践中发挥前所未有的作用。

第四，意志行动必须符合客观规律。人的意志表现为以自觉的目的来支配和调节行动。然而，有了预定的目的，通过行动就一定能够实现目的吗？这就不一定取决于人的意志了。人的预定目的是否能够实现，关键要看人的认识是否符合客观规律。如果人正确认识了客观规律，并根据客观规律确定行动目的、计划和方法，通过实践，这个目的就能实现。否则，就无法实现，即便意志再努力也不会成功。

三、意志与自由

人的意志是不是自由的？在这个问题上，哲学及心理学史上有过两种极端的见解。唯意志论者叔本华和尼采认为，人的意志行为是不受任何东西约束的，可以绝对自由，为所欲为。所谓自由意志(free will)，是指行为在任何情况下都是受个人意志控制的。行为主义者华生则否认人的意识，否认意志自由，认为人的行为完全是由外界刺激所决定的。前者是极端的唯心论，后者是极端的机械论，都是错误的。

辩证唯物主义认为，人的意志是自由的，但又是不自由的。说它是自由的，因为在一定的条件下，人可以根据自己的意愿自主地选择目的，发动或制止某种行动，按某种方式、方法行事；说它是不自由的，因为人的一切愿望、一切行动都必须符合客观规律；否则，将一无所成。正如恩格斯所说："自由不在于幻想中摆脱自然规律而独立，而在于认识这些规律，从而能够有计划地使自然规律为一定的目的服务。……因此，意志自由只是借助于对事物的认识来做出决定的那种能力。"

意志自由是有条件的、历史的。恩格斯说："最初的、从动物界分离出来的人，在一切本质方面是和动物本身一样不自由的；但是文化上的每一个进步，都是迈向自由的一步。"从开始懂得使用火和石头工具的那一天起，人类就向自由迈进了第一步。随着对客观规律的认识越多，越能运用客观规律，人类的意志也就越自由。人类掌握了更多自然界的规律和社会发展的规律，才有可能获得更大的自由。意志的社会历史制约性主要表现在两个方面：一是人的意志的自由度是受社会历史条件制约的；二是人们对意志品质的评价是以具体的社会历史条件为转移的。

一个人掌握的自然科学和社会科学的知识越多，越善于运用客观规律，他对世界的改造也就越主动、越自由。而这种能力的获得又依赖于人的主观努力，即需要勤奋地学习、勇敢地探索、不断地实践。

四、意志的生理机制

意志活动是人脑的机能，是神经系统多部位、多层次整合活动的结果。

人的意志行动是通过一系列随意运动实现的。随意运动是由感受和效应过程所组成的复杂的机能系统，语词是随意运动的高级调节者，它在人的意志行动中起着主导作用。

随意运动是运动感觉(动觉)细胞和运动细胞之间建立联系的结果。大脑皮层的运动感觉细胞位于中央后回的躯体感觉区，它主要是感受来自运动器官的冲动；运动细胞位于中央前回的躯体运动区，它主要是调节运动器官的运动。由于大脑皮层中央沟的前回和后回与身体各部分的运动器官存在着纵向联系，当运动感觉细胞与运动细胞之间发生联系而"接通"，就能引起有机体的各种不同的运动。大脑皮层运动区的这种联系又能与皮层其他区域的细胞活动相联结，因此，由各种外部影响和机体内部过程所引起的皮层投射区域的神经活动，就可能通过与运动区的广泛的横向联系而引起有机体的动作。可见，随意运动是与整个大脑皮层的活动分不开的，一切内外刺激，都可以成为活动的原因。正是有了大脑皮层的内部、皮层与皮层下以及与运动器官之间的这种复杂整合运动，才保证了行动的随意性。

人的随意运动是十分复杂的，要保证有目的的、精确的、繁多的动作的实现，还要依赖于效应器官的返回传入(反馈联系)的调节。运动感觉细胞、运动细胞和其他分析器的皮层末端存在着兴奋性和抑制性的联系。因此，内外部的各种刺激都可以通过暂时神经联系引起皮层运动区细胞的兴奋和抑制，从而引起或抑制一定的运动。同时，由于在神经环路中存在着返回传入，效应器的运动的信息会返回到大脑皮层的运动分析器，个体感受到了运动状况，并凭借反馈联系，不断地修正行动，以符合于当前现实的要求。例如，一个人知道某物体只有1千克重时，就绝不会用搬动20千克物体那样的力气去搬动它，即使事先不知道物体的重量，也会先做出估计去搬动一下，然后修正自己所用力量的大小。因此，一个动作的完成，在很大程度上有赖于返回传入的调节，从而使随意运动更加准确。

人的意志活动调节过程的特征是在言语的直接参与下实现的。由于语词刺激具有极大的概括性，并聚集着大量信息，它既能代替具体事物，又能以概括的形式和一个人的经验产生广泛的联系，这就使人在接受具体刺激时，在原有知识经验的基础上，以词的形式来确立目的、选择行动方法，从而完成合理的有效的意志行动。同时，语词又是行为的调节信息，运用语词信号来调节随意运动具有很大的确定性和灵活性。例如，教师在教室里讲"注意"，可以使分心的学生重新集中注意力听课；黑暗中有人讲"注意"，会使他人减缓步伐；在重大考验面前，对自己提出要"冷静"，会防止过度焦虑。语词对行动的调节既可以有效抑制人的活动，又可以发动人的有指向的行动。因此，语词影响着人的意志行动，言语构成了人的自我调节系统。

现代神经心理学证明，额叶在实现有言语系统参加的复杂的心理活动中有重要作用。鲁利亚(Luriya，1902—1977)认为，额叶的活动是形成意志的重要机制之一，是形成人的意志行动的目的，并保证贯彻执行的重要器官，它对维持和调节大脑皮层的总紧张度，对调节组织随意运动起着重要的作用。在临床上，额叶受损伤的病人，不能形成行动的意向，不能调节和监督自己的行动与目的的相适应，而且很容易分心，不能按计划工作。鲁利亚等的研究表明，额叶损伤的患者丧失了形成行动的愿望，不能独立地产生行动计划，行动的意识调节受到严重的破坏。患者不能借助语言所形成的动机而产生某种行动。额叶严重损伤时，随意运动程序的机制遭到破坏。这与运动区损伤时，运动的执行环节遭到破坏是不同的。在儿童大脑发育过程中，额叶比其他各叶成熟的时间晚些，所以，儿童的自觉性和意志力都比较弱。

此外，网状结构在行为的意志调节中也有重要的意义。因为行为的意志调节必须以大脑皮质的优势兴奋中心为前提，要使大脑皮质建立优势兴奋中心，脑需要有高于正常的动力供应，而网状结构则是皮质动力供应的特殊电池和操纵台。

总之，意志行动是大脑的许多复杂的神经过程相互作用的结果，其中中央前回运动区和额叶起着十分重要的作用。但是，由于意志活动的复杂性，其生理机制还远未探明。

五、意志与认知、情绪、个性的关系

(一)意志与认知的关系

首先，意志的产生是以认知过程为前提的，离开了认知过程，意志便不可能产生。自觉的目的性是意志的特征之一，人的任何目的都不是凭空产生的，都是在认知活动的基础上产生的。目的虽然是主观的，但它却是来源于人对客观现实的认知的结果。人在选择确定目的和采取方法和步骤过程中，审时度势，分析主客观条件，回忆过去的经验，设想未来的结果，拟订方案和制订计划，对这一切所进行的反复权衡和斟酌等，都必须通过感知、记忆、思维、想象等认知过程才能实现。可见，人们只有认识了客观规律和人类需要之间的关系，才可能提出切合实际的目的，才能以一定的方式和方法去实现目的。

其次，意志对认知过程也有很大影响。没有意志努力，就不可能有认知过程，更不可能使认知过程深入和持久。因为在认知活动中，人总会遇到这样或那样的困难，要克服一些困难，就需要做出意志努力。例如，观察的组织、有意注意的维持、追忆的进行、解决问题时思维活动的展开以及想象的形象化进程等，都离不开人的意志的参与。可见，没有意志行动，不会有认知活动，更不可能进行有效的社会实践活动。

(二)意志与情绪的关系

首先，情绪既可以成为意志行动的动力，也可以成为意志行动的阻力。当某种情绪、情感对人的活动起推动或支持作用时，这种情绪、情感就会成为意志行动的动力。例如，在工作、学习中，积极的心境、对祖国的热爱和社会责任感会推动人们努力学习、辛勤劳动。当某种情绪、情感对人的活动起阻碍或消极作用时，该情绪、情感就会成为意志行动的阻力。例如，消极的心境、高度的应激状态和害怕困难的情绪、情感，都会妨碍意志行动的执行，制约以至削弱人的意志。消极的情绪对意志行动的干扰作用，取决于一个人的意志力水平，意志坚强者可以克服消极情绪，使意志行动自始至终贯彻到底；意志薄弱者则可能被消极情绪所压垮，使意志行动半途而废或一无所获。

其次，意志能够控制情绪，使情绪服从理智。人们在工作或学习中面对困难而产生的消极情绪，可以通过意志力加以调节和控制，从而使自己的意志行动服从于理智的要求。例如，人既能够调节和控制由于失败或挫折带来的痛苦和愤怒的情绪，也能够控制和调节由于胜利带来的狂喜和激动，当然这取决于一个人的意志力水平的高低。

认知过程、情绪情感过程和意志过程是密切联系的。认知过程、情绪情感过程中包含意志的成分；同样，意志过程中也包含认知过程和情绪情感成分，只是为了研究的需要，才对统一的心理过程从不同侧面进行分析。当在对人的统一的心理活动进行分析时，必须注意它们之间存在的密切联系。

(三)意志与个性的关系

首先，个性倾向性制约着人的意志表现。一个人的理想、信念、价值观、兴趣爱好和世界观等个性倾向性与意志有着密切联系。一个真正树立无产阶级世界观的人，必然有坚强的意志，有为人民的利益而奋斗的价值观，他能抵御物质利益的诱惑，克服艰难险阻而无所畏惧。一个具有资产阶级世界观的人，在个人主义价值观的影响下，必定患得患失而无所建树。一个人对某种活动或事业充满着浓厚兴趣和爱好，就会集中精力，全力以赴克服前面道路上的困难和障碍，最终达到预定的目标。相反，一个人对某种活动或事业不爱好，缺乏行动的愿望，即使由于外部原因而勉强去做，也会视其为负担。当遇到困难或挫折时，就会退缩和动摇。但是，如果一个人意志坚强，即使对某项活动没有兴趣和爱好，也会以坚强的毅力去克服各种困难和障碍，并达到预定的目标。同时在完成目标任务的过程中，也可能会逐渐培养起对该活动的兴趣和爱好。可见，个性倾向性与意志的关系是十分密切的。

其次，意志在个性的形成和发展中起着重要作用。孟子曾经说过："故天将降大任于斯人也，必先苦其心志，劳其筋骨，饿其体肤，空乏其身，行拂乱其所为，所以动心忍性，增益其所不能。"意志在目标的选择和确定以及对自己行为的自觉调节方式和水平方面均有重要影响。

第二节　意志行动及其心理过程

意志行动是指在意志支配下所实现的行动。人的意志作用总是通过一系列具体行为表现出来的，而受意志控制的行为就是意志行动。通常，在意志行动过程中还会伴随许多心理活动。

一、意志行动的基本特征

意志行动是一种随意运动，人们在实施意志行动过程中会表现出一些特点。

(一)意志行动是有目的的行动

意志行动的目的性特征是人与动物的本质区别。人在活动之前，活动的结果已经作为行动的目的存在于人脑之中了。在活动中，方法的选择、步骤的安排等始终从属于目的，并以预先所确定的目的作为标尺来评价自己活动的结果。因此，没有目的，也就不会有意志行动。

人的活动和行为始终是在有自觉目的的意志过程支配和调节下进行的，所确定的目的水平的高低也与意志行动效应的大小直接相关。在崇高理想支持下所确立的目标，就能有效地调节自己的行为，并在实现目的的过程中，表现出积极的、顽强的、进取的精神，其行为结果就有较大的社会价值和效应。反之，则会萎靡不振，知难而退。

(二)随意运动是意志行动的基础

随意运动是意志行动的最基本单位，意志行动表现在随意运动中。人的各种运动分为随意运动和不随意运动。随意运动是指受到意识调节和支配的，具有一定目的方向性的或习惯性的运动，例如长跑、写字、操纵劳动工具等。不随意运动是指一般不受意识支配的运动。例如，心脏跳动、瞳孔反射运动等。意志行动是以随意运动为基础的，如果人的一切运动都是不随意的，那么任何目的都不可能在行动中去加以实现。但是，随意运动也并不总是意志行动。因为，意志行动除了要以随意运动为基础外，还与克服困难相联系。

(三)意志行动与克服困难相联系

在人的活动中有许多是具有目的性和以随意运动为基础的。但是有些行动，诸如饭后散步、闲时聊天、观鱼赏花等并没有明显困难而言，故一般不认为它们是意志行动。只有那些与克服困难相联系而产生的意志行动，才是意志行动的重要特征。例如，身体欠佳时坚持工作、为按时完成某项重要任务而奋斗拼搏等。一个人意志坚强的水平往往以困难的性质和克服困难的努力程度加以衡量。

意志行动中所遇到的困难有两种：内部困难和外部困难。内部困难是指内存于人脑中的某些不利因素。例如，消极的情绪、信心不足、态度犹豫、知识经验不足、性格上胆怯等。外部困难是指由于客观条件而造成的某些不利因素。例如，环境条件恶劣、缺乏必要的工作条件、周围人的冷嘲热讽以及政治经济方面的落后等。一个人在实现自觉确立的目的过程中，都有可能遇到内部困难和外部困难，正是在克服各种困难的过程中才表现出一个人的意志力量。因此，教育家们都主张意志锻炼要从小做起，教师和家长要有意识地创造条件，帮助青少年们在克服各种困难的过程中，始终坚持目的，以培养他们紧张的意志力。

二、意志对行动的调节作用

意志是意识调节功能的表现。意志对行为的调节作用保证了人的行为的目的方向性，调节的最终结果表现为预定目的的实现。

意志对行动的调节作用表现在对人的行为的发动和抑制两个方面。发动表现为推动人去从事为达到预定目的的行动。例如，为了完成某项工作任务，意志推动人去寻找设备、查阅资料、请教师傅等。抑制表现为制止与预定目的相矛盾的愿望和行动。例如，约束自己以战胜外界的诱惑和干扰，不做与目的相违背的事情。意志对行动的发动和抑制作用，在人的实践活动中是互相联系的和统一的。为了达到预定目的，意志通过发动和抑制这两个方面，克制与预定目的相矛盾的行动，发动与预定目的的实现有关的行动，从而实现着对人的行动的调节和支配。

意志不仅调节人的外部动作，还可以调节心理状态。当学生在专心致志地听课时，就存在着排除干扰的意志对注意、记忆、思维等认识活动的调节。当运动员在重大比赛中向自己提出"不要恐慌、稳定发挥"的要求时，实际上是意志促使其镇定，表现了意志对情绪状态的调节。

近年来医学实践和生理学研究证明，经过生物反馈的训练，可以随意调节那些由自主神经支配的内脏器官的机能。如人的心律的快慢、血压的高低、肠胃的蠕动，甚至脑电活动的节律。

三、意志的心理过程

意志行动的心理过程是指意志对行为的积极能动的调节过程。它有发生、发展和完成的历程。意志行动的心理过程分为两个阶段：采取决定阶段，包括动机斗争和确定行动的目的；执行决定阶段，包括行动方法、策略的选择和克服困难实现所做出的决定。

(一)采取决定阶段

采取决定是意志行动的开始阶段，它决定意志行动的方向以及意志行动的动因。一般来说，具体要经过动机斗争和目的确定等环节。

1. 动机的斗争

人的意志行动是由一定的动机引起的。动机是激起人去行动或抑制这个行动的愿望和意图，是引起人的行动的内部原因和推动力量。人的任何意志都存在着动机激活水平和行为效率之间的关系。动机激活水平而产生的心理压力对行为效率有一定的促进作用，同时也会产生阻碍作用。动机激活水平、行为效率和任务难度之间的关系，可用叶克斯—多德逊定律(Yerkes-Dodson Law)表示。在简单易为的任务情境中较高的动机水平会产生较佳的行为效率；在复杂困难的任务情境中，较低的动机水平反而会提高行为效率，一般认为这是因为动机激活水平过强而使情绪扰乱认知活动所致。

人的意志行动是由一定的动机引起的,但由动机过渡到行动的过程是不同的。在简单的意志行动中,动机是单一的、明确的,通过习惯的行为方式就能直接过渡到行动,因此,一般不存在明显的动机的斗争。在较复杂的意志行动中,行动虽然是由多种运动所引起,但如果它们之间不矛盾,就不会发生动机斗争。例如,一位学生努力学习,既可能是对学习本身有兴趣,也可能是为了个人的荣誉打好基础。虽然这些动机对学习活动及相应的行动有不同的推动力量,但没有根本对立的冲突,是间接地结合在一起发生作用的。但是这种相互统一是相对的、有条件的。

意志行动中的动机斗争是指动机之间相互矛盾时,对各种动机权衡轻重,评定其社会价值的过程以及解除意志的内部障碍的过程。就动机斗争的内容来说,它分为原则性动机斗争和非原则性动机斗争。凡是涉及个人愿望与社会道德准则相矛盾的动机斗争属于原则性动机斗争。例如,当涉及国家、集体、个人三者利益的矛盾时,如何摆正自己的位置,解决这类原则性动机斗争,就要经过激烈的思想斗争,因此也最能体现出一个人的意志品质。一个意志坚强的人善于有原则地权衡和分析不同的动机,及时地选择正确的动机,并确定与之相适应的目的。意志薄弱者则会长久地处于犹豫不决的矛盾状态,甚至确定目的以后,也不能坚持,并且还会受到其他动机的影响而改变。凡是不与社会准则相矛盾,仅属个人爱好、兴趣、习惯等方面的动机斗争属于非原则性的动机斗争。例如,休闲时看电影或看小说还是复习功课时,先做数学题还是先念外语单词等并不涉及原则,也不会有激烈的思想斗争。当然,在对两种活动孰先孰后的选择在某种程度上也表现一个人的意志力水平,即是否能根据当时的需要毅然决定取舍。

就动机斗争的形式来说,可以分为以下4种。

1) 接近—接近型冲突

它又称为双趋冲突(approach-approach conflict),指一个人以同样强度追求同时并存的两个目的,但又不能兼得时产生的内心冲突。孟子曰:"鱼,我所欲也;熊掌亦我所欲也;二者不可得兼,舍鱼而取熊掌者也。生,我所欲也;义亦我所欲也;二者不可得兼,舍生而取义者也。"例如,一个大学生在毕业时同时被两个单位录用,这两个单位他都比较中意,但他只能选择一个,于是就会产生双趋冲突。对这种"鱼和熊掌难以兼得"的动机冲突,解决的方法是放弃一个目标,或者同时放弃这两个目标而追求另一折中目标。

2) 回避—回避型冲突

它又称为双避冲突(avoidance-avoidance conflict),指一个人同时遇到两个威胁性的事件,但又必须接受其一便能避免其二时的内心冲突。此时,由于选择困难而使人困扰不安、左右为难。例如,孩子得了龋齿感到痛苦,但又不肯就医,因为害怕治疗带来的难受。此时,牙痛和治疗都想回避,在他看来两者都是一种威胁,都想逃避,但又必须选择其一,才能躲避其二。

3) 接近—回避型冲突

它又称为趋避冲突(approach-avoidance conflict),指一个人对同一目的同时产生两种对立的动机,一方面好而趋之,另一方面恶而避之的矛盾的内心冲突。例如,想做好事,又怕别人嘲笑;想参加竞赛,又怕失败。一般情况下,越是接近目标,想要达到这一目标的愿望越强烈。同时,回避目标的愿望也相应增长,而且回避目标的强烈意愿程度的增长比接近的要增长得更快。研究表明,趋避冲突在心理上引起的矛盾冲突的后果最严重,因为它会使人在较长时间内一直处于对立意向的冲突中，从而导致行动的不断失误。

4) 多重接近—回避型冲突

它又称为多重趋避冲突(multiple approach-avoidance conflict)，指一个人面对两个或两个以上的目的，每种目的都具有吸引和排斥作用，而不能简单地选择一种目标，回避另一种目标，必须进行多重的选择而引起的内心冲突。例如，一个人想调换到一个新的工作单位，因为该单位有较高的经济收入和其他优厚的福利条件，可是工作性质和人际关系不易适应。但如果留在原单位工作，有习惯了的工作条件及环境，以及较好的人际关系，可是经济收入和福利待遇较差。这种对各种利弊得失的考虑，就会产生多重趋避冲突。一般来说，如果几种目标的吸引力和排斥力相距较大的话，解决这种内心冲突比较容易；如果几种目标的吸引力和排斥力比较接近的话，那么，解决这种内心冲突就比较困难，并需要用较长的时间考虑得失和权衡利弊了。

2. 确定行动的目的

确定目的在意志行动中非常重要。是否能通过动机斗争而正确地树立行动的目的，表现了一个人的意志力量。动机间的矛盾较大，斗争越激烈，确定目的时所需要的意志上的努力也越大。意志的力量表现在正确地处理动机斗争，选择正确的动机，确定正确的目的。

目的在意志行动中起着极其重要的作用。目的越深刻(即社会意义越大)、越具体，则由这个目的所引起的毅力也越大，就越能表现出一个人的意志力量。相反，一个没有明确目的而盲目行动的人，往往会患得患失，斤斤计较，因此便无成就可言。但是，目的的确立并不是件容易的事情。通常，一个人在行动之前往往会有几个彼此不同，甚至是相互抵触的目的，因此需要对其进行权衡比较，根据目的的意义、价值、客观条件和自身特点最终确定一个目的。一般来说，有一定的难度、需要花费一定的意志努力后可达到的目的，往往是比较适宜的目的。一旦这一目的得以实现，可以带来心理上的满足感和成就感，并能弥补由于在目的确定时发生的内心冲突所带来的损害，更好地为实现下一个目的做好准备。如果有几种目的都很适宜和诱人，就可能会发生内心冲突或动机斗争，难以下决心做出抉择，这就需要合理安排，即先实现主要的、近期的目的，后实现次要的、远期的目的。或者相反，先实现次要目的，创造条件，再集中力量实现主要的目的。

在几个目的中，选择确定一个目的的过程，是一个决策过程。决策是意志行动中的重要成分，在整个决策过程中，人的心理过程和个性特征都起着一定的作用。在决策实行之初，必须探讨目的实现的意义、价值及其各种方案，同时搜集各种情报，从中选出一个最可行和最有前途的方案。在决策的执行阶段，必须建立一套信息反馈系统，以便有效地修正行动，使目的顺利地达到。

(二)执行决定阶段

目的确定以后，就要解决如何实现目的的问题，即解决怎样做的问题。一般来说，要经历行动方法和策略的选择和克服困难实现所做出的决定等环节。

1. 行动方法和策略的选择

选择行动方法和策略是目的确定之后由实现目的的愿望所推动的。它是一个人根据欲达目的的外部条件和内部规律，适当地设计自己行动的过程，这一过程既能反映一个人的经验、认知水平和智力，又能反映出一个人的意志力水平。例如，简单的意志行动，行动目的一经确定，方式方法很快就可拟定。复杂的意志行动，如果有较长远的目的，就要选择行动方法和策略，期间会遇到各种阻力和困难，如能选择出合理的优化行动模式，就能促使目的顺利实现，如选择不当就可能导致意志行动的失败。在这些过程中都表现出了人的意志。

方法的选择、策略的确定和计划的拟订，要满足两个方面的要求，第一，实现预定目的的行为设计是合理的；第二，这种方式方法符合客观事物的规律和社会准则及要求，是合法的。只有把这两个方面有机地结合起来，才能使预定目的顺利实现。在行动方法和策略的选择中能体现出个人意志努力的方面有：调查研究、分析比较判断各种方式方法的优缺点及可能导致的结果；有时选择的方式方法是符合个人意愿的，但可能与社会的道德规范发生矛盾；有时某种方式方法要消耗较大的时间和精力，但是与社会道德规范相符合，等等。

2. 克服困难实现所做出的决定

克服困难实现所做出的决定是意志行动的关键环节，因为即使有美好的行动目的，高尚的动机，拟订的计划也很完善，如果不去付诸实际行动，所有的一切仍是空中楼阁，仍然只是头脑中的主观愿望而已。

在实现所做的决定时最突出的特点是在行动中会遇到许多困难，而克服困难就需要积极的意志努力，意志就表现在克服内心冲突、干扰及外部的各种障碍上。意志努力在这一环节上常常会表现为：第一，在实现所做决定中必须承受巨大体力和智力上的负荷；第二，必须克服原有知识经验及内心冲突对执行决定所产生的干扰；第三，在意志行动中一旦出现新情况、新问题与预定目的、计划、方法等发生矛盾时必须努力做出果断决策；第四，在意志行动中遇到来自外部的预料不到的情况时能够咬牙坚持；第五，个性品质或情绪影响与执行决定相冲突时，能够控制和克制，从而顺利执行所做的决定；第六，在克服困难，实现所做出的决定的过程中，还要根据意志行动中反馈的新情况来修正原先的行动方案，放弃不符合实际情况的决定，以更好地达到目标。

四、意志过程的心理成分

在意志发生、发展和完成的历程中意志的心理结构是很复杂的，包括以下几种主要的心理成分。

(一)冲突与矛盾

意志行动中常常伴随着冲突(conflict)与矛盾(contradiction)心理。在采取决定和执行决定的两个阶段都可能产生冲突和矛盾心理。冲突是指两个或多个追求目标之间的斗争，矛盾心理是指对一个目标追求过程中所产生的复杂感情。换言之，冲突与两个或多个目标有关，而矛盾心理与一个目标有关。有研究(Emmons & King, 1988)表明，冲突与矛盾心理会导致高焦虑、抑郁症等身心疾病，冲突与矛盾心理所导致的生理症状甚至会持续1年之久。

(二)目标

目标(target)是个人确立并指导其行为的内部心理表征。个人的目标是指那些引导个人的行为的目的或目标的心理表征，它就像恒温器或雷达指挥的高射炮一样。个人订出计划来实现目标，并以目的的心理表征来检验行为，了解自己是否要继续维持某种行为，是否正在接近目标。例如，有人要在一天里组织一次重要的商务会议，他就要关注会议的程序，如哪些人参会，分发必要的文件，以及会上的总结发言等。这样的预先安排可以使我们的行为合理地指向未来的目标。行为不是由未来引导的，而是由对未来的某种心理表征来指引的。如果心里没有追求的某种表征，人就不可能产生有目的的行为。我们常常能意识到自己的目标，有时却又不能。例如，许多时候我们能说出为什么要这样做，但有时可能无法解释自己的行为或给出的是一些为社会所接受的理由而非行为的真实原因。这说明理由和动因是有区别的，前者是指人们给出的解释，而后者则是行为实际的决定因素。

心理学家对目标的表述用着不同的术语，如生活任务(Cantor, 1990)、个人奋斗(Emmons, 1989)、个人项目(Little, 1989)、当前关注点(Klinger, 1977)、可能自我(Markus & Ruvolo, 1989)、标准(Bandura, 1989; Higgins, 1990)和目的(Ford, 1992; Locke & Latham, 1990; Pervin, 1983, 1989)等。这些术语都表达了行为的目的性和目标指向性，即个体的行为是围绕着所期望的目的(追求或回避的目标)而组织起来的。目标就是个人凭借有关功能来维持头脑里的某种心理表征并调整自己的行为以符合它。目标具有以下特点。

1. 目标的多样性

引导人们行为的目标多种多样。根据珀文(Pervin, 1983)的调查，目标大致可归纳为五大类(见表 11-1)。

表 11-1 在不同情境的目标评定中被试的目标分类

目标种类	目标样例
自尊、赞许	维持自尊，避免失败；被接受，避免拒绝；事业上进，竞争成功，自我肯定，避免羞愧
放松、快乐、友谊	有快乐感，增进亲密，放松，建立友谊，给予情感，避免孤独
攻击、权力	伤害某人，避免控制或操纵，避免感情脆弱，影响或控制他人
减少紧张、冲突或威胁	减少焦虑，避免拒绝，避免冲突和不一致，做"正确"的事，避免内疚感，避免责备和批评
感情、支持	给予感情，提供支持和帮助，增进亲密

人们所追求的目标可以是复杂的，也可以是简单的；可以是十分重要的，也可以是较不重要的；可以是近期重要的(如玩好这个游戏)，也可以是长远重要的(如要成为一个优秀的工程师或想有一个美满的家庭)。还可以把目标分为正向的接近目标和负向的回避目标。一个目标既可以是我们努力寻求获得的东西，也可以是我们力图回避的东西。除了上述的分类外，每个人都还有高度独特的目标和目标结构。几乎任何事情都可能成为某人的目标，要么是想获得的，要么是想回避的。对一个人是很重要的目标，而对另一个人可能只是次要的目标。两个或多个目标在一个人身上可能是协调整合的，但在另一个人身上可能相互冲突。

2. 目标的组织性

可以把个人追求的目标看成是一个系统。个人追求的目标系统可能是按等级排列的：有些是高层次目标，有些是下属目标。例如，一个人追求的高层次目标是做个生活幸福的人，另一个人是做个乐善好施的人。前者的下属目标可能是家庭美满和事业有成，后者的下属目标则可能是帮助他人和待人诚恳。系统结构是可以改变的，较重要的目标也可能变为较不重要的下属目标。目标系统结构一旦改变，意志努力的方向也会做相应的调整。目标系统结构也可能是不协调、相冲突的，个人往往会因目标冲突而感到痛苦。

3. 目标的动力性

朝向正向目标的行动与积极情绪相联系，而背离正向目标的行动则与消极情绪相联系。在追求目标的过程中，通过对心理表征的持续关注，一步步地达成子目标及由此而产生的自豪感或羞耻感对行动进行自我强化，使意志行动持续进行下去。为了保持长期的努力，我们必须在头脑中建立目标系统(如划分为近期、中期和长期目标)，并在内心激励自己向着目标不断努力。当我们达成了目标并感到满意时，或者当我们评价进一步努力已毫无意义时，就会终止对该目标的追求。无论遇到上述的哪一种情况，另一个目标就会取代先前的目标追求行动。人们更多地去追求价值高、实现可能性大的目标，而不去追求价值低、实现可能性小的目标。

意志行动是非常复杂的，它可以包含对多个目标的追求，如果我们的求职行动就是由多重原因决定的，包含着多个目标。而同一目标也可以通过不同的行动计划来实现，实现一个目标不会只有一种途径或计划。

不同性质的目标，其动机作用是不同的。班杜拉(Bandura，1989)的研究表明，特定的、有挑战性的、现实的和近期的目标比模糊的、无挑战性的、不现实的和长远的目标更有助于自我激发。要增强目标的动机作用，个人设定的目标应该是特定的、对现实有挑战性的，所追求的近期目标是与长远目标相联系的。

目标对行动的成效起着重要的作用。班杜拉的研究表明，自己没有设定目标的人比设定了低目标者的努力程度要低，低目标者努力程度又不如高目标者。自己设定了目标的人会思考、评估以哪一种行动计划、付出多少努力来达到目标，并依据执行决定进程中有关反馈信息加以调整，努力地逐渐接近目标。在另一项研究(Bandura & Cervone，1983)中，让被试从事一项活动并记录其成绩，并使被试相信这个实验的目的是证明该活动有助于心脏病康复锻炼计划的设计和评价。然后把被试分为4组，分别在4种条件(有目标和作业反馈，只有目标，只有反馈，既无目标又无反馈)下进行该活动，并再次测量其作业成绩。结果显示：有目标和作业反馈组的活动成绩提高大，动机水平高；只有目标组和只有反馈组活动成绩提高相似，动机水平相当。因此，要提高活动的成效，目标和反馈信息都是很重要的因素。

(三)抱负水平

抱负水平(aspiration level)是指个人在做某件实际工作之前估计自己所能达到的成就水平，它与一个人目标的确定和选择密切相关。例如，一个学生在某次考试前估计自己能考80分，但结果只考了70分，这时就会产生失败感；如果下一次考试仍然还是这样的估计，结果却考了 90 分，这时就会产生成功感。这说明，成就高于抱负时，个人的抱负水平与实际成就之间就会产生"负差"，从而导致成功感；反之，则会产生"正差"，导致失败的主观体验。因此，抱负水平制约着对行动目标的追求。

个人的抱负水平是后天形成的，以下因素会影响一个人的抱负水平。

(1) 自信心。自信心既是过去成功经验的结果，反过来又会在某种程度上促使个人的成功。因此，自信的人通常抱负水平也较高，他们在确定工作任务目标时常常会把任务的实际性和挑战性结合起来考虑。当然，自信心与努力从事的特定领域有关，并且只在该领域内影响抱负水平。

(2) 个体成败经验。成功的经验越多、越强烈，以后的抱负水平就会水涨船高。因此，成功的经验一般能导致抱负水平的提高；相反，失败的经验一般则导致抱负水平的降低。失败得越厉害，以后的抱负水平就会降得越低，并且变化也很大。

(3) 团体成败经验。个人的成败经验直接地影响到个人的抱负水平，团体的成败经验则间接地影响着个人的抱负水平。隶属于某个团体的个人，由于缺乏经验，往往以他人或团体的成败经验为定位点来确定自己的抱负水平。有一个实验(Chapman & Volkman, 1939)：将同等程度的大学生分为 4 组，让他们完成一套由 50 道文学知识组成的多项选择测验题，测验的满分为 50 分，无时间限制。对 A 组只告知测验的做法；对其余 3 个组除告知测验的做法外，告知 B 组有文学专长者在该测验上的得分，告知 C 组一般大学生在该测验上的得分，告知 D 组一般工人在测验上的得分。接着，要求他们自定自己的抱负水平(即自己估计自己在该测验上的得分)。结果各组的抱负水平有明显差异：D 组抱负水平最高，平均值为 33.05；B 组最低，平均值为 23.09；未受暗示的控制组的平均值为 26.95。这说明，他人成败经验影响着个体在测验抱负水平上的差异。实验增加第 5 组后，在告知他人成绩之前，先让其接受一种类似的测验并告知其所得分数(即既具备直接经验也具备间接经验)。结果表明，第 5 组的抱负水平受自己直接经验的影响大于他人的经验。这说明，在确定抱负水平的过程中，自己缺乏直接的成败经验时才倾向于以他人或团体的经验为定位点。

(四) 自信心

自信心(self-confidence)也称自信，是个人信任自己，对自己所知的和所能的有信心，对自己所下的判断和所做的事情不怀疑。自信心是意志的一个重要心理结构。在采取决定阶段，自信心会影响目标的选择和行动计划的制订。在执行决定阶段，如果个人对现有的低成绩不满意并且对好成绩充满自信，其后继的努力就更为强烈，如果仅仅对低成绩不满意而缺乏自信就不会有后继的努力。

自信心在意志行动中的动力作用表现是多方面的。

(1) 自信心对确定目标水平的作用。自信心影响个人意志行动中付出努力的多少，将接受什么样的挑战，遇到困难能坚持多久。也就是说，通常只有我们意识到自己有能力克服困难，才会接受困难的挑战；一旦我们确信继续努力已徒劳无益时，就不可能再坚持下去。

(2) 自信心影响着我们对任务的情绪反应和所承受的压力大小。通过测量心率的增加可知，自信者在具体的任务中经受压力较少，而不自信者受到的压力较大。不自信与放弃目标追求及抑郁相联系；与此相反，自信则与继续追求目标及正面情感相联系。

(3) 自信心会激发人们的动机性思维。在遇到困难时，自信心对动机性思维的激发尤为明显。我们可以观察到，自信者对自己说，"我知道我能够找到解决问题的办法"，而不自信者则会对自己说，"我知道我做不到，我不具备这样的能力"，"无论怎样做，我都没有办法达到好结果"。不自信的人在面临复杂问题要做出决定时，其思维变得不稳定且优柔寡断。换言之，不自信会严重地影响着选择目标的认知活动。

(4) 自信心会影响意志行动的坚持性和对压力的耐受性。例如，自信者即使遇到了困难甚至遭到失败，他们也会重新振作起来，迅速投入工作，而不自信者在遇到困难甚至很小一点儿困难时往往会倾向于放弃。自信者坚信自己有潜在的能力对抗压力，因而对压力有较大的耐受性，而不自信者对压力很敏感，易衰竭，因为他们不相信自己有能力并且预期自己会失败。个人在未达到目标时，有无自信心会对是否继续努力产生影响。

(5) 自信心还会影响达到目标后的反应。巨大的快乐来自将成功归因于自己的能力而不是运气。如果个人相信自己有能力达到更高的目标，就会在行动达到目标后设定新的更高的目标。当人们达到自己追求的目标后，高自信者通常为自己设定更高的目标，接受更大的挑战。与此相反，不自信者则可能放弃对高目标的追求。

总之，自信心是个体对自己能力的一种确切的信念，也就是个体对自己在多大程度上能有效地采取必要行动来达成某种目标的一种信念。自信心在意志过程的采取决定阶段和执行决定阶段都有关键的作用。

延伸阅读

影响自信心的因素

下列4种重要因素影响个人的自信心。

(1) 已往的成功经验或已取得的绩效。这是产生自信心的最有力的因素。在已往的成功经验中，那些通过自己坚持不懈的努力而取得成功的深刻经验对自信心的形成起着特别巨大的作用，而那些轻易获得成功的经验对自信心的形成作用不大，它不可能形成在困境中坚持下去的自信心。

(2) 他人的成功经验或榜样作用。看到跟自己相似的人通过持续的努力而获得成功，人们会相信自己也有能力成功；相反，看到跟自己相似的人的失败，会使人怀疑自己的能力。榜样与观察者越相似(如在年龄、性别、身体特征和受教育水平等人口统计学特征，以及地位、经历等方面的相似)，要完成的工作越相似，对观察者自信心的影响就越大。当工作感到举步维艰或怀疑自己时，真诚的社会说服对自信心的形成特别有帮助。

(3) 社会说服。我们在完成某项工作缺乏自信时，受人尊敬且有能力者的鼓励("你能做得好")会使人的信心倍增。相反，不友善的、负面的话语(如"你不行，做不好")会严重损害自信心。负面评价，甚至只是非言语的手势和眼神，都可能会损害自信心。开始工作感到举步维艰或怀疑自己时，真诚的社会说服对自信心的形成有重要作用。

(4) 生理和心理唤醒。在评估自己的能力时，往往会依据自己的生理和情绪上的感受。这一因素的作用可能比其他信息的作用要大。一般来说，在疲倦、身体不好、焦虑沮丧、感到很大压力时，自信心下降；如果生理、心理状态良好，往往会增强我们的自信心。

(五) 决策

无论在采取决定阶段或是执行决定阶段，意志行动都包含决策这一重要心理成分。决策就是进行选择的过程。也有学者把决策定义为形成各种相关方案，然后对形成的各种方案进行评估，最后做出抉择的过程(Medin & Ross，1992)。也有学者把决策定义为为了获得一个令人满意的结果而采取的行动(Yates，1990)。人们希望获得一个令人满意的结果，但又不能立刻对优劣进行鉴别，因而决策往往都有一定的风险，并且会感到紧张和压力。以选修课问题为例，你可能会考虑各种选择，例如选修高等数学，或者选修生理学，或者选修哲学。你事先并不能确定哪一个选择是最好的，或者还有比这三个选择更好的选择，而你没有考虑到。决策就是在这样不确定条件下做出决定的心理过程。

可以把决策过程划分为若干个步骤。最常见的划分是下列 6 个步骤。

(1) 意识到决策的必要性。
(2) 确定目标，定义问题。
(3) 形成决策的备择方案。
(4) 对各方案进行维度分析。
(5) 评估各备择方案。
(6) 做出决策。

这些步骤顺序仅是一个大致的情况。如果形成各种决策方案的依据不充分，人们还会回到第二步，重新确定决策的目标以及定义决策的问题，同时这种情况往往经常发生。在决策时人们会不断收集信息，以便更好地定义决策的问题。因为信息越多，人们的选择余地就越大。

由于决策是与不确定性相联系的，因此概率常被用来估计我们在做出决策时的风险高低。如果决策者是理性的，那他就会关注事件成功概率。但是，人们很少意识到决策的困难，往往对自己的决策质量过分自信，即使决策所依据的信息和证据很少也不会认为自己过分自信。例如在 1988 年，一个美国海军军舰的舰长做出错误的判断，把一架伊朗的商用飞机当成了军用飞机，认为这架飞机要攻击他的战舰。仅仅依据雷达所做的先入为主的判断，他在没有进一步弄清飞机动向的情况下就向飞机发射了 2 枚导弹。结果那架商用飞机上的 290 名乘客全部遇难。可见，决策错误会带来多么严重的后果，正确决策必须建立在良好的证据的基础上。

第三节　意志品质与培养

意志行动在不同人的身上表现不同。有人能独立地采取决定，而有人则易受暗示；有人处事果断，有人则优柔寡断等。如果这些行为特点在一个人的行动中具有明确性和稳定性，那么，就成为个人特有的意志品质。因此，构成一个人行为特点的稳定因素的总和是意志品质。只有培养良好的意志品质，才会使人成为具有坚强意志的人。

一、意志的品质

意志品质主要包括自觉性、果断性、坚韧性和自制力，它们在人的意志行动中贯彻始终，并构成人的意志的性格特征。

(一)自觉性

自觉性(conscientiousness)是指一个人在行动中具有明确的目的，能认识行动的社会意义，并使自己的行动服从于社会的要求的意志品质。有自觉性的人有坚定的立场和信仰，相信自己的目的是正确的，在行动中能够把自己的热情和力量投入行动中，千方百计克服困难，充分发挥自己的主观能动性。同时，在行动中既不轻易接受外界的影响而改变自己的目的、计划和方法，也不拒绝一切有益的意见和建议，在思想和行动上表现出既有原则性又有灵活性。

意大利诗人但丁由于反对当时权重势大的教皇统治，被教皇罗织罪名，判处终身放逐。在他逝世前 5 年，当局曾宣布，若他当众认罪，可允许回国。但丁为不使自己的清白遭受玷污，断然拒绝。他说："一心循着你自己的道路走，让人家随便怎样去说吧！"这句为马克思十分欣赏的名言，显示出一种高度自觉的意志特征。

与自觉性品质相反的是受暗示性和独断性。受暗示性是指容易接受别人的影响，不加分析地接受别人的思想和行为，轻易改变或放弃自己的决定，表现为盲目行动。独断性是指对自己的决定自信不疑，一概拒绝他人的意见或建议。独断性的人表面上看来似乎是独立地采取决定，执行决定，但实际上是缺乏自觉性的表现。这种人坚持己见，以自己的意愿替代客观事物发展的规律，当客观环境发生变化时，也不肯更改自己的目的和计划，经常毫无理由地拒绝或考虑他人的意见。受暗示性和独断性的品质都是意志薄弱的表现。

(二)果断性

果断性(decisiveness)是指一种善于明辨是非、抓住时机、迅速而合理地采取决定，并实现所做决定的意志品质。具有果断性品质的人能全面而深刻地考虑行动的目的以及达到目的的计划和方法，虽然也有复杂的、剧烈的内心冲突，但在动机斗争时，没有多余的疑虑，在需要行动时能当机立断，但在不需要立即行动或者是在情况有所变化时，又能立即停止或改变已经执行的决定。

意志的果断性品质是以自觉性品质为前提，并与智慧的批判性和敏捷性相联系。由于目的明确，是非明辨，才能毫不踌躇地采取坚决的行动。但是处在复杂情境中所表现出来的高水平的果断性并不是每个人都会具有的。果断性品质必须以正确的认识为前提，以大胆无畏和深思熟虑为条件。

与果断性品质相反的是优柔寡断和草率决定。优柔寡断是指在做决定时顾虑重重、犹豫不决，一直处于动机斗争状态而迟迟做不出决定。其主要特征是思想分散，情感矛盾，在各种动机、目的、方法之间摇摆不定，时常对自己已做决定的正确性有怀疑。当要其必须做出抉择时，又会任意选择而无信心去完成。草率决定是指对任何事情总是不加思考，既不考虑主客观条件，也不考虑行动后果，选择的目的只是想尽快摆脱由此带来的不愉快的心理状态。草率决定的主要特征是懒于思考而轻举妄动。优柔寡断和草率决定都是意志薄弱的表现。

(三)坚韧性

坚韧性(tenacity)是指对行动目的的坚持性，并能在行动中保持充沛的精力和毅力的意志品质。具有坚韧性意志品质的人，一方面善于克服和抵制不符合行动目的的主客观诱因的干扰，做到目标专一，始终不渝，直到实现目的；另一方面能在行动中做到锲而不舍，百折不挠，勇于克服各种困难。坚韧性是人的重要的意志品质，一切有成就的人都具有不屈不挠地向既定目的前进的坚忍的意志品质。

与坚韧性品质相反的是动摇和顽固。动摇是指立场无常、见异思迁，尽管有行动目的，但虎头蛇尾，遇到困难即放弃对预定目的的追求。顽固是指只承认自己的意见或论据，当实践证明其行动是错误时仍固执己见，一意孤行，因而往往受到客观规律的惩罚。动摇和顽固虽然表现形式不同，其实质都是不能正确对待行动中的困难，都属于消极的意志品质。

(四)自制力

自制力(possessiveness)是指在意志行动中能够自觉、灵活地控制自己的情绪，约束自己的动作和言语方面的品质。自制力反映着意志的抑制职能。具有自制力意志品质的人，一方面善于控制自己去执行所采取的决定，一般具有较强的组织性和纪律性；另一方面又善于控制自己的情绪和冲动，表现出较强的忍耐性。其主要特征是情绪稳定、注意力高度集中、记忆力强和思维敏捷。

与自制力品质相反的是冲动性。冲动性是指不能控制自己的情绪，对自己动作和言语约束较差的品质。其主要表现为思想容易开小差。并易受外界的引诱和干扰而不能律己，有时甚至会产生违反纪律的行为。冲动性是意志薄弱的表现。

意志品质都有其自身的具体内容而不应抽象看待。因此对于意志品质的评价，应从社会和道德角度与意志品质的具体内容相联系进行。由于自觉性、果断性、坚韧性和自制力四种意志品质之间是相互联系的，因此缺少其中任何一种品质，都会在人的性格上带来某种缺憾。

二、意志品质的培养

培养优良的意志品质，一般应该从四个方面着手进行。

(一)加强目的性教育，注意培养道德情感

人的意志行动是为了实现预定的目的，培养一个人的优良的意志品质，首先就是要树立正确而高尚的行动目的。只有具有高尚的目的、远大的理想，才会在行动中克服内部和外部的各种艰难险阻。另外，要把远近目的有机地结合起来。既要看到近期目的是实现远大目的的一个具体步骤，也要看到具体行动的深远的社会意义。由于行动的自觉性的提高，就会在远大目的的指引下胜不骄、败不馁，再接再厉，以求达到最后的目的。

(二)组织实践活动，以取得意志锻炼的直接经验

实现意志行动的决定是意志行动的关键，也是锻炼一个人意志品质的重要环节。意志是在克服困难中表现的，并在克服困难的过程中提高其意志力水平的。一个人在实现所做决定的过程中，总会遇到来自内部和外部的困难，这是对意志品质的实际考验。因此，为了培养一个人的优良的意志品质，就要组织好各项实践活动，使他(她)能在活动中实现意志

行动,在实际活动中克服困难,并在其过程中取得直接的经验。

在组织实践活动时,首先要明确活动的社会意义,要善于把具体活动与远大目标有机联系起来。其次,设立的每一项具体目标要恰当,目的超出人的能力或客观条件的许可。会挫伤意志,丧失信心;目的过于容易,不经意志努力就能达到,也起不到锻炼意志的作用。只有那些经过自己的意志努力才能克服困难并实现目的的项目或任务,对意志锻炼最大。最后在完成活动并实现了预定目的以后,要及时进行总结,分析自己在实践活动中的意志品质的实际表现,以取得直接的经验,它对意志品质的提高也起着重要作用。

(三)加强意志的自我锻炼

要在实践活动中不断地加强意志的自我锻炼,才能形成优良的意志品质。首先,要善于自我评价。对自身意志行动的分析评价,能够使自己既看到意志品质上的优点,以增强自信心,又能注意到自己身上的不足和弱点,以增强自我锻炼的决心。这样能明确自己努力的方向,起到自挽、自策和自励的作用。其次,要善于自我要求。在分析和了解自己的基础上,根据社会要求每个人应具备的优点品质,对自己提出意志行动的具体化的要求。例如,自我控制、信念坚定、勤奋努力、忠诚老实、心胸开阔、谦虚谨慎等。再次,要善于约束自己。优良的意志品质的培养离不开自我约束和自我克制,一个人除了要善于期望并实现目的,也要善于约束和克制影响目的的诱因和习惯。例如,严格遵守作息制度;如期完成工作和学习任务;养成良好的生活习惯;等等。最后,要善于自我督促、自我激励。一般来说,行动中的困难和内心冲突很容易引起人的思想波动和行动上的摇摆,要调动内在的潜能来战胜外部困难。例如,用格言、名人名言、榜样人物的言行等来对照督促自己和激励自己,使自己优良的意志品质逐渐形成。

(四)发挥纪律对培养意志品质的作用

纪律反映了全体人民的共同意志,是搞好各项工作的基本保证。因此,纪律不仅约束人们的行动,更主要的是它给社会中的每个人的行动规定了方向。自觉遵守纪律,可以培养人的优良的意志品质,尤其是对意志的自觉性品质和自制力品质的培养具有明显的作用。

📖 延伸阅读

关于坚韧性的讨论

坚韧性是卡巴莎(Kobasa,1979;Kobasa & Maddi,1981,1982)用来解释为什么有些人可以顺利应对压力事件,而另一些人则不能而提出的一个概念。她认为坚韧性由三个相互关联的成分构成:承诺(commitment)是指个体对于生活目的和意义的感知;控制(control)是指相信命运掌握在个人手里,能通过自己的努力来改变生活;挑战(challenge)是指个体认为变化是生活的常态、成长的动力。坚韧性人格的承诺、控制和挑战三种成分缺一不可。

在卡巴莎等人看来,坚韧性强的人好奇心强,总能在自己的经历中发现乐趣和意义(承诺),并且相信自己的观念和行为有一定的影响力(控制),还期盼着日常生活有所变化,认为变化是发展的重要动力(挑战)。这些信念和倾向对个体应对压力事件很有用。对于坚韧性强的人来说,变化所带来的压力不仅是很自然的,而且是有意义的甚至是乐事。他们会立刻做出相应的果断行动，来了解新情况，将其纳入原定计划中，并从中吸取对将来有用的经验。通过这些方式，坚韧性强的人降低了对压力事件的压力感。相反，坚韧性差的人，总是感到自己和周围环境都没什么意思、没有意义，甚至很危险。他们面对难题感到无能为力，认为生活最好不发生任何改变。当遇到压力事件时，由于他们的人格无法提供或提供很少的缓冲作用，因此可能会损害其身心健康。又例如面临失业，坚韧性强的人会采取行动积极寻找另一份工作(控制)，还会到同行或主管那里调查自己为什么会被辞退(承诺)，同时，还会想到这可能是重新计划职业发展的一个机会(挑战)。但面对同样一件事，坚韧性差的人就会手足无措(无力感)，逃避问题(逃避)，并感到事态无法逆转(威胁)。

虽然有一些研究支持坚韧性人格的存在，对它到底由哪些成分构成却有争议。与三成分模型相矛盾的有下列一些研究。

坚韧性中的承诺和控制具有相关性，但挑战与此二者关系不大(William，Wiebb & Smith，1992；Costantini，Solano，DiNapoli & Bosco，1997)。

坚韧性强的人应具有承受能力(持续承受生理和心理的痛苦的能力)、力量(抵抗压力、应激和困难的能力)、勇敢(勇气、大胆和冒险的特质)、控制能力(施加权力和影响力的能力)。坚韧性的内涵应当更丰实，三个成分不足以说明坚韧性(Gross & John，1998)。

西方学者所发现的坚韧性与人格因素中神经质、外向性有关。但我国学者发现外向性中的活跃、合群、乐观，善良中的利他、诚信、重感情，以及处世态度中的自信、淡泊都与坚韧性有关(王登峰、崔红，2005；邹智敏、王登峰，2007)。

总之，坚韧性人格这个概念尚须用实证研究进一步加以澄清。从本章提及的意志品质来看，坚韧性也许是一种综合性的意志品质。

第四节 意志控制与失控

意志控制和意志失控是人们日常行为中的实际现象，二者是矛盾对立的关系，控制加强，失控就会减少，反之则相反。在日常生活中，应尽可能减少意志失控。

一、意志控制

意志控制(volitional control)是个人操纵事件的进程和结果，使之与预期目标相一致的过程。意志的控制作用既可以是向外的，也可以是向内的。前者是按照主体预期的目标来改变外部的自然环境和社会环境，例如人类的植树造林、移石填海以及体制改革、创建和谐社会等活动；后者则是按照主体预期的目标来改变或塑造自身的生理素质和心理素质，例如坚持每天跑步来达到增强忍耐力或减轻体重的目的，按照内化了的社会期望和道德价值观把自己塑造成文明的、健全人格的人等。意志对环境的控制和对自身的控制是密切联系的。

意志的控制作用是通过对行动的激励和克制来实现的。激励表现为推动人为达到目标而积极行动起来。例如，为了通过外语考试，意志推动着人去坚持练习听力、背单词、做习题、阅读外语文章等，这是意志的激励作用。克制则表现为制止与预定目的相矛盾的行动。例如，同样是为了通过外语考试，意志促进人克制妨碍他达到这一目的的其他活动；例如长时间上网、花过多的时间看小说等。因此，在具体的活动中意志对行动控制的激励和克制是互相联系的。越能克制与预定目的相矛盾的行动，为达到预定目的而采取的行动就越有力；为达到预定目的所采取的行动越有力，就越能克制与预定目的相矛盾的行动。意志正是通过这种激励与克制的相互作用来实现人对自身、对环境的控制。

人在实现目的过程中要遇到诸多内部和外部障碍，意志控制必然要消除这些障碍。内部障碍是指与实现目的相冲突的内心干扰，例如对实现目的的重要性认识不足、缺乏信心、决心，以及疲劳、分心等。外部障碍是指外界的自然和人为因素干扰，例如资金不足、材料缺乏、工具陈旧落后、天气恶劣等，或得不到亲友的支持，甚至遭到他人的阻挠、讥讽和打击等。只有克服了这些障碍，意志的控制作用才能贯彻到底，实现预期的目标。

二、失控

当人遇到有威胁性的情况而自己又无力应付时就会觉得自己对事件失去了控制能力，称为失控(out of control)。自然环境、社会环境以及人世间的生老病死等都有可能成为威胁性的因素，使我们失去对事件的控制能力。例如，山洪暴发、交通中断耽误了既定的约会，恋爱中的男女因受家长的反对而不能结合等。失控的时间有长有短。像考试失利这种失控，时间较短，经过努力可能很快会消除。而监狱中的死囚，他的失控时间就长了。正常状态下的失控时，人们的反应虽各不相同，但一般都有下列行为反应。

(一)寻求信息

一个人失控后最先产生的反应是渴望得到更多的信息，以形成对所处困境的合适的认识。对更多信息的需求往往会带来两个后果：一是对环境影响更加敏感；二是对获得信息的加工更加粗糙。例如，一个身患某种重病的人在得知自己的病情后，往往会十分关注有关这种病情的信息，常常主动通过看书、看电视、上网等方法了解与病情有关的症状及治疗方法等信息；同时，他对医生和周围人们关于这种疾病的谈话也会特别敏感，但是对获得信息的理解往往是片面的。不过，如果失控者能够掌握更多信息并且较全面地认识所处的困境，那么他也可能会找到摆脱困境的出路，从而恢复对事件的控制。

(二)对困境反应加剧

人在失控时都有恢复控制的倾向。曾经有一个实验(Ovsiankina，1928)证明了人的这种倾向。实验中让被试做诸如堆积木、数珠子、做黏土手工等一些简单的作业，中途让被试中断作业并将其叫出室外。一段时间后被试回到了室内，这时他们无一例外地都自动重新继续开始作业。在另一个实验中，仍然让被试做某种作业且中途令其停止作业，但要求他们换作其他作业。这时被试明显地表现出想尽快完成该作业以便重新继续做被中断了的作业，重新开始率达79%。

如果人对失控后的困境事前没有预料到，其消极影响会更大。实验证明，当被试被电击、噪声等所困扰时，如果他们既不能得到有关这些困扰物的信息，也不能控制这些困扰物，那么其消极反应就会加剧，出现紧张、焦虑等反应，例如肾上腺素分泌增多、心率加快等。在另一个实验中，三组被试分别在无噪声、被试不可控制的噪声和被试可以控制的噪声的实验条件下完成一项作业，然后让后两组被试在无噪声条件下再完成一项作业。结果发现，可控制噪声组的噪声不影响后一项任务的完成水平，而不可控制的噪声不仅干扰了第一项任务的完成，还降低了后一项任务的完成水平(Glass & Singer, 1972)。这说明，失控在困境消失之后，仍会对以后的行为产生不良的影响。

(三)抗争或消沉

失控后会有多种多样的挫折行为反应，其中抗争和消沉是最突出的两种挫折反应。

1. 抗争

当人已有的控制能力或将具有的控制能力被强行取消或受到威胁时就有可能产生抗争反应。引起抗争的主要因素是对结果进行的自由选择受到了威胁，由于本来可以做出的选择被外力取消，或者自己将要做出选择时受到外界的压力，这时人们就会抗争或反抗。在失控时，人的抗争强度与他对选择自由的期望值成正比，即，如果认为结果的价值越大、控制能力的取消会影响其他方面的选择自由，则抗争的强度就越大。失控时抗争会引起下列情绪和行为的反应。

(1) 产生愤怒、敌意和攻击情绪。如果你夺走幼儿手中的玩具或挡住他前进的道路时，他会产生愤怒、敌意和攻击反应。如果你受到不公正的待遇时也会产生上述的情绪反应。

(2) 竭力挽回失去的控制能力。上例中的幼儿会竭力从你手中要回玩具；受到不公正待遇的人会竭力抗争、要求有公正的待遇。

(3) 对结果的认识会发生改变。预期的选择结果会因外力的强制取消而变得更有吸引力，这样已产生的结果则会更令人不满意。例如，如果自由恋爱的青年男女被外力强制拆散，那么他们对自由恋爱会更加向往，对被拆散越发不满。

(4) 产生选择自由的象征性恢复。一个人受挫折后常产生各种幻想，以象征的方式恢复失去的控制。例如，低年级的小学生被高年级的学生欺负后，自言自语地用语言表示对其的愤怒和报复。

2. 消沉

失控的另一种反应是消沉。它在很多方面正好与抗争相反。抗争会产生愤怒和敌意，并努力挽回失去的自由，而消沉则自认失败并放弃改变困境的努力。当人试图努力改变某种不利情形而屡遭失败的时候，他就会觉得自己丧失了对自由的控制力，这时他就有可能停止努力，产生消沉。某一方面的失控所产生的消沉还具有扩散力，可能会影响到生活的其他方面。一个人在失控后产生消沉的反应会导致他在其他的事情上也放弃自己应有的努力，甚至做出错误的判断，将可控制的事件误判为不能控制的。消沉还可能造成长期的焦虑和抑郁。

3. 产生抗争或消沉的因素

失控后，人们对挫折的反应有很大的个别差异，这些差异体现了人在应对压力时的不同反应。例如，有的人坚忍不拔、百折不挠，竭力挽回控制力，以达到目的，心理学上把这种经得起挫折而免于精神崩溃、行为失常的能力，称为挫折容忍力。相反，有的人失控后则灰心丧气、一蹶不振，以致精神崩溃、行为失常。不少研究表明，失控后产生抗争或消沉与下列一些因素有关。

(1) 强外控型者则较易导致消沉，而强内控型者较易导致抗争。

(2) 经历多次失控者则更易引起消沉，而过去失控经验少者更容易产生抗争。

(3) 一般失控后容易立即产生抗争，而在抗争中所做的挽回控制力的努力失败之后则容易产生消沉。

(4) 长期习惯于有控制力的人(例如事业有成者)易产生抗争，而没有什么控制经验的人(例如弱势群体和儿童)在遇见改变不了的困难时则易于放弃。

延伸阅读

冲动控制障碍

意志障碍可分为两类：一类是正常活动的行为不能出现，称为受阻性意志(obstructed will)；另一类是反常活动的行为无法抑制，称为爆发性意志(explosive will)。

爆发性意志的典型例子是冲动控制障碍(impulse control disorder)，是一种被冲动所驱使的行为。人们的行为通常是与自己的意愿相一致的，但冲动控制障碍也称失控症，是一种个人不能控制自己不断去做自己不该做的事的心理疾患，例如病态赌博、强迫性购物、强迫性性行为、盗窃癖和网络成瘾等。患者的极端行为冲动是无法控制的。即使通过自我克制拖延这些行为的发生，但这些行为的冲动没有随着时间而消逝，反而变得不可控制。据报道，在美国，各种冲动控制障碍可能影响了美国人口的3%～15%(800万～3500万人)。世界各地所有社会阶层的人都有可能患上冲动控制障碍。下面举个例子。

格洛里亚是一位44岁的已婚的强迫性购物患者，她诉说道："真是羞于启齿。这听起来很荒谬，我想难以控制的购物冲动是我抑郁的原因。……过去我常常去商店……我丈夫和我的经济状况都很好，也很注意我们的花费。大约1年前，我丈夫开始抱怨我买的'有趣'东西的数量、频率和价格都在增长。……我有买东西的冲动。起初我买小物品——丝巾、书本、鞋子。慢慢地，我需要买更昂贵的东西来停止这些冲动。我开始买我不戴的珠宝首饰和我不用的贵重家具用品(窗帘、器具)。我也对丈夫撒谎，我把账单藏起来，因此他不会发现。这些谎言在内心折磨着我。"起初她试图通过不去商店来阻止自己。"……我决定在我不上班时就待在家里。然而，我对网上购物开始着迷了。例如，我想给我8岁的侄女买一个生日礼物。我在网上发现一些小玩具在打折——一个几美元。我告诉自己我只用30美元，不能超过，但是我总共花了大约5000美元在那些小车上。我不能相信自己做了什么。"她后悔花钱太多，但当天晚些时候她又回到了网上。"我买了4台吹雪机和20件黑色T恤。奇怪的是我们已经有了一台吹雪机，而且我从不穿T恤。为什么有人会做这样的事情？"购物冲动使她无法集中精力工作，从而失去了工作，丈夫也离开了她。

目前，失控症的病因仍然是个谜，有很多有关病因的推论，从神经生物学理论(例如研究表明，脑内化学物质如5羟色胺和多巴胺异常)到不同行为背后隐藏的心理学含义(例如偷东西的女人在转移被压抑的性欲)，以及社会文化论也被用来解释失控症(例如流行文化对拥有财富的炫耀造成了强迫性购物)。失控症的病因很可能是上述三个方面因素的交互作用的结果，而不是某一个因素所致。

复习要点

第一节 意志概述

意志是指一个人自觉地确定目的，并根据目的来支配、调节自己的行动，克服各种困难，从而实现目的的心理过程。意志行动的表现：第一，人类意志行动的目的性和计划性。第二，人类意志行动的主动性和创造性。第三，人类意志行动的前进性。第四，意志行动必须符合客观规律。

意志与认识的关系：意志的产生是以认识过程为前提的，离开了认识过程，意志便不可能产生；意志对认识过程也有很大的影响，没有意志努力，就不可能有认识过程，更不可能使认识过程深入和持久。意志与情绪的关系：情绪既可以成为意志行动的动力，也可以成为意志行动的阻力；意志能够控制情绪，使情绪服从理智。意志与个性的关系：个性倾向性制约着人的意志表现；意志在个性的形成和发展中起着重要作用。

第二节 意志行动及其心理过程

意志行动的基本特征：意志行动是有目的的行动，随意运动是意志行动的基础，意志行动与克服困难相联系。

意志对行动的调节作用：意志对行为的调节作用保证了人的行为的目的方向性，调节的最终结果表现为预定目的的实现。为了达到预定目的，意志通过发动和抑制这两个方面，克制与预定目的相矛盾的行动，发动与预定目的的实现有关的行动，从而实现着对人的行动的调节和支配。同时，意志不仅调节人的外部动作，还可以调节心理状态。

意志行动的心理过程是指意志对行为的积极能动的调节过程。它有发生、发展和完成的历程。意志行动的心理过程分为两个阶段：采取决定阶段，包括动机斗争和确定行动的目的；执行决定阶段，包括行动方法、策略的选择和克服困难实现所做出的决定。

意志过程的心理成分主要包括冲突与矛盾、目标、抱负水平、自信心、决策等。

第三节 意志品质与培养

意志的品质。自觉性：指一个人在行动中具有明确的目的，能认识行动的社会意义，并使自己的行动服从于社会的要求的意志品质。果断性：指一种善于明辨是非、抓住时机、迅速而合理地采取决定，并实现所做决定的意志品质。坚韧性：指对行动目的的坚持性，并能在行动中保持充沛的精力和毅力的意志品质。自制力：指在意志行动中能够自觉、灵活地控制自己的情绪，约束自己的动作和言语方面的品质。

意志的培养：加强目的性教育，注意培养道德情感；组织实践活动，以取得意志锻炼的直接经验；加强意志的自我锻炼；发挥纪律对培养意志品质的作用。

第四节 意志控制与失控

意志控制：是个人操纵事件的进程和结果，使之与预期目标相一致的过程。意志的控制作用既可以是向外的，也可以是向内的。前者是按照主体预期的目标来改变外部的自然环境和社会环境，后者则是按照主体预期的目标来改变或塑造自身的生理素质和心理素质。意志正是通过激励与克制的相互作用来实现人对自身、对环境的控制。

失控：当人遇到有威胁性的情况而自己又无力应付时就会觉得自己对事件失去了控制能力，称为失控。自然环境、社会环境以及人世间的生老病死等都有可能成为威胁性的因素，使我们失去对事件的控制能力。在正常状态下，失控时一般有下列行为反应：寻求信息，对困境反应加剧，抗争或消沉。

拓 展 思 考

1. 结合自身举例说明意志的过程。
2. 谈谈意志与认知、情感和情绪的关系。
3. 举例说明如何培养良好的意志品质。

第十二章　心　理　倾　向

　　心理倾向性(psychological tendency)是人进行活动的基本动力，是个性结构中最活跃的因素。它决定着人对现实的态度，决定着人对认识活动的对象的趋向和选择。心理倾向主要包括兴趣、需要、动机等。它们较少受生理因素的影响，主要是在后天的社会化过程中形成的。心理倾向的各个成分并不是彼此孤立的，而是相互联系、相互影响和相互制约的。

第一节　兴　　趣

一、兴趣的概念

　　兴趣(interest)是个体力求认识某种事物或从事某项活动的心理倾向。它表现为个体对某种事物或从事某种活动的选择性态度和积极的情绪反应。例如，对数学感兴趣的人总是首先注意有关数学的著作和报道，他的认识活动优先指向与数学有关的事物，并且表现出积极的情绪反应。我国古代翁森用他的名作《四时读书乐》来抒发他对读书的浓厚兴趣。他赞美春季"读书之乐乐何如，绿满窗前草不除"；夏季"读书之乐乐无穷，瑶琴一曲来薰风"；秋季"读书之乐乐陶陶，起弄明月霜天高"；冬季"读书之乐何处寻？数点梅花天地心"。字里行间流露出他对读书的浓厚兴趣。

　　一般认为，遗传因素和环境因素都对兴趣发生影响。环境对兴趣的影响是不言而喻的。斯卡尔(S. Scarr)等人研究表明，儿童与其亲生父母的兴趣问卷分数方面有许多显著相关，但100多名领养的儿童与其养父母之间的分数只有较小的相关。血缘关系相近的儿童之间比无关系儿童之间兴趣相似性更大。"人们倾向于对自己能够干好的事情感兴趣以及遗传在决定能力和气质方面有重要作用，这两项事实表明，遗传通过能力和气质影响兴趣。"

　　兴趣又和认识、情感密切联系着。如果个体对某些事物没有认识，也就不会对它产生情感，因而不会对它发生兴趣。相反，认识越深刻，情感越丰富，兴趣也就越浓厚。

二、兴趣的作用

　　兴趣是认识事物和从事活动的巨大动力，是推动人们去寻求知识和从事活动的心理因素。兴趣在人的学习、工作和一切活动中起动力作用。

　　兴趣是引起和保持注意的重要因素，人们对感兴趣的事物，总是愉快地、主动地去探究它。兴趣使人集中注意，产生愉快、紧张的心理状态，对认识过程产生积极的影响。无论是无意注意或有意注意都与兴趣有关，若对某种事物不感兴趣，对它也就不能集中注意。孔子说："知之者不如好之者，好之者不如乐之者。"意思是说，对于学识，懂得它的人赶不上喜欢它的人，喜欢它的人又赶不上醉心于它的人。诺贝尔物理学奖获得者丁肇中说过:"任何科学研究,最重要的是看对于自己所从事的工作有没有兴趣,换句话说,也就是有没有事业心,这不能有丝毫的强迫……例如搞物理试验,因为我有兴趣,我可以两天两夜,甚至三天三夜待在实验室里,守在仪器旁。我急切地希望发现我所要探索的东西。"通过长期努力,他和他的同事们终于发现了"J粒子"。

兴趣是人们从事活动的强大动力。凡是符合个体兴趣的活动,就能提高人们的积极性,使人积极愉快地从事某种活动。兴趣对活动有下列几种作用:①对未来活动的准备作用;②对正在进行活动的推动作用;③对活动的创造性态度的促进作用。

著名心理学家皮亚杰(Jean Piaget, 1896—1980)指出:"兴趣,实际上,就是需要的延伸,它表现出对象与需要之间的关系,因为我们之所以对于一个对象发生兴趣,是由于它能满足我们的需要。"拉扎勒斯(A. L. Lazarus)等人的研究表明,兴趣比智力更能促进学生勤奋学习,从而取得优秀的学业成绩。兴趣对智力起着促进作用,是开发智力的钥匙。兴趣使个体的整个心理活动积极起来,处于"最佳状态",从而促进智力的发展。皮亚杰十分重视兴趣对智力的作用,他指出:"……所有智力方面的工作都要依赖于兴趣。"所有这些理论都不难看出,培养学生的兴趣在调动个体认知方面起着至关重要的作用。

三、兴趣的分类

人类的兴趣是多种多样的,可以用不同标准对它们进行分类。

1. 物质兴趣和精神兴趣

根据兴趣的内容,可以把它们分为物质兴趣和精神兴趣。

(1) 物质兴趣(material interest)。物质兴趣表现在对食物、衣服和舒适的生活环境和生活条件等的追求。对个人的物质兴趣必须加以正确指导和适当控制,否则会发展成畸形的、带有贪婪的形式。

(2) 精神兴趣(spiritual interest)。精神兴趣主要指认识的兴趣,例如对学习和研究哲学、文学、数学等的兴趣。

2. 直接兴趣和间接兴趣

根据兴趣所指向的目标,可以把它们分为直接兴趣和间接兴趣。

(1) 直接兴趣(direct interest)。直接兴趣是对活动过程本身的兴趣。例如,对学习过程本身的兴趣,对开汽车本身的兴趣。

(2) 间接兴趣(indirect interest)。间接兴趣是指对活动结果的兴趣。例如,对通过学习取得职业的兴趣,对工作后取得报酬的兴趣。

研究表明,年龄小的儿童,大多数是对活动过程本身感兴趣,年龄稍大的儿童才会对活动结果产生兴趣。在实践活动中,直接兴趣和间接兴趣都是不可缺少的。如果没有直接兴趣的支持,活动将变得枯燥无味;如果没有间接兴趣的支持,活动也不可能长久地持续下去。只有直接兴趣和间接兴趣正确地结合,才能充分发挥一个人的积极性。直接兴趣和间接兴趣在一定条件下可以互相转化。例如,开始学习外文,对学习本身不一定感兴趣,只是认识到学习外语的重要性(这是间接兴趣);随着学习的深入,对学习本身也感兴趣了(这就是直接兴趣)。

四、兴趣的品质

兴趣的品质(interest quality)即兴趣的特性。一般来说，通过考察一个人的兴趣品质，可以了解其兴趣的发展状况。

1. 兴趣的倾向性

兴趣的倾向性(interest tendentiousness)指个体对什么发生兴趣。人与人之间在兴趣的倾向性方面差异很大。有人喜欢文学，有人喜欢数学，有人喜欢体育，有人喜欢文艺，等等。兴趣的倾向性有高尚和低级之分。前者对有利于人类社会的事物发生兴趣；后者对有害于人类社会的事物发生兴趣。个体有些兴趣倾向表现得较早，例如幼儿时已表现出倾向于某种活动，避开另一些活动。但职业倾向要到高中或高中后才稳定下来。罗(A.Roe)认为，职业兴趣是儿童期与家庭人员的关系所造成的。和谐的家庭使儿童"以人取向"，冷漠的家庭使儿童"以事取向"。兴趣倾向性与人的生活实践和所受的教育有关，并且受一定的社会历史条件所制约。在阶级社会中，与阶级利益相关联的兴趣倾向，往往具有阶段性。

2. 兴趣的广泛性

兴趣的广泛性(interest extensive)是指个体兴趣的范围。在兴趣的范围上，人与人之间差异也很大。有人兴趣范围广泛，对许多事物和活动都兴致勃勃，乐于探求；有人则兴趣范围狭窄，常常对周围一些活动和事物漠然置之。兴趣的广泛程度和个人的知识面的宽窄密切相关。个人兴趣愈广泛，知识愈丰富，容易在事业上取得成就。历史上许多卓越人物都拥有广泛的兴趣和渊博的知识。例如，达·芬奇不仅是大画家，而且也是大数学家、力学家和工程师。北京师范大学高玉祥教授等对入学前后的大学生的兴趣进行了调查，他指出，大学生的兴趣既广泛又多样，他们对书籍、娱乐和社会生活的各个方面都有非常广泛的兴趣。

广泛的兴趣应该在正确的倾向指导下和中心兴趣结合起来，否则如果样样都喜欢，样样都不专，结果一无所长，难有建树。只有在广泛兴趣的基础上有一个中心兴趣，使兴趣既博又专，才可能取得成就。

3. 兴趣的持久性

兴趣的持久性(interest persistence)又称兴趣的稳定性，指个体兴趣稳定的程度。在人的一生中兴趣必然会发生变化，但在一定时期内，保持基本兴趣的稳定性，则是个体的一种良好的心理品质。根据兴趣持续时间长短，兴趣可分为短暂兴趣和稳定的兴趣。人有了稳定的兴趣，才能把工作持续地进行下去，从而把工作做好，取得创造性的成就。没有稳定的兴趣，朝三暮四，将会一事无成。儿童早期兴趣比较不稳定，兴趣一般在15岁以后才趋向稳定。兴趣的持久性是可以培养的，它和一个人的理想、信念和意志品质密切联系着。

4. 兴趣的效能

兴趣的效能(interest effectiveness)指个体兴趣推动活动的力量。根据个体兴趣的效能水平，一般把兴趣分为有效的兴趣和无效的兴趣。有效的兴趣能够成为推动工作和学习的动力，把工作和学习引向深入，促使个体能力和性格的发展。无效的兴趣不能产生实际效果，仅仅是一种向往。

第二节　需　　要

在日常生活中，为什么在同样的场合不同的人会有不同的言语和行为表现？为什么同一个人在不同的时间和地点有着不同的行为和言语表现？到底是什么力量在引导着人们的行为？需要和动机是十分重要的影响因素。那么，什么是需要和动机呢？它们对人的行为具有怎样的影响呢？

一、需要的概念

需要(need)是有机体内部的某种缺乏或不平衡状态。它体现有机体的生存和发展对客观条件的依赖性，是有机体活动的积极性的源泉。个体或团体为了自身的生存和发展，要求客观现实为其提供一定的条件，例如，食物、空气、水、睡眠、社会交往、团体规范等。需要是人对客观现实的一种主观反映，具有明确的指向性。

人类的许多需要与动物是同样的。我们每天都要吃饭、喝水、睡眠、呼吸、保持体温和上厕所。人的这些生理需要对于生命如此重要，又如此基本和平常，使得我们大部分人从不去注意上述行为受生理需要引导的程度。但是，当人们遭受饥荒、遇到横祸、生活贫困、落水遇险或忍受刺骨的寒冷时，某一基本需要就会显露出来。这时，基本需要对人的行为的强大控制力就变得明显起来。虽然动物和人类都有一些共同的需要，但人类的需要和动物的需要是有本质区别的。人的需要的对象和满足需要的方式，受具体的社会历史条件的制约，具有社会性；人具有意识能动性，能调节和控制自己的需要。

生理的内驱力对于维持体内平衡起着重要作用。人体的体内平衡机制与室内空调的操作原理有某些相同之处。如果室内温度低于空调的设定温度，空调会自动往室内输送热量；当室内温度略高于或等于设定温度时，空调会自动停止。通过这种方式，室内温度在设定温度附近上下波动，保持一种平衡状态。人体对不平衡状态的第一反应也是自动的。例如，如果人的体温升高了，那么身体表面的血流量就会自动增加，人就会出汗，从而导致体温降低。只有在体内的不平衡状态持续下去时，我们才会意识到需要体内平衡，才会去阴凉的地方休息或去取暖，去找东西吃或找水喝。

需要是有机体活动的积极性源泉，是人进行活动的基本动力。人的各种活动都是在需要推动下进行的。需要激发人去行动，使人朝着一定的方向追求一定的对象，以求得自身的满足。需要越强烈、越迫切，由它所引起的活动动机就越强烈。同时，人的需要也是在活动中不断产生和发展的。当人通过活动使原有的需要得到满足时，人和周围现实的关系就发生了变化，又会产生新的需要。这样，需要推动着人去从事某种活动，在活动中需要不断地得到满足又不断产生新的需要，从而使人的活动不断向前发展。需要是个性积极性的源泉，它常以意向、愿望、动机、抱负、兴趣、信念、价值观等形式表现出来。

二、需要的种类

人的需要是多种多样的。可以按照不同的标准对它们进行分类。大多数学者采用二分法把各种不同的需要归属于两大类，例如划分为生物性(生理性)需要与社会性需要，或原发性需要与继发性(获得性)需要，或外部需要与内部需要，或物质性需要与心理性需要等。也有学者把人的需要划分为五大类：生理的需要、安全的需要、归属与爱的需要、尊重的需要和自我实现的需要(Maslow, 1945)。其实，人的需要是一个多维度多层次的结构系统。因此，当人们从某个维度来考察需要时，应注意人的各种需要都不是彼此孤立的，而是互相联系的。例如，进食需要就其本性来说(新生儿时)是属于原发性的、生物性的需要，但后来经学习和社会因素的影响，成人的进食需要就含有社会性的成分。心理需要是相对物质性需要而言的，但满足心理性需要也要有一定的物质条件。例如，为了满足知识的需要，就要有书籍等。人的物质性需要也往往要满足一定的心理需要和具有一定的社会意义。例如，在满足穿衣需要的同时，也有对美及社会意义方面的要求。满足社会性需要的同时，也有一定的物质性需要和心理性需要。因此，对需要的各种分类仅具有相对的意义。

(一)生理性需要和社会性需要

按照需要的起源，可以分为生理性需要和社会性需要。

1. 生理性需要

生理性需要(physiological need)是指保存和维持有机体生命和延续种族的一些需要，包括进食、运动、休息、睡眠、觉醒、排泄、避痛、配偶等需要。

生理性需要是人类最原始、最基本的需要，是人和动物所共有的。但是，人的生理性需要和动物的生理性需要有本质的区别。人的生理性需要要受社会生活条件所制约，具有社会性，带有社会历史的烙印。人和动物的生理性需要的对象和满足方式都有根本的区别。动物只能等待大自然的恩赐，只以周围环境中的自然物体作为满足需要的对象。而人类不是只以周围环境的自然物作为满足需要的对象，而是主要通过社会生产劳动生产出自己所需要的对象，并且随着生产的发展，不断提高自己的生理性需要。马克思指出："饥饿总是饥饿，但是用刀叉吃熟食来解除的饥饿不同于用手、指甲和牙齿啃生肉来解除的饥饿。"朱熹说："饮食者天理也，要求味美人欲也。"人的进食不仅受机体的饥饿状态所支配，而且还要考虑各种社会行为规范，讲究色、香、味。至于宴会，那就成为人类社会的交际手段了。

2. 社会性需要

社会性需要(social need)是人类在社会生活中形成的、为维护社会的存在和发展而产生的需要。例如对劳动、交往、友谊、求知、美和道德等的需要。社会性需要是在生理性需要的基础上，在社会实践和教育影响下发展起来的。它是社会存在和发展的必要条件。例如劳动是人类赖以生存的第一个基本条件，人类如果不劳动，就无法生存，人类社会就无法存在和发展。

社会性需要是人类特有的。它受社会生活条件所制约，具有社会历史性。不同的历史时期、不同的阶段、不同的民族和不同的风俗习惯，人们的社会性需要也会有所不同。在中国古代，男子的衣着讲究长袍马褂，今天人们就不会再有这种需要了。当人的社会性需要得不到满足时，虽然不会威胁到机体的生存，但会因此感到难受，产生不舒服的感觉和不愉快的情绪。

(二)物质需要和精神需要

按照需要的对象，可以分为物质需要和精神需要。

1. 物质需要

物质需要(material need)以物质产品为对象，例如，日常生活中的各种必需品，良好的居住条件等。物质需要对维持个体的生存和发展具有重要意义，但是人的物质需要具有明显的社会性，在不同的社会历史条件下，满足同一需要所要求的物质对象是不同的。

2. 精神需要

精神需要(spiritual need)以精神文化产品为对象，例如认知需要、审美需要和社会交往的需要等。它是人类所特有的需要。在劳动过程中所形成的交往需要是人类最早形成的精神需要。所谓交往需要，是指一个人愿意与他人接近、合作、互惠，并发展友谊的需要。研究表明，交往需要在人类历史发展过程中起着十分重要的作用，也是个体心理正常发展的条件。长期缺乏交往需要会导致个性变态。

物质需要与精神需要的关系十分密切。精神需要的满足离不开特定的物质条件，人们在追求物质需要满足的同时也表现出对精神需要满足的渴望。例如进食的时候，人们不但要求食物可以解除饥饿，而且要色香味俱全；穿衣不但要达到保暖的目的，还要美观，给人以美的享受。

三、需要的理论

关于需要的相关问题，学者们进行了研究和探讨，提出了各自的观点，其中，比较主要的理论有如下几个。

(一)勒温的需要理论

德国心理学家勒温(Kurt Lewin，1890—1947)假定个人与环境之间有一定的平衡状态，如果这种平衡状态遭到破坏，就会引起一种紧张(需要或动机)，这种紧张状态就会导致力图恢复平衡的努力(它称为"移动")。勒温认为，人类的行为包括紧张、移动和缓和的连续性表现。紧张—移动—平衡和需要—活动—缓和是相类似的。需要是行为的动力，需要引起活动，以期使需要得到满足。需要的压力可以引起心理系统的紧张，需要满足后，紧张的心理系统就得到解除。反之，如果需要得不到满足或动机受到阻遏，这种紧张的心理系统就会保持一定的时间，并使人具有努力满足需要或重新实现目标的意图。

在需要分类方面，勒温把需要分为两种：需要和准需要。需要是指客观的生理需要。

准需要是指在心理环境中对心理事件起实际影响的需要。例如，毕业时要写论文，写好的信要投入信箱，等等。勒温所阐述的需要一般是指准需要。他认为，需要的强度在不同人身上是不同的。

(二)默里的需要理论

美国心理学家默里(Henry Murray)把需要看作个性的中心概念，并用来说明个性的动力结构规律。默里把需要定义为：用以代表脑区力量的构造物，这种力量引起一系列行为的反应，使原有的紧张情绪解除，具有定向目的性。他指出，需要这种力量渗透到活动的各个方面，并调节控制着其他的心理活动。他认为，需要是个体行为动力性的源泉，是个体行为所必需的。由于需要和个体的不平衡状态相联系，在一般情况下个体总是处在一种不平衡状态，因此需要经常推动着个体活动的进行。

默里认为，人类的各种需要相互作用，人类的全部需要是一个系统。他还把人类的需要系统和环境系统联系起来，并把它们纳入到一个动态的系统之中，人类的主体和环境压力之间是相互作用的。他认为，人类动机是个人的需要(人的特征)和压力(环境特征)共同起作用的结果。其中需要是倾向性的因素，压力是促进性的因素。个人需要和环境影响相结合，决定一个人的行为。

默里对人类的需要提出了多种分类，他指出，最方便的是把需要划分为两类。

(1) 基本需要。又称身体能量需要，涉及生理的满足，如对空气、水、食物、性等的需要。

(2) 次级需要。又称心理能量的需要，涉及精神或情绪的满足，如对成就、交往等的需要。

默里等人列举出 20 种有代表性的需要：贬抑、成就、亲和、攻击、自主、对抗、防御、恭敬、支配、表现、躲避伤害、躲避羞辱、培育、秩序、游戏、抵制、感觉、性、求援和了解。他认为，这些需要在每个人身上都是存在的，但在程度上有所不同。

默里认为，各种需要之间有融合、互补和冲突的现象。他还认为，每一个人都有一个需要层次，各种需要在重要性上是有区别的。与人类自下而上有关的基本需要最重要。

默里认为，明显的需要可以通过观察一个人行为的经常性、持久性与强烈性直接测量出来；隐蔽的需要必须用间接方法加以测量。他和摩根(C. D. Morgan)共同设计了主题统觉测验来测量被试的需要，他还设计了问卷来研究人类的需要。

(三)马斯洛的需要层次理论

美国心理学家马斯洛(Abraham H. Maslow, 1908—1970)，人本主义心理学的创始人之一，心理学第三势力的领导人。

马斯洛于 1954 年提出需要层次(hierarchy of human needs)理论，认为，人类有 5 种基本需要：生理需要、安全需要、归属和爱的需要、尊重需要和自我实现的需要。后来他又补充了认知需要和审美需要(见图 12-1)。

马斯洛的需要理论的基本要点如下。

(1) 人是一个整体，人类的基本需要是按优势出现的先后或力量的强弱排列成等级的。

① 生理需要是人对食物、水分、空气、睡眠、性等方面的需要，它在人的所有需要中

是最基本的，也是力量最强的。

② 安全需要表现为人们追求稳定、安全、受到保护、有秩序、能够免除恐惧和焦虑等。例如，当儿童对情境缺乏把握的时候，要求成人的陪伴和帮助。

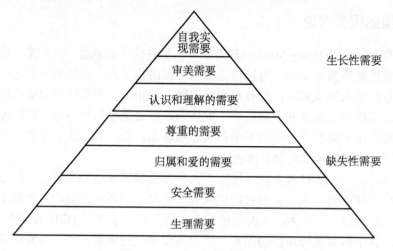

图 12-1 马斯洛的需要层次图

③ 归属和爱的需要表现为一个人要求与他人建立感情的联系和关系，并能够为特定的团体所接纳，有所依靠，例如结交朋友，追求爱情，参加一个团体并被团体的其他成员所认可。

④ 尊重的需要表现为人们希望获得一种比较稳定的高评价，包括自尊和受到他人的尊重。自尊需要的满足可以使人对自己的力量和价值充满自信，表现出较高的创造力；丧失了他人的尊重和自尊，会使人感到自卑，面对问题的时候缺乏信心。

⑤ 认知需要包括好奇、探究、求知和理解，马斯洛认为，学习和发现的愿望以及探索新异事物与未知世界的愿望是人的本性之一。

⑥ 审美需要是人们对事物对称、秩序以及美与和谐的追求，是人的本性之一。

⑦ 自我实现的需要是指人们追求潜能和能力的充分发挥并力求使之达到完善化。

马斯洛认为，人类的各种基本需要是相互联系、相互领带和彼此重叠的，是一个按层次组织起来的系统。

(2) 人类的需要可以分为高级需要和低级需要，人只有在占优势的生理需要得到满足后才会表现出更高层次，已经满足了的需要，就不再是行为的积极推动力量。

"对于饥饿的人，食物就是上帝。"金字塔底层的生理需要是自下而上所必需的，它们的影响力最强，决定着其他高层次的需要。只有低级需要基本满足后才会出现高一级的需要；只有所有的需要相继满足后，才会出现自我实现的需要。第一时刻最占优势的需要支配着一个人的意识，成为组织行为的核心力量。

如果社会没有基本秩序，不稳定，连生命安全都得不到保障，那么，人不可能奢望得到别的需要。再如，当一个人饥渴难熬时，他不可能有兴趣去吟诗作画，或与人谈天说地。马斯洛把生理需要、安全需要、归属和爱的需要及得到尊重和自尊的需要划为基本需要，也称缺失性需要。这些需要是由于对食物、水、安全、爱、尊重等没有满足而产生的。如果这种需要得不到满足，个体将出现疾病或危机。需要层次的上部属于生长性需要。这种需要的满足能使人健康、长寿、精力旺盛，产生更深刻的幸福感、宁静感以及内心生活的丰富感。这些需要虽然生物性能量较小，但对于人类非常需要。它们不是由于"缺乏"什么而产生的，而是一种积极的、使人的生命更有价值的发展动力。

(3) 自我实现的需要是人类基本需要中最高层次的需要，但不是每一个成熟的成年人都能自我实现。

自我实现的需要，是追求实现自我理想的需要。表现为个人特有潜能的极度发挥，做一些自己认为有意义和有价值的事。自我实现者大都是中年人或年长的人，或者心理发展比较成熟的人。一个人的童年经验，2岁以内的爱的教育特别重要。如果童年失去了安全、爱与尊重，那么很难成为自我实现的人。马斯洛认为，对大多数人来说，自我实现需要的满足，仅仅是个人的奋斗目标。只有人类中的少数人，才能达到真正的自我实现境界，成为自我实现者。

马斯洛把自我实现中具体的追求或动机称为元需要，即人的"自我实现"倾向的具体表达和自我潜能的充分发展的方向。马斯洛提出了14种元需要，分别为：完整(统一)、完美(平衡与和谐)、圆满(有始有终)、公正(公平)、丰富(复杂性)、质朴(本质)、活跃(自发性)、美(恰当的形式)、善良(与人为善)、独特(有独立见解)、幽默(平易近人)、真实(现实性)、自主(自给自足的生活)、人生意义(有价值)。他认为人有一种沿着需要层次的上升向元需要发展的倾向，如果一个人的生存需要得到满足后没有更高层次的追求，就会出现"衰变综合征"，最后陷入麻木、绝望和精神错乱。

自我实现的人是极少数，仅为百分之一。绝大多数人不能自我实现，其主要原因如下。
① 自我实现是很微弱的似本能，容易被压抑、控制、更改和消失。
② 许多人不敢正视关于他们自己自我实现所需要的那种知识，对那种知识缺乏自知，使自己处于不确定的状态。
③ 文化环境用强加于身上的规范，阻滞一个人的自我实现。
④ 自我实现者是由成长性需要而不是缺乏性需要推进的，其发展和持续成长依赖于自己的潜力。

马斯洛把人类的需要看成是一个组织的系统，并按优势出现的先后排列成一个系列，较系统地探讨了需要的性质、结构、发生、发展以及需要在人生中的作用。这些对于我们深入研究人类的需要是有启发意义的。但是马斯洛的层次理论并没有得到实验研究的充分证实。人们可以对他的观点提出很多疑问。例如，如何解释用绝食作为手段进行社会性抗议的行为？"追求公正"的元需要是如何战胜更基本的对食物的生理需要的？尽管有反对的观点，但这一理论对于人们理解和预测人类动机之间的各种相互作用有着很大的影响。因此，马斯洛的需要层次学说更多地被视为一种哲学观点。

延伸阅读

自我实现者的特点

自我实现者(self-actualizer)是能够充分发挥自己潜能的人，也是在生活中极有创造性的人。马斯洛选择了一批他所认为的自我实现者进行调查，结果发现，不论在政要名流还是平民百姓中，不论在富人还是穷人中，不论在才华出众的学者还是读书不多的劳动者中，都能够找到自我实现者，而这类人身上很多品质是一致的。以下是自我实现者的一些共同特点。

(1) 正确认识现实的能力。他们能够正确判断现实情境，对虚假和欺骗性的东西非常敏感，能够诚实地提出自己的观点。

(2) 愉快地接受自我、他人和自然。他们勇于承认自己的缺点，接受现实的自我。同时，他们也用幽默和容忍的态度接受他人的缺点和人类生存的现实条件。

(3) 自发性创造欲。在日常活动中他们能够非常主动和投入地进行自发性创造活动。

(4) 完成工作的使命感。他们把全部注意力集中于自己正在进行的事业，而把个人情感或个人需要置于其后。

(5) 自主性。他们富有智慧和独立精神，既不屈从于强权，也不盲从于他人。

(6) 好奇心和不断深化的体会。他们对生活中一切基本的东西都好奇，并且每一次经验都能够使他们产生新的体会，不论是日落时的彩霞或是盛开的鲜花，都会使他们产生强烈的体验。当他们再次看到那些美景时，他们仍会产生新的"美"的感受。他们的目光就像艺术家或儿童总是那么"单纯"。

(7) 与人为善的待人方式。他们对身边的伙伴和其他人都有一种普遍的认同感。

(8) 感情浓厚的人际关系。他们的人际关系中充满着浓厚的感情和爱。

(9) 享受孤独。在与他人保持着良好人际关系的同时，他们也能够愉快地享受一人独处的时光。对于他们，这种"孤独"有着重要的意义。

(10) 幽默感。这里指的是一种拿自己开玩笑的特殊能力。

(11) 高峰体验。所有的自我实现者都曾经报告过，自己在达到上述境界时会产生一种体验。即在短时间内感到无比的欣喜，感到了自己生命的价值，感到一种从未有过的开阔、力量、和谐、平静、光明和美好。马斯洛把这种感觉称为高峰体验。

简而言之，自我实现者总是有安全感而没有焦虑，他们感到爱和被爱，感到自己生活在一个能够充分接受自己的世界上。

(资料来源：[美] Dennis Coon 著. 郑钢等译. 心理学导论——思想和行为的认识之路. 北京：中国轻工业出版社，2003)

(四) 阿尔德夫的需要理论

阿尔德夫(C. P. Alderfer)认为，一个人的基本需要不是 5 种，而是 3 种。他提出的 3 种基本需要如下。

(1) 生存需要，这是最基本的需要，是对一个人基本物质生活条件的满足。

(2) 关系需要，即维持人与人之间关系的需要。

(3) 成长需要，即人要求发展的内在愿望。

阿尔德夫的生存需要大体上相当于马斯洛的生理需要和物质方面的安全需要；关系需要大体上相当于马斯洛的人际关系方面的安全需要及归属和爱的需要；成长需要大体上相当于马斯洛的尊重需要和自我实现的需要。

阿德尔夫认为，人类的 3 种需要并不是完全生来就有的，有的需要是通过后天的学习产生的。这 3 种需要之间并没有明显的界限，它们是一个连续体，并不是层次等级。他指出，各种需要获得满足越少，则满足这种需要的愿望越强烈。例如，缺乏食物的人，渴望获得更多的食物。他还认为，低级需要的满足，会增强对高级需要的追求；高级需要的缺乏，会加强对低级需要的追求。例如，个体在生存需要满足后，对关系需要的追求就强烈；个体关系需要得不到满足时，就会更多地追求生存需要。人类的需要不一定按严格顺序由低级向高级发展，可以越级，在遇到挫折时，也可能倒退等。

有些心理学家认为，阿尔德夫的需要理论，修正了马斯洛需要理论的某些不足之处，似乎更切合实际。

(五)麦克莱兰的需要理论

美国心理学家麦克莱兰(D. C. Mcclelland)认为，当人在生理需要满足后基本需要有：成就需要、权力需要和合群需要。这 3 种基本需要的排列层次和重要性是因人而异的。他还认为，高成就需要可以通过教育培养，并且组织了训练班，取得一定的效果。

(六)鲁宾斯坦和彼德罗夫斯基的需要理论

苏联心理学家鲁宾斯坦认为，需要是指人体验到处在他以外的事物的需求。人类不仅有机体需要，而且还有社会需要。他提出了个性积极性的源泉的观点。他指出，人的需要是个性积极的源泉，包含以下两层意思。

(1) 需要本身具有动力性：人类为了生存和发展，必须通过行动去满足各种需要。需要的满足会产生新的需要。因此，需要不论是否得到满足都是活动的动力。需要永远表现出积极的性质。

(2) 需要是活动的基本动力：个性积极性的其他方面(如动机、理想和信念等)，都是需要的变形。

苏联心理学家彼德罗夫斯基等人指出，人的需要不仅是行为和活动的决定原因，而且也是人的个性发展的决定原因。

第三节 动　　机

人总是在追求很多不同的目标，有些是大目标，有些是小目标。我们可能由于不同的原因去追寻同一个目标，也可能由于同一个原因去追寻不同的目标。动机就是用于解释人类行为这一基本特征的概念。

一、动机的概念

(一)什么是动机

在日常生活中，人的各种活动都是受动机支配的，人们常常使用"动机"一词来指行为的原因。"他这样做是出于什么动机"，也即"他为什么这样做"。

在心理学上，动机(motivation)是指发动、指引和维持躯体和心理活动的内部过程。在具有特定目标的活动中，动机涉及这种活动的全部内在机制，包括能量的激活、使活动指向一定的目标以及维持有组织的反应模式,直到活动的完成。

"动机"一词的最初使用是在20世纪初。古代和近代的哲学家们认为人是理性动物,人的理智能自由地选择行为方向和决定行为过程,因此人应对自己的行为负责。17世纪的一些哲学家(例如霍布斯、洛克和休谟)提出了另外的看法,他们认为某些行为发生的原因是我们不能支配的内部和外部力量。例如,霍布斯认为一切行为的根本原因都在于追求快乐、逃避痛苦,这种思想后来演变成为心理享乐主义,对一些动机理论深具影响。

"动机"这一概念是由伍德沃斯(R. Woodworth)于1918年率先引入心理学的,他把动机视为决定行为的内在动力。伍德沃斯认为,在指向特定目标的活动中,最初的刺激激发有机体释放一种能量,这就是驱力;这种能量是未分化的,不具有方向性,活动的目标由其他心理机制(如知觉、学习过程)来决定。这种观点后来导致一个普遍争议的问题,那就是动机是否具有目的性?许多心理学家认为,动机既发动行为,又确定行为方向;另外有些心理学家则认为动机只能为行为提供能量,却并不决定行为的目的或方向,在这个问题上,心理享乐主义为动机的目的论提供了支持。一些从事学习心理学研究的心理学家,例如霍尔(C. Hull)和米勒(N. Miller),也从享乐主义观点出发论述了学习和动机的关系。他们认为,学习是一种行为过程,是由机体内部追求享乐的力量所发动和维持的。没有动机的机体是消极被动的,不会去行动,不会去探索环境,因而也不会去学习行为的结果。正是由于动机的存在,强化物才会有效,伴随强化物的反应才会被获得。

(二)引发动机的条件

引起动机必须有内在条件和外在条件。

1. 需要

引起动机的内在条件是需要,动机是在需要的基础上产生的。如果说人的各种需要是个体行为积极性的源泉和实质,那么人的各种动机就是这种源泉和实质的具体表现。例如,学生的学习动机就是他们学习需要的具体表现。动机和需要密切地联系在一起,离开需要的动机是不存在的。

有机体的生存必须保持体内物质和能量的动态平衡。当某种物质或能量代谢失去平衡时,就产生某种需要,这种需要使有机体被唤醒,促使有机体从事某种目的在于满足需要的行为,以恢复体内平衡。所以需要是有机体内部的一种不平衡状态。而驱力是来源于这种生物需要唤醒状态,这种唤醒状态驱动有机体去追求需要的满足。

可以认为,人的许多活动的引发都是从需要开始的,引起寻找食物行为的需要是体内细胞的物质匮乏,或一种体内物质缺乏。需要引起了一种内驱力的增强,出现一种被激发起的动机状态。内驱力激发了反应,即一种或一组行动,以实现特定的目标。当特定的需要得到满足后,这个动机过程即终结(见图12-2)。

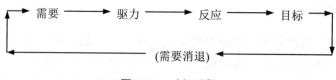

图 12-2 动机过程

但是,生理的不平衡是可以自动校正的。例如,健康的个体能够保持体温在几度之内波动，这是由于体内有着自动控制体温的机制。在寒冷的条件下，身体表面的血管自动收缩，以保持血液的温度，并通过身体颤抖产生热量。在炎热条件下，外周血管舒张，以使热量扩散并通过出汗起降温作用。这些条件下，需要引起有机体的自动调节机制的活动，并未成为行为的动机；但是当自动化的机制不足以维持平衡状态时，有机体便被唤醒，也就是驱力被激活，并通过采取行动来恢复平衡。

2. 诱因

人的动机行为不仅会受到内部需要的推动，而且也会受到外部刺激的拉动。一个目标物除满足需要的作用之外还有着某种诱惑力，这种力量被称为诱因(incentive)作用。日常经验告诉我们，有机体不仅由于内部力量的驱使而行动，外部条件在唤起行为中也起着重要作用。例如，食物的色泽、芳香是饥饿觅食的诱因，而橱窗里一块看上去美味的糕点可以唤起一个不饿的人的食欲驱力。

可见，诱因是驱使有机体产生一定行为的外部条件，它是引起动机的另一个重要因素。诱因可以分为正诱因和负诱因。凡是个体趋向或接受它而得到满足时，这种诱因称为正诱因；凡是个体因逃离或躲避它而得到满足时，这种诱因称为负诱因。例如，对饥饿的人来说，食物是正诱因，电击是负诱因。诱因可以是物质的，也可以是精神的。例如，教师对学生的表扬，就是一种激发学生学习的精神诱因。

大多数情况下，人的行为是由内在需要和外在诱因两方面因素共同驱动的。个体在某一时刻有最强烈的需要，并在有诱因的条件下，能产生最强烈的动机。例如，有考大学需要的人，只有在高校招生的条件下，才能引起升学的动机。可见，需要和诱因是形成动机的必要条件。但是，在动机的内在条件和外在条件各自所起的作用上，心理学家所强调的侧面是有所不同的，即所谓"拉"和"推"的理论。"拉"的理论强调动机中的环境的作用，"推"的理论强调动机中的个体内部力量。一般来说，有些动机形成时需要的作用强些，有些动机形成时诱因的作用强些。例如，人在某些时候并不是很饿，但看到美味的食物时，也会有进食的动机和行为。

(三)动机的功能

动机在人类行为中起着十分重要的作用，动机在刺激和反应之间提供了清楚而重要的内部环节。人类动机是个体活动的动力和方向，它既给人的活动以动力，又对人的活动的方向进行控制。动机被认为具有活动性和选择性。人类的动机好像汽车的发动机和方向盘。动力和方向被认为是动机概念的核心。具体地说，人类动机对活动具有激发、指引、维持和调节的功能。

1. 激发功能

动机能激发起机体产生某种活动。有机体对某些刺激，特别是当这些刺激和当前的动机有关时，其反应更易受激发。例如，饥饿者对食物有关的刺激、干渴者对水有关的刺激反应特别敏感，易激起寻觅活动。

2. 指引功能

动机像指南针一样指引着活动的方向，它使活动具有一定的方向，朝着预定的目标前进。动机不同，活动的方向和它追求的目标也不同。

3. 维持和调节功能

当活动产生以后，动机维持着这种活动针对一定的目标，并调节着活动的强度和持续时间。如果活动达到了目标，动机促使有机体终止这种活动；如果活动尚未达到目标，动机将驱使有机体维持或加强这种活动，或转换活动方向以达到某种目标。

在具体的活动中，动机的上述功能的表现是很复杂的。不同的动机可以通过相同的活动表现出来；不同的活动也可能是由相同或相似的动机所支配，并且人的一种活动还可以由多种动机所支配。例如，学生按时复习功课、完成作业的活动，其学习动机可能是不同的。有的可能是理解到自己作为一个学生的责任和义务，有的可能是想考取高一级的学校，有的可能是出于个人的物质要求，有的可能是怕老师的检查和父母的责骂，有的还可能出于上述的几种原因。又例如，成就动机可以促使人们在不同的学习领域进行积极的活动。因此，在考察人的行为活动时，就必须揭示其动机。只有这样才能对他的行为做出正确的判断。

(四) 工作效率与动机强度

工作效率(work efficiency)与动机强度(motivational intensity)有密切联系。如果动机强度不断增强，有机体的活动就会越高涨，活动的效率也就越佳。但是，事实并非如此。活动动机很低对工作持漠然态度，工作效率是低的。然而当动机过强时有机体处于高度的紧张状态，其注意和知觉的范围变得过于狭窄，反而限制了正常活动，从而使工作效率降低。例如，在考试复习中做了充分准备的学生一心想考出好成绩，往往在考试中不能充分发挥实力，甚至不及格；就是因为动机过强，反而降低了效率。因此，为了使活动卓有成效，就应避免强度过低或过高。

在各种活动中都有一个动机最佳水平问题，动机最佳水平因课题的性质不同而不同。在比较容易的课题中，工作效率有随动机提高而上升的趋势；而在比较困难的课题中，动机最佳水平有随课题难度的增加而逐渐下降的趋势。这种现象是叶克斯和多德森通过动物实验发现的，被称为叶克斯—多德森定律(见图 12-3)。

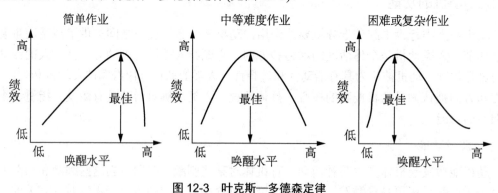

图 12-3 叶克斯—多德森定律

二、动机的种类

人类动机十分复杂，可以从各个不同角度，根据不同标准相对进行分类。

(一)生理性动机和社会性动机

根据动机的起源,可以把动机分为生理性动机和社会性动机。

1. 生理性动机

生理性动机(physiological motivation)起源于生理性需要,它是以有机体的生理需要为基础的。例如,饥饿、干渴、性、睡眠、解除痛苦等动机。人类的生理性动机也受社会生活条件所制约,并且打上社会的烙印。在生理性动机中研究得最多的是饥饿动机和干渴动机。

1) 饥饿动机

饥饿驱使个体从事求食的活动。有机体缺乏食物引起饥饿,但缺乏食物如何引起饥饿感觉呢?这是一个复杂的问题。长期以来,人们一般认为胃部收缩是引起饥饿的主要原因。坎农(W. B. Cannon)曾做过一个著名的实验。他把一个气球放进被试的空胃中,然后充气使之与胃壁紧贴。当气球充气引起胃壁收缩时,被试产生饥饿感觉。但也有一些实验并不支持胃收缩就是饥饿的唯一原因的论点。旺杰斯坦(Wangensteen)等人发现,全部切除胃的人仍有饥饿感觉。坦善尔顿(Templeton)等人将饿狗身上的血输入到饱狗身上,发现饱狗的胃部收缩,将饱狗身上的血输入到饿狗身上,发现饿狗的胃部停止收缩。这说明血液中的某些化学成分的变化是引起饥饿的原因。血液中的化学变化,主要是血糖和激素含量的变化。饥饿的原因可能是血糖量的降低、内分泌的变化和胃部收缩三者的综合作用。

现代生理学研究表明,饥饿与下丘脑的机能有关,下丘脑对摄食行为进行调节。下丘脑有两个中枢对摄食行为进行调节,即摄食中枢和饱食中枢。摄食中枢位于下丘脑的外侧区,它发动摄食活动;饱食中枢位于下丘脑的腹内侧核,它停止摄食活动。电生理学实验表明,刺激一个中枢会抑制另一个中枢的活动。静脉注射葡萄糖,腹内侧核放电频率较高,外侧区放电频率较低。有机体在饥饿情况下,可以看到下丘脑外侧区放电频率较高,腹内侧核放电频率较低。但是,中枢神经系统的许多部位都参与控制饥饿动机的行为,不能把下丘脑看作控制饥饿动机的唯一部位。"大脑的基底神经节也参与饮食行为……大脑皮层本身,特别是额叶也参与控制吃食行为。"

社会文化条件,个人生活习惯,食物的色、香、味等也都影响着人的求食活动。生活在某地区的人,食物的品种受当地物产的限制,食物的制作方法又在很大程度上受传统文化的影响。

2) 干渴动机

干渴驱使个体从事饮水活动。渴比饥饿对个体行为具有更大的驱动力,人可以几天不吃食物,但不能几天不饮水,体内如果严重缺水会导致有机体的死亡。坎农曾提出口干而喝水的假设,但这个假设没有得到证实。生来没有唾液腺的人,经常口干,但并不比正常人喝更多的水;注射引起唾液腺分泌的药物,也没有减少有机体对水的需要。阿道夫(Adolph)的实验表明,一只狗在某一个特定时间内的缺水量与它得到水后所喝的量是相等的。这说明,狗似乎有一种正确估计自己缺水多少的能力,即个体喝水受体内需要程度的支配,而不受口干程度的支配。下丘脑中某些化学成分的变化是产生渴的重要原因。将盐水注射到山羊下丘脑的某些部位内,会引起山羊大量饮水,但注射纯水时,则不会引起大量饮水,现代生理学研究表明,下丘脑对机体的水平衡起调节作用。对下丘脑是摄水中枢的研究,早在20世纪50年代,就有报道。下丘脑的中部与前部毁伤能使动物停止饮水,直至严重脱水而死亡。这些研究表明，下丘脑中可能有调节饮水的中枢。但不同的动物可能部位不完全相同，而且部位也比较分散。渴也不仅仅由下丘脑调节控制，中枢神经系统的许多部位也参加调节。例如，20世纪70年代阿纳德等人的研究发现，边缘系统的隔区与饮水有关。切除隔区的主要部分或后区，动物变得极渴，并且大量饮水。

满足渴的需要的方式和饮料的品种等都与人类社会文化生活条件有关。例如，有人要喝清茶，有人要喝可乐或汽水。

2. 社会性动机

社会性动机(social motivation)又称心理性动机，它起源于社会性需要，与人的社会性需要相联系。例如成就、交往、威信、归属和赞誉等动机。社会性动机具有持久性的特征，是后天获得的。人与人之间的社会性动机有很大的个体差异。张春兴教授认为，心理性动机中包括两个层次，一个层次包括较为原始的三种驱力，即好奇、探索与操弄；另一个层次包括人类所特有的成就动机和交往动机。

1) 好奇、探索与操弄

个体对新奇事物注意、探索和操弄等行为的内在动力称为好奇动机，简称好奇。引起好奇动机的刺激要具备新奇性或复杂性。刺激越新奇或越复杂时，个体对它也就越好奇。个体在幼小时对事物的好奇也比长大后更为强烈。

动物的行为也受好奇动机的驱使。有人曾将一只饥饿的白鼠放在放置着白鼠喜吃食物的新环境中，白鼠总是先探索一番，然后吃食物。罗马尼斯(Romanes)将猴子放在有野果和一只用绳子捆绑的箱子(内中也装有野果)的环境中，他发现猴子宁肯花2个小时把箱子打开，取食野果，也不去拿身旁的野果。

儿童具有各种好奇动机，在婴幼儿的行为上以3种方式表现出来：第一，感官探索。凡有新奇事物出现时，儿童以视觉、听觉、嗅觉、味觉等感官对事物进行探索。第二，动作操弄。在感官探索基础上，进而以动作操弄，推、拖、拍、抓、摸等动作，都属于操弄行为。操弄东西是在对某一事物视觉和听觉之外的触觉经验，奇特的东西会引起儿童强烈的操弄的欲望。儿童喜欢把玩具等物拆开玩弄，主要是一种探索行为，这不能认为是破坏性的行为。第三，好问。幼儿逐渐长大，感官的探索和动作的操弄已经不能满足他们的好奇动机，他们已经学会向他人询问。四五岁儿童的好问表现尤为明显。成人越是愿意回答幼儿的提问，幼儿提出的问题也越多。幼儿非常好问，他们经常问许多个"是什么？"和"为什么？"如"这是什么花？""太阳有家吗？""天上的星星为什么不睡觉？""月亮为什么总是跟我走？"等等。王瑜元同志记录了她的孩子4岁半至5岁半一年中所提出的问题共4043个，这些问题涉及面非常广泛，其中涉及动物的问题最多。

埃德斯兰(R. C. Endsley)等人的研究表明，儿童的好奇心与母亲的教养态度、母亲的榜样和强化密切相关。如果母亲本身好奇心强、求知欲高，并且经常鼓励孩子提出问题，则子女的好奇心较强。相反，如果母亲很少与孩子交往，不去引导儿童发现，不积极回答孩子的问题，摆出一副权威的样子，则孩子的好奇心就弱。伯莱(Berlyne)认为，提问和发现包含有共同因素，两者都是为了获得新的信息。有研究表明，提问和发现之间有中等程度的正相关。心理学家对儿童的好奇动机十分重视，因为无论是从行为发展的观点或教学观点来看，儿童的好奇动机都十分重要。成年人对大自然的奥秘不断探索，虽然有其他动机参与，但好奇动机是一个主要原因。

2) 成就动机

成就动机(achievement motivation)是指个体在完成某种任务时力图取得成功的动机。成就动机对个人的发展和社会的进步都具有重要作用，它好像一架强大的"发动机"那样，激励人们努力向上，在前进道路上取得一个又一个的成就。

20世纪30年代，默里把成就动机列入人类20种心理需要之一，并称之为"克服障碍，施展才能，力求尽好尽快地解决难题"。麦克莱伦(D. C. Mcclelland)和阿特金森(J. W. Atkinson)等人对成就动机的研究进入了一个新的阶段，主要从认知理论出发，开始探讨个人成就的归因过程，以及对成就动机的测量。

研究表明，成就动机和一个人的抱负水平密切联系着。个人的成功和失败的经验通常影响抱负水平的高低，成功的经验会提高个人的抱负水平，失败的经验会降低个人的抱负水平。如果一位学生估计自己能考90分，但考试成绩低于90分，那么他下次再定的抱负水平可能会低于90分。反之，则会高于90分。美国心理学家罗特(J. B. Rotter)认为，制约个人抱负水平的两个因素是：个人的成就动机和个人根据已往的成败经验对自我能力的实际估计。

麦克莱伦的成就动机理论被称为情绪激发理论。麦克莱伦认为，成就动机是一个人人格中非常稳定的特质。个体记忆中存在着与成就相联系的愉快经验，当情境能引起这些愉快的体验时，就能激发起个体的成就动机。他指出，成就动机强的人对学习和工作都非常积极，能够控制自己不受环境影响，并且能善于利用时间。成就动机得分高的人比得分低的人，会取得优良的成绩。麦克莱伦把成就动机看作决定个体行为的根本原因，并且将一个民族的成就动机看作社会经济的决定力量。洛威尔(E. L. Lowell)等人的实验都表明了高成就动机组比低成就动机组成绩要好。洛威尔等人用大学生做被试，高成就动机组19人，低成就动机组21人，要求他们把一些打乱了的字母去组成普通的词(如把W、T、S、E组成west)。测试时间为20分钟，平均4分钟，分为5个时间。开始时，两组差别并不大，但随时间的推移，学习的进展，高成就动机组的成绩比低成就动机组的成绩明显要好。7天后洛威尔等人要求这些被试做加法问题，平均2分钟，也分为5个时期。结果高成就动机组的成绩也明显地比低成就动机组好。在该实验中，高成就动机组成绩没有出现上升现象，就是因为加法问题简单，一开始就已经取得了很高的成绩。

麦克莱伦等人对人类的成就动机做了长期的实验研究，他和阿特金森等人在1953年发表了《成就动机》一书，受到心理学家的关注，确立了成就动机在人类动机体系中的地位。他们采用投射法等来研究人类成就动机，激起了后人研究成就动机的热潮。但是，他把成就动机作为决定个体行为的根本原因，忽视了个体行为的复杂性，忽视了其他因素对个体行为的影响，在社会发展方面，忽视了政治、经济、自然条件的影响，把一个民族的成就动机看作经济发展的唯一决定因素。这种单一决定论，显然是片面的，并且过于简单化了。

阿特金森的成就动机理论被认为是一种期望价值理论，因为这一理论认为动机水平依赖于一个人对目的的评价以及达到目的可能性的估计。他重视冲突的作用，尤其是期望成功与害怕失败之间的冲突。期望成功，推动我们去寻找成就；害怕失败，推动我们去避开失败情境。前者使人产生想要成功的倾向，后者使人们产生回避失败的倾向。

美国心理学家韦纳(B. Weiner)等人对成就动机进行了归因分析，从认知心理学角度研究了成就动机，提出了成就动机归因模式。他认为，分析一个人成功和失败的原因是理解成就行为的关键，个体对行为成败原因的知觉影响个体成就行为的坚持性、强度和选择。

动机的归因理论是奥地利社会心理学家海德(F. Heider)首创的，他在20世纪50年代就指出，一个人的成功可以归因于自己的努力或能力，一个人的失败可以归因于环境或他人的过错。归因可以是内源的或外源的。内外源的归因中，还可以分为稳定的和不稳定的。如果把成功归因于能力，这是稳定的；如把成功归因于努力，这是不稳定的。

韦纳把成败的原因分为3个维度：①内归因和外归因。努力、能力、个性等原因都是内源的；任务的难度、运气、家庭条件等原因都是外源的。②稳定的归因和非稳定的归因。任务的难度、能力、家庭条件等原因都是稳定的；努力、运气、心境等原因都是不稳定的。③可控归因和不可控归因。努力等原因都是受个人意志控制的；运气等原因都是不受个人意志控制的。

韦纳又把活动成功和失败的原因(行为责任)归结为4个因素：努力、能力、运气和任务难度，将3个维度和4个因素结合起来，组成"三维度模式"(见表12-1)。

表12-1　韦纳的三维归因模式

稳定性	控制点	
	内部的	外部的
稳定的	能力	任务难度
不稳定的	努力	运气

韦纳从认知心理学的角度把成功和失败的原因分为三个维度比海德的思想有所发展，并且有助于人们对成就行为的原因进行分析。他认为，我们对成功和失败的归因，会对以后行为产生重大影响。如果一个人把考试失败归因于缺乏能力，那么以后考试还会预期失败，这是因为能力是一个稳定性的因素；如果把考试失败归因于运气不佳，那么以后考试不大可能预期失败，这是因为运气是一个不稳定性的因素(见图12-4)。

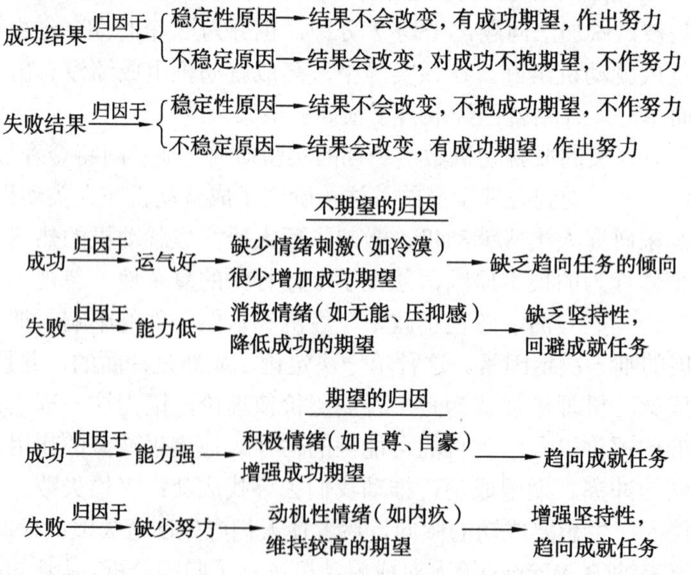

成功结果 归因于 ｛稳定性原因 → 结果不会改变，有成功期望，作出努力
　　　　　　　　　不稳定原因 → 结果会改变，对成功不抱期望，不作努力

失败结果 归因于 ｛稳定性原因 → 结果不会改变，不抱成功期望，不作努力
　　　　　　　　　不稳定原因 → 结果会改变，有成功期望，作出努力

不期望的归因

成功 —归因于→ 运气好 → 缺少情绪刺激(如冷漠) → 缺乏趋向任务的倾向
　　　　　　　　　　　　　很少增加成功期望

失败 —归因于→ 能力低 → 消极情绪(如无能、压抑感) → 缺乏坚持性，
　　　　　　　　　　　　　降低成功的期望　　　　　　　回避成就任务

期望的归因

成功 —归因于→ 能力强 → 积极情绪(如自尊、自豪) → 趋向成就任务
　　　　　　　　　　　　　增强成功期望

失败 —归因于→ 缺少努力 → 动机性情绪(如内疚) → 增强坚持性，
　　　　　　　　　　　　　　维持较高的期望　　　　　趋向成就任务

图12-4　归因与行为的关系

但是，在实际生活中，个人对成功和失败的归因并不一定是成功和失败的真正原因。此外，韦纳认为，一个人的成就行为由对成败原因的知觉决定，个性特点仅起中介作用。事实上，个性特点并非通过对成败原因的知觉间接影响个人行为的。许多研究表明，个性心理特征是影响成就动机的因素。

影响成就动机的因素主要有：①成就动机的高低与童年所接受的家庭教育关系密切。父母的价值观、父母的成就动机、父母对子女的要求和教育方式都影响儿童的成就动机。一般来说，父母要求子女独立自主而又能以身作则，容易培养儿童的成就动机。相反，父母对子女过分保护，就会限制儿童的独立性，较难培养学生的成就动机。严格而温和式的教育方式对孩子的成长更为有利。②教师的言行影响学生成就动机的强弱。教师是学生学习的榜样，成就动机较强的教师的言行有助于激发学生的成就动机。教师对学生的评语是激发学生成就动机的有效方法。一般来说，教师除了给学生评定等级外，还要根据学生的特点，给予适当的矫正或相称的好评。③经常参加竞争和竞赛活动的人比一般人的成就动机强。④学生的学习成绩与其成就动机呈正相关。学习成绩优秀的学生通常成就动机强，学习成绩差的学生通常成就动机弱。⑤个人对工作难度的看法影响成就动机。个人如果认为工作过难或过易，都不易激发成就动机；认为工作难度适中，成功和失败的可能性各占一半时，成就动机最强烈。⑥个性因素影响成就动机。个人的理想、信念和世界观对成就动机有深刻的影响。⑦群体的成就动机的强烈与自然环境和社会文化条件有关。当国家经济繁荣兴旺时，人民的成就动机就会提高。相反，就会降低。竞争激烈的地方，人们的成就动机相对强些。

3) 交往动机

交往动机(communication motivation)又称亲合动机或亲和动机。交往动机是指个体愿意与他人接近、合作、互惠并发展友谊的动机。人类的交往动机反映了社会生活和劳动的要求。人要参加社会生活，要劳动，就必须与他人接近、合作、保持友谊关系。人际交往也是个体心理正常发展的必要条件，只有在社会生活过程中通过人际交往，个体心理才能得到正常的发展。

人类的交往活动与恐惧有关。沙赫特(S.Schachter)用 64 名女大学生做被试，分成实验组和控制组。让实验组的女大学生看一个身穿白色实验服的实验者，并且在房间里布满了各种电器设备。告诉被试，实验是有关电击的问题，电击会伤害人，使人痛苦。控制组则尽量使被试感到轻松，并且告诉被试，电击不会感到不舒服，只会感到一些发痒或震颤的感觉。之后，要求被试在实验室里等候，让她们自己决定，她是否要同学做伴，还要她们说明选择的强度。结果表明，高恐惧的人比低恐惧的人更愿意合群，越是恐惧，合群倾向越强烈。

人类的交往活动也与忧虑有关。曹尔诺夫等人在 1961 年进行了一项研究，他们把被试分成 4 个组：高度恐惧组、低度恐惧组、高度忧虑组和低度忧虑组，进行合群倾向测验。在实验时，实验者使两个忧虑组都没有任何恐惧的感觉。结果表明，恐惧与忧虑对合群显示出相反的效应，高度忧虑组的人较低忧虑组的人倾向不合群，他们和别人在一起时会使忧虑增加，因此回避他人。由此可见，恐惧使合群倾向增加，忧虑使合群倾向减少。

许多研究表明，影响交往动机的因素是复杂的，是综合在一起的，但其中每种因素所起作用是不同的。

(二)长远的、概括的动机和暂时的、具体的动机

根据影响范围和持续时间，动机可分为长远的、概括的动机(long-term summarized motivation)和暂时的、具体的动机(temporarily specific motivation)。前者来自对活动意义的深刻认识，持续作用的时间长，比较稳定，影响的范围也广；后者常由活动本身的兴趣所引起，持续的时间短，常常受个人的情绪影响，不够稳定。例如，一位大学生立志要成为一位经济学家，这种动机是长远的、概括的；而仅仅为了一次考试得高分，这种动机就是暂时的、具体的。人既要有远大目标，也要有近期目标，并将这两种动机结合起来，并且使长远的、概括的动机成为主导动机。

(三)高尚动机和低级动机

根据动机的性质和社会价值，动机可分为高尚动机(noble motivation)和低级动机(low-level motivation)。高尚动机能持久地调动人的积极性，促使他为社会发展做出重大贡献。低级动机违背社会发展规律与人类利益，不利于社会发展。

(四)主导动机和辅助动机

根据动机对活动作用的大小，动机可分为主导动机(leading motivation)和辅助动机(assistant motivation)。主导动机通常对活动具有决定作用，辅助动机则起加强主导动机、坚持主导动机所指引的方向的作用。个体的活动为这两种动机所激励，由动机的总和支配。

(五)意识动机和潜意识动机

根据动机的意识性，动机可分为意识动机(conscious motivation)和潜意识动机(unconscious motivation)。有一些动机人们并没有意识到，但能影响人的活动。定势就是这样一种潜意识动机。在人类动机体系中，意识动机起着主导作用。

三、动机理论

所谓动机理论，是指心理学家对动机问题作系统解释的学说。心理学上一些主要学派的心理学家们，对动机都曾提出过理论性的解释。

(一)传统的动机理论

传统的动机理论主要包括精神分析动机理论、内驱力降低理论等。

1. 精神分析动机理论

弗洛伊德认为，人有两大类本能。一种是生的本能(life instinct)，他称之为力比多(libido)，并以此来概括一系列行为和动机现象。像饮食、性、自爱、他爱等个人所从事的任何愉快的活动，都是生的本能。另一种是死的本能(death instinct)，他称之为塔纳托斯(Thanatos，希腊神话中的死神)，像仇恨、侵犯、自杀等都是死的本能。由于这两种本能在现实生活中都不能自由发展，常常受到压抑而进入潜意识领域，并在潜意识中并立共存，驱使我们的

行动。人的每一种动机都是潜意识的生的本能和死的本能的混合物。他把心理比作冰山，露出水面的小部分为意识领域，水下的大部分为潜意识领域。这个潜意识的大部分是冲动、被压抑的愿望和情感。因此，要了解人类行为背后潜藏的动机，如果只分析意识领域是不充分的，也是不恰当的。于是，弗洛伊德采用自由联想、释梦等方法来揭示潜意识的动机过程。

弗洛伊德及其后继者新精神分析学家们的观点各不相同，但他们都认为人类最基本的动机是潜意识的。人们有意识地压抑自己的本能冲动(特别是性冲动)，但绝不能消除，也不能完全加以控制，常以梦、失言、笔误等以及许多神经症状显现出来，也会以升华或其他文饰方式表现出来。

2. 内驱力降低理论

内驱力降低理论是美国心理学家赫尔(Hull，1943)提出的一种动机理论。他认为，机体的需要产生内驱力，内驱力激起有机体的行为。内驱力是一种中间变量，其力量大小可以根据剥夺时间的长短或引起行为的强度或能量消耗，从经验上加以确定。但他认为，剥夺的持续时间是一个相当不完善的指标，因而强调用行为的力量来衡量。在赫尔的理论中，内驱力主要有两种：原始性内驱力和继发性内驱力。原始性内驱力同生物性需要状态相伴随，并与有机体的生存有密切的联系。这些内驱力产生于机体组织的需要状态，如饥、渴、空气、体温调节、大小便、睡眠、活动、性交、回避痛苦等。继发性内驱力是指情境(或环境中的其他刺激)而言，这种情境伴随着原始性内驱力的降低，结果就成了一种内驱力。也就是说，以前的中性刺激由于能够引起类似于由原始性内驱力所引起的反应，而具有内驱力的性质。

赫尔认为，要形成学习行为，必须降低需要或由需要而产生的内驱力；为了使被强化的习惯产生行动，必须要有与之相适应的诱因，而且必须引起内驱力。因此，产生某种行为的反应潜能(SER)等于内驱力(D)、诱因(K)和习惯强度(SHR)的乘积。这样，赫尔的理论体系可用下列公式来表示：

$$SER = D \times K \times SHR$$

这个公式表明，反应潜能是由内驱力、诱因、习惯强度的多元乘积决定的。如果 $D=0$ 或 $K=0$，则 SER 也等于 0 而不发生反应。同时，不论驱力水平有多高，在未形成习惯的情况下也是没有行为反应的。相反，不论习惯强度多高，驱力水平低，反应潜能也低。由此，可以看出，赫尔的动机理论主要观点为：有机体的活动在于降低或消除内驱力；内驱力降低的同时，活动受到强化，因而是促使人提高学习效率的基本条件。

(二)动机的认知理论

现代认知理论认为，个体对来自外界的信息经过加工处理后，在头脑中形成了各种不同的观念。这些观念在刺激和行为间起中介作用，它既能引起行为，又能改变行为，在这个意义上，认知具有动机功能。近年来，动机的认知理论成为人们重视的一种动机理论。

1. 期望理论

认知理论的动机理论认为，人类的动机行为是以一系列的预期、判断、选择，并朝向目标的认知为基础的。主张认知理论的早期代表人物是托尔曼(E. C. Tolman，1886—1959)

和勒温。托尔曼通过对动物的实验提出行为的目的性，即行为的动机是期望得到某些东西，或企图避开某些讨厌的东西。这就是期望理论(expectancy theory)的原始形态。

1964年，美国著名心理学家弗洛姆(Vroom)建立了自己的动机期望理论。弗洛姆认为，人总是渴求满足一定的需要并设法达到一定的目标。这个目标在尚未实现时，表现为一种期望，这时目标反过来对个人的动机又是一种激发的力量，而这个激发力量的大小，取决于目标价值(效价)和期望概率(期望值)的乘积。用公式表示就是：$M = \sum V \times E$。M 表示激发力量，是指调动一个人的积极性，激发人内部潜力的强度。V 表示目标价值(效价)，是指达到目标对于满足个人需要的价值。同一目标，由于各个人所处的环境不同，需求不同，其需要的目标价值也就不同。同一个目标对每一个人可能有 3 种效价：正、零、负。效价越高，激励力量就越大。E 是期望值，是人们根据过去经验判断自己达到某种目标的可能性的大小，即能够达到目标的概率。目标价值大小直接反映人的需要和动机强弱，期望概率反映人实现需要和动机的信心的强弱。这个公式说明：假如一个人把某种目标的价值看得很大，估计能实现的概率也很高，那么这个目标激发动机的力量就强烈。

2. 动机自我归因论

归因论本来是社会心理学家海德在1958年倡议的一种理论。在心理学上研究人的知觉时，根据归因论可以对"某人为什么会有那样的行为？"之类的问题得到合理的解释。到20世纪70年代初，韦纳扩大了原来归因论的观念，建立了一套从个体自身的立场解释自己的行为的归因理论，称为自我归因论。

从动机理论演变的观点看，韦纳的自我归因论，是对艾特肯逊动机论中二向度说法的修正。按艾特肯逊的看法，个人在面对预期未卜的情境下，将同样怀有希望成功与恐惧失败的心态。这种心态可能构成个体遇事既欲追求(成功)又想逃避(失败)的性格。每个人所不同的，只是相对二向度的强弱而已。韦纳认为，动机并非个人的性格，动机只是介于刺激事件(如工作情境)与个人处理该事件所表现出的行为之间的中介作用而已。刺激事件的性质改变，一定会影响到个人处理该事件行为后果的改变，此一行为后果，自然会影响到个人以后对同样刺激事件的动机。在球类比赛时，例如对手实力相当，比赛结果胜利了，士气旺盛，与之再战的动机增强；例如对手实力相差悬殊，即使结果大胜，也不会激起与之再战的动机。

不过，影响个体动机强弱的因素中，除了刺激事件之外，自然还有很多其他的因素。按韦纳的自我归因论的解释，每当个人处理过一桩刺激事件之后，个人将根据自己所体会到的成败经验，并参照自己所了解的一切，对自己的行为结果，提出 6 个方面的归因解释。换言之，个人做完一件重要工作(例如参加考试)之后，无论其行为后果是成功的，还是失败的，他对自己成败理由进行分析时，都会围绕以下 6 个方面进行归因。

(1) 能力。根据自己评估，个人应付此项工作有无足够能力。
(2) 努力。个人反省此次工作是否尽了最大的努力。
(3) 工作难度。凭个人经验，对此次工作感到困难还是容易。
(4) 运气。个人自认此次工作成败是否与运气好坏有关。
(5) 身心状况。凭个人感觉工作当时的心情及身体健康状况。
(6) 别人的反应。在工作当时及以后别人对自己工作表现的态度。

以上 6 项归因，各有不同的变化程度：能力有高低，努力有大小，工作有难易，运气有顺背，心情有起伏，健康有好坏，别人的反应有褒贬。如此看来，在工作结果之后，个人经过成败的分析检讨，以决定以后动向的动机强弱时，有很多因素都会发生作用。而且，我们可以想象，根据各因素的性质与当事人的认知，每个因素对工作成败的影响，又将各不相同。由此可见，个人在面对工作结果时成败归因的心理历程，是非常复杂的。韦纳的自我归因论，即企图对此复杂的心理历程提出系统解释。

(1) 韦纳采取了 20 世纪 50 年代以后社会心理学家罗特(Rotter, 1954)所倡议的控制信念的概念，作为他自我归因论的理论基础。控制信念是指个人在日常生活中对自己与环境关系的看法。有的人相信凡事操之在己，将成功归因于自己努力，将失败归因于个人疏忽。这是自愿承担责任的看法，持此看法者，称为内控；即这种人所持的信念是，个人的命运掌握在自己手里。另外有的人相信，凡事操之在人，将成功归因于机遇幸运，失败则由于受人阻难。这是不愿承担责任的看法，持此看法者，称为外控；即这种人所持的信念是，个人的命运受外因所控制。

(2) 韦纳采取而又引申了罗特的控制信念理论中的观念。按韦纳的解释，个人对自己工作成败的看法，除了基本心态上有内控与外控分别之外，与影响工作成败各因素的性质，也有密切的关系。因为，就上述 6 个方面归因而言，有的是个人可以主控的；其中第二项对工作付出的努力程度，即可自主控制。但多数因素不是个人所能主控的；诸如能力、工作难度、运气、身心状况以及别人的反应等因素，其变化均非个人所能控制。

(3) 韦纳将影响工作成败的 6 项归因，按其与当事人的关系，分为外在的与内在的两类；能力、努力、身心状况三者，属于内在因素，工作难度、运气、别人的反应三者，属于外在因素。

(4) 按韦纳的解释，影响工作成败的 6 项归因中，在性质上有的是稳定的，持久不变的，如能力与工作难度两者；但有的是不稳定的，随情境的不同而可能发生变化，例如努力、运气、身心状况、别人的反应等。

工作成败检查之后的归因取向，将影响个人以后再从事类似工作时动机的高低。而影响以后动机高低者，将决定于个人对归因事项所具特征的认知。例如，甲生考试失败，如果他将失败的原因完全归于外在因素，外在因素是无法控制的，所以他对下次考试，仍然不会有很强的动机。又例如，乙生考试失败，如果他将失败原因归于自己的能力，能力是不能凭自己意愿予以改变或控制的，所以他对下次考试，仍然不会有很强的动机。再例如，丙生考试失败，如果他不将失败原因归于不能控制的一切原因，只归咎于自己不够努力，如此，他对下次考试，自然就会有很强烈的动机。

3. 动机自我效能论

社会学习论的创始人班都拉(Albert Bandura，1925—)，从社会学习的观点，在 1982 年提出自我效能论，用以解释在特殊情境下动机产生的原因。自我效能论是指个人在目标追求中面临一项特殊工作时，对该项特殊工作动机的强弱，将决定于个人对其自我效能的评估。自我效能与自信有关，但二者并不相同。自信指个人对自己所作所为之事具有信心，是指个人对处理一般事务时的一种积极态度。自我效能是指根据自己以往经验，对某一特殊工作或事务，经过多次成败的历练后，确认自己对处理该项工作，具有高度的效能。因此，某人在面对某项具有挑战性的工作(例如参加围棋挑战赛)时，影响他的接受与否，以及接受后是否全力以赴(动机)的,有两个因素:一是了解工作的性质;二是根据经验衡量自己的实力,亦即自我效能。自我效能是个人对其某方面工作能力的自我评估,例如自认在网球方面自我效能高者,未必觉得在游泳方面有何自我效能。

班都拉认为,个体行为后的动机是个体在面对情境时的内在认知性活动。某人对挑战性的情境,敢于冒险尝试(动机),是因其自认具有高度的自我效能。所谓"艺高人胆大","艺高"是自我效能,"胆大"即为动机。按班都拉的解释,正确的自我效能建立在正确的自我评估上,正确的自我评估须从下述 4 个方面学习。①直接经验。在多次同类工作的成败经历中,获得知己知彼的直接经验。②间接经验。经观察学习获得推论而来的间接经验。③书本知识。从有关某方面工作的专著及手册、图书、说明书中,获得精深的专门知识。④体能训练。经适当的体能训练,可对自己身体状况能否适应艰巨工作,获得清楚的了解。

班都拉的动机自我效能论,比较适用于解释具有挑战性行为的动机。曾有学者以戒烟者为对象研究发现,戒烟看似是轻而易举的行为,但能维持长期戒烟行为,却非常困难。戒烟成败的关键因素,完全决定于当事人的自我效能;只有他自己肯定认为他有戒烟的能力,他才可能达到戒烟的目的。

4. 动机的感觉理论

除以上介绍的各种理论外,另外还有两种经常被人们提到的动机理论。

(1) 适度兴奋论:指个体在身心两方面,各自存有自动保持适度兴奋的内在倾向,缺则寻求增高,过则寻求减低。正所谓静极思动,动极思静。

(2) 内在动机论:指个体的某些行为活动本身带给个体的快乐感觉,就是促使该种行为活动的原因。

以上两种动机理论,有一共同之处,即个体所从事的行为活动,均以自己的感觉为标准而决定。心理学家左克曼(M. Zucherman, 1979)根据这两种理论,编制了一种感觉取向量表(Sensation-seeking Scale, SSS),用于测量一般人爱好刺激感觉的程度。按左克曼研究发现,感觉取向较强的人,在性格上显示 4 种个性:喜欢冒险;喜欢新奇经验;敢于自由抒发感情;对例行工作或单调事务缺少耐心。

延伸阅读

小 测 验

在日常生活上,有人喜欢安闲的感觉,有人爱好热闹刺激的感觉。以下 14 个项目是心理学家左克曼编制的感觉取向量表的主要部分,读者可在每个项目中,就 A 与 B 所述情境,凭直觉圈选其一,然后按后附记分法计算分值,从而鉴定自己在感觉取向上是不是一个跟着感觉走的人。

1. A. 跟个性缓慢言行不爽快的人谈话,我没有耐心。
   B. 与任何人谈话,我都觉得蛮有意思。
2. A. 一幅好的图画必须具有引人心灵震动的感觉。
   B. 一幅好的图画必须具有引人心灵安适的感觉。
3. A. 我觉得爱骑机车飙车的人是拿自己的生命当儿戏。

B. 我喜欢坐在机车上那种风驰电掣的感觉。
4. A. 我向往能住在一个安全、平静、人人快乐的城市里。
  B. 我希望自己生活的地方产生一件创造历史的动乱大事。
5. A. 我时常想要去做一件冒险刺激的事情。
  B. 我认为凡事谨慎，尽量避免危险。
6. A. 我不想尝试被人催眠。
  B. 我想尝试一下被催眠的感受。
7. A. 人生的最重要目的就是向环境挑战的充实经验。
  B. 人生的最重要目的乃是求取快乐与安适。
8. A. 我很想尝试高空跳伞的那种惊险感觉。
  B. 我从未想过参加高空跳伞之类的惊险活动。
9. A. 在进入冷水游泳池时，我总是慢慢进入，让身体有时间适应。
  B. 在进入游泳池时，不管是温水还是冷水，我的习惯总是一跃而入。
10. A. 出外旅行时，我喜欢住安静舒适的旅馆。
  B. 出外旅行时，我觉得住野外的帐篷更有意思。
11. A. 我喜欢说话时表情丰富的人。
  B. 我喜欢说话时稳重不带情绪的人。
12. A. 我喜欢一直在同一地点上班的内勤性工作。
  B. 我喜欢时常改变地点的外勤性工作。
13. A. 坏天气待在家里不能出门时，我喜欢这个意外的假期。
  B. 坏天气待在家里不能出门时，我感到很不耐烦。
14. A. 我喜欢结交新朋友，对日久相处的老面孔感到厌烦。
  B. 我喜欢眼熟朋友相处，我觉得与人相交日久，相知才日深。

记分标准：凡是圈选 1A、2B、3B、4B、5A、6B、7A、8A、9B、10B、11A、12B、13B、14A 者，各得 1 分。按该量表的常模，感觉取向的高低定为：0～3 分，极低；4～5 分，低；6～9 分，中；10～11 分，高；12～14 分，极高。

复习要点

第一节 兴趣

兴趣是个体力求认识某种事物或从事某项活动的心理倾向。根据兴趣的内容，可以把它们分为物质兴趣和精神兴趣。物质兴趣是指在对食物、衣服和舒适的生活环境和生活条件等的追求。精神兴趣是指认识的兴趣，例如对学习和研究哲学、文学、数学等的兴趣。根据兴趣所指向的目标，可以把它们分为直接兴趣和间接兴趣。直接兴趣是对活动过程本身的兴趣。间接兴趣是指对活动结果的兴趣。兴趣的品质有兴趣的倾向性、兴趣的广泛性、兴趣的持久性、兴趣的效能。

第二节 需要

需要是有机体内部的某种缺乏或不平衡状态。根据需要的起源，把人的需要分为生理性需要和社会性需要。生理性需要是指保存和维持有机体生命和延续种族的一些需要。社会性需要是人类在社会生活中形成，为维护社会的存在和发展而产生的需要。根据需要的对象，把人的需要分为物质需要和精神需要。物质需要是以物质产品为对象的需要。精神需要是以精神文化产品为对象的需要。需要理论主要有以下几种。

勒温的需要理论：德国心理学家勒温假定个人与环境之间有一定的平衡状态，如果这种平衡状态遭到破坏，就会引起一种紧张(需要或动机)，这种紧张状态就会导致力图恢复平衡的移动。需要的压力可以引起心理系统的紧张，需要满足后，紧张的心理系统就得到解除。勒温把需要分为两种：需要和准需要。需要是指客观的生理需要。准需要是指在心理环境中对心理事件起实际影响的需要。

默里的需要理论：默里把需要定义为用于代表脑区力量的构造物，这种力量引起一系列行为的反应，使原有的紧张情绪解除，具有定向目的性。需要这种力量渗透到活动的各个方面，并调节控制着其他的心理活动。默里把需要划分为两类：基本需要，又称身体能量需要，它涉及生理的满足；次级需要，又称心理能量的需要，它涉及精神或情绪的满足。默里认为，各种需要之间有融合、互补和冲突的现象。他还认为，每一个人都有一个需要层次，各种需要在重要性上是有区别的。与人类自下而上有关的基本需要最重要。默里认为，明显的需要可以通过观察一个人行为的经常性、持久性与强烈性直接测量出来；隐蔽的需要必须用间接方法加以测量。

马斯洛的需要层次理论：美国心理学家马斯洛于1954年提出需要层次理论，该理论认为，人类有五种基本需要：生理需要、安全需要、归属和爱的需要、尊重需要和自我实现的需要。后来他又补充了认知需要和审美需要。马斯洛的需要理论的基本要点是：①人类的基本需要是按优势出现的先后或力量的强弱排列成等级的。人类的各种基本需要是相互联系、相互领带和彼此重叠的，是一个按层次组织起来的系统。②人类的需要可以分为高级需要和低级需要，人只有在占优势的生理需要得到满足后才会表现出更高层次，已经满足了的需要，就不再是行为的积极推动力量。③自我实现的需要是人类基本需要中最高层次的需要，但不是每一个成熟的成年人都能自我实现。

阿尔德夫的需要理论：阿尔德夫提出了3种基本需要，它们是生存需要，关系需要，即维持人与人之间关系的需要，成长需要。他认为，人类的3种需要并不是完全生来就有的，有的需要是通过后天的学习产生的。这3种需要之间并没有明显的界限，它们是一个连续体，并不是层次等级。

第三节 动机

动机是指发动、指引和维持躯体和心理活动的内部过程。根据动机的起源，可以把动机分为生理性动机和社会性动机。生理性动机起源于生理性需要，它是以有机体的生理需要为基础的。社会性动机又称心理性动机，它起源于社会性需要，与人的社会性需要相联系。根据影响范围和持续时间，动机可分为长远的、概括的动机和暂时的、具体的动机；根据动机的性质和社会价值，动机可分为高尚动机和低级动机；根据动机对活动作用的大小，动机可分为主导动机和辅助动机；根据动机的意识性，动机可分为意识动机和潜意识动机。引发动机的条件是需要和诱因。动机的功能有激发功能、指引功能、维持和调节功能。动机的理论主要有以下几种。

精神分析的动机理论：弗洛伊德认为，潜意识的大部分是冲动、被压抑的愿望和情感，人的每一种动机都是潜意识的生的本能和死的本能的混合物。要了解人类行为背后潜藏的动机，如果只分析意识领域是不充分的，也是不恰当的。于是，弗洛伊德采用自由联想、释梦等方法来揭示潜意识的动机过程。

内驱力降低理论：这是美国心理学家赫尔提出的。他认为，机体的需要产生内驱力，内驱力激起有机体的行为。内驱力主要有两种：原始性内驱力和继发性内驱力。原始性内驱力同生物性需要状态相伴随，并与有机体的生存有密切的联系。继发性内驱力是指情境(或环境中的其他刺激)而言，这种情境伴随着原始性内驱力的降低，结果就成了一种内驱力。也就是说，以前的中性刺激由于能够引起类似于由原始性内驱力所引起的反应，而具有内驱力的性质。赫尔的动机理论主要观点为：①有机体的活动在于降低或消除内驱力；②内驱力降低的同时，活动受到强化，因而是促使提高学习概率的基本条件。

期望理论：认知论的动机理论认为，人类的动机行为是以一系列的预期、判断、选择，并朝向目标的认知为基础的。主张认知论的早期代表人物是托尔曼和勒温。托尔曼通过对动物的实验提出行为的目的性，即行为的动机是期望得到某些东西，或企图避开某些讨厌的东西。

动机自我归因论：韦纳认为，动机并非个人的性格，动机只是介于刺激事件(如工作情境)与个人处理该事件所表现出的行为之间的中介作用而已。刺激事件的性质改变，一定会影响到个人处理该事物行为后果的改变，此一行为后果，自然会影响到个人以后对同样刺激事件的动机。每当个人处理过一桩刺激事件之后，个人将根据自己所体会到的成败经验，并参照自己所了解的一切，对自己的行为结果提出6个方面的归因解释：能力、努力、工作难度、运气、身心状况、别人反应。能力、努力、身心状况属于内在因素，工作难度、运气、别人反应属于外在因素。同时，在性质上有的是稳定的，持久不变的，如能力与工作难度两者；但有的是不稳定的，随情境的不同而可能发生变化，例如努力、运气、身心状况、别人反应等。

动机自我效能理论：班都拉在1982年提出。指个人在目标追求中面临一项特殊工作时，对该项特殊工作动机的强弱，将决定于个人对其自我效能的评估。某人在面对某项具有挑战性的工作时，影响他的接受与否，以及接受后是否全力以赴(动机)的，有两个因素：一是了解工作的性质；二是根据经验衡量自己的实力，亦即自我效能。自我效能是个人对其某方面工作能力的自我评估。正确的自我评估则来自4个方面的学习：直接经验、间接经验、书本知识、体能训练。

拓 展 思 考

1. 试评述马斯洛和阿尔德夫的需要理论。
2. 结合实际试述动机对人类活动的作用。
3. 对动机自我效能理论进行评述。

第十三章 气 质

气质这个词，我们平时常常挂在嘴边。一谈到某人，往往说他(她)气质如何如何。可是要问及"气质"究竟是什么，恐怕就不一定能说清楚了。那么，气质到底是什么样的心理现象呢？本章将做详细论证和说明。

第一节 气 质 概 述

一、气质的定义

气质(temperament)是个人心理活动的动力特征。这些动力特征主要表现在心理过程的强度、速度、稳定性、灵活性及指向性上。例如，我们情绪的强弱，意志努力的大小，知觉或思维的快慢，注意集中时间的长短，注意转移的难易，以及心理活动是倾向于外部事物还是倾向于自身内部等就是其具体表现。

在我们的日常生活中的确可以看到，人们的外部行为特点有很大的个体差异。有的人非常活泼，情绪易激动，精力充沛，说话像连珠炮似的，面部表情也丰富多彩，还常常做出多种手势；有的人则是迟钝、沉着、镇静的，很少露出笑容，面部表情和手势极少，缺乏表达力，语调平缓，目光冷淡。一些人好交际，易与周围人接触，乐观愉快；而另一些人则孤僻，不善交际，沉默寡言，郁郁寡欢。即使当两个人做同样的工作，并且也做得同样好，我们还是可以看出，一个人表现出热情主动、兴致勃勃、不拘一格、浮想联翩的精神，而另一个则是从容不迫、有条不紊、照章行事、实事求是地工作。

这种外部行为的个体差异往往在童年时期表现得最单纯、最自然。儿童们不论在上课时还在课余时间的游戏中，我们都可以看到他们的情绪、活动积极性等心理表现的不同。一些儿童非常好动，突发地、迅速地反映着外部情况的变化，他们的情绪(愉快、苦恼、委曲)表现得淋漓尽致且缺乏自制；一些儿童活泼，朝气蓬勃，善交际，无忧无虑，灵活而不急躁；一些儿童学习、作业速度缓慢，说话也慢吞吞的，情绪几乎表现不出来，表面上似乎不关心自己的学业成败；还有一些儿童孤僻，害羞，不爱交际，言语温和而胆怯，情绪脆弱而敏感。在刚出生的婴儿中也可以看到这种个体差异。例如，有的婴儿好哭，有的婴儿安静，有的睡眠很有规律，有的却毫无觉醒规律，有的在床上经常扭动，有的却能安静地躺很长时间。因此，有充分的理由使人相信，一个人生来就带有一种行为方式和情绪反应类型的倾向性，这种先天的倾向性就是气质。

由此可见，一个人出生时固有的、稳定的心理特性，就是气质特性。因而，首先属于气质特性是那些先天的、个人独特的心理特性。这种独特性是什么呢？它就像两条自然的河流：一条位于平原缓缓地流，另一条位于高山上急湍而下。第一条河流平稳地流着，没有明显的汩汩声，没有汹涌的波涛和急湍的奔腾。第二条河流完全相反，河流湍急奔泻，咆哮有声，汹涌澎湃，撞击着两岸岩石，泡沫飞溅。然而，这两条河流的流动特点是由一系列自然条件制约的。

气质的特点表现在极其不同的各种环境中，即表现在一个人怎样说话，怎样与别人交往，怎样表现喜悦和痛苦，怎样工作和休息，怎样走路以及怎样对待周围所发生的各种事情。它使一个人的心理活动都染上了个人独特的色彩。有某种气质类型的人，常常在内容很不相同的活动中都会显示出同样性质的动力特点。例如，一个具有急躁不安气质特征的学生，无论在参加考试之前，还是在进行田径赛等待起跑之时，都会显得急躁不安。一个人的气质特点不依活动的内容动机、目的为转移，它表现出了一个人生来就具有的自然特性。

一个人的气质具有极大的稳定性。它很早就清楚地表露在儿童的游戏、作业和交往活动中，在成人身上仍是比较固定的，尽管受环境、教育的影响，气质会发生某些变化，但较之于其他心理特征，气质是最稳定、最固定的，即使变化，也是非常微小而缓慢的。

气质只说明一个人心理活动的动力性特征，并不能说明这个人的信念、观点、兴趣特征，它不是一个人社会价值大小的标志，也不决定个人的潜能。各种气质不同的人在同一种活动中都能够取得非常好的成就。例如俄国四位著名的作家(普希金为胆汁质、赫尔岑为多血质、克雷洛夫为黏液质、果戈理为抑郁质)就是气质类型十分不同的人，但他们同样在文学上取得杰出的成绩。同样，勇敢、果断、有组织性、有首创精神的人，可以从不同气质类型的人群中培养出来，当然有培养难易的差别。

气质虽然在人的社会实践活动中不起决定性作用，但它能影响活动进行的方式和效率。例如，要求做出迅速、灵活反应的工作对于多血质和胆汁质的人较为合适，而黏液质与抑郁质的人则较难适应；反之，要求持久、细致的工作对于黏液质和抑郁质的人较为合适，而多血质与胆汁质的人又较难适应。此外，气质还影响行为方式产生和停止的快慢和难易。例如，多血质的人想要与他人交往时，通常总是首先开始谈话，而黏液质的人则很少主动与他人交往，多血质的人很容易和新朋友相识，但也很容易疏远旧的相识。黏液质的人往往难以和人相识，但也不容易与人疏远。

二、气质的特征

气质是人生来就具有的典型的、稳定的、表现在心理活动的强度、速度、灵活性与指向性等方面的一种稳定的心理特征，它反映了人格的自然属性。对于气质的特征可以从以下几个方面理解。

(一)动力性

气质主要反映了心理活动在速度、强度、稳定性和指向性方面的动力方面的特点。在心理活动的速度方面，主要表现为知觉、记忆、思维的速度和情绪变化的速度等；在心理活动的稳定性方面，主要表现为注意的稳定性和情绪的稳定性等；在心理活动的强度方面，主要表现为意志努力的强度和情绪体验的强度等；在心理活动的指向性方面，主要表现为内向或外向等特点。应当指出，人的心理活动的动力特点除了受气质影响，还与人的心理活动的内容、目的、动机有关。例如，不论什么气质的人，遇到高兴的事，都会情绪高涨，遇到不愉快的事总会情绪低落。

(二)典型性

气质使人的全部精神活动都染上独特的色彩，表现出与他人不同的典型特点。具有某种气质的人，会在不同情境中表现出相同性质的心理活动的动力特点。例如，一个性情急躁的人，在争论时会情绪激动；在探究问题时会急不可待地要了解探究的结果。

(三)稳定性

气质依赖于生物组织而存在，具有稳定性，所以在一般情况下，它不会因活动的情境发生变化而变化。在环境和教育的影响下，可能有所改变，但其变化很慢，相对于其他心理活动来说，几乎看不出其变化。俗话所说的"禀性难移"，即指气质具有稳定的、不易改变的特点。气质虽具有稳定性，但却不是固定不变的。在生活过程和教育以及实践活动中形成的各种个性特征，对气质都会产生影响，后天所获得的暂时联系系统，可以掩盖神经系统的特性，并在长期影响下使其得到发展和改造，这使得气质也具有一定程度的可塑性。

(四)天赋性

气质是与生俱来的。婴儿一生下来就存在着明显的气质差异。例如，有的婴儿生下来就哭声响亮，对外界刺激的反应迅速；有的则比较安静，对外界刺激的反应缓慢。这种心理活动的特点，在今后的游戏、学习、人际交往中都会表现出来。气质的天赋性还表现在气质特性与遗传有密切关系。同卵双生子的气质特点要比异卵双生子更相近，即使将他们一出生就分开抚养，他们仍然会保持原来的气质特点，变化不大。每个人出生时就具有某种气质，它受人的神经系统特性的影响。人的气质不受个人活动的目的、动机和内容的影响，在目的、内容不同的活动中，人的气质特征都会以同样的方式表现出来。例如，具有安静迟缓气质特征的人，无论在参加考试、当众演说或参加体育比赛时都会表现出来。所以人的气质是最稳定、最牢固的心理特征。当然人的气质也不是一成不变的，但是较之其他心理特征，它的变化要缓慢得多。

第二节 气 质 学 说

气质学说是解释气质问题的理论。关于人的气质，从古至今许多学者进行过研究，提出了各种各样的观点。

一、《黄帝内经》中的气质理论

《黄帝内经》是成书于战国时期的一部以医学为主的百科全书。《黄帝内经》虽然没有直接提出气质一词，但在医学理论中融合着丰富的有关气质的论述。

《黄帝内经》根据人体阴阳之气的比例将人分为太阴之人、少阴之人、太阳之人、少阳之人、阴阳和平之人。还运用五行学说将人分为木、火、土、金、水5种类型，再根据五行各属的五音(宫、商、角、徵、羽)将上述5种类型的每一种类型划分出1个主型和4个亚型，共得出25种类型。阴阳五态人和阴阳二十五人的分类，不仅是观察的结果，而且也是我国古代哲学原理的发挥。就其内容的丰富和细致来说，完全可以与西方气质理论相媲美。

二、体液说

希波克拉底(Hippocrates，前460—前377)是古希腊著名的医生，他最早提出气质的概念。他在长期的医学实践中观察到人有不同的气质。他认为气质的不同是由于人体内不同的液体决定的。他设想人体内有血液(harma)、黏液(phlegma)、黄胆汁(chole xanthe)、黑胆汁(chole melania)4种液体，并根据这些液体混合比例哪一种占优势，把人分为不同的气质类型：多血质、胆汁质、黏液质、抑郁质。如果体内血液占优势属于多血质，黄胆汁占优势属于胆汁质，黏液占优势属于黏液质，黑胆汁占优势属于抑郁质。他认为，每一种体液都是由寒、热、湿、干4种性能中的两种性能混合而成，血液具有热—湿的性能，多血质的人温而润，好似春天一般；黏液具有寒—湿的性能，黏液质的人冷酷无情，似冬天一样；黄胆汁具有热—干的性能，胆汁质的人热而躁，如夏天一般；黑胆汁具有寒—干的性能，抑郁质的人冷而躁，有如秋天一样。这四种体液配合恰当时，身体便健康；在配合异常时，身体便生病。按照希波克拉底的原意，他所谓的4种气质类型，其含义是很广的，决定人的整个体质(也包括气质)。

后人把他对气质的观点概括为体液说。用体液来解释气质，虽然缺乏科学根据，但希波克拉底对气质类型的划分，与日常观察中概括出来的四种气质类型比较符合，所以关于气质的这种分类一直沿用至今。关于气质类型的划分，还有其他不同的见解。

公元2世纪，罗马医生盖伦(C. Galen)，从希波克拉底的体液说出发，将人体内的体液的混合"比例"用拉丁语命名为"Temperamentum"，这便是近代"气质"(Temperament)概念的来源。他除了用生理和心理特性之外，还加进了人的道德品行，这些因素组成13种气质类型。后来，简化为4种气质类型，即流行于今的多血质、胆汁质、黏液质和抑郁质。每一种气质类型的特点都是某种体液占优势的结果，并有特定的心理表现。盖伦还认为，人的行为方式不仅决定于气质，也决定于周围环境。

三、康德和冯特的气质理论

德国哲学家康德(I. Kant)认为，气质首先可以划分为感情的气质和行动的气质，每一种气质又可与生命力的兴奋和松弛相联结而进一步分为四种单纯的气质。

(1) 多血质的人是开朗的。
(2) 忧郁质的人是沉稳的。
(3) 胆汁质的人是热血的。

(4) 黏液质的人是冷血的。

德国心理学家冯特(W. Wundt)以感情反应的强度和变化快慢为基础，把气质分为四种。
(1) 感情反应强而变化快的是胆汁质。
(2) 感情反应弱而变化快的是多血质。
(3) 感情反应强而变化慢的是忧郁质。
(4) 感情反应弱而变化慢的是黏液质。

四、体型说

体型说由德国精神病学家克瑞奇米尔(E. Kretschmer，1925)提出。他根据对精神病患者的临床观察，认为人的身体结构与气质特点以及可能患的精神病种类有一定的关系。而精神病与正常人只有量的差别，没有质的区别。根据体型特点，他把人分成 3 种类型，即肥满型(身材短小，圆肩阔腰)、瘦长型(高瘦纤弱、细长、窄小)、筋骨型(骨骼均匀，体态与身高成比例)。肥满型人为躁郁性气质(cyclotymes temperament)，易患躁狂抑郁症，其行动倾向为善交际、表情活泼、热情、情绪不定；瘦长型为分裂性气质(schizothymes temperament)，易产生精神分裂症，其行动倾向为不善交际、孤僻、神经质、多思虑等；筋骨型为黏着性气质(visköses temperament)，易患癫痫症，其行动倾向为迷恋、认真、理解缓慢、行为较冲动等。

美国心理学家谢尔顿 (W. H. Sheldon，1940，1950)认为，形成体型的基本成分——胚叶与人的气质关系密切。

"胚叶"也称胚层，是指构成动物早期胚胎层的细胞层。人有 3 层胚叶，在正常发育中各胚叶将分化成一定的组织和器官。外胚叶形成表皮、神经组织等；中胚叶形成肌肉、骨骼等；内胚叶形成内脏器官等。

谢尔顿认为，由于胎生期的内胚叶发生的内脏器官得到较好的发展，于是形成了肥胖型；由于中胚叶发生的骨骼和肌肉得到较好的发展，于是形成筋骨型；由于外胚叶发生的皮肤组织和神经系统得到较好的发展，就形成了瘦长型。不同的胚叶对应不同的气质类型。

(1) 内胚叶型。丰满、肥胖。特点是图舒服，好美食，好睡觉，会找轻松的事干，好交际，行为随和，称为内脏气质型。

(2) 中胚叶型。肌肉发达，结实，体型呈长方形。特点是武断，过分自信，体格健壮，主动积极，爱冒险，不太谨慎，称为肌肉气质型。

(3) 外胚叶型。高大细瘦，体质虚弱。特点是善于自制，对艺术有特殊爱好，并倾向于智力活动，敏感，反应迅速。工作热心负责，睡眠差，易疲劳，压抑、好孤独，称为脑髓气质型。

克瑞奇米尔和谢尔顿指出了身体特征与气质相关，这对后人有一定的启发作用。气质与体形之间也许存在某种相关，但一些研究表明，这种相关并不是像他们所讲的那样简单和直接。而且气质与体形相关并不能认为两者之间存在着因果关系。主要问题在于，当代科学还不能清楚地揭示身体特征对气质究竟起什么作用。一种可能是身体特征影响社会环境，而社会环境则塑造个性。例如，一个胖娃娃，周围人都喜欢和他开玩笑，容易形成开朗、活泼等特征；一个瘦弱的孩子，不大讨人喜欢，容易养成孤僻特征。他们过分夸大了生物因素的作用，忽视社会生活对气质的作用。克瑞奇米尔又把一切人都归入精神病患者，这显然是不正确的。除此之外，体型说也未说明体型与气质间关系的机制，缺乏一定的科学性。

五、血型说

有些学者认为，人的气质是由不同的血型所决定的。日本古川竹二根据血型把人的气质划分为 A 型、B 型、O 型和 AB 型 4 种。A 型气质的人内向、保守、多疑、焦虑、富有感情、缺乏果断性、容易灰心丧气。B 型气质的人外向、积极、善交际、感觉灵敏、轻诺言、寡信、好管闲事。O 型气质的人胆大、好胜、喜欢指挥别人、自信、意志坚强、积极进取。AB 型气质的人，兼有 A 型和 B 型的特征。日本血型人类学家能见正比古认为："血型的真正含义指的是人体的体质和气质类型。""可以更简洁地给血型作如下定义：血型就是所有生物的体质类型和气质类型"。但是，许多学者认为，这种理论没有多少科学根据。因此，气质与血型关系问题是一个有争议和需要进一步研究的问题。

六、激素说

激素(Hormone)是由内分泌细胞分泌的高效能化学物质，在血液中的浓度极低，但对生理和心理活动有重大影响。在解释气质的生理机制上影响最大的有两个学派：一个是以巴甫洛夫为代表的气质的高级神经活动类型理论；另一个是以伯曼(L. Berman)等人为代表的气质的激素理论。

伯曼认为，人的气质特点是由内分泌活动所决定的。他根据人的某种内分泌腺特别发达而把人划分为：甲状腺型、垂体型、肾上腺型、副甲状腺型、胸腺型和性腺型。他认为，不同类型的人，有不同的气质特点。

(1) 甲状腺型。甲状腺分泌增多者精神饱满、不易疲劳、知觉敏锐、意志坚强、处事和观察迅速、容易动感情甚至感情迸发。甲状腺分泌减少者可能发生痴呆症。

(2) 垂体型。脑垂体分泌增多者性情强硬、脑力发达、有自制力、喜欢思考、骨骼粗大、皮肤甚厚、早熟、生殖器发达。脑垂体分泌减少者身材短小、脂肪多、肌肉萎弱、皮肤干燥、思想迟钝、行动懦弱、缺乏自制力。

(3) 肾上腺型。肾上腺分泌增多者雄伟有力、精神健旺、皮肤深黑而干燥、毛发浓密、专横、好斗。肾上腺分泌减少者体几衰弱、反应迟缓。

(4) 副甲状腺型。副甲状腺分泌增多者安定、缺乏生活兴趣、肌肉无力。副甲状腺分泌减少者注意力不易集中、妄动、容易激动。

(5) 胸腺型。胸腺位于胸腔内，幼年发育，青春期后停止生长，逐渐萎缩，如果成年胸腺不退化者，则单纯、幼稚、柔弱、不善于处理工作。

(6) 性腺型。性腺分泌增多者常感不安、好色、具有攻击性。性腺分泌减少者则性的特征不显现，易为同性恋，进攻行为少。

现代科学研究表明，激素对人的气质确有影响。激素激活或抑制着人体的不同机能，激素过多或过少对个体的行为确有影响。例如，肾上腺特别发达的人，会表现出情绪容易激动的气质特征。生物化学测定也表明，人在恐惧时，肾上腺素分泌增加；人在发怒时，去甲肾上腺素分泌增加。但是，各个内分泌腺之间相互联系、相互制约共同组成内分泌系统，不能简单地强调一两个内分泌腺体的作用；也不能孤立地、片面地强调激素对气质的作用，因为神经系统直接或间接地控制着内分泌腺的活动，控制着激素的合成和分泌。激素也影响着神经系统的功能。人体内有两种调节机制——神经调节和体液调节，在中枢神经系统的主导作用下，通过这两种机制影响气质的活动。

七、活动特性说

活动特性说是美国心理学家巴斯(A. H. Bass)的观点。他用反应活动的特性，即活动性、情绪性、社交性和冲动性作为划分气质的指标，由此区分出 4 种气质类型。

(1) 活动型。这种气质的人总是抢先迎接新任务，爱活动，不知疲倦；婴儿期表现出总是手脚不停乱动，儿童期表现出在教室坐不住，成年时显露出一种强烈的事业心。

(2) 情绪型。这种气质的人觉醒程度和反应强度大；婴儿期表现出经常哭闹，儿童期表现出易激动、难以相处，成年时表现出喜怒无常。

(3) 社交型。这种气质的人渴望与他人建立密切的联系；婴儿期表现出要求母亲与熟人在身旁，孤单时好哭闹，儿童期表现出易接受教育的影响，成年时与周围人相处很融洽。

(4) 冲动型。这种气质的人缺乏抑制力；婴儿期表现出等不得母亲喂饭等，儿童期表现出经常坐立不安，注意力容易分散，成年时表现为讨厌等待，倾向于不假思索地行动。

用活动特性来区分气质类型是近年来出现的一种新动向，不过活动特性的生理基础是什么，却没有揭示出来。

八、托马斯等人的气质理论

托马斯(A. Thomas)和切斯(S. Chess)对气质进行了长期研究，他们发现，新生儿 1～3 个月就有明显、持久的气质特征，不大容易改变，一直持续到成年。

托马斯等人提出气质的 9 个维度。

(1) 活动水平：指个体身体活动的数量。
(2) 生理活动的规律性。
(3) 对新异刺激反应的害怕或抑制。
(4) 对变化的适应性。
(5) 对刺激的反应阈限。
(6) 对刺激的反应强度。
(7) 心境特点。
(8) 分心程度。
(9) 从事活动的持久性。

1977 年托马斯等人还根据上述标准，把儿童(主要是婴儿)分为 3 种类型：平易型、麻烦型和行动缓慢型。

九、气质调节理论

气质调节理论是 20 世纪 80 年代，波兰华沙大学心理学系教授简·斯特里劳(Jan Strelau)在巴甫洛夫学说的基础上经过 25 年的实验研究，提出的关于气质的理论。

斯特里劳认为，气质是指有机体的主要是由生物因素决定的相对稳定的动力特点，它由反应的外部特质表现出来。反应的外部特质包括行为的能量水平和时间特点，体现了个体差异。有两个与行为能量水平的个体差异有关的气质基本维度，就是反应性与活动性。它们对有机体起着重要的调节作用。

20 世纪 60 年代末期，斯特里劳等人提出了反应性的概念，这种概念也得到了实验证实。反应性概念是说，人们对于刺激(情境)的反应强度是不同的，它决定相当稳定的个体差异。这种差异可以进行定量分析。当反应性处于极端位置时，个体可以区分出高反应性个体和低反应性个体。高反应性个体具有感受性高而耐受性低的特点；低反应性个体则反之，其感受性低而耐受性高。

反应性的生理机制主要决定于皮层和皮下部位的联合活动，即网状结构——皮层环路联合决定反应性强度。高反应性个体具有提高刺激效应的生理机制；而低反应性个体，其反应性的生理机制会降低内外刺激的感受性。

活动性是与行为能量水平有关的气质的另一个维度。活动性在气质理论中占有十分重要的地位。许多气质研究者都提到这个概念。活动性是有机体的一个特点，它在提供和保持激活最佳水平中具有基本的调节功能。

关于活动性的调节作用，许多研究者都提到最佳水平。无论是激活最佳水平，或刺激最佳水平，或适应最佳水平，这些概念的一个共同点就是指来自有机体内外刺激的影响必须加以调节。激活最佳水平是一种舒适状态，一种应付许多困难的准备状态，它将以相当低的心理生理消耗而完善地克服困难。一个受到过多刺激的个体，会产生一种活动，以便减少这些刺激所引起的反应而达到最佳水平。维持这种水平是个体发展过程中的一种需要。但是，在相同环境和几乎完全相等的心理生理状态下，要维持激活最佳水平个体所需要的刺激是不同的。因此，在达到这种激活水平之前，必须对这一刺激进行调节。

活动性能调节刺激需求，是因为个体活动性是刺激效应的直接源泉。个体周围有许多刺激来源，例如情境、环境、任务以及各种环境的复杂刺激。通过活动性，个体可以接近具有刺激意义的各种环境，也可以逃避刺激的影响。这就是说，活动性是刺激数量和形式的组织者，它具有对环境刺激值的调节功能。

气质行为的另一个主要成分是时间特点。根据理论分析得出下列几个特质：反应速度、灵活性、持续性、反应节奏和节律性。反应速度是一种相当稳定的气质特点，可以用反应时来测量。现代气质理论把它看成是行为特质的基本因素。灵活性是一种根据环境变化转换反应的能力。这里所说的灵活性不是指神经过程的灵活性，而是指行为的特质，可以用两个或两个以上更多的刺激呈现时间间隔来测量。持续性是指刺激停止后测量反应的持续时间。在巴甫洛夫类型学中，持续性与易变性是一致的，他们利用神经过程终止的方法来判定它。反应节奏是一种在一定时间内产生同质反应的能力，可以利用最大反应量来测量。

节律性是指同质反应间的间隔规律，反应间的间隔规律性越强，节律性就越大。

以上的理论分析与经验材料对照，大体是相符的。斯特里劳和 E. 戈林斯卡据此用调查表进一步分析了各种时间特点的行为。除去与学习速度有关的行为外，区分出 6 种气质行为特质，即反应持续性、反应再生性、反应灵活性、反应规律性、反应速度和反应节奏，然后给予操作性定义，并按照操作定义，挑选调查题目，编制了时间特质量表(TPI)。

为了测量行为的时间特点，斯特里劳的实验室还编制了另外 3 个反应评定量表，那就是 E. 弗里登斯伯格设计的学前儿童反应评定量表(RRS1)、小学儿童反应评定量表(RRS2)、中小学生反应评定量表(RRS3)。学校和幼儿园的教师可以根据学前和学龄儿童在各自环境中的典型行为来分别使用这些量表，这些量表的差异是根据年龄特点决定的。

根据气质调节理论，气质可以在行为能量水平(反应性与活动性)和行为时间特点(反应速度、灵活性、节奏性等)中表现出来。此外，斯特里劳还提出了一系列气质的心理测量法，并探讨了气质与性格、气质与活动的关系。斯特里劳的理论虽然是现代气质心理学史上的一个重要理论成就。但它并没有脱离巴甫洛夫学说的基本思想。在气质与人格关系问题上，有些观点难以为多数心理学家所接受。

第三节　气质的生理基础

气质的生理基础是十分复杂的。气质不仅与大脑皮层的活动有关，而且与皮层下活动有关；气质不仅与神经系统的活动有关，而且与内分泌腺的活动有关。研究表明，整个人的身体组织都影响着一个人的气质。苏联心理学家罗索诺夫指出，气质的生理基础不是某个个别的生理亚系统，而是人机体的整体结构，也即人机体的所有结构的总和。其中，高级亚系统的结构和机能特点，即中枢神经系统的结构和机能特点与其他亚系统相比较，在气质形成中更为重要。苏联心理学家波果斯洛夫斯基等人也认为："显然，影响到气质的不仅有神经系统的特性，而且还有整个个人的身体组织。"因此，不能把气质与高级神经活动类型等同起来，也不能以个体的某种生理亚系统(体液、体形、神经活动)作为气质的生理基础。但是，一般认为，高级神经活动类型与气质的关系较为直接和密切，高级神经活动类型是气质主要的生理基础。

一、神经过程的基本特性

巴甫洛夫认为，高级神经活动有两个基本过程：兴奋过程和抑制过程。这两个神经过程有 3 个基本特性：神经过程的强度、神经过程的平衡性和神经过程的灵活性。

(一)神经过程的强度

神经过程的强度(intensity)是指个体的大脑皮层细胞受强烈刺激或持久工作的能力。它被认为是神经类型的最重要标志，具有重大的意义。研究表明，在一定限度内，强刺激引起强兴奋，弱刺激引起弱兴奋。但是，刺激很强时，并不是所有的有机体都能以相应的兴奋对它发生反应。兴奋过程强的人，对很强的刺激仍能形成和保持条件反射；兴奋过程弱的人，对很强的刺激不能形成条件反射，并抑制和破坏已有的条件反射，甚至会导致神经过程的"分裂"。抑制过程强的动物可以耐受持续 5~10 分钟的内抑制；抑制过程弱的动物则不能耐受持续 15~30 秒的内抑制，甚至会导致中枢神经系统的病变。

(二)神经过程的平衡性

神经过程的平衡性(balance)是指个体的兴奋过程和抑制过程之间的强度是否相当。有的人这两种神经过程之间的强度是平衡的，而有的是不平衡的，在不平衡中又有哪一种神经过程占优势的问题。实验表明，不平衡的动物一般具有较强的兴奋过程和较弱的抑制过程，也有少数动物具有较强的抑制过程和较弱的兴奋过程。

(三)神经过程的灵活性

神经过程的灵活性(flexibility)是指个体对刺激的反应速度以及兴奋过程和抑制过程相互转换的速度。人与人之间在兴奋和抑制的灵活性上也存在差异，有人灵活性强，有人灵活性弱。实验表明，神经过程灵活性强的动物能够较顺利地和迅速地将阳性条件反射改造为阴性条件反射，或者把阴性条件反射改造为阳性条件反射，或者把已有的动力定型改造为新的动力定型。在阳性刺激后紧接着出现阴性刺激，或者在阴性刺激后紧接着出现阳性刺激，动物也能以相应的反射来分别应答。但神经过程灵活性弱的动物就会发生困难，引起反射活动的混乱及大脑皮层机能的失调。

神经过程的 3 个基本特征是变化的。例如，兴奋过程强而抑制过程弱的动物，经过训练有可能使抑制过程增强而与兴奋过程相平衡。神经过程的灵活性是个体发育中最容易变化的一种神经过程的基本特性。

二、高级神经活动类型

神经过程的 3 个基本特性的独特组合就形成了高级神经活动类型。巴甫洛夫指出："由于神经系统基本特性的一些可能的变动，以及这些变动的可能组合，就一定会发生神经系统的各种类型，计算起来，至少有 24 种类型，但实际上其数目可以缩小，即缩减为特别显著的、醒目的 4 种类型，而且最主要的是，这 4 种类型在周围环境的适应性和致病动因的稳固性上是各不相同的。"

(一)高级神经活动的基本类型

高级神经活动的基本类型可以划分为 4 种。

(1) 强而不平衡的类型(兴奋型)。这种类型的个体兴奋过程强于抑制过程，阳性条件反射比阴性条件反射容易形成，是一种容易兴奋、不受约束的类型，所以也称为不可遏制型。

(2) 强而平衡、灵活的类型(活泼型)。这种类型的个体兴奋过程和抑制过程都较强，并且两者容易转化，以反应灵敏、活泼、能很快适应变化着的外界环境为特征。巴甫洛夫认为这是一种最完善的类型。

(3) 强而平衡、不灵活的类型(安静型)。这种类型的个体兴奋过程和抑制过程都较强，但两者不易转化。较易形成条件反射，但不易改造，以坚韧而行动迟缓为特征。

(4) 弱型(抑制型)。这种类型的个体兴奋过程和抑制过程都很弱,阳性条件反射和阴性条件反射的形成都很慢。在困难工作面前,正常的高级神经活动容易受破坏而患神经症为特征。

巴甫洛夫把他确定的高级神经活动类型同气质类型相对照,发现它们之间完全符合。巴甫洛夫还认为,这四种不同的神经活动类型是人与动物共同具有的一般特性,这种一般特性构成了人的气质的生理基础。由此可见,气质是神经活动类型在人的活动、行为中的表现。高级神经活动类型与神经过程的基本特性如表 13-1 所示。

表 13-1 高级神经活动类型与神经过程的基本特性

高级神经活动类型	神经过程的基本特性		
	强度	平衡性	灵活性
兴奋型	强	不平衡	
活泼型	强	平衡	灵活
安静型	强	平衡	不灵活
抑制型	弱		

巴甫洛夫关于神经系统基本特征和基本类型学说,是他晚年对动物实验研究的结果。他的研究不断地被后来的研究所证实。在巴甫洛夫关于动物神经类型研究的基础上,苏联的一批心理学工作者用条件反射测定法进一步研究人的高级神经活动类型特点及其与气质的关系,取得了可喜的成果。研究证明,神经活动的类型并不总是与气质类型吻合。影响到气质的不仅有神经系统的特征,而且还有整个人的身体组织。人的气质不仅与大脑皮层的活动有关,而且与皮层下组织的活动有关。

巴甫洛夫逝世后,苏联的心理学和生理学工作者继续对高级神经活动类型进行研究。在苏联形成 3 个中心:①列宁格勒学派,以库帕洛夫、克拉索斯基和费道罗夫为代表,他们继续对动物的高级神经活动类型进行研究;②莫斯科学派,以捷普洛夫和涅贝里存为代表,他们对人的神经过程的基本特性进行研究,做出了重大贡献,又称捷普洛夫—涅贝里存学派或新巴甫洛夫类型学;③乌拉尔学派,以梅尔林为代表,他们研究神经活动类型的心理学解释,研究神经活动类型和气质对人类活动的影响,特别是对工作或职业的影响。

捷普洛夫和涅贝里存等人的主要贡献如下。

(1) 强调研究的重点应该是神经过程的基本特性。因为它是神经活动类型划分的基础。对这些特性的类型结合不要过早下结论。神经过程的基本特性对于个别差异的生理心理学具有重大的价值。

(2) 从神经强度中分出动力性。动力性是指条件反射形成的速度和难易。又从灵活性中分出易变性,即神经过程发生和停止的速度。

他们认为,神经过程的基本特性,可以分为一级特性和二级特性。其中神经过程的强度、易变性、动力性和灵活性是一级特性;神经过程的平衡性是二级特性,它带有派生的性质,存在于各种一级特性之中。

(3) 列举出一些新的类型。如抑制过程比兴奋过程占优势的不平衡型等。

(4) 把神经系统的基本特性划分为一般特性和局部特性。神经系统的一般特性是指整个神经系统的共同特性,被认为是气质的生理基础。神经系统的局部特性是指大脑皮层不同分析器的特性，它与人的特殊能力有关。

(5) 指出神经过程特性无好坏之分。

(二)高级神经活动类型与气质类型及其行为特征

巴甫洛夫认为，兴奋型相当于胆汁质，活泼型相当于多血质，安静型相当于黏液质，抑制型相当于抑郁质。高级神经活动类型、气质类型及其行为特征如表 13-2 所示。

表 13-2　高级神经活动类型、气质类型及其行为特征

高级神经活动类型	气质类型	行为特征
兴奋型	胆汁质	急躁、直率、热情、情绪兴奋性高、容易冲动、心境变化剧烈、具有外向性
活泼型	多血质	活泼、好动、反应迅速、喜欢与人交往。注意容易转移、具有外向性
安静型	黏液质	稳重、安静、反应缓慢、沉默寡言、情绪不外露。注意稳定但不易转移、善于忍耐、具有内向性
抑郁型	抑郁质	行动迟缓而不强烈、孤僻、情绪体验深刻、感受性很高、善于觉察别人不易觉察的细节、具有内向性

巴甫洛夫曾把高级神经活动类型和气质类型看作同一个东西。他指出："显然，这些类型在人身上就是我们称之为气质的东西。"他在著作中有时把高级神经活动类型和气质两个名词交替使用。现在一般认为，气质和高级神经活动类型并不是同一个东西。气质是心理现象，高级神经活动类型是生理现象。高级神经活动是气质主要的生理基础。

第四节　气质的类型和鉴定

气质类型是指在一类人身上共有的或相似的典型气质特征的有规律的结合。关于气质类型的划分是多种多样的，心理学家尚未形成统一的观点。

一、气质类型的特征

气质类型的特征是影响各种气质类型的人进行活动的心理特点。根据研究，气质类型主要有以下几个特征。

(一)感受性

感受性(sensitivity)是指人对内外适宜刺激的感觉能力。它是神经过程强度特性的一种表现，用感觉阈限的大小来测量。

(二)耐受性

耐受性(tolerance)是反映人对客观刺激在时间和强度上的耐受程度。它也是神经过程强

度特性的表现。

(三)反应的敏捷性

反应的敏捷性(agility)包括两类特性：心理反应和心理过程进行的速度(如思维的敏捷性、识记的速度、注意转移的灵活程度等)；不随意的反应性(如不随意注意的指向性、不随意运动反应的指向性等)。反应的敏捷性主要是神经过程灵活性的表现。

(四)可塑性

可塑性(plasticity)是指人根据外界情况的变化而改变自己适应性行为的可塑程度。刻板性被认为是与可塑性相反的品质。可塑性主要是神经过程灵活性的表现。

(五)情绪兴奋性

情绪兴奋性(excitability)是指以不同的速度对微弱刺激产生情绪反应的特性。它不仅反映神经过程的强度，而且也反映神经过程的灵活性。

(六)向性

向性(tropism)是指人的心理活动、言语和动作反应是表现于外还是表现于内的特性。表现于外称外向性，表现于内称内向性。外向性是兴奋过程强的表现，内向性是抑制过程强的表现。

二、气质类型的构成

上述各种心理特征的不同结合，构成各种气质类型。

(一)胆汁质

胆汁质(choleric temperament)又称不可遏止型，属于兴奋热烈的类型。具有这种气质类型的人感受性较弱，耐受性、敏捷性、可塑性较强，兴奋比抑制占优势；行为表现常常是反应迅速、行为敏捷。在言语、表情、姿势上都有一种强烈的热情，在克服困难上有坚忍不拔的精神。智力活动具有极大的灵活性，但理解问题有粗枝大叶、不求甚解的倾向。

(二)多血质

多血质(sanguine temperament)又称活动型，属于敏捷好动的类型。这种气质类型具有很强的耐受性、兴奋性、敏捷性和可塑性，反应速度快，感受性较弱。情绪易表露，也易变化，敏感。在行为上，这种气质类型的人热情、活泼、敏捷、精力充沛，适应能力强，善于交际，常能机智地摆脱窘境。他们思维灵活，主意多，常表现出机敏的工作能力和较高的办事效率，对外界事物有广泛的兴趣，个性具有明显的外向性。易适应环境，善交际，但与人交情粗浅。

(三)黏液质

黏液质(phlegmatic temperament)又称安静型，属缄默而沉静的类型。这种气质类型感受性弱，敏捷性、可塑性、兴奋性也弱，但耐受性强。这种气质类型的人行为表现为缓慢、沉着、镇静、有自制力、有耐心、刻板、内向。他们不易接受新生事物、不能迅速地适应变化了的环境，与人交往适度，情绪平稳，喜沉思，在做任何工作之前都要细致考虑。能坚定执行已做出的决定，不慌不忙地去完成工作。

(四)抑郁质

抑郁质(melancholic temperament)又称弱型，属呆板而羞涩的类型。这种气质类型的人感受性很强，往往为一点微不足道的事而动感情，耐受性、敏感性、可塑性、兴奋性也都很弱。他们的行为表现为孤僻，动作缓慢，很少表现自己，尽量摆脱出头露面的活动，避免同陌生的、刚认识的人交际。在新的环境下，他们容易惶惑不安，在强烈和紧张的情形下容易疲劳，在熟悉的环境下表现很安静，动作迟缓、软弱。他们具有高度情绪易感性，情绪体验方式少，但体验深刻、强烈而持久且不显露。

上述 4 种气质类型的人在同一环境中，表现出不同的心理状态和行为特点。对此，苏联心理学家 A. H. 达维多娃曾有过精彩具体的描述：4 个人去剧院看戏，都迟到了 15 分钟。胆汁质的人与检票员争吵起来，想闯入剧场；多血质的人对检票员的做法很理解，但随即又找到了一个没人检查的入口进剧场，安心看戏；黏液质的人很理解检票员的做法，并自我安慰"第一场戏总是不太精彩，先去小卖部买点吃的休息一下，等幕间休息再进去不迟"；抑郁质的人早就对自己的行为很后悔，认为这场戏不该看，进而想到"我运气不好，如果这场戏看下去，还不知要出什么麻烦呢！"于是，扭身回家去了。

应当指出的是，并不是所有的人都可按照 4 种传统气质类型来划分，只有少数人是 4 种气质类型的典型代表，大多数人，都是近似于某种气质，同时又与其他气质结合在一起。有些人，他们的气质既不属于上述 4 种气质中的某一种，也不是某 4 种气质的结合，是介于各种类型之间的中间类型。其中具有某一种气质类型典型特征者称为"典型型"，近似其中某一类型者称为"一般型"，具有两种或两种以上类型者称为"中间型"或"混合型"。在全人口分布中，气质的一般型和两种类型的混合型的人占多数，典型型和两种以上类型混合型的人占少数。

按照组合的规律，应该有 15 种气质类型，即多血质、胆汁质、黏液质、抑郁质、胆汁—多血质、胆汁—黏液质、胆汁—抑郁质、多血—黏液质、多血—抑郁质、黏液—抑郁质、胆汁—多血—黏液质、多血—黏液—抑郁质、胆汁—黏液—抑郁质、胆汁—多血—抑郁质、胆汁—多血—黏液—抑郁质。

总之，气质是表现在人的活动的积极性、行为的敏捷性、情绪的兴奋性、适应环境的灵活性等几个方面。在判断一个人的气质类型时，并不是要把他归入某一种类型，而主要是观察和测定构成其气质类型的各种心理特征以及构成气质生理基础的高级神经活动的基本特性。

在西方，以传统的 4 种气质类型进行分类的是英国心理学家艾森克(H. J. Eysenck)。他以内向和外向为纬，以情绪稳定性为经，构成气质上的二维模型，得出 4 个组合类型：稳定外向型、稳定内向型、不稳定外向型和不稳定内向型,各包含 8 种特质(见图 13-1)。每一组合类型与传统的 4 种气质类型相对应(见表 13-3)。

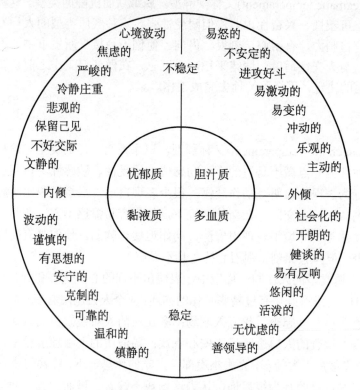

图 13-1 艾森克人格二维模型

表 13-3 组合类型与气质类型

组合类型	气质类型
稳定外向型	多血质
稳定内向型	黏液质
不稳定外向型	胆汁质
不稳定内向型	抑郁质

三、气质类型发展的年龄趋势

保加利亚皮罗夫等人的研究表明,在 5～7 岁这一年龄阶段的儿童中,神经活动兴奋型多于 5 岁的儿童。随着年龄增长,神经活动的平衡性增加,兴奋型下降。到了青年期兴奋型又重新增多。青年期结束,兴奋型人数再次下降。由此可见,兴奋型随儿童年龄发展,似乎出现了一个 U 形。

刘明等研究了气质发展变化的年龄趋势。该项研究表明,随着年龄增长,儿童青少年的气质类型也发生变化。但各种气质类型的变化是不同的。其中,胆汁质可以认为是对年龄变量比较敏感的气质类型,抑郁质可以认为是对年龄变量十分迟钝的气质类型。该项研究还表明，各种气质类型的具体变化情况也是不同的。他们对各年级 4 种典型的气质类型得分(平均分)进行比较，黏液质问题的得分从小学 3 年级到小学 5 年级再到初中 2 年级逐渐减少，初中 2 年级得分最低，以后又逐渐回升，到大学阶段得分最高。多血质问题的得分，小学 3 年级最低，以后显著上升，5 年级和初中 2 年级较高，随着年龄增长，其得分有下降趋势，高中 2 年级和大学阶段，其得分显著低于小学 3 年级和小学 5 年级。抑郁质问题的得分，则普遍较低，其中小学 3 年级较高，大学阶段得分最低。

四、气质的鉴定

气质对人们良好性格的形成以及学习、工作方式、效率的影响也是不可忽视的，如何发挥自身气质的优势，弥补不足，就要科学地鉴定自身的气质，掌握气质鉴定的方法。

(一)条件反射测定法

条件反射测定法(conditional reflex measurement method)是指在实验室里运用一定的仪器对被试形成或改变条件反射的过程中，观察其神经过程特征，从而了解和确定其气质特征的方法。

许多心理学家以不同形式的条件反射测定神经过程特性，即强度、平衡性、灵活性。例如，应用条件反射的方法研究神经系统的灵活性，通常的做法有两种。一是在改造刺激物意义的情况下，记录被试的反应时间。有些被试的反应时间没有变化，说明他们的神经系统灵活。另一些被试的反应时间明显延长，说明他们的神经系统具有较大的惰性。二是记录被试在定型建立和改造时的反应时间，从定型形成的速度和改造的容易程度，可以了解神经系统不同的灵活性。

根据神经系统特性的测定，视其组合就能判定被试所属的神经类型，即气质类型。运用条件反射测定法比较科学，得到的结果比较准确，但条件反射测定法需要一定的仪器，主试也须经过特殊训练，因而为教师掌握和使用该种方法了解学生的气质造成一定的困难。

(二)测验法

测验法(test method)又称问卷法、自陈量表法，它要求被试对一系列经过标准化的问题做出回答，然后从中分析被试的气质特征。

波兰华沙大学心理学教授简·斯特里劳从 20 世纪 50 年代起对气质问题进行了大量研究，编制了几种适合不同对象使用的气质调查表。其中最有特色且已被译成多种文字在国际上广泛应用的是简·斯特里劳气质调查表。简·斯特里劳气质调查表共有 134 个测验题目，包括兴奋强度、抑制强度、灵活性 3 个量表及 1 个二级量表：平衡性。此调查表已被译成中文，经测试，基本适用于我国。

我国心理学工作者陈会昌编制了气质调查问卷，该问卷主要以传统的 4 种典型的气质类型的行为特征为依据。问卷由 60 个题目组成，每种气质类型 15 个题目。这个问卷对于了解气质类型也是十分有效的，在我国使用得较为广泛。

(三)行为评定法

行为评定法(behavior rating method)是指在日常生活条件下,观察一个人的气质特性,从而做出鉴定。例如,教师要了解学生的气质特点,就可以细心观察学生在各种活动中的行为表现,如能否准确而迅速完成作业,能否坚持已开展的各项工作;当受到表扬或批评时,他们的情绪活动有什么特点;在集体生活中,他们是否愿意与别人交往;他们是否喜欢体育活动,在运动中是否勇敢、机智;日常生活中是否活泼好动,对新环境是否很快适应等。通过这些了解,也可以对一个人的气质做出评定。

运用行为评定法确定气质类型,要求在观察、记录一个人日常生活中的行为特征、智力活动的特征、言语的特征以及情绪特征之后,对所得材料进行分析、判断、归纳与组合,然后对照气质心理特征的指标确定其气质类型。但由于气质在生活环境影响下常常会隐蔽,如果仅根据一个人的行为来判断一个人的气质是有困难的,也容易出现偏差。因此,在使用行为评定法时,教师必须对学生的生活条件、成长道路以及学生在各种环境中的表现,进行全面、深入、细致的了解,并通过条件反射测定法、测验法加以佐证,才能把个人的某些稳定的个性与偶然的行为区别开来,进而了解一个人真正的气质特点。

第五节 气质与实践

气质在个体心理发展早期阶段表现明显,虽然随年龄增长而略有变化,但基本上是相当稳定的。气质贯穿在心理活动和行为方式中,对人的各种实践活动都有一定的影响。

一、气质在活动中的作用

气质是个体心理活动的稳定性的动力特征并表现在外部行为上,它在人的认识活动、情绪活动和意志活动中都会有所表现,使其个性具有一定的色彩。气质类型既有可能向积极方向发展的一面,也有可能向消极方向发展的一面。那么,气质对人的实践活动有何影响呢?

一方面,气质类型不决定人的社会价值,气质不能决定一个人的行为方向和水平。一个人做什么、怎么做,是由个人的动机、信念、价值观等决定的。任何一种气质类型都有其积极的一面,也有其消极的一面。例如,多血质的人,情感丰富、工作能力强、灵活、亲切、易与人相处,但缺乏一贯性,也可能感情用事;胆汁质的人,生气勃勃、动作迅速、积极、能干,但也可能任性、暴躁、易感情用事;黏液质的人,稳重、踏实、冷静、坚毅、自制,但也可能孤僻、死板、冷淡、易固执;抑郁质类型的人,敏感、细致、稳重、情绪体验深刻,但缺乏热情、易多疑。可见,气质本身并无好坏之分,任何一种气质类型的人,既可以成为品德高尚、有益于社会的人,也可成为道德堕落、有害于社会之人。不能依据个体的气质类型去判断一个人的社会价值。

另一方面,气质不决定人的成就和智力发展水平的高低。气质特征只能影响智力活动的方式,使智力活动带有一定的色彩。在同一实践领域有成就的人物当中,可以找出不同气质类型代表；在不同的活动领域中的杰出人物里，也可以找出不同的气质类型代表。可见，任何一种气质类型的人，都有可能成为本实践领域的专家，也可能一事无成。

在各种实践活动中，气质虽不起决定作用，不决定人的社会价值和智力发展水平，但并不是毫无意义的，不同的气质类型对工作效率、工作方式都有一定的影响。

二、气质的职业适应性

不同气质类型特点的个体在适应和组织其实践活动时，有其独特的适宜性，因此会使个体的工作风格打上其气质的色彩。不同的气质特点对环境刺激有不同的适应性，因此不同的气质类型的个体对环境有不同的选择和反应倾向。例如，如果提供两种读书的地方，一种是安静的没有别人来打扰的隔离的单间，一种是可以和别人交流的大房间，调查发现，内向型个体喜欢安安静静地一个人看书，外向型个体喜欢有机会与人交流，也喜欢周围有一些声音。如果周围太安静了，外向型的人反而会不适应。外向型个体在安静的环境里难以集中注意力，除非学习内容特别有趣。不同气质特点对延续性刺激也有不同的适应性，因此不同气质类型的个体对于工作的时间安排有不同的方式，多血质气质类型的个体喜欢长时间地进行同样一种内容的任务，黏液质则能坚持长时间的工作。胆汁质和多血质类型的人，更适于要求迅速、灵活反应的工作，黏液质和抑郁质类型的人，更适于要求细致持久的工作。对一般性的任务，气质类型对工作效率的影响并不显著，也就是说不同气质类型者的最终工作效率可以差不多，因为每一种气质类型的不足可以通过另一方面的优势来补充，如黏液质个体的速度缓慢可以通过耐心细致来弥补。正是这种补偿作用，气质在一般的工作中显示不出有什么影响。但对某些特殊的工作和职业，就对气质有特殊的要求，如宇航员、飞行员、从事大运动量项目的运动员等，需要有胆有识、较强的抗干扰能力，如果不具备这些特点，就难以有效完成本职工作。因此，在这些领域内更有必要把气质测定作为选拔胜任该项工作人才的一个标准。

气质类型的不同特征的存在表明，行为方式的适宜和有效没有统一的标准。职业的特殊要求需要选择，个体在日常的生活中也需要主动进行选择调整，注意自己的自然倾向性，不断自我发现和自我调节，发现自己的气质特点，形成有效的个人风格。

三、气质类型与教育

在少年儿童的成长过程中，父母和教师的教育方式对其影响非常大。教师和父母了解学生的气质特点，对于做好教育工作，培养学生的良好人格，具有重要意义。

(一)正确认识和对待不同气质类型的学生

教师应当认识到每一个学生的气质都有优点和缺点，都有可能掌握好知识技能，形成优良的个性品质，成为有价值的社会成员。不能误解气质特点，把一些气质具有的容易分心、反应慢、操作精确性差视为学习态度或能力水平的表现，而有可能采取不恰当的方式对待，从而不利于学生发展。了解气质特点对学习行为的具体影响，才能给学生适宜的指导和帮助。教师应依据学生不同的气质特征，采取不同的教育策略，利用其积极方面，塑造优良的人格品质，防止人格品质向消极方向发展。

(1) 对多血质类型的学生，在严格其组织纪律的同时，对他们要热情。要着重培养其朝气蓬勃、满腔热情等个性品质，防止虎头蛇尾、粗心大意、任性等不良个性特点的产生。在发展他们多方面兴趣的同时，要培养中心兴趣。在给予他们参加多种活动机会的同时，要发展他们认真负责的精神和坚持性，对多血质的学生进行教育时，要"刚柔相济"。

(2) 对胆汁质类型的学生，在发展其热情、豪放、爽朗、勇敢和主动等个性品质的同时，要避免产生粗暴、任性、高傲等个性特点。在对他们进行教育时，既要触动思想，又要避免激怒他们，宜采用"以柔克刚"和"热心肠冷处理"等有效方法。要求他们自制、能沉着、深思熟虑地回答问题，能镇静、从容不迫地进行活动，培养他们在行为上和态度上的自制力，培养他们扎实的作风。

(3) 对黏液质类型的学生，要着重发展其诚恳待人、踏实顽强等品质，注意防止墨守成规、执拗、迟缓等品质。多给予参加活动的机会，激发积极情绪，引导积极探索新问题，能够生动活泼、机敏地完成任务。

(4) 对抑郁质类型的学生，要着重发展敏感、机智、认真细致、有自尊心和自信心等品质，防止怯懦、多疑、孤僻等消极心理特点的产生。要给予他们关怀、帮助，避免在公共场合指责。多给予称赞、嘉许、奖励等将对他们的个性发展起积极的作用。

(二)教育学生善于正确认识自己气质的优缺点

人的气质虽较为稳定，但仍然是可以改变的，教师要指导学生剖析和认识自身气质特征中的优点和不足，加强自我行为修养，不断进行自我探索，发展气质中的积极面，成功地监控自己气质的发展。

(三)教师本人要正确认识自己气质的优势和不足

了解自己气质对于工作的重要性，这对于做好教育工作具有重要的意义。

教师必须先受教育，这样才能避免因自己消极气质的流露而对学生产生不良的影响。同时了解自己的气质，对于形成良好的教学风格也具有重要意义。

四、气质与身心健康

气质直接影响人的身心健康，这是因为不同气质类型个体的生理特点及其适应环境的能力是不同的。不同的气质类型的个体对于不同意义的刺激有不同的敏感性倾向，也容易形成明显不同的情绪倾向。在特殊情绪或较强刺激下，承受能力的限制会导致适应障碍。如根据临床观察，极端的胆汁质和抑郁质是神经症或精神病的主要候补者。过度紧张和长期疲劳，会使胆汁质者的抑郁机能更弱，神经衰弱发展严重会成为躁狂抑郁症。而难度较大的任务和不幸的遭遇会使神经过程本来脆弱、易受暗示的抑郁质者出现极端自我暗示和情绪化的歇斯底里，或发展为精神分裂症。所以对极端胆汁质和抑郁质类型的个体需要给予特别的照顾。

美国得克萨斯大学的科学研究人员证实,在紧张状态心理失衡的情况下,人体防御机制的免疫功能会降低,从而导致疾病入侵。美国的路森曼和弗里德曼研究了心理特征和心脏病发病的关系。他们把一些特点归属为A型性格的人,这样的人说话与行动节奏快(性急)易动肝火,缺乏泰然自若的态度,争强好胜,充满失落感和懊丧情绪,总是迫使自己处于紧张状态。A型性格是诱发心脏病的重要因素。据美国全国心、肺和血液研究所的调查,具有A型心理特征的人患心脏病的比率高达98%以上。

此外,外向、内向、神经质等特征都对个体的情绪体验产生一定的影响。可见,气质与人的身心健康有直接的联系。

复 习 要 点

第一节 气质概述

气质是个人心理活动的动力特征。气质具有动力性、典型性、稳定性、天赋性等特征。

第二节 气质学说

《黄帝内经》中的气质理论:《黄帝内经》根据人体阴阳之气的比例将人分为太阴之人、少阴之人、太阳之人、少阳之人、阴阳和平之人。还运用五行学说将人分为木、火、土、金、水5种类型,再根据五行各属的五音(宫、商、角、徵、羽)将上述5种类型的每一种类型划分出1个主型和4个亚型,共得出25种类型。

体液说:希波克拉底认为气质的不同是由于人体内不同的液体决定的。他设想人体内有血液、黏液、黄胆汁、黑胆汁4种液体,并根据这些液体混合比例哪一种占优势,把人分为不同的气质类型:多血质、胆汁质、黏液质、抑郁质。如果体内血液占优势属于多血质,黄胆汁占优势属于胆汁质,黏液占优势属于黏液质,黑胆汁占优势属于抑郁质。

康德和冯特的气质理论:德国哲学家康德认为,气质首先可以划分为感情的气质和行动的气质,每一种气质又可与生命力的兴奋和松弛相联结而进一步分为4种单纯的气质。多血质的人是开朗的、忧郁质的人是沉稳的、胆汁质的人是热血的、黏液质的人是冷血的。德国心理学家冯特以感情反应的强度和变化快慢为基础,把气质分为4种:感情反应强而变化快的是胆汁质、感情反应弱而变化快的是多血质、感情反应强而变化慢的是忧郁质、感情反应弱而变化慢的黏液质。

体型说:由德国精神病学家克瑞奇米尔提出。认为人的身体结构与气质特点以及可能患的精神病种类有一定的关系。根据体型特点把人分成3种类型,即肥满型、瘦长型、筋骨型。美国心理学家谢尔顿认为,形成体型的基本成分——胚叶与人的气质关系密切。人有3层胚叶,在正常发育中各胚叶将分化成一定的组织和器官。外胚叶形成表皮、神经组织等,中胚叶形成肌肉、骨骼等,内胚叶形成内脏器官等。谢尔顿认为,由于胎生期的内胚叶发生的内脏器官得到较好的发展,于是形成了肥胖型;由于中胚叶发生的骨骼和肌肉得到较好的发展,于是形成筋骨型;由于外胚叶发生的皮肤组织和神经系统得到较好的发展,就形成了瘦长型。不同的胚叶对应不同的气质类型。

血型说：认为人的气质是由不同的血型所决定的。日本古川竹二根据血型把人的气质划分为 A 型、B 型、O 型和 AB 型 4 种。A 型气质的人内向、保守、多疑、焦虑、富有感情、缺乏果断性、容易灰心丧气。B 型气质的人外向、积极、善交际、感觉灵敏、轻诺言、寡信、好管闲事。O 型气质的人胆大、好胜、喜欢指挥别人、自信、意志坚强、积极进取。AB 型气质的人，兼有 A 型和 B 型的特征。

激素说：伯曼认为，人的气质特点是由内分泌活动所决定的。他根据人的某种内分泌腺特别发达而把人划分为：甲状腺型、垂体型、肾上腺型、副甲状腺型、胸腺型和性腺型。他认为，不同类型的人，有不同的气质特点。

活动特性说：活动特性说是美国心理学家巴斯的观点。他用反应活动的特性，即活动性、情绪性、社交性和冲动性作为划分气质的指标，由此区分出 4 种气质类型：活动型、情绪型、社交型、冲动型。

托马斯等人的气质理论：托马斯等人提出气质的 9 个维度：活动水平、生理活动的规律性、对新异刺激反应的害怕或抑制、对变化的适应性、对刺激的反应阈限、对刺激的反应强度、心境特点、分心程度、从事活动的持久性。1977 年托马斯等人还根据上述标准，把儿童(主要是婴儿)分为 3 种类型：平易型、麻烦型和行动缓慢型。

气质调节理论：20 世纪 80 年代，简·斯特里劳提出了气质调节理论。认为气质是指有机体的主要是由生物因素决定的相对稳定的动力特点，它由反应的外部特质表现出来。反应的外部特质包括行为的能量水平和时间特点，体现了个体差异。有两个与行为能量水平的个体差异有关的气质基本维度，就是反应性与活动性。它们对有机体起着重要的调节作用。

第三节 气质的生理基础

神经过程的基本特性。巴甫洛夫认为，高级神经活动有两个基本过程：兴奋过程和抑制过程。这两个神经过程有 3 个基本特性：神经过程的强度、神经过程的平衡性和神经过程的灵活性。神经过程的强度是指个体的大脑皮层细胞受强烈刺激或持久工作的能力。神经过程的平衡性是指个体的兴奋过程和抑制过程之间的强度是否相当。神经过程的灵活性是指个体对刺激的反应速度以及兴奋过程和抑制过程相互转换的速度。

高级神经活动类型：神经过程的 3 个基本特性的独特组合就形成了高级神经活动类型。高级神经活动类型有：强而不平衡的类型，强而平衡、灵活的类型，强而平衡、不灵活的类型，弱型。巴甫洛夫认为，兴奋型相当于胆汁质，活泼型相当于多血质，安静型相当于黏液质，抑制型相当于抑郁质。

第四节 气质的类型和鉴定

气质类型的特征有感受性、耐受性、反应的敏捷性、可塑性、情绪兴奋性、向性。基本的气质类型有胆汁质、多血质、黏液质和抑郁质 4 种，按照组合的规律，有 15 种气质类型。

气质的鉴定方法。①条件反射测定法：指在实验室里运用一定的仪器对被试形成或改变条件反射的过程中，观察其神经过程特征，从而了解和确定其气质特征的方法。②测验法：又称问卷法、自陈量表法，它要求被试对一系列经过标准化的问题做出回答，然后从中分析被试的气质特征。③行为评定法：指在日常生活条件下，观察一个人的气质特性，从而做出鉴定。

第五节 气质与实践

气质在活动中的作用：一方面，气质类型不决定人的社会价值，气质不能决定一个人的行为方向和水平，不能依据个体的气质类型去判断一个人的社会价值。另一方面，气质不决定人的成就和智力发展水平的高低。但是，不同的气质类型对工作效率、工作方式有一定的影响。

在教育中，要根据师生的气质特点搞好教育工作。首先，要正确认识和对待不同气质类型的学生。其次，要教育学生善于正确认识自己气质的优缺点。再次，教师本人应该正确认识自己气质的优势和不足。

拓 展 思 考

1. 如何看待气质的作用？
2. 请结合自身实际，谈谈如何在学习和生活中充分发挥自身气质的优势。
3. 对于气质与身心健康的关系，你有什么看法？

第十四章 性　　格

简单而言，本章将告诉你为什么面对同样的一件事，人们的反应会千差万别。这种差异并非短暂的而是持久稳定的人与人之间的差异，它又是如何形成的呢？

第一节　性格概述

性格(character)是人在对现实的稳定的态度和习惯化了的行为方式中所表现出来的个性心理特征，是一种与社会相关最密切的人格特征。性格最能表征一个人的个性差异。我们通常讲的个性，主要是指一个人的性格。

性格特征表现在人对现实的态度和行为方式中。人的性格主要表现在两个方面——"做什么"和"怎样做"。"做什么"反映了人对现实的态度，表明一个人追求什么、拒绝什么；"怎么做"反映了人的行为方式，表明一个人如何去追求他所要得到的东西，如何去拒绝他所要避免的东西。一般来说，人对现实稳定的态度决定着他的行为方式，而人的习惯了的行为方式又体现了他对现实的态度。这两个方面是统一的。

性格是稳定的，但又有一定的可塑性。研究表明，性格是在后天社会环境中逐渐形成的，在与客观世界相互作用的过程中形成和发展起来。客观事物的各种影响通过主体的心理活动在个体的反映机构中保存下来、固定下来，构成一定的态度体系，并以一定的形式表现在个体的行动之中，构成个体所特有的行为方式。人的性格并不是一朝一夕形成的，但一经形成就比较稳定，并且贯穿于他的全部行动之中。人的性格不仅在类似情境中，甚至在不同的情境中都会表现出来。因此，个体一时性的偶然表现不能认为是他的性格特征，只有经常的、习惯性的表现才能认为是他的性格特征。例如，一个人经常表现得很勇敢，偶尔表现出怯懦，那么不能认为他具有怯懦的性格特征，他的性格特征是勇敢。又例如，一个人在某种特殊的情况下，一反机敏的常态，表现为呆板，那么不能认为呆板是他的性格特征，他的性格特征是机敏。性格是在主体与客体的相互作用过程中形成的，同时又在主体与客体的相互作用过程中发生缓慢的变化。

性格和气质都是人的个性心理特征，都体现了个体之间的差异，但仍必须区分二者的不同。气质是个体心理活动的动力特征，与性格相比较，气质受先天因素影响大，并且变化比较难、比较慢；性格主要是在后天形成的，具有社会性，变化比较容易和快些。气质是行为的动力特征，与行为的内容无关，因此气质无好坏善恶之分；性格涉及行为的内容，表现个体与社会的关系，因而有好坏善恶之分。

一方面，性格与气质相互区别，而另一方面性格和气质相互渗透、彼此制约。首先，气质影响性格，使性格"涂上"一种独特的色彩。比较明显的是在性格的情绪性和表现的速度方面表现出来。例如，具有勤劳性格特征的人，多血质的人表现为情绪饱满、情绪充沛；黏液质的人表现为操作精细、踏实肯干，等等。气质还影响性格形成和发展的速度和动态。例如，黏液质和抑郁质的人比多血质和胆汁质的人更容易形成自制力的性格特征。

其次，性格可以在一定程度上掩盖或改造气质。例如，从事精细操作的外科医生应该具有冷静沉着的性格特征，在职业训练过程中有可能掩盖或改造容易冲动和不可遏止的胆汁质的气质特征。

正是因为性格与气质之间复杂的联系，所以具有不同气质类型的人可以形成同样的性格特征，而具有同一气质类型的人也可以形成不同的性格特征。

由于性格的复杂性，目前对性格的生理基础了解甚少。但是并不能由此就否定性格的生理基础也是人脑的机能。临床研究表明性格与大脑皮层的额叶有关，额叶受伤的病人在性格上会发生明显的变化。例如，有些额叶受伤的病人，不尊重别人，爱说粗话，不愿意接受劝告，顽固地坚持己见又反复无常；有些病人表现出易冲动，爱开玩笑，缺乏主动性等特点；有些病人表现出运动定型的惰性，固执地重复已经开始的活动，不能停止某种不合理的行动。

第二节 性格的特征

你的某一位朋友做事情非常认真仔细，而另一位朋友也是这样，那么你是不是就可以断定你的这两位朋友是相同的性格？你的某一位朋友是急脾气，而另一位朋友是慢性子，那么你是不是就能说这两位朋友在性格上没有共同点呢？

一、性格的主要特征

性格不是只存在某一方面，性格表现在各个方面。性格各个不同方面的特征就是性格特征。性格由各种不同的性格特征所组成，是一个人的许多性格特征所组成的统一体。一般经常讨论的性格特征主要有 4 个方面：性格的态度特征、性格的意志特征、性格的情绪特征、性格的理智特征。

(一)性格的态度特征

人对客观现实的影响总是以一定的态度给予反应。人对客观现实的态度的性格特征是多种多样的。性格的态度特征主要是在处理各种社会关系方面的性格特征。

1. 对社会、集体和他人态度的特征

属于这方面的特征主要有：公而忘私或假公济私；忠心耿耿或三心二意；善于交际或行为孤僻；热爱集体或自私自利；礼貌待人或粗暴；正直或虚伪；富有同情心或冷酷无情；等等。

2. 对工作和学习态度的特征

属于这方面的特征主要有：勤劳或懒惰；认真或马虎；细致或粗心；创新或墨守成规；节俭或浪费；等等。

3. 对自己态度的特征

属于这方面的特征主要有：谦虚或骄傲；自尊或自卑；严于律己或放任；等等。

(二)性格的意志特征

性格的意志特征是指人在对自己行为的自觉调节方式和水平方面的性格特征。

1. 对行为目的明确程度的特征

属于这方面的特征主要有：目的性或盲目性；独立性或易受暗示性；纪律性或散漫性；等等。

2. 对行为的自觉控制水平的特征

属于这方面的特征主要有：主动性或被动性；自制力或缺乏自制力、冲动性；等等。

3. 在长期工作中表现出来的特征

属于这方面的特征主要有：恒心、坚忍性或见异思迁、虎头蛇尾，等等。

4. 在紧急或困难情况下表现出来的特征

属于这方面的特征主要有：勇敢或怯懦；沉着镇定或惊慌失措；果断或优柔寡断；等等。

(三)性格的情绪特征

性格的情绪特征是指人在情绪活动时在强度、稳定性、持续性、主导心境等方面表现出来的性格特征。

1. 情绪强度特征

情绪强度特征表现为个人受情绪影响程度和情绪受意志控制的程度。例如，有人情绪体验比较微弱，容易用意志控制；有人情绪体验比较强烈，难以用意志控制。

2. 情绪稳定性特征

情绪稳定性特征表现为情绪起伏波动的程度。例如，有人不论在成功或失败时，情绪都比较平静，对情绪的控制也比较容易；有人成功时则沾沾自喜，失败时则垂头丧气，对情绪的控制也比较困难。

3. 情绪持久性特征

情绪持久性特征表现为个人受情绪影响时间久暂的程度。例如，有人遇到愉快的事，当时很高兴，事后很快恢复平静；有人愉快的情绪则持续很久。

4. 主导心境特征

主导心境特征表现为不同的主导心境在一个人身上表现的程度，即表现在主导心境的性质上也表现在主导心境的稳定性上。例如，有人经常愉快，有人经常忧伤；有人受主导心境支配的时间长(主导心境稳定性大)，有人受主导心境支配的时间短(主导心境的稳定性小)。

(四) 性格的理智特征

性格的理智特征是指人在认知过程中的性格特征。人的认知水平的差异称为能力特征，是能力高低的表现；而人的认知活动特点与风格则称为性格的理智特征，与能力高低是不同的。

1. 感知方面的性格特征

人在感觉和知觉方面的个别差异可以区分出：主动观察型和被动观察型；记录型和解释型；罗列型和概括型；快速型和精确型；等等。

2. 记忆方面的性格特征

人在记忆方面的个别差异可以区分出：主动记忆型和被动记忆型；直观形象记忆型和逻辑思维记忆型；在识记上有快慢之分；在保持上有长短之分；等等。

3. 想象方面的性格特征

人在想象方面的个别差异可以区分出：主动想象型和被动想象型；幻想型和现实型；敢于想象型和想象受阻型；狭窄想象型和广阔想象型；等等。

4. 思维方面的性格特征

人在思维方面的个别差异可以区分出：独立型和依赖型；分析型和综合型；等等。

二、性格结构的特征

性格的各个方面的特征并不是孤立静止地存在着，而是相互联系、相互制约的，在个体身上结合为独特的统一体，从而形成一个人不同于他人的性格，而且在各种不同场合中，各种性格特征又有不同的结合。所有这些表现说明性格具有动力特性，具体表现在如下几个方面。

1. 各种性格特征之间存在着一定的内在联系

由于性格特征之间存在着内在联系，因此性格是一个统一的整体。人们有时还可以根据某人的一些性格特征去推知他的其他方面的性格特征。例如，对待工作的态度特征方面表现出勤劳、认真的人，一般在性格的理智特征方面表现出主动观察和详细分析的特征；在性格的情绪特征方面表现出平静和容易控制的特征，在性格的意志特征方面表现出目的性和自制性等特征。

2. 各种性格特征在不同场合有不同的结合

性格具有稳定性，但并不意味着人在一切场合下都以同一模式一成不变地表现。奥尔波特指出，人格特质除具有概括性和持久性外，还具有焦点性。即它与现实的某些特殊场合联系着，只有在特殊的场合和人群中才会表现出来。例如，一个攻击性强的人，不会在任何场合下对任何人攻击，对他的亲爱的朋友，一般不会攻击。一个人在一定场合下，可以着重显露其性格的某一个侧面，在另一种场合下，可以着重显露其性格的另一个侧面。

性格在不同场合，以不同的侧面表现，不是说人类性格是肢解和分裂的，反而说明人类性格的丰富性和真实性。由于性格在不同的场合会有不同的表现，这就要求我们在多种场合下，在各种不同的环境中多方面去考察一个人的性格。

3. 性格的可塑性

性格是稳定的，但又不是一成不变的。它是在各种影响因素的相互作用中形成的，又是在各种影响因素的相互作用中发生变化的。例如，生活中遭受了重大挫折可以使人的性格发生变化，从军的经历往往磨炼出人的坚强意志。性格的变化不仅取决于外在影响因素，它在很大程度上又取决于个人的主观努力。一般来说，儿童性格容易受环境影响，而成人性格趋于稳定，不易受环境影响。但成人可以通过主动的自我调节来塑造自己的良好性格特征，克服不良的性格特征。

第三节　性格的类型

人的性格并非千人一面而是千人千面，人与人之间都存在性格上的差异。这样，要去了解人的性格，岂不是就要了解每一个人的性格？但众人的不同性格分作较少的几个类型，只用了解性格的这几个类型就可以帮助我们加深对人的性格的了解。类型论就是一种性格分类的理论，将人的性格分成数量有限的不同类型。

对人的性格进行分类是自古以来就有的思想。我国古籍中就有许多关于性格分类的论述。在春秋战国时期，孔子把人的性格划分为"中行""狂者""狷者"3种类型。"狂者"进取，敢作敢为；"狷者"拘谨，什么事都不大肯干；"中行"介乎两者之间，是所谓"依中庸而行"的人，相当于中间型。三国时刘劭在他的《人物志》一书中，对人的性格作了系统的论述。他认为人与人之间在性格上的个别差异很大，他将人的性格划分为12种类型。

一、多元类型理论

多元类型理论认为，在现实生活中，人们的性格类型是多方面的，根据一定的标准可以划分出不同的性格类型。

(一)斯普兰格的类型理论

德国斯普兰格(E. Spranger)等人用价值观来划分人格类型。他认为，社会生活有6个基本领域：理论、经济、审美、社会、权力和宗教。人会对这6个基本领域中的某一个领域产生兴趣，认同该领域是有价值的。据此，他将人的性格划分为6种类型：理论型、经济型、审美型、社会型、权力型和宗教型。这种类型是理想化的划分，具体的个人通常是主要倾向于一种类型并兼有其他类型的特点，奥尔波特认为，每个人或多或少地具有这6种价值倾向。

1. 理论型的人

理论型的人以追求真理为目的，认识成为精神生活的主要活动，表现为探究世界的兴趣，情感退到次要地位。总是冷静而客观地观察事物，关心理论，力图把握事物的本质。对实用和功利缺乏兴趣，碰到实际问题时往往束手无策，缺乏生存竞争能力。理论家和哲学家属于这种类型。

2. 经济型的人

经济型的人以经济观点看待一切事物，注重实效，把经济价值提高到一切价值之上，以实际功利来评价事物的价值，重视人的能力和资力。从纯经济观点看待人类，把人类看作生产者、消费者或购买者，以获取财产和利益为其生活目的。实业家属于这种类型。

3. 审美型的人

审美型的人以美为最高人生的意义，富有想象力，对实际生活不大关心，总是从美的角度来评价事物的价值。自我完善和自我欣赏是他们的目的。艺术家属于这种类型。

4. 社会型的人

社会型的人重视爱，以爱他人为人生的最高价值。有献身精神，有志于增进他人或社会福利。社会型的最高和最普遍的形式是母爱。慈善、卫生和教育工作者都属于这种类型。

5. 权力型的人

权力型的人重视权力，并努力去获得权力。凡是他所做的均由自己决定，有强烈的支配和命令他人的欲望。

6. 宗教型的人

宗教型的人坚信宗教，生活在信仰中，相信神的存在，总感到上帝的拯救和恩惠。他们富有同情心，以慈善为怀，以爱人爱物为目的。宗教家属于这种类型。

斯普兰格从社会生活对人的影响，从社会文化价值的观点来划分人类的性格。这比一味强调人的生物学因素对人的影响是一个进步。

(二)霍兰德的类型理论

美国职业指导专家霍兰德(J. L. Holland)提出性格—职业匹配理论，以对性格进行类型上的区分，并探讨不同性格类型与不同职业类型之间的适应关系。他把人的性格划分为 6 种类型：社会型、理智型、实际型、文艺型、贸易型和传统型。

1. 社会型的人

社会型的人具有爱好社交、活跃、友好、慷慨、乐于助人、易合作、合群等性格特征。适合从事社会工作，做教师、护士等。

2. 理智型的人

理智型的人具有好奇、善于分析、精确、思维内向、富有理解力、聪明等性格特征。

适合从事自然科学、电子学、计算机程序编制等工作。

3. 实际型的人

实际型的人具有直率、随和、重实践、节俭、稳定、坚定和不爱社交等性格特征。适合从事农业、制图、采矿、机械操作等工作。

4. 文艺型的人

文艺型的人具有感情丰富、想象力强、富有创造性等性格特征。适合从事文学创作、艺术、雕刻、音乐、文艺评论等工作。

5. 贸易型的人

贸易型的人具有外向、乐观、爱社交、健谈、好冒风险、支配和喜欢领导他人等性格特征。适合做董事长、经理、营业部主任、营业员、推销员等。

6. 传统型的人

传统型的人具有务实、有条理、随和、友好、拘谨和保守等性格特征，适合做秘书、会计、打字员、接线员等。

霍兰德认为，大多数人可以主要划为某一性格类型，每一种性格类型又都有两种相近的性格类型、两种中性关系的性格类型和一种相斥的性格类型。

他认为，每一个人可以主要划为一种性格类型，每一种性格类型的人，对相应的职业感兴趣，人们在不断寻求能够获得技能、发展兴趣的职业。霍兰德经过几十年的研究和上百次的实验，把 6 种性格类型与 456 种职业进行匹配。霍兰德认为，如果职业类型与性格类型相重合，个人会感到兴趣和内在的满足，并最能发挥自己的聪明才智；如果职业类型与性格类型相近，个人经过努力，也能适应并做好工作；如果职业类型与性格类型相斥，个人对职业毫无兴趣，不能胜任工作。实际上霍兰德认为职业类型也可以划分为 6 种，同一类型的性格和与同一类型职业互相匹配，便是达到适应状态，因为性格类型之间存在相近、中性、相斥的关系，所以某一性格类型也能适应相近关系的职业，而绝对不能适应相斥关系的职业。例如，传统型的人可以适应秘书(传统型)的工作，也能一定程度适应机械操作(实际型)、推销员(贸易型)的工作，但是绝难适应文学创作、雕刻、音乐这类型的职业。

霍兰德是一位职业指导专家，他的性格—职业匹配理论，对职业指导具有现实意义。他十分重视兴趣与职业的关系，但事实上工作的兴趣是做好工作的重要条件，但不是唯一的影响职业的心理因素。

二、对立类型理论

多元类型理论将人分作少数几种类型，而对立类型理论对性格的理解出发于两种性格特征的对立，具有对立性格特征的不同的人分别属于不同的性格类型。

(一)内—外向性格类型学说

荣格认为，人的心理活动有思维、情感、感觉和直觉这 4 种基本功能。荣格根据对立原则认为，这 4 种基本功能在完成心理活动时，所表现出来的两种对立的特征构成一种心理倾向上对立的两端，具有对立两端的心理倾向有许多对(见表 14-1)。荣格认为，在每一对倾向中，大多数人往往只会偏向其中一端。

表 14-1　对立两端的心理倾向

外向—内向	注意力集中在何处，从哪里获得动力
思维—情感	做决定的方法
直觉—感觉	获取信息的方式
……	……

在这许多对性格倾向中，最主要的就是外向和内向。荣格认为，当一个人的兴趣和关注点指向外部客体时，就是外向；而当一个人的兴趣和关注点指向主体时，就是内向。在荣格看来，任何人都具有外向和内向这两种特征，但其中一种可能占优势，因而可以确定一个人是内向还是外向。外向的人其特点是，注重外部世界，情感表露在外，热情奔放，当机立断，独立自主，善于交往，行动快捷，有时轻率。内向的人其特点是，自我剖析，做事谨慎，深思熟虑，疑虑困惑，交往面窄，有时适应困难。

如果把一个人所有的各类倾向上的特征结合起来就成为他的性格类型。把内—外向与其他的心理倾向结合可以分成 8 种性格类型：外向思维型，这种人尊重客观规律和伦理法则，不感情用事；外向感情型，这种人对事物的评价往往感情用事，容易凭借主观判断来衡量外界事物的价值；外向感觉型，这种人以具体事物为出发点，容易凭借感觉来估量生活的价值，遇事不假思索，随波逐流，但善于应付现实；外向直觉型，这种人以主观态度探求各种现象，不接受过去的经验，只憧憬未来，容易悲观失望；内向思维型，这种人不关心外部价值，以主观观念决定自己的思想，感情冷淡，好独断，偏执，易被人误解；内向感情型，这种人情绪稳定，不露声色；内向感觉型，这种人不能深入到事物的内部，在自己和事物之间常插入自己的感觉；内向直觉型，这种人不关心外界事物，脱离实际，好幻想。

(二)A—B 性格类型

福利曼和罗斯曼(Friedman & Rosenman，1974)描述了 A—B 性格类型，人们在研究性格和工作压力的关系时，常使用这种类型区分。

A 型性格的主要特点是：性情急躁，缺乏耐性。他们的成就欲高，上进心强，有苦干精神，工作投入，做事认真负责，时间紧迫感强，富有竞争意识，外向，动作敏捷，说话快，生活常处于紧张状态，但办事匆忙，社会适应性差，属不安定型性格。具有这种性格特征的人易患冠心病。美国 20 世纪 60 年代进行的一次纵向调查表明，在 257 位患冠心病的男性病人中，A 型性格的人数是 B 型性格的人数的 2 倍多。

B 型性格的特点是：性情不温不火，举止稳当，对工作和生活的满足感强，喜欢慢步调的生活节奏，在需要审慎思考和耐心的工作中，B 型性格往往比 A 型好，他们属于较平凡之人，对冠心病患者的调查表明，B 型性格只占患者人数的 1/3。

性格类型论根据某种标准把人的性格划分为几种类型，它的特点是具有整体性和典型性，能直观地了解人的性格类型。但是，性格类型理论把人极端复杂的性格概括为少数几种类型，这样就必然忽视中间型。与此相关，如果将一个人划入某种性格类型，就会只注意这种类型中的有关特征，而忽视其他方面的特征，这就可能导致简化和片面性。

第四节 性格理论

性格的类型论用人的一种或少数几种主要的特质来说明人的性格，以少数几种类型简化对人类复杂性格的理解。性格的特质论则同时用人的多种特质来说明人的性格，认为人的性格是由一组特质组成。特质是构成人的性格的基本单位，特质决定个体的行为。性格特质在时间上具有稳定性，在空间上具有普遍性，是所有人共有的。但每一种特质在量上是因人而异的，这就构成了人与人之间在性格上的差异。性格的特质论是另一种主要的性格理论。

一、奥尔波特的特质理论

美国心理学家奥尔波特(G. W. Allport)是现代个性心理学的创始人之一，也是性格特质论的创始人。他认为，性格是由许多特质所组成，特质是一种神经心理结构。特质除了反应刺激产生行为外，还能够主动地引导行为，使多种刺激在机能上等值起来，使反应具有一致性，即不同刺激能导致相似的行为，如表14-2所示。

表 14-2 特质使刺激和反应趋于一致

刺激	特质	反应
和领导在一起工作	谦虚	留意、小心、顺从
访友		文雅、克制、依从
遇见陌生人		笨拙、尴尬、害羞
和母亲共同进餐		热情迎合
同伴给予赞扬		不露面、不为人注意

相反，具有不同特质的人，对同一个刺激物，反应也会有所不同。一个具有谦虚特质的人和一个具有骄傲特质的人对客人的态度是不同的。

奥尔波特对特质进行了分类。他首先把特质分为共同特质和个人特质。

1. 共同特质

共同特质(common trait)是指同一文化形态下群体或大多数人都具有的、相同的特质，它是在共同的生活方式下所形成的，并普遍地存在于每一个人身上。共同特质被认为是一种概括化的性格倾向，表现为一个特殊民族或文化中的人的相似性，也反映了这种文化中所注重的某些特质。

2. 个人特质

个人特质(individual trait)为个人所独有，代表个人的性格倾向，一个人独特的人格品质通常是由个人特质决定的。奥尔波特认为，世界上没有两个人具有相同的个人特质，只有个人特质才能表现个人的真正特质。他认为，心理学家应该集中力量研究个人特质。

奥尔波特进一步把个人特质按照它们对于个体性格的影响和意义不同，划分为 3 个重叠和交叉的层次：①首要特质(cardinal trait)。这是个人最重要的特质，最典型且最有概括性，它代表一个人的性格最独特之处，往往只有一个。它在性格结构中处于支配地位，影响一个人的全部行为。但是奥尔波特解释说具有明显的首要特质的人并不多。②中心特质(central trait)。又称"重要特质"。这是性格的"构件"，个体的性格是由几个彼此相联系的中心特质所组成的，在每个人身上大约有 5~10 个中心特质，这样少数几个中心特质就能描述一个人的本质特征，平常人平均使用 7 个核心特质来描述自己熟悉的人(Allport，1961)。中心特质虽不像首要特质那样对行为起支配作用，但也是行为的决定因素。③次要特质(secondary trait)。这是个人无足轻重的表面的和不一定稳定的特质，只在特定场合下出现，如食物偏好、政治观点、态度和音乐品位。它不是性格的决定因素，除了亲近的人外其他人很少知道。

二、卡特尔的特质理论

以奥尔波特等人为代表的特质论者，他们用逻辑和语义分析来划分特质，并且偏重于描述个体各种特质的不同，比较强调特质之间的独立性。以卡特尔(Cattell，1860—1944)等人为代表的特质论者则用统计分析划分特质，并且偏重于描述个体特质的量的差异，比较强调特质之间的依赖性。

1. 表面特质和根源特质

英国出生的美国心理学家卡特尔是用因素分析法研究特质的著名代表。他同意奥尔波特把特质分为共同特质和个人特质的论点。他认为，共同特质是用因素分析法得到的共同因素，个人特质是用因素分析法得到的独特因素。共同因素是人类所有社会成员所共同具有的特质；独特因素是指单个个体所具有的特质。但他认为奥尔波特所列举的特质数量太多。他将奥尔波特所收集的 1 万多个形容性格特质的词归纳为 171 个，然后再将它合并为 35 个特质群，卡特尔称为表面特质(surface trait)。他进一步把这些表面特质进行因素分析，得出 16 个根源特质(source trait)。卡特尔的主要贡献在于把许许多多的特质划分为表面特质和根源特质。卡特尔认为表面特质直接与环境接触，常常随环境的变化而变化，是从外部行为可以观察到的特质。从表面上看它们好像是一些相似的特征和行为，实际上却出于不同的原因，如同样都是努力工作，却可能有着不同的原因，或者为了追求成就、或者为了保住工作；根源特质隐藏在表面特质的后面，深藏于人格结构的内层，它是制约表面特质的潜在基础和人格的基本因素，是建造人格大厦的砖石，是那些相互联系而以相同原因为基础的行为特质。卡特尔认为，根源特质必须通过表面特质的中介，通过因素分析法才能发现。例如，独立、坚忍、大胆等特质都可以在个体身上直接表现出来，并能直接观察到，它们都是表面特质。通过因素分析，这些表面特质之间有很高的相关，通过因素分析可得出它们的共同根源特质——"自主性"。

卡特尔认为，根源特质各自独立，相关极小，并且普遍地存在于各种不同年龄的人和不同社会环境的人身上。但是，各个根源特质在每个人身上的强度是不同的，这就决定了人与人之间在性格上的差异。卡特尔及其同事经过长期的研究，确定 16 种根源特质(见表 14-3)，并据此编制了 16 种个性因素问卷(16PF)，是国际上通用的个性问卷。

表 14-3　卡特尔的 16 种根源特质

因素	特质名称	低分者特征	高分者特征
A	乐群性	缄默孤独	热情外向
B	聪慧性	智力较低	智力较高
C	稳定性	情绪激动	情绪稳定
E	恃强性	谦逊顺从	好强固执
F	兴奋性	严肃稳重	轻松兴奋
G	有恒性	权宜敷衍	有恒负责
H	敢为性	畏缩退缩	冒险敢为
I	敏感性	理智、着重现实	敏感、感情用事
L	怀疑性	信赖随和	怀疑、刚愎
M	幻想性	合乎实际	富有幻想
N	世故性	坦白直率、天真	精明能干、世故
O	忧虑性	安详沉着	忧虑抑郁
Q1	实验性	保守	勇于尝试实验
Q2	独立性	依赖、附和	自立、当机立断
Q3	自律性	矛盾冲突	自律严谨
Q4	紧张性	心平气和	紧张困扰

2. 体质特质和环境特质

在根源特质中又可区分为体质特质(constitutional trait)和环境特质(environmental trait)两类。体质特质由先天的生物因素所决定，如兴奋性、情绪稳定性等。而环境特质则由后天的环境因素所决定，如忧虑性、有恒性等。

3. 动力特质、能力特质和气质特质

在体质特质和环境特质的基础上形成动力特质(dynamic trait)、能力特质(ability trait)和气质特质(temperament trait)，它们同时受到遗传与环境两个方面的影响。动力特质是指具有动力特征的特质，它使人趋向某一目标，包括生理驱力、态度和情操。能力特质是表现在知觉和运动方面的差异特质，包括流体智力和晶体智力。气质特质是决定一个人情绪反应的速度与强度的特质。

三、五因素模型

这是一种将卡特尔的 16 个因素进一步凝练的尝试。五因素模型开始于诺曼(Norman)，经过研究者的大量工作已为多数特质论者所认同，被称为新型的特质理论。长期以来对特质的分类研究并没有取得共识，直到 20 世纪 90 年代，多数特质论者基本观点已经趋向一致：人格结构由五大因素构成，即所谓"大五"或"五因素模型"(Five-factor Model，FFM)。

研究者都提出了他们各自的五因素模型，5 个因素的名称也不统一，根据珀文(L. A. Pervin)和约翰(O. P. John)主编的《人格手册：理论与研究》(1999 年版)一书，将大五特质的名称定为如下几种。

因素Ⅰ：外向性。活力、热情：表现出热情、社交、果断、活跃、冒险、乐观等特质。

因素Ⅱ：宜人性。利他性、爱：具有信任、直率、利他、依从、谦虚、移情等特质。

因素Ⅲ：责任感。克制、拘谨：显示了胜任、公正、条理、尽职、成就、自律、谨慎、克制等特质。

因素Ⅳ：神经质。消极情绪、神经过敏：具有焦虑、敌对、压抑、自我意识、冲动、脆弱等特质。

因素Ⅴ：开放性。独创性、思想开放：具有想象、审美、情感丰富、求异、创造、智能等特质。

他们指出，从因素Ⅰ到因素Ⅴ的序号，表示了这些因素在词汇中比例的相对大小。因素Ⅰ和因素Ⅱ在词汇中比例最大，因素Ⅲ，因素Ⅳ和因素Ⅴ的比例最小。因素Ⅴ最易引起争论，部分研究者试图用智力等来标记。

五因素模型的有效性在不同的文化中似乎都得到了验证，在以色列、美国、加拿大、德国、芬兰、波兰、葡萄牙、中国、韩国、日本进行的研究都支持了五因素模型。

1987 年，特力根(Tellegen)和沃勒(Waller)将评价维度引入人格结构，率先提出大七人格模型，该模型中新增加了正价(positive valence)和负价(negative valence)两个维度。正价被认为是老练的、机智的、勤劳多产的；负价被认为是心胸狭窄的、自负的、凶暴的。其余 5 个维度与"大五"有大致的对应关系。研究者在验证时，基本肯定"大七"的稳定存在。在国外"大七"不如"大五"流行。

我国王登峰教授等在系统收集词典、文学作品和被试实际用于描写具体人物的形容词的基础上，通过对词表的简化和被试评定，得到了中国人的人格结构，由 7 个因素构成(外向性、善良、情绪性、才干、人际关系、行事风格和处世态度)，并制定了中国人人格量表。

性格特质论者认为性格由许多特质所组成。他们直接研究人的行为特点具有一定的科学性。他们编制了许多问卷，为研究个性提供了工具。但一些特质论批评者认为，特质论的中心缺陷源于它的假设：任何一个个体在不同情况下应以相似或一致的方式行事，这一假设被称为跨情境一致性。根据 Mischel(1968)的观点，这种跨情境一致性的证据很少，研究表明，人格所能解释的各种情境中的个体行为差异不超过 9%。但之后的一些研究都报告了高水平的跨情境一致性(Small, 1983)。Buss(1989)指出在有些情境下，个体的人格差异并不是很重要。在下述实验室情境中，行为更多地由情境决定，而非人格：①新异、正式、公共的情境；②有详尽而完备的指令；③被试的行为没有选择；④情境的持续时间短。相反，人格在以下情境中非常重要：①熟悉、灵活、私人的情境；②只有笼统的指令或无指令；③有很多行为可以选择；④情境持续很长时间。一些心理学家(Bowers, 1973；Endler & Edwards, 1978)认为行为取决于人格与情境的交互作用。

性格特质论者倾向于用分离的特质来解释性格，倾向于从量上分析性格，容易忽视性格的整体性。应该把从质和整体上表示性格的类型论和从量上分析性格的特质论结合起来。

实际上，这两种理论已经开始结合起来了。

第五节　性格的形成与发展

在性格的形成和发展的问题上，历史上有两种极端的观点，一种是遗传决定论；另一种是环境决定论。现在持极端看法的人已经很少了。一般认为，性格是遗传因素和环境因素相互作用的结果。其中遗传因素是性格的自然前提，在此基础上，环境因素对性格的形成和发展起决定作用。人的性格并非与生俱来的，而是在人和环境的相互作用过程中形成和发展起来的，是一个人生活经历的反映。

有研究表明，我国儿童青少年性格的情绪特征、意志特征和理智特征的发展水平随年龄的增长而逐渐升高，表现出由低到高的发展趋势。但是，发展的速度是不平衡、不等速的，小学2年级至4年级发展较慢，4年级至6年级发展较快，小学6年级至初中2年级发展尤其缓慢，甚至出现相对停滞状态，初中2年级至高中1年级，又出现快速发展趋势。该项研究还表明，性格特征的各个方面发展趋势又是有差异的。

下面就影响儿童和青少年性格形成和发展的主要因素加以阐述。

一、家庭在性格形成中的作用

家庭对一个人的性格形成和发展具有重要和深远的影响。父母把遗传基因传递给后代，家庭又是儿童的最初环境。许多心理学家认为，从出生到五六岁是性格形成的最主要阶段。而这个阶段的绝大多数儿童在家庭中生活，在父母的爱抚下成长。从教育的顺序上来看，首先是家庭教育，然后才是学校教育。

(一)亲子关系

亲子关系即父母与其子女之间的关系是儿童最早建立的人际关系，这种关系的好坏不仅直接影响儿童的身心发展，而且也影响到儿童以后形成的各层次的人际关系。帕克(G. Parker)等人编制的亲子关系量表，包括"关心"和"约束"两个维度，划分出4个象限，代表4种亲子关系类型：①关心多—约束多；②关心少—约束多；③关心少—约束少；④关心多—约束少。研究表明，关心少和约束过严的亲子关系影响儿童性格的健康发展。

在家庭中，父母和子女关系最为密切。母爱在儿童的性格形成和发展中起着重要作用，是儿童性格健康发展的重要条件。日本心理学家松原达哉指出，母亲既为婴儿准备生长的环境，同时母亲本身也是重要环境之一，母亲整天都在照料并同婴儿说话。缺乏母爱的儿童往往会形成不合群、孤僻、任性、情绪反应冷漠等不良性格特征。父亲对儿童在性别角色发展上起着重要作用。父亲为男孩提供模仿同化的榜样，为女孩提供与异性成人交往的机会。幼年没有与父母亲接触过的儿童，在性别的社会化方面，往往是不完全的。

父母被认为是孩子的第一任教师，是孩子学习的榜样。社会信仰、规范、价值观等首先通过父母的"过滤"而传给子女。父母的一言一行都潜移默化地影响孩子性格的发展。孩子随时随地模仿父母的行为。因此，孩子与父母的性格往往相类似。

(二)家庭气氛

家庭情绪气氛可以划分为融洽与对抗两种类型。家庭中的情绪气氛是由家庭中全体人员营造的,但主要是由夫妻关系所决定的。家庭中的夫妻关系影响家庭其他成员之间的关系,影响孩子性格的形成和发展。

研究表明,宁静愉快家庭中的孩子与气氛紧张及冲突家庭中的孩子在性格上有很大差别。宁静愉快家庭中的孩子,在家里感到有安全感,生活乐观、愉快、信心十足,待人和善,能很好地完成学习任务。气氛紧张及冲突家庭中的孩子缺乏安全感,情绪不稳定,容易紧张和焦虑,长期忧心忡忡,害怕父母迁怒于自己而受严厉的惩罚,对人不信任,容易发生情绪与行为问题。

(三)家庭结构

一般认为有3种主要的家庭结构:大家庭、核心家庭和破裂家庭。

大家庭是指几代同堂的家庭。大家庭中的孩子受家风、家规等影响,有助于他们形成良好的性格特征。但可能会有隔代溺爱和长辈在教育孩子问题上看法不一致的情况,致使孩子无所适从,可能会形成恐惧、焦虑等不良性格特征。核心家庭是指一对夫妇和一个孩子组成的家庭。核心家庭中没有传统的隔代溺爱,但由于年轻的父母缺乏教育孩子的经验和方法,对孩子可能有时放纵,而有时管教过严。夫妇一般都是双职工,可能缺少教养和爱抚孩子的时间。

杨善堂等人比较了两代人家庭和三代人家庭幼儿个性心理发展。结果表明,两代人家庭的幼儿个性品质优于三代人家庭的幼儿个性品质,其中7种品质(独立性、自制力、敢为性、情绪特征、自尊心、文明礼貌、行为习惯)存在显著差异,两种品质(合群性、聪慧性)无显著差异。

破裂家庭是指父母中有一人死亡或判刑监禁或父母离婚的家庭。许多研究表明,破裂家庭会给孩子的性格带来不良影响。有人认为,父母离婚甚至比父母死亡对孩子性格影响更大。有些研究表明,如果有良好的教育,破裂家庭的孩子也可以形成良好的性格特征。

傅安球和史莉芳指出:"离婚的家庭,从父母感情破裂开始,家庭人际关系失和,父母整日无休止地打闹,直至离婚的整个过程,既是对孩子施加各种不良影响,造成严重心理创伤的过程,也是使孩子形成不良性格态度特征的过程……带给孩子的心理创伤,乃至造成的性格异常,很可能永远伴随着他们度过一生。"他们认为,性格方面出现问题行为的平均比例,离异家庭子女远大于正常家庭;离异家庭子女容易产生自卑、孤僻、怯懦、粗暴等性格缺陷。

(四)独生子女

因为独生子女成长环境具有一定的特殊性,所以独生子女的性格得到了研究者的关注。国外早期研究认为,独生子女在性格特征上存在缺点。美国儿童心理学家霍尔甚至说,独生子女本身就是一种疾病。后来美国心理学家的研究否定了这种看法。芬顿(Fenton)等人在12项指标上都没有发现独生子女和非独生子女存在显著差异,而在"自信"上,独生子女反而比非独生子女优越。美国心理学家福尔博(Falb)等人,回顾了自1925—1984年期间所发表的200余篇有关独生子女研究的报告,并对其中的115篇报告的结果用统计方法进行再次分析。结果表明,在成就、智力、性格、适应和社会性几个方面,独生子女或优于非独生子女,或没有显著差异。吉尔福特和武斯特(Guilford & Worcester)在中学生中对 5 项性格特征(诚实、勤劳、创造性、自制和秩序)进行研究,结果在 5 项性格特征中,独生子女均比非独生子女优越。

日本山下俊郎教授认为,在早期的研究中,忽视了独生子女存在着不同条件。他认为,为了真正确定独生子女的特点,必须排除各种异质因素。将独生子女与非独生子女配对研究时,必须是家庭经济地位、居住状况、年龄、身体发育状况、智力发展水平等条件都是相同的,而仅仅考虑有无兄弟姐妹这一点是不够的。

日本学者梅田研究了父母教养态度与独生子女特异性的关系。他将父母的态度划分为:溺爱型、严格型、放任型、民主型与矛盾型五类。溺爱型家庭中的独生子女有任性、依赖心理、逞强等 6 项特异性;严格型家庭中的独生子女有利己、心胸狭窄等 8 项特异性;放任型家庭中的独生子女有好动感情等 11 项特异性。只有民主型家庭中的独生子女看不到任何特异性,显示出明显的优越倾向。

北京师范大学林崇德教授等在 1980 年调查了 120 名独生子女,研究发现独生子女自尊心比较强,自信心也比较足,但谦虚精神稍差些,依赖性较大,接近 1/3 的独生子女缺乏独立性,在自私品质上,不自私的占多数。该项研究还表明,独生子女对自己的态度有一个发展过程,向良好心理品质发展。此外,独生子女对自己的态度有明显的个别差异。

1981 年,上海市幼教研究室等单位,调查了独生幼儿的行为特点。结果表明,独生幼儿与非独生幼儿相比,在行为特点上的问题较多,而这种行为表现上的差异,是因为家庭教育不同所造成的,家长对孩子的溺爱、迁就造成独生子女挑食和随便发脾气等问题,而良好的早期教育就会造就独生子女的良好性格。

1984 年,中国科学院心理研究所万传文等人采用自然观察法研究了独生子女性格特征的 5 个方面(依赖性、助人行为、独立性、攻击行为、友好行为)。研究对象是北京城区的 138 名独生子女和在年龄、性别、家庭生活和教养条件与之相似的 127 名非独生子女。其中男孩 120 名,女孩 145 名。结果表明:①在依赖性、助人行为和攻击行为几个项目上,在多数情况下非独生子女的平均得分略高于独生子女,但差异不显著。②在独立性方面,发现 5 岁组和 6 岁组的独生子女明显地比非独生子女差,出现得分上的两极分化现象(独生子女被评为优和差的人,均比非独生子女多)。③在友好性方面,只有 5 岁组的非独生子女优于独生子女。从各个年龄组的总分看,也是得分多的非独生子女高于独生子女,得分少的非独生子女低于独生子女。即在友好性方面,非独生子女比独生子女表现好一些。

该项研究表明,除了独立性和友好性外,独生子女与非独生子女之间并无显著差异。在独生子女组中看到一种两极分化现象,他们得分高和得分低的人数都比非独生子女组为多。这种表现和家庭教育有密切联系。

许多研究已经否定了独生子女是"问题儿童"的观点;同时也强调了家庭与社会条件对独生子女成长的影响,独生子女性格的形成是与家庭和教育分不开的。

二、学校教育对性格形成的作用

学校教育对儿童的性格形成也起重要作用。学校是对学生进行有目的有计划教育的场所。学生在学校里不仅学习、掌握系统的科学文化知识，而且发展智力，接受政治和品德教育，形成优良性格特征。学生在学校里形成了良好性格，就能顺利地走向社会，适应社会生活。反之，则会发生各种问题。

(一)课堂教育

学生通过课堂教学接受系统的科学知识。学习是一种艰苦的劳动，通过学习可以发展学生的坚持性、自制力、主动性和独立性等良好的性格特征。学生在接受系统的科学知识过程中，形成科学的世界观，科学世界观的形成对发展学生良好的性格特征具有重要的意义。

(二)班级集体

学校的基本组织形式是班集体。学生参加集体活动，使学生习惯于系统地、明确地工作，体验集体生活的乐趣，并得到克服困难的锻炼。集体生活有利于培养学生组织性、纪律性、合群、自制、勇敢、利他和意志坚强等优良的性格特征；也有利于克服自私、孤独等不良的性格特征。

每一个学生在班级里都处于一定的地位，扮演着各种不同的角色，这种角色地位必然影响学生性格的发展。有学者作了一项关于学校指导对角色加工的作用的研究。教师在小学5年级学生中挑选出在班级中地位较低的8名学生，要他们担任班委，并且给予指导。6个月后的观察发现，这些学生中有些人在自尊心、责任感和安全感等性格特征方面有显著的提高，整个班级的风气也有所改变。

(三)教师

教师是学生学习的榜样，教师的言行对学生的性格起着潜移默化的作用。一般来说，学生年龄越小，受教师的影响越大。教师不仅对学生言教，还要对学生身教。

教师对学生的关系也影响学生性格发展。有人在研究学生诚实这个性格特征时发现，喜欢教师的学生说谎少，容易形成诚实的特征；不喜欢教师的学生则经常说谎，不容易形成诚实的特征。

勒温等人把教师管教学生的方式划分为3种类型：专制的方式、民主的方式和放任的方式。研究表明，教师对学生的管教方式，影响学生性格的发展(见表14-4)。

表14-4　教师的管教方式和学生的性格特征

教师的管教方式	学生的性格特征
民主的	情绪稳定、积极、态度友好、有领导能力
专制的	紧张、冷漠或带有攻击性、教师在场时毕恭毕敬、不在场时秩序混乱、缺乏自制性
放任的	无团体目标、无组织、无纪律、放任

三、实践活动在性格形成和发展中的作用

除了遗传与环境影响性格的形成和发展，人们所从事的活动也对性格有塑造的作用。

职业的要求对性格发展也有重要作用。人长期从事某种特定的职业，社会要求他反复扮演某种角色，进行和自己职业相应的活动，从而相应地形成不同的性格特征，例如，文艺工作者活泼开朗，富于想象，感情丰富；飞行员冷静、沉着，有高度责任感，等等。

四、主观因素在性格形成和发展中的作用

性格是在人和环境相互作用中形成和发展的，但任何环境都不能直接决定人的性格，它们必须通过人已有的心理发展水平和心理活动才能发生作用。社会各种影响只有为个人理解和接受，才能转化为个体的需要和动机，才能推动他去行动。个体已有的心理发展水平对性格形成的作用，随着年龄增大而日益增强。个体已有的理想、信念和世界观等对接受社会影响有决定性的作用。例如，守纪律、责任心等性格特征都是接受与领会外部的社会要求，逐渐将这一要求转变为对自己的内部要求的过程。

此外，社会风气和风尚，也是影响性格的重要因素。它们通过各种渠道潜移默化地影响儿童爱好、道德评价和行为习惯的形成。电影和电视的宣传，以及儿童文学读物等都是社会风气和风尚作用发生的渠道。

第六节 性格的测量

性格测量是指运用一定方法对人的性格进行鉴定的活动。性格测量的方法很多，下面介绍几种典型的、有代表性的性格测量方法。

一、问卷法

问卷法是测量性格时常用的方法之一，通常在问卷上列出许多问题，由被试去回答。多数是是非题和选择题。这种方法使用极为方便，题目、记分、评分都经过标准化。但是，被试的回答是主观的回答，有真有假，也可能有意回避一些问题。在有些问卷中，需要编制一些题目来测验被试回答的可靠性。问卷法可以个别测验，也可以团体测验。有些问卷测量一个性格特征，有些问卷测量几个性格特征。

(一)明尼苏达多相个性问卷

该问卷是20世纪40年代由美国明尼苏达大学哈撒韦(S. R. Hathaway)和麦金利(J. G. Mckinley)制定的，最初用来帮助诊断精神障碍。因为它可以同时测量性格的许多特征，因此称为多相个性问卷。经过几十年的不断应用和筛选，它在临床和研究中应用越来越广。

明尼苏达多相个性问卷(Minnesota Multiphasic Personality Inventory，MMPI)的1966年修订版(MMPI-R)确定为566题，其中有16题是重复的，用于检验被试反应的一致性，确保被试回答认真。所有的题目按性质可以分为26类。该问卷有10个临床量表，可以得到10个分数，代表10种个性倾向。该问卷有4个与效度有关的量表，去考察被试作答的态度，

如果被试在这 4 个量表中得分特别高，则表明被试没有诚实地、认真地作答。在测验时，被试对每一个问题选择一个"是""否"或"不能回答"。一般测验用 45 分钟，最多 90 分钟，如果被试文化水平低可以超过 2 小时。

明尼苏达多相个性问卷的题目举例。

(1) 我喜欢看机械方面的杂志。
(2) 我的胃口很好。
(3) 我早上起来的时候，多半觉得睡眠充足，头脑清醒。
(4) 我想我会喜欢图书管理员的工作。
(5) 我很容易被声音吵醒。

美国 MMPI 标准化委员会对 MMPI 进行了重大的修订。1989 年明尼苏达大学出版了《MMPI-2 施测与计分手册》，包括 567 个项目，其中没有重复项目。中国科学院心理研究所宋维真教授等在 1992 年基本完成了对 MMPI-2 的中国版修订和常模制定。宋维真教授等还编制了简短式的 MMPI，称心理健康测查表。该表有 168 个题目，更适合中国情况，具有较高的信度和效度。

(二)卡特尔 16 种个性因素问卷

美国伊利诺伊州立大学卡特尔教授采用系统观察法、科学实验法以及因素分析统计法确定 16 种个性根源特质。据此，他编制了 16 种个性因素问卷(Sixteen Personality Factor Questionnaire，16PF)。16 种根源特质高分者特征和低分者特征，见前文表 14-3。

16 种个性因素各自独立，每一种因素与其他因素的相关度极小。每一种因素的测量能认识被试的某一方面的个性特征，整个问卷能对被试的 16 种个性因素综合了解，从而全面地评价被试的个性。

16PF 适用于 16 岁以上的青年和成人，它有 A、B、C、D、E 五种复本。A、B 为齐全本，每卷各有 187 题。C、D 为缩减本，每卷各有 106 题。E 是专门为文化较低的被试编制的实验试本，有 128 题。

刘永和和梅吉瑞(G. M. Meredith)将原测验的 A、B 两种合并，在 1970 年发表中文修订本(187 题，每个特质包括 10~13 题)，并在港台地区测验中国学生 2000 人，做出常模。我国辽宁省教育科学研究所李绍衣等人于 1981 年在以上修订本基础上进行修订。后由华东师范大学戴忠恒教授和祝蓓里教授等进一步作了修订。

16PF 的每一个题目都有 3 个供选择用的答案(A、B、C)，这就可以使被试有折中的选择，避免"二选一"时不得不勉强作答的缺点。答案与记分标准符合者给 2 分，相反给 0 分，中间者给 1 分。16PF 可以个别施测，也可团体施测。有高中以上阅读能力者应在 45~60 分钟内完成。统计测验证明，16PF 有信度、效度较高，编制比较科学，施测比较简便等优点。

16PF 不仅能明确描绘出一个人的 16 种个性因素，而且还可以推算出许多描绘个性的双重因素，如适应—焦虑；内向—外向；感情用事—安详机警；怯懦—果断等。卡特尔还拟定一些公式用于心理咨询和升学就业等。

卡特尔 16 种个性因素问卷的题目举例。

(1) 我有能力应付各种困难：A 是的；B 不一定；C 不是的。

(2) 我总是不敢大胆批评别人的言行：A 是的；B 有时如此；C 不是的。
(3) 我的思想似乎： A 比较先进；B 一般；C 比较保守。
(4) 我不擅长说笑话、讲有趣的事：A 是的；B 介于A、C之间；C 不是的。
(5) 在群众集会中，我：A 谈吐自如；B 介于A、C之间；C 保持沉默。

(三)加州心理问卷

美国加州大学心理学教授高夫(H. G. Gough)设计了加州心理量表(Galifornia Psychological Inventory，CPI)。该问卷1948年编制，并在1951年正式出版。1956年再版时，扩充至18个量表。该量表有一半题目来自MMPI，另一半反映正常青少年和成人的个性：CPI 与 MMPI 不同的是它更强调正常。该问卷由 480 个"是否型"的题目组成，可以个人施测，也可以团体施测。它适用于13岁以上的正常人。该问卷有男性常模和女性常模。该问卷包含了人际关系的重要方面，它除测量被试现在的性格特征外，还可以预测被试今后的学业成绩、犯罪倾向和职业成功的可能性。如果被试几乎在所有分数方面都超过平均标准分数线，则他可能在社交和智力这两个方面发展较好，否则可能在人际关系适应上发生困难。此外，主试还应注意各组量表的相对高度。

1983 年，中国科学院心理研究所宋维真教授将该问卷译成中文，并作了初步修订，具有一定的信度和效度。1993 年杨坚和龚耀先教授完成了 CPI 的修订(CPI-RC)，该问卷包含440题，具有较高的信度和效度。

(四)YG 性格问卷

该问卷是由日本京都大学教授矢田部达郎等以美国心理学家吉尔福特的 3 种性格测验为基础，根据日本人的特点编制的。"Y"是矢田部达郎姓氏读音 Yatabutatsrou 的第一个字母，"G"是美国心理学家吉尔福特姓氏的第一个字母。该量表测定 12 个人格特质，每个特质有 10 个题目，共 120 题。

测验时，要求被试在与他实际情况相符合的问题后的"是"上画"○"；与他实际情况不相符合的问题后的"否"上画"○"；不能确定时则在"？"上画"○"。记分时，大多数题目(有小部分题目的记分相反)被试答"是"者记2分；答"否"者记0分；答"？"者记 1 分。

当前，国际上广泛流行的性格测验都是根据特质论编制的，虽然可以对各种特质进行测量，但是缺乏对个性从整体上进行概括和评定。YG 性格测验则兼顾了类型论和特质论两者的优点，突破了它们各自的局限。它的信度和效度都较高。YG 性格问卷的题目数量也比较适中，但它也存在一般问卷法的缺点，如由于被试的自我防卫或其他原因而造成的虚假，等等。

YG 性格测验在日本被广泛地应用，在我国近年来有不少地方对它进行了应用研究。华东师范大学孔克勤教授对该问卷进行了修订。

YG 性格测验题举例：
(1) 以结识各种各样的人为乐事吗……………………………………是 否
(2) 在人群中总是退缩在后面吗………………………………………是 否

(3) 欢喜思考困难的问题吗……………………………………………是　否
(4) 不喜欢老是做一种固定的工作吗………………………………是　否
(5) 和周围的人合得来吗……………………………………………是　否

二、投射测验

投射测验(projective test)是主试向被试提供无确定含义的刺激，被试可以任意加以解释，让被试在不知不觉中把自己的思想感情投射出来，以确定其性格特征。投射测验有利于主试对被试作整体性的解释，探讨潜意识。这些测验很灵活，甚至可以当场做游戏或猜谜语，人们可以在放松的环境中进行测验，不会伴随着客观自我报告测验的紧张和不自在。通常，被测试的人甚至不知道测验的真实目的，因此回答作伪的可能性比较小。但是，投射测验计分困难，目前还缺乏方便、有效的信度和效度标准。

国内外常用的投射测验有罗夏墨渍测验和主题统觉测验。

(一)罗夏墨渍测验

罗夏墨渍测验(Rorschach Ink-Blot Test)是瑞士精神病学家罗夏(H. Rorschach，1884—1922)所创。罗夏开始用画片来测验病人，后来改用墨渍图。先用一张纸中间滴上墨汁，然后把纸对折，用力压下，便形成对称的但形状不定的图形。罗夏墨渍测验共有 10 张卡片，每张卡片上都印有一个双侧对称的墨渍图，各张图片上的形状、颜色、阴影和空白部分都是独特的。其中 5 张为浓淡不同的黑白图，2 张为红与黑的图，3 张为几种颜色混合的图。测验时逐张问被试看到了什么？图形像什么？看图时想到了什么？允许被试自己转动图片从不同的角度观察。

罗夏墨渍测验一般从三个方面进行计分和解释。

(1) 定位：被试对图形是整体反应，还是部分反应？

(2) 决定：被试反应的决定因素是什么？是墨渍的形状，还是颜色？把图形看作静的还是动的？

(3) 内容：被试把图形看作什么？是人，还是动物，还是物体？

罗夏墨渍测验的计分除了要记录被试的语言反应，同时还要注意被试的情绪表现和伴随的动作。有些学者还从独创和从众方面进行分析，即被试的反应与一般人相同，还是他个人独创的。

图 14-1 是罗夏墨渍测验图片中的一张。当主试出示该图片后，被试回答：有两只熊，熊掌贴着熊掌，好像在玩拍掌；或者，也可能是在打架，红色(原图片上有几块红色)是打架流出来的血。解释：被试一开始的反应即为"动物"，提出看到两只熊，这是一个普遍的反应。指出熊在玩拍掌，表现出嬉戏、幼稚的行为。随后是敌意举动的反应，对颜色反应与血联系起来，显示他不可能不克制自己的环境的反应。他是否用嬉戏、幼稚的外表来掩饰敌意和破坏的感觉？而这种感觉可能会影响他对环境的处理上。

图 14-1　罗夏墨迹测验示例图片

(二)主题统觉测验

主题统觉测验(Thematic Apperception Test，TAT)由美国心理学家默里和摩根(C. D. Morgan)等人编制。全套测验包括黑白图片 30 张和 1 张空白卡片。有些图片比较明显，有些图片比较模糊。14 岁以上的被试，分为男子组、女子组；14 岁以下的被试，分为男孩组、女孩组。这些图片可以分成 9 类：公用图片、男孩专用图片、女孩专用图片、男孩女孩共用图片、男孩男子共用图片、女孩女子共用图片、男子专用图片、女子专用图片和男子女子共同图片。测验时，根据被试的年龄和性别把图片分成 4 组，每组选用 20 张图片(其中一张是白卡)。分两次实施，每次使用图片 10 张。每次呈现一张图片时，要求被试根据图画内容的主题，通过想象活动，自由地编一个故事。故事要求包括三个方面的内容。

(1) 图片中的情境及其发生原因。
(2) 图片中的人物的思想和情感。
(3) 可能发生什么结果。

评估 TAT 的一个关键是看被试是故事里的英雄还是次要人物。而后主试可以确认人物的哪些态度和情感暴露了故事叙述者。主试还需要评估每个故事的内容、语言、创造性、组织性以及连贯性。

图 14-2 是 TAT 中的图片 12F，是一张女子专用图片。画面有一位青年女子的头像，后面有一个正在做鬼脸的老妇人。被试看了这张图片编造故事：这是一位多疑的女子。她正在照镜子，后面的老妇人是她想象中自己的老年。她受不了这种看法，发疯了，摔掉镜子冲出屋子，在精神病院度过终身。

1993 年浙江省精神卫生研究所张同延等人修订了 TAT，使修订版测验简单易行，并建立了浙江省的常模，具有一定的信度和效度。

图 14-2　主体统觉测验

三、客观测验与自然实验法

除了可以通过受测者的主观评价和言语报告来测量人的性格，还可以通过对客观行为的观察揭示人的性格，这就是客观测验(objective test)与自然实验法(natural experimental method)。

焦虑仪是对焦虑程度进行客观测验的设备，简单而言，焦虑仪就是一把椅子，但是椅子上布满了各种触点，可以监控坐在上面的人的运动。所以焦虑仪可以测定单位时间内运动发生的数量来度量焦虑程度，受测者单位时间内运动的数量越多，焦虑程度就越高。另外一种测量人的胆量的简单的客观测验是吹气球，测试时要求被试吹气球一直将气球吹爆。在受测者吹气球的过程中，就可以观察受测者吹气球的各种表现，以此度量人的胆量。

下面再介绍几个比较著名的自然实验法。

1. 哈尔霍恩(Hartshorne)和梅(May)的品德测验

品德测验(moral test)可以用来测量诚实、自我控制等行为特点。如在考试时，试题多而简单。考试后将试卷复印，要求学生批改自己的试卷，并附有标准答案。收回试卷后再将两种试卷对照，即可发现学生是否为了提高分数而修改答案。又如，另一种测量诚实的方法，被称为"不可能的成绩"。在测验时，要求学生闭目用笔把点画在图 14-3 中的 10 个圆圈内，连做 3 次，每次点 10 点，点中 1 个得 1 分。如果被试确实遵从指示紧闭双目，3 次画点的部分不会超过 13 分(这是因为经过多次测定，每次最多点中 4～5 个)。如果超过 13 分，说明被试可能不诚实(测试时没有闭眼)。

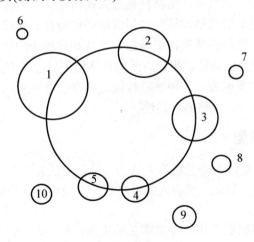

图 14-3 诚实测验

2. 苏联心理学家谢列布列亚科娃的教育实验

为了测量儿童的自信心，谢列布列亚科娃设计了一个教育实验(educational experiment)。她要求被试对 3 组难、易、中程度不同的 9 个算术题有选择性地回答，发现学生在挑选问题时，大体上有 3 种情况：一部分学生在挑选问题时是稳定而适当的，这部分学生的性格被认为是有自信心；另一部分学生挑选不能胜任的问题，这部分学生的性格被认为是自负的；再有一部分学生不敢挑选稍难而只挑能够回答的问题，这部分学生的性格被认为是缺乏自信心。然后，根据学生的性格特征分别进行不同的教育。

复习要点

第一节　性格概述

性格是人在对现实的稳定的态度和习惯化了的行为方式中所表现出来的个性心理特征，是一种与社会相关最密切的人格特征。性格是稳定的，但又有一定的可塑性。

性格和气质具有联系又有区别。区别是：气质受先天因素影响大，并且变化比较难、比较慢；性格主要是在后天形成的，具有社会性，变化比较容易和快些。气质无好坏善恶之分，性格有。联系为：首先，气质影响性格，使性格"涂上"一种独特的色彩；气质还影响性格形成和发展的速度和动态。其次，性格可以在一定程度上掩盖或改造气质。

第二节　性格的特征

性格特征主要有四个方面：性格的态度特征、性格的意志特征、性格的情绪特征、性格的理智特征。性格的态度特征主要是在处理各种社会关系方面的性格特征，包括对社会、集体和他人的态度的特征，对工作和学习的态度的特征，对自己的态度的特征。性格的意志特征是指人在对自己行为的自觉调节方式和水平方面的性格特征，包括对行为目的明确程度的特征，对行为的自觉控制水平的特征，在长期工作中表现出来的特征，在紧急或困难情况下表现出来的特征。性格的情绪特征是指人在情绪活动时在强度、稳定性、持续性和主导心境等方面表现出来的性格特征，包括情绪强度特征、情绪稳定性特征、情绪持久性特征、主导心境特征。性格的理智特征是指人在认知过程中的性格特征，包括感知方面的性格特征、记忆方面的性格特征、想象方面的性格特征、思维方面的性格特征。

性格的动力特征具体表现为：各种性格特征之间存在着一定的内在联系；各种性格特征在不同场合有不同的结合；性格的可塑性。

第三节　性格的类型

斯普兰格的类型论：德国斯普兰格等人认为，社会生活有6个基本领域：理论、经济、审美、社会、权力和宗教。据此，他将人的性格划分为理论型、经济型、审美型、社会型、权力型和宗教型。

霍兰德的类型论：美国职业指导专家霍兰德提出性格—职业匹配理论。他把人的性格划分为6种类型：社会型、理智型、实际型、文艺型、贸易型和传统型。

内—外向性格类型学说：荣格认为，人的心理活动有思维、情感、感觉和直觉这四种基本功能，这四种基本功能在完成心理活动时所表现出来的两种对立的特征构成一种心理倾向上对立的两端，具有对立两端的心理倾向有许多对。而这许多对性格倾向中，最主要的就是外向和内向。当一个人的兴趣和关注点指向外部客体时，就是外向；而当一个人的兴趣和关注点指向主体时，就是内向。如果把一个人所有的各类倾向上的特征结合起来就成为他的性格类型。把内—外向与其他的心理倾向结合可以分成8种性格类型：外向思维型、外向感情型、外向感觉型、外向直觉型、内向思维型、内向感情型、内向感觉型、内向直觉型。

A—B 性格类型：Friedman 和 Rosenman 描述了 A—B 性格类型。A 型性格的主要特点是：性情急躁，缺乏耐性。B 型性格的特点是：性情不温不火，举止稳当，对工作和生活的满足感强。

第四节 性格理论

奥尔波特的特质理论：美国心理学家奥尔波特认为，性格是由许多特质所组成，特质是一种神经心理结构。他首先把特质分为共同特质和个人特质。共同特质是指同一文化形态下群体或大多数人都具有的、相同的特质。个人特质为个人所独有，代表个人的性格倾向。奥尔波特进一步把个人特质按照它们对于个体性格影响和意义不同，划分为 3 个重叠和交叉的层次：①首要特质。这是个人最重要的特质，最典型且最有概括性，它代表一个人的性格最独特之处，往往只有一个。②中心特质，又称"重要特质"。这是性格的"构件"，个体的性格是由几个彼此相联系的中心特质所组成。③次要特质。这是个人无足轻重的表面的和不一定稳定的特质。

卡特尔的特质理论：卡特尔等人用统计分析划分特质，把特质划分为表面特质和根源特质。表面特质直接与环境接触，常常随环境的变化而变化，是从外部行为可以观察到的特质。根源特质隐藏在表面特质的后面，深藏于人格结构的内层，它是制约表面特质的潜在基础和人格的基本因素。根源特质又可区分为体质特质和环境特质两类。体质特质由先天的生物因素所决定，而环境特质则由后天的环境因素所决定。在体质特质和环境特质的基础上形成动力特质、能力特质和气质特质。动力特质是指具有动力特征的特质。能力特质是表现在知觉和运动方面的差异特质，包括流体智力和晶体智力。气质特质是决定一个人情绪反应的速度与强度的特质。

五因素模型：人格结构由五大因素构成，分别是因素Ⅰ，外向性；因素Ⅱ，宜人性；因素Ⅲ，责任感；因素Ⅳ，神经质；因素Ⅴ，开放性。

第五节 性格的形成和发展

家庭在性格形成中的作用主要体现在亲子关系、家庭气氛、家庭结构、独生子女等方面。学校教育对性格形成的作用主要是在课堂教育、班级集体、教师等方面。另外，实践活动和主观因素在性格形成和发展中也有作用。

第六节 性格的测量

问卷法：在问卷上列出许多问题，由被试回答。常用的有明尼苏达多相个性问卷、卡特尔 16 种个性因素问卷、加州心理问卷、YG 性格问卷。

投射测验是主试向被试提供无确定含义的刺激，被试可以任意加以解释，让被试在不知不觉中把自己的思想感情投射出来，以确定其性格特征。国内外常用的投射测验有罗夏墨渍测验和主题统觉测验。罗夏墨渍测验是瑞士精神病学家罗夏所创。主题统觉测验由美国心理学家默里和摩根等人编制。

客观测验与自然实验法：客观测验是用焦虑仪对焦虑程度进行测验。自然实验有

Hartshorne 和 May 的品德测验以及苏联心理学家谢列布列亚科娃的教育实验。

拓 展 思 考

1. 如何理解性格与能力的关系？
2. 试评价卡特尔的特质理论。
3. 性格在人的实践活动中有什么重要作用？如何养成良好的性格？

第十五章 能　　力

也许有时候你会心存这样的疑问："为什么别人能做好的事情，我做不好？""我有没有过人之处呢，我到底能做什么？"要解答这类问题都涉及心理学中研究的一个领域——能力。本章将从心理学角度讨论能力涉及的问题，虽然不能给你一个具体的答案，但是能带领你从一个科学的角度去看待能力。

第一节　能力概述

一、能力的定义

是不是每个人都能胜任管理一个企业的工作？不是。相比于不能完成企业管理的人而言，企业家具备了完成企业管理工作所需要的东西。这些东西是完成企业管理所依赖的，如果个体不具备这些，则很难胜任企业管理工作。而这些东西就可以认为是企业管理活动所需要的能力。所以心理学认为，能力(ability)是一种心理特征，是顺利实现某种活动的心理条件。企业家管理企业需要他的组织、沟通、决策等方面的能力，这些都是完成企业管理的心理条件。

从以上对能力定义的讨论中，可以知道，能力是一种关于活动结果的特征。人类个体容貌、体形上的特征可以直接观察到，但是通过直接观察人类个体无法确定个体所具备的能力。既然无法直接观察到能力，那我们如何能确信人类个体存在"能力"？"能力"虽然无法直接看到、摸到，但是能力可以表现在所从事的各种活动中。当一个人顺利完成某种活动，我们就知道他本身具备了完成该活动所需要的条件，我们把这些完成活动所要具备的条件抽象为该活动所对应的能力。所以能力的概念是根据活动结果抽象出来的，能力又表现在从事的活动中。一个有绘画能力的人，只有在绘画活动中才能施展自己的能力；一个有管理才能的人，也只有在领导一个企业或学校的活动中才能显现出来。当一个人顺利完成某种活动，也就多少表现了他的能力。

当不同个体在同一活动上表现不同时，便可以确证二人有不同水平的能力。能力这一概念关注个体在活动结果上的差异。能力是一种心理特征，体现的是个体之间的差异，也就是个体之间不同之处，但它和其他的心理特征不同。前面所讨论的人格虽然也关注个体的不同之处，也表现在人的活动中，并对活动的完成产生一定的影响，但是它不直接影响活动的效率，不直接决定活动的完成，因而不属于能力的范畴。

能力与活动相互关系中，我们还要注意一个事实：能力是完成活动的条件，但个体所具备的完成活动的所有条件不是都可以称为能力，必须是心理条件。对于出色的短跑运动员而言，肌肉的爆发力是必不可少的，但是肌肉的爆发力是运动员的身体素质条件，并不涉及人的心理功能，短跑运动员还需要对起跑信号灵敏迅捷的反应、合理控制全程中的体能分配，这些则都涉及了心理条件。

知识、技能也对活动的完成有影响，是活动的心理条件，但是知识和技能并不等同于能力，我们要将三者区分开。知识是人脑对客观事物的主观表征。人一旦有了知识，就会运用这些知识指导自己的活动。从这个意义上，知识是活动的自我调节机制中一个不可缺少的构成要素，也是能力基本结构中的一个不可缺少的组成成分。技能是指人们通过练习而获得的动作方式和动作系统，技能与知识一样也是一种个体经验，但是主要表现为动作执行的经验，而和知识区分开来。技能直接控制活动的动作程序的执行，因此是活动的自我调节机制中的又一个组成要素，也是能力结构的基本组成成分。知识和技能是能力的基础。但只有那些能够广泛应用和迁移的知识和技能，才能转化成为能力(冯忠良，1992)。

在英语中，能力通常用两个意义相近但不完全相同的词来表示：ability 和 aptitude。前者指对某项任务或活动的现有成就水平，因而人们已经学会的知识和技能，就代表了他的能力；而后者指容纳、接受或保留事物的可能性。在这个意义上，能力不是指现有的成就，而是指个体具有的潜力和可能性。我们平时所说的能力同时也包含了以上两方面的内容。

二、能力的种类

虽然我们用企业管理所涉及的能力为例来阐释心理学对能力的定义，但是能力不是只涉及这一种活动，我们在所能完成各种活动中都表现出了相应的能力。换言之，每一种活动的成功完成，都需要相应的能力。能力是十分复杂的，我们可以从不同的角度，对能力进行区分。

(一)一般能力和特殊能力

按照能力的倾向性，可把能力分为一般能力和特殊能力。

一般能力(general ability)指在不同种类的活动中表现出来的能力，如观察力、记忆力、抽象概括力、想象力、创造力等。平日我们所说的智力，就是指一般能力来说的。人要完成任何一种活动，都和这些能力的发展分不开。

特殊能力(special ability)指在某种专业活动中表现出来的能力。它是顺利完成某种专业活动的心理条件。例如，画家的色彩鉴别力，形象记忆力；音乐家区别旋律的能力、音乐表象能力以及感受音乐节奏的能力等，均属于特殊能力。

一般能力与特殊能力的关系是十分密切的。一方面，一般能力是特殊能力的重要组成部分。人的一般听觉能力既存在于音乐能力中，也存在于言语能力中。没有一般听觉能力的发展，就不可能发展音乐和言语听觉能力。另一方面，特殊能力的发展有助于一般能力的发展。例如，音乐能力的发展会提高一般的听觉能力，并促进言语听觉能力的发展。

(二)模仿能力和创造能力

按照能力参与其中的活动的性质可分为模仿能力和创造能力。

模仿能力(imitative ability)是指人们通过观察别人的行为、活动来学习各种知识，然后以相同的方式做出反应的能力。如儿童在家庭中模仿父母的说话、表情；从电视中模仿演员的动作、服饰；从字帖上模仿前人的书法等。模仿不但表现在观察别人的行为后立即做出的相同的反应，而且表现在某些延缓的行为反应中。

创造力(creative ability)是指产生新的思想和新的产品的能力。一个具有创造力的人往往能超脱具体的知觉情景、思维定势、传统观念和习惯势力的束缚，在习以为常的事物和现象中发现新的联系和关系，提出新的思想，产生新的产品。作家在头脑中构思新的人物形象、创造新的作品；科学家提出新的理论模型，并用实验证实这些模型，都是创造力的具体表现。

模仿力和创造力是两种不同的能力。模仿只能按现成的方式解决问题，而创造力能提供解决问题的新方式与新途径。人的模仿力和创造力有明显的个别差异。有的人擅长模仿，而创造力较差；有的人既善于模仿又富有创造力。了解这一点对选拔和使用人才具有现实意义。模仿力和创造力有密切的关系，人们常常是先模仿，然后再进行创造。科研工作者先通过观察模仿别人的实验，以后才提出有独创性的实验设计；学习书法的人先临摹前人的字帖，以后才创作出具有个人独特风格的作品。在这个意义上，模仿也可说是创造的前提和基础。

(三)液体能力和晶体能力

根据能力在人的一生中的不同发展趋势，以及先天禀赋与社会文化因素对能力的影响，可将能力分为液体能力和晶体能力。

液体能力(liquid ability)是指在信息加工和问题解决过程中所表现出来的能力。如对关系的认识，类比、演绎推理能力，形成抽象概念的能力等。它较少地依赖文化和知识的内容，而取决于个人的禀赋，其个别差异受教育文化的影响比较少。当任务需要新异的加工和思维方法时，涉及液体能力。液体能力的发展与年龄有密切的关系。一般人在20岁以后，液体能力的发展达到顶峰，30岁以后将随年龄的增长而降低。此外，心理学家们发现，液体能力属于人类的基本能力。

晶体能力(crystal ability)是获得语言、数学等知识的能力。它取决于后天的学习，与社会文化有密切的关系，当任务取决于一个人过去已经获得的知识和技能时，涉及的是晶体智力。晶体能力在人的一生中一直在发展，只是到25岁以后，发展的速度渐趋平缓。

(四)认知能力、操作能力和社交能力

按照能力的功能可分为认知能力、操作能力和社交能力。

认知能力(cognitive ability)是指人脑加工、存储和提取信息的能力，如观察力、记忆力、想象力等。人们认识客观世界，获得各种各样的知识，主要依赖于人的认知能力。

操作能力(operational ability)是指人们操作自己的肢体以完成各项活动的能力，如劳动能力、艺术表演能力、体育运动能力、实验操作能力等。操作能力是在操作技能的基础上发展起来的，又成为顺利掌握操作技能的重要条件。操作能力与认知能力不能截然分开。不通过认知能力积累一定的知识和经验，就不会有操作能力的形成和发展。反过来，操作能力不发展，人的认知能力也不可能得到很好的发展。

社交能力(social communication ability)是在人们的社会交往活动中表现出来的能力，如组织管理能力、言语感染力、判断决策能力、调解纠纷能力、处理意外事故的能力等。这种能力对组织团体、促进人际交往和信息沟通有重要作用。

第二节 能力的理论

能力并非是单一的心理品质,而是多种心理品质的总和,各种构成能力的心理品质之间构成了复杂的结构。关于能力结构,心理学家做过诸多探讨。

一、能力的因素理论

20世纪研究者提出了几个能力的因素理论(factor theory),虽然这些理论存在重要的区别,但是它们都坚持如下观点:能力的结构可以通过对智力测验结果进行因素分析得到揭示。在此有必要先简要介绍一下因素分析这种统计方法:在研究智力时,研究者可以将诸多不同类型的测验施测于某一人群,然后就可以计算受测者各种测验分数之间的相关。相关的程度可以用相关系数来量化,相关系数取值在-1到1之间。如果人们在一个测验上表现得越好而在另外一个测验上表现得也越好,或者在一个测验上表现得越糟糕而在另外一个测验上表现得也越糟糕,那么这两个测验之间就存在正相关,此时相关系数取值大于0而小于等于1。如果两个测验之间具有高相关,说明完成这两个测验依赖相同的心理条件,他们所测量的基本能力或因素是同一种,而如果两个测验之间没有相关,说明它们测量的是两个不同的能力或因素。通过因素分析,可以将多种测验结果计算得到的大量的两两相关简化为少数几个之间没有相关的因素,这些因素被假定为相互不同的能力。简而言之,如果发现几个测验之间存在着相关,那么我们可以推测这几个测验都测量了同一种能力,我们就可以抽取出完成这几个测验都需要的某种因素,这就是完成这几种测验共同依赖的能力。如果通过施测多种类型的测验,再通过因素分析将多种测验归为互不相关的几类,我们就可以知道存在几种因素,也就是能力的结构。

(一)二因素说

1927年,英国心理学家斯皮尔曼(C. E. Spearman,1836—1945)根据人们完成智力作业时成绩的相关程度,提出能力由两种因素组成:一种是一般能力或一般因素,简称G因素。斯皮尔曼提出G因素的存在,因为他发现在一个智力测验集合中,所有测验都彼此有正相关,暗示所有测验的完成都依赖同一种因素。斯皮尔曼认为G因素是普遍性的心理能力,也就是说某一方面表现好的人在其他方面往往也表现同样出色。正是由于G因素,人们在完成不同智力作业时,成绩才会出现某种正相关。但是,在这些正相关中,许多相关却比较低,说明各种测验的成绩并不仅仅取决于一般因素。所以斯皮尔曼提出存在另一种特殊能力,简称S因素,它是保证人们完成某些特定的作业或活动所必需的。这些因素可以有多种,分别对应着具体的领域。由于这些因素起作用,人们的作业成绩才没有完全的相关。

由许多特殊因素与某种普遍因素结合在一起,就组成人的能力。人们在完成任何一种作业时,都有G和S两种因素参与。活动中包含G因素越多,各种作业成绩的正相关就越高;相反,包含S因素越多,成绩的正相关就越低。

(二)基本心理能力

美国心理学家瑟斯顿(L. L. Thurstone,1887—1955)不同意斯皮尔曼的双因素理论。他提出,因素分析应该基于简单结构原则选取因素,某些测验只与某个因素有高相关,而与其他测验之间只有低相关,那么其他测验则对应着不相关的另一个因素。根据简单结构原理,瑟斯顿得到了 7 种因素,他称之为基本心理能力,包括数学能力、言语流畅性、推理、言语意义、知觉速度、记忆能力和空间能力。瑟斯顿认为这 7 种因素之间彼此独立,例如一个具有超群空间能力的人可能缺乏词语流畅性。在瑟斯顿提出的因素中没有包括能力的一般因素。但是这 7 种基本心理能力是彼此相关的。如果对这 7 种因素进行因素分析,就会出现一个一般因素(Sternberg,1985)。

(三)智力多元理论

智力的因素理论在于"合",从多种具体的智力测验形式中寻找其背后的共同因素,从而揭示能力结构中的多种因素。而加德纳(H. Gardner,1983)倡议的智力多元理论(theory of multiple intelligence)在于"分",他认为确定概念上不同的智力要更有意义。

加德纳的研究并没有局限于现有的智力测验。通过对脑损伤病人的研究及对智力特殊群体的分析,他提出人类的神经系统经过 100 多万年的演变,已经形成了互不相干的多种智力。由来自脑损伤病人的证据说明,损伤一种智力但可能根本不损伤其他智力,因此加德纳认为每一种智力都有其自身的符号系统(如数字、语言)。加德纳还通过对杰出才能的人物的研究来证明多种智力的存在,不同的杰出人物其杰出才能在许多不同的方面表现出来。基于此,加德纳认为智力的内涵是多元的,它由 8 种相对对立的智力成分所构成。每种智力都是一个单独的功能系统,这些系统可以相互作用,产生外显的智力行为。

(1) 言语智力:包括阅读、写文章或小说,以及用于日常会话的能力。
(2) 逻辑—数学智力:包括数学运算与逻辑思考的能力,如做数学证明题及逻辑推理题。
(3) 空间智力:包括认识环境、辨别方向的能力,在头脑中形成事物景象的能力和想象它们之间关系的能力,比如查阅地图、绘画。
(4) 音乐智力:包括对声音的辨别与韵律表达的能力,表演、创作和欣赏音乐的能力,比如拉小提琴或写一首曲子。
(5) 运动智力:包括支配肢体完成精密作业的能力,控制运动和协调身体各部分动作的能力,比如打篮球、跳舞等。
(6) 社交智力:包括与人交往且能和睦相处的能力,理解他人意图、情绪、动机和行动的能力,以及和他人有效合作的能力。
(7) 自知智力:包括认识自己,发展令人满意的认同感,并选择自己生活方向的能力。
(8) 自然智力:自然智力指的是个人理解自然、与自然建立联系和互动的能力(加德纳在 1995 年补充)。

加德纳甚至还提出了第 9 种智力——存在智力。具有存在智力的人善于思考生活的意义,思考存在的目的和死亡的意义、爱和人类的处境这些终极关怀。

加德纳的智力多元理论与传统智力理论相比包容了更大范围的各种能力。一方面来自不同方面的证据都可以表明,8 种智力确实都存在。另一方面,加德纳认为 8 种智力具有同等的重要性，这一点就没有确凿的证据，在现实生活中音乐智力和运动智力似乎不像其他智力那样受重视。另外，加德纳认为各种智力是彼此独立的，但实际上 8 种智力彼此有正相关，让人怀疑是否存在一个共同的一般智力(Brody，2000；Neisser et al，1996)。

二、能力的结构理论

将能力看成包含多种成分的复杂结构，形成了能力的结构理论。

(一)三维结构模型

美国心理学家吉尔福特(J. P. Guilford，1967)认为，智力可以区分为 3 个维度，即内容、操作和产品。

(1) 智力活动的内容包括听觉、视觉(我们所听到、看到的具体材料，例如大小、形状、位置、颜色)、符号(字母数字及其他符号)、语义(语言的意义概念)、行为(本人及别人的行动)，它们是智力活动的对象或材料。

(2) 智力操作指智力活动的过程，它是由上述种种对象或材料引起的，其中包括认知(理解、再认)、记忆(保持)、发散思维(对一个问题寻找各种答案或思想)、聚合思维(对一个问题寻找最好、最适当、最普通的答案)、评价(对一个人的思维品质做出某种决定)。

(3) 智力活动的产品是指运用上述智力操作所得到的结果。这些结果可以按单位计算，可以分类处理，也可以表现为关系、转换、系统和应用。

由于三个维度和多种形式的存在，人的智力可以在理论上区分为 $5\times5\times6=150$ 种。这些不同的智力可以分别通过不同的测验来检验。吉尔福特没能确定出所有这 150 种因素，但 1971 年吉尔福特宣布，经过测验已经证明了三维智力模型中的近百种能力。

吉尔福特认为各种因素并不是彼此独立的，实际上他没有强调所有的智力测验之间存在着正相关这一事实，这些正相关的存在说明，解释智力测验的结果需要的因素远低于 150 个。而且后人(Horn & Knapp，1973)研究了吉尔福特使用的统计方法之后指出该方法有很多漏洞，夸大了实证证据对其模型的支持。

(二)层次结构理论

能力的因素理论多种多样，对因素的个数和因素性质有不同的看法。这些差别其实可以通过假设智力是一个层级结构而得以调和。

英国心理学家阜南(P. E. Vernon，1971)继承和发展了斯皮尔曼的二因素说，提出了能力的层次结构理论(hierarchical structure theory)。他认为，能力的结构是按层次排列的。智力的最高层次是一般因素。第二层次分两个大因素群，即言语和教育方面的因素，机械和操作方面的因素，称为大因素群。第三层为小因素群，包括言语理解、数量、机械信息、空间能力、手工操作等。第四层次为特殊因素，即各种各样的特殊能力(见图 15-1)。

卡罗尔(Carroll，1986)提出了类似的智力层级模型。他提出了中间水平上的 7 个因素：液体智力、一般流畅性、一般视知觉、一般加工速度、一般听知觉、一般记忆容量和晶体智力。而最高水平是智力的一般因素，最低水平是众多特殊因素。

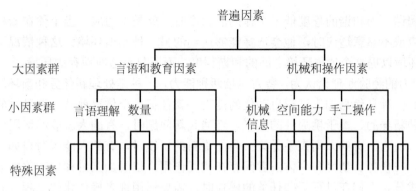

图 15-1　智力的层级结构模型

三、能力的信息加工理论

20 世纪 70 年代以来，与能力的结构理论不同，能力的信息加工理论把人的能力和智力看成一个过程，它由不同的阶段组成，并且是由某些更高的决策过程组织起来的。智力是为了达到一定的目的，在一定的心理结构中进行的信息加工，包括感觉输入受到转换、简约、加工、存储、提取和使用的全部过程，如模式识别、注意、记忆、视觉、表象、言语、问题解决、决策等。

(一)智力三元论

智力多元理论和智力三元论都强调智力是多元的，但加德纳强调各种不同形式的智力是相互独立的，斯腾伯格却关注于将各种智力成分组合起来。在斯腾伯格看来一个适当的智力理论应该考虑智力与外在世界、内在世界以及人的经验的关系。斯腾伯格(1985)提出了智力的三元理论(triarchic theory of intelligence)，试图说明更为广泛的智力行为，而不像大多数的智力理论一样只从某个特定的角度解释智力。他的三元论由 3 个亚理论组成：成分亚理论讨论个体的内在世界，揭示智力行为涉及的认知过程和结构；情境亚理论讨论环境需要；经验亚理论讨论个体的经验对智力的影响，以及内部世界与外部世界之间的关系。

(1) 智力的成分亚理论认为，完成认知任务需要使用各种成分或过程，成分是"一种对物体与符号的内在表征进行操作的基本信息过程"。智力包括三种成分及相应的三种过程，即元成分、操作成分和知识获得成分。元成分是用于计划、控制和决策的高级执行过程，如确定问题的性质，选择解题步骤，调整解题思路，分配心理资源等；操作成分表现在任务的执行过程，是指接受刺激，将信息保持在短时记忆中，并进行比较，它负责执行元成分的决策。知识获得成分是指获取与保存新信息的过程，负责接收新刺激，做出判断与反应，以及对新信息的编码与存储。在智力成分中，元成分起着核心作用，它决定人们解决问题时使用的策略。

(2) 智力的情境亚理论认为，智力是指获得与情境拟合的心理活动，而传统智力研究假设不依赖个人生活的文化环境，而实际上不同的文化背景强调了不同的适应情境的能力。在日常生活中，智力表现为有目地适应环境、塑造环境和选择新环境的能力，这些能力统称做情境智力。一般来说，个体总是努力适应他所处的环境，力图在个体及其情境之间达到一种和谐。当和谐的程度低于个体的满意度时，就是不适应。当个体在一种情境中感到不能适应或不愿意适应时，他会选择能够达到的另一种和谐环境。这种情况下，人们会重新塑造环境以提高个体与环境之间的和谐程度，而不只是适应现存的环境。

(3) 智力的经验亚理论认为，智力包括两种能力，一种是处理新任务和新环境时所要求的能力，另一种是信息加工过程自动化的能力。新任务是个体以前从未遇到过的问题，新情境是一种新异的、富于挑战性的环境。当遇到新问题时，有的人就能够运用已有的知识和经验来解决它，有的人则束手无策；当面临新的情境时，有的人能应对自如，有的人则不知所措。在任务、情境和个体三者间存在相互作用。信息加工过程自动化的能力也是智力的重要成分，人们在进行复杂任务的操作时，需要运用许多操作化的过程。只有许多操作自动化后，复杂任务才容易完成。如果个体不能有效地将一些自动化的操作运用于复杂问题的解决中，就会导致信息加工的中断，甚至使问题解决失败。斯腾伯格认为，应对新异性的能力和自动化的能力是完成复杂任务时两个紧密相连的方面。当个体初次遇到某一任务或某一情境时，应对新异性的能力就开始了，在多次实践后，人们积累了关于任务或情境的经验，自动化的能力才开始起作用。

三元论对智力提出了一种解释，系统地探索了内部心理过程如何与外部环境及文化因素相互作用，以产生有效的智力。斯腾伯格也试图在智力理论与认知心理学研究之间架起一座桥梁。

(二)智力的 PASS 理论

智力的 PASS 模型由纳格利里和达斯(Naglieri & Das, 1988, 1990)提出，建立在鲁利亚(1966, 1973, 1980)的三个机能系统学说的基础之上。PASS 是指计划—注意—同时性加工—继时性加工(Planning arousal simultaneous-successive)。它包含了三个认知系统的 4 种认知过程。其中注意系统又称注意—唤醒系统，它是整个系统的基础；同时性加工和继时性加工统称为信息加工系统，处于中间层次；计划系统处于最高层次。三个系统协调合作，保证了一切智力活动的运行。三个机能系统之间有一种动态的联系，注意、信息编码和计划之间是相互作用和相互影响的。注意系统和计划系统关系非常密切，计划过程需要一个充分的唤醒状态，以使注意能够集中，进而促使计划的产生。编码和计划过程也是密不可分的，因为在现实生活中的任务往往能以不同的方式进行编码，个体如何进行这种信息加工也是计划的功能，所以同时性或继时性加工要受到计划功能的影响。

延伸阅读

情绪智力

心理学家丹尼尔·戈尔曼(Daniel Goleman, 1997)提出了一种关于情绪智力(emotional intelligence)的新理论，它指的是个体能在多大程度上有效地感知和理解他们自己的和他人的情绪，以及个体能在多大程度上有效管理他们的情绪。戈尔曼对于具有高智商的人有时会在生活中失败，而那些智力技能更低一些的人却能取得很大的成功这样的事实感到困惑。他主张智商之所以在某些时候不能准确地预测成功是因为这些测验没有考虑个人的情绪能力。根据戈尔曼的观点，即使是我们中间最聪明的人也会挣扎于各种放肆的激情和不受约束的冲动中；具有高 IQ 的人也不一定就能很好地驾驭自己的个人生活。

人们通常认为情绪智力包括以下五种特质。

(1) 了解自己的情绪：控制和识别自己的感受的能力是自我认识和所有其他情绪智力的关键。

(2) 管理自己的情绪：包括控制冲动的能力，有效地应对悲伤、沮丧和小挫折的能力，以及控制情绪存在的长短的能力。

(3) 使用情绪激励自我：整理自我的情绪，使情绪能够有助于达到个人目标的能力。

(4) 识别他人情绪：根据细微的、言语之外的线索判断他人真正的需求的能力。

(5) 管理关系：准确地认识和表现自己的情绪，以及对他人的情绪敏感的能力。

第三节 能力的发展

能力不是固定不变的，在人的一生中，能力总是在不断变化的。

一、能力发展的一般趋势

人的一生大致可以分为 8 个不同的时期，即乳儿期、婴儿期、幼儿期、童年期、少年期、青年期、成年期和老年期。在人的一生中，能力的发展趋势如下。

(1) 童年期和少年期是某些能力发展最重要的时期。从三四岁到十二三岁，智力的发展与年龄的增长几乎等速。以后随着年龄的增长，智力的发展呈负加速变化，年龄增加，智力发展趋于缓和。

(2) 人的智力在 18~25 岁达到顶峰(也有人说 40 岁)。智力的不同成分达到顶峰的时间是不同的。

(3) 成年是人生最漫长的时期，也是能力发展最稳定的时期。成年期又是一个工作时期。在二十五六岁至 40 岁间，人们常出现富有创造性的活动。在 40 岁以前智力分数一直呈平缓上升的趋势。

(4) 在中年后智商缓慢下降，而另一些研究则发现智商随老年化而变化的幅度很小或没有变化。智商和老年化之间最惊人的联系出现在生命的最后阶段，在去世前 5 年中一些智力能力会出现突降。这种临终前智力下降即使在健康状况良好的老者身上也可以观察到。

(5) 能力发展的趋势存在个体差异。能力高的发展快，达到高峰的时间晚；能力低的发展慢，达到高峰的时间早。

二、能力形成的原因和条件

能力的形成是主要因素共同作用的结果，下面主要分析客观因素的影响。

(一)遗传

一切生物，无论植物和动物、高等动物和低等动物，他们的子代和亲代之间在形态结构和生理特征上，总要表现出某些相似的特征。这种把生物具有的性状相对稳定地传给后代的现象叫遗传。遗传是通过遗传物质的载体——细胞内的染色体来实现的。染色体上的遗传因子叫作基因。基因决定着性状的遗传。能力是否也可以通过基因由亲代遗传给子代？

推恩(Tryon，1929)把两组实验大鼠分开饲养和繁殖，一组是在迷津测验中学习特别快的聪明鼠，另一组是学习慢的愚笨鼠。选取那些最聪明的大鼠的最聪明的后代，然后允许它们繁殖，同样选出最笨的大鼠的最笨的后代允许它们繁殖，在随后的每一代繁殖中都重复相同的步骤。经过几代繁殖后再进行迷津测验，结果是聪明鼠后代中学习慢的大鼠也能胜过愚笨鼠后代中成绩最好的大鼠。推恩的研究似乎证明走迷津的能力可以遗传。但后人证明聪明鼠主要是因为寻求食物的动机更强，在测试期间不大分心，所以学得快。但即便如此也无法质疑，推恩的实验确实证明一些行为特点受遗传影响。

推孟(Terman，1877—1956)对超常者 40 年的追踪研究表明，天资优秀的儿童其身心发展优于一般儿童，他们开始走路和说话的时间较早，身材较高，体重较大；他们的学习成绩比一般儿童好，学习兴趣广；他们的社会智能也比一般儿童强，他们多为团体中的领袖人物，情绪也较成熟稳定；而且他们的子女的智商也比一般人高，在他们的 1571 名子女中，其平均智商为 130，最高者竟达 200。这说明了遗传的某种作用。

关于遗传在能力发展中的作用，心理学家曾从三方面进行过研究。一是研究血缘关系疏密不同的人在能力上的类似程度。如果遗传对能力有作用，那么血缘越密切的人，能力的发展水平应该越相似。这种研究通常用同卵双生子和异卵双生子来进行。二是研究养子养女与亲生父母和养父母能力发展的关系。如果遗传对能力发展有作用，那么孩子与亲生父母能力的相关应该比养父母能力的相关高。三是对同卵双胞胎进行追踪研究，同卵双生子拥有相同的基因，异卵双生子源于两个不同的卵细胞，他们的基因不像同卵双生子那么相似，类似于同胞兄弟姐妹之间的基因差异。双胞胎在非常相似的环境中成长，同样的父母、家庭、教师、假期，甚至是可能同样的朋友和衣服，而且父母对待同卵双胞胎基本一样，所以双胞胎的智力相似并不能直接用遗传来解释。为了检验遗传对智力的影响，研究者检查了很早就被分开的双胞胎，一般来说不到 6 个月大，并在不同的家庭中抚养的同卵双生子，若干年后，将他们进行比较，如果遗传确有作用，那么同卵双生子即使生活在不同环境中，他们的发展仍应保持较高的相关，如表 15-1 所示。

表 15-1　血缘关系、环境与智力发展的相关

无血缘关系而又生活在不同环境者	0.00
无血缘关系但自幼在同一环境长大者	0.20
养父母与养子女	0.30
亲生父母与亲生子女(生活在一起)	0.50
同胞兄弟姐妹出生后在不同环境长大者	0.35
同胞兄弟姐妹出生后在同一环境长大者	0.50
异卵双生子不同性别而在同一环境长大者	0.50
异卵双生子同性别而在同一环境长大者	0.60
同卵双生子生后在不同环境长大者	0.75
同卵双生子生后在同一环境长大者	0.88

表 15-1 表明，血缘关系接近的人在智力发展水平上确实有接近的趋势。同卵双生子智力的相关高于异卵双生子和同胞兄弟姐妹；亲生父母与子女的智力相关高于养父母；无血缘关系的人的智力相关很低。相反，在不同环境中长大的同卵双生子，智力的相关仍很高。这说明，遗传因素对智力的发展的确有一定的作用。

当然，这些材料同样也表明，对所有被试来说，在同一环境中生活者，他们智力的相关都比那些在不同环境中生活者智力的相关要高一些。即使没有血缘关系的人(如养父母与子女)，由于生活在同一环境，他们的智力也有一定的相关。分开抚养的双生子的智商虽然相关但也存在差异。这些都说明在智力发展中，环境的作用也是很重要的。而且环境论者认为分开抚养的双生子一般总是被送到与他们出生家庭具有相同环境的家庭中抚养，虽然被分开抚养，但仍然生活在相似的环境中。而且双生子出生之前在子宫中的环境是一样，他们在同一个母亲腹中度过了关键的 9 个月。这样智力中的遗传因素作用似乎没有想象中大，双胞胎研究虽然可以作为智力具有遗传性的强有力证明，但是并非是最终证据(Plomin，1988)。

(二)环境和教育

推恩聪明鼠和愚笨鼠的研究揭示了遗传对能力的影响，后人扩展了他的研究揭示出环境对大鼠走迷津能力的影响。心理学家将两种老鼠放在同一组，将其置于单调的环境下饲养，另外一组老鼠也包含聪明鼠和愚笨鼠，但它们的饲养环境充满了刺激，周围有玩具，会动的轮子和一架小梯子。当这些老鼠长大后，让它们完成推恩的迷宫。这些实验发现，基因不同的老鼠走迷宫的时间并没有显著差异：在受到限制的环境中，那些应该继承了走迷宫能力的老鼠的走迷宫能力很显然没有得到发展，所有的老鼠表现得都像愚笨鼠。在有刺激的环境中，那些愚笨鼠很明显只有通过经验来弥补它们先天上的不足，结果显示，在这个环境中，所有的老鼠都表现得像聪明鼠(Cooper & Zubek, 1958)。

由同一个母亲抚养的亲生子和养子的智商与她的智商接近程度相当，这一结果说明是否有共同的基因与智商是否相同关系不大(Kamin, 1981；Weinberg, 1989)。而比较社会经济地位不同的家庭所收养的儿童，也发现在经济条件好的家庭中成长的儿童智商高于那些在经济条件较差的家庭中成长的儿童，主要原因是社会经济地位高的父母可以为儿童提供更丰富的环境、更好的营养、更多的教育机会和其他优越条件(Capron & Duyme, 1992)，而研究中这些被收养的儿童一半的亲生父母具有高社会经济地位，另一半儿童的亲生父母则是低社会经济地位，而这两组儿童又各有一半分别被高社会经济地位和低社会经济地位的家庭收养。无论亲生父母的社会经济地位如何，高社会经济地位养父母收养的儿童的智力高于低社会经济地位养父母收养的儿童。14 个国家的样本研究显示，过去 30 年中人的平均智商提高了 5~25 分，这仅用遗传是讲不通的(Dickens & Flynn, 2001)。这些事实强调了环境在能力发展中的重要作用。环境对能力的影响主要有如下几个方面。

1. 产前环境的影响

胎儿在出生之前生活在母体的环境中，这种环境对胎儿的生长发育以及出生后智力的发展都有重要影响。

许多研究发现，母亲怀孕的年龄常常影响到儿童智力的正常发展。以唐氏综合征的发病率为例，母亲年龄低于 29 岁的，其发病率只有 1/3000；而母亲怀孕年龄在 45～49 岁间的，其发病率为 1/40。这种儿童的脑袋小而圆，眼睛向外、向上斜，鼻梁翘，嘴巴小、嘴角向下，舌头突出在外，他们的智力大部分低下。唐氏综合征是不遗传病，而是母体内的卵子长期暴露在体内环境中，受到损害，因而出现额外染色体的结果。

产前环境的另一类影响，是由母亲服药、患病等因素造成的。例如，怀孕期间服用致幻剂(LSD)，造成染色体受损，使胎儿发育受到影响。怀孕期间母体营养不良，不仅会严重影响胎儿脑细胞数量的增加，而且还会造成流产、死胎等现象。营养不良发生的时间越早，对婴儿的影响也就越严重。用动物做的实验还表明，缺乏维生素 C、D，会影响胎儿生长的速度，引起肢体缺陷和学习能力降低等现象。

不仅仅是营养不良可以影响胎儿，许多研究显示出生前的营养状况会影响智力测验分数(Hack，1991)。在一项对经济状况不好的怀孕妇女的研究中，研究者向一半妇女提供营养补充，向另一半妇女则只提供安慰剂。当这些妇女的孩子长到 3～4 岁时对他们实施智力测验，结果那些得到营养补充的妇女的孩子的智力分数显著高于那些只得到安慰剂的妇女的孩子的分数(Harrell，Woodyard & Gates，1955)。

2. 早期的环境作用

从出生到青少年时期，是个人生长发育的时期，也是能力发展的重要时期。据儿童身体发育的资料表明，人的神经系统出生后的头四年内获得迅速发展，为能力的发展提供了物质基础。婴儿时期的极度营养失调会降低智力分数，南非地区的严重营养不良的儿童的智力分数比有足够食物吃的儿童的智力分数平均低 20 分(Stock & Smythe，1963)。而改善营养条件则可以促进能力的发展。在英国(Benton & Robert，1988)和加利福尼亚(Schoenthaler, Amos，Eysenck，Peritz & Yudkin，1991)所做的研究显示，在小孩的膳食中添加维生素能够提高儿童的智力分数，即使在那些没有营养失调的儿童中也有同样的效果。最近的研究甚至证实那些在出生后一直母乳喂养到 9 个月的儿童比那些没有母乳喂养的儿童在成人智力测验上有更好的表现。

早期经验在能力发展中有关键作用。某些实验研究表明，丰富的环境刺激有利于儿童能力的发展。孩子出生后，如果睡在有花纹的床单上，床上吊着会转动的音乐玩具，他们仰卧时，就能自由地观察这一切。那么，两个星期后，他们就试着用手抓东西。而没有提供刺激的婴儿，这种动作要 5 个月时才出现。给那些穷困儿童提供长期兴奋性智力经验。从婴儿期到整个学前期给来自低收入家庭的孩子提供强化的环境条件，刚 2 岁时他们的智商已经比没有提供强化环境的儿童高了，7 年之后他们仍然领先 5 分(Campbell & Ramey，1994)。而缺乏早期经验刺激，使得能力发展受到影响。在一些国家里，孩子进入育婴院后，因其教育条件很差，往往失去与成人进行社会交际的机会，在这种环境中长大的儿童，智力一般要比在正常环境中长大的儿童差些。由动物抚育大的孩子，能力发展明显落后，这已是大家熟知的事实。人们发现，孩子落入动物环境的时间越早，智力发展所受到的损害就越严重。这种孩子即使回到人类社会，也难以发展到正常人的智力水平。

在能力发展早期，环境的影响除了提供营养条件和环境刺激，还来自周围的环境激励。斯基尔斯在 20 世纪 30 年代，很偶然地发现儿童的智商分数也受到环境激励的影响。在研究爱荷华州的孤儿时，斯基尔斯注意到那些儿童居住的场所非常拥挤，那些照顾他们的大人几乎没有时间和他们一起玩耍、交谈或是给他们说故事。这些儿童中很多人的智力水平被归为低于正常。斯基尔斯用 18 个月的时间对两个女孩进行了个案研究，她们两个被送到专门接收智力迟钝妇女的收容所中。一开始，这两个孩子的 IQ 分数在智力迟钝的范围，但是在妇女收容所中度过一年以后，她们的 IQ 分数上升到了正常水平(1938)。斯基尔斯将 13 个迟钝儿童暂时送到成人收容所中以重复这个实验(1942)。在 18 个月内，这些儿童的 IQ 分数平均值从 64 上升到 92。这些极其明显的变化很明显是因为有人——即使是一些智力低于正常水平的人和他们一起玩、一起阅读，当他们迈出第一步时为他们喝彩，鼓励他们交谈。在同一段时间内，一组留在孤儿院中的儿童的平均 IQ 分数从 86 下降到 61。30 年后，斯基尔斯发现那 13 个在成人收容所抚养的儿童都可以自食其力，他们的职业从餐厅侍者到房地产推销员。至于他们的对照组，一半的人没有职业，四个依然留在收容所中，那几个人有工作的无一例外都在做刷盘子的工作(1966)。

3. 学校教育的作用

学校教育是一种特殊的环境影响，是对年青一代施加有目的、有计划、有组织的影响。学生通过系统地接受教育，不仅要掌握知识和技能，而且要发展能力和其他心理品质。能力不同于知识、技能，但又与知识、技能有密切关系。对儿童和青少年来说，发展能力是与系统学习和掌握知识技能分不开的。

赛西发现，人们离开学校之后智商每年下降可达 6 分。如果一个人在初中二年级时辍学，在成人期智商下降最高可达 24 分。相反，人们在学校学习的时间越长，智商提高越多(1991)。

菲尔斯蒂恩开发了一种叫作"工具性强化训练"的教程，发现能够提高思维能力可以提高智商。由此可见能力是可以通过有目的的系统训练而得到发展的。

(三)遗传与环境的交互作用

在决定能力的问题上，遗传和环境的相对重要性一直是有争论的，不幸的是，多数人一开始是假定能力是由遗传或者环境单独决定的。越来越多的研究促使我们认识到智力本质上取决于遗传与环境的共同作用。

遗传对智力的影响主要表现在身体素质上，如感官的特征、四肢及运动器官的特征、脑的形态和结构的特征等。我们知道，身体素质是能力发展的自然前提，有没有这个特征，对能力的发展有重要的影响。比方说，一个人指头的长短是一种身体素质，是由前代人遗传给后代人的。一个人的指头具有某种适当的素质，对发展音乐和书法的才能是有影响的。感官的特性，神经系统的特性，对能力的发展都有作用。但是，身体素质不等于能力本身。具有相同身体素质的人，可能发展多种不同的能力；而良好的素质由于没有良好的培养、训练，能力也可能得不到应有的发展。多数心理学家认为基因仅仅提供了智力的基线或者说初始水平。遗传不仅为智力提供自然前提，同时也是智力发展的极限；即使是在最理想的环境条件下，人的智力由于遗传因素的限制而不可能无限增高，虽然近几十年人类社会环境有了翻天覆地的变化，但是智商却没有突飞猛进地提高。

夸大遗传的作用，认为能力可以直接通过生物学的方式遗传给后代，是不正确的。同样完全否定遗传的作用也毫无道理可言，可能没有任何心理学家会否定基因在决定智力水平时所起到的作用。基因是一出生就固定了的，而促进孩子充分发挥潜能的主要途径还是改善他们的学习和成长环境。只有先天的禀赋加上后天的良好条件才可能使人达到最高的智慧水平。

遗传和环境之间的作用不是一成不变的，有证据证明智力的遗传影响随年龄的变化而变化(Plomin，1990)。在童年时期，遗传作用对智力的影响为30%，青少年时期为50%，成人期为50%以上。一种解释认为，儿童接触到的环境有更大的不同，成年人则更多地生活于相似的文化氛围之中，环境随年龄的变化而趋同，从而削弱了环境对智力的影响而突现了遗传的作用。另一种解释认为，青年人和成年人一般比儿童有更多选择自己的生活环境的机会。而领养研究也证明环境因素随着年龄增加而影响降低。研究中469名被领养儿童，这些儿童与其亲生母亲之间的智力相关为0.28，与领养母亲之间的智力相关为0.15，很难判断是遗传还是环境对智力起决定作用，但是10年以后发现，领养儿童家庭环境的影响变得更小了，而遗传对智力的影响变得更具有决定性(Loehlin et al，1989)。Plomin 对各种领养儿童的研究进行分析，结果表明，在领养家庭中，领养儿童与非领养儿童之间的IQ相关为0.30，但随着年龄的增长，这个相关逐渐趋近于0。以上发现表明，遗传是决定智力的一个关键因素，而环境因素也是重要的，而且随着年龄的增长，遗传的作用逐渐加强而环境的影响不断缩小。

能力的形成与发展依赖于多种因素的交互作用，除了遗传和环境，参与实践活动和人的主观努力也影响着能力的发展。虽然各种影响因素在决定能力高低和发展历程中各占比重是多少，无法精确估算。但有一点是不可否定的，即遗传、环境和主观努力在能力发展中的作用是缺一不可的。

第四节 能力的差异

所谓个体差异是指个体在成长过程中因受遗传与环境的交互影响，使不同个体之间在身心特征上所显示的彼此不同的现象。了解与鉴别能力的个体差异，对于教育、就业等方面都有重要的实践意义，从而受到很多关注。

一、发展水平的差异

智力有高低的差异。大致来说，智力在全人口中的表现为常态分配：两头小，中间大。以智力为例，智力的高度发展叫智力超常或天才；智力发展低于一般人的水平叫智力低下或智力落后；中间分成不同的层次。如果我们用斯坦福—比奈量表来测量某一地区全部人口的智力，则智商在100加减15范围内的人应占全人口的68.2%，智商在100加减32以内的人应占全人口的95.4%。智商高于132或低于68的人在全人口中只是极少数。不同智商水平在人口中所占百分比是不同的。

(一)智力超常

智力超常(extraordinary intelligence)是指智力的发展显著超过同龄常态人群的水平，或具有某方面特殊才能。

1. **智力超常者的特征**

  智力超常者大约占全人口的 1%。20 世纪初，推孟(1916)用智力测验来鉴别超常儿童，凡智商达到或超过 140 的儿童被称为天才儿童。推孟(1921)长达几十年的研究，向我们揭示了一些天才的本质。推孟在接受智商测验的一大批学生中挑选出智商接近最高分值的 1528 个孩子，从这些孩子入学到他们长大成人，跟踪研究从未间断，推孟定期对被试进行测试，并收集有关他们所获成就以及他们适应情况的信息。智商和学习成绩之间存在着强烈的相关性，推孟的被试在学校里几乎无一例外地表现优异。推孟还提到这些被试的社会适应良好而且具有中等以上的领导才能(Feildhuesen & Westby，2003)，健康状况良好，平均身高、体重、体质都高于中等水平，感觉十分快乐，心理健康记录好于平均水平，具有更强的抵抗心理疾病的能力(不过，较新的证据显示，有天分的孩子比较容易患上某些生理和心理疾病)。

  从推孟之后，在相当长的时间内，天才儿童的概念主要由智商分数来说明。20 世纪 50 年代后，吉尔福特提出智力是多维的，并指出智力测验不能全面鉴别天才儿童的所有能力。70 年代末美国的伦朱利提出"三圆圈天才儿童的概念"，他认为天才儿童具备：中等以上的智力；对任务的承诺；较高的创造力。天才儿童是由这三种心理成分相互作用、高度发展的结果。我国心理学家认为，超常儿童的心理结构不限于智力和创造力，还包括一些非智力心理特征(查子秀等，1990)。

  有天赋的孩子不仅仅拥有高智商。事实上每 20 个儿童中有 19 个都具有某种特殊天赋，这些天赋可能在智力方面，也可能在艺术、技术、音乐、运动或其他方面。如果仅把超常限定为高智商，将会妨碍那些具有特殊才能儿童潜能的充分开发。大多数对于超常的定义都不再是简单地将天才和高 IQ 等同起来，而是将超常的含义推广到包括创造力和动机这样的内容。

  超常儿童的特征(Alvino，1996)如下。
- 具有寻求大孩子或成人认同的倾向。
- 早期表现出对解释和问题解决的强烈爱好。
- 早在 2～3 岁时就能用完整的句子说话。
- 具有非凡记忆力。
- 在艺术、音乐或数字技能方面有早慧天赋。
- 通常在 3 岁之前就对书籍有极大兴趣并能够阅读。
- 表现出对他人的善意、谅解与合作态度。

2. **智力超常的原因**

  超常儿童并不神秘，优越的自然素质是超常儿童发展的物质基础，是影响智力的不可忽视的因素。儿童的智力发展是不均衡的。早在 20 世纪 20 年代，平特纳(1921)的研究就认为，儿童从出生到 5 岁是智力发展最快的时期。这一论断，与 60 年代布鲁姆(1964)在人类特性的稳定与变化一书中的结论是一致的。布鲁姆认为，如果以 17 岁时所达到的平均智力水平作为 100，那么儿童从出生到 4 岁的智力就已达到了 50%，从 4 岁到 8 岁获得另外的 30%，而最后的 20%则是在 8 岁到 12 岁获得的。根据这些研究可以认为，儿童早期阶段的智力发展较快，并且对以后的发展有很大的影响。教育开始得越早，儿童潜在能力的实现就越大；相反，教育开始得越晚，儿童潜在能力的实现就越小。查子秀(1990)对超常儿童的调查表明，这种儿童几乎都享有优越的早期教育条件。这说明理想的早期教育是超常儿童成长的重要条件。

3. 智力超常与成就的关系

智商与学校成绩之间的相关系数是 0.5，这是一个相当高的相关。但是，智商几分的差异不能说明什么，但如果差异很大，就不一样了。一个智商 100 的人在大学里可能会很吃力，而智商 120 的人则正好适应。当然，智商不是影响学校成绩的唯一因素，动机、特殊才能、校外学习机会和许多其他因素也会影响学习成绩。

在校园外的生活中智商对成功的影响也是如此。推孟追踪研究的 1528 名超常儿童长大成人以后，这些天才的被调查者继续在成功的道路上前进，成人期后他们的智商仍然在高分的范围。这些被调查者总共发表了 2000 篇科学论文，获得 235 项发明的专利，还撰写了 92 本著作。在样本中，有超过 86%的人在中年以前就从事了社会地位较高的职业。他们之中出现科学家、作家和专家的比例远高于随机抽取的相应年龄的人，前者是后者的 10～30 倍。

但是，在推孟所调查的所有这些成就之中，没有一项达到了爱因斯坦或毕加索所获成就的水平。实际上，这项研究的许多被调查者过着平凡的生活。事实证明，拥有高智商并不能保证成功。推孟比较了被调查者中 800 名男性被试成就最大的 20%的人与成就最小的 20%的人，发现这两组人的显著差异是人格特征。

而且智商无法用于预测艺术、音乐、创作、戏剧、科学与领导等方面的成就，而创造力测验结果与那些方面的成就的相关更高。

(二)智能不足

智商在 70 分以下者为智能不足(intellectual inadequacy)(智障)。智能不足并不是某种心理过程的受损害，而是各种心理能力的低下，其明显的特征是智力低下(智力发展低于一般人的水平叫智力低下或智力落后)或社会适应不良(是否掌握穿衣、吃饭、交流、购物和工作的基本技能)，有关智障的最现代观点并不强调智商数值，而是关注一个人在生活中应对各种挑战的实际能力，例如美国智障协会(American Association of Mental Retardation)对智障的定义是：在 18 岁前，智能的运作水平显著低于平均水平的情况。

1. 智能不足的分级

智能不足可分为三个等级。

(1) 轻度。智商 70～50。生活能自理，能从事简单劳动，但应付新奇复杂的环境有困难，学习有困难，很难领会学习中抽象的科目，通过精心设计的特殊教育到了成年期都能够独立生活，也可以结婚，但要达到社会对正常成年人的要求还有困难。

(2) 中度。智商 50～25，生活能半自理，动作基本可以或部分有障碍，只能说简单的字或极少的生活用语，许多人可以在特殊的残疾人工厂从事简单工作。

(3) 重度。智商在 25 以下，生活不能自理，活动、生活都有困难。

智力发展很差的呆傻儿童的一般特点为：知觉速度缓慢，范围狭窄，内容笼统、贫乏；对词和直观材料的记忆都差，再现时歪曲和错误较多；他们的语言发展迟缓、词汇量少、缺乏连贯性；在认知活动中缺乏概括力；严重丧失生活自理能力。

2. 智能不足的病因

造成智能不足的原因很多，智障者中大约50%是器质性原因或生理性原因造成的(Das, 2000)，包括分娩时缺氧等情况造成的产伤，由于疾病、感染或母体滥用药物造成的胎儿损伤，代谢障碍(指身体中能量产生和消耗比例失调)等。其中一些与遗传有关，如基因缺陷、多余基因。我们可以找到特定的致病基因缺陷，唐氏综合征就是由基因缺陷导致的。儿童期营养不良或受到多氯联苯等毒素的影响，也会导致器质性智力落后(Bryant & Maxwell, 1999)。

智力落后的一些具体器质性病因简介如下。

(1) 苯丙酮酸尿症：是因人体内缺乏一种重要的霉而引起的遗传性疾病。使得苯丙酮酸(PKU)这种破坏性化学物质在体内积聚。

(2) 小头畸形：头骨非常小或不能发育，狭窄的空间限制了大脑的发展，从而导致严重的智力落后。

(3) 脑积水：是脑脊液在脑腔中的积聚引起的，液体的压力可以损坏大脑并将头部撑大。

(4) 呆小症：由于甲状腺素补充不足造成的。

(5) 唐氏综合征：儿童的第21对染色体多出一条，即有三条第21染色体，这是父母的精子或卵细胞有缺陷造成的结果，与父母生育孩子的年龄有很大关系，但一般不会遗传。

(6) 脆性X染色体综合征：常见的基因型智力落后，与X染色体上一片区域损伤有关。是遗传性的，主要对男婴有影响。

导致智能不足的另一些原因与环境有关，例如，患有胎儿酒精综合征的婴儿在出生前脑部就因为母亲在怀孕期间酗酒而受到了损伤。其他导致智障的环境原因还包括出生后发生的损害脑部认知区域的事故。还有一些原因与剥夺和忽略的情况有关。大多数智能不足者都不是生理疾病所致，过去也未有过脑损伤的病史。这些人的父母智力水平也较低，家庭中往往缺乏良好的学习环境，或者在成长过程中营养条件较差，这些可能是造成这一类型智力落后的原因。

虽然我们还不能治愈智障，但是某些种类的智障可以预防，例如一种对新生儿进行的例行检查能够发现一种叫作苯丙酮酸的潜藏基因障碍，如果发现得早，那么与苯丙酮酸有关的智障通常可以通过特殊的饮食安排加以预防，防止摄入含苯丙酮酸的食物。此外，遗传咨询、孕产妇保健服务以及对家长的教育也是预防智障可以采用的一些方法。智能不足儿童由于其心理缺陷，无法与正常儿童随班上课，因此有设置特殊教育机构的必要。对这些孩子我们应该给予特别的关心和帮助，使他们获得发展智力的机会，帮助他们学习职业技能和独立生活技能。因为大量的生理和智能发育在孩子出生后的第一年完成，早期的干预往往能取得最佳的回报。不过，必须强调的是，最好的特殊教育计划，其提高幅度也有限。

二、性别差异

爱利斯(Ellis，1894)发表的《男人和女人》一书是研究性别差异开始的标志。以后人们的研究兴趣集中于智力水平的性别差异(sexual difference)。自 1904 年法国比奈和西蒙创制了第一个智力量表后，美国心理学家就将其修订为英文版，该量表只能报告总体的智力水平，因此性别差异的研究也只限于一般智力因素上。20 世纪 30 年代的许多研究发现，男女在一般智力因素上没有性别差异。40 年代，韦氏智力量表问世，使智力测验不仅能考察一般智力因素，还能测查特殊智力因素，可以让我们比较出男性和女性在智力方面的强项与弱项。韦克斯勒在 1958 年对 8~11 岁儿童进行了韦氏智力测验的测试，结果发现，男女有明显差异，男女儿童在不同智力方面显示出各自的优势。劳森(Lawson, Inglis & Tittemore, 1987)等人分析了新版本的韦氏智力测验 WISC-R 常模中 1100 名女孩和 1099 名男孩，发现女孩在言语量表上高于男孩，而在操作量表上则低于男孩。这些研究表明，性别差异并未表现在一般智力因素上，而是反映在特殊智力因素中。

(一)数学能力的性别差异

数学能力是对数学原理和数学符号的理解与运用能力，这种能力主要表现在计算和问题解决上。计算能力体现了对程序性知识的速度和精确性技巧的要求；问题解决则体现了对信息的正确分析与选择、组织好策略性知识、应用统计方法的综合性技能的要求。海德(Hyde, 1990)纵观 40 年来 100 个有关的研究，通过元分析发现，女生在计算能力上具有一定优势，但这种优势只表现在中小学阶段；在问题解决上，中学期间女性略好，而高中及大学阶段则表现出男生的优势。对于数学操作来说，男生在标准化测验上普遍比女生好，而女生在学校所获得的学习评定等级上比男生高(Anastasi, 1958; Benbow, 1992)。一些研究者(Wider & Powell, 1989; Halpern, 1992)认为，男生在竞争性数学活动中比女生好，而女生在合作性数学活动中比男生好。

(二)言语能力的性别差异

言语能力是对语言符号的加工、提取、操作的能力，表现在听说读写四个方面。言语能力并非单一的结构，它包括对言语信息的记忆、转换、理解、组织和应用等方面。胡弗尔(Hoover, 1987)总结了 3~8 年级的一系列研究后发现，女生言语能力普遍比男生好。在各种言语能力中，以词的流畅性所显示的女性优势最为明显(Hines, 1990)，而言语推理则显示了男性优势。但研究言语能力的性别差异并没有得到完全一致的结论，海德和她的同事分析了 165 项研究，总的被试量超过了 100 万人，结果指出，在言语能力上没有性别差异。

(三)空间能力的性别差异

空间能力是体现性别差异最明显的一种能力，也是较难描述和解释的一种能力。林恩(Linn & Petersen, 1986)等人把空间能力定义为一种涉及表征、转换、生成和提取符号、非言语信息的技能。基于以往的研究，他们提取了空间能力的 3 个因素：空间知觉，指在干扰条件下，对垂直与水平方位的确定；心理旋转，指对二维或三维图像表征的旋转能力；空间想象，指对所显示的空间信息进行多步分析加工的能力。研究表明，在空间知觉和心理旋转中，男性明显优于女性；而在空间想象力测验中，男女差异不显著。

过去几十年中，女性作为整体在语词能力、词汇和需要机械学习的项目上成绩较好，男性则在空间想象力和数学推理项目上成绩较好。然而，近年来此类男女差异在儿童和中青年人中几乎消失了。如果还存在一些微小差异的话，那显然是由于父母和教育者们更多地鼓励男孩子学习数学和空间技能所造成的，我们并不知道这些差异的起源是生物学因素还是文化因素造成的。

三、能力结构的差异

能力有各种各样的成分，它们可以按不同的方式结合起来。由于能力的不同结合，构成了结构上的差异。例如，有人长于想象，有人长于记忆，有人长于思维等。不同能力的结合，也使人们的能力互相区别开来。例如，在音乐能力方面，有的人有高度发展的曲调感和听觉表象能力，而节奏感较差；有的人有较好的听觉表象能力和强烈的节奏感，而曲调感差。查子秀(1990)比较了超常儿童与常态儿童的认知能力，包括语词类比推理、图形类比推理、数概括类比推理、创造性思维和观察力。结果发现，二者在认知的不同方面并非都差异明显，而是在解决难度大的问题上思维能力差异大，如超常儿童在创造性思维和数概括类比推理上发展特别突出。

四、能力表现早晚的差异

人的能力的充分发挥有早有晚。有些人的能力表现早，年轻时就显露出卓越的才华。这叫人才早熟，如王勃 10 岁能赋，李白 5 岁通六甲，7 岁观百家。莫扎特 5 岁开始作曲，8 岁试作交响乐，11 岁创作歌剧。这种情况古今中外各国都有，在音乐、绘画、艺术领域尤为常见。

另一种情况叫作大器晚成，这指智力的充分发展在较晚的年龄才表现出来。这些人在年轻时，并未显示出出众的能力，但到中年才崭露头角，表现出惊人的才智。英国著名生理学家谢灵顿年轻时放荡不羁，连妻子都找不上。后来受到刺激，幡然悔悟，立志向学，终于获得巨大的成就。达尔文年轻时被人认为是智力低下，以后成为进化论的创始人。这种情况在科学和政治生活舞台上屡见不鲜。可见，并不是取得重大成就的人，智力都是早熟的。

第五节 能力的测量

前文提到能力作为一种心理特性，无法直接观察到，也就不能直接进行测量。但是，一个人的能力又能通过活动表现出来。因此，观察一个人在活动中的行为表现，评价活动所取得的结果，就可以对他的能力有所把握。能力与人的行为活动的这种内在联系，为间接地测量人的能力提供了客观可能性。

测量能力的工具是按标准化的程序所编制的各种能力测验。根据测验的方式可分为个人测验(individual test)和团体测验(group test)；根据测验的内容可分为文字测验(verbal test)

和非文字测验(nonverbal test)；根据能力的分类可分为一般能力测验(general ability test)、特殊能力测验(special ability test)和创造力测验(creative ability test)。实施这些测验的目的就是要把能力用数量化的方法精确地表示出来。

一、一般能力测验

一般能力测验即智力测验(intelligence test)。智力是人的能力结构的重要组成部分。测量人的智力，了解人的智力水平，对做好教育、医疗工作，合理选拔人才具有重要意义。

(一)智力测验的由来与发展历史

用一定的手段和工具对人进行测评古已有之，我国早在周代就制定了详细完整的官员考核办法，具有心理测验的性质。即使外国的心理学家也普遍承认最早的智能测试形式发端于中国。在我国古代，刘勰用左手画方右手画圆的方法来考察人的注意分配；扬雄用言语和书法的速度来判断人的智慧，都具有智力测验的性质。采用科学的手段测量人的智力开端于高尔顿。19世纪末，英国生物学家高尔顿(F. Galton，1822—1911)设计了高尔顿音笛和高尔顿棒，分别测定人的听觉和视觉辨别力，试图通过感觉辨别力来估计人们智力的高低。

系统采用测验方法来测量人的智力，是在20世纪初由法国心理学家比奈(A. Binet，1857—1911)和医生西蒙(T. Simon，1873—1961)开始的。比奈早年就从事测验的研究，曾花费3年时间测验了自己的2个女儿，并于1903年出版了《智力的实验研究》一书。当时法国颁布的一部新的法律规定所有的法国儿童都要接受教育，但是一些需要特殊对待的学生无法接受常规教育，政府需要一种方法找出那些需要特殊对待的学生。1904年，比奈受法国教育部的委托，研究一套测定呆傻儿童的方法，以便把他们从一般儿童中区分出来。1905年，比奈在西蒙的帮助下，编制了一个包括30个项目的正式测验，每个项目的难度逐渐上升。根据儿童通过项目的多少来评定他们智力的高低。这就是最早出现的一个量表：比奈—西蒙智力量表(Binet-Simon Scale)。

1908年，比奈和西蒙对已编制好的量表进行了第一次修订。测验项目由30个增加到58个；测验的年龄由3岁到15岁，每个年龄组的测验项目为4~5个。1916年，美国斯坦福大学教授推孟(Terman，1877—1956)将比奈—西蒙量表介绍到美国，并修订成为斯坦福—比奈量表(Stanford-Binet Scale)，通过标准化测试的实施程序和年龄水平常模的改编来适应美国学生的情况。1937年和1960年，斯坦福—比奈量表又经过两次修订，成为目前世界上广泛流传的标准测验之一，现在斯坦福—比奈量表的最新修订版本为第5版。

(二)斯坦福—比奈智力量表

斯坦福—比奈智力量表是个体测验，只能逐一对个体进行测试，既能完成对儿童的智力测评，也适用于成人。初期斯坦福—比奈量表无论在儿童还是成人测试上所测试的能力种类都较少，随着对智力的科学理解不断增加，心理学家越来越觉得，在所有年龄段对被试的多种智力进行测试是非常重要的。斯坦福—比奈测试的现代修正版本可以为几种不同的智能提供独立的分数。斯坦福—比奈量表第5版测量了构成一般智力的5种认知因素：

流畅性推理、知识、数量推理、视空间加工以及工作记忆。每个因素都通过言语问题和非言语问题来测量。

(三)韦克斯勒智力量表

相比于斯坦福—比奈量表强调言语技能，韦克斯勒则认为比起解决言语和抽象问题，成人智力应该包括更多的内容以处理生活情境中的各种问题。为了得到一个比斯坦福—比奈量表更适合于成年人的工具，韦克斯勒编制了最初的 WAIS 版本，其后又编制了多套智力测验。韦氏成人智力量表(Wechsler Adult Intelligence Scale，WAIS，1955)，适用于 16 岁以上的成人；韦氏儿童智力量表(Wechsler Intelligence Scale for Children，WISE，1949)，适用于 6～16 岁儿童；韦氏学前儿童智力量表(Wechsler Preschool and Primary Scale of Intelligence，WPPSI，1963)，适用于 4～6.5 岁儿童。这些量表测量了范围较广泛的能力。

韦氏量表包含了言语和操作两个分量表，可以分别度量个体的言语能力和操作能力。言语分量表包含的项目有：词汇、常识、理解、回忆、发现相似性和数学推理等；操作分量表包含的项目有：完成图片、排列图片、事物组合、拼凑、译码等。应用韦氏量表，不仅可以度量出智商的一般水平，而且可以度量出智商的不同侧面：言语智商和操作智商。

(四)行为和文化—公平测验

前面探讨过的智力测验都有一个共同的局限性：为了在这些测验中取得好的表现，人们必须能够读、说和理解，因此用一种语言编制不能适用于使用其他语言的人，而且某些施测对象不具备读、说、理解的能力，这大大限制了智力测验的使用。为了解决这个问题，心理学家设计出了智力的行为测验和文化—公平测验。

行为测验(behavior test)中包括的问题尽可能减少或者根本就不使用词汇。较近期的行为测验是纸上迷津(Porteus Maze)，这个测验包括一系列难度逐渐增加的印在纸上的迷宫图案。受测者被要求用笔画出他们通过迷宫的路线，在这个过程中，受测者的笔不可以离开纸面。在这样的测验中，为了在走出迷宫的过程中做出正确的选择，需要受测者在长时间内依然能对任务高度注意，同时还要求受测者不断地做出预先的计划。贝利婴幼儿发展量表(Bayley Scales of Infant Development)是针对非常小的儿童的最有效的测验之一，现在使用的是该测验的第 2 版(Bayley，1993)。贝利婴幼儿发展量表是用来评估 1 个月到 3 岁半的儿童发育中的能力的。贝利婴幼儿发展量表II共有 3 个分量表：一个分量表测查感觉、记忆和言语交流的显现。第二个分量表测查坐、站、走和手的灵活性；第三个分量表测查情绪的、社会的和人格的发育。贝利婴儿发展量表能发现感觉和神经缺陷、情绪障碍以及儿童家庭环境问题的早期征兆。

文化—公平测验(Culture Fair Test)是为了测量那些与测验开发者的文化背景不同的受测者而设计的。就像行为测验一样，文化—公平测验还试着减弱技能和价值观在测验中的分量，比如对速度的要求，因为技能和价值观会随着文化产生很大差异。这类测验的典型例子就是古哈氏画人测验(Goodenough-Harris Drawing Test)，要求受测者尽可能好地画出一个人像。根据所画出图像的比例、正确程度和是否完整画出了身体的各个部位、衣服的细节等进行评分。这些评分并不取决于所画图形的艺术性。卡特尔的文化—公平智力测验包括一些需要言语理解的问题，以及一些不依赖于北美文化的，但是仍然需要专门文化知识的题目。通过比较两种问题的得分，就可以将文化因素和一般智力分离开来。另外一个文化—公平测验是渐进矩阵测验(Progressive Matrices)。这个测验包括 60 个图案，每一个图案都缺失了一个部分。受测者的任务就是在 6～8 个图案中找出那个缺失的部分。这个测验蕴涵了不同逻辑关系，可以做个体测试和团体测验。

二、特殊能力测验

智力测验提供了对人的一般能力的了解，但仍不能全面反映个体能力的各方面细节。现代化生产和生活的要求形成了不同的活动领域，这些领域需要不同的特殊能力，如机械操作能力、音乐能力、艺术能力、心理运动能力、文书能力、计算机相关能力等。使用不同的方法和手段来度量这些能力，就叫特殊能力测验。特殊能力测验具有较强的针对性，可以了解人在特定领域中的特殊能力，对职业定向指导、安置和选拔从业人员、发现和培养具有特殊能力的儿童有重要意义。下面简要介绍几种特殊能力的测验。

(一)机械能力测验

机械能力指通过正规学习和经验获得机械操作、熟悉物理机械原理的能力，反映了个人对工具、装置等的熟悉程度，尤其是对大小、形状、重量、运行、使用和维修等的熟悉度。目前有证据表明存在机械能力的一般因素，但大多数机械能力测验(mechanical ability test)一般包含了空间关系、机械理解及概念等方面的广泛能力。机械能力测验在工业和军事领域有广泛的应用。现存的机械能力测验有很多种，例如明尼苏达机械拼合测验、明尼苏达空间关系测验、明尼苏达书面形状测验、本纳特机械理解测验、SRA 机械概念测验、机械能力测验等。

(二)音乐能力测验

西肖尔(C. E. Seashore, 1939)编制的音乐能力测验(musical ability test)，就是依据对音乐能力的分析编制的。西肖尔根据对音乐能力的分析，列举了 5 方面的测验项目，分别测量辨别不同音强、音高的能力，测量时间、和谐、记忆、节律方面的能力。

(三)一般文书能力测验

文书能力测验(clerical ability test)的特点是强调知觉速度和动作的敏捷性。但在实际的文书工作中，除了需要这两种能力以外，言语和数字能力也很重要。因此这类测验在内容上既有简单形式也有复杂形式，简单形式为简单的数字和姓名检查，复杂形式包括知觉运动的任务，也包括一般智力测验的任务。

明尼苏达文书测验(Minnesota Clerical Test)由安得鲁(D. M. Andrew)和帕特森(Patterson)编制。测验主要用于选拔职员、检验员和其他要求知觉和操纵符号能力的职业人员。测验分两部分：数字比较和姓名比较，要求被试检查 200 对数字和 200 对姓名的匹配正误。测验以正确题数减去错误题数记分。

一般文书测验(General Clerical Test)是由美国心理公司发行的一种综合的文书能力测验，测验包括 9 个部分，按 3 种不同的能力分 3 组记分。这 3 种能力是：文书速度和准确性，由校对和字母排列两个分测验组成，目的在于测量一般的文书才能；数字能力，由简单计算、指出错误、算术推理 3 个分测验组成，旨在测量被试的算术潜能；言语流畅性，由拼字、阅读理解、字词和文法 3 个分测验组成，目的在于测量语文的流利能力。

三、创造力测验

在进行一般能力即智力的测量时，人们相继发现，在智商较高的人群中，智力和创造力之间几乎没有关系。前文也曾提到智商无法用于预测艺术、音乐、创作、戏剧、科学与领导等方面的成就，而创造力水平与这些方面的成就的相关更高。这说明创造力不等于智力，因而编制创造力测验也就成为必要的工作了。

创造力测验(creative ability test)不同于一般智力的测验。智力测验的内容一般为常识性的，并有固定答案的问题，因而测量的结果主要反映个人的记忆、理解和一般的推理能力。而创造力测验的内容，不强调对现成知识的记忆与理解，而强调思维的流畅性、变通性与超乎寻常的独特性，问题的答案也非唯一和固定的。

以华莱奇和科甘(Wallach & Kogan, 1965)的一项研究为例，他们用一系列的测验测量了儿童思维的流畅性：①尽量说出几种常见东西的用途，如鞋子、软木塞等；②尽量说出一对物体相似的地方，如火车与拖拉机、马铃薯与胡萝卜等；③尽量列举一个抽象范畴所具有的各种实例，如圆形的东西有水珠、皮球、盖碗等；④在看到某个抽象的图形或线条画时，尽量说出你所想到的意义。研究者记录了儿童所做出的反应数量和具有创造性的反应数量。通过这两方面的度量，就可以了解儿童思维的流畅性与独创性。

巴朗(F. Barton, 1958)曾设计了一系列的测验，研究那些富于创造性的科学家和艺术家。这些测验包括：解释墨渍图，用彩色方块拼图，在一个微型舞台上创造一种舞台设计，完成一些未画完的图画；说明自己对图片和图案的艺术爱好；根据随机抽取的名词、形容词和动词，尽量编出词汇众多的故事。从这些测验发现，富于创造力的人都喜欢复杂的、不对称的、生动的图画。在选择自己喜爱的图片和进行拼图时，都是这样。在墨渍测验和符号意义测验中，他们都喜欢做出不寻常的反应。

许多研究表明，智商与创造力分数之间的相关较低，但存在正相关。也有研究认为，智商与创造力之间的相关高低是由创造力测验的性质决定的，某种创造力可能要求较高的智力，而另一些创造力又可能与智力相关不高。尽管在智力和创造力的相关上还有不同的看法，但比较一致的看法是高智商并不能保证高度的创造力，而低智商的人肯定只能得到创造力的低分数。

复 习 要 点

第一节 能力概述

能力是一种心理特征，是顺利实现某种活动的心理条件。能力可分为一般能力和特殊能力。一般能力指在不同种类的活动中表现出来的能力。特殊能力指在某种专业活动中表现出来的能力。能力还可分为模仿能力和创造能力。模仿能力是指人们通过观察别人的行为、活动来学习各种知识，然后以相同的方式做出反应的能力。创造力是指产生新的思想和新的产品的能力。能力也可分为认知能力、操作能力和社交能力。认知能力是指人脑加工、存储和提取信息的能力。操作能力是指人们操作自己的肢体以完成各项活动的能力。社交能力是在人们的社会交往活动中表现出来的能力。根据能力在人的一生中的不同发展趋势，以及先天禀赋与社会文化因素对能力的影响，可将能力分为液体能力和晶体能力。液体能力是指在信息加工和问题解决过程中所表现出来的能力。晶体能力是获得语言、数学等知识的能力。

第二节 能力的理论

一、能力的因素理论

二因素说：斯皮尔曼根据人们完成智力作业时成绩的相关程度，提出能力由两种因素组成，即一般能力或一般因素，简称 G 因素；特殊能力，简称 S 因素。G 因素是普遍性的心理能力。S 因素是保证人们完成某些特定的作业或活动所必需的。这些因素可以有多种，分别对应着具体的领域。由许多特殊因素与某种普遍因素结合在一起，就组成人的能力。人们在完成任何一种作业时，都有 G 和 S 两种因素参与。活动中包含 G 因素越多，各种作业成绩的正相关就越高；相反，包含 S 因素越多，成绩的正相关就越低。

基本心理能力论：瑟斯顿不同意斯皮尔曼的双因素理论。根据简单结构原理，瑟斯顿得到了 7 种因素，他称之为基本心理能力，包括数学能力、言语流畅性、推理、言语意义、知觉速度、记忆和空间能力。

智力多元理论：加德纳认为智力的内涵是多元的，它由 8 种相对对立的智力成分所构成。每种智力都是一个单独的功能系统，这些系统可以相互作用，产生外显的智力行为。8 种智力成分是：言语智力、逻辑—数学智力、空间智力、音乐智力、运动智力、社交智力、自知智力、自然智力。

二、能力的结构理论

三维结构模型：吉尔福特认为，智力可分为 3 个维度，即内容、操作和产品。智力活动的内容包括听觉、视觉、符号、语义、行为。智力操作指智力活动的过程，它是由上述种种对象或材料引起的，其中包括认知(理解、再认)、记忆(保持)、发散思维、聚合思维、评价。智力活动的产品是指运用上述智力操作所得到的结果。这些结果可以按单位计算，可以分类处理，也可以表现为关系、转换、系统和应用。由于 3 个维度和多种形式的存在，人的智力可以在理论上区分为 $5\times5\times6=150$ 种。

层次结构理论：阜南能力的结构是按层次排列的。智力的最高层次是一般因素 G。第二层次分两个大因素群，即言语和教育方面的因素，机械和操作方面的因素，叫大因素群。第三层为小因素群，包括言语理解、数量、机械信息、空间能力、手工操作等。第四层次为特殊因素，即各种各样的特殊能力。

三、能力的信息加工理论

智力三元论：斯腾伯格的三元论由 3 个亚理论组成：成分亚理论讨论个体的内在世界，

揭示智力行为涉及的认知过程和结构；情境亚理论讨论环境需要；经验亚理论讨论个体的经验对智力的影响，以及内部世界与外部世界之间的关系。智力的成分亚理论认为，完成认知任务需要使用各种成分或过程，成分是"一种对物体与符号的内在表征进行操作的基本信息过程"。智力的情境亚理论认为，智力是指获得与情境拟合的心理活动，而传统智力研究假设不依赖个人生活的文化环境，而实际上不同的文化背景强调了不同的适应情境的能力。智力的经验亚理论认为，智力包括两种能力，一种是处理新任务和新环境时所要求的能力，另一种是信息加工过程自动化的能力。

智力的 PASS 理论：智力的 PASS 模型由纳格利里和达斯提出。PASS 是指计划—注意—同时性加工—继时性加工。它包含了 3 个认知系统的 4 种认知过程。其中注意系统又称注意—唤醒系统，它是整个系统的基础；同时性加工和继时性加工统称为信息加工系统，处于中间层次；计划系统处于最高层次。3 个系统协调合作，保证了一切智力活动的运行。

第三节 能力的发展

能力发展的一般趋势是：童年期和少年期是某些能力发展最重要的时期，人的智力在 18~25 岁间达到顶峰(也有人说 40 岁)，成年是能力发展最稳定的时期，在中年后智商缓慢下降，能力发展的趋势存在个体差异。

能力形成的原因和条件：遗传是指把生物具有的性状，相对稳定地传给后代的现象。关于遗传在能力发展中的作用，心理学家曾从三方面进行过研究。一是研究血缘关系疏密不同的人在能力上的类似程度。二是研究养子养女与亲生父母和养父母能力发展的关系。三是对同卵双胞胎进行追踪研究。环境对能力的影响主要有产前环境的影响、早期的环境作用、学校教育的作用。

第四节 能力的差异

个体差异是指个体在成长过程中因受遗传与环境的交互影响，使不同个体之间在身心特征上所显示的彼此不同的现象。能力的差异主要表现为能力发展水平的差异、性别差异、能力表现早晚的差异、能力结构的差异。

第五节 能力的测量

一般能力测验即智力测验，1905 年，比奈在西蒙的帮助下，编制了比奈—西蒙智力量表，这是最早的智力测验量表。1916 年，美国斯坦福大学教授推孟将比奈—西蒙量表修订成为斯坦福—比奈量表，1937 年和 1960 年，斯坦福—比奈量表又经过两次修订，成为目前世界上广泛流传的标准测验之一，现在斯坦福—比奈量表的最新修订版本为第 5 版。斯坦福—比奈量表第 5 版测量了构成一般智力的 5 种认知因素：流畅性推理、知识、数量推理、视空间加工以及工作记忆。每个因素都通过言语问题和非言语问题来测量。为了得到一个比斯坦福—比奈量表更适合于成年人的工具，韦克斯勒编制了最初的 WAIS 版本，其后又编制了多套智力测验。韦氏成人智力量表适用于 16 岁以上的成人，韦氏儿童智力量表适用于 6~16 岁儿童，韦氏学前儿童智力量表适用于 4~6.5 岁儿童。后来，心理学家又设计出了智力的行为测验和文化—公平测验。行为测验中包括的问题尽可能减少或者根本就不使用词汇；文化—公平测验是为了测量那些与测验开发者的文化背景不同的受测者而设计的。

特殊能力测验可以了解人在特定领域中的特殊能力，常见的特殊能力测验有机械能力测验、音乐能力测验、一般文书能力测验等。

创造力测验不同于一般智力的测验。智力测验的内容一般为常识性的，并有固定答案的问题，因而测量的结果主要反映个人的记忆、理解和一般的推理能力。而创造力测验的内容，不强调对现成知识的记忆与理解，而强调思维的流畅性、变通性与超乎寻常的独特性，问题的答案也非唯一和固定的。

拓 展 思 考

1. 你了解自己的情商吗？谈谈你对情商的看法。
2. 在能力理论方面有哪些最新研究？
3. 如何看待能力的差异？

参 考 文 献

[1]彭聃龄. 普通心理学. 北京：北京师范大学出版社，2007
[2]彭聃龄，张必隐. 认知心理学. 台北：东华书局，1997
[3]叶奕乾等. 普通心理学. 上海：华东师范大学出版社，2004
[4]叶奕乾，孔克勤. 个性心理学. 上海：华东师范大学出版社，1993
[5]黄希庭. 心理学导论. 2版. 北京：人民教育出版社，2007
[6]黄希庭. 人格心理学. 杭州：浙江教育出版社，2002
[7]黄希庭. 心理学实验指导. 北京：人民教育出版社，1988
[8]Best. 认知心理学. 黄希庭，主译. 北京：中国轻工业出版社，2000
[9]白学军. 智力心理学的研究进展. 杭州：浙江人民出版社，1996
[10]陈琦，刘儒德. 当代教育心理学. 北京：北京师范大学出版社，1997
[11]陈守良. 动物生理学. 北京：北京大学出版社，1996
[12]车文博. 心理学原理. 哈尔滨：黑龙江人民出版社，1997
[13]曹日昌. 普通心理学. 北京：人民教育出版社，1990
[14]车文博. 西方心理学史. 杭州：浙江教育出版社，1998
[15]陈仲庚，张雨新. 人格心理学. 沈阳：辽宁人民出版社，1986
[16]陈绍建. 心理测量. 北京：时代文化出版公司，1993
[17]陈录生，马剑侠. 新编心理学. 北京：北京师范大学出版社，1995
[18]蔡笑岳. 心理学. 北京：高等教育出版社，2000
[19][美]伯格·J. M. 人格心理学. 陈会昌，等，译. 北京：中国轻工业出版社，2000
[20]陈仲庚，甘怡群. 人格心理学概要. 北京：时代文化出版社，1993
[21]陈英和. 认知发展心理学. 杭州：浙江人民出版社，1996
[22]陈龙安. 创造性思维与教学. 北京：中国轻工业出版社，1999
[23]贾艾斯. 神经心理学. 杜峰译. 哈尔滨：黑龙江科学技术出版社，2007
[24]Petri. 动机心理学. 郭本禹等，译. 西安：陕西师范大学出版社，2005
[25]Smith. 当代心理学体系. 郭本禹，等，译. 西安：陕西师范大学出版社，2005
[26]Franken. 人类动机. 郭本禹等，译. 西安：陕西师范大学出版社，2005
[27]郭本禹. 当代心理学的新进展. 济南：山东教育出版社，2003
[28]Ryckman. 人格理论. 8版. 高峰强等，译. 西安：陕西师范大学出版社，2005
[29]郭永玉. 人格心理学——人性及其差异的研究. 北京：中国社会科学出版社，2005
[30]高觉敷. 西方心理学的新进展. 北京：人民教育出版社，1987
[31]郭秀艳. 实验心理学. 北京：人民教育出版社，2004
[32]B. H. 坎特威茨等. 实验心理学——掌握心理学的研究. 郭秀艳，等，译. 上海：华东师范大学出版社，2001
[33]高玉祥. 健全人格及其塑造. 北京：北京师范大学出版社，1997
[34]龚耀先. 心理评估. 北京：高等教育出版社，2003
[35]郭亨杰，宋月丽. 心理学教程. 南京：南京师范大学出版社，1995

[36]韩永昌. 心理学. 上海：华东师范大学出版社，2001

[37]何克抗. 创造性思维理论. 北京：北京师范大学出版社，2000

[38]荆其诚. 简明心理学百科全书. 长沙：湖南教育出版社，1991

[39]金瑜. 心理测量. 2版. 上海：华东师范大学出版社，2010

[40]荆其诚，焦书兰，纪桂平. 人类的视觉. 北京：科学出版社，1987

[41]蒋秀玲，杨智馨. 情绪管理. 合肥：安徽人民出版社，2001

[42]李毅红，马名驹等. 创造力的培养. 北京：北京大学出版社，1998

[43]卢家楣，魏庆安等. 心理学. 上海：上海人民出版社，2002

[44]罗跃嘉. 认知神经科学. 北京：北京大学出版社，2006

[45]李伯黍，燕国材. 教育心理学. 上海：华东师范大学出版社，1993

[46]林永忠. 经典性条件反射同操作性条件反射的异同. 渤海学刊，1997，1

[47]刘益民，张旭东，程甫. 心理学概论. 广州：科学教育出版社，2007

[48]刘邦本. 注意的生理机制与网状结构. 贵阳师范高等专科学校学报(社科版)，1985，2

[49]林崇德，辛涛. 智力的培养. 杭州：浙江人民出版社，1996

[50]林崇德. 发展心理学. 北京：人民教育出版社，1995

[51]林崇德. 学习与发展 (修订本). 北京：北京师范大学出版社，2003

[52]梁宁建. 当代认知心理学. 上海：上海教育出版社，2003

[53]刘爱伦. 思维心理学. 上海：上海教育出版社，2002

[54]林传鼎. 智力开发的心理学问题. 上海：知识出版社，1985

[55]凌文辁，滨治世. 心理测验法. 北京：科学出版社，1988

[56]李铮，姚本先. 心理学新论. 北京：高等教育出版社，2002

[57]李铮. 心理学教程. 3版. 合肥：中国科学技术大学出版社，1999

[58]李晓文，张玲，屠荣生. 现代心理学. 上海：华东师范大学出版社，2003

[59]柳友荣. 新编心理学. 合肥：安徽大学出版社，2000

[60]李汉松. 西方心理学史. 北京：北京师范大学出版社，1988

[61]刘恩久. 心理学简史. 兰州：甘肃人民出版社，1986

[62]Ormrod. 教育心理学. 彭运石等，译. 西安：陕西师范大学出版社，2006

[63]Neil R.Carlson. 生理心理学. 苏彦捷等，译. 北京：中国轻工业出版社，2007

[64]Robert L.Solso等. 认知心理学. 邵志芳等，译. 上海：上海人民出版社，2008

[65]四院校合编. 人体解剖生理学. 北京：高等教育出版社，2002

[66]邵郊. 生理心理学. 北京：人民教育出版社，1987

[67]时蓉华. 现代社会心理学. 上海：华东师范大学出版社，1989

[68]沈德立. 非智力因素的理论与实践. 北京：教育科学出版社，1997

[69]孟昭兰. 普通心理学. 北京：北京大学出版社，2004

[70]孟昭兰. 人类情绪. 上海：上海人民出版社，1989

[71]莫雷. 心理学. 广州：广东高等教育出版社，2000

[72]格里格，津巴多. 心理学与生活. 王垒等，译. 北京：人民邮电出版社，2006

[73]王雁. 普通心理学. 北京：人民教育出版社，2002

[74]王甦，汪安圣. 认知心理学. 北京：北京大学出版社，1992

[75] 王甦，朱滢等. 当代心理学. 北京：北京大学出版社，1993
[76] 王筵，林仲贤，荆其诚. 中国心理科学. 长春：吉林教育出版社，1997
[77] R. J. 斯腾伯格. 超越 IQ——人类智力的三元理论. 俞晓琳，吴国宏译. 上海：华东师范大学出版社，2000
[78] 王晓钧. 当代心理测量. 南昌：江西科学技术出版社，1998
[79] 吴庆麟. 认知教育心理学. 上海：上海科学技术出版社，2000
[80] 徐晓坤. 社会情绪的神经基础. 心理科学进展，2005，4
[81] Rathus. 当代心理学导引. 尤瑾等，译. 西安：陕西师范大学出版社，2006
[82] 叶浩生. 西方心理学的历史与体系. 北京：人民教育出版社，1998
[83] 燕国材. 论心理规律. 南通师范学院学报(哲学社会科学版)，2002，2
[84] 杨鑫辉. 新编心理学. 广州：暨南大学出版社，2003
[85] 杨治良. 实验心理学. 杭州：浙江教育出版社，1999
[86] 杨治良，郭力平. 记忆心理学. 2 版. 上海：华东师范大学出版社，1999
[87] 简·斯特里劳. 气质心理学. 阎军译. 沈阳：辽宁人民出版社，1987
[88] 艾森克. 心理学. 阎巩固译. 上海：华东师范大学出版社，2000
[89] 阴国恩，李洪玉，李幼穗. 非智力因素及其培养. 杭州：浙江人民出版社，1996
[90] 阴国恩. 普通心理学. 天津：南开大学出版社，1998
[91] 燕国材. 中国心理学史. 杭州：浙江教育出版社，1998
[92] J. R. 安德森. 认知心理学. 杨清，张述祖等，译. 长春：吉林教育出版社，1989
[93] 杨永明，王有智，王淑兰. 心理学. 西安：陕西人民教育出版社，2002
[94] 杨雄里. 脑科学的现代进展. 上海：上海科技教育出版社，1998
[95] Dennis Coon. 心理学导论——思想与行为的认识之路. 郑钢，等，译. 北京：中国工业出版社，2004
[96] 张爱卿. 动机论. 武汉：华中师范大学出版社，1999
[97] 朱智贤. 心理学大词典. 北京：北京师范大学出版社，1989
[98] 张春兴. 现代心理学. 上海：上海人民出版社，1995
[99] 张春兴. 张氏心理学词典. 台北：东华书局，1989
[100] 章志光. 心理学. 北京：人民教育出版社，1984
[101] 珀文. 人格科学. 周榕等，译. 上海：华东师范大学出版社，2001
[102] 郑雪. 人格心理学. 广州：暨南大学出版社，2003
[103] K. 帕利克，等. 国际心理学手册. 张厚粲，主译. 上海：华东师范大学出版社，2002
[104] 祝蓓里. 青年心理学. 上海：上海人民出版社，1986
[105] 郑日昌，蔡永红，周益群. 心理测量学. 北京：人民教育出版社，1999
[106] 张述祖，沈德立. 基础心理学. 北京：教育科学出版社，1987
[107] 郑雪，易法建，傅荣. 心理学. 北京：高等教育出版社，1999
[108] [美]E. R. 希尔加德等. 心理学导论. 周先庚等，译. 北京：北京大学出版社，1987
[109] 张庆林. 元认知发展与主体教育. 重庆：西南师范大学出版社，1997
[110] 中国心理学会编. 当代中国心理学. 北京：人民教育出版社，2001
[111] K. T. 斯托曼. 情绪心理学. 张燕云译. 沈阳：辽宁人民出版社，1986
[112] 欧阳仑，王有智. 新编普通心理学. 西安：陕西师范大学出版社，2002
[113] 田宝，刘西岳，张剑. 心理学新编. 北京：中国人民公安大学出版社，1999